DAS RECLAM BUCH DER KUNST

DAS RECLAM BUCH DER KUNST

Von
Christoph Wetzel

Mit 359 ein- und mehrfarbigen
Abbildungen

Philipp Reclam jun. Stuttgart

Die Deutsche Bibliothek – CIP-Einheitsaufnahme

Das Reclam-Buch der Kunst / Christoph Wetzel. –
Stuttgart : Reclam, 2001
ISBN 3-15-010476-9

2. Auflage

Grafische Gestaltung und Satz: Buchherstellung Dotzauer, Stuttgart
Reproduktionen: L & N, Waiblingen
Druck und buchbinderische Verarbeitung: Kösel, Kempten
Printed in Germany 2001
RECLAM ist eine eingetragene Marke
der Philipp Reclam jun. GmbH & Co., Stuttgart
ISBN 3-15-010476-9

INHALT

VORWORT

ZEHN ZUGÄNGE. Die Frage, was Kunst sei, fand und findet die unterschiedlichsten Antworten. Die sprachgeschichtlich zutreffende Auskunft, ›Kunst‹ leite sich von ›können‹ her und die daraus abgeleiteten Folgerungen, gehört genauso dazu wie der Blick auf das konkrete ›Ereignis Kunst‹, das einzigartige Kunstwerk. Die abstrakte Definition der Kunst unter Verwendung von Stilbegriffen hat ebenso ihre Fürsprecher wie die anthropologische Überzeugung von der engen Verwandtschaft zwischen dem Künstlerischen und dem Menschlichen. Diese und weitere Perspektiven ergänzen sich; polare Brennpunkte der Kunstbetrachtung sind die exemplarische und die generalisierende Betrachtungsweise.

Zehn Kategorien dienen in der vorliegenden Kunstgeschichte der Unterscheidung und Bestätigung verschiedener Zugänge zur Kunst. Zugänge, die zugleich Ausblicke sind auf eine ringsum ausgebreitete Kunst-Landschaft. Gesichtspunkte aus der Lebenswirklichkeit des Betrachters bestimmen den Blick: Wer tut etwas? Wie tut er es, wann, womit, unter welchen Voraussetzungen? Solche Fragen entsprechen hier einem biografischen, ästhetischen, kulturgeschichtlichen, technologischen oder soziologischen Interesse an der bildenden Kunst als einer unverzichtbaren Quelle und anschaulichen Spiegelung der Menschheitsgeschichte.

Der handwerklich und künstlerisch tätige Mensch bringt an einem bestimmten Ort im Auftrag, als Mitglied eines Kollektivs oder freischaffend in einer Stilepoche, Stilregion oder -richtung ein Werk hervor, das im Laufe der Zeit unterschiedliche Wirkungen hervorruft. Dieser Zusammenhang umfasst fünf kunst- und kulturgeschichtliche Kategorien: KÜNSTLER, KUNSTZENTRUM, KUNSTBETRIEB, STIL und WIRKUNGSGESCHICHTE.

Das Werk, ausgeführt in einer vom Material bedingten Technik, erfüllt Gestaltungsaufgaben, bedient sich bestimmter Gestaltungsmittel, bringt ein Thema zur Anschauung und schöpft möglicherweise aus dem Fundus an Attributen und Symbolen. Dieser Zusammenhang umfasst fünf werkbezogene Kategorien: MATERIAL UND TECHNIK, GESTALTUNGSAUFGABE, GESTALTUNGSMITTEL, THEMA, ATTRIBUT UND SYMBOL.

Die Einzelkapitel, die sich jeweils einer der zehn Kategorien widmen, sind in die Abfolge von acht Zeiträumen eingefügt, in die zunächst eine Übersicht einführt. Die Einordnung in das chronologische Rahmenwerk ergibt sich aus bestimmten Merkmalen der Großepochen, wobei diachrone Rückblicke und Ausblicke die zeitlichen Grenzen überschreiten. Dies gilt naturgemäß für die Kategorie WIRKUNGSGESCHICHTE, betrifft aber in jeweils eigener Weise auch die übrigen Gesichtspunkte mit Ausnahme der zeitlich begrenzten Künstlerbiografie.

KUNST UND KÜNSTE

Vor einer im Sprachgebrauch verbreiteten Einschränkung von ›Kunst‹ auf Werke der Malerei und Skulptur, die im Kunstmuseum bzw. im Musée des Beaux-Art als ›schöne Künste‹ versammelt sind, kannte die Kulturgeschichte die Sieben freien Künste (*septem artes liberales*), die in der Antike und im Mittelalter von ›Freien‹ ausgeübt wurden: Arithmetik, Geometrie, Astrologie, Musik, Dialektik, Grammatik, Rhetorik. Untergeordnet blieben in der Tradition der Ideenlehre Platons die mit materiellen Dingen befassten *artes mechanicae*, etwa in der Enzyklopädie *Etymologiae* (um 630) des Isidor von Sevilla. Zum neuzeitlichen Weltbild der Renaissance gehörte die Wiederentdeckung der poetologischen und ästhetischen Gesetze von Drama und Epos, Malerei und Bildhauerei, die Aristoteles anhand der künstlerischen Überlieferung untersucht hatte. Auf die umfassende Wertschätzung der Künste gründete sich das *theatrum mundi* des Barock. Richard Wagner prägte für eine zeitgemäße Erneuerung des ›Welttheaters‹ die Bezeichnung ›Gesamtkunstwerk‹ aus Musik und Literatur, bildender und darstellender Kunst, mythologischen und geschichtlichen Themen unter den Voraussetzungen der bürgerlichen Gesellschaft des 19. Jahrhunderts. In gewisser Weise gewinnt der zuletzt von Joseph Beuys unter anthropologischem Gesichtspunkt vertretene »erweiterte Kunstbegriff« eine anschauliche Gestalt als ›Gesamtereignis‹ der Künste im Kunst-Event.

QUELLEN

Michelangelos *Jüngstes Gericht* enthält Motive aus der sog. Matthäus-Apokalypse (»Die Rede über die Endzeit«, Mt. 24 und 25):
»Danach wird das Zeichen des Menschensohnes am Himmel erscheinen; dann werden alle Völker der Erde jammern und klagen, und sie werden den Menschensohn *mit großer Macht und Herrlichkeit* auf den Wolken des Himmels kommen sehen« (Mt. 24,30).

Mit Sicherheit war Michelangelo von Jugend an die Sequenz *Dies irae, dies illa* (›Tag des Zorns, jener Tag‹) vertraut, die dem Franziskaner und ersten Hagiografen des Franz von Assisi, Thomas von Celano, zugeschrieben wird und Eingang in die Totenmesse gefunden hat.

Fraglich ist eine Herleitung des ›zornigen‹ Weltenrichters, den bereits Hieronymus in seinen *15 Zeichen des Jüngsten Gerichts* schildert, von Thesen der Jesuiten. 1540 bestätigte Paul III. den neuen Orden, dessen Begründer und Ordensgeneral Ignatius von Loyola in seinem Hauptwerk *Exercitia spiritualia* (1548; *Geistliche Übungen*) zum Kampf gegen Luthers reformatorische Lehre einer Rechtfertigung »allein durch den Glauben« rüstete und das Bild eines gnädigen Weltenrichters verwarf: »Desgleichen dürfen wir nicht so ausgiebig und mit besonderem Nachdruck von der Gnade sprechen, damit nicht das Gift einer Lehre erzeugt werde, welche die Willensfreiheit aufheben möchte.«

Die Darstellung berücksichtigt das Interesse an der sprachgeschichtlichen Herkunft und Entwicklung unseres begrifflichen Instrumentariums. Dem Medium Buch entspricht die jeweils auf einer Doppelseite hergestellte Wechselbeziehung von Haupttext und Marginalien mit Daten, Erläuterungen von Begriffen, Zitaten sowie Betrachtungen der thematischen Kunstchronik in Bildern. Der Anhang sucht weitere Zusammenhänge zu stiften: durch ein Personen- und ein Ortsregister mit Bildverweisen, eine Bibliografie und ein nach Kategorien geordnetes systematisches Inhaltsverzeichnis.

EIN BEISPIEL. Die oben genannten und in acht Zeiträumen von Kapitel zu Kapitel akzentuierten Zugänge zur Kunst lassen sich an Michelangelos *Jüngstem Gericht* auf exemplarische Weise verdeutlichen.

1. Unter dem biografischen Gesichtspunkt KÜNSTLER steht das Werk im Zusammenhang mit der endgültigen Übersiedlung des Florentiners nach Rom und seiner 1508 mit dem Deckenfresko begonnenen Ausstattung der Sixtinischen Kapelle.
2. Ort des Geschehens ist das KUNSTZENTRUM Rom als Sitz des Papsttums, das um 1540 seine Kräfte zur kirchen- und kunstpolitischen Gegenreformation bzw. katholischen Reform sammelt.
3. Der KUNSTBETRIEB wird in Rom im 16. Jahrhundert durch Aufträge der Päpste und Mitglieder der Kurie sowie Adelsfamilien beherrscht – eine Bedingung, die Michelangelo als Zwang erlebt hat, gegen den er sich durch die Art und Weise seiner Arbeit aufzulehnen, mitunter durch Flucht zu entziehen versuchte.
4. Um 1540 überlagern sich in Rom die Bildarchitektur der Hochrenaissance mit der im Manierismus freigesetzten Bilddynamik. Die Synthese kennzeichnet den STIL im Spätwerk Michelangelos sowohl in der Malerei und Skulptur als auch in der Architektur (westlicher Zentralbau und Kuppel der *Peterskirche)*.
5. Zur WIRKUNGSGESCHICHTE des *Jüngsten Gerichts* gehören die Retuschen der als anstößig empfundenen Nacktheit und das thematisch verwandte, doch vergleichsweise kraftlose Fresko in der Münchner *Ludwigskirche* von Peter Cornelius, der sich 1811–19 in Rom aufgehalten hat.
6. Michelangelos MATERIAL beim *Jüngsten Gericht* sind wasserlösliche Farben auf feuchtem Verputz; seine TECHNIK ist also die der Freskomalerei, ausgeführt nach vielen Gesamt- und Detailstudien in einzelnen Tagesabschnitten nach der vom Karton übertragenen Vorzeichnung.
7. Die GESTALTUNGSAUFGABE ist eine Wand als Hintergrund des Altars, auf die sich die Blicke der Gläubigen richten, während am Altar die Feier der Eucharistie (Erlösung durch Christi Opfertod) zelebriert wird.
8. GESTALTUNGSMITTEL sind Figuren als ›gemalte Skulpturen‹ in einer um die Hauptgestalt kreisenden Bewegung des Niedersinkens und Aufsteigens in einer querovalen Komposition mit ›labilem Gleichgewicht‹.

Michelangelo, *Das Jüngste Gericht* (Ausschnitt), 1536–1541; Rom, Cappella Sistina
Der Auftraggeber war Papst Paul III. (reg. 1534–49) aus der Familie Farnese. Enthüllt wurde das Fresko am 31. Oktober 1541, dem Vorabend des Festes Allerheiligen.
Einige Seitenblicke auf den widersprüchlichen kirchen- und kunstpolitischen Zusammenhang am Beginn der Gegenreformation: 1542 trat das lange geforderte, von Paul III. einberufene Reformkonzil in Trient zusammen. Während Michelangelos furchteinflößender Weltenrichter der neu befestigten Autorität der päpstlichen Kirche als angemessen erschien, erregten die im Humanismus der Renaissance verankerten Bezüge zur heidnischen Antike Anstoß. Pauls IV. (reg. 1555–59) Absicht, das Fresko beseitigen zu lassen, verhinderte 1559 der Kompromiss in Form von Retuschen durch Daniele da Volterra, der die Engel und Heiligen bekleidete und dafür den Spottnamen »Braghettone« (›Tüchleinmaler‹) erntete. Den ursprünglichen Zustand dokumentiert eine Kopie des *Jüngsten Gerichts* (Neapel, Museo Nazionale di Capodimonte), die Marcello Venusti 1549 für den mit 14 Jahren zum Kardinal ernannten Alessandro Farnese d. J. (1520–1589) angefertigt hat. Über diesen Enkel Pauls III. urteilt der Kirchenhistoriker Hubert Jedin: »Es kann keinem Zweifel unterliegen, dass der Erbauer von *Il Gesù* (beg. 1568 von Vignola), des *Palazzo Farnese* (Antonio da Sangallo und Michelangelo) und der *Villa Caprarola,* der Mäzen der Künstler und Humanisten, in den Entscheidungsjahren der katholischen Reform den kirchlichen Erneuerungskräften fremd und ohne jedes Verständnis gegenüberstand und ihre Entfaltung überall dort hemmte, wo sie seiner dynastischen Politik und seiner Habsucht zuwiderliefen.« Tizian porträtierte ihn im Gruppenbildnis *Paul III. mit den Nepoten Alessandro und Ottavio Farnese* (1546; Neapel, Museo Nazionale Capodimonte).

9. Das THEMA ist die Wiederkunft des auferstandenen und in den Himmel aufgenommenen Jesus Christus als Weltenrichter. Aus der Bildtradition der fürbittenden Heiligen zu beiden Seiten des Richters, Maria und Johannes der Täufer, ist nur Maria übernommen.
10. Zur Kategorie ATTRIBUT UND SYMBOL gehören die Farben Rot und Blau der Kleidung Mariens, die hochovale Mandorla und die körperliche Erscheinung Christi in antik-göttlicher Nacktheit, die bereits eine Notiz in Albrecht Dürers Nachlass fordert: »Denn zu gleicher Weis, wie sie die schönste Gestalt eines Menschen haben zugemessen ihrem Abgott Apollon, so wollen wir dieselb Maß gebrauchen zu Chrysto dem Herren, der der schönste aller Welt ist.« Unverkennbar ist das bartlose Haupt Christi jenem des *Apollo vom Belvedere* nachgebildet: Die römische Kopie einer spätklassischen griechischen Skulptur hatte Papst Julius II., Michelangelos Auftraggeber beim Deckenfresko der Sixtina (1508–12), in seine Skulpturensammlung im Belvederehof des Papstpalastes aufgenommen.

Mein aufrichtiger Dank gilt dem Reclam Verlag für die hervorragende Zusammenarbeit; sie kommt zweifellos unserem gemeinsamen Angebot des Lesens und Betrachtens zugute. Ebenso danke ich Ulrich Dotzauer, dessen Sinn für eine ästhetische und somit leserfreundliche Buchgestaltung sich erneut bewährt hat.

September 2000 Christoph Wetzel

ZEITRAUM

VORGESCHICHTE UND FRÜHE HOCHKULTUREN

WANN BEGINNT DIE GESCHICHTE? Den Übergang von der Vorgeschichte zur Frühgeschichte, vom Feld der prähistorischen Forschung zur Altertumskunde markiert der Beginn schriftlicher Überlieferung. In diesem Sinne beginnt ›Geschichte‹ vor rund sechs Jahrtausenden im Mittleren Orient (Mesopotamien) und in Ägypten. Sie umfasst einen Bruchteil des Zeitraums, welcher der Existenz von Menschen zugemessen wird. Diese reicht aus biologischer Sicht bis ins Tier-Mensch-Übergangsfeld vor rund 4 Millionen Jahren zurück. Die kulturgeschichtliche Sicht des Menschen als ›Geräte herstellendes Wesen‹ findet erste Anhaltspunkte bei etwa 2 Millionen Jahre alten Gegenständen. Dem Menschen als ›gestaltendem Wesen‹ begegnet die kunstgeschichtliche Spurensuche vor rund 40 Jahrtausenden mitten in der Epoche des Altpaläolithikums bzw. in der letzten der vier Perioden der Eiszeit (Pleistozän), die vor 12 000 Jahren durch das Holozän, die Jetztzeit, abgelöst worden ist.
Somit ergibt sich eine Reihenfolge der menschheitsgeschichtlichen Entwicklungsstufen vom biologisch zum kulturell definierten Menschen, der künstlerische Kompetenz und schließlich eine im engeren Sinne geschichtliche, schriftlich bezeugte Existenz gewinnt.

Stonehenge, um 2000–1500 v. Chr.; Durchmesser der kreisförmigen Anlage 36 m; Südengland, Grafschaft Wiltshire
Der heutige Bestand der Anlage bei Salisbury stammt aus der letzten von drei Bauphasen, deren älteste bis zum Beginn des 4. Jahrtausends v. Chr. zurückreicht. Zu dieser Zeit entstanden im Orient die ersten frühgeschichtlichen Hochkulturen. Dagegen ist Stonehenge ein vorgeschichtliches Monument der Megalith- bzw. Großsteinkulturen. Allen drei Bauphasen ist der Kreis, wohl als ein Sonnensymbol, gemeinsam. Den äußeren Ring bilden senkrechte Monolithen mit waagrechten Oberschwellen (engl. *henges*). Einen inneren Kreis markieren fünf Trilithen aus je zwei Monolithen und einer Oberschwelle.

FRÜHE HOCHKULTUREN. Schriftliche Überlieferung ist ein wichtiges Merkmal Früher Hochkulturen. Weitere Merkmale, die als Ursachen der Schriftlichkeit zu betrachten sind, besitzen religions- und sozialgeschichtliche Qualität: eine sakral legitimierte hierarchische Gesellschaftsordnung mit einer Differenzierung der Tätigkeitsbereiche und Formen der Verwaltung von Gemeinwesen, die urbanen Charakter gewinnen; Hochkultur berührt sich eng mit Stadtkultur. Zu den künstlerischen Ausdrucksformen gehören der Monumentalbau als Gemeinschaftsleistung und eine künstlerisch-handwerkliche Beherrschung fortschrittlicher Technologien wie der Metallverarbeitung und der keramischen Produktion.

Erst die Summe dieser Merkmale kennzeichnet die Frühen Hochkulturen. Sie finden sich im 4. bis 2. Jahrtausend v. Chr. in Mesopotamien, dem Land »zwischen den Flüssen« Euphrat und Tigris, in Ägypten, in der Inselwelt der Ägäis mit der Insel Kreta und in der Indus- bzw. Harappakultur im Industal, benannt nach der Ausgrabungsstätte Harappa in Pakistan.

Der Übergang von den Frühen Hochkulturen zur Kultur- und Kunstgeschichte Europas liegt im 1. Jahrtausend v. Chr. Die Bewegung von Osten nach Westen spiegelt sich im Mythos der Entführung Europas, einer phönikischen Prinzessin, durch Zeus in Gestalt eines Stieres.

***Königspyramiden*, um 2550–2500 v. Chr.; Höhe bis zu 137,20 m; Gise westlich von Kairo**

Die Pyramiden von Gise entstanden als Grabmonumente für die Könige Cheops, Chephren und Mykerinos aus der 4. Dynastie des Alten Reiches (um 2620 – um 2100 v. Chr.). Sie gehören zu den Sieben Weltwundern des Altertums und sind als einziges erhalten geblieben. Mit Ausnahme der Spitze der (mittleren) Chephren-Pyramide sind die »spitzen Kuchen« (griech. *pyramis*) ihrer Verkleidung mit Kalksteinplatten beraubt, sodass die vor Ort gebrochenen und mit Hilfe von Rampen über quadratischem Grundriss aufgetürmten Steinquader mit einem Gewicht von jeweils zwei Tonnen zutage treten.

STIL

STEINZEIT

ALTSTEINZEIT. 1816 trat der Däne Christian Thomsen sein Amt als Kurator des Nationalmuseums in Kopenhagen an. Um den Besitz an prähistorischen Fundstücken zu klassifizieren, entwickelte er das Dreiperiodensystem, gegliedert in die zeitliche Reihenfolge Steinzeit – Bronzezeit – Eisenzeit. Die Einteilung nach Beschaffenheit der vorwiegend verwendeten (Stein) bzw. neu entwickelten Materialien (Bronze, Eisen) dient bis heute der Groborientierung, hat aber vor allem im Hinblick auf die Steinzeit bzw. das Lithikum (griech. *lithos* ›Stein‹) eine Untergliederung in Alt-, Mittel- und Jungsteinzeit erfahren, die wiederum unterteilt worden sind.

Dies gilt vor allem für die vor rund 2 Millionen Jahren beginnende Altsteinzeit, das Paläolithikum. Ihr erster Abschnitt, die Alt-Altsteinzeit bzw. das Altpaläolithikum, reicht bis zu einer Zeit vor 100 000 Jahren und umfasst die ›Geröllkultur‹ mit der Verwendung von Geröllgeräten (engl. *pebble tools*) sowie den Übergang von der Verwendung geeigneter Fundstücke zur Herstellung von Geräten in der Faustkeil- und der Abschlagkultur. In das Altpaläolithikum reichen die ersten Anzeichen von Verzierungen zurück. Vor zwei Jahrzehnten wurden an der Wipper im Thüringer Becken an einer Freilandfundstelle neben Skelettresten des Homo erectus und von Beutetieren sowie Werkzeugen aus Stein und Knochen auch ornamentierte Gegenstände entdeckt, die auf eine Entstehung vor mindestens 250 000 Jahren datiert werden.

Die Mittel-Altsteinzeit bzw. das Mittelpaläolithikum mit dem Typus des Neandertalers ist die Epoche der Klingenkultur. Es gelingt, Schneide- und Bohrgeräte wie Klingen, Kratzer, Spitzen durch eine entsprechende Bearbeitung von Steinen in der Abschlagtechnik herzustellen.

Aus der Jung-Altsteinzeit bzw. dem Jungpaläolithikum stammen die ältesten Erzeugnisse mimetischen Charakters (griech. *mimesis* ›Nachahmung‹): Tierfiguren, Statuetten, die vermutlich mit der Fruchtbarkeitsmagie in Zusammenhang standen und daher als Venusidole bezeichnet werden, und die Felskunst in Form von Malereien und Gravierungen auf Höhlenwänden und freiliegenden Felsflächen.

MITTEL- UND JUNGSTEINZEIT. Vor rund 12 000 Jahren endete mit der Würmeiszeit als der letzten Periode der Eiszeit auch die Altsteinzeit. Ihr folgt die Mittelsteinzeit bzw. das Mesolithikum. Fundstücke wie Harpunen belegen eine Erweiterung der Jagd auf den Fischfang in den nun eisfreien Gewässern. Die ostspanische Felsmalerei im ›Silhouettenstil‹ kennt im Zusammenhang von Jagddarstellungen die Wiedergabe von Jägern in einer Vielzahl von Bewegungsmotiven.

Bis zu dieser Zeit kann von einer relativ einheitlichen, durch die Erdgeschichte mit dem Wechsel von Kalt- und

JUNGPALÄOLITHIKUM

In diesem Zeitraum beginnt die Kunstgeschichte. Ihr erstes ›Kapitel‹ gliedert sich in Abschnitte, die nach französischen Fundstellen benannt sind. Die Stil- und Epochenbezeichnungen finden überregionale Anwendung.

Aurignacien (nach der Höhle Aurignac, Dep. Haute-Garonne), spätestens ab 30 000 v. Chr., Dauer 10 000 bis 15 000 Jahre. *Löwe-Mensch-Figur*, Höhe ca. 30 cm, aus Mammutelfenbein von der Schwäbischen Alb (Ulmer Museum).

Gravettien (nach dem Abri, d. i. der Nische unter einem Felsüberhang als ›Obdach‹ namens La Gravette, Dep. Dordogne), um 25 000–15 000 v. Chr. Statuetten aus Knochen oder Stein wie die 10,6 cm hohe *Venus von Willendorf*, benannt nach dem Fundort in Niederösterreich (Wien, Naturhistorisches Museum).

Magdalénien (nach dem Fundort Le Madeleine, Dep. Dordogne), um 15 000–10 000 v. Chr., Gravierungen von Menschen und Tieren auf Felswänden sowie Knochengeräte, Kleinplastiken und Höhlenmalerei (*Altamira*, *Lascaux*).

Tänzerinnen (?), um 10000 v. Chr.; Schiefer, Höhe ca. 3 cm; Amt für Denkmalpflege Rheinland-Pfalz, Außenstelle Koblenz
Das Schieferplättchen mit einer Gravierung aus der Zeit des Magdalénien wurde bei Gönnersdorf gefunden. Es zeigt vier weibliche Figuren mit betonten Brüsten in einer von links nach rechts gerichteten Reihe, die auf einen Tanz schließen lässt. Binnenverzierungen unterscheiden die Figuren vom Umfeld. Einzigartig in der uns bekannten eiszeitlichen Kunst ist die Wiedergabe der dritten Figur von links: Der nach vorn gewölbte Körper bringt zum Ausdruck, dass die Frau eine Last auf dem Rücken trägt, einen Korb mit einem Kind, dessen Gewicht die Körperhaltung ausgleicht. Eine geistig-künstlerische Leistung zeigt sich in der bildhaften Wiedergabe einer Wahrnehmung, indem auf analytische Weise Ursache (Last) und Wirkung (Körperhaltung) in einen Zusammenhang treten.

Warmzeiten geprägten Gesamtentwicklung gesprochen werden. Dies ändert sich mit dem regional unterschiedlich einsetzenden Übergang von der Mittel- zur Jungsteinzeit, vom Meso- zum Neolithikum: Die Bezeichnung dieses Übergangs als ›Neolithische Revolution‹ bezieht sich auf den grundlegenden Wandel der Lebens- und Wirtschaftsform vom Nomadentum der Jäger- und Sammlerhorden zur Sesshaftigkeit von Ackerbauern und Viehzüchtern und dem Beginn der ökonomisch begründeten Veränderung der ökologischen Verhältnisse, etwa durch Rodung. Der neue Bedarf an Vorratsgefäßen spiegelt sich im Aufschwung der Keramik, beispielsweise in der bandkeramischen Kultur Mitteleuropas im 6. und 5. Jahrtausend v. Chr., benannt nach der bänderförmigen Verzierung der Gefäße. Die Ausgangspunkte der ›Neolithischen Revolution‹ liegen jedoch vor 10000 Jahren, zu Beginn des 8. Jahrtausends v. Chr., im ›fruchtbaren Halbmond‹ von Mesopotamien bis Ägypten. Die neolithische Veränderung der Lebens- und Wirtschaftsweise vollzieht sich in einer Bewegung von Osten nach Westen, sodass im Neolithikum ein kulturelles Ost-West-Gefälle entsteht.

THEMA

TIER

GATTUNGEN DES TIERBILDES. Am Anfang der Kunstgeschichte steht das Tierbild. Es beherrscht wie kein anderes Thema die einzelnen Gattungen von der rundplastischen Gestaltung bis zur Flächenkunst der Wandmalerei.
Zu den ältesten Tierstatuetten zählt ein wohl vor 30000 Jahren entstandenes Figürchen aus Mammutelfenbein. Das *Wildpferd* (Tübingen, Urgeschichtliches Institut der Universität) vom Vogelherd bei Stetten auf der Schwäbischen Alb misst in der Höhe 2,5 cm, in der Länge 4,8 cm. Unverkennbar ist hier die Naturbeobachtung: Der gesenkte Kopf dient als Ausdruck einer Droh- oder Imponierhaltung. Der Kopf selbst ist detailliert mit abgesetztem Unterkiefer sowie vertieften Nüstern und Augen wiedergegeben.
Als dreidimensionale Gestaltung entspricht der Statuette das aus Gips modellierte Tierrelief an der Höhlenwand, beispielsweise zwei *Bisons* tief im Inneren der Höhle von Tuc d'Audoubert bei Ariège in Südfrankreich.
Vom Relief zur Malerei bestehen insofern fließende Übergänge, als die Struktur des ›Malgrundes‹, der Felswand mit ihren Erhebungen und Vertiefungen, dazu verwendet wurde, die andeutungsweise vorgegebene Tiergestalt durch Linien und Farben zum bemalten Relief und zum Gemälde weiterzuentwickeln.

Bison, seine Flanke leckend, **um 12000 v. Chr.; Rengeweih, Länge des Fragments 10,2 cm; Saint-Germain-en-Laye, Musée des Antiquités Nationales**
Die Figur bildete das verzierte Endstück eines Stabes, der möglicherweise als Speerschleuder und somit als Jagdwaffe gedient hat. Die Wiedergabe des Bisons weicht ab von der bei weitem vorherrschenden Form der steinzeitlichen Tierdarstellungen als umrissbetonte Seitenansicht. Die hier gewählte Kopfhaltung könnte durch die Gestalt des Werkstücks bedingt sein. Möglicherweise ist der Schnitzer aber auch von der Absicht geleitet worden, eine charakteristische Verhaltensweise des Tieres wiederzugeben, wobei sich die beiden Möglichkeiten eher ergänzen als ausschließen. Wieder entdeckt wurde das herausragende Werk der Tierskulptur an der Fundstelle La Madeleine bei Tursac (Dep. Dordogne), von der sich die Bezeichnung Magdalénien für den dritten und letzten Abschnitt des Jungpaläolithikums herleitet.

Während dieser Gestaltungsprozess noch vom haptischen Empfinden, vom ›Begreifen‹ mitbestimmt wird, nimmt die reine Linien- und Flächenkunst des gravierten und gemalten Tierbildes die Fähigkeit in Anspruch, die dreidimensionale Wirklichkeit in ihr zweidimensionales Abbild zu übersetzen. Das charakteristische Verfahren ist die Seitenansicht. Hinzu kommt bereits in der jungpaläolithischen Felsbildkunst eine Technik, die als Verdeutlichungsperspektive bezeichnet wird: Während der Tierkörper etwa eines Rindes im Profil wiedergegeben ist, erscheinen die beiden Hörner, um als Hörnerpaar erkennbar zu werden, in der Schrägansicht.

FUNKTIONEN DES TIERBILDES. Das oben erwähnte *Wildpferd* vom Vogelherd bei Stetten weist x-förmige Einschnitte und Winkelkerben auf, die als Geschossmarkierungen gedeutet werden und auf einen Zusammenhang zwischen Tierbild und Jagdmagie hindeuten. Auch die Darstellung eines Mammuts, das durch die Abdeckung einer Fallgrube bricht, ist nicht als Erinnerung an einen bestimmten Jagderfolg zu betrachten, sondern als dessen Antizipation.
Diese Zweckbestimmung des jungpaläolithischen Tierbildes, die für ein Überleben der Gruppe notwendige Tierbeute *in effigie*, nämlich im Abbild, stellvertretend zu erlegen, verweist auf einen umfassenderen Zusammenhang. Er ergibt sich aus der Anbringung der Tierbilder tief im Inneren der rund 200 bekannten sog. Bilderhöhlen, die niemals als Wohnbereich dienten (die ›Höhlenmenschen‹ lebten überwiegend im Freien und suchten allenfalls im Eingangsbereich der Höhlen Schutz), sondern rituellen Handlungen wie der Initiation gewidmet waren. Darüber hinaus ergeben Bildzeichen, die Tierdarstellungen umgeben, nach den Forschungen von André Leroi-Gourhan ein dualistisches System von Geschlechtsmerkmalen, das die Tier- und Menschenwelt in ein analoges Verhältnis zueinander setzt. Aus dieser Sicht erscheint das Tierbild als Vergegenständlichung eines Weltbildes.
Davon bleibt die Tatsache unberührt, dass das jungpaläolithische Tierbild eine Lebensnähe aufweist, die bei der Entdeckung der ersten Höhlenbilder in der zweiten Hälfte des 19. Jahrhunderts als Beweis für ihre Fälschung ins Feld geführt wurde.

DIE FAUNA DER JÜNGEREN ALTSTEINZEIT

Nach der Häufigkeit in der Felsbildkunst des Jungpaläolithikums wurden die Kältesteppen am Rand der vergletscherten Gebiete vor allem von folgenden Tierarten bevölkert: Bär, Bison (auch Wisent genannt), Pferd, Mammut, Rentier und Rind.
Diese Tierarten bilden jedoch nur einen Ausschnitt aus der durch Knochenfunde belegten Fauna an Vierbeinern. Hinzu kamen auf Tierwanderungen aus dem Norden das wollhaarige Nashorn und der Moschusochse; von den Gletschern der Hochgebirge stiegen Gämse und Steinbock in gemäßigtere Zonen ab. Zu den kleineren Säugetieren gehörten Hase, Fuchs, Luchs und Vielfraß, zu den großen Raubtieren neben dem Höhlenbär die Höhlenhyäne, der Höhlenlöwe und der Höhlenpanther sowie der Wolf.

»Großer Saal« der Höhle von Altamira, Nachbildung, 1963; München, Deutsches Museum
Die Höhle von Altamira in der nordwestspanischen Region Kantabrien (Prov. Santander) zählt zu den eindrucksvollsten sog. Bilderhöhlen des franko-kantabrischen Raums aus dem Magdalénien. Ihre Existenz war ab 1868 bekannt. 1879 konnte mit ihrer Erforschung begonnen werden, doch erst nach 1900 wurden die Zweifel an einer Entstehung der Tierbilder in vorgeschichtlicher Zeit durch Vergleiche mit inzwischen ebenfalls untersuchten Bilderhöhlen wissenschaftlich ausgeräumt. Zweifel nährten die Lebensnähe der Malereien und ihr guter Erhaltungszustand, der sich jedoch durch die natürliche ›Versiegelung‹ der Höhle und die Verwendung von Erdfarben erklären lässt. Die 280 m lange Höhle gliedert sich in den 30 m vom ursprünglichen Eingang entfernten »Großen Saal«, einen mittleren Saal mit gewundenen Galerien und einen rückwärtigen Korridor.

MATERIAL UND TECHNIK

ERDFARBEN

FARB- UND BINDEMITTEL. Die materielle Grundlage der Malerei bildet der Gebrauch von Farben, die in der Regel aus Farb- und Bindemitteln bestehen. Letztere entfallen bei Farbstoffen, die beispielsweise zum Einfärben von Textilien verwendet werden. Die Malfarbe dagegen enthält als Farbmittel pulverisierte Farbstoffe, die als Pigmente bezeichnet werden. Bindemittel dienen dem Zweck, die Körnchen der Pigmente miteinander zu verkitten und auf dem Malgrund zu befestigen.
Auf die Malpraxis des Jungpaläolithikums angewandt, aus dem die ältesten Malereien in Gestalt von Felsbildern überliefert sind, bedeutet dies: Als Farbstoffe dienten mineralhaltige Farberden mit einem hohen Anteil von Eisenoxiden (Sauerstoffverbindungen des Eisens), weshalb die hieraus gewonnenen Erdfarben früher auch Eisenfarben hießen. So sind Eisenoxide maßgebend für die Färbung des roten Ockers aus Ton und Quarz. Daneben standen gelber und brauner Ocker zur Verfügung.
Ein ebenfalls anorganisches schwarzes Farbmittel ergaben Manganoxide. Organische schwarze Pigmente wurden durch das Verkohlen von Holz und sonstigen pflanzlichen Substanzen gewonnen.
Als Bindemittel verwendeten die ersten Maler erhitztes Tierfett und Tierblut, an deren Stelle bereits im Altertum Wachs, Baumharz und Öle getreten sind.

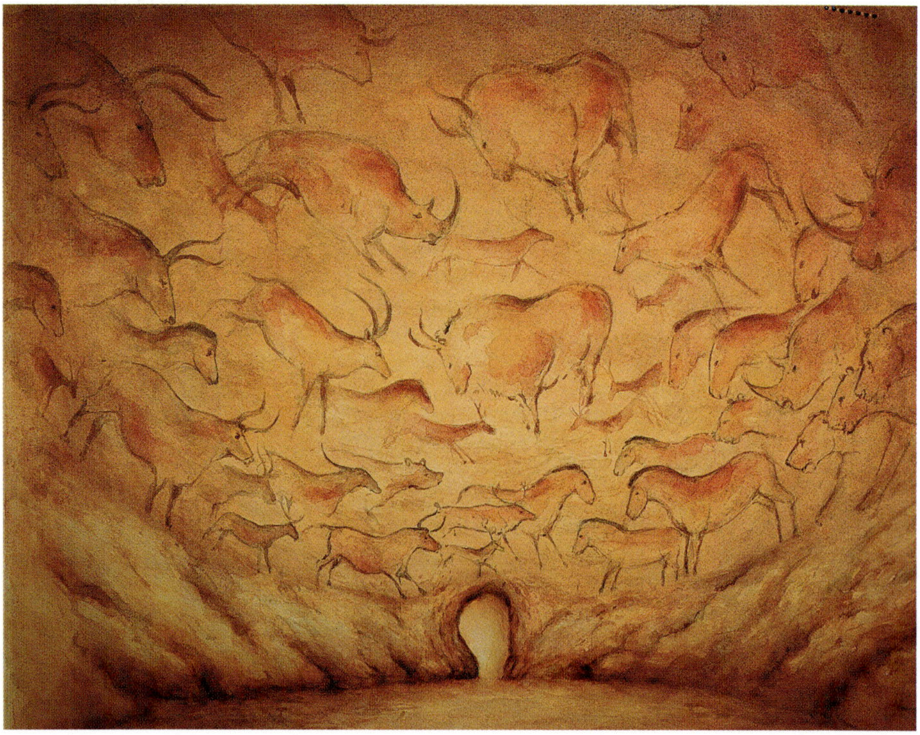

DER FARBAUFTRAG. Die aus pulverisierten Farb- und Bindemitteln hergestellte Farbmasse wurde wohl zumeist mit der Hand aufgetragen, was farbige Abdrücke von Handflächen anschaulich vor Augen führen. Daneben entwickelte sich bereits der ›verlängerte Arm‹ des Malers in Form von Stöcken, Reisigbündeln und des Pinsels aus Tierhaaren mit einem Röhrenknochen als Halterung. Negative Handabdrücke, die sich hell inmitten eines dunklen Umfelds abheben, deuten auf eine Sprühtechnik hin, bei der Röhrenknochen als Blasrohr dienten.
Trotz der beschränkten Farbskala erzielen die Erdfarben den Eindruck der Polychromie (Vielfarbigkeit). Die Annahme einer farbsymbolischen Komponente mit Rot als Ausdruck von Blut und Leben, Schwarz als Ausdruck von Tod gehört in den Bereich spekulativer Interpretation, die in der eiszeitlichen Kunst reiche Nahrung findet.

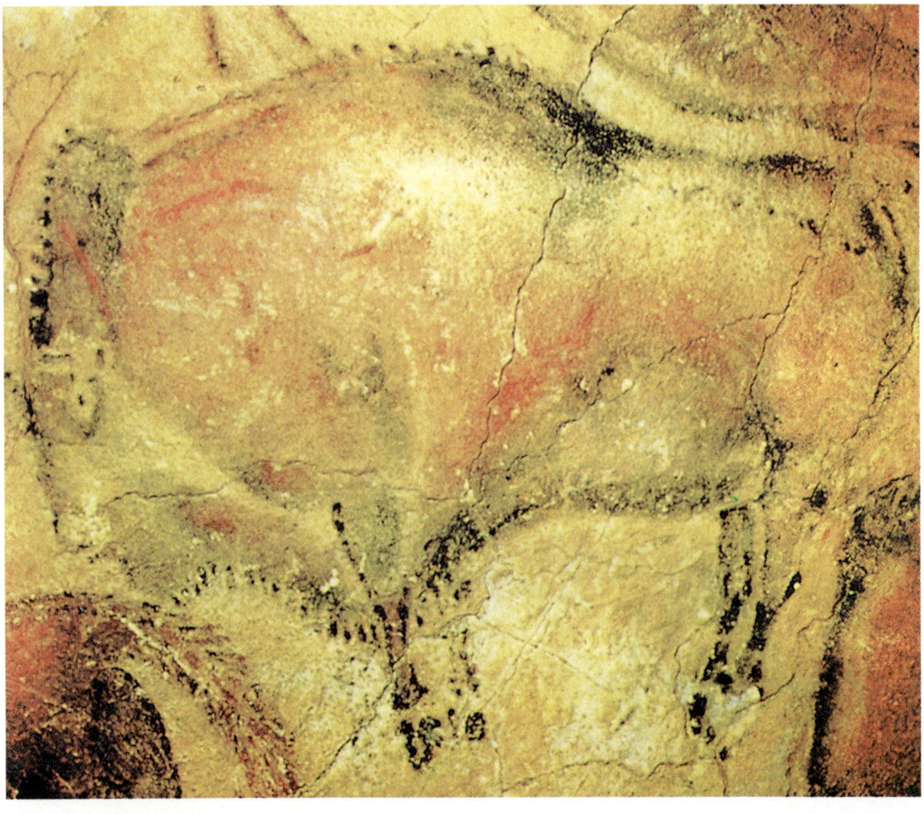

***Bison*, um 12 000 v. Chr.; Erdfarben auf Fels, etwa lebensgroß; Kantabrien, Höhle von Altamira**
Zu den als Jagdwild dargestellten Tierfiguren an der Decke im »Großen Saal« der Höhle von Altamira gehören Bisons in unterschiedlichen Positionen: kampfbereit stehend, mit angezogenen Beinen liegend, von einem Speer getroffen und sich mit letzter Kraft vom Boden abstützend. Die Verwendung der in unterschiedlichen Mischungen eingesetzten roten bis braunen Erdfarben erzielt polychrome und modellierende Wirkung, wobei der graue Malgrund des Felsgesteins in Altamira die Farbwirkung dämpft. Vereinzelt erscheinen Figuren auch in rein zeichnerischer Gestaltung. Vorherrschend ist der Charakter des ›Streubildes‹, das noch keinen szenischen Zusammenhang zwischen den einzelnen Figuren kennt, zumal die Bemalung der Decke in mehreren Phasen erfolgte und ältere Teile abgekratzt oder abgewaschen wurden, um für neue Bilder Platz zu schaffen.

Der Tod eines Jägers, um 15000 v. Chr.;
Montignac (Dep. Dordogne), Höhle von Lascaux
Die Umrisszeichnung im »Schacht des toten Mannes« zerfällt stilistisch in zwei Teile. Das Bison ist in naturnaher Seitenansicht wiedergegeben. Ein im Hinterleib steckendes Geschoss ist Ursache für das Austreten der Gedärme. Die vor dem Bison am Boden liegende Figur mit erigiertem Glied ist dagegen in Strichmanier dargestellt. Der Vogelkopf entspricht dem Vogel an der Spitze des Stabes, der neben der Figur am Boden liegt. Die Deutungen reichen, unter Vernachlässigung des Vogelmotivs, von der Wiedergabe eines Jagdunfalls bis zur schamanischen Beschwörungsszene des als Totem gedeuteten Bisons, wobei die Wiedergabe der tödlichen Verwundung des Tieres außer Acht bleibt.

WIRKUNGSGESCHICHTE

HÖHLE VON LASCAUX

»DIE GEBURT DER KUNST«. 1940 entdecken zwei Kinder bei der Suche nach ihrem spurlos vom Erdboden verschwundenen Hund 2 km südöstlich von Montignac (Dep. Dordogne) einen Zugang zu einer unbekannten Bilderhöhle aus dem frühen Magdalénien, deren längster Gang 140 m ins Innere eines Berges führt. Wie 70 Jahre zuvor bei der Höhle von Altamira ist von raffinierten Fälschungen die Rede, doch bereits 1941 veröffentlicht der in Paris lehrende Prähistoriker Henri Breuil, ursprünglich als katholischer Geistlicher tätig, seine unter fachwissenschaftlichem Gesichtspunkt unternommene Untersuchung *La cueva de Lascaux*. Vor allem aber werfen die Felsmalereien und Gravierungen an den Wänden von Sälen, Gängen und Kammern die Frage nach den europäischen Urbildern moderner Kunst auf, beispielsweise der abstrahiert-expressiven Stierbilder Pablo Picassos, die bislang mit der außereuropäischen ›primitiven‹ Kunst in Verbindung gebracht wurden. In diesem Zusammenhang entwickelt der französische Schriftsteller Georges Bataille eine neue Genealogie der Moderne und erkennt in Bildwerken wie jenen der Höhle von Lascaux die »Geburt der Kunst« (*Lascaux, ou la naissance de l'art*, frz. und dt. 1955). Tatsächlich bietet sich in Lascaux ein bislang in solcher Dichte und Breite unbekanntes Spektrum prähistorischer Darstellungsweisen: prozessionsartig angeordnete Tierfiguren und geometrische Zeichen im »Saal der Stiere«, Momentaufnahmen wie eine Gruppe von fünf Hirschen, von denen nur Geweih, Kopf und Hals zu sehen sind, da sie ein Gewässer zu durchschwimmen scheinen, und im schwer zugänglichen »Schacht des toten Mannes« eine als *Tod eines Jägers* bekannte Szene.

Springendes Rind, um 15000 v. Chr.; Erdfarben auf Fels, etwa lebensgroß; Montignac (Dep. Dordogne), Höhle von Lascaux

Zu den ungewöhnlichen Experimenten der Tierbilder in Lascaux gehört diese Wiedergabe einer Bewegung in ihrer körperlich-räumlichen Qualität: Indem das nach vorn ausgreifende linke Hinterbein den Rumpf des Tieres überschneidet, ist das Gestaltungsprinzip der reinen Seitenansicht mit charakterisierender Umrisslinie durchbrochen.
Zu den Besonderheiten der Felsbildmalerei in der Höhle von Lascaux gehört der weiße kristalline Überzug des Bildgrundes, der beim *Springenden Rind* als punktierte Kontur des nach vorn gestreckten Hinterbeins in Erscheinung tritt.
Der Algenbewuchs der Bilder als Folge einer Veränderung des Mikroklimas durch Beleuchtung und Besucher erzwang Anfang der 1960er-Jahre die Schließung der Höhle. In unmittelbarer Nähe bietet eine Nachbildung der wichtigsten Teile seit 1983 Ersatz.

ABBILD UND SINNBILD. Die Szene *Tod eines Jägers* erneuerte und vertiefte die Diskussion über das Verhältnis zwischen dem prähistorischen ›Naturalismus‹ des Tierbildes und dem ›Symbolismus‹ als einer ebenfalls prähistorischen Sinnebene. Während das von einem Geschoss getroffene Tier, dessen Gedärm aus der Wunde austritt, trotz der tödlichen Verwundung kampfbereit das Haupt senkt und das Abbild einer lebensnah erlebten Situation ist, besitzen die ›Strichzeichnung‹ der am Boden liegenden Figur mit Vogelkopf und der neben ihr liegende Vogelstab sinnbildlichen Charakter, wobei der Vogel als Symbol der Seele gedeutet worden ist, die sich vom Körper löst. Kennt also bereits die prähistorische Kultur den Leib-Seele-Dualismus, den Gegensatz zwischen physischer Materie und geistiger Transzendenz?
Zumindest in die Richtung einer Loslösung vom bloßen Naturabbild zielen Deutungen des sog. *Einhorns* im »Saal der Stiere«, wobei die Bezeichnung ›Einhorn‹ angesichts der beiden fühlerartigen Auswüchse am Kopf des mit schwer herabhängendem Leib wiedergegebenen (trächtigen?) Tieres ebenso vage ist wie die Erklärung, es handle sich bei jenen Auswüchsen um die Hinterbeine eines ansonsten verschwundenen Tierbildes. Auch die gefleckte Musterung des Tierkörpers passt nicht zu einer abbildhaften Gestaltung. Insofern könnte sich hier die bildnerische Erfindung als grundlegende künstlerische Kompetenz Geltung verschafft haben, indem – nach dem Urteil des Prähistorikers Karl J. Narr – »die ästhetischen, schöpferischen und gestaltenden Werte über das hinausgehen, was durch Zweckbestimmung verlangt wird«.

STIL

METALLZEIT

BRONZEZEIT. Das kulturelle Ost-West-Gefälle der ›Neolithischen Revolution‹ besteht auch in den Kulturperioden, die nach den technologischen Fortschritten in der Gewinnung und Verarbeitung von nichtedlen, vorwiegend für Geräte verwendeten Metallen benannt werden; Edelmetalle wie das Gold besitzen eine weitaus ältere Geschichte als die Werkstoffe Kupfer, Bronze und Eisen.
Zwar war das Kupfer schon früh auch im westlichen Mittelmerraum bekannt, weshalb hier von einer Periode der Kupfersteinzeit gesprochen wird. Eine grundsätzlich neue Errungenschaft der in Mesopotamien beginnenden Bron-

***Sonnenwagen von Trundholm*, um 1400 v. Chr.; Bronze und Goldblech, Länge 59,6 cm, Durchmesser der Scheibe 26,4 cm; Kopenhagen, Nationalmuseum**
Das bronzezeitliche Gefährt vereinigt mehrere kultur- und kunstgeschichtliche Errungenschaften: die Domestikation des Pferdes seit dem 4. Jahrtausend v. Chr., die Erfindung des Rades, das als Scheibenrad erstmals um 2600 v. Chr. in Ur bezeugt ist und um 2000 v. Chr., ebenfalls in Mesopotamien, die viel leichtere Form des Speichenrads annahm; die Verarbeitung der Kupfer-Zinn-Legierung Bronze im Massivguss und die Verwendung von Goldblech. Von stilgeschichtlichem Interesse ist der ornamentale Schmuck der beidseitig konzentrisch gegliederten Bronzescheibe durch punzierte Kreis- und Spiralmuster. Die eine Seite ist mit Goldblech belegt und wird als glänzende Tagseite im Gegensatz zur dunklen Nachtseite gedeutet. Die rechte Seite ist insofern auch ein Abbild der Sonnenscheibe, die über den Himmel fährt, wobei auch das Rad als Sonnensymbol zu verstehen ist. Wieder entdeckt wurde die als Modell eines Kultwagens gestaltete Plastik 1902 im Moor von Trundholm auf der dänischen Insel Seeland.

zezeit ist jedoch das experimentelle Vorgehen, das zum neuen Werkstoff Bronze geführt hat. Offensichtlich gelang es, durch Versuche das Kupfer durch die künstliche Verbindung mit Zinn zu härten.
Ein weiterer Schritt in der kulturgeschichtlichen Entwicklung ist insofern mit dem Werkstoff Bronze verbunden, als die beiden Ausgangsmaterialien nicht in denselben Gebieten abgebaut wurden, sondern als Handelsgüter zueinander finden mussten. Es bedurfte eines planmäßigen Fernhandels, verbunden mit der Entstehung von Zentren insbesondere an Kreuzungspunkten zwischen Land- und Seewegen. Dieser Position verdankte Troja südlich der Dardanellen seine Entwicklung. In der zweitältesten, bronzezeitlichen Besiedlungsgeschichte stieß Heinrich Schliemann auf den sog. *Schatz des Priamos* (um 2200 v. Chr.; ehem. Berlin, heute Moskau, Puschkin-Museum).
Generell trieb die Gewinnung und Verarbeitung von Metall eine weitere berufliche Spezialisierung voran, die sich wiederum in eine fortschreitende soziale Differenzierung einordnete. Diese wird vor allem durch die Entwicklung der Bestattungsformen (Hügelgräber, dann Urnenbestattung) und der Grabbeigaben bezeugt.
Hier setzt das kunst- und stilgeschichtliche Interesse an, sofern es sich weniger auf die angewandte Kunst der Geräteherstellung, sondern mehr auf die Gestaltung von Luxusgegenständen richtet. Hierzu gehören Prunkgeräte und -waffen wie Bronzeäxte mit Goldeinlage, bronzene Halskrägen, Arm- und Beinringe. Die vorherrschende Verzierung sind kreis- und spiralförmige Ornamente.

EISENZEIT. Bronze besaß zwar Materialvorzüge wie die Verbindung von Härte und Schärfe mit Geschmeidigkeit, unterlag jedoch in der Waffen- und Geräteherstellung seit dem 1. Jahrtausend v. Chr. dem neuen, widerstandsfähigeren Werkstoff Eisen. Das Alte Testament führt beispielsweise die Überlegenheit der Philister über die Israeliten auf die Kenntnis der Eisenherstellung zurück und betont die eiserne Speerspitze des im Übrigen in eine bronzene Rüstung gehüllten und mit Bronzewaffen ausgestatteten Goliat (1. Sam 17,7), der gleichwohl der Steinschleuder des Hirtenknaben David zum Opfer fällt.
Im Osten ist die Eisenzeit Teil der Entwicklung der Frühen Hochkulturen, im Mittelmeerraum der antiken Kulturen. Eisenzeitliche Kulturen in Mittel- und Nordeuropa sind die ältere Hallstattkultur und die jüngere La-Tène-Kultur. Erstere ist nach einem Gräberfeld bei Hallstatt am Hallstätter See (Oberösterreich) benannt; sie reicht vom 7. bis zum 5. Jahrhundert v. Chr. und erstreckt sich vom nordöstlichen Frankreich bis zum nordwestlichen Balkan. Die La-Tène-Kultur, benannt nach der Fundstätte La Tène am Neuenburger See (Schweiz), wurde von keltischen Stämmen getragen und reichte im 3./2. Jahrhundert v. Chr. von den Britischen Inseln bis nach Oberitalien. Beide eisenzeitlichen Kulturen sind durch Verbindungen zu den mediterranen antiken Kulturen beeinflusst.

WERKSTOFF METALL

Bronze, Legierung (lat. *ligare* ›verbinden‹) aus Kupfer (Anteil 80–90 %) und Zinn.
Der Beginn der Herstellung von Bronze wird im 3. Jahrtausend v. Chr. in Mesopotamien angenommen.

Eisen (lat. *ferrum*), Schwermetall, das nur selten in gediegener (reiner) Form, sondern zumeist als Erz in der Erdkruste vorkommt. Die Entdeckung des durch Erzschmelze gewonnenen Werkstoffs wird um 1200 v. Chr. in Ostanatolien bei den Hethitern angenommen.

Erz (lat. *aes*), natürlich vorkommendes Mineralgemenge aus nutzbaren Metallen und sonstigen Mineralen, die als »taubes Gestein« bezeichnet werden.

Kupfer (lat. *aes cyprium* ›aus Zypern stammendes Erz‹), Schwermetall, das bei gediegenem (reinem) Vorkommen mechanisch verarbeitet werden kann. Geschmolzenes Kupfer ergibt mit Zinn die Legierung Bronze.

Zinn (lat. *stannum*), Schwermetall, ergibt mit Kupfer die Legierung Bronze.

MATERIAL UND TECHNIK

GOLD

ABGLANZ DES URSPRÜNGLICHEN. Die früheste Verwendung des Edelmetalls Gold (lat. *aureum*) lässt sich um 5000 v. Chr. datieren. Sein vielfach gediegenes, als Erz in der Regel mit Silber und Kupfer verbundenes Vorkommen bot die Gelegenheit zur unmittelbaren Verarbeitung. Von den Ägyptern wissen wir, dass sie anfangs Goldwäscherei im Nilsand in Nubien betrieben und um 2000 v. Chr. zum Goldbergbau in Unternubien übergingen.
Die hohe Wertschätzung des Goldes beruhte auf der Seltenheit des Vorkommens und auf seinen Materialeigenschaften, insbesondere dem Glanz als ›materialisiertes Licht‹. Auf der Verbindung mit der lebensspendenden Sonne beruht der religiöse Symbolgehalt des Goldes, der bereits in frühgeschichtlichen Kulten in der Institution des Priesterkönigs auf die Person des Herrschers übergeht. Der Mythos einer Abfolge mehrerer Zeitalter, den Hesiod überliefert, stellt das Goldene Zeitalter an den paradiesischen Beginn der Menschheitsgeschichte. Vom Verderben bringenden Goldrausch handelt bereits der Mythos vom phrygischen König Midas, dem Dionysos die Gabe verleiht, alles, was er berührt, in Gold zu verwandeln. Da dies auch mit den Speisen und Getränken geschieht, die Midas in die Hand nimmt, ist er bald vom Hungertod bedroht.
Einen Hinweis auf die religiöse Weihe von Gegenständen aus Gold geben die sog. Hort- und Schatzfunde. Wir gehen davon aus, dass es sich in der Regel nicht um eilig vergrabene, vor Feinden in Sicherheit gebrachte Kostbarkeiten handelt, sondern um gleichsam beigesetzte geweihte Gegenstände. So wurden die vier heute bekannten goldenen Zeremonialhüte als Einzelstücke aus dem Erdreich geborgen.

VERARBEITUNG. Neben dem Glanz ist die Geschmeidigkeit eine wesentliche Materialeigenschaft des Goldes und bildet die Voraussetzung seiner mechanischen Verarbeitung zu hauchdünnen Folien und Drähten, zu Perlen, Nadeln und spiralförmigen Schmuckstücken wie Arm- und Beinreifen. Doch ebenso lässt sich Gold schmelzen, mit Silber zu Weißgold, mit Kupfer zu Rotgold legieren, gießen und zu hohlen oder massiven, durch Treibarbeit verzierten Gegenständen formen.
Eine Vorstellung gibt der alttestamentliche Bericht über die in Gottes Auftrag von eigens zu dieser Arbeit berufenen Künstlern geschaffene Ausstattung des Offenbarungszelts mit Kultgeräten. Ein Beispiel ist der siebenarmige Leuchter, die Menora: Bezalel »machte den Leuchter aus purem Gold. Der Leuchter, sein Gestell und sein Schaft, seine Kelche, Knospen und Blüten waren aus einem Stück getrieben. (…) Aus einem Talent puren Goldes (rund 41 kg) machte er den Leuchter und alle dazugehörigen Teile« (2. Mose 37,17–24).

KULTGERÄTE

Zum Bund, den Gott mit dem Volk Israel am Sinai schließt, gehört die Ausstattung des Offenbarungszelts (der »Stiftshütte« in Luthers Übersetzung). Über die Berufung von Künstlern und ihren Lehrlingen berichtet das 2. Buch Mose:
»Dann sagte Mose zu den Israeliten: Seht, der Herr hat Bezalel, den Sohn Uris, des Sohnes Hurs, vom Stamm Juda, beim Namen gerufen und ihn mit dem Geist Gottes erfüllt, mit Weisheit, Klugheit und Kenntnis für jegliche Arbeit, Pläne zu entwerfen und sie in Gold, Silber und Kupfer auszuführen und durch Schneiden und Fassen von Steinen und durch Schnitzen von Holz allerlei Kunstwerke herzustellen. Auch hat er ihm und Oholiab, dem Sohn Ahisamachs, vom Stamm Dan, die Gabe verliehen, andere zu lehren« (2. Mose 35,30–34).

Zeremonialhut, um 1000–800 v. Chr.; Gold, Höhe 74 cm, Materialstärke 0,06 mm; Berlin, SMPK, Museum für Vor- und Frühgeschichte

Das Kultobjekt aus papierdünnem Goldblech (Gewicht: 460 g) gliedert sich in einen konischen Spitzkegel, eine helmartige Kalotte und eine Krempe. Die an der Unterseite positive Ornamentierung der Krempe deutet darauf hin, dass der Träger des Zeremonialhutes – ein Priester oder Priesterkönig – einen erhöhten Standort einnahm und gleichsam aus der Froschperspektive wahrgenommen wurde.

Als Schmuck dienen 19 umlaufende Streifen mit Scheibenmustern und Buckeln, die nicht durch rückwärtige Treibarbeit entstanden sind, sondern mit Hohl- bzw. Negativpunzen aufgestempelt wurden. Der Entstehungsort wird im süddeutschen Raum vermutet, der Verwendungszusammenhang in einer uns unbekannten archaischen Religion der Bronzezeit.

Der 1997 aus Schweizer Privatbesitz erworbene Kultgegenstand besitzt drei Vergleichsstücke. Sie befinden sich im Historischen Museum der Pfalz in Speyer (*Goldener Hut von Schifferstadt*, gefunden 1835), im Musée des Antiquités Nationales in Saint-Germain-en-Laye (gefunden 1844) und im Germanischen Nationalmuseum in Nürnberg (gefunden 1953). Gemeinsam sind ihnen neben der konischen Form eine Verzierung mit Kreis- und Scheibenornamenten, die als Sonnensymbole gedeutet werden.

STIL

MESOPOTAMIEN

DAS ZWEISTROMLAND. Das entsprechend seiner griechischen Bezeichnung ›zwischen den Flüssen‹ Euphrat und Tigris gelegene Mesopotamien grenzt im Süden an den Persischen Golf, im Norden an das Kurdische Gebirge. Im Westen liegt die Syrische Wüste, im Osten das Iranische Hochland. Innerhalb dieser Grenzen bildete Mesopotamien eine von den Flussadern durchquerte Kulturinsel, die Wanderbewegungen anlockte, sodass sich die mesopotamische Geschichte als Folge von Reichsbildungen darstellt. 539 v. Chr. wurde das Neubabylonische Reich von den Persern unter Kyros II. erobert, deren Weltreich von Kleinasien bis zum Indus reichte.

ALTORIENTALISCHE KUNST. Was sich hier im Zeitraum von mehreren Jahrtausenden als sumerisch-akkadische, assyrische und babylonische Kunst entwickelte, fügt sich zum altorientalischen Kulturerbe zusammen. Es schließt eine hoch entwickelte Literaturtradition ein. Zu den bekanntesten Werken gehört das *Gilgamesch-Epos* über den seit etwa 2600 v. Chr. als Gott verehrten frühgeschichtlichen sumerischen Herrscher von Uruk. Es enthält unter anderem den Mythos der babylonisch-assyrischen Liebes- und Fruchtbarkeitsgöttin Ischtar. Ein monumentales Hochrelief vom Palast des Assyrerkönigs Sargon II. zeigt den *Löwenbezwinger Gilgamesch* (um 710 v. Chr.; Paris, Louvre).

Ischtartor **in Babylon, 6. Jahrhundert v. Chr.; Rekonstruktion**
1899 begann die im Jahr zuvor gegründete Deutsche Orient-Gesellschaft mit Ausgrabungen in Babylon. Das spektakulärste Ergebnis war die Bergung von Bauteilen einer Toranlage aus der Zeit Nebukadnezars II. Der Wiederaufbau in Berlin beschränkte sich aus Raumgründen auf das 14,73 m hohe und 15,70 m breite Vortor, hinter dem sich das weit mächtigere Haupttor befand. Die Rekonstruktion lässt erkennen, dass die Zweiteilung den beiden Mauerringen der Stadtbefestigung entsprach, die vom Tor durchbrochen wurde. Stadteinwärts schloss sich eine Prozessionsstraße an. In den Tortürmen befanden sich Räume für die Wachmannschaften. Kennzeichnend für die Architektur im gesteinsarmen Mesopotamien sind die Ziegelbauweise und die vollständige keramische Verkleidung. Sie ist teilweise ornamental gestaltet; vorherrschend sind durch Formkacheln gebildete Drachen und Stiere. Heute besitzt auch Babylon eine Rekonstruktion des Tors.

Ausgangspunkte der mesopotamischen Hochkultur sind Stadtstaaten wie Uruk, Ur, Kisch, Lagasch und Mari mit jeweiligem Stadtfürsten sowie mächtigem Priester- und Beamtenstand. Ein charakteristischer Bautyp ist der in Ziegelbauweise stufenförmig zum Tempel ansteigende Zikkurat. Der Gedanke einer zum Allerheiligsten, ja bis zum Himmel ansteigenden Turmarchitektur spiegelt sich im alttestamentlichen »Turmbau zu Babel« wider (1. Mose 11). Erhalten sind die Rampen vom *Zikkurat des Urnammu* in Ur, um 2100 v. Chr.
Erfindungen des 4. Jahrtausends v. Chr. sind die Keilschrift, die sich auf den Ton- und Steintafeln der Tempel- und Palastbibliotheken, als Urkundentext auf Stelen und Statuen findet, und das zylindrische Rollsiegel. Diese Kleinkunst bezeugt den altorientalischen Motivschatz an Tieren und Fabelwesen, die symmetrisch dem Lebensbaum zugeordnet sind. Ein Vogel mit aufsitzendem Mann bezieht sich auf die Legende von Etana, der von einem Adler zum Himmel getragen wurde, um das »Kraut des Gebärens« zu holen. Doch die unter ihm immer kleiner werdende Erde erfüllte Etana mit Furcht, und er stürzte ab. Rollsiegel und Stelen zeigen die sog. Einführungsszene: Ein Beter wird durch seinen Fürsprecher vor den Thron des vergöttlichten Königs geführt.
An Skulpturen sind Scharen von kraftvoll gestalteten Beterstatuetten mit mehrstufigem Zottenrock überliefert, die sich als Votivgaben im Tempel für das Wohl des Fürsten einsetzten. Die bereits in der sumerischen Bildhauerkunst beginnende Reihe von Bildnisstatuen der Herrscher erlebt einen Höhepunkt in der Akkadzeit (Kopffragment *Sargon I.*, Bronze, um 2300 v. Chr.; Bagdad, Irak-Museum). Hieran schließen sich die Königsstatuen der Assyrer an. Aus ihren Palästen in Assur, Ninive und Nimrud sind als reifste Leistung der assyrischen Kunst Reliefzyklen mit Jagd- und Kriegsschilderungen sowie kultischen Szenen erhalten. Letztere zeigen den König in Verbindung mit einem Schutz gewährenden Genius (Apkallu) in Vogel-Mensch-Gestalt. Mischwesen aus Mensch (Kopf mit Hörnerkappe und Kultbart), Adler und Stier bevölkerten die Paläste als monumentale *Torwächter* (Berlin, Vorderasiatisches Museum; Paris, Louvre). Von den Wundern Babylons zeugen die wohl allegorisch zu verstehenden »Hängenden Gärten der Semiramis«, eines der Sieben Weltwunder des Altertums als Ausdruck einer an paradiesische Vorstellungen heranreichenden Stadtkultur.
Die bedeutendsten Überreste der mesopotamischen Wandmalerei stammen aus dem sumerischen Palast von Mari (heute Tell Hariri bei Abu Kamal im östlichen Syrien). Bei den Ausgrabungen 1933–38 unter Leitung von André Parrot wurden umfangreiche szenische Darstellungen geborgen, darunter die *Investitur des Königs Zimrilim* (Paris, Louvre), entstanden vor der Eroberung des Stadtkönigtums durch Hammurapi um 1695 v. Chr. Die friesförmige Komposition zeigt die Göttin Ischtar bei der Belehnung Zimrelins mit Ring und Stab. Es ist denkbar, dass die Malerei auf Verputz einen Wandbehang nachahmt.

VÖLKER UND REICHE
(in chronologischer Reihenfolge)

Sumerer, erste Kulturträger im Zweistromland mit Stadtstaaten in abwechselnd enger oder loser Verbindung untereinander.

Reich von Akkad, nach der verschollenen Stadt Akkad (am Euphrat?) benanntes erstes semitisches Großreich (um 2300–2170), begründet durch Sargon I.

Babylonisches Reich, nach Babylon am Euphrat benannter Machtbereich im südlichen Mesopotamien. Seine bedeutendsten Perioden liegen im 2. Jahrtausend v. Chr. (König Hammurapi) und zur Zeit des Neubabylonischen Reichs der Chaldäer (626–539 v. Chr.).

Assyrer, benannt nach dem Reichsgott Assur. Ausgehend vom lokalen Fürstentum um Assur am Tigris, erlangten die Assyrer die Oberhoheit über Babylon und drangen schließlich bis Ägypten vor (671 v. Chr.). Sie erlagen den Medern und Persern (Eroberung Ninives 612 v. Chr.).

GESTEMPELTE ZIEGEL

Seit 1989 bildet Babylon eine Großbaustelle. Die irakische »Staatsgrabung« verfolgt das Ziel, aus dem Ruinengelände eine touristische Attraktion zu entwickeln. Hierzu gehört eine Rekonstruktion des *Ischtartors*, nach dessen Vorbild im ca. 100 km nördlich gelegenen Bagdad das *Assyrische Tor* entstanden ist. An die altorientalische Tradition der Beurkundung des Baumaterials anknüpfend, sind die in Babylon verwendeten Ziegel mit dem Namen des seit 1979 regierenden Staatspräsidenten Saddam Hussein gestempelt.

ATTRIBUT UND SYMBOL

GESTIRNE

LEBENSORDNUNG

»Du hast den Mond gemacht
als Maß für die Zeiten,
die Sonne weiß, wann sie
untergeht.
Du sendest Finsternis, und
es wird Nacht,
dann regen sich alle Tiere
des Waldes.
Die jungen Löwen brüllen
nach Nahrung,
sie verlangen von Gott
ihre Nahrung.
Strahlt die Sonne dann auf,
so schleichen sie heim
und lagern sich in ihren
Verstecken.
Nun geht der Mensch hinaus
an sein Tagwerk,
an seine Arbeit bis zum
Abend.«
(Ps. 104,19–23)

Dieser Psalm ist eng verwandt mit dem Sonnengesang des ägyptischen Königs Echnaton (Amenophis IV.).

ASTROLOGIE UND RELIGION. Eine Errungenschaft der mesopotamischen Hochkultur ist die Astrologie. Sie beruht auf der Beobachtung der Himmelskörper und auf der Systematisierung des seit jeher dem Menschen bewussten Zusammenhangs von Himmelsgeschehen und Leben auf der Erde: Der Wechsel von Sonne und Mond gliederte den Tag in zwei Teile, deren zyklisch sich veränderndes Verhältnis zueinander den Charakter der Jahreszeiten prägte. Es ist anzunehmen, dass die kreisförmige Anlage von *Stonehenge* in Südengland, begonnen im 4. Jahrtausend, derlei Beobachtungen architektonisch fixierte, indem eine durch den zentralen »Sonnenstein« verlaufende Achse am Horizont auf den Punkt trifft, an dem am Tag der Sommersonnenwende die Sonne aufgeht.
Die Entwicklung von der vorgeschichtlichen Astronomie zur frühgeschichtlichen Astrologie beinhaltet eine Verknüpfung der Himmelskörper mit elementaren, das Leben von Menschen beeinflussenden Eigenschaften. Diese Planeten- oder Schicksals-Astrologie konzentrierte sich auf den König, der den vergöttlichten Planeten – wie die *Siegesstele des Königs Naramsin* vor Augen führt – am nächsten stand. Solche Gottheiten waren Schamasch, die Sonne, Sin, der Mond, und Ischtar, der Planet Venus.
Voraussetzungen für die Weiterentwicklung zur Tierkreis-Astrologie schufen die Ägypter, indem sie den Aufgang bestimmter Sterne und Sternbilder verzeichneten. Sie liegen auf der Bahn (Ekliptik), die dem Anschein nach von der Sonne zurückgelegt wird, und gliedern sich als Tierkreis (Zodiakus) in zwölf Stern- bzw. Tierkreiszeichen.

SONNENSYMBOLE. In den meisten Kulturen wird die Sonne als Verkörperung des männlichen Prinzips verstanden, während der Mond weiblich ist, was sich möglicherweise von der Analogie zwischen Mond- und Menstruationszyklus herleitet. Die ältesten Sonnensymbole sind die Scheibe und das Rad. Eine mit zwei Vogelschwingen versehene Sonnenscheibe gibt den Stadt- bzw. Reichsgott Assur wieder, ebenso Re, den ägyptischen Schöpfer und Erhalter des Lebens. Die ägyptische Bezeichnung *aton* für die Sonnenscheibe entwickelte sich zum Namen des Sonnengottes, den König Echnaton zum alleinigen Reichsgott erklärte; seine Darstellung ist durch eine Kugel gekennzeichnet, von der Strahlen ausgehen und in Händen münden. Die Eigenschaft der Sonne, durch ihr Licht alles sichtbar zu machen, die Dinge ›an den Tag zu bringen‹, kommt im ägyptischen Sonnensymbol in Form eines Auges zur Geltung. Die Sonnensymbole Hand und Auge wirken in der christlichen Ikonografie – als Hand bzw. Auge Gottes – ebenso nach wie die Sonnenscheibe als Nimbus und die babylonischen Himmelsgötter als Allegorien der Sonne und des Mondes, die bei Darstellungen der Kreuzigung Jesu über dem Kreuz erscheinen.

Siegesstele des Königs Naramsin, um 2300 v. Chr.; Sandstein, Höhe 299 cm; Paris, Louvre
Über einer Bergspitze, dem Ort göttlicher Selbstoffenbarung, erstrahlt ein Dreigestirn. Es sind die drei vergöttlichten Planeten Sonne, Mond und Venus, die in anderen Zusammenhängen durch den Wettergott zur Vierzahl ergänzt werden. Die Stele verherrlicht einen Sieg des »Königs der vier Weltgegenden«, Naramsin, des Enkels des akkadischen Reichsgründers Sargon I. Das Gestaltungsmittel der Bedeutungsperspektive dient dazu, Naramsin nicht allein durch das Attribut der Hörnerkappe, sondern auch durch seine Größe hervorzuheben und den Göttern nahe zu bringen. Die besiegten Feinde gehören zum Bergvolk der Lulubäer; Spitzbärte und Zöpfe am Hinterkopf unterschieden sie von den Akkadleuten.
Das ursprünglich in Sippar errichtete Siegesmal gelangte im 12. Jahrhundert v. Chr. als Trophäe der Elamer nach Susa. Hier wurde es um 1900 von französischen Archäologen entdeckt.

Die Ablösung des geozentrischen Weltbilds durch das heliozentrische im 16./17. Jahrhundert beeinflusste auch die Sonnensymbolik: Als Mittelpunkt des Systems der Himmelskörper entsprach sie dem politischen System des Absolutismus mit der zentralen Position des Monarchen, allen voran des »Sonnenkönigs« Ludwig XIV. von Frankreich.

GESTALTUNGSMITTEL

BEDEUTUNGSPERSPEKTIVE

METAPHER »GROSS«

»Denn der Herr ist ein großer Gott, ein großer König über allen Göttern.« (Ps. 95,3)

Derselbe Vers im Englischen:

»For the LORD is the great god, the great king above all gods.«

GROSS UND KLEIN. Im Gegensatz zum Deutschen verfügt das Englische über zwei Vokabeln mit der Bedeutung ›groß‹, um zwischen physischer und wesenhafter Bedeutung zu unterscheiden: *big* und *great*. Um dieselbe Unterscheidung zu treffen, ist die bildende Kunst darauf angewiesen, Größenverhältnisse festzulegen, die nur scheinbar physisch bedingt sind, in Wirklichkeit aber eine Rangordnung kennzeichnen. Nicht eine perspektivisch wiedergegebene räumliche Zuordnung mit großem Erscheinungsbild im Vordergrund und kleinem im Hintergrund entscheidet über die Proportionen, sondern die Rolle, die der einzelnen Figur zukommt.

GÖTTER UND MENSCHEN. Wir begegnen diesem Gestaltungsmittel der Bedeutungsperspektive in der Kunst der Frühen Hochkulturen in erster Linie in religiösen Zusammenhängen: in kultischen Szenen mit den Themen des Opferns und der Anbetung, sofern die Gottheit ›leibhaftig‹ in Erscheinung tritt. Beispiele finden sich in der mesopotamischen Reliefkunst ebenso wie in der altägyptischen Grabmalerei in der Darstellung des Totengerichts, wobei mittels der Bedeutungsperspektive auch innerhalb der Götterwelt nach Rängen unterschieden wird. Selbst die um Realismus bemühte Amarna-Kunst des Reformers

***Stele des Hammurapi*, um 1700 v. Chr.; Diorit, Gesamthöhe 225 cm, Höhe des Bildfelds 65 cm; Paris, Louvre**
Die vertikalen Keilschrift-Kolumnen der Stele enthalten den »Codex Hammurapi«, die Gesetze des babylonischen Königs. Das Rechtsdokument wurde im 12. Jahrhundert v. Chr. nach Susa verschleppt und 1902 wieder entdeckt. Das Bildfeld vereint den König mit seinem Reichsgott, dem eigentlichen Gesetzgeber. Scheinbar stehen sich Mensch und Gottheit Auge in Auge gegenüber. Doch dieser Gleichrang resultiert aus der Wiedergabe des Gottes als Sitzfigur; erhebt sich der Gott, so überragt er den stehenden König bei weitem. Insofern bedient sich das Relief der Bedeutungsperspektive bzw. des Bedeutungsmaßstabs. Die Wiedergabe der Hörner an der Kopfbedeckung des Gottes aus der Seitenansicht entspricht der Verdeutlichungsperspektive.

Echnaton differenziert zwischen der dominierenden Sonnenscheibe des Reichsgottes Aton und der in abgestufter Größe versammelten Gruppe der Opfernden mit Echnaton, dessen Gemahlin Nofretete und den Prinzessinnen. Betont wird die ›Niedrigkeit‹ des Menschen vor Gott durch die Haltung der Proskynese, die den Verehrenden in gekrümmter oder sogar flach ausgestreckter Haltung am Boden zeigt. Sie gehörte unter anderem zum byzantinischen Hofzeremoniell und ist besonders eindrucksvoll auf einem Werk der ottonischen Goldschmiedekunst wiedergegeben: Das durch fünf Arkaden gegliederte *Basler Antependium* mit der zentralen Gestalt Christi zeigt zu dessen Füßen als winzige gebeugte Figuren Heinrich II. und dessen Gemahlin Kunigunde.

Albrecht Dürer, *Die Geburt Christi* (Ausschnitt), um 1500–02; Öl auf Holz, Gesamtformat 155 x 126 cm, Höhe des Ausschnitts ca. 80 cm; München, Alte Pinakothek
Der Ausschnitt aus der Mitteltafel des als Triptychon gestalteten *Paumgartner-Altars* kontrastiert zwei Möglichkeiten perspektivischer Gestaltung: Der Schauplatz ist zentralperspektivisch konstruiert und gibt demnach die aus dem Hintergrund nach ›vorn‹ eilenden Hirten als entfernt und kleinfigurig wieder. Sobald sie Maria erreicht haben, werden sie in gleicher Größe vor dem neugeborenen Kind knien. Nach derselben räumlich-perspektivischen Logik müssten die im Vordergrund gereihten Stifterfiguren aus der Familie Paumgartner Maria bei weitem überragen. Stattdessen schrumpfen sie gemäß der Bedeutungsperspektive zum Beiwerk.

HERRSCHER- UND STIFTERBILD. Das *Basler Antependium* (Paris, Musée de Cluny), eine Stiftung für das 1015 gegründete Bamberger Kloster St. Michael, weist Christus inschriftlich als »König der Könige und Herren der Herrschenden« aus; das Kaiserpaar zu seinen Füßen ist bedeutungsperspektivisch als Stifterpaar gekennzeichnet. Das religiöse und profane Herrscherbild einerseits, das Stifterbild andererseits sind Gestaltungsaufgaben, die in den Frühen Hochkulturen und im Mittelalter in reichem Maße mit Hilfe der Bedeutungsperspektive bewältigt wurden. Das Spektrum reicht von Kampfszenen mit der überdimensionalen Figur des siegreichen Königs über genrehafte Szenen mit der Thronfigur des Gutsbesitzers, zu dessen Füßen die Feldarbeit vonstatten geht, bis zur Darstellung des Jüngsten Gerichts mit der Riesengestalt des Weltenrichters über dem Gewimmel der Gerichteten.
Die Kunst des Altertums und seit der Renaissance dagegen ist weitgehend dem natürlichen Erscheinungsbild verpflichtet. Die Größenverhältnisse entsprechen der Nähe und Ferne im illusionistischen Bildraum.
Erst der neoexpressive Archaismus eines Malers wie R. A. Penck greift in Bildern wie *Standart VI* (1983; Köln, Museum Ludwig) auf stilisierte Figuren zurück, deren unterschiedliche Größe gesellschaftliche Funktionen andeuten.

THEMA

JAGD

KÖNIGLICHER KAMPFSPORT. Bereits das Tierbild der jungpaläolithischen Felsbildkunst steht im thematischen Zusammenhang der Jagd, indem es sich dem Tier als Jagdwild widmet. Die vereinzelte Einbeziehung von Jägern vermehrt sich in der ostspanischen Felsbildkunst des Mesolithikums. In der altorientalischen Kunst dagegen dient das Thema Jagd einer allegorischen Inszenierung der königlichen Machtvollkommenheit: Die einerseits realistische Schilderung des Jagdsports gewinnt sinnbildliche Bedeutung, indem der König zu Fuß, als Reiter oder vom Wagen herab die Bestien dank seines Mutes und seiner Stärke zur Strecke bringt. Ebenso schützt er sein Volk vor dem Angriff der Feinde. Diese Analogie veranschaulichte der Reliefschmuck assyrischer Paläste mit königlichen Jagdszenen und der Schilderung siegreicher Kriegszüge. Als dritter Themenkreis schließen sich kultische Zeremonien an, die das religiöse Fundament des Königtums verdeutlichen und auf das Jagdbild ausstrahlen: Als Jäger hat der König Anteil am mythologischen Geschehen, auf das am nächtlichen Himmel das Sternbild des ›Großen Jägers‹ Orion hindeutet.
Das formale Äquivalent der im Jagdbild verdichteten monarchischen Staatsidee ist in der assyrischen Reliefkunst (und der aus wenigen Resten rekonstruierbaren Wandmalerei) ein Höchstmaß an kompositorischer Ausdruckskraft. Nicht allein die detaillierte Ausarbeitung der gleichsam aus Muskeln und Sehnen gebildeten Tierkörper, der Geräte, Waffen und handelnden Personen fasziniert, sondern auch die Einordnung der Einzelheiten in großzügige kompositorische Bildzeichen. Ein Beispiel ist im Relief *Assurnasirpal II. auf der Löwenjagd* die spiegelbildliche Wirkung der nach rechts gerichteten, straff gespannten Zügel und der nach links gerichteten Flugbahn, die der Pfeil des Königs zielsicher nehmen wird.

Assurnasirpal II. auf der Löwenjagd, um 870 v. Chr.; Alabaster, Höhe 95 cm; London, British Museum
Das Relief aus Alabaster, einer feinkörnigen Gipsvarietät, stammt aus dem Thronsaal in Kalach am Tigris, der neuen Hauptstadt Assurnasirpals II.; sie wurde ab 1843 von britischen Archäologen ausgegraben. Die hier wiedergegebene Szene verbindet den königlichen Jäger und seinen Wagenlenker auf einem Streitwagen, der von einem Dreigespann gezogen wird, mit zwei von Pfeilen durchbohrten Löwen, während Assurnasirpal bereits auf ein drittes Tier zielt. Der halb aufgerichtete Löwe erweckt den Anschein, als wolle er in die Speichen greifen, um die rasende Jagd aufzuhalten.

DAS JAGDPRIVILEG. Tier- und Jagdbild bleiben ein wesentlicher Themenbereich in Skulptur und Malerei, zumal die antike Mythologie eine Vielzahl von Jagdabenteuern als Stoff bereitstellte, etwa die ›Kalydonische Jagd‹ auf einen von der Jagdgöttin Artemis als Strafe für kultische Missachtung gesandten Eber. Ein Hauptwerk der spätrömischen Kunst sind zwei *Jagdmosaiken der Villa del Casale* bei Piazza Armerina auf Sizilien aus dem 4. Jahrhundert n. Chr. Sie gehören zu einem Bildprogramm, das der Lebensgestaltung der römischen Oberschicht gewidmet ist. Die Jagd als Privileg der adligen Landeigentümer und Fürsten qualifiziert das Jagdbild als Bestandteil der aristokratischen Selbstrepräsentation bis hin zur Ausstattung barocker Jagdschlösser. Ein Seiten-, ja Gegenthema lieferte die Legende vom römischen Jäger Eustachius, dessen Legende von der Christus-Erscheinung in Gestalt eines Hirschs im 15. Jahrhundert auf den hl. Hubertus übertragen wurde. Als Allegorien physischer Kraft und Gewalt sind die Jagdbilder von Peter Paul Rubens zu betrachten (vierteiliger Zyklus *Nilpferd- und Krokodiljagd, Löwenjagd, Tigerjagd, Wildschweinjagd*, 1615/16 für Maximilian I. von Bayern, heute in München und Rennes, die *Löwenjagd* fiel 1870 in Bordeaux einem Brand zum Opfer). In Rubens' Nachfolge und unter dem Eindruck seiner Marokkoreise (1832) schuf Eugène Delacroix seine orientalischen Jagdbilder mit nordafrikanischen Arabern als berittenen Jägern.

Jagdschale, 7. Jahrhundert n. Chr.; Silber, teilvergoldet, Durchmesser 19 cm; Berlin, SMPK, Museum für Islamische Kunst
Das Silberrelief steht in der Tradition des altorientalischen Jagdbildes mit dem König als Jäger. Hier ist es ein Herrscher aus der persischen Dynastie der Sassaniden, deren Reich um 650 n. Chr. dem Ansturm der Araber erlag. Während ein bereits getöteter Löwe am Boden liegt, richtet der König seinen Speer gegen einen angreifenden Eber. Rechts verbirgt sich ein Bär hinter einem Baum. Ein Genius mit bindengeschmücktem Diadem schwebt über der Szene.

STIL

ÄGYPTEN

EPOCHEN UND DYNASTIEN

Altes Reich (um 2620–2100)
3. Dynastie (um 2620–2570), Residenz Memphis: König Djoser, Pyramide von Sakkara;
4. Dynastie (um 2570–2460): Könige Cheops, Chephren, Mykerinos, Pyramiden von Gise.

Mittleres Reich (2040–1650)
12. Dynastie (1991–1785), Residenz Theben (= Luksor): König Sesostris I.

Neues Reich (1551–1070)
18. Dynastie (1551–1306): Königin Hatschepsut (Terrassentempel von Dair Al-Bahri), Könige Amenophis III., Amenophis IV. (Echnaton, Residenz Amarna), Tutanchamun.
19. Dynastie (1306–1186): König Ramses II. (Felsentempel Abu Simbel).

Spätzeit (715–332)
Herrschaft von Äthiopiern, Assyrern, Persern bis zur Eroberung durch Alexander d. Gr. (332 v. Chr.).

NATUR UND RELIGION. Nach einer Sage gelang es König Menes, das südliche Oberägypten mit dem nördlichen Unterägypten zu vereinen. Wahrscheinlicher ist ein allmähliches Zusammenwachsen, wie es sich in der Addition lokaler Gottheiten zur vielgestaltigen Götterwelt der altägyptischen Religion widerspiegelt.
Aus ökologischer Sicht ist das altägyptische Großreich nach der Formulierung Herodots »ein Geschenk des Nil«: Alljährliche Überschwemmungen lagerten zu beiden Seiten des Flusses fruchtbaren Schlamm ab. Naturgesetze schufen die Einheit eines staatlich verwalteten Wirtschaftsraumes, dessen Nutzung kulturelle Leistungen wie den Kalender voraussetzte. Der Zyklus einerseits vernichtender, andererseits unverzichtbarer Überschwemmungen, Sterben und Wiedererwachen der Vegetation, spiegelt sich im Osiris-Mythos: Von seinem Bruder Seth ermordet, wird Osiris von seiner Schwester Isis neu belebt und zeugt mit ihr den Welt- und Lichtgott Horus, der im König seine Inkarnation gewinnt, während Osiris selbst Herrscher der Unterwelt und Totenrichter wird.

DIESSEITS UND JENSEITS. Das mythologisch legitimierte Königtum ist mit einem ausgeprägten Jenseitsglauben gepaart, aus dem sich die wesentlichen künstlerischen Aufgaben im Dienst der königlichen Familie, der zeitweilig nahezu autonom regierenden Gaufürsten und der hohen Beamten ergeben. Das Fortbestehen im Jenseits verlangt die ungestörte Ruhe des mumifizierten Leichnams in seinem Grabbau. Zur Ausstattung der Grabkammer gehören Abbilder des Lebens im Diesseits, um unter denselben Verhältnissen im Jenseits existieren zu können. Hierfür sorgen neben dem Wandschmuck der Grabkammer durch Reliefs oder Wandgemälden die als Uschebti bezeichneten Grabbeigaben in Form kleinplastischer Dienerfiguren aus Fayence, Stein oder Holz.
Doch der Übergang vom Diesseits zum Jenseits bedingt, dass der Verstorbene vor dem Totengericht besteht. Die seit etwa 1500 v. Chr. entstandenen Werke der Buchmalerei in Form der Totenbücher: illustrierte Textsammlungen auf Papyrusrollen, sollen dem Verstorbenen dabei Beistand leisten. In der Szene des Totengerichts wird dieser vom schakalköpfigen Totengott Anubis zu einer Waage geführt, auf deren einer Schale sein Herz liegt, auf der anderen Schale die Wahrheitsgöttin Maat in Gestalt einer Feder. Das Ergebnis wird vom ibisköpfigen Wahrheitsgott Thot aufgezeichnet. Drohend lauert der »Totenfresser«, ein Mischwesen aus Krokodil, Löwe und Nilpferd, auf ein ungünstiges Urteil, das eine vom Verstorbenen an sein Herz gerichtete Beschwörungsformel verhindern soll: »Tritt nicht als Zeuge gegen mich auf. Sei nicht feindlich gegen mich im Gericht! Übe nicht deine Feindseligkeit aus gegen mich vor dem Wiegemeister!«

Pfeiler des Königs Sesostris I., um 1950 v. Chr.; Kairo, Ägyptisches Museum
Der erhaben statt versenkt gestaltete Reliefschmuck verbindet Elemente der als Hieroglyphen bezeichneten Bilderschrift mit der Darstellung heiliger Tiere wie dem »Pillendreher« Skarabäus unten rechts in einer Kartusche. Das am häufigsten verwendete piktografische Schriftelement ist das Lebenszeichen *anch*, das sich aus einem T und einer ovalen Schlaufe zusammensetzt und als Henkelkreuz der koptischen Christen das Altertum überdauerte. Die rechts oben als Geier wiedergegebene Göttin Mut hält das *anch* in den Fängen. Der rechte Flügel ist über dem mit einer Mitra bekrönten Gott Horus in Gestalt eines Falken ausgebreitet. Die Könige sind Inkarnationen des Horus und tragen seinen Namen als einen der Königstitel. (Der Titel »Pharao« leitet sich von der Bezeichnung für den Königspalast her und entspricht biblischem Sprachgebrauch.) Rechts neben dem Horusfalken befindet sich das Auge als Symbol der ›alles sehenden‹ Sonne.

GESTALTUNGSAUFGABE

GRABBAU

HÜGELGRAB UND PYRAMIDE. Die Geschichte der Grabarchitektur beginnt anfangs des 3. Jahrtausends in den prähistorischen Megalithkulturen des Mittelmeerraums (Malta, Spanien), West- und Nordeuropas. Große Steine (Megalithen) dienten als Wände und Decken von Grabkammern; aufgeschüttetes Gestein und Erdreich ergaben die Form eines Hügels, der das in Deutschland volkstümlich als Hünengrab oder Hünenbett bezeichnete Steingebäude überwölbte.

Wie eine architektonische Nachbildung des Grabhügels wirkt die ägyptische Mastaba (arab., Bank). Sie ist zweigeschossig in eine unterirdische Grabkammer mit dem Sarkophag und einen oberirdischen Kultraum gegliedert. Durch ihre geböschten Seitenwände erinnert die aus Steinen oder Ziegeln errichtete Anlage an das Hügelgrab. Mastabas bildeten im Alten Reich die Grabstätten von Mitgliedern der Oberschicht.

Die Entwicklungsreihe vom Hügelgrab über die Mastaba zur klassischen Pyramide enthält als Zwischenglied die Stufenpyramide als eine Schichtung von kontinuierlich kleiner werdenden Mastabas. Tatsächlich geht die Stufenpyramide des Königs Djoser in Sakkara (um 2600 v. Chr.) den Pyramiden von Gise (um 2550–2500 v. Chr.) unmittelbar voraus. Es sind Berge, deren quadratischer Grundriss und dreieckiger Querschnitt das Naturvorbild zur stereometrischen Grundform abstrahiert. Die etwa 2,5 Millionen Sandsteinquader, aus denen sich die ursprünglich 145,60 m, heute 137,20 m hohe *Cheopspyramide* zusammensetzt, wurden wohl nicht nur von Sklaven, sondern zumindest auch von der Landbevölkerung während der Nilüberschwemmung verbaut. Rampen aus Ziegeln wuchsen mit der Pyramide in die Höhe und wurden stufenweise wieder abgetragen, während die Pyramide von oben nach unten mit Kalksteinplatten verkleidet wurde. Das massive Bauwerk birgt die Grabkammer, deren Wände ebenso wie die zur Kammer führenden, später zugeschütteten Gänge durch Granitgestein gesichert wurden.

Allerdings erfüllte die Pyramide ihre kultische Funktion als Grabbau erst in Verbindung mit dem östlich vorgelagerten Totentempel des Königs.

Papyrussäulen im Pyramidenbezirk von Sakkara, um 2600 v. Chr.
Zu den Nebengebäuden der Stufenpyramide des Königs Djoser gehören zwei massive Scheinpaläste, die als Verwaltungsgebäude der beiden Reichshälften gedeutet werden. Sie sind Grabbauten im weiteren Sinne. Der Ausschnitt aus der Wanddekoration eines der beiden Monumente zeigt Halbsäulen, deren Schaft dem kantigen Stängel und deren Kapitell der Dolde der Papyruspflanze nachgebildet sind, die ihrerseits den nördlichen Teil von Ägypten (Unterägypten) symbolisiert.

Stufenpyramide des Königs Djoser im Pyramidenbezirk von Sakkara, um 2600 v. Chr.; Grundriss 121 x 109 m, Höhe 59,60 m
Das Dorf Sakkara mit einem ummauerten Areal, das von der ersten Königspyramide dominiert wird, liegt südlich von Gise und westlich der Residenz Memphis. Als ihr Erbauer gilt Imhotep, der später zum Gott erhobene Kanzler des Königs Djoser; der Chronist Manetho würdigt ihn um 280 v. Chr. als Erfinder der Steinbauweise. Zum Gesamtkomplex von Sakkara gehören elf jüngere Pyramiden aus dem Alten Reich und zahlreiche Mastabas.

Diesen Zusammenhang macht der gewaltige *Terrassentempel von Dair Al-Bahri* bei Theben (Luksor) deutlich. Die Anlage wurde um 1480 v. Chr. für Königin Hatschepsut errichtet, der Überlieferung zufolge durch ihren als »Leiter der Arbeiten« bezeichneten Vertrauten Senenmut. Sie enthält den Totentempel der Königin am Fuß einer Felswand, in der sich die Grabkammer befand. An der Rückseite des Felsmassivs erstreckt sich das »Tal der Könige«.

NEKROPOLE UND MAUSOLEUM. Das »Tal der Könige« wird von den Felsengräbern der Könige aus der 18. bis 20. Dynastie gesäumt und bildet insofern wie das entsprechende »Tal der Königinnen« eine Nekropole. Solchen Totenstädten (griech. *nekropolis*) aus Rundbauten unter Erdhügeln, den sog. Tumuli, verdanken wir aufgrund der reichen Ausstattung der Grabkammern mit Malereien und Beigaben den Großteil unserer Kenntnis der etruskischen Kunst des 7./6. Jahrhunderts v. Chr. Sie ist auf ähnliche Weise wie die ägyptische Kunst durch die religiöse Vorstellung einer Entsprechung zwischen dem Leben im Diesseits und im Jenseits geprägt.

Wie die *Pyramiden von Gise*, so zählt ein allerdings längst verschwundener kleinasiatischer Grabbau zu den Sieben Weltwundern des Altertums: das *Mausoleum von Halikarnass* (um 350 v. Chr.), errichtet für den persischen Satrapen Mausolos, der ein selbständiges Reich von Halikarnass gründete. Über einem würfelförmigen Sockel umgaben 36 Säulen das Hauptgeschoss mit einer 24-stufigen Pyramide als Dach. Erhalten sind Reste der bauplastischen Ausstattung mit Werken von Leoarches, Skopas und weiteren griechischen Bildhauern der Spätklassik (Reste in London, British Museum). Überlebt hat aber vor allem der Name des Mausolos in der Bezeichnung eines denkmalhaften Grabbaus als Mausoleum.

GESTALTUNGSAUFGABE

STÜTZE UND LAST

PRÄHISTORISCHE ARCHITEKTUR. Als Kunst des Raumes, der Raumgliederung und -begrenzung tritt uns die Architektur erstmals in den Steinsetzungen der vorgeschichtlichen Megalithkulturen entgegen. Als Alignment (engl.; Ausrichtung) orientiert sich diese Architektur auf ein Ziel hin, das uns nur noch als formaler Endpunkt einer Allee erscheint, deren ursprüngliche Bedeutung im Dunkeln liegt. Das umfangreichste Alignment befindet sich im bretonischen Carnac und stammt aus der zweiten Hälfte des 3. Jahrtausends. Seine drei Komplexe enthalten noch etwa 3000 Menhire (breton. *maen-hir* ›langer Stein‹), die in kilometerlanger Reihung mit vielfach leicht gewundenem Verlauf angeordnet sind und in rechteckige oder halbrunde Steinsetzungen münden.
Der Schritt vom vertikal aufgerichteten Steinmal zum Stützglied ist im südenglischen *Stonehenge* vollzogen, das zwar ebenfalls kein Gehäuse ergibt, sondern Grenzpunkte im freien Raum markiert, diese aber durch quer liegende Steinbalken zu einem geschlossenen Kreis verbindet. Die ersten Steingehäuse aus senkrechten Platten (Orthostaten) und Deckplatten finden sich im Inneren des als Cromlech oder Dolmen bezeichneten Hügelgrabs. 30 davon befinden sich in der irischen Grafschaft Meath in einem Umkreis von nur 4 km. Dazu gehört *Newgrange* mit einem Durchmesser von 85 m und einem über 20 m lan-

Taltempel des Königs Chephren in Gise, um 2525 v. Chr.; Pfeiler aus Granit, Höhe 410 cm
Der Kultraum mit T-förmigem Grundriss wird durch monolithische Granitpfeiler gegliedert. Aus demselben Material bestehen die waagrechten Balken: Stütze und Last gewinnen den Ausdruck elementarer Statik. Der Taltempel diente dazu, den Leichnam des Königs rituell zu reinigen und zu mumifizieren, bevor er in den Totentempel am Fuß der Pyramide und schließlich in die Grabkammer im Inneren der Pyramide gelangte.

gen und bis zu 2 m hohen Gang, durch den die ersten Strahlen der Sonne zur Zeit der Sommersonnenwende bis in die Grabkammer dringen.

PFEILER, SÄULE, BALKEN. Die Monolithen und Querbalken bzw. Oberschwellen (engl. *henges*) von *Stonehenge* finden ihre frühgeschichtliche Entsprechung in den Pfeilern und Steinbalken ägyptischer Kultbauten wie dem Taltempel des Königs Chephren in Gise. Die hier deutlich artikulierte Gestaltungsaufgabe von Stütze und Last wird in der weiteren Entwicklung der ägyptischen Architektur häufig vermisst. Als Wertmaßstab solcher Beurteilung dient die klassische griechische Architektur, deren Säulenschaft durch ein leichtes Anschwellen (Entasis) im Mittelbereich den auf dem Stützglied lastenden Druck organisch zum Ausdruck bringt.
In der Tat ähneln die zu Kolonnaden gereihten Säulen der ägyptischen Prozessionstempel eher dem Alignment. Der Wald aus ursprünglich 134 Säulen im Großen Saal des Amunheiligtums in Karnak (18.–20. Dynastie), die in 16 Reihen angeordnet waren und in den beiden mittleren Reihen eine Höhe von 24 m erreichen, sind im Grunde monumentale Steinmale, die aber im Gegensatz zum Obelisken architektonisch in das Gefüge von Stütze und Last eingebunden bleiben. Dennoch ist der Vorrang pflanzlicher Symbolik bei der Papyrussäule mit einem Kapitell in Form der geschlossenen oder geöffneten Blüte ein ebenso charakteristisches Element der ägyptischen Architektur wie die reine Stereometrie der Pyramide.

Tempel von Luksor, Hof des Königs Amenophis III., um 1380 v. Chr.
Die Stützen der Kolonnaden sind als Papyrus-Bündelsäulen mit geschlossenen Doldenkapitellen gestaltet. Der Gesamtkomplex des sog. Tempels von Luksor im ehemaligen Theben gliedert sich in Straßen für die Prozession der Barke des Gottes Amun, deren Ausgangs- und Endpunkt das Amunheiligtum in Karnak bildete. Beide Tempel entstanden in der 18. Dynastie und wurden zur Zeit der 20. Dynastie insbesondere durch Ramses II. erweitert.

BAUM DES LEBENS

Der Garten von Eden:
»Gott, der Herr, ließ aus dem Ackerboden allerlei Bäume wachsen, verlockend anzusehen und mit köstlichen Früchten, in der Mitte des Gartens aber den Baum des Lebens und den Baum der Erkenntnis von Gut und Böse.«
(1. Mose 2,9)

Das himmlische Jerusalem:
»Zwischen der Straße der Stadt und dem Strom, hüben und drüben, stehen Bäume des Lebens. Zwölfmal tragen sie Früchte, jeden Monat einmal; und die Blätter der Bäume dienen den Völkern zur Heilung.«
(Offb. 22,2)

ATTRIBUT UND SYMBOL

BAUM

ZWISCHEN HIMMEL UND ERDE. Ein Kind, das einen Baumstamm betastet und versucht, den Blick bis hinauf zum Wipfel zu senden, ist der ursprünglichen Symbolik des Baumes sehr nahe: Im Erdreich verwurzelt, weist der Stamm zum Himmel und bildet mit seinem Ast- und Laubwerk ein Himmelsdach.

In diesem Sinne kennen nahezu sämtliche mythologischen Weltbilder und deren bildliche Darstellung, etwa auf mesopotamischen Rollsiegeln und Reliefs, einen Welt- oder Lebensbaum. Zugleich verweist der Vegetationszyklus des Laubbaums den fortwährenden Wechsel von Werden und Vergehen. Der gefällte Baum symbolisiert Vernichtung, etwa im Traum des babylonischen Königs Nebukadnezar vom Baum, der »bis ans Ende der Erde zu sehen« ist und auf Befehl eines himmlischen Boten geschlagen wird (Dan. 4). Der Baum kann auch Sitz von Gottheiten sein:

***Paschedu im Gebet unter einer Dattelpalme an einem Fluss*, um 1200–1185 v. Chr.; Grab des Paschedu in Theben**
Das altägyptische Wandgemälde bündelt auf eindrucksvolle Weise die symbolischen Aspekte des Baumes: In symmetrischer Gestalt strebt die Palme empor, schwer mit Früchten behangen, durch ihren Standort am Fluss mit dem ›Wasser des Lebens‹ verbunden. Die Senkrechte des Baumes kontrastiert mit der demutsvollen, der Proskynese angenäherten Haltung des Beters. Zugleich symbolisiert die Palme die ›innere Aufrichtigkeit‹. Im Alten Testament vergleicht der Psalmist den Gottesfürchtigen mit einem »Baum, der an Wasserbächen gepflanzt ist, der zur rechten Zeit seine Frucht bringt und dessen Blätter nicht welken« (Ps. 1,3).

Zum Bildprogramm altägyptischer Grabmalerei gehört ein Baum, von dessen Wipfel herab die Göttin Hator die Verstorbenen mit Nahrung versorgt.

DER BAUM DES KREUZES. Dem orientalischen Lebensbaum begegnen wir im Garten von Eden neben dem Baum der Erkenntnis von Gut und Böse. Er kehrt am Ende der Bibel, in der Offenbarung des Johannes, als Christussymbol wieder. Die Verbindung wird durch eine Vielzahl christlicher Legenden hergestellt. Sie führen entweder das Holz, aus dem Jesu Kreuz gezimmert wurde, auf einen zum Baum herangewachsenen Ableger jenes Lebensbaums zurück, oder sie errichten das Kreuz über dem Stumpf des Lebensbaumes. Beide Versionen begründeten eine Bildtradition, die das Kreuz Jesu mit Zweigen und Blättern versieht und so als ›neuen Lebensbaum‹ deutet. Oft genügt die grüne Färbung des Kreuzes, um diesen Zusammenhang herzustellen.
In assoziativer Beziehung zum Baum des Kreuzes steht das Attribut des hl. Christophorus, der im Christuskind den »mächtigsten Herrn der Welt« findet: Er stützt sich auf einen entwurzelten Baum, während er den Knaben durch einen Fluss trägt. Der ›Christusträger‹ erleidet am Ende das Martyrium. An einen Baum gefesselt, wird der hl. Sebastian von Pfeilen durchbohrt.

DIE SPRACHE DER BÄUME. In der neuzeitlichen ›Kunstgeschichte des Baumes‹ verringert sich der Symbolgehalt, ohne ganz verloren zu gehen. Ein Beispiel sind die einer (Lebens-)Flamme vergleichbaren, emporzüngelnden Zypressen Vincent van Goghs. Die Malerei der Geometrischen Abstraktion leitet sich bei Piet Mondrian vom Baum her: Aus den 1908 begonnenen Baumbildern, auf denen Stamm und Astwerk die Fläche strukturieren, entwickelte Mondrian seine Kompositionen, deren senkrechte und waagrechte Balken sich – dem Ursymbol des Weltbaums vergleichbar – auf die metaphysische kosmische Geometrie beziehen.

DER STAMMBAUM

Aus der Verbindung der messianischen Weissagung vom »neuen Reis«, der aus dem »Baumstumpf Isais« sprießt (Jes. 11,1), und der Genealogie Jesu am Beginn des Matthäus-Evangeliums entstand das Bildthema der *Wurzel Jesse*: Der Brust des schlafenden Jesse bzw. Isai (Vater König Davids) entwächst ein Baum mit den Vorfahren Jesu im Geäst, gipfelnd in Maria und dem Jesuskind. Die bildliche Entsprechung zur Erschaffung Evas aus der Rippe des schlafenden Adam deutet Maria als ›neue Eva‹.
Minnetrakte des Hochmittelalters enthalten als ›Stammbaum‹ sich entwickelnder Liebesbeziehung den *Minnebaum*. In ansteigender Folge gruppieren sich auf den Zweigen Szenen der Annäherung zwischen Liebenden, im Wipfel thront Gott Amor mit Liebespfeil und Bogen.
Die soziale Rangordnung der Ständegesellschaft verbildlicht der *Ständebaum* als naturgegebenes Wachstum.

BAUM-ATTRIBUTE

Apfelbaum, in der christlichen Ikonografie der »Baum der Erkenntnis von Gut und Böse«; indem Adam und Eva eine seiner verbotenen Früchte verspeisen, verlieren sie ihr Heimatrecht im Garten von Eden. Zugrunde liegt die weit verbreitete Symbolik des Apfels: Die goldenen Äpfel im griechischen Mythos vom Garten der Hesperiden verleihen Unsterblichkeit; der Apfel symbolisiert sinnliche Freuden und deren Kehrseite, ausgedrückt im lateinischen Wortspiel mit der Doppelbedeutung von *malus/malum* (›Apfel‹ und ›Übel, Unheil‹).

Esche, in der germanischen Mythologie der Weltbaum Yggdrasil.

Eiche, Attribut des Göttervaters Zeus (Jupiter). Heiliger Baum des altgermanischen Gottes Thor (germ. Donar); als teilweise abgestorbene ›deutsche Eiche‹ ein politisches Sinnbild auf mehreren Landschaftsbildern von C. D. Friedrich.

Lorbeerbaum, vom liebestollen Apollon verfolgt, wird die Nymphe Daphne durch die Verwandlung in einen Lorbeerbaum gerettet, dessen Zweige fortan ein Attribut des Musengottes bilden.

Palme, Siegeszeichen und Symbol der Unsterblichkeit. Beides verbindet sich im Palmzweig als Attribut der Märtyrer.

MATERIAL UND TECHNIK

EMAIL

EDELMETALL UND FARBGLAS. Ägyptischer Schmuck wie die breiten, auf bloßer Haut getragenen Halskragen, die Arm- und Beinreife oder feingliedrigen Ohrgehänge verbinden den Gold- und Silberglanz mit der intensiven Farbwirkung von erstarrtem farbigem Glasfluss. Seine Bezeichnung als Email leitet sich vom mittellateinischen Wort *smaltum* (›Schmelze‹) her und bedeutet ›Schmelzglas‹.

Die Emailfarbe besteht ursprünglich aus Glasfluss mit Metalloxiden als Farbmitteln. Ihre Verarbeitung in Verbindung mit Metall setzt Erfahrung voraus, da – um eine Verformung des zu emaillierenden Gegenstands zu vermeiden – nur solche metallischen Träger verwendet werden können, deren Schmelzpunkt über dem der farbigen Glasmasse liegt.

Die Gefahr der Verformung ist ausgeschlossen, wenn das Email nicht aufgeschmolzen, sondern in erhärtetem Zustand in entsprechende Fassungen eingefügt wird. Bei dieser Technik der in Ägypten entwickelten Zelleneinlage ersetzt Email den Edelstein. Aus dieser Vorstufe entstand bereits in frühgeschichtlicher Zeit der Zellenschmelz mit einer netzartigen Gliederung durch Stege als Begrenzungen der Zellen, in die farbiger Glasfluss eingeschmolzen wird.

EUROPÄISCHE EMAILKUNST. Die älteste schriftliche Überlieferung zur Technik der Emailkunst enthält die *Schedula Diversarum Artium* (»Abhandlung über die verschiedenen Künste«, Anfang des 12. Jahrhunderts) eines

GATTUNGEN

Emailmalerei, bereits im 15. Jahrhundert v. Chr. in Ägypten verwendete Technik der Bemalung von Trinkgläsern mit Emailfarben, die mittels Wiedererhitzen des Glases haften. In der Neuzeit Malerei mit Metalloxidfarben, die auf zumeist weiß emailliertes Metall aufgeschmolzen werden.

Emailplastik, gegossene oder getriebene Kleinplastik mit einem Überzug aus Email.

Grubenschmelz (Furchenschmelz), bereits im keltischen Kunsthandwerk verbreitete Technik, die Vertiefungen einer Metallplatte mit Email auszufüllen.

Zellenschmelz (Cloisonné), wesentlichste Technik der Emailkunst: Auf Metall gelötete Drähte oder hochkant angebrachte Metallstreifen ergeben ›Zellen‹ für die Emailmasse.

Presbyters Theophilus, der heute mit dem Goldschmied Roger von Helmarshausen identifiziert wird. Die ausführliche Würdigung in einem umfassenden Lehrbuch der künstlerischen Techniken entspricht der Blütezeit der Emailkunst im Hochmittelalter, Zentren waren das mittlere Frankreich (Schmuck- und Emailwerkstätten in Limoges) und das Rhein-Maas-Gebiet. Hier entstanden Hauptwerke der religiösen Emailkunst wie der *Klosterneuburger Altar* (vollendet 1181; Klosterneuburg bei Wien, Chorherrenstift) des Nikolaus von Verdun. Dessen Tätigkeit als Goldschmied und Emailleur blieb charakteristisch für die enge Verbindung zwischen den beiden kunsthandwerklichen Techniken, die bis zu den höfischen Goldschmiedewerkstätten des Barock reicht (z. B. J. Melchior Dinglinger, *Hofstaat des Großmoguls*, 1701–08; Dresden, Grünes Gewölbe).

Die von Generation zu Generation als Familienbetriebe vererbten Emailwerkstätten in Limoges wurden im 15. Jahrhundert führend in der schichtweisen Emailmalerei: Auf schwarzes Email wurde feuchtes weißes Email aufgetragen, mit dem Stichel zeichnerisch bearbeitet und anschließend farbig ausgestaltet. Zu den vorwiegend in höfischem Auftrag ausgeführten Arbeiten gehört Prunkgeschirr wie eine *Schale mit dem Triumphzug eines römischen Feldherrn* (um 1550; Berlin, SMPK, Kunstgewerbemuseum).

Der farbige Glasfluss ist in der Regel opak (undurchsichtig), lässt sich jedoch auch transluzid (durchscheinend) herstellen. Letztere Technik führte als eine von zahlreichen Varianten der Emailkunst zum Fensteremail: Ein metallenes Gitterwerk wird wie beim Zellenschmelz mit Glasfluss ausgefüllt und nach dem Erkalten von seiner Unterlage entfernt.

Dose in Form einer Doppelkartusche, um 1340 v. Chr.; Gold, Silber, Email, Höhe 15 cm; Kairo, Ägyptisches Museum

Der zweiteilige Behälter besteht aus Holz, das mit Goldblech überzogen ist. Zur Ausgestaltung dienten Silber und Email als dem Edelmetall ebenbürtige Materialien. Die beiden Kartuschen enthalten statt des hier zu erwartenden Namens des Königs Tutanchamun dessen hockende Figur. Die Frisur kennzeichnet ihn als Prinzen, der jedoch bereits die königlichen Insignien Geißel und Krummstab in Händen hält. Als Bildzeichen dienen das runde Sonnensymbol und das Lebenszeichen *anch* aus einem T mit Schlaufe. Als Bekrönung dienen Straußenfedern in der Emailtechnik des Zellenschmelzes. Der Behälter gehörte zu den Gebrauchsgegenständen im Grab des Königs Tutanchamun, der 1337 v. Chr. im Alter von etwa 20 Jahren gestorben ist. Der Nachfolger (und Sohn?) Echnatons war zwar vom monotheistischen Atonkult zur Amunreligion zurückgekehrt, hat aber so gut wie keine Spuren in der ägyptischen Geschichte hinterlassen. Dies mag ein Grund dafür gewesen sein, weshalb Howard Carter das Grab des in der Überlieferung ausgesparten Königs in Biban Al Muluk 1922 nahezu unversehrt vorfand.

GESTALTUNGSMITTEL

VERDEUTLICHUNGS-PERSPEKTIVE

FRONTAL- UND SEITENANSICHT. Das ägyptische Flachbild (Relief oder Malerei) befolgt seit frühester Zeit eine Regel für die Art und Weise der figürlichen Darstellung: Der Körper wird gleichsam in seine Einzelteile zerlegt und so wieder zusammengesetzt, dass die jeweils ausdrucksvollste Silhouette sichtbar wird. Ein anschauliches Beispiel ist die *Tafel des Hesire*. Das Haupt des hohen Würdenträgers ist als Profilansicht wiedergegeben, der Oberkörper als breitschultriges Trapez aus der Frontalsicht, die Beine und Füße wieder als Seitenansicht. Bei genauer Betrachtung des Gesichts fällt auch hier ein Perspektivenwechsel auf: Die Profillinie kontrastiert mit der Wiedergabe des von vorn gesehenen Auges. Dieses Verfahren, das beim ›Flachbild‹ den Blickwinkel wählt, der den jeweils größtmöglichen Flächenwert eines Gegenstandes erfasst, wird als Verdeutlichungsperspektive bezeichnet.

Der Verzicht auf die ›unansehnliche‹ schmale Profilansicht des Oberkörpers zugunsten der breiten Vorderansicht ist allerdings an den Rang des Dargestellten gebunden. Bereits in der Reliefkunst und Wandmalerei des Alten Reichs kann die Wiedergabe alltäglicher Szenen Figuren enthalten, deren charakteristische Bewegungen etwa beim Einholen von Fischernetzen oder beim Aufschichten von Steinen zu einer Mauer aus der Seitenansicht deutlicher wahrzunehmen sind als mit Hilfe des Perspektivenwechsels. Ein Anlass, den Oberkörper in Profilansicht wiederzugeben, kann auch das Motiv einer Tänzerin mit entblößten Brüsten sein.

***Tafel des Hesire*, um 2600 v. Chr.; Holz, Höhe 115 cm; Kairo, Ägyptisches Museum**
Die Inschriften bezeichnen Hesire als »Freund des Königs« und »Großen des Südens«. Es handelt sich demnach um einen hohen Würdenträger aus Oberägypten zur Zeit des Königs Djoser. Seine Amtsinsignien sind ein Zepter in der Rechten und Schreibutensilien in der Linken: ein Brett mit Näpfchen für verschiedene Tinten, ein Wasserbehälter und Futterale für Pinsel.

FRÜHGESCHICHTLICHER KUBISMUS. Unter rein formalem Gesichtspunkt ähnelt die frühgeschichtliche Verdeutlichungsperspektive mit ihrer im ägyptischen Flachbild konsequentesten Ausprägung einem Verfahren in der Klassischen Moderne: dem Kubismus. Gemeinsam ist der Verzicht auf perspektivische Einheit. Der entscheidende Unterschied liegt darin, dass der Kubist den Realitätsanspruch des dargestellten Gegenstandes außer Kraft setzt, während der Ägypter – von derlei Fragen der künstlerischen Illusion von Wirklichkeit unberührt – alles daran setzt, Bild und Bedeutung so deutlich als möglich zusammenzuführen.

Eine wirkungsvolle Technik der Verdeutlichungsperspektive ist in diesem Zusammenhang das Aufkippen einer waagrechten Ebene in die flächenparallele Senkrechte. Nur ein solcher Wechsel von der Ansicht zur Draufsicht kann beim Relief der *Nilpferdjagd* im Grab des Wesirs Mereruka das Leben der Frösche und Heuschrecken auf einer Wasserpflanze in die Schilderung miteinbeziehen. Oder wie sonst soll bei der Wiedergabe eines Tisches mit Opfer-

Nilpferdjagd, um 2320 v. Chr.; Sakkara, Grab des Wesirs Mereruka
Der Ausschnitt aus dem Kalksteinrelief zeigt drei Nilpferde, die sich mit drohend aufgerissenen Mäulern gegen ihre von beiden Seiten mit Speeren auf sie eindringenden Verfolger wenden. Dem Anschein nach befinden sich die Tiere in einem hoch aufragenden Dickicht aus farnartig gefiederten Zweigen, an denen zwei Frösche emporklettern, während sich zwei Heuschrecken auf den Spitzen niedergelassen haben. In Wirklichkeit liegen die Zweige der Wasserpflanze namens *Potamogeton lucens* flach auf der Oberfläche des Wassers, sodass Frosch und Heuschrecke bequem Platz nehmen können. Somit verbindet das Relief zwei Perspektiven: Die Nilpferde sind aus der gewöhnlichen Seitenansicht wiedergegeben, während die Wasserpflanze von oben betrachtet wird, bzw. sie ist in der Technik der Verdeutlichungsperspektive um 90 Grad von der Waagrechten in die Senkrechte gekippt.

gaben gezeigt werden, um welche Gaben es sich handelt, wenn der Blick nicht von oben auf den Tisch gerichtet würde, während sein Gestell um der Deutlichkeit willen in der Seitenansicht erscheint.
Es lohnt sich, das Thema ›Gedeckter Tisch‹ (beispielsweise Abendmahlsbilder, Bankettszenen) durch die Jahrhunderte zu verfolgen, um festzustellen, wie die zunehmende perspektivische Vereinheitlichung des Bildraumes mit Elementen der Verdeutlichungsperspektive verbunden bleibt, wie das Erscheinungsbild noch Spuren des Vorstellungsbildes enthält. Auf dieser Zeitreise im 20. Jahrhundert angelangt, begegnen wir auf kubistischen Stillleben Pablo Picassos wieder Motiven, die flächig gekippt und geklappt erscheinen (*Brote und Fruchtschale auf einem Tisch*, 1909; Basel, Kunstmuseum). Die zergliedernde Wiedergabe der Objekte regte den Schriftsteller Guillaume Apollinaire zu dem Vergleich an: »Picasso studiert einen Gegenstand wie ein Chirurg, der einen Leichnam seziert« (*Les peintres cubistes*, 1913).

ATTRIBUT UND SYMBOL

LÖWE

Sphinx des Königs Amenemhet III., um 1800 v. Chr.; schwarzer Granit, Länge mit Basis 225 cm; Kairo, Ägyptisches Museum
Im Alten Reich trug der Königssphinx als Kopfschmuck das über der Stirn glatt anliegende, seitlich zu je einem dreieckigen Flügel gefaltete Nemes-Tuch. Mit dieser Tradition bricht der Sphinx des Königs Amenemhet III. aus der 12. Dynastie. Über dem Brustfell des Löwenkörpers rahmt eine streng stilisierte, glatte Mähne das umso stärker in seiner plastischen Modellierung hervortretende Gesicht. Auf diese Weise entsteht ein wirkungsvoller Kontrast zwischen der im Mittleren Reich entwickelten physiognomischen Charakterisierung des Herrschers und dem symbolischen Körper des Tieres.
Im Neuen Reich entwickelte sich die gleichsam autonome Löwenskulptur zum Ausdruck animalischer Souveränität.
Ein herausragendes Beispiel ist der *Löwe des Königs Amenophis III.* (um 1370 v. Chr.; London, British Museum).

DAS KÖNIGLICHE TIER. Als die monumentalste Darstellung eines Herrschers, die je geschaffen wurde, lagert der (männliche) *Sphinx des Königs Chephren* (um 2500 v. Chr.) auf dem Pyramidenfeld von Gise. Das Mischwesen aus Löwenkörper und Königshaupt mit dem gefalteten Nemes-Tuch und zylindrischem Kultbart hat nichts mit der (weiblichen) Sphinx der griechischen Mythologie zu tun, die als geflügeltes Löwenungeheuer mit Frauenbüste in der Ödipus-Sage auftritt. Vielmehr wurzelt der Königssphinx in der Verbindung des Löwen mit dem Sonnengott Re, die unter anderem in folgendem Bildmotiv zum Ausdruck kommt: Zwei Löwen, die einander den Rücken zukehren, verfolgen die Bahn der Sonne vom Aufgang bis zum Untergang und verkörpern die ewige Wiederkehr des Lichtes. Zur religiösen und kosmischen Symbolik gesellen sich Eigenschaften des ›Königs der Tiere‹ wie Mut, Stärke und Würde.
Zum Herrscher gehört das Wächteramt. Die altorientalische Bildwelt kennt Löwen als Beschützer des Lebensbaums. In dieser Tradition steht das *Löwentor in Mykene* (um 1250 v. Chr.) mit einem Relief, auf dem sich zwei Löwen zu beiden Seiten einer Säule aufrichten. Als Wächterfiguren gehören Löwen zur Ausstattung ägyptischer und mesopotamischer Tempel. Am königlichen Thron verkörpern Löwen neben dem Wächteramt das Richteramt des Königs und dessen Gerechtigkeit.
Das weibliche Tier ist symbolisch mit altorientalischen Fruchtbarkeitskulten verbunden. Ein Gespann aus zwei Löwinnen ist das Attribut der kleinasiatischen Göttin Kybele, die von den Griechen mit der Göttermutter Rhea identifiziert wurde und schließlich Aufnahme in den römischen Staatskult fand.
Den im Mittelalter neu belebten Symbolgehalt des Löwen als Hoheitszeichen veranschaulicht der *Braunschweiger Löwe* (1166), den Herzog Heinrich der Löwe aus dem Geschlecht der Welfen (d. h. Welpen in der Bedeutung ›junge Löwen‹) im Hof seiner Burg Dankwarderode in Braunschweig errichten ließ. Die romanische Bronzeskulptur steht im weit verzweigten heraldischen Bedeutungsfeld des Löwen als Schildhalter oder Wappentier. Eine barocke Erfindung ist die Nachbildung der Löwenmähne in Form der Allongeperücke. Ludwig XIV. trägt sie zum Krönungsornat auf seinem Staatsporträt des Hofmalers Hyacinthe Rigaud (1701; Paris, Louvre).

HEIL UND UNHEIL. Das hoheitsvolle königliche Tier ist zugleich das gefürchtete Raubtier. Diese Ambivalenz kennzeichnet die religiöse Löwensymbolik des Mittelalters. Als Quelle für die christliche Aneignung der antiken Tierfabeln diente die um 200 n. Chr. entstandene christlich-allegorische Naturkunde *Physiologus*. Hier wird der Löwe, indem er seine Spur mit dem Schweif verwischt, mit offenen Augen schläft und seine tot geborenen Kinder nach drei Tagen zum Leben erweckt, zum Symbol Christi: Auch der Gottessohn ›verwischt‹ seine irdische

Kaiser Commodus als Herkules, um 190 n. Chr.; Marmor, Höhe der Büste 118 cm; Rom, Palazzo dei Conservatori
Als erste seiner zwölf Heldentaten im Dienst des Königs Erystheus von Mykene erlegte Herakles (lat. Hercules) den Nemeischen Löwen. Das Fell trug Herakles fortan als Umhang, mit dem Löwenhaupt als Kopfbedeckung. Die Büste des römischen Kaisers bedient sich dieses Attributs des Heroen, dem Unsterblichkeit zuteil wurde. Das Rollenbildnis des Commodus ist Ausdruck einer sich steigernden Vorstellung eigener Göttlichkeit, die schließlich seine Ermordung zur Folge hatte.

Existenz, bleibt im ›Schlaf‹ (d.h. im Tod am Kreuz) ›wach‹ und wird am dritten Tag auferweckt.
Mit dieser christologischen Symbolik des Heils kontrastiert der Löwe als Teufelssymbol. Eine Warnung im 1. Petrusbrief (»Euer Widersacher, der Teufel, geht wie ein brüllender Löwe umher und sucht, wen er verschlingen kann«; 5,8) inspirierte zu grässlichen Darstellungen des Untiers, dessen Rachen sich in das Höllentor verwandelt. Der Widersacher kann aber auch, als Trägerfigur in Dienst genommen, Unheil abwehren. In diesen Zusammenhang fügen sich die Visionen eines Friedensreiches beim Propheten Jesaja (11,6) und ganz ähnlich beim Dichter Vergil ein, der in seiner 4. Ekloge weissagt: »Nimmer fürchtet das weidende Rind den gewaltigen Löwen.« Hier symbolisiert der friedliche Löwe das wiedergewonnene Paradies oder Goldene Zeitalter.
Die mächtige Tierstimme liegt dem Löwen als Symbol des Markus zugrunde, dessen Evangelium mit dem Auftreten des Bußpredigers Johannes des Täufers beginnt (Mk. 1,3): »Eine Stimme ruft in der Wüste: Bereitet dem Herrn den Weg! Ebnet ihm die Straßen!«

THEMA

ALLTAG

BILDERZÄHLUNGEN. Die altägyptische Kultur erschließt sich uns in zwei Formen der Bildhaftigkeit: durch die Bilderschrift der Hieroglyphen und die Erzählungen der ägyptischen ›Flachbilder‹ (Reliefs und deren Ersatz durch Wandmalerei). Die hieroglyphischen Inschriften blieben allerdings rätselhaft, bis dem französischen Ägyptologen Jean-François Champollion 1822 ihre Entzifferung gelang. Personen und in Bildern geschilderte Ereignisse wie der Sieg Ramses' II. über die Hethiter in der Schlacht bei Kadesch (1285 v. Chr., Reliefs am Ramses-

Papyrusernte und Durchquerung einer Furt, **um 2350 v. Chr.; Kalkstein, bemalt; Sakkara, Grab von Nefer und Kahai**
Im oberen Streifen bzw. Register des bemalten Reliefs werden Papyrusstauden aus dem sumpfigen Untergrund gezogen, gebündelt und abtransportiert. Um den Beschreibstoff Papyrus herzustellen, wurde das Mark der Stängel in Streifen geschnitten, rechtwinklig geschichtet und gepresst, wobei der Pflanzensaft als Klebstoff wirkte. Der untere Bildstreifen steht mit dem oberen in szenischem Zusammenhang, indem das von der Rinderherde durchquerte Gewässer ganz links an das Papyrusdickicht grenzt. Die paarweise Wiedergabe der Rinderhörner aus der Vorderansicht entspricht in Verbindung mit der Seitenansicht der Tiere der Verdeutlichungsperspektive. Dieser Perspektivenwechsel ist bei der Wiedergabe der Arbeiter vernachlässigt zugunsten einer Charakterisierung der Tätigkeiten.

tempel in Abydos) erhielten nun ihre Namen und Beschreibungen. Doch bedurften auch die Bilderfriese mit Schilderungen des alltäglichen Lebens solcher schriftlichen Erläuterungen?
Trotz ihrer Anschaulichkeit und ›Lesbarkeit‹ geben die Darstellungen des ägyptischen Alltags Rätsel auf, die durch eine Entzifferung ihrer Inschriften allein nicht gelöst werden, sondern die Funktion betreffen. So viel ist bekannt: Die Szenen aus Landwirtschaft und Handwerk gehören neben mythologischen Motiven und Darstellungen des Totengerichts entsprechend der Buchmalerei der Totenbücher zum Bildprogramm der Grabanlagen. Sie blieben somit im Verborgenen und standen in kultischem Zusammenhang: Die Dienste, die dem hochrangigen Verstorbenen im Diesseits das Leben erleichterten, sollten ihm auch im Jenseits zur Verfügung stehen. Sind die im Bild vergegenwärtigten Arbeiten demnach als ein Ersatz für die ursprüngliche Opferung von Menschen und Tieren zu verstehen, die ihrem Herrn ins Totenreich folgen mussten, um ihm dort zu Diensten zu sein?
Trifft diese Vermutung zu, so ist der Weg, den diese Form der Sublimierung genommen hat, umso erstaunlicher. Er führt im kultischen Rahmen der Grabausstattung zu einer bildhaften Erzählweise, die Amtliches wie die Taxierung der steuerpflichtigen Ernte oder die Prügelstrafe für einen säumigen Bauern mit Anekdotischem verbindet: Kunden warten geduldig darauf, bis sie beim Frisör an die Reihe kommen, eine Mutter mit ihrem Kind im Tragtuch vor der Brust wählt aus einer Obstschale eine Frucht. In der Schilderung des Alltäglichen, ja Beiläufigen lockern sich die Regeln, die bei der Wiedergabe von Riten des Totenkultes verbindlich sind: Die Arbeiter auf einer Baustelle, in einer Bierbrauerei, Tischler- oder Goldschmiedewerkstatt sind mit Bewegungsmotiven erfasst, die in erster Linie ihre Tätigkeit charakterisieren. Es bleibt die Frage, inwiefern die ›Nachlässigkeit‹ der Gestaltungsweise eine Geringschätzung des alltäglichen Inhalts bedeutet, oder ob sich hier zumindest auch ein willkommener künstlerischer Freiraum bot.

ALLTAG IM JAHRESLAUF. In der ägyptischen Wanddekoration ist der Rhythmus von Überschwemmung, Aussaat und Ernte enthalten, ohne im strengen Sinne den jahreszeitlichen Wechsel als Ordnungsprinzip zu verdeutlichen. Auch die alltäglichen Szenen aus Landwirtschaft, Handwerk, Handel und Familienleben in der griechischen Vasenmalerei besitzen als Gefäßdekorationen keinen zyklischen Zusammenhang. Dieser kennzeichnet erst die Darstellung charakteristischer bäuerlicher Arbeiten als Bildschmuck von Kalendarien, die zum einen die kirchlichen Festtage verzeichnen, zum anderen den profanen Lebensbereich in Form der Monatsbilder und Tierkreiszeichen einbeziehen. Wie die ägyptische Alltagsszene erweisen sich die Monatsbilder, deren Tradition bis zur Textilkunst des Barock reicht, als thematischer Bereich, in dem sich Traditionsgebundenheit lockert.

HOCHSCHRIFT UND ALLTAGSSCHRIFT

Die reiche schriftliche Überlieferung der frühgeschichtlichen Hochkultur in Ägypten verwendet mehrere Schriften. Die Ende des 4. Jahrtausends entwickelte Bilderschrift der Hieroglyphen wurde in Stein gemeißelt oder in Holz geschnitten. Nur wenig jünger ist die vereinfachte Form der hieratischen (priesterlichen) Hieroglyphenschrift mit Tinte auf Papyrus oder Keramik. Im 8. Jahrhundert v. Chr. entstand eine weiter vereinfachte Schrift für den alltäglichen Gebrauch in der Verwaltung und der privaten Korrespondenz, das Demotische. Der 1799 bei der Hafenstadt Rosette gefundene sog. *Stein von Rosette* (196 v. Chr.; London, British Museum) enthält denselben Text in Hieroglyphen, demotischer und griechischer Schrift und bot die entscheidende Voraussetzung für eine Entschlüsselung der Hieroglyphen (Jean-François Champollion, 1822).

WIRKUNGSGESCHICHTE

AMARNA-KUNST

DER ›KETZER‹ ECHNATON. »Die Erde existiert aus deiner Hand, / Wie du sie erschaffen hast. / Wenn du aufgegangen bist, leben sie, / Aber wenn du untergegangen bist, sterben sie. / Du bist die Dauer des Lebens, / Denn man lebt von dir.« Diese Verse aus dem »Sonnengesang des Echnaton« sind wie der gesamte Hymnus Ausdruck eines religionspolitischen Umsturzversuches, den ein König der 18. Dynastie unternommen hat: Amenophis IV., Sohn, vielleicht Mitregent, ab 1364 v. Chr. Nachfolger des Königs Amenophis III. Bald nach seinem Regierungsantritt verließ er die Residenz Theben (Luksor), um 300 km flussabwärts am Ostufer des Nils eine neue Hauptstadt zu errichten. Ihr Name Achet-Aton enthielt die traditionelle Bezeichnung der Sonnenscheibe, die nun als Name der höchsten Gottheit diente: Aton. Ihr weihte sich der König, indem er den Namen Echnaton annahm. Der Auszug aus Theben, die Namensänderung, die Entfernung des Namens und der Symbole des Reichsgottes Amun in dessen thebanischem Heiligtum waren eine Kampfansage an die mächtige Priesterschaft des Amun. Insofern ist denkbar, dass Echnaton im wörtlichen Sinne Religionspolitik betrieb, indem er die allem Anschein nach monotheistische Atonreligion dazu nutzen wollte, die Machtverhältnisse im Reich zugunsten des Königtums zu stärken. Ein traditionelles Element bildete die Gotteskindschaft des Königs, zu der sich die folgenden Verse aus dem »Sonnengesang« bekennen: »Du gehst auf für deinen Sohn, / Der aus deinem Körper entstiegen ist: Echnaton.«

***König Echnaton*, um 1360 v. Chr.; Kalkstein, Höhe des Fragments 15 cm; Berlin, SMPK, Ägyptisches Museum**
Der Vergleich mit wenig älteren Königsbildnissen zeigt die radikale Abwendung von einer idealisierenden Darstellungsweise: Schmale, schlitzförmige Augen, wulstige Lippen, eingefallene Wangen, ein überdimensionales Kinn und ein extrem dünner Hals widersprechen jeglicher Harmonie. Gemeinsamkeiten mit dem rundplastischen Bildnis seiner Mutter Teje (um 1365; Berlin, SMPK, Ägyptisches Museum) lassen vermuten, dass im Bildnis Echnatons eine expressive Steigerung physiognomischer Merkmale vorliegt.

KUNST UND RELIGION. Die Aton-Religion blieb eine Episode ohne politische Folgen, zumal Echnaton bereits um 1348 v. Chr. starb und sein etwa zehnjähriger Nachfolger Tutanchaton der Rückkehr zur polytheistischen Amun-Religion nichts entgegenzusetzen hatte; seinen Namen änderte er wohl oder übel in Tutanchamun. Die ehemalige neue Residenz überdauerte als Ruinenstätte Amarna (Ausgrabung ab 1891). Ihren Namen tragen heute die Zeugnisse der Kunst am Hof Echnatons.

Zu den bekanntesten Werken dieser Hofkunst gehört die lebensgroße, aus Kalkstein gefertigte und farbig gefasste *Büste der Nofretete* (um 1360 v. Chr.; Berlin, SMPK, Ägyptisches Museum). Dargestellt ist die Gemahlin Echnatons. Die Königin trägt einen kostbaren Schmuckkragen, aus dem sich ein überschlanker Hals emporschwingt. Diese

Leichtigkeit kontrastiert mit kräftigen Wangenknochen. Das Make-up betont die Augenlider und die hohen Bögen der Augenbrauen. Die Skulptur erscheint individuell und ist zugleich einem Stil kunstvoller Natürlichkeit verpflichtet. Als sicher gilt, dass die Büste als Muster für die Anfertigung von Statuen der Königin diente, denn sie wurde 1912 in der Werkstatt des Bildhauers Thutmosis in Amarna geborgen. Die Grabungskonzession hatte der Berliner Kaufmann James Simon bezahlt, der die Büste von den Behörden zugesprochen bekam und 1920 dem preußischen Staat vermachte.

Die ungewöhnlichsten Zeugnisse der Amarna-Kunst sind Reliefplatten, die als Altarbilder der königlichen Familie bezeichnet werden. Sie zeigen Echnaton und Nofretete mit ihren drei Töchtern unter der Sonnenscheibe. Ihre Strahlen münden in Händen, die dem König und der Königin das Lebenszeichen Anch überreichen – ein Gestus, der traditionell den Göttern in Mensch-Tier-Gestalt im Rahmen des Totenkultes zustand.

Das Interesse konzentriert sich auf die Voraussetzungen, unter denen die Episode der Amarna-Zeit eine Kunst der Individualisierung hervorgebracht hat. Die religionsgeschichtliche Deutung zitiert das Gemälde *Moses oder Der Schöpfungskern* (1945, Privatsammlung) mit den Büsten Echnatons und Nofretetes, für das Frida Kahlo 1946 den mexikanischen Staatspreis für Malerei erhielt. Angeregt wurde sie durch Siegmund Freuds Abhandlung *Der Mann Moses und die monotheistische Religion*.

***Die Toilette des Königs Tutanchamun*, um 1345 v. Chr.; Gold, Silber und Email über Holz, Format der Rücklehne ca. 53 x 53 cm; Kairo, Ägyptisches Museum**
Das Relief schmückt die Rücklehne des Throns des Königs Tutanchamun aus seinem 1922 von Howard Carter entdeckten Grab. Als Konsequenz der Rückkehr zur Amun-Religion ist der ursprüngliche Königsname Tutanchaton in Tutanchamun und der Name der Königin (einer Tochter Echnatons und Nofretetes) von Anchsenpaaton in Anchsenpaamun verändert. Die Szene selbst ist dagegen in Thematik und Gestaltung ein charakteristisches Werk der Amarna-Kunst: Unter der Atonscheibe mit in Händen mündenden Strahlen beendet die Königin die Toilette ihres Gemahls, indem sie dessen Kragen mit einer Salbe parfümiert. Die Sitzhaltung des jugendlichen Königs wirkt ungezwungen und entspricht dem Stilprinzip graziöser Natürlichkeit.

STIL

ÄGÄIS

KYKLADISCHE KULTUR. Das Ägäische Meer zwischen Griechenland und Kleinasien wird durch die Gruppe der Kykladen gegliedert. Sie umfasst etwa 20 bewohnte Inseln mit Naxos als größter Insel sowie Amorgos, Delos, Keros, Mykonos und Thera.
Im Zusammenhang der bronzezeitlichen Ägäischen Kultur des 3. Jahrtausends v. Chr., zu der Troja ebenso zählt wie die Minoische Kultur Kretas, zeichnet sich die Kykladenkultur durch einzigartige Marmorskulpturen aus. Es sind zum einen weibliche Figuren mit waagrecht vor den Leib gelegten Unterarmen, die vom Format einer Statuette bis zur Lebensgröße reichen; zum anderen männliche, stehende oder thronende Figuren mit Musikinstrumenten wie der *Flötenspieler* und der *Harfenspieler* aus der kykladischen Sammlung des Nationalmuseums in Athen.

MINOISCHE UND MYKENISCHE KULTUR. Von Arthur Evans nach Minos benannt, einem Sohn der Europa und des Zeus, umfasst die Minoische Kultur den Zeitraum von der Mitte des 3. Jahrtausends v. Chr. bis um 1400 v. Chr., gefolgt von einer spätminoischen Zeit unter mykenischer Herrschaft. Die wirtschaftliche Grundlage bildete der Seehandel im gesamten ägäischen Raum mit Stützpunkten auf Rhodos, den Kykladen und in Milet an der kleinasiatischen Küste. Herausragende Zeugnisse einer hoch entwickelten Zivilisation sind der Städtebau und der Palastbau in Knossos, Phaistos und Mallia. Die kultische Prägung des höfischen Lebens bekundet die bekannte Fayence-Statuette einer *Schlangenpriesterin* (um 1600 v. Chr.; Heraklion, Archäologisches Museum): Vermutlich handelt es sich um eine Weihegabe in Gestalt einer Frau in Hoftracht mit entblößten Brüsten und mehrfach gestuftem Falbelrock.
Das Gegenbild zur minoischen Stadtkultur auf Kreta bietet die kriegerische Mykenische Kultur der von Norden in die Peloponnes eingewanderten Achäer. Namengebend ist Mykene südlich von Korinth, nach der griechischen Sage Heimat des Agamemnon und des Atridengeschlechts. Dieser Überlieferung mächtiger Lokalherrscher entsprechen die Burganlagen mit kyklopischem Mauerwerk in Mykene, Tiryns, Theben, Orchomenos und Pylos mit späteren Entsprechungen auf Kreta sowie die in Schacht- und Kuppelgräbern (sog. *Schatzhaus des Atreus* in Mykene) geborgenen Grabbeigaben: Goldene Diademe, Goldmasken und Prunkwaffen, darunter eine Dolchklinge aus Bronze mit Goldeinlagen und der Darstellung von Bogenschützen und Schwerbewaffneten auf der Löwenjagd (um 1550 v. Chr.; Athen, Nationalmuseum). Nachdem die Achäer ihre Herrschaft nach Kreta ausgeweitet hatten, zerfiel ihre Macht seit etwa 1230 v. Chr. unter dem Druck neuer Einwanderungen aus dem Norden.

ARCHÄOLOGEN

Die Entdeckung der Minoischen und der Mykenischen Kultur ist aufs engste mit zwei Pionieren der frühgeschichtlichen Forschung verbunden.

Heinrich Schliemann, geb. 1822 in Neubuckow (Mecklenburg-Vorpommern), erwirtschaftete als Kaufmann in Amsterdam und St. Petersburg ein Vermögen. Nach einem Studium in Paris (1866) widmete er sich ausschließlich seiner als Schatzgräberei verunglimpften archäologischen Feldforschung. Im Vertrauen auf die topografischen Angaben in Homers *Ilias* entdeckte er 1868 im NW-Zipfel Kleinasiens Troja (Hügel Hissarlik). Ab 1876 forschte er in Mykene, der Burg Agamemnons. 1880 folgten Ausgrabungen in Orchomenos, 1884 in Tiryns. Schliemann starb 1890 während einer Reise in Neapel.

Arthur Evans, geb. 1881, englischer Historiker (geadelt 1911), folgte ebenfalls einem Hinweis Homers (Minos-Mythos im 2. Gesang der *Ilias*), als er 1900 mit der Ausgrabung des Palastes von Knossos auf Kreta begann. Er lehrte später in Oxford Archäologie und starb 1941 bei Oxford.

Kykladisches Idol, um 2200 v. Chr.; Marmor, Höhe 43 cm; Berlin, SMPK, Antikensammlung im Alten Museum
Die flach gearbeitete weibliche Figur ist ein charakteristisches Werk der Kykladenkultur. Um 2700 v. Chr. entstand der Typus mit über den Leib gelegten Armen, der sich in verschiedenen Variationen weiterentwickelte. Das Berliner Idol repräsentiert eine Ausprägung, die nach einer Nekropole auf der Insel Amorgos im Südosten des Archipels als Dokathismata-Art bezeichnet wird. Ihre Merkmale sind neben der Größe die strenge Symmetrie der Gestaltung, die feine Ausarbeitung der Brüste, lineare Markierungen wie das große Schamdreieck sowie das spannungsvolle Widerspiel der energisch gekurvten, dann weich anschwellenden und schließlich rechtwinkligen Konturlinien. Die überwiegende Zahl der erhaltenen kykladischen Idole stellt weibliche Figuren dar, wurde als Grabbeigabe geborgen und dürfte als Bild einer Göttin zu betrachten sein.

GESTALTUNGSAUFGABE

PALAST

DAS LABYRINTH. Griechische Reisende lernten auf Kreta Überreste einer Bauanlage kennen, die ihnen als regellos, willkürlich, aber auch unheimlich erschien. An den Wänden entdeckten sie das Zeichen der Doppelaxt, für das im ägäischen Raum die Bezeichnung *labrys* verwendet wurde; einer überlieferten Etymologie zufolge entstand hieraus der Begriff *labyrinthos*, mythologisch verbunden mit jenem Gefängnis für das Ungeheuer Minotauros, das Daidalos im Auftrag des kretischen Königs Minos als architektonischen Irrgarten ersonnen hatte.
Was den Griechen als Gewirr aus Höfen, Hallen, Gängen, Treppen und Lichtschächten ohne organischen Zusammenhang erschien, ist charakteristisch für den frühgeschichtlichen Palast mit seiner Bündelung von privaten und öffentlichen Funktionen, die in der kretisch-minoischen Gesellschaft ihre stärkste Ausprägung erfahren hat. Eine Erklärung liefert der kretisch-minoische Kult der Großen Mutter. Er bildete eine Naturreligion, die eine monumentale Tempelarchitektur ausschloss. Als Kultstät-

Der Große Palast von Knossos, beg. Anfang des 16. Jahrhunderts v. Chr.
Im Jahr 1900, zwei Jahre nach der Unabhängigkeitserklärung Kretas vom Osmanischen Reich, begann Arthur Evans mit der Freilegung eines Ruinengeländes in Knossos unweit des mittleren Abschnitts der Nordküste von Kreta. Zutage kam eine Anlage mit weiträumigem Innenhof, die eine Fläche von etwa 100 x 150 m bedeckte. Folgende Teile sind im Grundriss (letzter Zustand nach der Zerstörung um 1400 v. Chr., vermutlich durch Brand) mit Ziffern versehen: **1** Eingänge, **2** östlicher Wohnbezirk, **3** westliche Magazine, **4** sog. Theater, **5** Prozessionskorridor, **6** Veranda, **7** innere Vorhalle, **8** Treppenhaus mit Aufgang zum Obergeschoss, **9** Thronsaal, **10** Kultkapelle, **11** Pfeilersaal, **12** Privathäuser.

Thronsaal im Großen Palast von Knossos
Bereits wenige Wochen nach Beginn der Ausgrabung, im April 1900, stießen Evans und seine Grabungsmannschaft auf einen Saal, dessen Ausstattung mit einem Thron aus Alabaster die Deutung als Audienzraum nahe legte. Ein Vorraum enthielt eine Porphyrschale für möglicherweise rituelle Waschungen im Zusammenhang des Hofzeremoniells, im Hauptraum standen entlang der Wände Sitzbänke für die Berater des Königs bereit.
Zu beiden Seiten des Throns beherrschten Greife ein im Übrigen floral gestaltetes Wandbild. Die Teilansicht des Thronsaals zeigt Deckenstützen in der kretisch-minoischen Form der Holzsäule mit nach unten verjüngtem Schaft und wulstförmigem Kapitell.

ten dienten Grotten oder deren Nachbildung im architektonischen Zusammenhang der Palastanlage, die bei geringerer Ausdehnung – wie im Falle des Kleinen Palasts von Knossos – eher kultischen Zwecken angepasst werden konnte.
Gemeinsames Merkmal des kretisch-minoischen Palastbaus in Knossos, Phaistos, Mallia und im seit 1961 ausgegrabenen Zakros ist jedoch die Verknüpfung von Herrschaft, Verwaltung, Palastwirtschaft und Handel, der sich noch auf der Grundlage des Tauschhandels abspielt.

DAS MEGARON. Die Alternative zeigt sich im ägäischen Raum in der zweiten Hälfte des 2. Jahrtausends v. Chr., als die Herrschaft der Achäer von der Peloponnes auf Kreta übergreift und dabei Einflüsse der kretisch-minoischen Kultur aufnimmt. Was jedoch in spätmykenischer Zeit an prunkvoll ausgestatteten Palastbauten entsteht, bleibt einem Haustypus verpflichtet, der als Megaron in einen Einheitsraum mit Herd und einen Vorraum gegliedert ist. Als Verbindung von geschlossenem Kultraum (Cella) und Vorraum, den die Verlängerung der Seitenwände begrenzen, bildet der Megaron-Typus einen Ausgangspunkt des griechischen Tempels in Form des Antentempels.

PALAST DES ODYSSEUS

Der Palast auf Ithaka entspricht in Homers Schilderung dem Megaron-Typus:

»Er aber blieb in der Halle zurück, der hehre Odysseus, / Und erwog mit Athene den Plan zur Ermordung der Freier. / Und zu Telemach sagte er gleich die gefiederten Worte: / ›Telemach, nötig ist's, die Waffen des Krieges im Innern / Allesamt zu verwahren; doch wenn sie die Freier vermissen, / Dann beschwichtige sie mit sanften Worten und sage: / Vor dem Rauch bewahrte ich sie, sie glichen ja nicht mehr / Denen, die einst Odysseus, als er nach Troja gegangen, / Hier ließ, sondern sie sind entstellt vom Rauche des Feuers.‹«
(Homer, *Odyssee* XIX,1–9)

ATTRIBUT UND SYMBOL

STIER

STIERKULT. Die ältesten Hinweise auf eine kultische Verehrung des Stieres förderten die 1961–65 von englischen Archäologen in Çatal Hüyük in Anatolien durchgeführten Ausgrabungen zutage. Der Ruinenhügel südöstlich von Konya überdeckte eine jungsteinzeitliche Großsiedlung, die bis in die Mitte des 7. Jahrtausends v. Chr. zurückreicht. In den kubischen Wohngebäuden fanden sich Spuren modellierter Stierköpfe mit angesetzten Hörnern. Dies deutet darauf hin, dass Çatal Hüyük, eine der ältesten ›Städte‹, ein Zentrum der frühen Viehwirtschaft bildete, in der Stiere im Mittelpunkt des Fruchtbarkeitskultes standen.
Die Zeugnisse des Stierkults reichen vom ägyptischen Apis-Stier, einer Verkörperung des Gottes Ptah, über das Goldene Kalb der Israeliten am Fuß des Berges Sinai bis zur »Diana von Ephesus«, einem mit Stierhoden behängten Kultbild der Artemis, das als Nachbildung des 2. Jahrhunderts n. Chr. überliefert ist (Neapel, Museo Archeologico Nazionale). Das auf Fresken aus dem Palast von Knossos auf Kreta dargestellte *Stierspringen* (um 1500 v. Chr.; Heraklion, Archäologisches Museum) scheint mit dem Sprung von Jünglingen im Salto mortale über einen anstürmenden Stier eine Mutprobe zu schildern, steht aber wohl im Zusammenhang von Fruchtbarkeitsriten.

STIEROPFER. Die Wertschätzung des Stiers als Garant des Fortbestands und der Vermehrung der Herden erklärt den hohen Rang des Stieropfers. Zum Atlantis-Mythos, den Platon in seinem Fragment *Kritias* überliefert, gehört der Fang der Opfertiere, die Poseidon geweiht sind, »ohne Eisen, nur mit Knüppeln und Stricken«. Eine derartige Szene zeigt der getriebene Reliefschmuck der beiden goldenen, in einem Grab bei Vaphio südlich von Sparta gefundenen *Vaphio-Becher* (um 1500 v. Chr.; Athen, Nationalmuseum). Im Mosaischen Gesetz ist das Stieropfer bei Vergehen des Hohepriesters als größtes Sühneopfer vorgeschrieben (3. Mose 4). Der Tempeldienst des Zacharias, des Vaters Johannes des Täufers, liegt der Verbindung des Evangelistensymbols ›Stier‹ mit Lukas zugrunde. Zwar bringt Zacharias am Beginn des Lukas-Evangeliums kein Stier-, sondern ein Rauchopfer dar, doch besteht zwischen Opfer und Stier ein ursprünglicher Zusammenhang.
Ein Stieropfer steht auch im Mittelpunkt einer spätantiken Erlösungsreligion, die sich aus dem frühgeschichtlichen Kult des indoiranischen Gottes Mithra(s) entwickelt hat und seit dem 1. Jahrhundert n. Chr. im Römischen Reich Verbreitung fand. Der zumeist unterirdisch oder in Felsenhöhlen angelegte Kultraum, das Mithräum, enthielt als Kultbild die Skulptur des mit einer phrygischen Mütze bekleideten Mithras, wie er einem Stier den Dolch an die Kehle setzt (u. a. *Mithrasrelief aus Osterburgen*, 3. Jahrhundert n. Chr.; Karlsruhe, Badisches Landesmuseum). Der in

MINOTAUROS

Die antike Mythologie schildert den Minotauros als Mischwesen aus Mensch und Stier, hervorgegangen aus der Begattung der kretischen Königin Pasiphae durch einen Stier des Poseidon. Pasiphaes Gemahl Minos war einer der drei Söhne, die aus der Verbindung zwischen Europa und Zeus hervorgingen, nachdem dieser die Prinzessin in Gestalt eines weißen Stiers nach Kreta entführt hatte. Minos sperrte das Ungeheuer in ein von Daidalos erbautes Labyrinth. Alljährlich wurden sieben Jungfrauen und sieben Jünglinge dem Minotauros geopfert. Erlösung brachte Theseus, indem er den Minotauros tötete und mit Hilfe des Fadens der Ariadne den Rückweg aus dem Labyrinth fand. Künstlerische Gestaltung fand der Minotauros-Mythos auf kretischen Münzen, in der griechischen Vasenmalerei und Skulptur sowie in der pompejanischen Wandmalerei (*Pasiphae im Kuhmodell*, Haus der Vettier). In der Moderne hat sich vor allem Pablo Picasso mit dem Thema auseinander gesetzt (Radierung *Tauromachie*, 1935).

seiner römischen Version verbreitete Mythos enthält die Geburt des Mithras am 25. Dezember aus einem Felsen und die vom Sonnengott angeordnete Stiertötung, die zugleich einen Schöpfungsakt bildet: Aus dem Körper des Stieres entsteht die Pflanzenwelt, aus seinem Samen die Tierwelt. Nach einem Liebesmahl mit seinen Anhängern kehrt Mithras in einem Sonnenwagen zu den Göttern zurück und übernimmt nach dem Weltuntergang das Richteramt. Die Spuren, die der Mithraskult im christlichen Ritus hinterlassen hat, sind am offenkundigsten im Geburtsdatum des Gottes zu erkennen.

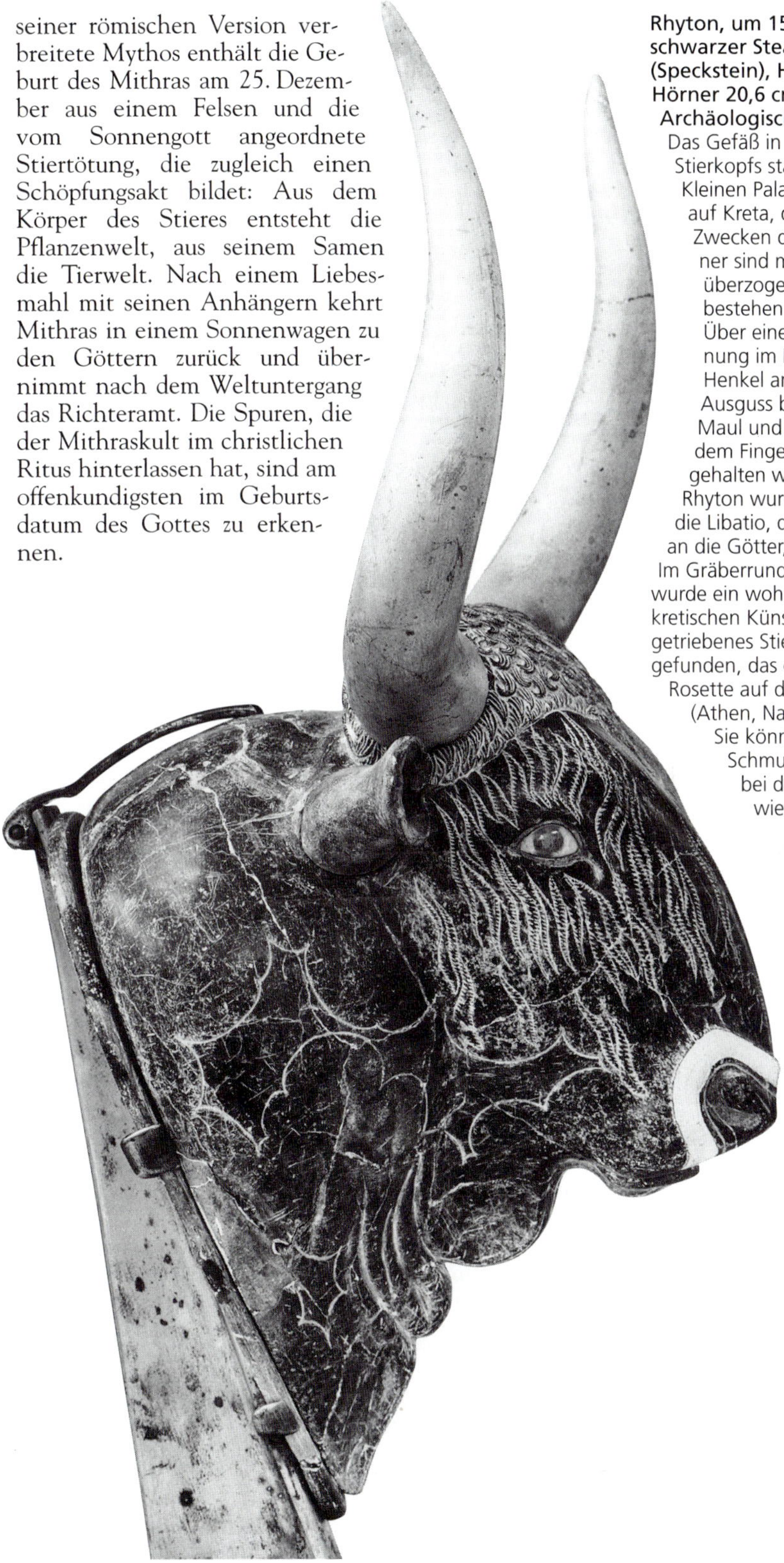

Rhyton, um 1500 v. Chr.; schwarzer Steatit (Speckstein), Höhe ohne Hörner 20,6 cm; Heraklion, Archäologisches Museum
Das Gefäß in Form eines Stierkopfs stammt aus dem Kleinen Palast von Knossos auf Kreta, der kultischen Zwecken diente. Die Hörner sind mit Goldblech überzogen, die Augen bestehen aus Bergkristall. Über einer Eingussöffnung im Nacken ist ein Henkel angebracht, der Ausguss befindet sich am Maul und musste mit dem Finger geschlossen gehalten werden. Mit dem Rhyton wurde vermutlich die Libatio, das Trankopfer an die Götter, dargebracht. Im Gräberrund A von Mykene wurde ein wohl von einem kretischen Künstler aus Silber getriebenes Stierkopfgefäß gefunden, das eine goldene Rosette auf der Stirn trägt (Athen, Nationalmuseum). Sie könnte den Schmuck des Tieres bei der Opferung wiedergeben.

ZEITRAUM

ANTIKE

ECKDATEN. Während der Begriff des Altertums die Frühen Hochkulturen einschließt, umfasst die Antike (lat. *antiquus* ›alt‹) den Zeitraum vom 8. Jahrhundert v. Chr. bis zum 5./6. Jahrhundert n. Chr. Beginn und Ende markieren Daten von symbolischer Bedeutung: 776 v. Chr. ist das Jahr, aus dem die ersten Siegerlisten der Olympischen Spiele überliefert sind und das der Zeitrechnung der Griechen als Ausgangspunkt diente. Die Römer berechneten die Zeit *ab urbe condita* und bezogen die Chronologie ihrer Geschichte auf die legendäre Gründung Roms im Jahr 753 v. Chr. Den Übergang von der Antike zum Mittelalter veranschaulichen zwei Ereignisse, die traditionell auf das Jahr 529 n. Chr. datiert werden: die Schließung der von Platon gegründeten ›heidnischen‹ Akademie in Athen durch Justinian den Großen und die Gründung des Klosters Montecassino durch Benedikt von Nursia, der zu den ›Vätern des Abendlandes‹ zählt.

GRIECHEN UND RÖMER

In Vergils *Aeneis*, dem römischen Nationalepos, zieht Anchises, der Vater des Aeneas, den folgenden Vergleich: »Andre mögen Gebilde aus Erz wohl weicher gestalten, / Dünkt mich, und lebensvoller dem Marmor die Züge entringen, / Besser das Recht verfechten und mit dem Zirkel des Himmels / Bahnen berechnen und richtig den Aufgang der Sonne verkünden: / Du aber, Römer, gedenke die Völker der Welt zu beherrschen / (Denn darin liegt deine Kunst) und schaffe Gesittung und Frieden, / Schone die Unterworfnen und ringe die Trotzigen nieder.« (Vergil, *Aeneis*, VI,847–853)

DIE MEDITERRANE WELT. Die kulturgeschichtlichen Pole Athen und Montecassino bilden zugleich kulturgeographische Fixpunkte innerhalb der vielgestaltigen Einheit des Mittelmeerraumes. Der Irrweg des Odysseus von Insel zu Insel, von Küste zu Küste gibt eine Vorstellung von der zentralen Bedeutung des Meeres als gemeinsames, verbindendes Element. Handelsfahrten bringen mit dem Austausch der Güter den Austausch der Ideen, freilich begleitet und vielfach überlagert von den Fahrten der Kriegsflotten.

Die charakteristische Form der Ausdehnung von wirtschaftlichem, politischem und kulturellem Einfluss ist in den ersten Jahrhunderten der Antike die von Phöniziern und Griechen getragene Kolonisation, eine weiträumige Struktur von Städtebündnissen. Sie wird durch die Entwicklung von der Hegemonialmacht (in Griechenland Athen, dann Sparta und Theben) zur Territorialmacht abgelöst, die in Gestalt des Imperium Romanum den Charakter einer Weltmacht gewinnt: Im Norden und Osten reicht sie weit über den Mittelmeerraum hinaus im Bestreben, die *oikumene*, die gesamte bewohnte Erde, in einer gemeinsamen Rechtsordnung zu vereinen. Die Gegenbewegung, die vom Norden in den mediterranen Bereich vordringt, wird von keltischen, dann von germanischen Stammesverbänden getragen, die ebenso zum Gesamtbild der Antike gehören wie die nach Westen vordringenden Erben der altorientalischen Kulturen, die Perser, oder die vorrömischen Kulturen der Etrusker in Italien und der Iberer in Spanien.

ALLEGORIEN

Die antike Kunst entwickelt ein reiches Repertoire an Allegorien (griech. *allegoria* ›das Anderssagen‹). Ihre Bedeutung reicht von abstrakten Begriffen bis zur Geografie (Berge, Flüsse, Länder). Sie werden durch figürliche Darstellungen personifiziert. Drei Allegorien enthält das Bildprogramm der *Gemma Augustea*: Oikumene, die Personifikation der bewohnten Erde, hält einen Siegeskranz über Augustus; zu ihr gesellen sich Okeanos, der Weltenstrom, und Italia mit einem Füllhorn, das Fruchtbarkeit symbolisiert, als Attribut.

DIE PERIODISIERUNG. Unter kultur- und kunstgeschichtlichem Gesichtspunkt lassen sich grob drei Epochen unterscheiden: die griechische, die römische und die christliche Antike, wobei jeweils die eine Epoche die Vor-

aussetzungen der folgenden schafft. Die Hauptperioden der griechischen Antike sind die Zeit der Geometrischen und der Archaischen Kunst, denen um 500 v. Chr. die Klassik folgt, in der die Griechen in Kunst, Literatur, Wissenschaft und Philosophie Werke hervorbringen und Maßstäbe entwickeln, die überzeitliche und insofern ›klassische‹ Bedeutung gewinnen. Dieser Blütezeit folgt im späten 4. Jahrhundert v. Chr. die Epoche des Hellenismus. Die römische Antike besitzt zwar politisch in der Entwicklung von der Stadtmonarchie zur Republik und von der italienischen Landmacht zur Seemacht mit Provinzen ihre eigenen Wurzeln, erreicht aber ihre kulturelle Blüte zu Beginn der Kaiserzeit, die zugleich die Zeitenwende der christlichen Chronologie bildet, auf der Grundlage des Hellenismus. Diesen Zusammenhang verdeutlicht der bereits bei Augustus nach hellenistisch-orientalischem Vorbild einsetzende Kaiserkult. Die dritte Periode der Antike steht im Zeichen des theologisch von der griechischen Philosophie mitgeprägten Christentums, das als subversive, den Kaiserkult verweigernde jüdische Sekte verfolgt wird. Im Verlauf des 4. Jahrhunderts entwickelt sich das Christentum von einer tolerierten Religionsgemeinschaft zur alleinigen römischen Staatsreligion.

***Gemma Augustea*, nach 10 n. Chr.; zweischichtiger Onyx, Höhe 117 mm; Wien, Kunsthistorisches Museum**
Diese Gemme bzw. dieser Kameo (Schmuckstein mit einer geschnittenen figürlichen Darstellung) veranschaulicht den Beginn der römischen Kaiserzeit. Die obere Hälfte zeigt Augustus in der Haltung des Zeus/Jupiter mit dem Adler als Attribut des Göttervaters. Zu seiner Rechten sitzt Roma, die Schutzgöttin der Stadt Rom. Augustus blickt auf Tiberius, der 10 n. Chr. als Sieger empfangen wird (den Wagen lenkt die geflügelte Nike), nachdem er den Dalmateraufstand niedergeschlagen hat. Hierauf bezieht sich die untere Szene, in der ein Tropaion (Siegesmal) aufgerichtet wird. Thematisches Zentrum ist die Vollendung der griechisch-hellenistischen Entwicklung in der römischen ökumenischen Weltherrschaft.

STIL

GEOMETRISCHE KUNST

ATHEN UND ATTIKA. Zu den kulturgeschichtlichen Voraussetzungen der Geometrischen Kunst in Griechenland zählt eine Entwicklung, die der Dorischen Einwanderung des 12. Jahrhunderts v. Chr. folgte: die Ausbildung von monarchisch regierten Stadtstaaten im Siedlungsgebiet einzelner Stammesverbände. Ein Beispiel ist Athen. Nach der Sage von Theseus gegründet, entstand die Polis Athen in Wirklichkeit in einem lange andauernden Pro-

Reifgeometrische attische Amphore, um 770 v. Chr.; Ton, Höhe 155 cm; Athen, Nationalmuseum
Die (Bauchhenkel-)Amphore stammt vom »Friedhof am Kerameikos« in Athen. Auf Höhe der Henkel schildert ein Bildfries eine Totenklage: Zu beiden Seiten und unter (= vor) dem aufgebahrten Leichnam stehen, sitzen und knien Figuren mit erhobenen Armen als Zeichen der Wehklage. Die Oberkörper sind in der geometrischen Form des Dreiecks wiedergegeben. Das Tuch, das über den in ein langes Gewand gehüllten Leichnam gebreitet ist, schwebt gemäß der Verdeutlichungsperspektive über der Bahre. In der Ornamentik dominieren Varianten des Mäanders. Am Hals bereichern zwei Tierfriese mit liegenden Böcken und äsenden Rehen den streifenförmig geordneten ornamentalen Schmuck.

zess, in dem auf der von Ioniern besiedelten Halbinsel Attika aus Kultgemeinschaften lokale Fürstentümer wurden, unter denen Athen den Vorrang gewann. Unter athenischer Herrschaft bildete Attika vom 10. bis zum 8. Jahrhundert v. Chr. das älteste kulturell geschlossene Gebiet des griechischen Festlands.
Aus Athen und Attika stammen die herausragenden Werke der Geometrischen Kunst, deren zeitliche Abfolge eine Untergliederung in fünf Entwicklungsstufen zulässt. Hierbei handelt es sich weitgehend um keramische Gefäße, die in Form und Dekor, vor allem aber durch deren Zusammenhang, bereits ein Merkmal der griechischen Kunst erkennen lassen: die Verbindung zwischen Sinnlichkeit und Gesetzmäßigkeit der Formgebung, zwischen Realität und Idealität.
In der Protogeometrischen Kunst des 10. Jahrhunderts v. Chr. bildet sich die ornamentale Betonung der Gefäßgliederung in Fuß, Bauch, Schulter und Hals heraus. Die geometrische Ornamentik und ihre Funktion stehen in denkbar größtem Gegensatz zur minoischen Vasenmalerei mit ihrer Vorliebe für Pflanzen und Meeresgetier. Im früh- und im strenggeometrischen Stil nimmt die Bemalung bei zunehmendem Reichtum der ornamentalen Motive das gesamte Gefäß in Anspruch. Im reif- und im spätgeometrischen Stil gewinnen figürliche Darstellungen Eingang in das weiterhin streng organisierte Dekorationssystem.
Das Stilprinzip der figürlichen Darstellung ist die geometrische Abstraktion, indem der Oberkörper bei erhobenen Armen als Dreieck, bei gesenkten Armen als Kreissegment mit gerundeter Schulterlinie und der Kopf als Scheibe wiedergegeben wird.

GRABMONUMENTE UND WEIHEGABEN. Einen ersten Hinweis auf die Zweckbestimmung der Gefäße liefert eine besonders ergiebige Fundstelle in Athen: eine Nekropole, die nach der Nähe zum Töpferviertel bzw. zu einem ›Doppeltor‹ als »Friedhof am Kerameikos« oder »Friedhof am Dipylon« bezeichnet wird. Hier ist zu erkennen, dass die Amphoren und Kratere (Weinmischkrüge) als Grabmäler dienten. Den Zusammenhang mit der Bestattung verdeutlichen die reifgeometrischen Darstellungen der Aufbahrung und Beweinung von Verstorbenen (Totenklage) sowie der Fahrt von Pferdegespannen zur Begräbnisstätte.
Zu den Werken der Geometrischen Kunst gehören Weihegaben in Form kleinplastischer Figuren aus Ton oder Bronze. Etwa 6500 solcher Votivfiguren wurden in Olympia ausgegraben, das bereits in mykenischer Zeit zu den überregionalen Kultstätten gehörte. Zwei Bronzegüsse aus der Mitte des 8. Jahrhunderts v. Chr. der Berliner Antikensammlung repräsentieren das thematische Spektrum: vom Hengst als neben dem Stier wertvollstem Besitz von Viehzüchtern bis zur Statuette eines Wagenlenkers. Charakteristisch sind stereometrische Grundformen wie die walzenförmige oder zylindrische Bildung des Kopfes oder des Tierkörpers als sphärisches Dreieck.

ORNAMENTE

In der Geometrischen Kunst in Griechenland herrschen folgende Ornamente vor:

Dreieck, Streifenornament mit zickzackförmiger Gliederung und dem Wechsel zwischen hellen und dunklen Dreiecken.

Kreis, Einzelornament in konzentrischer Ausgestaltung. Bemerkenswert ist die Verwendung des Zirkels. Den innersten Kreis kann eine Kreuzform in vier Viertelkreise teilen.

Mäander, Streifenornament mit vielfältigen Varianten der rechtwinklig gebrochenen Linienführung, benannt nach dem schlingenförmig gewundenen Flusslauf des Maiandros in Kleinasien. Eine spiralförmige Abwandlung ist der ›Laufende Hund‹.

Raute, Streifenornament aus gereihten Rauten.

Schachbrett, Flächenornament aus abwechselnd hellen und dunklen Quadraten.

GESTALTUNGSAUFGABE

VOTIVGABE

EX VOTO

Die formelhafte Inschrift von Votivbildern, die seit dem Spätmittelalter entstanden sind, leitet sich von lat. *votivus* her. Sie bringt zum Ausdruck, dass dieses Bild aufgrund eines Gelübdes entstanden ist. Den Anlass des Gelübdes schildert das Bild, indem es über die Errettung aus großer Not durch die Hilfe Christi, Marias oder von Heiligen berichtet.
Diese christliche Form der Votiv- oder Weihegabe steht in einer Tradition, die bis in frühgeschichtliche Zeit zurückreicht. Zu ihren ältesten Zeugnissen gehören Kultgegenstände, die an einem heiligen Ort als Weihegaben vergraben oder in einer Höhle hinterlegt wurden.
Die monumentalste Form des Votivs ist das Bauwerk, das aus Anlass eines Dankgelübdes errichtet wird. Diesen Zusammenhang verdeutlicht die Bezeichnung der neugotischen Wiener Propsteikirche zum göttlichen Heiland (1856–79) von Heinrich von Ferstel als *Votivkirche*. Sie wurde als Dank dafür errichtet, dass ein Attentat auf den jungen Kaiser Franz Joseph misslang.

BITTE UND DANK. Die Votiv- oder Weihegabe bezieht sich in zweierlei Hinsicht auf göttlichen Beistand: als Bitte und als Dank, als gleichsam vergegenständlichtes Bitt- und Dankgebet. Die Votivgabe kann das Anliegen unmittelbar zur Anschauung bringen, indem Votive in Tiergestalt die Herde verkörpern, deren Gedeihen dem göttlichen Beistand anempfohlen oder verdankt wird. Sie kann aber auch Bitte und Dank durch etwas Wertvolles zum Ausdruck bringen, das Allgemeingültigkeit besitzt. Dazwischen liegt die Votivgabe als Abbild des Menschen, der sich gleichsam selbst darbringt oder in seiner Eigenschaft als Gabenbringer auftritt. Als Gestaltungsaufgabe umfassen die Votive somit Figuren und Geräte. Das überwiegende Medium ist die Skulptur als Weihestatue oder Weiherelief, doch sind auch szenisch bemalte Tontafeln überliefert; solche Pinakes wurden an den Wänden von Heiligtümern befestigt (*Totenklage*, um 510 v. Chr.; Wien, Kunsthistorisches Museum).
Den Inbegriff der figürlichen Weihegabe bildet die männliche Aktfigur, der Kuros (Jüngling), und als Pendant die Kore, eine weibliche Gewandfigur. Die ältere Bezeichnung der Kuroi als Apollon-Statuen deutet darauf hin, dass Votive auch Gottheiten darstellen können und nur in den Fällen eindeutig als individuelle Statuen zu identifizieren sind, in denen der Sockel mit der Namensinschrift erhalten ist. Dies gilt für den *Kalbträger* von der Akropolis mit dem Namen Jombos oder Rhombos (Marmor, um 570 v. Chr.; Athen, Akropolis-Museum). Zumindest nennen die Inschriften den Stifter. So ist der *Wagenlenker* einer (verschollenen) Quadriga im Museum von Delphi (Bronze, um 470 v. Chr.) eine Weihegabe des Tyrannen Polyzalos von Gela auf Sizilien.
Zu den vornehmsten griechischen Votivgeräten gehört der Dreifuß in Gestalt eines Kessels in einem Gestell auf drei Stützen. Welche Wertschätzung ein bronzener Tripus besaß, bezeugen die Preise, die Achilleus bei den Kampfspielen der Totenfeier zu Ehren des vor Troja gefallenen Patroklos aussetzt: Der Sieger im Ringkampf erhält »ein groß dreifüßig Geschirr auf dem Feuer«, das zwölf Rindern entspricht, der Besiegte eine Frau, »geschätzt vier Rinder an Werte« (Homer, *Ilias*, XXIII,700 ff.). Die in Olympia ausgegrabenen Dreifuß-Votive, die von vornherein dem profanen Gebrauch entzogen waren, reichen bis ins »geometrische« 9. Jahrhundert v. Chr. zurück.

DAS SCHATZHAUS. Votivgaben konnten auf die unterschiedlichste Weise aufgestellt werden, etwa im Umfeld der im Freien errichteten Altäre oder auf den Treppen der Tempel. Als architektonisches Votiv entwickelte sich das Schatzhaus: der Thesauros. Diese verhältnismäßig kleinen, aber reich ausgestalteten Gebäude in Form eines Antentempels oder Prostylos mit einer oder zwei Kolonnaden an der Schmalseite wurden von einzelnen Städten den panhellenischen Heiligtümern gestiftet und dienten der Aufbewahrung wertvoller Weihegaben. In Olympia reihten sich elf Schatzhäuser auf einer Terrasse, in Delphi entstanden 23 Schatzhäuser an der Heiligen Straße.

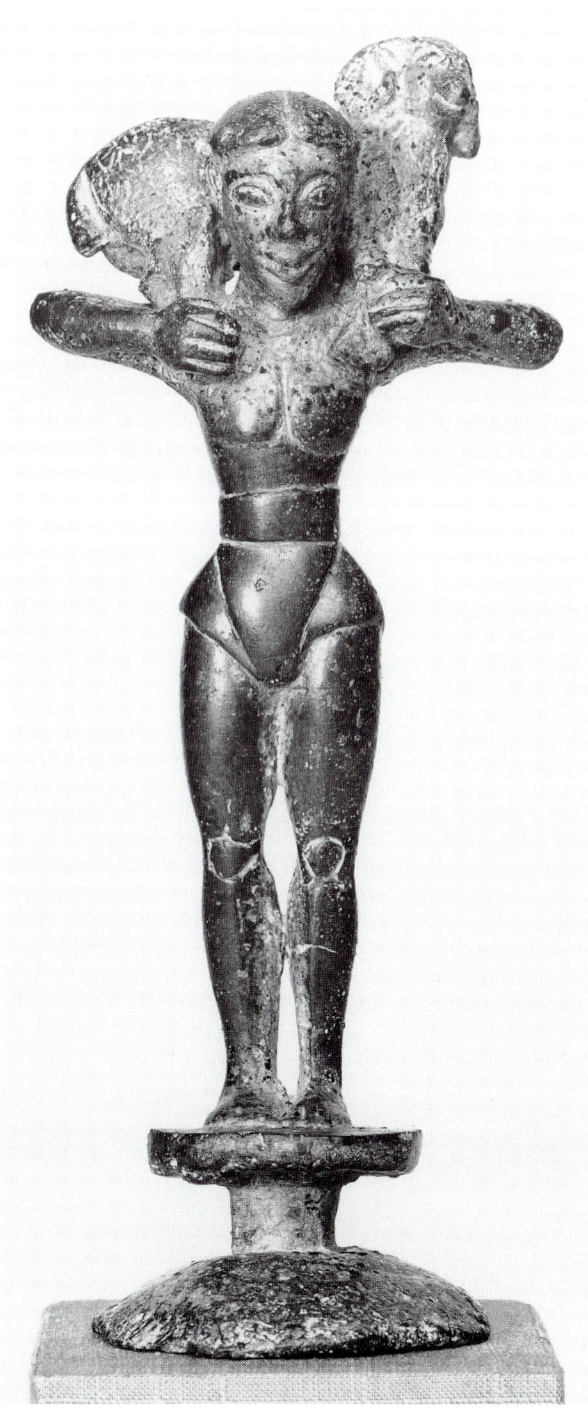

Widderträger, um 620/610 v. Chr.; Bronze, Höhe 18,1 cm; Berlin, SMPK, Antikensammlung im Alten Museum
Die Statuette ist auf Kreta entstanden und war wohl als fromme Gabe eines Hirten oder Herdenbesitzers für ein Heiligtum bestimmt. Sie steht in einer antiken Tradition, die bis zum spätrömischen, christlich als Guter Hirte gedeuteten Tierträger mit seiner Opfergabe auf den Schultern reicht. Die kretische Herkunft zeigt sich im Nachwirken minoischer Motive wie dem kurzen Lendenschurz, verbunden mit der Gestaltungsweise der griechischen Archaik. Zu ihr gehört das ›archaische Lächeln‹. Die waagrecht abgespreizten Oberarme, der straffe Oberkörper sowie die schwellenden Oberschenkel und Waden verleihen der zunächst aus Wachs modellierten Figur jugendliche Energie. Die flache Basis ruht auf einem Stutzen und einem Kugelsegment. Beides sind Relikte des Gusses in der Technik des Wachsausschmelzverfahrens und zeigen, auf welchem Weg die heiße Bronze eingeflossen ist.

STIL

ARCHAISCHE KUNST

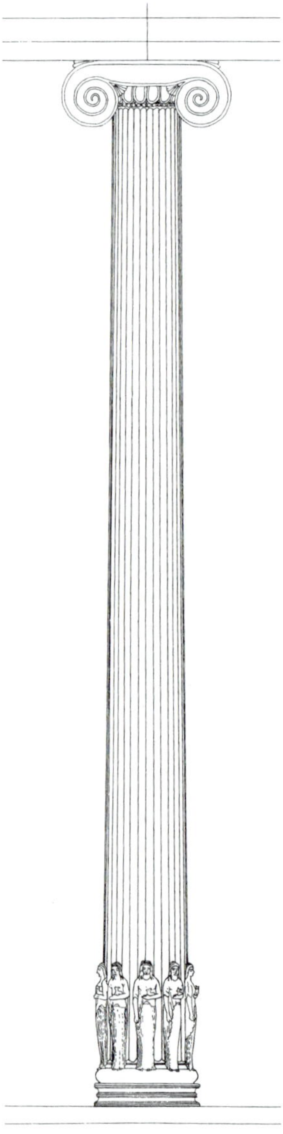

Säule mit figürlichem Schmuck, um 550/525 v. Chr.
Rekonstruktion des architektonischen Zusammenhangs, aus dem das abgebildete Relieffragment stammt. Die Säule im ionischen Stil mit Volutenkapitell und etwa 10 cm breiten Kanneluren misst im Durchmesser rund 100 cm, in der Höhe rund 20 m.

MAGNA GRAECIA. Die Epoche der griechischen Archaik des 7. und 6. Jahrhunderts v. Chr. ist in kulturgeschichtlicher und politischer Hinsicht die Zeit des Übergangs von der monarchischen zur aristokratischen Regierungsform bzw. zur Tyrannis in den Stadtstaaten, ausgenommen Sparta mit zwei Königen an der Spitze, und der Kolonisation. Aufgrund der Ausbreitung der griechischen Kultur an den Küsten des Schwarzen Meeres und des Mittelmeeres lässt sich die Archaische Kunst – im Unterschied zur Stilregion der Geometrischen Kunst – als Stilepoche der Antike betrachten.
Der Beginn der griechischen Kolonisation liegt bereits in der Mitte des 8. Jahrhunderts v. Chr., als Chalkis auf Euböa in Süditalien die Ackerbaukolonie Kyme gründete, die ihrerseits als Tochterstadt Paestum ins Leben rief. Auf die griechischen Ansiedlungen im heutigen Kalabrien und Apulien bezieht sich der Begriff Großgriechenland (lat. *Magna Graecia*), das jedoch im weiteren Sinne von Syrakus auf Sizilien bis nach Massalia (Marseille) reichte.

ARCHITEKTUR. Die Kolonisation der Griechen in den von »Barbaren« bewohnten Küstenregionen fördert die Ausbildung der griechischen Identität. Sie gründet sich erst in zweiter Linie auf gemeinsame Inhalte aus der Mythologie und Epik (um 750–700: Homer und Hesiod) oder gleichsam sekundäre Formen des künstlerischen Schaffens. Wesentlich sind gemeinsame Prinzipien der Gestaltung, die zu unterschiedlichen Formen führen können. Die entscheidenden Prinzipien in der Architektur sind die Proportion und die Körperlichkeit. Proportionen sind gemeint, wenn von den griechischen Säulenordnungen (dorisch, ionisch, korinthisch) gesprochen wird, die sich in dieser Reihenfolge im Zeitraum der Archaik herausbilden. Gemeinsam ist ihnen der jeweils innere proportionale Zusammenhang zwischen Durchmesser, Höhe und Abstand der Säulen, zwischen Kapitell-, Gebälk- und Giebelhöhe. Das Prinzip der Körperlichkeit prägt das Verhältnis zwischen Baukern und umgebender Kolonnade. Diese Form des Ringhallentempels (Peripteros) besaß der im 7. Jahrhundert erbaute erste *Heratempel in Olympia*. Die enge künstlerische Verbindung mit dem Mutterland, genauer: den Mutterstädten in Griechenland, belegen die Tempelbezirke in *Paestum* in Kampanien oder in *Agrigent* und *Selinunt* auf Sizilien.

MALEREI UND SKULPTUR. Bei der Entstehung der griechischen monumentalen Steinarchitektur wirkten orientalische Einflüsse mit, die in der früharchaischen Vasenmalerei besonders deutlich in Erscheinung treten. Sie äußern sich in einer gegenüber den Werken der Geometrischen Kunst zunehmend erweiterten Fläche der polychrom bemalten Bildfelder mit szenisch gestalteten my-

Relieffragment einer Säulentrommel, um 550/525 v. Chr.; Marmor, Höhe 56 cm; Berlin, SMPK, Antikensammlung im Alten Museum
Der Großteil der griechischen Skulpturen der Archaik stand in architektonischem Zusammenhang. Die bekannteste Form dieser Einbindung ist der Schmuck der Tempelgiebel. Das hier gezeigte Relief gehörte zum figürlichen Schmuck am Fuß einer Säule aus dem Heiligtum Didyma, 20 km südlich von Milet an der kleinasiatischen Westküste. Es wurde 494 v. Chr. von den Persern als Vergeltung für den Ionischen Aufstand zerstört. Zehn lebensgroße Frauenfiguren in Festgewändern und mit Schleiern, die ein wulstförmiger Reif auf dem Kopf befestigt, reihten sich rings um die unterste Säulentrommel. Farbspuren deuten darauf hin, dass die Hochreliefs polychrom bemalt waren, vermutlich mit Mustern auf den großflächigen Gewandpartien. Ein charakteristisches Merkmal des archaischen Stils ist das Lächeln, das die Physiognomie der weiblichen wie der männlichen Figuren verzaubert. Es erlischt in der Bildhauerkunst der Frühklassik an der Wende vom 6. zum 5. Jahrhundert.

thologischen Themen, an deren Stelle auch Fabelwesen treten können. Mitunter verliert die Bemalung ihre friesartige Gliederung und gibt einem geschwungenen Linienspiel Raum. Doch auch hier setzt sich eine Systematisierung durch: Der archaische schwarzfigurige Stil beschränkt sich auf eine Malerei mit schwarzem »Glanzton« auf hellem Grund und verfeinert die Darstellung durch eingeritzte Binnenzeichnung. Nun begegnen wir auch Künstlerpersönlichkeiten wie dem Maler Exekias (Amphore mit Achilleus und Aias beim Brettspiel, um 540/530 v. Chr.; Rom, Musei Vaticani), von dem auch fragmentarische bemalte Tontafeln (Pinakes) erhalten sind.
Ein Kennzeichen der rundplastischen archaischen Skulptur ist die strenge Frontalität der überwiegend als Weihegaben geschaffenen Kuroi und Koren. Hier beherrscht die Körperlichkeit, der Zusammenhang zwischen innerem Aufbau (Skelett) und dessen Umhüllung mit Muskeln und Haut, als immer deutlicher artikuliertes Prinzip die Gestaltung. Ein exemplarisches Werk, das im 19. Jahrhundert den Zugang zur weitgehend in Vergessenheit geratenen archaischen Bildhauerkunst neu eröffnete, ist der zunächst als »Apoll von Tenea« bezeichnete korinthische *Stehende Jüngling* (Marmor, um 550 v. Chr.; 1846 über einem Grab in Tenea gefunden, seit 1853 in der Glyptothek in München).

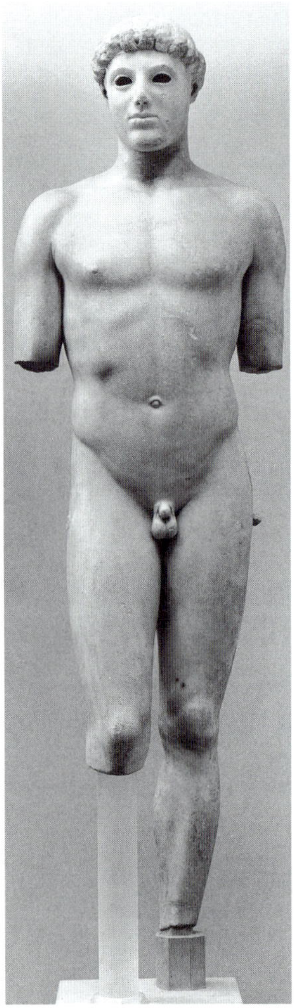

Jüngling (Kritiosknabe), vor 480 v. Chr.; Marmor, Höhe 86 cm; Athen, Akropolis-Museum

Die Skulptur stammt aus dem ›Perserschutt‹ der 480 v. Chr. von den Persern zerstörten Akropolis von Athen. 1865/66 wurde der Körper, 1888 der Kopf gefunden. Die Augen aus farbigem Material (Glasfluss?) sind verloren, ebenso die ursprüngliche Bemalung. Die Bezeichnung als »Kritiosknabe« beruht auf der mutmaßlichen Herkunft aus der Werkstatt des Bildhauers Kritios.

MATERIAL UND TECHNIK

MARMOR UND BRONZE

SKULPTUR UND PLASTIK. »Andre mögen Gebilde aus Erz wohl weicher gestalten, / Dünkt mich, und lebensvoller dem Marmor die Züge entringen«, bekennt Vergil im Blick auf die griechische Bildhauerkunst. Er nennt ihre beiden wichtigsten Werkstoffe, deren unterschiedliche Bearbeitung durch eine begriffliche Differenzierung ausgedrückt wird. Skulpturen entstehen, indem aus dem Werkstück etwas herausgemeißelt, -geschnitzt oder -geschnitten wird (lat. *sculpere*), also Material entfernt und der Gegenstand aus dem Werkstück ›befreit‹ wird. Bei der Plastik dagegen wird Material hinzugefügt und auf diese Weise geformt (griech. *plastein*). Diese Technik kennzeichnet insofern das aus Metall gegossene Bildwerk, als dieses ein aus Wachs oder Ton ›plastiziertes‹ Modell wiedergibt. Die Werkzeuge des skulptierenden Bildhauers sind Hammer und Meißel, Steinbohrer und Geräte zum Glätten und Polieren der Oberfläche. Der modellierende Plastiker besitzt mit seinen Händen das wesentliche Werkzeug, das durch Geräte wie den Spachtel ergänzt wird. Erst nach dem Guss nähert sich seine Arbeitsweise dem Verfahren des Bildhauers an, indem er die Oberfläche glättet, poliert und graviert.

Während die Technik der antiken Steinbildhauer keine grundsätzlichen Veränderungen erlebte, entwickelte sich der Metallguss von seinen frühgeschichtlichen Anfängen im 3. Jahrtausend v. Chr. in Mesopotamien in mehreren Stufen zur Herstellung dünnwandiger Figuren, als deren Erfinder Theodoros von Samos gilt, tätig in der zweiten Hälfte des 6. Jahrhunderts v. Chr. Am Anfang verwendete man Hohlformen aus Sand oder Stein, die ausgegossen wurden. Es folgte eine zweite Technik des Massivgusses, bei der ein Modell aus Wachs ummantelt wurde und beim Einfüllen des Metalls zerschmolz, wobei die sich bildenden Gase durch Entlüftungskanäle entwichen. Ein verwandtes Wachsausschmelzverfahren »mit verlorener Form« führt zur hohlen dünnwandigen Metallplastik, indem ein aus Ton geformtes Modell mit einer Wachsschicht bedeckt und dann erst ummantelt wird. Der innere »Formkern« wird nach dem Erkalten der Bronze ebenso wie die Ummantelung entfernt.

ZWEI JÜNGLINGE. Der *Kritiosknabe* von der Akropolis in Athen und der etwa doppelt so große *Jüngling (vom Piräus)* stammen aus der Zeit des Übergangs von der Archaik zum Strengen Stil der Frühklassik. Die beiden attischen Werke verbinden die Frontalität der Hauptansicht mit einer neuen organischen Beweglichkeit des anatomisch erfassten Körpers durch die Unterscheidung zwischen Stand- und Spielbein, die zum Kontrapost der Klassik führt. Gemeinsam ist auch die Haltung mit waagrecht nach vorn gerichteten Unterarmen, die beim *Kritiosknaben* abgebrochen sind, doch geben Überreste an den

Oberschenkeln zu erkennen, dass von hier aus Stützglieder zu den Unterarmen führten.

Dieses Detail verdeutlicht den Nachteil des körnigen Kalksteins Marmor, der beim *Kritiosknaben* von der Kykladeninsel Paros stammt, gegenüber der Bronze, einer durch Zinn gehärteten Kupferlegierung: Das Eigengewicht des Steins schränkte die Wiedergabe freitragender Teile und somit die Gestaltung raumgreifender Bewegungen ein, während der Metallplastik keine materialbedingten Grenzen gesetzt waren. Ein anschauliches Beispiel ist der mit waagrecht ausgestreckten Armen, Spannweite 210 cm, in Wurfhaltung wiedergegebene *Poseidon vom Kap Artemision* (um 450 v. Chr.; Athen, Nationalmuseum).

Gefährdet waren die griechischen Bronzefiguren, die ursprünglich den Hauptteil der klassischen rundplastischen Bildwerke ausmachten, durch ihren Materialwert, der dazu führte, dass nahezu sämtliche Originale dem Einschmelzen zum Opfer fielen und lediglich durch römische Kopien in Marmor überliefert sind, die in der Regel mit Stützgliedern versehen wurden.

Die Marmorkopie einer Bronze wiederholt ein Werk der Plastik in der Technik der Skulptur. Eine vergleichbare Mischung bildet die Vorbereitung einer Marmorskulptur durch ein plastiziertes Tonmodell, das dem Auftraggeber die Gelegenheit bot, Korrekturwünsche vorzubringen.

DER LETZTE SCHLIFF. Plastik und Skulptur verlangten eine abschließende Behandlung der Oberflächen. Das Material Bronze behielt seinen Glanz durch Firnis als Schutz gegen die verdunkelnde Patina. Es erlaubte neben der Politur das Ziselieren und das Tauschieren (Einlegearbeiten mit Materialien wie Silber oder Kupfer); die Vergoldung bürgerte sich in der römischen Kaiserzeit ein. Die antiken Marmorskulpturen wurden farbig »gefasst«.

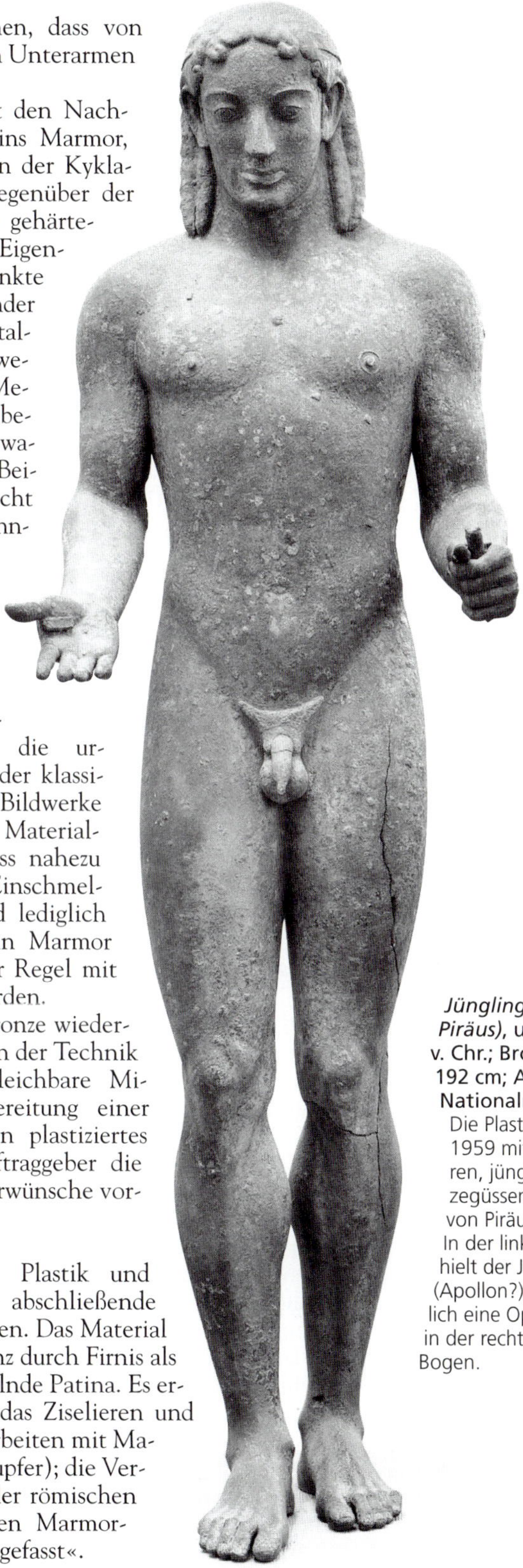

Jüngling (vom Piräus), um 520 v. Chr.; Bronze, Höhe 192 cm; Athen, Nationalmuseum
Die Plastik wurde 1959 mit drei weiteren, jüngeren Bronzegüssen im Hafen von Piräus geborgen. In der linken Hand hielt der Jüngling (Apollon?) ursprünglich eine Opferschale, in der rechten einen Bogen.

MATERIAL UND TECHNIK

KERAMIK

Halshenkel-amphora

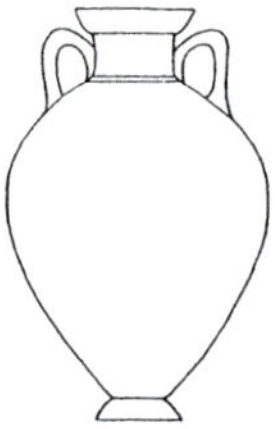

Panathenäische Amphora

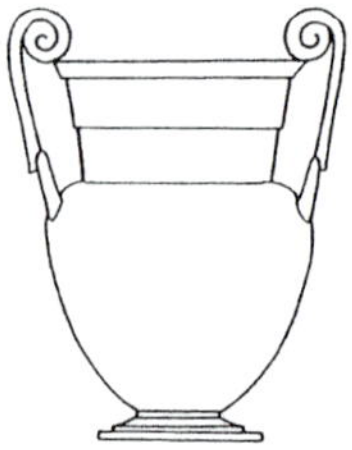

Volutenkrater

Olpe

Kantharos

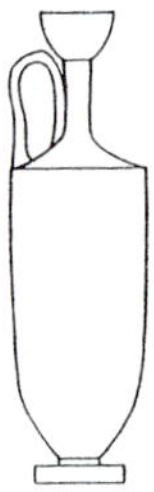

Lekythos

MATERIAL TON. Der Begriff Keramik (von griech. *kéramos* ›Ton‹) umfasst im weiteren Sinne alle aus tonigen Substanzen geformten Gegenstände, die durch Brennen Dauerhaftigkeit gewinnen. Keramische Erzeugnisse reichen von der Baukeramik bis zu Kleinskulpturen, deren Bezeichnung als Terrakotten sich von lat. *terra cotta* ›gebrannte Erde‹ herleitet. Im engeren Sinne bezeichnet die (Klein-)Keramik aus Ton geformte und gebrannte Gefäße und gehört zu den ältesten Kulturgütern. Die ersten drehbaren Töpferscheiben zur Formung gleichmäßig gerundeter Gefäße werden in Ägypten um 4500 vermutet; um 2800 waren sie wohl allgemein verbreitet.

FORM UND FUNKTION. Ein griechisches Gefäß besitzt einen Fuß, einen Körper mit Bauch und Schultern, einen Hals und Lippen (d. h. Mündungsrand) – Bezeichnungen, die zwar keine anthropomorphe Form unterstellen, jedoch eine organische, körperhafte Gestaltung als Wesensmerkmal betonen. (Ausgeschieden ist inzwischen die Bezeichnung von Henkeln als Ohren.)
Nach ihrer Verwendung werden die griechischen Gefäße in sechs Hauptgruppen eingeteilt: Vorratsgefäße sind die Bauch- oder Halsamphora, die gedrungene Pelike und der mit breiter Schulter versehene Stamnos. Dem Mischen von Wein und Wasser dienten verschiedene Ausformungen des Kraters als Kelchkrater, Glockenkrater und als Volutenkrater mit spiralförmig eingerollten Henkeln (Voluten). Mit Henkeln versehene Schöpf- und Gießgefäße sind die Hydria und die Oinochoë in der bis heute verwendeten Form des Henkelkruges mit Ausguss. Als Trinkgefäße verwendet wurden der Kantharos mit Fuß und zwei schlaufenförmigen Henkeln sowie die flache Schale mit Fuß und zwei Griffen. Eine Form des Kultgefäßes ist die Panathenäische Amphora. Zu den Salbgefäßen und Büchsen gehören das schlanke, henkellose Alabastron, die Lekythos mit Henkel und die zylindrische, konvex einschwingende Pyxis.

VASENMALEREI UND RELIEFKERAMIK. Zu einer griechischen Töpferei gehörten der Töpfer, seine Handlanger und der Maler. Signierte Gefäße sind überwiegend mit den Namen der Töpfer versehen, seltener mit denen der Maler, deren Notnamen häufig »Maler des Töpfers …« lauten (z. B. Andokides-Maler des Töpfers Andokides).
Die Bemalung der keramischen Gefäße wird etwas irreführend als Vasenmalerei bezeichnet. Sie gliedert sich stilgeschichtlich in die Epoche des Geometrischen Stils, des archaischen Schwarzfigurigen und des klassischen Rotfigurigen Stils und die Polychromie (Vielfarbigkeit). Der Bemalung folgte in der Regel der dreifache Brennvorgang, der unterschiedliche chemische Reaktionen bewirkte und den Effekt einer Glasur erzielte.

Attische Weinkanne des Töpfers Charinos, um 500 v. Chr.; Ton, Höhe 27 cm; Berlin, SMPK, Antikensammlung im Alten Museum
Das Formenrepertoire der antiken Keramik schließt anthropomorphe Gefäße ein. Hier ist es ein Frauenkopf, in dem wir eine Hetäre vermuten dürfen. Sowohl der Verwendungszweck der Kanne bei Trinkgelagen als auch die sorgfältige Wiedergabe der Frisur mit Buckellocken über der Stirn und der muntere Blick legen eine solche Deutung nahe. Ein schmales Band mit einem Mäanderfries im Haar wird von einer leicht gewölbten Platte überschnitten, die als Gefäßschulter zum Ausguss und Henkel überleitet. Sie ist mit einer Palmettenranke im rotfigurigen Stil dekoriert, der den Gegenstand der Darstellung aus der schwarzen Glasur ausspart. In die Glasur des Henkels ist die Signatur des Töpfers Charinos eingeritzt. Der Fundort Vulci in Etrurien weist auf die Bedeutung der attischen Keramik als Exportware hin.

Eine zweite Form dekorierter Gefäße ist die Reliefkeramik. Sie entspricht formal der Verzierung von Metallgefäßen durch Treibarbeit, technisch dagegen der Stempeltechnik, die bis zu frühgeschichtlichen Rollsiegeln zurückreicht: Der Töpfer verwendete Formschüsseln, in deren zwei Hälften er das Gefäß drückte. Reliefschmuck kennzeichnet vor allem das dünnwandige, mit einem glänzenden rotbraunen Schlickerüberzug versehene Tafelgeschirr der römischen Kaiserzeit mit der Bezeichnung Terra sigillata. Diese »mit kleinen Figuren verzierte Erde« fand in sämtlichen römischen Provinzen Verbreitung.

SCHERBENGERICHT

Zerbrochenes Geschirr fand beim antiken Ostrakismos neue Verwendung: Bei Volksabstimmungen über die Verbannung eines Mitbürgers wurde dessen Name in eine Tonscherbe (*ostragon*) geritzt.

ANTIKE MÜNZEN

Aureus (lat. *aureus* ›golden‹), seit dem frühem 3. Jahrhundert v. Chr. geprägte römische Goldmünze, Cäsar legte die Relation fest: 1 Aureus = 25 Denare oder 100 Sesterze. Unter Konstantin d. Gr. löste der Solidus den Aureus ab.

Denar (lat. *denarius* ›je zehn enthaltend‹), 209 v. Chr. eingeführte römische Silbermünze. 16 kupferne Asse ergaben 1 Denar, 25 Denare einen Aureus.
Um einen Denar handelt es sich beim ›Zinsgroschen‹: »Jesus fragte sie: Wessen Bild und Aufschrift ist das? Sie sagten: Des Kaisers« (Mt. 22,20 f.).
Im Frühmittelalter beschränkte die karolingische Münzreform die Zahlungsmittel auf den silbernen Denar, für den sich die Bezeichnung Pfenni(n)g einbürgerte.

Drachme, bezeichnete in der Antike eine Silbermünze, diente aber auch als Gewichts- und Rechnungseinheit. Zugrunde liegt griech. *drachme* ›eine Handvoll (Münzen)‹. Den vierfachen Wert besitzt die Tetradrachme, den zehnfachen die Dekadrachme.

GESTALTUNGSAUFGABE

MÜNZEN

BEQUEMES ZAHLUNGSMITTEL. Die Herleitung der lateinischen Bezeichnung *pecunia* für Geld von *pecus* ›Vieh‹ erinnert an Rinder und Schafe als Zahlungseinheit, die bei Griechen und Römern im Zeichen der Naturalwirtschaft verbreitet war. Der Übergang zur Geldwirtschaft begann in Kleinasien im 7. Jahrhundert v. Chr., wo die Könige von Lydien Münzen aus der natürlich vorkommenden Gold-Silber-Legierung namens Elektron prägen ließen, und auch die ersten reinen Silber- und Goldmünzen sind lydische Arbeiten, geprägt unter Kroisos, dem 546 v. Chr. von den Persern besiegten letzten Lydierkönig. Die Etymologie des Begriffs Münze (lat. *moneta*, ursprüngl. ›das Vergleichbare‹) macht auf die Problematik des einerseits bequemen Zahlungsmittels aufmerksam, das anderseits sehr unterschiedliche, vom Materialwert abhängige Wertmaßstäbe besaß. Hierauf gründete sich der bis ins Mittelalter florierende Beruf des Geldwechslers und schließlich des Bankiers. Wir dürfen aber davon ausgehen, dass auch der Kunstwert der Münzen schon früh beachtet wurde, zumal fließende Übergänge zwischen der Münze als Geld, der aus besonderem Anlass geprägten, als Schmuck getragenen Gedenkmünze und der Medaille bestanden. Schließlich ist die Ikonografie als Wissenschaft der künstlerischen Themen, Motive und Bildtraditionen aus einer Disziplin der Altertumswissenschaft hervorgegangen, die sich der Beschreibung antiker Bildnisse und, als Teilgebiet der Numismatik, insbesondere dem Münzporträt gewidmet hat.

MÜNZBILD UND MÜNZPORTRÄT. Die ersten lydischen Münzen zeigten nur auf der Vorderseite (Avers) ein Bild, etwa den Kopf eines Löwen als Wappentier der Lydierkönige, während die Rückseite (Revers) Einkerbungen besitzt, die den Prägevorgang technisch unterstützten. In dieser Tradition des Münzbildes stehen seit dem späten 6. Jahrhundert v. Chr. attische Drachmen mit der Eule als

Attribut der Athena auf dem Revers, während der Avers das Profilbild der Stadtgöttin zeigt.
Unter Alexander dem Großen kommt es zu einer Vereinheitlichung des Geldwesens der griechischen Welt. Leitwährungen sind der Stater in Gold und die Tetradrachme in Silber mit einem Profilbild des Herakles, des mythischen Ahnherrn des Makedonenkönigs, mit einem Löwenkopf als Helm, wobei Porträtähnlichkeit mit Alexander besteht. Seine Nachfolger in den Diadochenstaaten lassen ihre Münzporträts ohne mythologische Einkleidung prägen und mit ihren Namen versehen. Diesem Vorbild folgen beispielsweise die keltischen Herrscher im 1. Jahrhundert v. Chr. im Königreich Noricum (Kärnten und Slowenien), vor allem aber die römischen Kaiser. Dem mit einem Lorbeerkranz geschmückten Profilbildnis auf dem Avers kann auf dem Revers eine allegorische Szene entsprechen, in welcher der Kaiser etwa als Beschützer der Eintracht (Concordia) auftritt. Kennzeichnend für die mit Septimius Severus um 200 n. Chr. beginnende Zeit der Soldatenkaiser ist die Kombination von Kaiserporträt und militärischen Feldzeichen auf dem Revers, an deren Stelle unter Konstantin dem Großen nach 315 n. Chr. das Heerbanner (Labarum) mit dem aus X und P (= CHR) gebildeten griechischen Christusmonogramm tritt. Zu den ältesten byzantinischen Münzen mit dem Brustbild des Christus Pantokrator gehören Prägungen des Kaisers Justinian II. (um 700).

Dekadrachme des Stempelschneiders Euainetos aus Syrakus, um 420 v. Chr.; Silber, Durchmesser 3,6 cm, Gewicht 43,11 g; Wien, Kunsthistorisches Museum
Der Avers zeigt die Nymphe Arethusa aus dem Mythos von Syrakus, das um 733 v. Chr. vor Korinth im Südosten Siziliens als Kolonie gegründet wurde. Die gerade Stirn-Nase-Linie entspricht dem Typus der Profilansicht in der griechischen Klassik. Ein Kranz aus Ähren im Haar und Delphine symbolisieren Land und Meer als zwei Quellen des Reichtums. Auf dem Revers wird der Lenker einer Quadriga von der Siegesgöttin Nike bekränzt. Sein Siegespreis ist eine vollständige Rüstung.

MEDAILLEN. Eine dem Zahlungsmittel Münze verwandte Gestaltung besitzt die runde oder ovale Medaille (ital. *metaglia* von lat. *metallum* ›Metall‹). Sie diente seit der römischen Kaiserzeit der Erinnerung an bestimmte Personen und Ereignisse wie Jubiläen oder Kriegszüge. Die Nachwirkung der Antike in Streben nach individuellem Nachruhm zur Zeit der Renaissance veranschaulicht die Wiederbelebung der antiken »Denk- oder Schaumünzen« seit dem 14. Jahrhundert, vor allem aber durch den Maler Antonio Pisanello, dessen erstes Werk als Medailleur die Teilnahme des Kaisers Johannes VIII. Palaiologos von Byzanz am Unionskonzil in Ferrara und Florenz 1438/39 würdigt.

STIL

ETRUSKISCHE KUNST

LEHRMEISTER ROMS. Die Herkunft der Rasenna, die von den Griechen als Thyrrener, von den Römern als Tusci oder Etrusci bezeichnet wurden, ist zweifelhaft. Seit dem 8. Jahrhundert v. Chr. entwickelten sie in Form von Stadtstaaten, von denen zwölf einen lockeren Verbund eingingen, einen Kulturbereich, der vom Arno in ihrem Stammland Etrurien, der heutigen Toskana, bis nach Latium reichte und sich im Westen entlang des Thyrrenischen Meeres erstreckte. Die etruskische Kultur steht im Zusammenhang einer Bewegung von Osten nach Westen. Dies belegt die etruskische Schrift; sie gründet sich auf die griechische Schrift, die ihrerseits die Erfindung des Alphabets durch die Phönizier voraussetzt. Dass die Etrusker bis in die jüngste Zeit als eine Randerscheinung der Geschichte Italiens wahrgenommen wurden, erklärt sich auf

Aschenurne, 2. Jahrhundert v. Chr.; Alabaster, Höhe 99 cm; Wien, Kunsthistorisches Museum
Die Urne aus Volterra steht in einer Tradition, die bis in das 6. Jahrhundert v. Chr. zurückreicht. Kennzeichnend ist die Verbindung des kastenförmigen Sarkophags oder der Urne mit der rundplastischen Figur des Verstorbenen auf dem Deckel. Zu den frühen Werken gehört der *Ehegattensarkophag* aus Cerveteri (um 520 v. Chr.; Rom, Museo Nazionale di Villa Giulia). Bei der Wiener Plastik hält der Verstorbene in der Hand des aufgestützten linken Armes die Trinkschale und gibt auf diese Weise seine Teilnahme am Totenmahl zu erkennen, das in der Wandmalerei der Grabkammern als Bankettszene geschildert wird. Ein weiteres Merkmal vor allem der späten Aschenurnen ist die Reliefdarstellung des Todes als grausames Werk von Dämonen. Sie treten hier in Gestalt eines Drachen auf, der seinen Schlangenleib um den Körper seines hilflosen Opfers windet.

paradoxe Weise aus ihrer Bedeutung für die Entwicklung Roms, das bis zum Beginn der Republik um 510 v. Chr. unter etruskischer Königsherrschaft stand und seine politischen Institutionen unter etruskischem Einfluss ausbildete. Umso radikaler tilgten die Römer die Spuren ihrer Lehrmeister, deren machtpolitischer Niedergang 396 v. Chr. durch die Eroberung von Veji nördlich von Rom eingeleitet wurde.

ARCHITEKTUR. Ein wesentlicher Unterschied zwischen griechischem und römischem Tempelbau lässt sich auf die Etrusker zurückführen. Zwar besaßen ihre Tempel wie die griechischen eine ummauerte Cella und Säulen als Stützen des Gebälks, auf dem der Dachstuhl ruhte, doch zeigt die Rekonstruktion der Bauwerke die im römischen Podiumtempel beibehaltene Betonung einer Bauachse, indem sich die beim griechischen Tempel allseitige Freitreppe auf die Frontseite beschränkt.
Die baugeschichtliche Überlieferung beschränkt sich weitgehend auf die als Tomba bezeichnete unterirdische Grabanlage. Ihre Gliederung in einen zentralen Hauptraum und Nebenräume entspricht dem italischen Atriumhaus. Ein zweiter Typus des etruskischen Grabes ist das Kuppelgrab mit ›falschem Gewölbe‹ aus konzentrisch vorkragenden Steinschichtungen. Für sie wird die Bezeichnung Tumulus (Grabhügel) im engeren Sinne verwendet. Eine Ansammlung solcher Tumuli zur Nekropole ist bei Cerveteri erhalten.

MALEREI UND PLASTIK. Die Haupträume der Tomben sind mit Wandgemälden ausgestattet. Sie erwecken vielfach den Eindruck einer gelösten, vom Tod unberührten Einstellung zum Leben, etwa in den Malereien der *Tomba dei Leopardi* (um 450 v. Chr., Tarquinia in Latium) mit der Darstellung eines Totenmahls mit Frauen und Männern als Teilnehmern eines Banketts und einem behänd ausschreitenden Musikanten, der seine Doppelflöte bläst. Die etruskische Vasenmalerei steht in engem Zusammenhang mit der griechischen. Erklärbar ist dies durch Handelsbeziehungen, deren Umfang die rund 4000 Funde zumeist attischer Keramiken in Vulci (Prov. Viterbo) andeuten.
Den bei weitem vielfältigsten Bereich der Überlieferung bilden die Arbeiten aus Alabaster, Terrakotta und Bronze. Den hoch entwickelten Metallguss geben der *Mars von Todi* (4. Jahrhundert v. Chr.; Rom, Musei Vaticani) und zwei Tierplastiken zu erkennen: die *Kapitolinische Wölfin* (um 450 v. Chr.; Rom, Palazzo dei Conservatori) und die *Chimäre aus Arezzo* (um 380/360 v. Chr.; Florenz, Uffizien). Götterstatuen aus bemalter Terrakotta bekrönten die Firste der Tempeldächer. Ihre Gestaltungsweise hat Anteil an der Ausbreitung der griechischen Archaischen Kunst im Mittelmeerraum. Das prägnanteste Beispiel eines Meister-Schüler-Verhältnisses zwischen Etruskern und Römern ist die Porträtkunst im Zusammenhang der Sarkophage und Ascheurnen mit der Figur des Verstorbenen.

VOLTUMNA/VERTUMNUS

Die etruskische Königsherrschaft der Tarquinier in Rom vom 8. Jahrhundert v. Chr. bis zur Entstehung der römischen Republik um 510 v. Chr. hat tiefe Spuren in der römischen Religion hinterlassen, etwa in Form der Weissagung (Mantik) aufgrund der Beobachtung des Vogelflugs oder der Leberschau.
Eine etruskische Gottheit, die in einem zentral gelegenen Heiligtum Etruriens bei Volsinii (heute Bolsena) verehrt wurde, war der vermutlich zweigeschlechtliche Fruchtbarkeitsgott Voltumna, der in der römischen Götterwelt als Vertumnus fortlebte. Ovids *Metamorphosen* berichten von seinem Liebeswerben um Pomona, die Göttin der Früchte, wobei der Verwandlungskünstler auch die Gestalt einer alten Frau annimmt – ein Thema, das in der holländischen Historienmalerei des 17. Jahrhunderts aufgegriffen wurde. (Paulus Moreelse, *Vertumnus und Pomona*, um 1625/30; Rotterdam, Museum Boijmans-Van Beuningen.)

STIL

ALTPERSISCHE KUNST

DAS PERSERREICH

559–529 Kyros II., der Große, erobert das Mederreich, das Lyderreich, das Neubabylonische Reich und beendet 538 die »Babylonische Gefangenschaft« der Israeliten nach der Zerstörung Jerusalems durch die Babylonier unter Nebukadnezar II. 586.

529–522 Kambyses II. erobert Ägypten, Libyen und Nubien.

522–486 Darius I., der Große, erobert Makedonien; im Osten reicht sein einheitlich verwaltetes Reich bis zum Indus. 494 wirft er den Ionischen Aufstand nieder. Eine Invasion in Griechenland scheitert 490 bei Marathon.

486–465 Xerxes I. wiederholt den Angriff auf Griechenland und erobert Athen; Flotte und Landheer werden jedoch 480/479 besiegt (Salamis und Platää).

464–425 Artaxerxes I. schließt 439/448 den Kalliasfrieden mit dem Attisch-Delischen Seebund.

336–330 Darius III. unterliegt den Makedonen und Griechen unter der Führung Alexanders des Großen.

DAS REICH DER GROSSKÖNIGE. Das Siedlungsgebiet der Perser lag im 1. Jahrtausend v. Chr. im nordwestlichen Iran und verlagerte sich nach Süden an den Persischen Golf mit der Region Parsis als Kerngebiet eines Reiches, das unter drei Herrschern der Achämeniden-Dynastie – Kyros II., Kambyses II. und Darius I. – das erste antike Weltreich bildete. Die Macht der Großkönige stützte sich auf die Loyalität der weitgehend selbständigen Satrapen, die als Provinzverwalter militärische und zivile Befugnisse besaßen.
Zur kulturellen Identität der antiken Perser gehört die Religion des Parsismus, als dessen Stifter der um 600 v. Chr. lebende Zarathustra verehrt wurde. Die heilige Schrift des streng dualistischen Parsismus ist die Textsammlung Awesta, die in Teilen auf Zarathustra zurückgeführt wird, ihre kodifizierte Form allerdings erst zur Zeit der Sassaniden (226–651 n. Chr.) erhalten hat.

DIE PALÄSTE DARIUS' I. Monumentale Zeugnisse der altpersischen Kunst der Achämenidenzeit sind die Überreste von zwei Palästen, die unter Darius I. errichtet wurden. Die enge Verbindung zur altorientalischen Tradition verdeutlicht die Entwicklungsgeschichte von *Susa*, das Darius I. zu seiner Residenzstadt ausbauen ließ. Der älteste Teil ist die sog. Akropolis mit Grabfunden aus dem 4. Jahrtausend v. Chr. Hier besaß das Königreich von Elam seinen Mittelpunkt. Politisch und kulturell stand es unter dem Einfluss der im westlich angrenzenden Mesopotamien herrschenden Mächte und wurde schließlich von den Assyrern erobert. Berühmt ist der Palast in Susa für seine baukeramische Wandverkleidung aus farbig glasierten Reliefziegeln (*Bogenschützen der »Garde der Unsterblichen«*; Paris, Louvre). Technische und stilistische Kriterien, aber auch Inschriften deuten auf die Mitarbeit babylonischer Kunsthandwerker hin.
Südöstlich von Susa, in der Nähe der heutigen Stadt Schiras, entstand der Palast von *Persepolis*, der als Sommerresidenz und als Schauplatz des Neujahrsempfangs diente, der Abordnungen aus allen Teilen des Reiches zusammenführte. Auf einer künstlichen Terrasse befanden sich die Audienzhalle *Apadana*, der als »Hundertsäulensaal« bezeichnete Thronsaal und das Schatzhaus. Die Säulenkapitelle besitzen Tiergestalt und gehören somit in die Gattung der Protome (Schmuck an Gefäßen, Geräten und Architekturgliedern in Form menschlicher oder tierischer Oberkörper). Eine in Susa und Persepolis verwendete Gestaltung ist die Doppelprotome aus zwei Stieren. Die Treppen, die zur Terrasse hinaufführen, sind mit Relieffiguren von Würdenträgern, Abgesandten und Dienern ausgestattet. Hier lässt sich der Anteil griechischer Bildhauer an der differenzierten und körpergerechten Wiedergabe des Faltenwurfs ablesen. Nach seinem endgültigen

Sieg über Darius III. ließ Alexander der Große den Palast von Persepolis im Jahr 330 v. Chr. niederbrennen. Das Ruinengelände wurde von der UNESCO in das Weltkulturerbe aufgenommen.

Geflügelter Steinbock, um 400–350 v. Chr.; Silber, Teile vergoldet, Höhe 27 cm; Berlin, SMPK, Antikensammlung im Alten Museum
Die Figur diente als Gefäßhenkel: Die Vorderhufe sind eingekerbt, sodass sie am oberen Rand Halt fanden; die Hinterläufe stützen sich auf eine Maske, die an der Gefäßschulter befestigt war. Das Gegenstück befindet sich in Paris im Louvre. Das Werk der Goldschmiedekunst aus massivem Silber ist charakteristisch für die persische Hofkunst der Achämenidenzeit. Die lebhafte Wiedergabe des Tieres verrät griechischen Einfluss. Die Maske zeigt das fratzenhafte Greisengesicht des ägyptischen Hausgeistes und Dämons Bes.
Als Fundort gilt Erzinçan in Armenien.

Skythische Fisch-Plakette, 525–500 v. Chr.; Gold, Länge 41 cm, Gewicht 608,5 g; Berlin, SMPK, Antikensammlung im Alten Museum
Das goldene Zierstück gehört zum skythischen Schatzfund von Vettersfelde (1882), einem Dorf in der Niederlausitz im Südosten der Mark Brandenburg. Ösen an der Rückseite und Vergleichsstücke lassen darauf schließen, dass der Fisch als Schildzeichen gedient und zur Rüstung eines skythischen Stammesfürsten gehört hat. Das Nomadenvolk der Skythen lebte im 7. Jahrhundert in den Ebenen nördlich des Schwarzen Meeres. Der weit entfernte Fundort des Schatzes von Vettersfelde, der 23 Rüstungsgegenstände aus Gold umfasst, deutet auf eine nordwestlich gerichtete Wanderbewegung hin. Sie wurde möglicherweise durch den Kriegszug ausgelöst, den der persische Großkönig Darius I. 516 v. Chr. gegen die Skythen unternommen hat. Die Gestaltung des Reliefs lässt Verbindungen zum Kunsthandwerk der Griechen erkennen, die an den Küsten des Schwarzen Meeres als Kolonisten siedelten.

ATTRIBUT UND SYMBOL

FISCH

LEBENSQUELL WASSER. Als Sinnbild seines Lebenselements Wasser symbolisiert der Fisch, vielfach als Talisman, in zahlreichen Religionen das Leben und die Fruchtbarkeit. In diesem Zusammenhang steht die Verbindung der ›schaumgeborenen‹ Aphrodite (griech. *aphros* ›Schaum‹) mit dem Attribut Delphin. Die römische Statue des *Augustus von Prima Porta* (nach 14 n. Chr.; Rom, Musei Vaticani) zeigt neben dem rechten Bein des Kaisers Amor auf einem Delphin reitend; das Detail symbolisiert den göttlichen Ursprung der julischen Dynastie aufgrund der Verbindung zwischen Anchises und Venus, der Aeneas entstammt. In der Moderne gehört der Fisch zur Symbolsprache der Sexualität im Surrealismus (Max Ernst, René Magritte).
Die Überlebenskraft der Fische ist ein Thema des Sintflutmythos, der sich auch im Alten Testament findet: Alle Lebewesen außerhalb der rettenden Arche fallen der Naturkatastrophe bzw. dem göttlichen Strafgericht zum Opfer, ausgenommen die Meeresbewohner.

DIE WIEDERGEBURT. In der christlichen Bildtradition wird der Fisch als Sinnbild des Taufwassers zum Symbol der religiösen Wiedergeburt durch die Taufe und zum Symbol des Christen. Diese Deutung des Fisches beruht unter anderem auf dem Bericht des Matthäus über die Berufung der Fischer Andreas und Simon Petrus, denen Jesus verheißt: »Ich werde euch zu Menschenfischern ma-

chen« (Mt. 4,19). Der Theologe Tertullian formuliert um 200 n. Chr. diese Symbolik: »Aber wir Fischlein werden gemäß unserem ichthys Jesus Christus im Wasser geboren.« Tertullian verwendet *ichthys* (Fisch) als Beinamen Jesu Christi und steht damit in einer Tradition, die im griechischen Wort für Fisch die Anfangsbuchstaben des erweiterten griechischen Christusnamens sieht: »Iesus Christos Theou Hyios Soter« (Jesus Christus, Gottes Sohn, Heiland). In diesem Sinne dient das Fisch-Christus-Symbol als geheimes Erkennungszeichen und zugleich christologisches Bekenntnis der frühen Christen. Der Fisch bleibt im Mittelalter als Taufsymbol lebendig.

Daneben dienen die Nahrungsmittel Brot und Fisch, von deren wunderbarer Vermehrung die Speisungswunder in den Evangelien berichten, als Symbole der geistlichen Nahrung. Sie gehören auch zu den Motiven der Katakombenmalerei (*Brot und Fisch*; Rom, Domitilla-Katakombe, Krypta der Lucina, kurz nach 200 n. Chr.).

Die mittelalterliche Typologie misst alttestamentlichen Erzählungen, in denen der Fisch eine Rolle spielt, christologische Bedeutung zu. Beispiele sind der von Jesus selbst gezogene Vergleich zwischen dem vom Fisch verschlungenen und nach drei Tagen an Land gespienen Propheten Jona mit der Beisetzung und Auferstehung des Menschensohnes (Mt. 12,38 ff.) und das Heilmittel gegen die Erblindung seines Vaters Tobit, das Tobias in der Galle eines Fisches findet (Tob. 6,9). Hier zeigen sich Parallelen zur antiken Glückssymbolik des Fisches, die in der Sage von Polykrates enthalten ist und von Friedrich Schiller in seiner Ballade *Der Ring des Polykrates* (ersch. 1798) aufgegriffen wird.

WASSER, ERDE, LUFT

Die skythische Plakette in Form eines Fisches ist mit Treibarbeiten versehen, die den Tierkörper in zwei Zonen gliedern. Im unteren Teil führt ein geschwänzter Meergreis einen Schwarm von fünf Fischen an, im oberen Teil bilden ein Wildschwein, ein Löwe und eine Antilope eine Tierkampfszene. Die Schwanzflosse besteht aus zwei Widderköpfen, die in Form von Voluten nach oben und unten gebogen sind. Dazwischen bildet ein frontal wiedergegebener Adler den Abschluss des waagrechten mittleren Streifens. Offenkundig repräsentiert der figürliche Schmuck die drei Lebensbereiche Wasser, Erde und Luft bzw. die drei Elemente, deren viertes, das Feuer, möglicherweise durch die beiden Spiralen symbolisiert wird, die vom Auge des Fisches nach rückwärts ausstrahlen. Die Einbettung der natürlichen Lebensbereiche in die Gesamtform eines Fisches deutet auf dessen Symbolgehalt hin, der sich aus dem Wasser als Lebensquell ergibt. Der Fisch wird zum Symbol des Lebens und der Fruchtbarkeit.

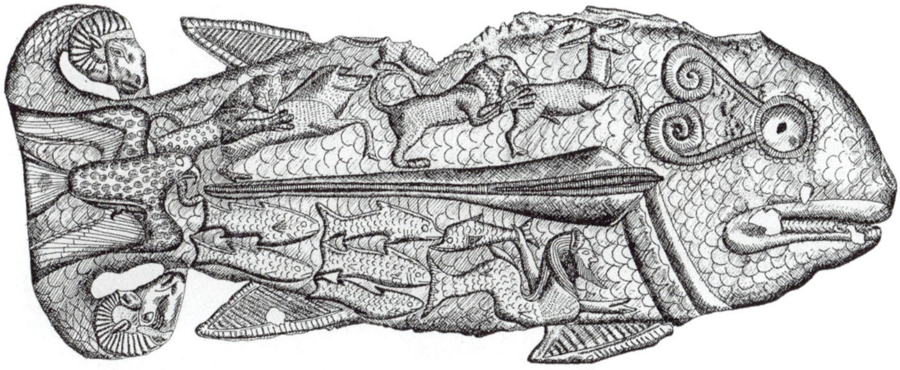

STILEPOCHE

GRIECHISCHE KLASSIK

WACHSTUM UND REIFE. Die Bezeichnung der griechischen Kunst des 5. und 4. Jahrhunderts v. Chr. als Klassik ist Ausdruck ihrer normativen Wirkung als ›hochrangig‹ (lat. *classicus*). Dem Begriff haftet allerdings etwas Statisches an zu Lasten der Einsicht in eine Entwicklung, die sich mit dem organischen Zusammenhang von Wachstum und Reife vergleichen lässt. Die stilgeschichtliche Periodisierung unterteilt diesen Prozess in den Strengen Stil der Frühklassik in der ersten Hälfte des 5. Jahrhunderts v. Chr., in die Blütezeit der Hochklassik der zweiten Jahrhunderthälfte und die Spätklassik des 4. Jahrhunderts v. Chr. Die erste Periode kulminiert in der siegreichen Abwehr der persischen Vorstöße nach Westen in den Perserkriegen. Die Hochklassik hat an der kulturgeschichtlichen Epoche des Perikleischen Zeitalters Anteil. Den politischen Hintergrund bildet die Rivalität zwischen dem Attisch-Delischen Seebund unter der Führung Athens und dem Peloponnesischen Bund unter der Führung Spartas. In einem Zeitraum von 30 Jahren (Peloponnesischer Krieg, 431–404 v. Chr.) wird die machtpolitische Konkurrenz sowohl in Griechenland als auch auf Sizilien militärisch ausgefochten. Die Spätklassik steht in einem politischen Zusammenhang wechselnder Konstellationen, die schließlich einer Einigung Griechenlands unter makedonischer Führung Vorschub leisten. Mit anderen Worten: Wachstum, Blüte und Reife der griechischen Kunst sind insofern ein Spiegel der historischen Verhältnisse, als sie eine zunehmende Trennung zwischen dem gesamtgriechischen politischen Niedergang und der künstlerischen

Andokides-Maler, *Herakles im Olymp*, um 510 v. Chr.; Ton, Höhe des Bildfeldes ca. 23 cm; München, Staatliche Antikensammlungen, Prinz-Karl-Palais
Das Vasenbild des nach dem Töpfer Andokides benannten attischen Malers zeigt Herakles, den Sohn von Zeus und Alkmene, nach seiner Aufnahme in den Olymp. Er ruht auf einer Kline und führt seine Rechte zu einem der beiden schlaufenförmigen Henkel an seinem Trinkgefäß, einem Kantharos. Von links nähern sich Athena und Hermes, rechts mischt der Mundschenk Ganymed in einem Krater Wasser und Wein. Kennzeichnend für den archaischen schwarzfigurigen Stil der griechischen Vasenmalerei ist der Vorrang der Fläche: Die Figuren und Gegenstände sowie die ornamental wiedergegebenen Motive der Efeuranken und des Weinstocks breiten sich gleichmäßig aus. Zwar vollzieht Herakles durch den Griff zum Kantharos eine Körperdrehung, doch kommt der räumlich-körperliche Charakter dieses Motivs kaum zur Geltung. Die eingeritzte Binnenzeichnung vermag nichts gegen den Flächenwert der schwarzen Gewandfigur auszurichten.

Höherentwicklung erkennen lassen. Zur Wirkungsgeschichte der griechischen Klassik gehört daher auch das Ideal einer autonomen Sphäre der Kunst, die weitgehend der beschränkten Realität entbunden ist.

IDEAL UND WIRKLICHKEIT. Die griechische Klassik entwickelt ihre überragende Bedeutung aus einem Spannungsverhältnis, das in der Philosophie des 4. Jahrhunderts v. Chr. zwischen dem Idealismus Platons und dem Empirismus des Aristoteles besteht. In der Kunst erhält weder das eine noch das andere Prinzip die Vorherrschaft. Ideal und Wirklichkeit treten vielmehr in eine Wechselbeziehung, die ihren Ausdruck in der Gestaltung des Menschenbildes findet. Im Strengen Stil der Skulptur und im Übergang von der schwarzfigurigen zur rotfigurigen Malerei gewinnt die Figur eine gesteigerte Sinnlichkeit, in der sich das ideale Naturgesetz organischer Harmonie mit der realen Körperlichkeit vereint. In der Architektur äußert sich diese Vereinigung auf vergleichbare Weise, indem die bautechnischen und statischen Notwendigkeiten durch das An- und Abschwellen des Säulenschaftes, leichte Wölbungen der horizontalen Glieder und variable Säulenabstände eine organische Ausgestaltung erfahren. Die Hochklassik entspricht in der Verfeinerung des seelischen Ausdrucks dem Übergang der Tragödiendichtung von Aischylos zu Sophokles, während der jüngste der drei attischen Dramatiker von Weltrang, Euripides, durch die Individualisierung der tragischen Konflikte bereits auf Tendenzen in der Spätklassik vorausweist, indem nun der Kanon beispielsweise der körperlichen Proportionen, den Polyklet entwickelt hat, dem Gestaltungswillen des einzelnen Künstlers, beispielsweise des Praxiteles, untergeordnet ist.

Antike

Andokides-Maler, *Herakles im Olymp*, um 510 v. Chr.; Ton, Höhe des Bildfeldes ca. 23 cm; München, Staatliche Antikensammlungen, Prinz-Karl-Palais
Das zweite Bild auf derselben Amphora des Töpfers Andokides schildert den Empfang des Herakles durch Athena im rotfigurigen Stil. Fotografisch gesprochen verhalten sich die beiden Szenen wie ein Negativ zum Positiv, doch ist mit dieser Umwandlung der Stilwandel von der Archaischen zur Klassischen Kunst verbunden. Der entscheidende Unterschied beruht auf der Verwandlung der Bildfläche in einen Bildraum, in dem Figuren und Gegenstände körperhaft in Erscheinung treten. Zu den Voraussetzungen gehört eine Verringerung der Figuren auf die Hälfte, sodass Herakles Platz gewinnt, um seinen Oberkörper energisch aufzurichten, wobei er mit der rechten Hand das ebenfalls steiler angezogene Knie umfasst. Der Stamm des Weinstocks begleitet mit kühnem Schwung die Veränderung der Körperhaltung. Der schwarze Kantharos, den Herakles nun in der linken Hand hält, befindet sich deutlich vor der Figur, deren Kopf das obere Ornamentband überschneidet und auf diese Weise ebenfalls ein räumliches Verhältnis zwischen Vorder- und Hintergrund herstellt.

Antike

GESTALTUNGSAUFGABE

GRABSTELE

AKROTER

Stelen werden häufig von ornamentalen Reliefplatten bekrönt. Die *Stele Giustiniani* (um 460; Berlin, SMPK, Pergamonmuseum) gliedert sich in ein fächerförmiges Palmettenornament und zwei seitliche Voluten. Gemeinsamer Ausgangspunkt sind Akanthusblätter. Akroterien aus Marmor oder Terrakotta in ornamentaler oder figürlicher Gestaltung schmücken in der griechischen Architektur die mittlere Spitze und als Eckakroterien die seitlichen Spitzen der Giebel an Tempeln, Hallen sowie an Ädikulen, die als architektonische Rahmen von Portalen und Nischen verwendet werden.

LEBEN UND TOD. Das antike griechische Grabmal steht zwar im Zusammenhang des Totenkultes, ist aber dem Diesseits zugewandt. Rituellen Charakter besitzt der Schmuck der Grabstätte mit keramischen Salbölgefäßen, den Lekythen. Sie beziehen sich auf die Salbung des Verstorbenen, die sich bei bestimmten Anlässen symbolisch wiederholt, indem das Grabmal gesalbt wird. Dieses hat seit dem 6. Jahrhundert v. Chr. die Form der Grabstele, die mitunter eine Lekythos als Relief zeigt. Vorherrschend ist jedoch die Darstellung des Verstorbenen.
Den archaischen Typus, der sich auf die Einzelfigur in Seitenansicht beschränkt, repräsentiert die attische, vom Bildhauer Aristokles signierte *Aristionstele* (um 510 v. Chr.; Athen, Nationalmuseum). Sie zeigt den inschriftlich benannten Aristion lebensgroß als Hopliten, d. h. schwer bewaffneten Infanteristen, mit Lanze, Brustpanzer, Helm und Beinschienen. Nachdem zu Beginn des 5. Jahrhunderts v. Chr. in Athen ein Luxusverbot die kontinuierliche Weiterentwicklung der Grabstele in Attika unterbunden hat, entfaltet sie in der zweiten Hälfte des Jahrhunderts im Zeichen der Hochklassik eine Vielzahl von Motiven: Ein Kind spielt mit seiner Puppe, eine Frau entnimmt einer Büchse (Pyxis) Körner, um sie auf einen Räucheraltar zu streuen (*Stele Giustiniani*; Berlin, SMPK, Pergamonmuseum), ein Jäger in Begleitung seines Hundes hat sich zur Rast niedergelassen.
Vor allem aber erscheinen die Verstorbenen in der Gemeinschaft mit ihren Angehörigen. In der Gestaltung dieser Thematik gelangt die hoch- und spätklassische Reliefkunst zu einer Bildsprache, in der tief empfundene Bindung an das Leben zum Ausdruck kommt, jedoch gepaart mit dem Bewusstsein der unabänderlichen Trennung. Der Name *Abschiedsstele* (um 350 v. Chr.; Athen, Nationalmuseum) kennzeichnet daher nicht allein dieses eine Werk mit der Darstellung von zwei Frauen, die sich bei den Händen halten, sondern die Gestaltungsaufgabe in ihrer Gesamtheit. Zu den eindrucksvollsten Werken der Zeit um 350 v. Chr. gehört die nach ihrem Fundort benannte *Stele vom Ilissos* aus der Werkstatt des Skopas (Athen, Nationalmuseum): Ein leicht gebeugter Greis betrachtet, auf seinen Stab gestützt, die prachtvolle, nahezu rundplastische Aktfigur eines Jünglings, der unwillkürlich als ein Abgeschiedener wahrgenommen wird.

DIE STELE ALS GATTUNG. Die griechische Grabstele als hochrechteckige Steinplatte mit figürlichem Relief, architektonischem Rahmen und ornamentaler Bekrönung ist eine unter zahlreichen Formen der Stele mit unterschiedlichen Funktionen. Der ursprünglich griechische Name bezieht sich sowohl auf Grabmale als auch auf Pfeiler und Säulen. Im weiteren Sinne sind vorgeschichtliche Menhire der Megalithkulturen ebenso gut Stelen wie die

***Grabmal der Mnesarete*, um 380 v. Chr.; Marmor, Höhe 163 cm; München, Glyptothek**
Den Rahmen der Stele bilden zwei Pilaster und ein Giebel mit Überresten eines Mittelakroters und zweier Eckakroterien. Auf der waagrechten Rahmenleiste, dem Geison des Giebelfeldes, ist der Name der Verstorbenen eingetragen. Darunter enthält der Architrav das Epigramm »Sie ließ den Gatten zurück und die Brüder, der Mutter Leid und das Kind, und Unvergänglichen Ruhm großer Tugend. / Hier hält Persephones Gemach Mnesarete umfangen, die zum Ziel aller Tugenden gelangte«. Der literarischen Ausdrucksweise entspricht die bildkünstlerische Wiedergabe der verhaltenen Trauergesten der Frau und des Mädchens, einer Tochter oder Dienerin. Hierzu gehört die Bewegung, mit der Mnesarete den Saum ihres Mantels, den sie über einem Chiton trägt, leicht anhebt, als werde sie ihr Gesicht verhüllen. Der Schmerz der Trennung findet seinen seelischen Ausdruck im jeweils geneigten Haupt und gesenkten Blick.

aus reflektierendem Metall gefertigten *Lichtstelen* von Heinz Mack (*Sahara-Projekt*, 1968).
Der kleinste gemeinsame Nenner ist die vertikale Orientierung. Als Urkundenstein und Grenzmarkierung, Weihegabe und Siegesmal reicht die Stele bis in die Hochkulturen Mesopotamiens und Altägyptens zurück. Die Grabstele schließlich ist die einzigartige griechische Ausprägung des überwiegend stelenartigen Grabsteins.

Antike

KUNSTZENTRUM

OLYMPIA

ZEITMASS »OLYMPIADE«. Der zentrifugalen Gründung griechischer Kolonien entlang der Küsten des Mittelmeeres entsprach eine zentripedale Gegenbewegung, indem lokale Kultstätten im Mutterland gesamtgriechische Bedeutung erhielten. Den höchsten Rang gewann Olympia in der Peloponnes. Hier fanden im Abstand von vier Jahren, der als Olympiade ein kalendarisches Zeitmaß bildete, die Olympischen Spiele statt, die ab 776 v. Chr. durch Siegerlisten bezeugt sind. Zur Teilnahme als Wettkämpfer und Zuschauer, deren An- und Abreise im Schutz einer allgemeinen Waffenruhe erfolgte, waren freie männliche Bürger der griechischen Stadtstaaten zugelassen. Die Sieger (Olympioniken) erhielten als Preis einen Kranz aus Zweigen vom heiligen Ölbaum beim Zeustempel und wurden in ihrer Heimat durch Geschenke und Steuerfreiheit geehrt. Zum lyrischen Werk des Pindar aus der ersten Hälfte des 5. Jahrhunderts v. Chr. gehören 14 chorisch bei der Heimkehr vorgetragene Oden auf Sieger in Olympia. Zwischen den Olympischen Spielen fanden die Heräen statt: Laufwettbewerbe für Mädchen zu Ehren Heras.
Seit dem Ende des 4. Jahrhunderts v. Chr. verloren die Olympischen Spiele ihren Charakter als Ausdruck eines griechischen Nationalbewusstseins. Sie verwandelten sich in ein hellenistisches Forum, das Teilnehmern aus dem gesamten antiken Bereich einen auch politisch verwertbaren Gewinn an Prestige versprach. Der letzte bezeugte

KULTSTÄTTEN

Delos (Kykladeninsel), Heiligtümer der Zwillinge Apollon und Artemis sowie ihrer Mutter Leto (*Letotempel mit Löwenterrasse*, 6. Jahrhundert v. Chr.).

Delphi (Attika), ursprünglich Kultstätte der Erdmutter Gäa, um 800 v. Chr. Umwandlung in ein Apollonheiligtum mit der Orakelstätte der Pythia; hl. Straße mit Schatzhäusern, Bezirk der Athena.

Dodona (Epirus), Orakelstätte des Zeus und der Dione (Tochter von Uranos und Gäa) mit hl. Eiche und einem Tempel des 4. Jahrhunderts v. Chr.

Eleusis (Attika), Geheimkult der Demeter und der Persephone (Eleusische Mysterien).

Olympia (Peloponnes), Kultstätte seit mykenischer Zeit, Heiligtümer des Pelops (mythischer König der Peloponnes, Sohn des Tantalus und Stammvater der fluchbeladenen Atriden), der Hera und des Zeus. Die Ruinenstätte (Ausgrabungen seit 1875) wurde wie Delphi von der UNESCO in das Weltkulturerbe aufgenommen.

Olympionike ist ein armenischer Prinz, der 385 n. Chr. im Faustkampf siegte. Neun Jahre später verbot Kaiser Theodosius I. die Spiele als ein Relikt des Heidentums.

DER ZEUSTEMPEL. Olympia war seit mykenischer Zeit dem Kult des Zeus geweiht. Ihm waren die Spiele geweiht, und sein Tempel (um 470–456) mit dem von Phidias geschaffenen Kultbild genoss bis in römische Zeit hohes Ansehen als Werk der griechischen Klassik; eine Beschreibung aus dem 2. Jahrhundert n. Chr. enthält das Griechenland-Werk des Reiseschriftstellers Pausanias. Als Baumeister des dorischen Peripteros-Tempels über einer Grundfläche von 64 × 27,5 m sowie mit sechs Säulen an den Schmalseiten und 13 Säulen an den Langseiten ist Libon von Elis überliefert.
Erhalten ist ein Großteil des bauplastischen Schmucks (Olympia, Museum): die rundplastischen Giebelfiguren mit zwei mythologischen Themen und die quadratischen Metopenplatten von der Außenwand der Cella, deren Reliefs die zwölf als Buße auferlegten Taten des Herakles im Dienst des Erystheus schildern. Die zentrale Figur des Ostgiebels ist Zeus, dargestellt beim Beginn der Wettfahrt zwischen Oinomaos und Pelops. Der Westgiebel zeigt den Kampf der Lapithen mit den Kentauren, die mit räuberischer Absicht in die Hochzeitsfeier des Peirithoos eingedrungen sind. Die Kampfgruppen werden von Apollon überragt, der den Kopf in Richtung seines seitlich ausgestreckten rechten Armes wendet. Apollons Haupt, bedeckt von einer stilisierten Haarkalotte, gehört zu den eindrucksvollsten Werken im Strengen Stil der Frühklassik.

Olympia, Zustand der Bebauung im 2. Jahrhundert n. Chr.; Modell der Rekonstruktion; Olympia, Museum
Das Modell zeigt im Mittelteil den ummauerten Heiligen Bezirk, die Altis, mit dem klassischen *Zeustempel* (um 470–456 v. Chr.), vor dessen Ostfront sich die Basen von Weihestatuen gruppieren. Nach rechts folgen das sechseckige *Pelopeion* (Heiligtum des Pelops), davor der kegelförmige Aschealtar. Ganz rechts liegen entlang einer westöstlichen Achse das *Philippeion* (von Philipp II., dem Vater Alexanders des Großen, begonnener Rundtempel), der archaische Neubau des *Heratempels* (6. Jahrhundert v. Chr.) und Schatzhäuser auf einer Terrasse am bewaldeten Fuß des Kronoshügels. Den östlichen Abschluss bildet die *Echohalle*, neben der ein Tunnel vom Festplatz zum Stadion führt. Außerhalb der Altis befinden sich im Süden (links) das *Buleuterion* (oberste Verwaltungsbehörde), die *Südhalle* und das Gästehaus *Leonidaion*, ein Baugeviert mit Innenhof. Im Westen liegen die Werkstatt des *Phidias* und die *Palästra* (Ringerschule). Nach Norden schloss sich als weitere Übungsstätte das *Gymnasion* an.

THEMA

SPORT

ODYSSEUS ALS ATHLET

Als Gast der Phäaken wird Odysseus von Euryalos beschimpft:
»Fremder, du scheinst mir keiner, der sich in Spielen des Wettkampfs / Auskennt, wie sie so viele im Schwang sind unter den Menschen. / Sondern einer, der stets im Ruderschiffe umherfährt / Als ein Seekapitän umherfährt; das sind so Händler und Krämer, / Immer auf Fracht bedacht und Ausschau haltend nach Ladung / Und errafftem Gewinn; du gleichst nicht einem Athleten.«

Erzürnt geht Odysseus auf die Herausforderung ein:

»Sprach's, und mitsamt dem Mantel erhob er sich stürmisch und fasste / Einen Diskos, größer und ziemlich dick und viel schwerer, / Als der Diskos war, mit dem die Phäaken geworfen. / Diesen schleuderte er im Wirbel mit wuchtiger Hand fort; / Schwirrend sauste der Stein, und die ruderfrohen Phäaken / Duckten sich nieder zur Erde, die Männer, berühmt in der Seefahrt, / Unter dem Wurfe eines Steins. Weit über die Zeichen der andern / Flog er leicht von der Hand.«

(Homer, *Odyssee* VIII, 159–164 und 186–193)

ANTIKE DISZIPLINEN. Der antike griechische Mensch bewährte sich im Agon: im Wettstreit in Form von sportlichen Wettspielen, »wie sie so viel im Schwang sind unter den Menschen« (*Odyssee* VIII,160). Den festlichen Rahmen boten die sportlichen und musischen Wettkämpfe der Spiele am Isthmus von Korinth zu Ehren des Poseidon, der Nemeischen Spiele in Nemea südwestlich von Korinth zu Ehren des Zeus, der Pythischen Spiele in Delphi zu Ehren des Apollon und der Olympischen Spiele. Ihr zunehmend erweitertes Programm umfasste den Wettlauf über mehrere Distanzen, Wurf- und Sprungübungen, Faust- und Ringkampf, die ab 648 v. Chr. im Pankration-Zweikampf zusammengefasst wurden, den Pentathlon (Fünfkampf: Diskus- und Speerwurf, Ringen, Wettlauf und Weitsprung) sowie Pferde- und Wagenrennen.
Diese sportlichen Disziplinen sind Themen der archaischen schwarzfigurigen und der klassischen rotfigurigen Vasenmalerei sowie der Reliefkunst, schließlich der rundplastischen Skulptur mit Polyklets lebensgroßer Darstellung von Athleten als *Speerträger* (*Doryphoros*, Bronzeoriginal um 440 v. Chr., römische Marmorkopie u. a. in Rom, Musei Vaticani) oder als *Athlet mit Siegerbinde* (*Diadumenos*, Bronzeoriginal um 420 v. Chr., hellenistische Marmorkopie in Athen, Nationalmuseum).
Das Thema Sport ist jedoch weiter gefasst als der festliche Wettkampf. Vasenbilder und Reliefs schildern die sportlichen Übungen der Epheben, die sich durch Ballspiele, Laufen und Ringen zu Athleten heranbilden. Die Bezeichnung der Übungsstätten als Gymnasien enthält das griechische Wort *gymnos* ›nackt‹. Hüllenlos wurden auch die festlichen Wettkämpfe ausgetragen. Bereits Ende des 8. Jahrhunderts v. Chr. entledigten sich die Läufer bei den Olympischen Spielen des hinderlichen Lendenschurzes.

DIE AKTKUNST. Der Sport legitimierte den öffentlichen Anblick des nackten männlichen Körpers und gehörte zu den Voraussetzungen, unter denen sich seit dem 7. Jahrhundert die Aktskulptur der Griechen entwickelte. Entscheidend ist jedoch über die Zweckmäßigkeit des Verzichts auf Kleidung hinaus die im künstlerischen Abbild des nackten Körpers gesteigerte Symbolik der Nacktheit: Sie kennzeichnet den Athleten nicht nur als Sportler, sondern auch als den durch seine Körperlichkeit waffenfähigen Bürger und Garanten staatlicher Sicherheit. Ohnehin bestanden Gemeinsamkeiten zwischen den sportlichen Disziplinen und dem Waffendienst: Der Wettlauf war eine Abwandlung des Waffenlaufs, und Wurfübungen mit dem Speer förderten den Umgang mit der Lanze. Auf diesen Zusammenhang deuten Kriegerfiguren hin, beispielsweise in den Giebeln vom *Aphaiatempel* auf Ägina (um 490 v. Chr.; München, Glyptothek), die vereinzelt als Aktfiguren gestaltet sind.

Myron, *Diskuswerfer*, Original Bronze, um 450 v. Chr.; römische Kopie in Marmor, Höhe ohne Basis 125 cm; Rom, Museo Nazionale Romano
Die Statue eines Athleten, der als Diskuswerfer (griech. *discobolos*) am Fünfkampf teilnimmt, konzentriert sich auf einen Moment der Ruhe zwischen dem rückwärtigen Schwungholen und dem nach vorn gerichteten Wurf. Das Körpergewicht ist vom linken auf das nun vorgesetzte rechte Bein verlagert. Im nächsten Augenblick wird der wie ein gespannter Bogen gebeugte Körper emporschnellen und aus einer raschen Drehbewegung heraus die Scheibe geschossartig von sich schleudern. Die Ruhe in der Bewegung, die hier am Beispiel einer sportlichen Disziplin thematisiert wird, entspricht dem ästhetischen Ideal eines harmonischen Ausgleichs der Gegensätze, ohne deren wechselseitiges Spannungsverhältnis vollständig aufzulösen.

Ein weiteres gesellschaftliches bzw. sittengeschichtliches Motiv für die Pflege der männlichen Aktskulptur ergibt sich aus der griechischen Wertschätzung der gleichgeschlechtlichen Liebe zwischen Männern und Jünglingen. Der weibliche Akt findet sich erst seit der zweiten Hälfte des 5. Jahrhunderts und bleibt zunächst auf das Relief beschränkt. Ein bezauberndes Beispiel ist die sitzende Profilgestalt der *Flötenspielerin* an einer Seite des *Ludovisischen Thrones* mit der *Geburt der Aphrodite* auf der Vorderseite (um 540 v. Chr.; Rom, Museo Nazionale Romano).

GESTALTUNGSAUFGABE

TEMPEL

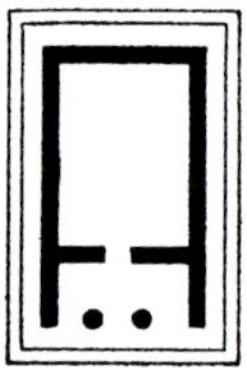

Antentempel

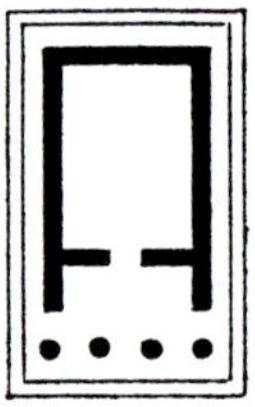

Prostylos

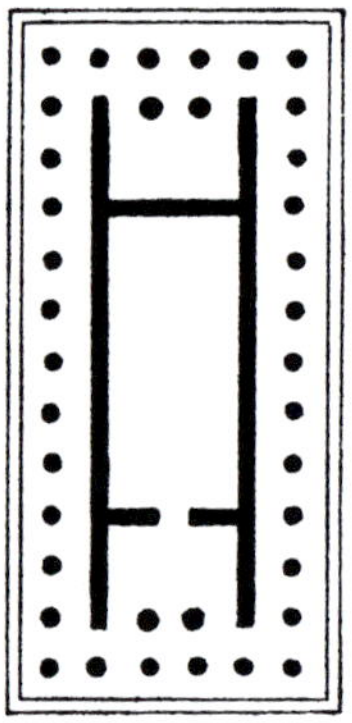

Peripteros

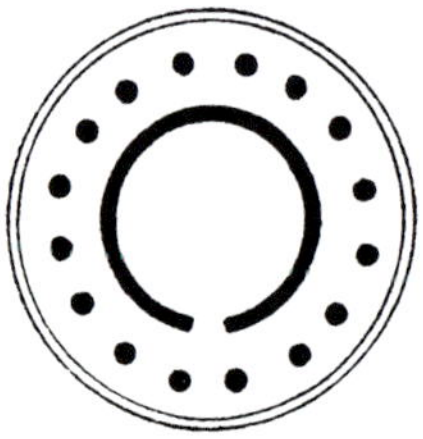

Tholos

HALLE ODER SCHREIN? Der Tempel des Altertums ist eine Wohnstätte von Gottheiten, deren Anwesenheit sich im Kultbild manifestiert. Alle weiteren Charakteristika ergeben ein breit gefächertes Spektrum mit dem grundsätzlichen Unterschied zwischen dem Tempel als hallenartiger Versammlungsstätte oder als ein für die Allgemeinheit unzugängliches Monument. Dieser Gegensatz besteht zwischen dem ägyptischen und dem griechischen Tempel.
Der ägyptische Göttertempel besitzt als Mittelpunkt das Allerheiligste, in dem der Gott in einem Naos wohnt. Säulenhallen, Innenhöfe und Prozessionswege umgeben das kultische Zentrum und bringen eine Bewegung von außen nach innen zum Ausdruck, die in der Regel axial orientiert ist; eine Umfassungsmauer umschließt den Komplex.
Von innen nach außen entfaltet sich dagegen die Wirkung des griechischen Tempels. Er bildet in seiner idealtypischen Ausprägung einen monumentalen Schrein, in dessen Umgebung sich Altäre, untergeordnete Kultbilder und Weihegaben gruppieren.

ENTWICKLUNGSSTUFEN. Den Kern des griechischen Tempels bildet die rechteckige Cella bzw. das Naos, deren Mauerwerk das Kultbild umschließt. Die Verlängerung der Seitenwände der Cella ergibt einen Pronaos mit zwei Säulen zwischen den als Anten bezeichneten seitlichen Begrenzungen. Diese Gliederung in einen geschlossenen Hauptraum und einen geöffneten Vorraum entspricht dem Megaron-Haus, einem Typus des Palastbaus im ägäischen Bereich. Die Ergänzung einer rückwärtigen Vorhalle verwandelt den Antentempel in den Doppelantentempel. Der Prostylos besitzt eine zusätzliche Säulenreihe an der vorderen Schmalseite, die sich beim Amphiprostylos an der rückwärtigen Schmalseite wiederholt.
Die Verbindung der Säulenstellungen an den Schmalseiten mit Säulen an den Langseiten ergibt den Peripteros, dessen ringsum auf der obersten Stufe des Unterbaus, dem Stylobat, verlaufender Säulenkranz die Cella allseitig umgibt, wobei Gitterwerk die Zwischenräume verschließt (*Zeustempel* in Olympia, um 470–456 v. Chr., mit 6 × 13 Säulen; *Parthenon* der Akropolis in Athen, 447–438 v. Chr., mit 8 × 17 Säulen). Beim Dipteros tritt ein zweiter Säulenkranz hinzu, etwa beim *Artemision* in Ephesus, Neubau nach der Brandstiftung des Herostratos 356 v. Chr., mit einem äußeren Säulenkranz aus 9 × 21 Säulen und einem inneren aus 7 × 19 Säulen.
Dasselbe Verhältnis zwischen geschlossenem Mauerwerk und durchlässiger Hülle kennzeichnet den Rundtempel. Beim *Tholos* im Bezirk der Athena Pronoia in Delphi (um 370 v. Chr.) umgab eine Ringhalle mit 20 Säulen die zylindrische, durch Halbsäulen gegliederte Cella.

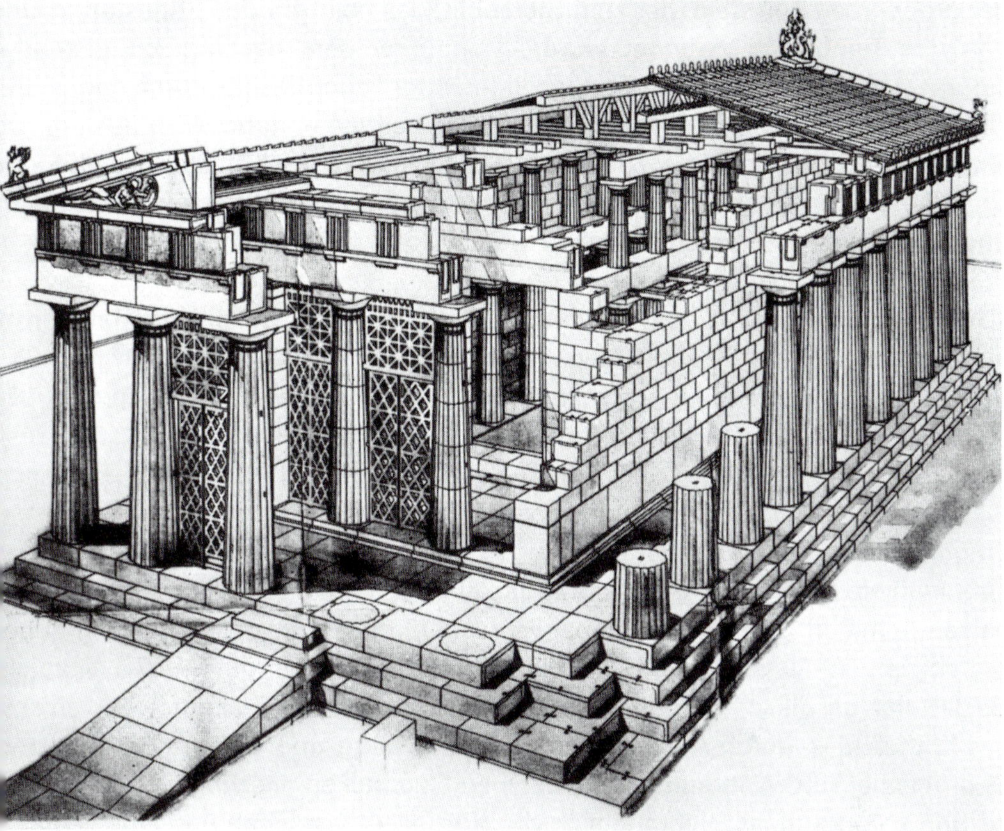

Tempel der Göttin Aphaia auf Ägina, um 510–490; Rekonstruktion
Das Heiligtum der Göttin Aphaia, deren Kult auf die Insel Ägina beschränkt blieb, hatte die Gestalt eines dorischen Peripteros wie der bald darauf erbaute *Zeustempel* in Olympia. Die zeichnerische Klärung der Baukonstruktion gibt den Blick in die Cella frei; sie wurde durch zwei zweigeschossige Kolonnaden in drei Schiffe gegliedert. Holzgitter füllten die Interkolumnien (Raum zwischen den Säulen) und verwehrten den Zugang nicht allein zur Cella, sondern auch zum Umgang. Die Skulpturen aus den beiden Giebelfeldern (lichte Breite und Höhe 13,20 und 1,74 m) sind als »Ägineten« der wertvollste Besitz der Glyptothek in München.

BAUGLIEDER

Architrav (auch: Epystil), waagrechter Balken über Stützgliedern (Säule, Pfeiler, Pilaster). Auf dem Architrav ruht beim dorischen Tempel ein Fries aus Metopen und Triglyphen.

Cella, Kernbau mit fensterlosen Mauern, auch Bezeichnung für einen der beiden Räume, in die sich die Cella gliedern kann (Adyton und Cella).

Geison, Kranzgesims des dreieckigen Giebels, dessen waagrechter Teil die Standfläche der Giebelskulpturen bildet.

Giebel, an den Schmalseiten Abschluss des Satteldaches mit Giebelfeld (Tympanon).

Krepidoma (auch: Krepis), Unterbau, in der Regel dreistufig.

Sima, Traufleiste entlang der Giebelschräge und den Langseiten des Daches.

Stylobat, oberste, den Säulenkranz tragende Stufe des Tempelunterbaus.

KÜNSTLER

PHIDIAS

BIOGRAFIE

Als Geburtsort des Phidias (griech. Pheidias) ist inschriftlich Athen bezeugt

456 v. Chr. Vollendung des *Zeustempels* in Olympia mit der monumentalen *Sitzstatue des Zeus* von Phidias

447 Baubeginn des *Parthenon* auf der Akropolis von Athen unter der künstlerischen Leitung des Phidias

438 Weihe des *Parthenon* mit der Monumentalstatue der *Athena Parthenos*

432/31 Prozess gegen Phidias wegen Veruntreuung von Gold als Werkstoff

um 430 Phidias stirbt im Gefängnis von Athen (?)

DIE AKROPOLIS. Der Wiederaufbau der im Jahr 480 v. Chr. von den Persern verwüsteten Anlagen auf dem Burgberg von Athen bildete ein Kernstück der Politik des Perikles (geb. um 500 v. Chr.), der ab 443 ständig das Führungsamt des Strategen bekleidete. Das Bauprogramm besaß, indem es Arbeit schaffte, wirtschaftliche und soziale Bedeutung, bekräftigte aber auch den Führungsanspruch Athens.

Kennzeichnend für das kulturelle Klima Athens, in dem die Aufgaben in Angriff genommen wurden, sind die engen Beziehungen des als Redner geachteten Politikers Perikles zum Naturphilosophen Anaxagoras und Sophisten Protagoras, zum Geschichtsschreiber Herodot, Tragiker Sophokles und Bildhauer Phidias, dem Leiter einer umfangreichen Werkstatt.

Das hohe Ansehen des Phidias begründete die Sitzstatue des Zeus (Höhe etwa 12,5 m, überliefert durch Münzbilder) in Olympia, eines der Sieben Weltwunder des Altertums. Sein gesicherter Hauptanteil an der Ausstattung des Parthenon ist ebenfalls ein Kultbild: die *Athena Parthenos*. Als Pendant schuf Phidias die im Freien zwischen der Toranlage der *Propyläen* und dem Parthenon errichtete Bronzestatue der *Athena Promachos*, deren goldene Speerspitze den Seefahrern den Weg nach Athen wies.

Umstritten ist der eigenhändige Anteil des Phidias am bauplastischen Schmuck des *Parthenon*, der sich heute zu einem großen Teil in London befindet (sog. »Elgin Marbles« des Earl of Elgin im British Museum). Er umfasste

Phidias, *Haupt der Medusa*, Kopie nach einem Original um 440 v. Chr.; Marmor, Höhe 40 cm; München, Glyptothek
Das Relief ist eine der sechs überlieferten Kopien des Medusenhauptes auf dem vermutlich bronzenen Schild der *Athena Parthenos* und wird nach dem Palazzo Rondanini in Rom als »Medusa Rondanini« bezeichnet. Die Medusa gehört thematisch zu den mythologischen Schreckgestalten, doch wirkt das Haupt, von zwei Schlangen umwunden und geflügelt, im klassischen Bildwerk menschlichem Empfinden zugänglich. Goethe, der einen Abguss besaß, sah in der Maske »ein wundersames Werk, das, den Zwiespalt zwischen Tod und Leben, zwischen Schmerz und Wollust ausdrückend, einen unnennbaren Reiz über uns ausübt« (Notiz vom 17. April 1788).

Phidias, *Athena Parthenos*, um 447–438; Gold und Elfenbein über Holz, Höhe ca. 12 m
Die Rekonstruktion von H. Kähler zeigt die Cella des *Parthenon* mit dem Kultbild der »jungfräulichen Athena«. Als Anhaltspunkte dienten Kähler die römische Nachbildung als Statuette, die 1880 in Athen in der Ruine eines römischen Hauses beim Gymnasium Varvakion entdeckt wurde (*Varvakionstatuette* im Nationalmuseum Athen), und die Beschreibung des Pausanias, der die Monumentalstatue Mitte des 2. Jahrhunderts noch an ihrem ursprünglichen Standort angetroffen hat: »Das Bild der Athena ist stehend dargestellt, mit zu den Füßen herabreichendem Chiton, auf der Brust ist das Haupt der Medusa aus Elfenbein angebracht. In der einen Hand hält sie eine Nike, in der anderen eine Lanze.«

rundplastische Giebelfiguren, einen Fries entlang der Außenwände der Cella und einen Zyklus von Metopen am äußeren Gebälk des Säulenumgangs. Während diese ein mythologisches Thema gestalten (Kampfgruppen aus Lapithen und Kentauren), schildert jener Fries die Prozession der Athener zu Fuß und als Reiter zur Akropolis, um beim Fest der Panathenäen den Priestern ein neues Gewand für das Kultbild im Parthenon zu überbringen.
Eine vermutliche Kopie in Kassel überliefert eine Apollonstatue des Phidias (*Kasseler Apoll*, Kopfreplik in Florenz, Palazzo Vecchio). Eine *Verwundete Amazone* (Rom, Museo Capitolino) wird ebenfalls auf ein Werk des Phidias zurückgeführt.
Die enge Verbindung zwischen Phidias und Perikles bot dessen Gegnern Gelegenheit, durch eine Anklage des Künstlers wegen Veruntreuung von Gold bei der Herstellung der *Athena Parthenos* zugleich dem Ansehen des Politikers zu schaden. Vermutlich starb Phidias als Verurteilter im Gefängnis.

ZEITGENOSSEN. Etwa im selben Zeitraum (um 460 bis um 430) waren Phidias und Myron aus Eleutherai in Böotien tätig, der als Erzgießer in Athen arbeitete. Für die Akropolis schuf er eine *Athena-Marsyas-Gruppe* (Streit zwischen der Stadtgöttin und dem anmaßenden Satyr, römische Marmorkopie der *Athena* in Frankfurt a. M., Liebieghaus). Myrons Nachruhm begründete der in zahlreichen Nachbildungen überlieferte *Diskuswerfer* (*Diskobolos*). Antike Quellen rühmen Myrons Meisterschaft in der lebensnahen Darstellung von Tieren, die geeignet waren, selbst Hirten zu täuschen (z. B. »Myrons Kuh«). Ein für die gesamte Proportionenlehre grundlegendes Werk verfasste Polyklet von Argos (tätig um 550 – um 510): den »Kanon« der idealen Maßverhältnisse des menschlichen Körpers. Polyklet verwandte sie beispielhaft bei der Bronzestatue des *Speerträgers* (*Doryphoros*), die durch Marmorkopien überliefert ist. Wie die Kultbilder des Phidias in Olympia und Athen, so war auch die *Hera* des Polyklet in Argos ein chryselephantines, d. h. in der Goldelfenbeintechnik über einem Holzkern gearbeitetes Werk.

KUNSTZENTRUM

ATHEN

STADTGESCHICHTE

um 680 v. Chr. Ende der Monarchie. Die politische Macht liegt in den Händen der Aristokratie

ab 594 v. Chr. Entwicklung einer demokratischen Staatsform (Solon, Kleisthenes), die 462 durch Ephialtes ihre klassische Ausprägung findet

480 v. Chr. Zerstörung der von der Bevölkerung verlassenen Stadt durch die Perser

477 v. Chr. Athen wird durch den Attisch-Delischen Seebund zur Hauptmacht in Griechenland

431–404 v. Chr. Erschütterung der Vormachtstellung Athens im Peloponnesischen Krieg gegen Sparta

338 v. Chr. Athen unterliegt den Makedonen

86 v. Chr. Eroberung der Stadt durch die Römer

ab 27 v. Chr. Athen gehört zur römischen Provinz Achaia mit Korinth als Hauptstadt

AGORA UND AKROPOLIS. Die beiden Zentren des öffentlichen Lebens und der Baukunst bildeten der 60 m ansteigende, einst als befestigte königliche Residenz dienende Burgberg, die Akropolis (wörtlich: Hochstadt), und der Marktplatz, dessen Name ›Agora‹ sich ursprünglich auf die Volksversammlung bezieht.
Seine städtebauliche Blütezeit erlebte Athen beim Wiederaufbau nach der Zerstörung durch die Perser im Jahr 480 v. Chr. Eine neue, nach Themistokles benannte Mauer mit 13 Toren und 6,5 km Länge umschloss ein Stadtgebiet von rund 215 ha Fläche. Ein unregelmäßiges, als typisch ›attisch‹ eingeschätztes Straßennetz unterteilte das Stadtgebiet. Mauern sicherten die Verbindung mit dem Hafen Piräus. Außerhalb der Stadtmauer lagen der Hauptfriedhof und die *Akademie*, eine nach dem Garten des Heros Akademos benannte, um 385 von Platon gegründete Philosophenschule.
Zur Randbebauung der Agora gehörten die *Bunte Halle* (*stoa poikilie*) mit Gemälden des um 450 v. Chr. in Athen tätigen Malers Polygnot zur Geschichte der Stadt, das *Theseion* (um 440) als Heiligtum des mythischen Stadtgründers Theseus sowie mehrere Gerichts-, Markt-, Regierungs- und Verwaltungsgebäude. Durchkreuzt wurde die Agora von der Panathenäenstraße, die vom Dipylontor beim Töpferviertel, dem *Kerameikos*, zum westlichen Anstieg der Akropolis führte. Den Eingang zum Festplatz bildeten der dorisch-ionische Säulenbau der *Propyläen* (437–432) des Baumeisters Mnesikles. Westlich der Akropolis lag auf dem Areshügel der Gerichtshof *Areopag*, am Südhang entstanden, ausgehend von einer runden Orchestra aus dem 6. Jahrhundert v. Chr., das *Dionysostheater* und das überdachte *Odeon des Perikles*.

DER PARTHENON. Das anspruchsvollste Bauvorhaben des Perikles war der Neubau eines Athenatempels auf der Akropolis, geweiht der Athena Parthenos (Athena, der Jungfrau). Als Baumeister des 447–338 v. Chr. als dorischer Peripteros aus reinem Marmor errichteten Tempels sind Iktinos und Kallikrates überliefert, die künstlerische Leitung, die Ausstattung mit bauplastischem Schmuck sowie das Kultbild aus Goldelfenbein in der Cella wurden Phidias übertragen. Die Giebel stellten im Osten die Geburt der Athena aus dem Haupt des Zeus dar, im Westen den Wettstreit zwischen Athena und Poseidon um den Besitz des Landes; ein Fries an den vier Außenwänden der Cella schilderte den Festzug an den Panathenäen, die als Hauptfest der Stadtgöttin begangen wurden.
In christlicher Zeit in eine Marienkirche umgebaut, dann zur Moschee mit hohem Minarett, wurde der Parthenon erst 1698 zerstört, als während der Belagerung durch die Venezianer ein Kanonenschuss das hier lagernde Pulvermagazin zur Explosion brachte. 1801 ließ der Earl of Elgin

die Giebelskulpturen sowie einen Großteil der Metopen und des Frieses herausbrechen und nach England schaffen; seit 1816 befinden sich die »Elgin Marbles« im British Museum in London. Einige der schönsten Friesplatten aus der *Götterversammlung* und dem Zug der *Reiter, Widder- und Rindertreiber* sowie die *Krugträger* gehören zu den Exponaten des Akropolis-Museums in Athen.
Unter Wahrung des Parthenon entwarf Karl Friedrich Schinkel 1834 eine Neubebauung der Akropolis, die dem 1832 zum König von Griechenland bestimmten Prinzen Otto, Sohn Ludwigs I. von Bayern, als Residenz dienen sollte. Dieser Entwurf kam jedoch als »architektonische Dichtung« nicht zur Ausführung.

Korenhalle des Erechtheion, um 420 v. Chr.; Marmor, Höhe der Figuren ca. 230 cm; Athen, Akropolis
Das *Erechtheion* (421–406 v. Chr.) berücksichtigt in seiner additiven Gliederung in vier Bereiche die an dieser Stelle bereits bestehenden Kultstätten Athenas, des Hephaistos, des Poseidon sowie der mythischen Könige Erechtheus und Kekrops. Dem Kekropsgrab ist die *Korenhalle* zugeordnet. Dieser Anbau an der Südseite zeichnet sich durch die ursprünglich sechs Frauenstatuen aus, von denen sich eine im British Museum in London befindet. Die Karyatiden im Typus von Koren sind in einen gegürteten Pelops gekleidet und trugen Opferschalen in den Händen. Im Stil der Klassik bewahren die Figuren den säulenhaften Charakter von Stützgliedern. Durch die Unterscheidung zwischen Stand- und Spielbein sowie die Gestaltung der Gewänder gewinnen sie zugleich ein hohes Maß an organischer Körperlichkeit.

Dorisch

Ionisch

Korinthisch

STIL

DORISCH, IONISCH, KORINTHISCH

DIE SÄULENORDNUNG. In der antiken Baukunst entscheiden der Schaft und das Kapitell der Säule über die als Ordnung bezeichnete Proportionierung des Säulenbaus insgesamt. Die Säulenordnung ist daher ein Regelsystem von Maßverhältnissen, das sich seit archaischer Zeit entwickelt hat. Idealtypische Grundformen des griechischen Säulenbaus sind die dorische, die ionische und die korinthische Ordnung. Sie gewinnen in der römischen Architektur dekorativen Charakter mit der dorischen Säule am Erdgeschoss, der ionischen am ersten Obergeschoss und der korinthischen am zweiten Obergeschoss (*Kolosseum* in Rom, geweiht 80 n. Chr.).

DORISCHE ORDNUNG. Die dorische Säule steht ohne vermittelnde Basis auf dem Stylobat (oberste Stufe des Unterbaus). 16–20 Kanneluren (konkave Vertiefungen) stoßen in scharfen Graten aneinander. Der stämmige Säulenschaft besitzt eine Entasis (Schwellung) und verjüngt sich in vertikaler Richtung. Drei scharf eingeschnittene Anuli (Ringe) bereiten den Übergang zum Kapitell vor, das als wulstartiger Echinus (›Seeigel‹) geformt ist. Es trägt den Abakus (Brett), eine quadratische Deckplatte. Das aufliegende waagrechte Gebälk setzt sich aus dem glatten Architrav (Hauptbalken) und einem zweiten Balken zusammen, an dem ein Fries aus Metopen (Zwischenfelder) und Triglyphen (Platten mit ›dreifachen Rillen‹) befestigt ist.

IONISCHE ORDNUNG. Die ionische Säule ist schlanker und das Gebälk entsprechend schmaler als in der dorischen Ordnung. Über einer Plinthe als Unterlage dienen Hohlkehlen und Wülste als Basen der Säulenschäfte mit geringfügiger Entasis und 20–24 schmalen Kanneluren zwischen Stegen. Das Kapitell besteht aus zweimal zwei schneckenförmig eingerollten Voluten und einem Eierstab-Ornament, das durch Palmetten ergänzt werden kann. Ein flacher Abakus dient als Auflage. Der Architrav ist in drei waagrechte abgetreppte Faszien (Bänder) unterteilt, darüber erstreckt sich ein fortlaufender, ornamental oder figürlich gestalteter Fries, der sich jedoch auch auf einen schmalen Zahnschnitt-Fries aus rechteckigen Vorsprüngen beschränken kann.

KORINTHISCHE ORDNUNG. Eine weitere Verschlankung der vertikalen und horizontalen Glieder kennzeichnet die korinthische Ordnung, die mit der ionischen weitgehend übereinstimmt. Eigenständig ist jedoch das zur floralen Ornamentik neigende korinthische Kapitell in Gestalt eines korbähnlichen Säulenhauptes, das Kränze aus Akanthusblättern – einer mediterranen Distelart mit

Antike Kapitelle; Kupferstich in einem Tafelband der *Encyclopédie*, Paris, 1751–81
Zu den 35 Bänden der *Encyclopédie*, herausgegeben von Denis Diderot u. a., gehören auch zwölf Tafelbände mit mehr als 3000 Kupferstichen. Die hier wiedergegebene Tafel zeigt in der oberen Reihe ein toskanisches und ein dorisches Kapitell, gegliedert in den wulstförmigen Echinus und die quadratische Deckplatte Abakus. Darunter folgen zwei ionische Kapitelle mit Voluten in antiker und in zeitgenössischer Gestaltung. In der unteren Reihe werden ein korinthisches Kapitell mit Akanthusblättern und ein vor allem in der römischen Architektur verbreitetes Kompositkapitell mit zusätzlichen großen Voluten verglichen. Unberücksichtigt bleiben die stilprägenden proportionalen Unterschiede und die verschiedenartigen Kanneluren der Säulenschäfte. Korrekt ist die Wiedergabe schmaler Stege zwischen den Kanneluren der ionischen Säule, während die spitzwinkligen Grate zwischen den Kanneluren der dorischen Säule fehlen.

eingerollten Blattspitzen – umgeben. Über den Blättern treten diagonal gestellte Voluten in Erscheinung. Ein Beispiel ist das um 175 v. Chr. vom römischen Architekten Cassutius für Antiochus IV. begonnene, aber erst 130 n. Chr. im Auftrag Hadrians vollendete *Olympieion* des Zeus Olympios in Athen; erhalten sind 15 von 104 Säulen. Bereits 85 v. Chr. ließ Sulla zwei der Säulen am Tempel des Jupiter Capitolinus in Rom aufstellen; sie wurden maßgeblich für die Ausbreitung des korinthischen Stils.

DAS KOMPOSITKAPITELL. Die römische Weiterentwicklung des korinthischen Kapitells bereichert den Blattkranz aus Akanthus mit Blüten und die diagonal gestellten, durch Blätter verzierten Voluten durch Ornamentleisten mit Eier- und Perlstab. Schließlich nimmt das Kompositkapitell figürliche Darstellungen auf. Die Betonung des Reliefs geht zu Lasten der architektonischen Form und Funktion.

GESTALTUNGSMITTEL

POLYCHROMIE

BUNTE TEMPEL

1833 berichtete Eduard Schaubert, ein Schüler von Karl Friedrich Schinkel, den Mitgliedern des Berliner Architektenvereins über seine Untersuchung des *Theseustempels* in Athen:

»Was meint ihr dazu, wenn ich euch sage, der ganze Tempel sei mit Farben bedeckt gewesen? Dass die Kassetten gemalt und die Friese mit buntem Mäander geziert waren, ist euch bekannt. Aber die ganzen Tempel waren mit der gleichen Farbe geziert, die man, dick aufgetragen, in den Metopen und Giebelfeldern, selbst in den Faltenwürfen der Figuren, kurz auf allen Profilierungen findet, sodass, wenn man sich diese Eierstäbe, Herzblättchen, andere Verzierungen und bunte Linien überall vergegenwärtigt, der einfach scheinende dorische Tempel des Theseus viel reicher war als die reichste korinthische Ordnung.
Und in der Tat verlohnt es sich, eine Restauration von einem solchen bunten Tempel zu machen.«

FARBIGE ARCHITEKTUR. Die Klassizisten des späten 18. und frühen 19. Jahrhunderts ließen sich bei der Wiederbelebung der klassischen griechischen Architektur von der Überzeugung leiten, dass die Tempel im Glanz des weißen Marmors erstrahlten. Widersprechende Hinweise antiker Autoren und archäologische Studienergebnisse, die bereits 1762 von dem schottischen Architekten und Maler James Stuart nach einem mehrjährigen Aufenthalt in Griechenland veröffentlicht wurden, blieben wirkungslos. Die »edle Einfalt und stille Größe« (Johann Joachim Winckelmann) der griechischen Kunst schien unvereinbar mit dem Sinnenreiz der Farbe.
Erst nach der Befreiung Griechenlands (1830) kam eine intensive Untersuchung der antiken Baudenkmale in Gang. Ihre empirischen und hypothetischen Ergebnisse führten in Deutschland zu einer erbitterten Auseinandersetzung zwischen den ›Weißtemplern‹ und den ›Bunttemplern‹, aus der Letztere siegreich hervorgingen. Somit ordnete sich die klassische Baukunst der Griechen in eine Tradition ein, die der Frühgeschichte und dem Mittelalter fraglos angemessen erschien, nun aber die Idealität der antiken Architektur neu begründet. Galt bislang die Materialgerechtigkeit als Ausdruck edler Baugesinnung, so richtete sich nun das Interesse auf die Farbe als Gestaltungsmittel, funktionale Zusammenhänge zu klären. Bereits 1836 notierte Karl Friedrich Schinkel: »Die großen Säulen sind jetzt mit großer Sicherheit rot koloriert gefunden worden.«
Die Einsicht in die farbige Fassung der Bauglieder und der bauplastischen Ausgestaltung in Form von Reliefs und rundplastischen Skulpturen erstreckte sich generell auf die Werke der Bildhauerkunst. Der naturbelassene Marmor erschien nun als ›kalt‹, und die nach und nach entdeckten Farbspuren beflügelten die Vorstellung von einer buntfarbigen Erscheinungsweise der griechischen Bildwerke. Diese Sicht der griechischen Kunst berührte sich mit der Neubewertung der Sinnlichkeit bzw. des dionysischen Wesens der griechischen Kultur als einer komplementären Energie zur apollinischen Sublimierung.

FARBTHEORIE. Die ›Vielfarbigkeit‹ der Polychromie hat allerdings in der griechischen Kunst ihre Grenzen. Sie ergeben sich aus dem philosophisch reflektierten System der ›Vierfarbenmalerei‹ mit Weiß, Gelb oder Ocker und Schwarz, an dessen Stelle Blau treten konnte, sowie Rot, dem Platon den höchsten Rang zubilligte.
Weiß, Gelb, Blau und Rot gelten als elementare Farben, die einer Deutung der Wirklichkeit dienen. Erst in zweiter Hinsicht gewinnen sie symbolische Bedeutung: Rot ist die Farbe des Lebens; Rot und Gelb bzw. Gold sind der göttlichen oder königlichen Würde zugeordnet.

Johann Heinrich Strack, *Farbgebung der äußeren Ordnung des Parthenon*, 1835; Farblithografie (Probeabzug), 31,5 x 24,5 cm; Berlin, Bibliothek der Technischen Universität
Die Rekonstruktion gehört zu den Farbtafeln von Franz Kuglers Abhandlung *Über die Polychromie der griechischen Architektur und Skulptur und ihre Grenzen*, Berlin 1835. Nach Angaben des Kunsthistorikers Kugler zeichnete Johann Heinrich Strack, Bauhistoriker, Architekt und Lehrer an der Berliner Bauakademie, die Idealrekonstruktion einer Giebelecke des dorischen *Parthenon* (447–438 v. Chr.) auf der Akropolis von Athen. Die Gesimse und Profile sind farbig gefasst, in Flächen bemalt oder mit einem Ornament versehen, wie die Leiste am Architrav mit einem Mäander oder die Traufleiste (Sima) am Dachrand mit einem Fries aus Lotosblüten und Palmetten. Auch die Bemalung der Metopen entspricht den heutigen Kenntnissen, während die Triglyphen fälschlich weiß belassen sind.

GESTALTUNGSAUFGABE

KULTBILD

DIE OLYMPIER
(in Klammern die entsprechende römische Gottheit)

Innerhalb des griechischen Pantheons bilden zwölf Gottheiten eine Einheit. Sie wohnen unter der Herrschaft des Göttervaters Zeus auf dem Olymp.

Aphrodite (Venus), Göttin der Schönheit und sinnlichen Liebe.

Apollon (Apollo), Gott der Künste, Führer der Musen, auch als Sonnengott verehrt.

Ares (Mars), Kriegsgott.

Artemis (Diana), Göttin der Jagd, Schutzherrin der Jungfräulichkeit.

Athena (Minerva), Göttin der Weisheit.

Demeter (Ceres), Göttin des Ackerbaus.

Hephaistos (Vulcanus), Gott des Feuers und der Schmiedekunst.

Hera (Juno), Gemahlin des Zeus, Beschützerin von Ehe und Geburt.

Hermes (Mercurius), Gott des sicheren Geleits, Götterbote, Patron der Hirten, Kaufleute und Schelme.

Hestia (Vesta), Patronin des Herdfeuers und des häuslichen Friedens.

Poseidon (Neptunus), Gott des Meeres.

Zeus (Jupiter), Himmels- und Wettergott, Hüter der Gastfreundschaft und der Gerechtigkeit.

KUNST UND MAGIE. In den Religionen des Altertums überwiegt die Verehrung bildhaft dargestellter Gottheiten bei weitem gegenüber bildlosen Kulten, zu denen die Religion der Israeliten gehört. Schwierigkeiten bereitet jedoch die Unterscheidung zwischen kultisch verehrten Objekten wie den Idolen oder Weihegaben und dem Kultbild im engeren Sinne, das die religiöse Identität einer Gemeinschaft gewährleistete. Fiel es den Feinden in die Hände, war das Wohl der Gemeinschaft in Frage gestellt. Die reichste Überlieferung aus frühgeschichtlicher und antiker Zeit betrifft die Prozessionen, in denen die tier- und menschengestaltigen ägyptischen Kultbilder ihre Wohnung im Tempel verließen, um dem Land ihren Segen zu spenden. Der hohe Kunst- und Materialwert des Gottesbildes entsprach dessen magischer Wirkung.
In der Religion der Griechen überlagerten sich mehrere Ebenen, die von der Verehrung der beseelten Natur über den Heroenkult und ursprünglich orientalische Mysterien bis zum Vorrang der zwölf olympischen Götter mit jeweils lokalen Bezügen reichten. Um 700 v. Chr. schuf Hesiod mit seinem Epos *Theogonia* eine Genealogie der anthropomorphen Götterwelt. Die unerschöpfliche Vielfalt an Themen und Motiven dieser Mythen spiegelt sich in der Malerei und bauplastischen Ausgestaltung der Tempel wieder, die eher der Unterhaltung als der religiösen Unterweisung dienten. Dagegen blieb das in den edelsten Formen und kostbarsten Materialien in der Cella des Tempels errichtete Kultbild eines Zeus, einer Hera oder eines Apollon der Öffentlichkeit verborgen; allein den Priestern und wenigen Auserwählten war der Zugang ins Allerheiligste gestattet. Während die Volksfrömmigkeit den entrückten Statuen Wundertätigkeit beimaß, stellte die Philosophie die Identität zwischen der Gottheit und ihrem Kultbild in Frage; Traditionalisten leiteten daraus den Vorwurf der Gottlosigkeit ab und setzten 399 v. Chr. die Verurteilung des Sokrates zum Tode durch. Vor diesem Hintergrund verkörpert das spätklassische Götterbild das Erziehungsideal der Kalokagathia (griech. *kalós kai agathós* ›schön und gut‹) als religiös überhöhte Einheit der sinnlichen Schönheit mit dem Edlen und Vortrefflichen.
Der Hellenismus bereitete unter orientalischem Einfluss den Herrscherkult vor, der im römischen Kaiserreich zur obligatorischen Verehrung des Kaiserbildes führte. Die Verweigerung des Götter- und des Kaiserkultes durch die Christen bot die Handhabe zu ihrer Verfolgung.

DAS MATERIAL. Einen Katalog der Materialien und Techniken zur Herstellung der – als nichtig und nutzlos verhöhnten – Kultbilder enthält ein Exkurs der apologetischen Schrift *Octavius* (um 200 n. Chr.) des zum Christentum bekehrten römischen Anwalts Minucius: »Aber vielleicht ist der Stein oder das Holz oder das Silber noch nicht der Gott? Wann aber tritt er ins Dasein? Er wird gegossen, gezimmert, gemeißelt: noch ist's kein Gott. Er wird verlötet, zusammengesetzt, aufgerichtet: noch ist's kein Gott. Er wird geschmückt, geweiht, angebetet: endlich ist es ein Gott, wenn nämlich der Mensch ihm diese Bestimmung gegeben und ihn dazu geweiht hat.«

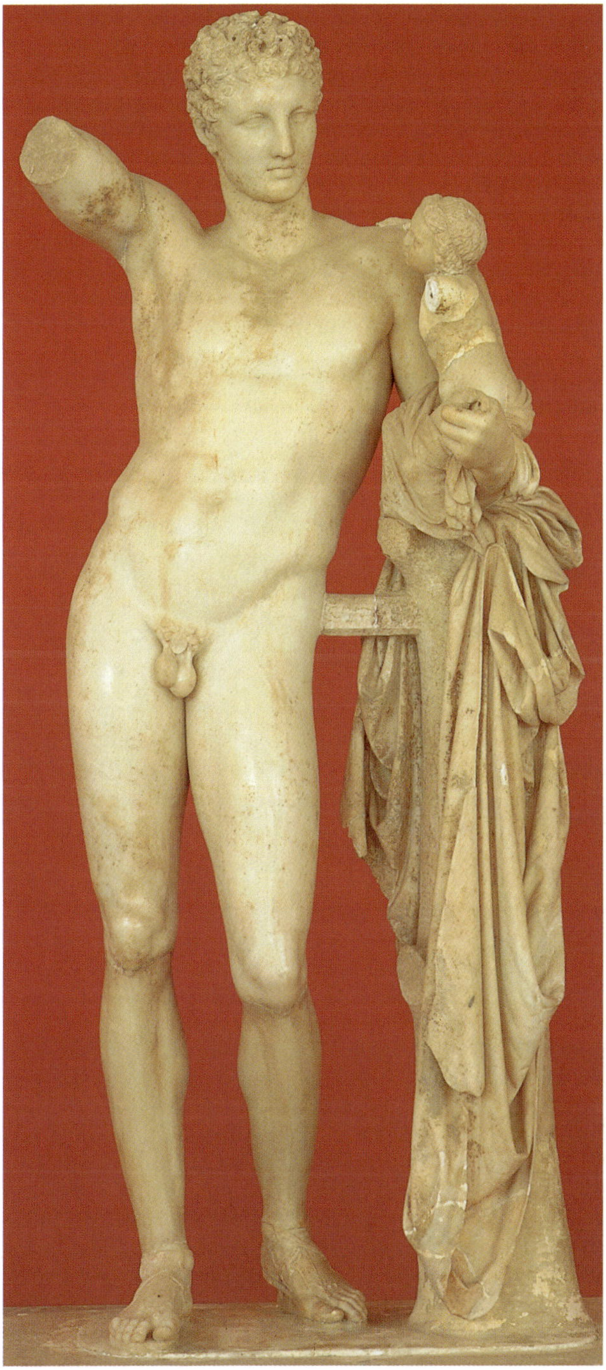

Praxiteles, *Hermes und der Dionysosknabe*, um 330 v. Chr.; Marmor, Höhe 213 cm; Olympia, Museum
Die Statue gelangte in römischer Zeit in den Heratempel von Olympia und ist hier 1877 unter einer schützenden Schicht aus dem Lehm der eingestürzten Cellawände geborgen worden. Zu ergänzen ist der erhobene rechte Arm mit einer Weintraube in der Hand; nach ihr streckt das Kind die Ärmchen aus. In der linken Hand hielt Hermes seinen aus Metall gefertigten Heroldstab, das Kerykeion. Die spätklassische Skulptur entspricht einer Wandlung in der Beziehung des Kultbilds zum Betrachter. Dieser ist nicht mehr unmittelbar mit der Gottheit konfrontiert, sondern wird zum Zeugen einer in sich selbst ruhenden, selbstgenügsamen Welt des Göttlichen, das sich dem Menschen in vollendeter körperlicher Schönheit offenbart. Ihr bleibt der episodische Inhalt untergeordnet: Hermes bringt den Dionysosknaben, eine ursprünglich orientalische Gottheit ohne Zugehörigkeit zu den Olympiern, in die Obhut der Nymphen von Nysa.

ALEXANDER DER GROSSE

Mit 20 Jahren tritt der von Aristoteles in Pella erzogene makedonische Prinz im Jahr 336 v. Chr. als Alexander III. die Nachfolge seines ermordeten Vaters Philipp II. an. Nach der Niederschlagung eines Aufstands in Griechenland erobert er mit einem makedonisch-griechischen Heer das Perserreich (Schlacht am Granikos in Kleinasien und Siege über Darius III. bei Issos, 333 v. Chr., und Gaugamela, heute Arbil im Nordirak, im Jahr 331 v. Chr.). Er unterwirft Syrien, Palästina und Ägypten (Gründung von Alexandria) und dringt bis zum Indus vor. Als Nachfolger der Achämeniden führt er den Titel »König von Asien«. Alexander stirbt 323 v. Chr. in Babylon im Alter von 33 Jahren (Beisetzung in Alexandria). Aus den Machtkämpfen um sein Erbe gehen die hellenistischen Diadochenstaaten hervor (griech.: *diadóchos* ›Nachfolger‹).

STIL

HELLENISMUS

DIE HELLENISIERUNG. Mit seiner *Geschichte des Hellenismus* (1833) prägte der in Berlin lehrende Historiker Johann Gustav Droysen eine kulturgeschichtliche Bezeichnung für einen Zeitraum von drei Jahrhunderten: von Alexander dem Großen bis zum Beginn der römischen Kaiserzeit. Der Oberbegriff für eine Zeit tiefgreifender politischer Veränderungen wird durch die Entwicklung der griechischen Sprache zur Weltsprache legitimiert. Problematischer ist der Begriff der Hellenisierung fremder Kulturen, bildeten doch die als Hellenen bezeichneten Griechen jeweils politische Minderheiten in den östlichen Diadochenstaaten. Das griechische kulturelle Erbe erlebte hier wie im Mutterland oder in den westlichen Kolonien eine dynamische Umbildung, die sich mit Phasen einer ›klassizistischen‹ Rückbesinnung abwechselte.

ARCHITEKTUR. In der Baukunst verliert der Sakralbau den Vorrang. Als ebenbürtig erweisen sich in Residenzen wie Antiochia und Alexandria die Profanbauten in Gestalt von Palastanlagen und öffentlichen Einrichtungen (Bibliotheken, Schulen). Zu den Sieben Weltwundern zählte der rund 110 m hohe *Leuchtturm*, den Sosastros von Knidos 299–279 auf der Insel Pharos vor Alexandria erbaute (Einsturz 1326). Eine wissenschaftliche Einrichtung von Weltrang entstand in Alexandria 280 v. Chr.: das *Museion*. Es stand mit dem Königspalast in Verbindung und gewährte Gelehrten und Künstlern die von politischen Forderungen unabhängige Freiheit der Forschung.

SKULPTUR UND MALEREI. Ein frühes Werk hellenistischer Reliefkunst ist der *Alexandersarkophag* (um 310; Istanbul, Archäologisches Museum) aus der Nekropole von Sidon. In nahezu rundplastischer Ausführung schildert eine der beiden Langseiten Alexander den Großen im siegreichen Kampf mit Persern, die andere eine Löwenjagd des vermutlich von Alexander in Sidon eingesetzten Fürsten Abdalonymos, der in dem Sarkophag beigesetzt wurde. Neue Gestaltungsformen sind die raumgreifenden, verschiedene Raumachsen artikulierenden Bildungen der Körper (*Barberinischer Faun*, um 220; München, Glyptothek), neue Themen wie die Hinfälligkeit des Menschen (*Alte Marktfrau*, römische Kopie nach einem Werk des 1. Jahrhunderts v. Chr.; New York, Metropolitan Museum of Art), die mit dem Pathos monumentaler Götterbilder kontrastiert (*Nike von Samothrake*, um 180; Paris, Louvre). Überwiegend römische Kopien überliefern die individualisierende Porträtkunst in der Darstellung von Dichtern, Philosophen und Herrschern.

***Alexandermosaik*, um 100 v. Chr.; Mosaik, Gesamtformat mit Rahmen 313 x 582 cm; Neapel, Museo Nazionale Archeologico**
Das Fußbodenmosaik aus der *Casa del Fauno* in Pompeji gilt als Nachbildung eines Gemäldes des Philoxenos von Eretria, entstanden im Auftrag des makedonischen Königs Kassandros (reg. 305–297 v. Chr.). Die Konfrontation zwischen Alexander, der auf seinem Pferd Bukephalos barhäuptig vorprescht, und Darius III. kann sich auf dessen Niederlage bei Issos oder bei Gaugamela beziehen. Dargestellt ist der Moment, in dem die persische Leibwache ins Wanken gerät. Entsetzt beobachtet Darius, wie einer seiner Beschützer, dessen Pferd zusammengebrochen ist, von einer Lanze durchbohrt wird. Ein anderer ist vom Pferd gesprungen, um es dem Großkönig zur rascheren Flucht anzubieten. Währenddessen peitscht der Lenker des zur Flucht gewendeten Wagens das Pferdegespann. Die großzügige Gesamtkomposition der friesartigen Schilderung verbindet sich mit narrativen Details und eindringlicher psychologischer Charakterisierung des Perserkönigs.

Die literarisch bezeugte Blüte der Monumentalmalerei lässt sich aus der römischen Wandmalerei und Mosaikkunst erschließen, deren Erhaltung wir der Verschüttung von Herculaneum und Pompeji durch den Ausbruch des Vesuv im Jahr 79 n. Chr. verdanken. Der thematische Reichtum umfasst mythologische Szenen, geschichtliche Ereignisbilder, Porträts, Landschaften und Arrangements aus Esswaren, die griechisch als *xenia* (›Gastgeschenke‹, d. h. Willkommensgaben für den Gast) bezeichnet werden (Wandgemälde *Stillleben mit Vogelwild, Eiern und Gefäßen* aus Pompeji; Neapel, Museo Nazionale Archeologico).

KUNSTZENTRUM

PERGAMON

STADTGESCHICHTE

263–241 v. Chr. Eumenes I. löst Pergamon (heute Bergama) im westlichen Anatolien aus dem Diadochenreich der Seleukiden

241–197 v. Chr. Attalos I. regiert als erster König des Pergamenischen Reiches. Mythischer Stammvater der Attaliden-Dynastie ist Telephos

197–159 v. Chr. Pergamon wird unter Eumenes II. Soter zum kulturellen Mittelpunkt der hellenistischen Welt (*Eingangshalle zum Heiligtum der Athena, Pergamonaltar*)

158–138 v. Chr. Regierung Attalos II. (Stiftung einer *Stoa* als westlicher Abschluss der Agora in Athen)

138–133 v. Chr. Attalos III. schließt einen Erbvertrag mit der Republik Rom

129 v. Chr. Rom tritt das pergamenische Erbe an und errichtet die Provinz Asia. Pergamon behält seine kulturelle Bedeutung bis in die Kaiserzeit. Eine Bibliothek besitzt im 1. Jahrhundert v. Chr. 200 000 Schriftrollen. Als wichtiger Handelsplatz für das neue Beschreibmaterial aus Tierhäuten gibt die Stadt dem Pergament den Namen

DIE AKROPOLIS. Im Unterschied zur Neugestaltung der »Hochstadt« von Athen nach den Perserkriegen als kultischer Festplatz und Tempelbezirk umfasste die Akropolis von Pergamon Heiligtümer und profane Anlagen und bildete ein architektonisches Ensemble, das die hellenistische Ideologie des religiös legitimierten Herrschertums zum Ausdruck brachte.

Am Fuß des Berges lag ein Markt, darüber eine erste Terrasse mit drei Gymnasien, gefolgt von einem Heiligtum der Hera und der Demeter. Auf der Höhe des Berges lagen der obere Markt, die Terrasse des Zeus geweihten Altars mit einer Freitreppe als Schauplatz prunkvoller Präsentation des königlichen Hofs und die Terrasse des Athenaheiligtums mit einer zweigeschossigen Eingangshalle im dorischen und ionischen Stil (Wiederaufbau in Berlin, Pergamonmuseum) und einer Bibliothek an der Nordseite des dorischen Peripteros-Tempels. Bekrönt wurde die Akropolis vom königlichen Palast, verbunden mit Kasernen und Magazinen. An den Westabhang lehnte sich das Theater mit einer Terrasse als Verbindung zum Dionysostempel (spätere Weihe an den vergöttlichten Kaiser Caligula). Den hohen Rang, den Pergamon und das in der Nähe gelegene Heiligtum des Asklepios, ein Zentrum der Heilkunde, in der römischen Kaiserzeit genoss, bezeugte die Überbauung der Palastanlage mit einem Tempel des vergöttlichten Kaisers Trajan im korinthischen Stil (um 110 n. Chr.). In byzantinischer Zeit diente die Architektur der Akropolis als Material für eine neue Stadtbefestigung gegen die Araber, die im Jahr 717 Pergamon eroberten.

DIE GIGANTOMACHIE. Der 1878–86 beim Abbruch jener Befestigung zu Tage getretene und durch spätere Funde ergänzte Fries des *Pergamonaltars* trug wesentlich zu einer Wiederentdeckung und Neubewertung der hellenistischen Kunst bei. Antike Quellen über diese Kultstätte des Zeus und der Athena sind spärlich überliefert. Eine mittelbare, in

diesem Fall älteste Erwähnung könnte der Brief an die Gemeinde in Pergamon in der Offenbarung des Johannes (um 95 n. Chr.) enthalten: »Ich weiß, wo du wohnst; es ist dort, wo der Thron des Satan steht« (Offb. 2,13).
Das annähernd quadratische Podium umgab ein 120 m langer, 230 cm hoher und 50 cm tiefer Relieffries mit der Darstellung der *Gigantomachie:* des Kampfes der erdgeborenen Riesen gegen die Olympier. Schon früh galt dieser Mythos, der auch ein Thema der klassischen Vasenmalerei bildete, aufgrund des Sieges der Götter und Heroen (Herakles) als Triumph von Kultur und Ordnung über Chaos und Barbarei. Das pergamenische Werk gestaltet die einzelnen Kampfgruppen, von denen keine mit einer anderen übereinstimmt, als Entfesselung elementarer, das menschliche Maß übersteigender Leidenschaften. Die Phalanx der Olympier mit Zeus und Athena in triumphalen Siegerposen ist durch asiatische Gottheiten wie Kybele auf einem Löwen verstärkt; Helios taucht mit seinem Viergespann aus dem Meer auf, die Mondgöttin Selene reitet auf einem Maulesel über einen Giganten hinweg, der Meeresgott Triton, Sohn des Poseidon und der Amphitrite, erscheint als Mischwesen mit menschlichem Oberkörper, Flügeln, Fischleib und den Vorderbeinen eines Pferdes. Die unerschöpfliche Fülle der Motive ist Ausdruck einer Verschmelzung griechischer und orientalischer Überlieferungen im ›barocken‹ Stil der hellenistischen Bildhauerkunst.

Westteil des Pergamonaltars, um 180–160 v. Chr.; Wiederaufbau unter Verwendung originaler Teile; Berlin, SMPK, Pergamonmuseum
1878–86 wurden bei Ausgrabungen auf der Akropolis von Pergamon im Auftrag der Berliner Museen Reliefs und Bauteile eines monumentalen Altars geborgen. Zugleich wurde das ca. 34 × 36 m große Fundament der Anlage freigelegt. Sie bestand aus einem Podium mit Säulenhallen rings um einen Innenhof mit Opferaltar. Den Zugang bildete die in Berlin wieder aufgebaute, ca. 20 m breite Freitreppe mit seitlichen Risaliten, gegliedert in Säulenhallen und den Relieffries der *Gigantomachie*, während der *Telephosfries* die Innenwände des Altarhofs schmückte.

WIRKUNGSGESCHICHTE

LAOKOON

***Der Tod des Laokoon und seiner Söhne*, um 50 v. Chr.; Marmor, Höhe 184 cm; Rom, Musei Vaticani**
Plinius d. Ä. zufolge ist die Skulptur ein Werk des auf Rhodos tätigen Bildhauers Hagesandros und seiner Söhne Athanadoros und Polydoros. Anlässlich der Wiederentdeckung in Rom im Jahr 1506 verfasste Kardinal Jacopo Sadoleto ein Gedicht, das gleichsam die Peripetie, den Wendepunkt im Kampf zwischen Mensch und Tier betont: »im gewaltigen Drucke / Bietet er, ach, umsonst des Körpers gewaltige Kraft auf. / Schon erliegt er der Wut, zum Seufzer erstirbt ihm der Angstruf«. Im 18. Jh. gehörten Gipsabgüsse der *Laokoon-Gruppe* zu den Schätzen der Kunstsammlungen in ganz Europa. Schon vor der Begegnung mit dem Original 1786 in Rom lernte Goethe die Skulptur 1769 durch eine solche Replik im Mannheimer Antikensaal kennen. Im 1798 veröffentlichten Aufsatz *Über Laokoon* rät Goethe, sich mit geschlossenen Augen vor die Gruppe zu stellen, »man öffne sie und schließe sie sogleich wieder, so wird man den ganzen Marmor in Bewegung sehen«.

DAS THEMA. Der Tod des Trojaners Laokoon und seiner Söhne findet in der antiken Überlieferung zwei verschiedene Erklärungen: Als Priester Apollons, so lautet die eine Version, sei Laokoon zur Ehe- und Kinderlosigkeit verpflichtet gewesen, habe dieses Gebot jedoch übertreten und sei daher von Apollon mit dem Tod durch zwei Seeungeheuer bestraft worden. Bekannter ist die zweite, von Vergil in seiner *Aeneis* (II,40–56) verwendete Version: Laokoon warnt davor, das »Trojanische Pferd« in die Stadt zu bringen. Um ihn mundtot zu machen, schickt Athena, die Verbündete der Griechen, die Seeungeheuer. Die offenkundig göttliche Strafe bestärkt die Trojaner in ihrem Irrglauben und besiegelt Trojas Untergang.

EINE WIEDERENTDECKUNG. Die hellenistische *Laokoon-Gruppe* lässt offen, auf welche der beiden Versionen sie sich bezieht, und tatsächlich bedurfte es keiner Erklärung, als sie 1506 auf dem Esquilin in Rom wieder entdeckt wurde. Hier hatten »die Wut, die Bewegung, die Schmerzen« Gestalt gewonnen: »Ja wir vernehmen sogar das Jammergeschrei« (J. Sadoleto). Papst Julius II. sicherte sich die Skulptur für seine Antikensammlung.

LESSING KONTRA WINCKELMANN. In der zweiten Hälfte des 18. Jahrhunderts wurde die als ›barock‹ bewunderte *Laokoon-Gruppe* zum Geburtshelfer einer gattungsspezifischen Ästhetik und Poetik, ausgehend von Johann Joachim Winckelmanns *Gedanken über die Nachahmung der griechischen Werke in der Malerei und Bildhauerkunst* (1754), einer Programmschrift des Klassizismus. Winckelmann veranschaulicht seine Auffassung der griechischen Kunst als Ausdruck »edler Einfalt und stiller Größe« durch die idealisierende Deutung der Skulptur: Laokoon wird zum Stoiker, dessen »Elend uns bis an die Seele (geht); aber wir wünschen, wie dieser große Mann das Elend ertragen zu können«; er »erhebt kein schreckliches Geschrei, wie Virgil von seinem Laokoon singet«.

Winckelmanns »missbilligender Seitenblick« auf Vergils *Aeneis* machte Lessing »stutzig«. Nicht in der Seelengröße der griechischen Künstler und ihrer Werke fand er die Erklärung für die Verhaltenheit des Schmerzes im Vergleich mit Vergils Todesschilderung, sondern in der jeweiligen Eigengesetzlichkeit der bildenden und der poetischen Kunst: Erstere gestaltet als Kunst »im Raum« den jeweils fruchtbarsten Augenblick, Letztere als Kunst »in der Zeit« eine Abfolge von Erscheinungen (*Laokoon oder Über die Grenzen der Malerei und Poesie*, 1766).

Marten van Heemskerck, *Kopf des Laokoon*, 1535; Berlin, SMPK, Kupferstichkabinett
Die Federzeichnungen im römischen Skizzenbuch des Niederländers, der sich 1532–1535 (?) in Rom aufgehalten hat, entstanden als Vorarbeiten zu Kupferstichen von Sehenswürdigkeiten der ›Ewigen Stadt‹. Zu ihnen gehörte die *Laokoon-Gruppe* im Belvederehof des Papstpalastes. Frappant ist die Entsprechung zwischen Heemskercks Detailstudie und dem Antlitz Adams auf Dürers Holzschnitt *Adam und Eva (Der Sündenfall)* aus dem Jahr 1511.

KUNST UND POLITIK. Den appellativen Charakter der Sterbeszene führte Bernard Andreae, seinerzeit Leiter des Deutschen Archäologischen Instituts in Rom, auf deren politisch-propagandistische Zweckbestimmung zurück. Ihm zufolge ist das vatikanische Werk die Marmorkopie einer in Pergamon entstandenen, dem Pergamonaltar stilistisch eng verwandten Bronzegruppe, und zwar geschaffen im Zusammenhang des Empfangs einer römischen Delegation im pergamenischen Königreich. Den als eroberungssüchtig beargwöhnten Gästen sollte Laokoon die gemeinsame trojanische Herkunft in Erinnerung rufen; das eigene Volk jedoch sollte davor gewarnt werden, den Römern einen Vorwand für militärisches Vorgehen zu liefern. Selbst wenn diese Deutung Spekulation bleibt: Die Frage nach dem ›Gebrauchswert‹ von Kunst kann den Blick schärfen, ohne ihren ästhetischen Rang zu mindern. Der hellenistische *Laokoon* ist möglicherweise ein frühes Beispiel der Wechselbeziehung zwischen hoher künstlerischer Gestaltungskraft und politischer Wirkungsabsicht.

Rudolf Hausner, *Laokoon in der Umlaufbahn*, 1969; Tempera-Harzölfarben auf Papier auf Novopanplatte, 210 x 185 cm; Aachen, Ludwig Forum für Internationale Kunst.
Hausner (»Wiener Schule des Phantastischen Realismus«) schuf im Vorfeld der Mondlandung (1969) eine Serie von Gemälden mit der *Laokoon-Gruppe* in einer Raumkapsel. 1976 ergänzte Hausner auf der hier wiedergegebenen Version drei durch Leinen mit der Kapsel verbundene, im Raum schwebende Astronauten. Der trojanische Priester diente ihm als Verkörperung des Mutes zur unbequemen Wahrheit – »für konformistische Suggestionen ist er unempfänglich«. Wird er gerade deshalb in den Weltraum katapultiert, dessen ›Eroberung‹ zu jenen »konformistischen Suggestionen« gehört, die von den Problemen auf der Erde ablenken sollen?

STIL

BUDDHISTISCHE KUNST

STUPA

Die ursprünglich bildlose Kunst des Buddhismus besaß als kultische Zentren die Stupas: halbkugelförmige Nachbildungen eines Grabhügels mit Reliquienkammer, bekrönt von einer Balustrade und einem zentralen Mast und mehreren übereinander angeordneten Ehrenschirmen. Der Stupa symbolisiert das Weltei mit Weltberg und Weltachse sowie die Götterwelten. Zum ältesten Typus gehört der *Große Stupa von Sanchi* bei Bhopal, der Hauptstadt des nordindischen Bundesstaates Madhya Pradesh. Begonnen wurde er Mitte des 3. Jahrhunderts v. Chr. von König Aschoka, der in seinem Großreich in Indien und Teilen Afghanistans die Ausbreitung des Buddhismus förderte. Zwei jüngere Stupas in Sanchi sind mit reichem Skulpturenschmuck ausgestattet. Die Heiligtümer des buddhistischen Kultzentrums Sanchi wurden von der UNESCO zum Weltkulturerbe erklärt.

WEG DER ERLEUCHTUNG. Die buddhistische Überlieferung berichtet vom luxuriösen Leben des jungen Prinzen Siddhartha Gautama, der um 560 v. Chr. (oder um 460 v. Chr.?) in Kapilawastu geboren wurde. Die Begegnungen mit einem Greis, einem Kranken, einem Toten und einem Mönch bewegen ihn dazu, heimlich sein Elternhaus zu verlassen, um als Asket die Welt zu überwinden. Strenge Askese führt Siddhartha Gautama an den Rand des Todes, ohne ihn der Erleuchtung näher zu bringen. Erst auf dem ›mittleren Weg‹ zwischen Überfluss und Askese wird ihm im Alter von 35 Jahren unter einem Feigenbaum bei Bodh Gaya die Erleuchtung (sanskr. *bodhi*) zuteil. Mit fünf Asketen gründet er einen Mönchsorden und zieht mit seinen ersten Anhängern lehrend durch Nordindien. Im Mittelpunkt seiner Predigt stehen die »vier edlen Wahrheiten« vom Leiden, von der Entstehung des Leidens, seiner Vernichtung und dem zur Vernichtung des Leidens führenden Weg der Erleuchtung. Siddhartha Gautama stirbt als Buddha (sanskr., ›der Erwachte, der Erleuchtete‹).
In ihrer ursprünglichen Form ist die Weltreligion des Buddhismus ein Mönchsorden, in den bereits zu Lebzeiten Buddhas auch Frauen aufgenommen wurden. Aus der Sicht des indischen Brahmanismus vertritt der Buddhismus die häretische Lehre von der Fähigkeit des Menschen zur Selbsterlösung. Zwar bleiben die Lehren von der Wiedergeburt, vom guten oder schlechten Karma und die Welt der Götter erhalten, doch besitzen diese keine erlösende Macht, sondern sind selbst erlösungsbedürftig, um das Nirwana, das ›Verwehen‹, zu erlangen. Es ist gleichbedeutend mit dem Verlöschen des ›Durstes‹, der Lebensgier. Insofern ist der Buddhismus durch eine auf die irdische Existenz bezogene Ethik geprägt.

DIE GANDHARA-KUNST. Buddha schloss, um das ›Rad der Lehre in Bewegung zu bringen‹, kultische Handlungen und damit auch alle Gegenstände kultischer Verehrung aus. Damit war zunächst auch einer buddhistischen Kunst die Grundlage entzogen. Dessen ungeachtet entwickelte sich auf dem Weg über die symbolische Form des Stupas eine reich entfaltete buddhistische Ikonografie: Darstellungen Buddhas und der zur Erleuchtung vorherbestimmten Bodhisattwas, die den Charakter von Heiligen gewinnen, Szenen aus der Lebenslegende des Siddhartha Gautama, verbunden mit einer Tradition symbolischer Gesten als Ausdruck für Meditation, Gebet, Lehre, Schutz- und Wunschgewährung. Seit dem 4. Jahrhundert n. Chr., zur Zeit des nordindischen Guptareiches, strahlte der Buddhismus nach China und Hinterindien aus und erreichte im 6. Jahrhundert Japan.
Innerhalb dieser Entwicklung nimmt die Gandhara-Kunst eine Sonderstellung ein. Benannt ist sie nach der altindi-

***Bodhisattwa*, 2. Jahrhundert n. Chr.; Schiefer, Höhe 102 cm; Berlin, SMPK, Museum für Indische Kunst**
Der Bodhisattwa ist ein für die Erleuchtung vorherbestimmter Mensch. Seine Darstellung unterscheidet sich von der eines Buddha durch aufwendige Kleidung und fürstlichen Schmuck. Die Skulptur aus dem historischen Gebiet Gandhara im heutigen Pakistan hinterfängt den Kopf des Bodhisattwas mit einem Nimbus, der sich als Lichtscheibe bereits in der altorientalischen Kunst findet und parallel zum Heiligenschein in der christlichen Ikonografie im Buddhismus verbreitet ist. Locker aufgetürmtes und seitlich auf die Schultern herabfallendes Haar rahmt das edle Gesicht mit dem Zeichen der Weisheit zwischen den Augenbrauen. Ein ziselierter Halsring, Halsketten und Armringe zieren den entblößten Oberkörper, über den eine Talismanschnur mit Behältern verläuft. Die stärkste Ausprägung des Gandhara-Stils zeigt sich in der antikisierenden Gestaltung des Faltenwurfs des in indischer Manier drapierten Gewandes.

schen Provinz Gandhara im heutigen Pakistan und östlichen Afghanistan. In dieser Region förderte um die Mitte des 3. Jahrhunderts König Aschoka die Ausbreitung des Buddhismus. Hier verschmolzen seit dem 1. Jahrhundert n. Chr. buddhistisch geprägte indische Formtraditionen mit hellenistisch-römischen Einflüssen, die bis zur Islamisierung im 7./8. Jahrhundert nachwirken.

GESTALTUNGSAUFGABE

AHNENVEREHRUNG

PORTRÄTMASKEN

Der griechische Geschichtsschreiber Polybios, der 168 v. Chr. als Geisel nach Rom kam, berichtet in seiner fragmentarisch überlieferten Universalgeschichte über die Ahnenverehrung der Römer:

»Nachdem sie einen angesehenen Mann begraben und ihm die letzte Ehre erwiesen haben, stellen sie das Bild des Verstorbenen an der Stelle des Hauses, an der es am besten zu sehen ist, in einem hölzernen Schrein auf. Das Bild besteht aus einer Maske, die mit erstaunlicher Treue die Bildung des Gesichtes und die Umrisse wiedergibt. Diese Bilder holen sie bei den großen Festen heraus und schmücken sie stolz. Wenn ein angesehenes Mitglied der Familie stirbt, führen sie die Masken im Trauerzug mit und setzen sie Personen auf, die in Größe und Gestalt den Toten besonders ähnlich erscheinen.«

DIE PORTRÄTKUNST. Die römische Religion wurzelte in bäuerlichen Vegetationskulten, die vom Familienvater vollzogen wurden. Die Verehrung galt den Laren als Schutzgeistern der Felder, der Wege und des Hauses. Daneben hatten die Manen (Geister der Verstorbenen) Anspruch auf kultische Verehrung. Aus diesen Voraussetzungen entwickelte sich in republikanischer Zeit eine künstlerische Gattung, die trotz etruskischer Vorbilder (Porträts der Verstorbenen als Liegefiguren auf Sarkophagen und Ascheurnen) und griechisch-hellenistischer Einflüsse eine unverwechselbare römische Prägung behielt: eine zum Verismus neigende Gestaltung der individuellen Physiognomie. Kennzeichnend für die Einbeziehung der im Porträt der Verstorbenen nachwirkenden Ahnenverehrung ist ein Gesetz über das ›Recht auf Abbilder‹ (*ius imaginum*). Es bezog sich auf die öffentliche Schaustellung von Bildnisbüsten und -statuen und blieb der Amtsnobilität vorbehalten. Zu den eindrucksvollsten Werken der spätrepublikanischen Porträtkunst gehören die Bildnisköpfe des *Gajus Julius Cäsar* (u.a. Rom, Musei Vaticani).
Vor diesem kunst- und kulturgeschichtlichen Hintergrund der römischen Republik erweist sich die Porträtkunst der Kaiserzeit als Entwicklung zwischen idealistischer Verklärung und realistischer Charakterstudie. Beispiele aus der überwältigenden Fülle der Überlieferung sind die klassizistischen Bildnisse des *Augustus* (um 35/25 v. Chr.; Rom, Museo Capitolino) oder des in der Haar- und Barttracht der griechischen Philosophen wiedergegebenen Kaisers *Mark Aurel* (um 170/180 n. Chr.; Rom, Museo Capitolino) und die expressive Porträtbüste des Kaisers *Caracalla* (um 215 n. Chr.; Neapel, Museo Archeologico Nazionale) mit Zornesfalten auf der Stirn und verbittert nach unten gezogenen Mundwinkeln, verbunden mit einer abrupten Wendung des Kopfes zur Seite.

DAS MUMIENPORTRÄT. Einen Einfluss der römischen Porträtkunst lassen die rund 750 überlieferten ägyptischen Bildnisse aus dem 1. bis 4. Jahrhundert n. Chr. erkennen. Sie entstanden in der Technik der Enkaustik (erhitzte Wachsfarben) oder als Temperamalerei auf Holztafeln und wurden in einer Öffnung der Mumienbinden auf dem Gesicht des mumifizierten Leichnams befestigt. Zumindest für die Spätzeit gilt die Annahme, dass für die Bestattung eine Kopie verwendet wurde, während das Original als Gegenstand der Ahnenverehrung erhalten blieb.
Stilistische Gemeinsamkeiten dieser Mumienporträts sind der Blickkontakt mit dem Betrachter und eine leichte Schrägansicht, die dem Antlitz Plastizität verleiht. Im Übrigen besitzt jedes dieser Bildnisse individuelle, ja psychologische Charakteristika, an deren Wiedergabe die Frisuren und der mitunter stuckierte und vergoldete Schmuck mitwirken. Ihr Zusammenhang mit dem heidni-

***Statue eines Römers mit Ahnenporträts*, letztes Viertel des 1. Jahrhunderts v. Chr.; Marmor, Höhe 165 cm; Rom, Palazzo dei Conservatori**
Der mit Tunika und Toga bekleidete Römer hält in seiner linken Hand den Porträtkopf eines Mannes, die rechte Hand umfasst eine ähnliche Skulptur auf einem Sockel, der als Stumpf eines Palmstammes gebildet ist. Wir erkennen in der Statue den Typus des *homo novus*: eines wohl aus dem wohlhabenden Ritterstand stammenden Mannes, der in den Senat aufgenommen wurde und durch die Erlangung des Konsulats die Nobilität seiner Familie begründet hat. Dieser Zusammenhang ergibt sich aus der Darstellung mit den Porträts der Vorfahren. Allerdings ist kein einziges Vergleichsstück überliefert. Die Nahtstelle am Hals deutet darauf hin, dass der Kopf keinen originalen Bestandteil der Togastatue bildet, doch ist er ebenfalls antik.

schen Totenkult hatte Ende des 4. Jahrhunderts das Verbot durch Kaiser Theodosius I. zur Folge. Erhalten blieben ihre Technik und Kompositionsweise in koptischen Ikonen mit der Darstellung christlicher Märtyrer.

STIL

RÖMISCHE KAISERZEIT

DIE AUGUSTEISCHE KUNST. Gajus Octavius, ein Großneffe des Gajus Julius Cäsar, wurde von diesem testamentarisch adoptiert, ging als Einziger unter den Anhängern Cäsars siegreich aus dem Kampf gegen die Cäsarmörder hervor und gewann im Jahr 27 v. Chr. mit dem Ehrentitel *Augustus* (der Erhabene) den römischen Kaisertitel. Die rund drei Jahrzehnte bis zu seinem Tod 14. n. Chr. bildeten eine Epoche höfischer Kunst im Dienst der neuen römischen Staatsideologie mit dem kaiserlichen Hof als politischem und kulturellem Zentrum. Das herausragende Zeugnis der augusteischen Kunstpolitik ist die *Ara Pacis Augustae* (Weihe 9 v. Chr.) auf dem Marsfeld. Die nahezu quadratische Anlage (11,5 × 10,5 m) ist mit einer 6 m hohen Umfriedung versehen, deren Reliefschmuck über Friesen aus Akanthusranken und Mäanderbändern eine Opferprozession der kaiserlichen Familie und des römischen Adels schildert. Der mythologischen Überhöhung der Gegenwartshandlung dienen Reliefs der Mutter Erde (Tellus) mit Personifikationen des Wassers und der Luft, Romulus und Remus mit der Wölfin und das erste Opfer des Aeneas in Italien: Die *pietas* des Kaisers wurzelt im Ursprünglichen und verheißt die geordnete Entwicklung alles Zukünftigen. Diesem Programm entsprechen städtebauliche Anlagen wie das *Augustusforum.*
Die *auctoritas* des Kaisers veranschaulichen überlebensgroße Marmorstatuen des Augustus als *Pontifex Maximus* (um 10 v. Chr. – um 10 n. Chr.; Rom,

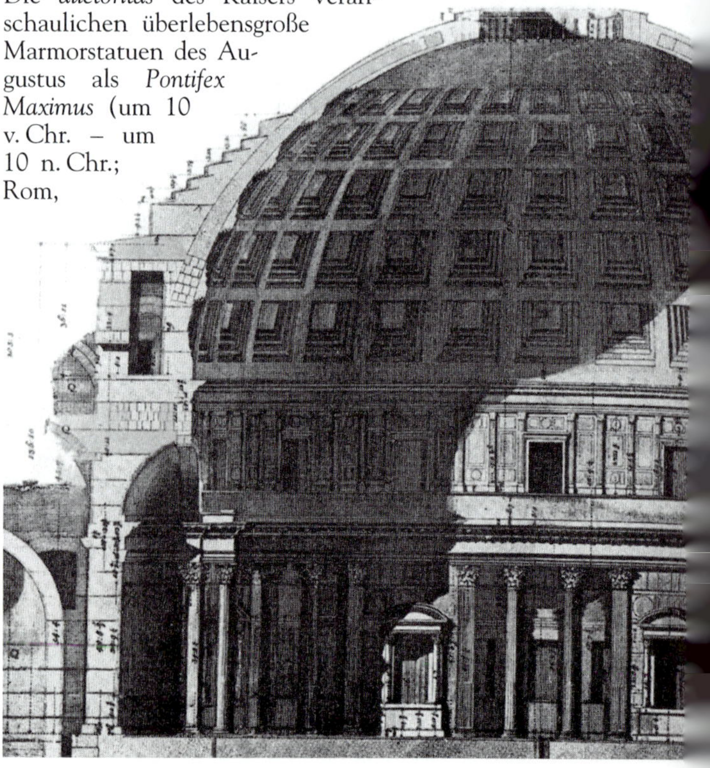

Giovanni Battista Piranesi, *Pantheon in Rom*, 1778; Kupferstich
Der ›allen Göttern‹ geweihte Sakralbau ist eine Stiftung des Kaisers Hadrian aus der Zeit zwischen 118/119 und 128 auf dem ehemaligen Marsfeld. Er ersetzte einen Tempel zu Ehren des Julischen Geschlechts aus dem Jahr 25 v. Chr. (erneuert 80 n. Chr.) und erhielt um 200 seine Vorhalle und eine auf acht Säulen gestützte Giebelfront. Im Pantheon gipfeln die römische Bautechnik und Bauästhetik: Die halbkugelförmige Kuppel mit kassettierter Innenschale und kreisrunder Öffnung im Scheitel ruht auf einer zylindrischen Rotunde, deren Durchmesser dasselbe Maß besitzt wie die lichte Höhe der Kuppel (43,40 m). Der Längsschnitt zeigt die statisch bedingte Verbreiterung der aus Beton gegossenen Hülle, deren Außenansicht eine Flachkuppel vermuten lässt. In der Tat ist die Baukonstruktion im Gegensatz zum griechischen Tempel auf die Wirkung des Innenraumes konzentriert. Das 6,20 m starke Mauerwerk der Rotunde enthält Stützbögen und ist anderseits durch den Eingang und sieben Nischen ausgehöhlt, die in die Säulen eingestellt sind. Seine Erhaltung verdankte das Pantheon der Weihe als Marienkirche (607).

Museo Nazionale Romano) und als Imperator mit reliefgeschmücktem Brustpanzer und Feldherrnmantel (*Augustus von Prima Porta*, nach 14 n. Chr. entstandene Kopie eines Werkes der Zeit um 20–17 v. Chr.; Rom, Musei Vaticani). Aus der kaiserlichen Villa bei Prima Porta nördlich von Rom ist eine vier Wände bedeckende idyllische Gartenlandschaft mit Fruchtbäumen und Vögeln in anmutiger Malerei erhalten (Rom, Museo Nazionale Romano).

ROM UND DIE PROVINZEN. Die Ausstrahlung der augusteischen Kunst konzentrierte sich auf Tempel, die dem in den Provinzen bereits zu Lebzeiten des Augustus propagierten Kaiserkult gewidmet waren, beispielsweise der *Roma-Augustus-Tempel* in Pula (Istrien) in Form eines Prostylos nach griechischem Vorbild, jedoch auf einem Podium und mit einer Freitreppe an der vorderen Schmalseite. In Baalbek (Libanon) entsteht ab der Mitte des 1. Jahrhunderts mit dem Heiligtum des Jupiter Heliopolitanus die größte Tempelanlage des römischen Ostens.
Entscheidend für die Romanisierung des gesamten Mittelmeerraumes, Süd- und Westdeutschlands, Frankreichs, Spaniens und Südenglands ist jedoch die Ausbreitung der römischen Kultur des Städtebaus mit einem System öffentlicher Einrichtungen: Forum, Tempel, Theater, Badeanstalten (Thermen), Markt- und Gerichtshallen (Basiliken), Triumphbögen, Straßennetze, Wasserversorgung und Kanalisation, Stadtbefestigungen und Toranlagen.
Den Ausgangspunkt römischer Stadtgründungen in den Provinzen bildete in der Regel das befestigte Heereslager (Castrum) mit rechtwinkligem Straßenkreuz. Nach diesem Muster entstand in Spalato (heute Split, Dalmatien) der *Diokletianpalast* als eine ummauerte Festung (175 bzw. 181 × 213 m) mit dem Mausoleum des 305 abgedankten Kaisers Diokletian. Zu seinen Nachfolgern gehörte Konstantin I., der 324 zur Alleinherrschaft gelangte und 330 seine neue Hauptstadt Konstantinopel einweihte.

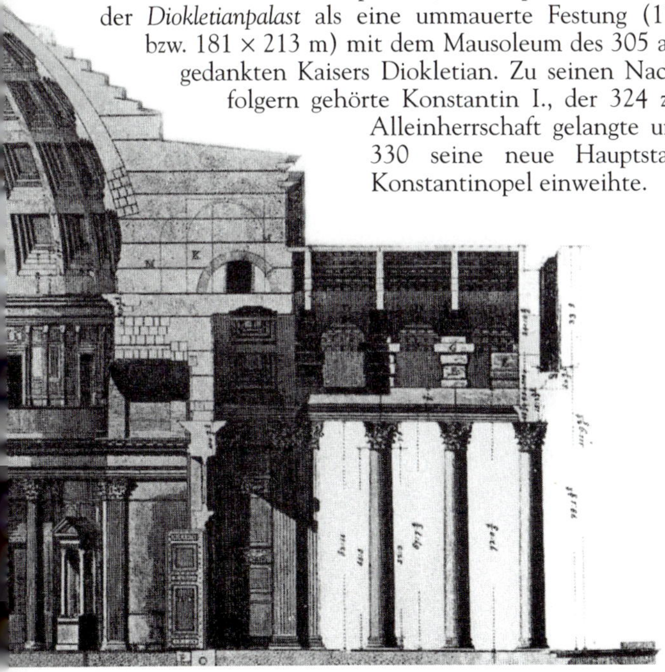

KAISERDYNASTIEN
(mit Bauwerken in Rom)

27 v. Chr. – 68 n. Chr. Julisch-Claudische Dynastie (Augustus, Tiberius, Caligula, Claudius, Nero); *Domus aurea* (Palast des Nero, 64–68)

69–96 1. Flavische Dynastie (Vespasian, Titus, Domitian); *Titusbogen* (70), *Kolosseum* (Weihe 80)

96–192 Adoptivkaiser (u. a. Trajan, Hadrian, Antoninus Pius, Mark Aurel, Commodus); *Trajanforum* und *Trajansäule* (Weihe 113), *Hadrianvilla* in Tivoli (118–134)

193–235 Severische Dynastie; *Bogen des Septimius Severus* (203), *Caracallathermen* (216)

Ab 239 2. Flavische Dynastie (Konstantin I., der Große); *Konstantinbogen* (313–315), *Alt-St. Peter* (gestiftet 324).

ENGELSBURG

Das päpstliche Erbe der kaiserzeitlichen Kultur in Rom wird durch ein Bauwerk veranschaulicht, das 130–138 n. Chr. als Mausoleum für Kaiser Hadrian entstanden ist. Seit dem 3. Jahrhundert diente die monumentale Rotunde als Festung. Die Bezeichnung als *Castel Sant' Angelo* gründet sich auf die Legende einer Pestprozession des neu gewählten Papstes Gregor I. im Jahr 590: Als auf dem Hadriansgrab der Erzengel Michael erscheint und sein blutiges Schwert in die Scheide steckt, bedeutet dies das Ende der Seuche. Nachdem das Kastell aus stadtrömischem in päpstlichen Besitz gelangt ist, dient es als Fluchtburg, die ein 1277 von Nikolaus III. errichteter Gang mit dem Papstpalast verbindet. Die Renaissancepäpste lassen das Innere luxuriös ausstatten. 1870 verstaatlicht, dient die Engelsburg heute als Museum.

GESTALTUNGSAUFGABE

WAND

ATRIUM- UND PERISTYLHAUS

In axialer Anordnung gliedert sich das Wohnhaus in das Atrium mit geöffnetem Dach, begleitet von Schlafräumen, und das Peristyl, einen von Säulengängen umgebenen Innenhof. Das Tablinum, in dem sich die Familie versammelt, verbindet die beiden Bereiche.

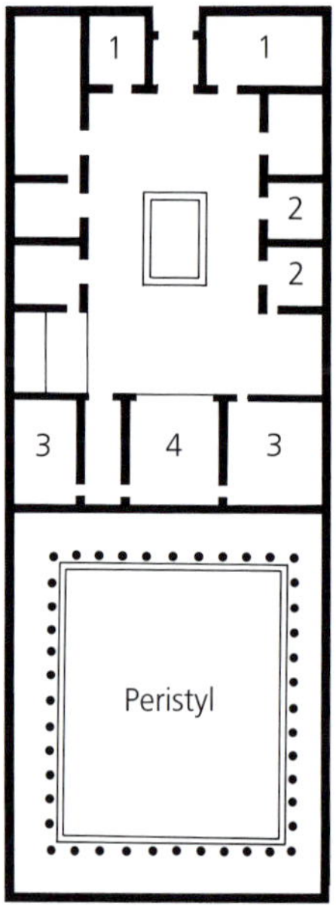

1 Taberna
2 Cubiculum
3 Triclinium
4 Tablinum

Wandfragment aus der Villa delle Vestali in Pompeji, um 70 n. Chr.; Malerei auf Stuck, 231 x 199 cm; Neapel, Museo Archeologico Nazionale
Die Wandmalerei im 4. Stil stammt aus dem Jahrzehnt zwischen dem Erdbeben, das Pompeji 62 n. Chr. erschütterte, und der Verschüttung nach dem Ausbruch des Vesuv im Jahr 79 n. Chr. Ein perspektivisch wiedergegebenes Gesims

DAS ATRIUMHAUS. Das private römische Wohnhaus, die *domus*, besitzt als Zentrum das rechteckige Atrium in Form einer Halle mit Dachöffnung und einem Becken (*impluvium*) für das Regenwasser; Pfeiler oder Säulen stützen die nach innen geneigten Dachabschnitte. Zur Einrichtung des Atriums gehören ein Herd, Hausaltäre für die Laren- und die Ahnenverehrung sowie ein Speisetisch. Um das Atrium gruppieren sich Wirtschafts- und Wohnräume. Taberna ist die Bezeichnung für den Verkaufsraum an der Straßenseite, das Tablinum dient als Versammlungsraum, ein vom Atrium abgesonderter Speiseraum ist das Triclinium, und als Schlafgemach dient das Cubiculum. An das Tablinum ist, der Straßenfront entgegengesetzt, ein Garten (*hortus*) angefügt, an dessen Stelle bei der Verbindung von altitalischem Atrium- und hellenistischem Peristylhaus ein von Wandelgängen umgebener Innenhof tritt.

SCHEINARCHITEKTUR. Die vom Ascheregen des Vesuv konservierten Wohnhäuser in Pompeji erlauben die Rekonstruktion einer stilgeschichtlichen Entwicklung der Wandgestaltung in vier Stufen, die vom 2. Jahrhundert v. Chr. bis zum 1. Jahrhundert n. Chr. reichen. Vorherrschend ist die Wandmalerei auf einer durch Stuck vorbereiteten Fläche. Als Gestaltungsmittel dient die Imitation einer architektonischen Gliederung der Wand in Sockel- und Gebälkzonen, zwischen denen sich zunächst ein aufgemaltes Mauerwerk aus Quadern erstreckt, das schrittweise durch gemalte Säulen ersetzt wird. Die Flächen zwischen den Säulen scheinen sich teilweise zu öffnen, indem sie Ausblicke auf benachbarte Architekturen und tiefenräumliche Landschaften vortäuschen. Daneben finden sich großflächige Wandgemälde mit mythologischen Themen oder kleinformatige Medaillons mit Bildnissen. Die Innenwände und die illusionistisch zur Anschauung gebrachte Außenwelt sind gleichermaßen perspektivisch strukturiert und beflügeln das freie Spiel der Vorstellung, indem sich etwa hinter einer Kolonnade der Prospekt einer Stadtlandschaft staffelt (Längswand des Cubiculums einer *Villa bei Boscoreale* am Fuß des Vesuv, um 30/50 n. Chr.; New York, Metropolitan Museum of Art).

FIGURENTHEATER. Die Beschränkung figürlicher Darstellung auf gerahmte, mitunter als separate Einsätze hergestellte und montierte Wandgemälde ist in der außerhalb von Pompeji gelegenen *Villa dei Misterii* aufgehoben. Hier reihen sich in einem Kultraum, der Gästen aus Pompeji für Hochzeitsfeiern zur Verfügung gestellt wurde, lebensgroße Figuren auf einer ringsum verlaufenden Bühne. Das Thema der Handlung ist die rituelle Vorbereitung der Braut auf die Ehe, die im benachbarten Cubiculum vollzogen wurde. Als Herrin der Mysterien thront an der Stirn-

seite Ariadne mit Dionysos, der sich in trunken gelöster Haltung an seine Gemahlin lehnt. Blickkontakte zwischen den Figuren von Wand zu Wand betonen die Atmosphäre eines lebhaften Geschehens, in das sich die Gäste einfügten.

DIE GROTESKEN. Zum Inbegriff römischer Dekorationskunst entwickelte sich in der Renaissance ein graziles Stab- und Rankenwerk mit Gefäßen, Instrumenten, Kandelabern und Mischwesen aus Pflanzen, Tieren, Menschen und Fabelwesen. Die Bezeichnung als Grotesken (ital. *grotesche*) leitete sich von den Grotten (ital. *grotte*) her. Als solche wirkten die von Bauschutt überlagerten Räume der *Domus aurea* des Nero, in denen um 1480 derartige Wanddekorationen entdeckt wurden. Sie dienten Malern wie Raffael als Vorbild (Loggien im Vatikan).

mit Kassetten teilt die Wand in zwei Flächen mit eingesetzten Gemälden (rechts *Venus und Amor*) und eine zierliche Scheinarchitektur mit verkröpftem Gebälk und einer Ädikula als Rahmenwerk einer Götterstatue. Links oben wird das Gebälk von zwei Greifen nach der Art von Akroterien bekrönt. Ihre Schwänze sind als Doppelvolute geformt und entsprechen den seitlichen Ziergliedern am Giebel der Ädikula. Die bauplastisch bereicherte Scheinarchitektur ist mit Girlanden geschmückt und wird von Vögeln bewohnt.

THEMA

EROTIK

ARS AMATORIA. Ein klassisches Werk der antiken Liebeskunde ist das Lehrgedicht *Ars amatoria* (›Liebeskunst‹), das Ovid um die Zeitenwende verfasst hat. Es lenkt den Blick von der reichen Überlieferung erotischer Abenteuer zwischen Göttern, Heroen und Sterblichen, die Ovids epische Dichtung *Metamorphosen* schildert, auf das sinnliche Liebesglück der Menschen. Es hält auf diese Weise die Mitte zwischen zwei künstlerischen Traditionen, die sich bereits in der griechischen Malerei und Skulptur unterscheiden lassen: derbe Geschlechtlichkeit und sublimierte Erotik im Zusammenhang der männlichen Homosexualität.
Symbolfigur der Geilheit ist der ursprünglich phrygische Fruchtbarkeitsgott Priapos. Zwar gewann er nie die Würde eines aus Marmor oder Bronze geschaffenen Kultbildes, sondern musste sich mit hölzernen Statuen begnügen, die mit einem überdimensionalen Phallus ausgestattet waren. Diese dienten als Glücksbringer, aber auch als Schutz gegen Diebe und als Vogelscheuchen. Priapisches Verhalten verkörperten dagegen in der Vasenmalerei und plastischen Kleinkunst die Satyrn aus dem Gefolge des Dionysos im Umgang mit den Bacchantinnen bzw. Mänaden, und ihnen eifern die Jünglinge in ihrer Beziehung zu den Hetären nach. Ein beliebtes Motiv auf keramischen Öllampen ist Ledas Geschlechtsakt mit Zeus als Schwan.
Die sublimierte Erotik der Knabenliebe wird in der Spätklassik durch die Darstellung der Liebesgöttin Aphrodite erweitert. Das künstlerische Thema ist die enthüllende Verhüllung. Der Gegensatz zwischen drapiertem Gewand, das vom Spielbein am Hinabgleiten gehindert wird, und S-förmig emporsteigendem Körper gehört zur unvergleichlichen Wirkung der hellenistischen *Aphrodite von Melos* (*Venus von Milo*, um 130 v. Chr.; Paris, Louvre). Von diesem variantenreich gestalteten Typus der *Venus pudicitia* (›Schamhafte Venus‹) entsteht die *Venus kallipygos* (Neapel, Museo Archeologico Nazionale, Kopie u. a. um 1800 für den Stuttgarter Hofgarten), die im 19. Jahrhundert literarisch zu Ruhm gelangt: »Der göttliche Epikur und die Venus mit dem schönen Hintern«, fordert Camille Desmoulins in Georg Büchners Revolutionsstück *Dantons Tod* (1835), »sollen die Türsteher der Republik werden.«

ROLLENBILDNIS. Eine Entsprechung zu Ovids Anleitung, den Liebesgenuss zu fördern und zu erhalten, ist die antike Gattung des Rollenporträts der Geliebten oder Gemahlin als Venus. Diese Tradition wird in der Renaissance neu belebt: Botticellis *Geburt der Venus* (um 1485; Florenz, Uffizien) ist eine Huldigung an die Schönheit Simonetta Vespuccis, der Geliebten des Giuliano de' Medici. Ein Beispiel aus dem Rokoko ist François Bouchers Aktbildnis der Mätresse Ludwigs XV., Madame Pompadour, als *Toilette der Venus* (1751; Metropolitan Museum of

LIEBESGÖTTER

Amor, in der römischen Mythologie der Sohn der Liebesgöttin Venus: ein geflügelter Knabe, der mit Pfeil und Bogen bei Göttern und Menschen Liebesglut entzündet, aber auch verderblichen Liebeswahn verursacht. Im Mittelalter trägt Gott Amor eine Krone und überreicht dem Liebenden den Schlüssel zum Herzen der Geliebten (Miniaturen zum altfranzösischen Versroman *Le roman de la rose*, um 1230–80).

Amoretten (Eroten), geflügelte kindliche Liebesgötter, Vorläufer der frühchristlichen Genien sowie der Putten der Renaissance und des Barock.

Aphrodite, in der griechischen Mythologie die Göttin der Schönheit und der sinnlichen Liebe, verheiratet mit Hephaistos, doch in zahllose Liebschaften verstrickt.

Cupido, Name des Amor als Stifter sinnlicher Begierde.

Eros, in der griechischen Mythologie ursprünglich ein Elementarwesen, das aus dem Chaos hervorgegangen ist, dargestellt als Jüngling und Schutzherr der Liebe und ehelichen Treue. Eros empfängt Aphrodite nach ihrer Geburt.

Venus, altrömische Göttin der Gartenfrüchte, dann mit Aphrodite gleichgesetzt, als Mutter des Aeneas Ahnherrin des julischen Kaiserhauses.

Venus und Amor (Kaiserin Faustina d. J.), 160–165 n. Chr.; Marmor, Spuren von Bemalung, Höhe 214 cm; Rom, Musei Vaticani
Die Statue ist ein Rollenbildnis Faustinas d. J., der Gemahlin Mark Aurels, als Liebesgöttin Venus. Dieser Typus der weiblichen Aktfigur steht in einer Tradition, die um 330 v. Chr. durch Praxiteles mit der *Aphrodite von Knidos* begründet wurde (Kopie in Rom, Musei Vaticani). Hier deutet eine Wasserkanne, auf der Aphrodite ihre Kleidung abgelegt hat, auf einen ursprünglich wohl kultischen Zusammenhang mit dem Baden hin, das die Nacktheit motiviert. Diese Symbolik schwindet bei der *Mediceischen Venus* aus dem 1. Jahrhundert v. Chr., die als Kopie aus der Kaiserzeit überliefert ist (Besitz der Medici, seit 1677 in Florenz, Uffizien, Nachgestaltung von Antonio Canova, weitere Kopie in New York, Metropolitan Museum of Art). Hier kommt die Wechselwirkung zwischen schamhaften, Brust und Schoß bedeckenden Gebärden und erotischer Ausstrahlung des gänzlich entblößten Körpers zur Geltung. Sie wird bei der Venus-Faustina-Statue im Sinne der enthüllenden Verhüllung verstärkt, indem Venus einen Zipfel des herabgleitenden Gewandes zum Schoß führt.

Art). 1808 schuf der Klassizist Antonio Canova (Gruppe *Amor und Psyche*, 1787–93; Paris, Louvre) das ganzfigurige Marmorbildnis der Paolina Borghese, einer Schwester Napoleons I. und verheiratet mit Fürsten Camillo Borghese, als *Ruhende Venus* (Rom, Galleria Borghese).

GESTALTUNGSAUFGABE

SPIELSTÄTTEN

THEATER. Das griechische Drama und dessen Spielstätte entwickelten sich aus dem Dionysoskult. In Athen wurden zunächst hölzerne Schaugerüste auf der Agora als Zuschauerränge errichtet. Bereits im 6. Jahrhundert v. Chr. befand sich am Fuß des südlichen Abhangs der Akropolis ein kreisrunder Platz, auf dem der Chor mit Tanz und Gesang auftrat; die Bezeichnung Orchestra leitete sich von *orchéomai* ›springen, tanzen‹ her. Die Errichtung eines Holzgerüstes mit einem Zelt (griech. *skené*) für den Kostüm- und Maskenwechsel der Schauspieler drängte die Zuschauer auf die gegenüberliegende Seite der Orchestra. Hier entwickelte sich das *theatron* als halbkreisförmiger, dem Dreiviertelkreis angenäherter Zuschauerbereich. Er lehnte sich an den Abhang an und gliederte sich in gestaffelte Sitzreihen aus hölzernen Bänken. Die Umwandlung in einen steinernen Bau wurde wohl schon unter Perikles in Angriff genommen, doch erst um 330 v. Chr. zum Abschluss gebracht.

Auf 71 steil ansteigenden Reihen bot das *Dionysostheater* von Athen nun bis zu 17000 Zuschauern Platz. Auf der Gegenseite erweiterte sich die Skene zu einem Bauwerk mit seitlichen Flügeln aus je einem *paraskenion* und einem mittleren *proskenion* als zusätzlichem Schauplatz zur Orchestra. Zwischen Skene und Theatron führten ein linker und ein rechter *parodos* zur Orchestra und dienten dem Einzug und Auszug des Chores. Diese in Athen geschaffene Form des Theaters blieb während eines Zeitraums von mehreren Jahrhunderten verbindlich.

Die Neigung der Römer zur Ausstattung der Bühnenwand als Schaufassade (*scaenae frons*) veranschaulichen das Theater in Orange aus der Zeit des Augustus und das Theater in Sabaratha (Libyen), um 200 n. Chr.

Theater in Epidauros, 3. Jahrhundert v. Chr.
Dieses besterhaltene, durch seine Akustik berühmte griechische Theater entstand in Zusammenhang mit dem Asklepiosheiligtum von Epidauros, einer Hafenstadt auf der Peloponnes am Sardonischen Golf. Die runde Orchestra misst wie jene des Dionysostheaters in Athen ca. 10 m im Durchmesser. Das Theatron gliedert sich in 24 Sitzreihen, die in zwölf trapezförmige Abschnitte unterteilt sind, und in weitere 20 Sitzreihen in 22 Teilbereichen. Das Bühnengebäude bestand aus einer Halle mit ionischen Halbsäulen, zwischen denen gemalte Bühnenbilder (*pinakes*) befestigt wurden.

Amphitheater in Nîmes, 1./2. Jahrhundert n. Chr.
Der keltische Nemausus wurde 121 v. Chr. römisch, 16 v. Chr. von Augustus zur Kolonie »Colonia Augusta Nemausus« erhoben und bildete ab etwa 150 n. Chr. die Hauptstadt der Provinz Gallia Narbonensis. Bereits vor dieser Rangerhöhung entstand das Amphitheater über einer Gesamtfläche von ca. 100 x 133 m; die Arena misst 38 x 69 m. 35 Sitzreihen boten 24000 Personen Platz. Als Baumaterial wurden Quader aus Kalkstein und Mörtel verwendet. Die zweigeschossige Ringmauer gliedert die Arkaden im Erdgeschoss durch Pilaster, im Obergeschoss durch Halbsäulen. Als Vorbild diente hier wie in Arles, Verona oder Pozzuoli (Kampanien) das Kolosseum in Rom.

ARENA. Das Gegenstück zum ursprünglich kultischen Drama ist der Schaukampf, hervorgegangen aus den Wettkämpfen bei der Bestattung einer hochrangigen Persönlichkeit oder als Gedächtnisspiele zu Ehren einer Familie. Im Jahr 105 v. Chr. gab sie der Senat von Rom als allgemein zugängliche Schauveranstaltungen frei. Unterschieden wurde zwischen Gladiatorenkämpfen (*ludi gladiatorii*), Tierhetzen (*venationes*) und Seeschlachten (*naumachiae*). Die ersten Schauplätze wurden auf dem Forum von Rom eingerichtet, indem hölzerne Tribünen eine runde Arena ringsum (griech. *amphi*) begrenzten.
Die älteste erhaltene Anlage eines solchen Amphitheaters aus Stein wurde um 80/70 v. Chr. in Pompeji errichtet und fasste 2000 Zuschauer. Bereits hier waren die fortan gültigen Bauglieder ausgebildet: die ovale Form von Arena und Cavea (Zuschauerränge), die sockelartige Ausbildung des ersten Ranges, die Sicherung der äußeren Ringmauer durch Bogennischen und eine Mauerkrone mit Masten für die Sonnensegel. Gewaltige Dimensionen gewann das 80 n. Chr. geweihte *Amphitheatrum Flavium (Colosseum)* in Rom: Die Arena misst ca. 50 × 80 m, die überbaute Fläche 155 × 187 m, die Außenmauern erreichen eine Höhe von 50 m; 50000 Zuschauer fanden Platz. Die Arena ruht auf einem 7–12 m tiefen Untergeschoss mit Gängen, Rampen, Käfigen, Aufzügen und Requisitenkammern. Die bautechnische Leistung gründete sich auf die Erfahrungen des römischen Ingenieurbaus, insbesondere beim Aquädukt aus mehrgeschossigen Arkaden.
Reste der Umwandlung eines Theaters in eine Arena (2. Jahrhundert n. Chr.) mit einem Becken für Kämpfe zu Wasser in der ehemaligen Orchestra zeigt die Anlage von Taormina an der Ostküste Siziliens mit Blick zum Ätna.

Trajansäule in Rom, Weihe 113 n. Chr.; Marmor, Höhe der Säule 29,60 m, Verjüngung des Durchmessers von 3,83 m zu 3,65 m.

GESTALTUNGSAUFGABE

EHRENMAL

EHRENSÄULE. Als Sinnbild der heidnischen Religion der Antike verwendet die mittelalterliche Kunst mit Vorliebe die Statue eines Gottes, die von einer Säule herabstürzt. Dieses Motiv reflektiert die weit verbreitete Form des erhöhten Kultbildes. An dessen Stelle tritt als Ausdruck der Apotheose die Statue von vergöttlichten Herrschern auf Ehren- oder Triumphsäulen. Zwei monumentale Werke dieser Gattung sind in Rom erhalten: die *Trajansäule* (Weihe 113 n. Chr.) auf dem Trajanforum und die *Mark-Aurel-Säule* (Weihe postum 193 n. Chr.) auf der Piazza Colonna.

Beide Ehrensäulen werden spiralförmig von einem Relieffries umwunden. Dieses Band misst bei der *Trajansäule* eine Länge von ca. 200 m, die Frieshöhe steigert sich von 90 cm bis zu 129 cm, um die perspektivische Verkürzung auszugleichen. Etwa 2500 Figuren bevölkern den Fries mit der Schilderung der beiden Kriege Trajans gegen die Daker im Gebiet des heutigen Rumäniens (101/102 und 105/106, Errichtung der Provinz Dakien). Dieser Tatenbericht in Bildern huldigt dem politischen und militärischen Genie des Herrschers, dessen Grabkammer sich im würfelförmigen Sockel befand, während sein Standbild das Säulenmonument bekrönte. Wenn auch die Säule selbst erhalten blieb, musste die Apotheose des Kaisers der Statue des Apostels Petrus weichen.

Zur Wirkungsgeschichte der Trajansäule gehören die beiden Triumphsäulen am Außenbau der Wiener *Karlskirche* (1716–39) von Johann Bernhard Fischer von Erlach und dessen Sohn Joseph Emanuel, gestiftet im Pestjahr 1713 durch Kaiser Karl VI. und geweiht dessen Namenspatron Karl Borromäus. Das Bauzitat symbolisiert die römische Kaiserwürde des Habsburgers und enthält Anspielungen auf den Tempel Salomos wie auf die kaiserliche Devise »constantia et fortitudine« aus dem Kanon der christlichen Kardinal- und Herrschertugenden.

Der antike Sinngehalt der Ehrensäule als Form der Apotheose wurde auch bei der *Vendômesäule* (1806–10) auf der Place Vendôme in Paris aufgegriffen. Als »Colonne de la grande Armée« aus den bei Austerlitz erbeuteten österreichischen und russischen Kanonen gegossen und von einem Spiralband mit 76 Szenen aus dem Feldzug des Jahres 1805 umwunden, verherrlichte die Ehrensäule den Feldherrn und 1806 zum Kaiser gekrönten Napoleon I., dessen Statue in antiker Gewandung die 44 m hohe Säule bekrönte. Ab 1814 ersetzte die bourbonische Lilie den Imperator; die heutige Statue entstand im Auftrag Napoleons III. Das Londoner Gegenstück bildet seit 1843 die 55 m hohe korinthische Ehrensäule aus Granit auf dem Trafalgar Square mit der Statue des einarmigen Admirals Nelson; für ihre vier bronzenen Sockelreliefs mit Szenen aus vier verschiedenen Seeschlachten wurden erbeutete französische Kanonen verwendet.

Christussäule (sog. *Bernwardsäule*), um 1020; Bronze, Gesamthöhe 3,79 m, Höhe des Relieffrieses 48 cm; Hildesheim, Dom
Das Bildprogramm des Säulenmonuments gliedert sich in 24 Szenen. Sie führen von der Taufe Jesu im Jordan bis zum Einzug in Jerusalem. Als wahrscheinlich gilt, dass der Stifter Bischof Bernward von Hildesheim das formale Vorbild römischer Ehrensäulen 1000/1001 während seines Aufenthalts in Rom kennen gelernt hat.

EHRENBOGEN. Wie die *Vendômesäule* geht der Pariser *Arc de Triomphe de l'Étoile* auf eine Stiftung zu Ehren Napoleons I. aus dem Jahr 1806 zurück; vollendet wurde er drei Jahrzehnte später unter dem König Louis Philippe, allerdings ohne die ursprünglich geplanten Säulenvorlagen samt einer Quadriga. Doch selbst ohne diese Bekrönung erreicht der Ehrenbogen des Soldatenkaisers mit 40 m etwa die doppelte Höhe des *Konstantinbogens* (313–315 n. Chr.) in Rom. Mit dem Achsenkreuz der beiden Durchgänge folgt er dem römischen Typus des Quadrifrons mit ›vier Stirnseiten‹ (*Galeriusbogen* des Kaisers Galerius in Saloniki, 298–305 n. Chr.). Zwar trug diese Gestaltung dem Standort inmitten des runden ›Sternplatzes‹ Rechnung, doch dominiert die Orientierung an der Avenue des Champs-Élysées und an der Funktion als Tor für den Einmarsch der siegreichen Truppen in die Stadt. Demselben Zweck diente das 1843–52 in München am Nordende der Ludwigstraße im Auftrag König Ludwigs I. von Bayern errichtete *Siegestor*. Es folgt als dreitorige Anlage dem Vorbild des *Konstantinbogens* und des *Septimius-Severus-Bogens* (203 n. Chr.) in Rom.
Die klassizistische Wiederbelebung des römischen Ehren- oder Triumphbogens bezieht sich auf die kaiserzeitliche Entwicklungsstufe einer römischen Einrichtung aus republikanischer Zeit. Anlässe für die Errichtung eines Ehrenbogens boten der Straßenbau, die Anlage eines Hafens oder eine ehrenvolle Amtsübernahme.
Die Grundform des Ehrenbogens besteht aus zwei Pfeilern als Stützen eines Bogens und einer blockhaften Attika, an der Inschriften angebracht sind, sowie einer Bekrönung in Form einer Statue oder einer Quadriga. Der *Sergierbogen* (um 20 v. Chr., Höhe 11,20 m) der Familie der Sergier in Pula (Istrien) dokumentiert die Ausgestaltung durch Säulenpaare als Vorlagen der Pfeiler und zusätzliche Stützen der Attika. Die Funktion des Ehrenbogens als Denkmal eines historischen Ereignisses veranschaulicht der *Titusbogen* (81 n. Chr.) am Ostende des Forum Romanum in Rom: Die beiden Reliefs an den Durchgangswänden schildern den Triumphzug, der Titus, dem Oberbefehlshaber im römisch-jüdischen Krieg, 71 n. Chr. gewährt wurde, nachdem er im Jahr zuvor Jerusalem erobert hatte.

KUNSTBETRIEB

STAATSKUNST UND MÄZENATENTUM

AUFTRAGGEBER UND KUNSTHANDEL. Die antike Kunst gründet sich auf differenzierte Strukturen. Eine Grundlage bildet das selbständige Kunsthandwerk. Frühe Hinweise auf lokale Märkte in Verbindung mit Kultstätten geben Weihegaben, die sich stilistisch bestimmten Kunstzentren zuordnen lassen. Das umfangreichste Anschauungsmaterial bietet die Keramik als Handelsware. Seit dem 1. Jahrhundert v. Chr. entwickelte sich in der römischen Gesellschaft ein wachsender Bedarf an griechischer Kunst, vor allem von Skulpturen; zu den prominentesten Sammlern gehörte Cäsar.

Dennoch war die antike (Bau-)Kunst in hohem Maße an Aufträge gebunden, die von Institutionen oder Einzelpersonen in Ausübung ihrer öffentlichen Ämter erteilt wurden. Dies gilt vor allem für alle kommunalen Einrichtungen vom Aquädukt bis zum Forum. Diese öffentlichen Aufgaben gehörten seit Augustus zu den wirkungsvollen Instrumenten der kaiserlichen Kunst- und Kulturpolitik. Hierzu zählen die Anlage und Ausstattung von Kaiserforen, beginnend mit dem *Augustusforum* in Rom. Die großzügigste Anlage bildete das *Trajanforum* mit einem Komplex von Märkten am Abhang des Quirinalshügels. Einen Höhepunkt öffentlicher kaiserlicher Prachtbauten stellen die *Caracallathermen* (Weihe 216) auf einer Fläche von 337 × 328 m dar.

Die vom Herrscher initiierte Bautätigkeit besitzt seit augusteischer Zeit den Charakter einer Staatsarchitektur als Ausdruck der Staatsideologie: Augustus betont in seinem Tatenbericht, den das *Monumentum Ancyranum* überliefert, die Wiederherstellung zahlloser Bauwerke im Zusammenhang der *renovatio* des römischen Staatswesens. Zugleich rühmt er sich der grundlegenden Erneuerung kraft seiner *auctoritas*: Er habe Rom als eine Stadt aus Ziegeln übernommen und als eine Stadt aus Marmor hinterlassen.

BAUHERR AUGUSTUS

»Das Kapitol und das Theater des Pompejus habe ich mit gewaltigem Kostenaufwand wieder hergestellt, ohne meinen Namen anbringen zu lassen. Die Wasserleitungen, die infolge ihres Alters an vielen Stellen zerfallen waren, habe ich erneuert, die Leistung der Aqua Marcia verdoppelt, indem ich dieser Leitung eine neue Quelle zuführte. (…) 82 Tempel habe ich in der Stadt (Rom), als ich zum sechsten Mal Konsul war, wieder hergestellt, wobei ich keinen ausließ, der zu dieser Zeit instand gesetzt werden musste; als ich zum siebten Mal Konsul war die Via Flaminia von der Stadt bis Ariminium (…). Auf privatem Boden habe ich aus meinem Beuteanteil den Tempel des Mars Ultor gebaut und das Augustusforum angelegt. Am Tempel des Apollo habe ich auf einem Grundstück, das ich zu einem großen Teil aus persönlichen Mitteln kaufte, das Theater errichtet, das nach meinem Schwiegersohn Marcellus benannt wird.«
(*Monumentum Ancyranum*, eine 1555 in Ancyra, heute Ankara, wieder entdeckte Abschrift des verschollenen Tatenberichts des Augustus in Form einer Grabinschrift vor seinem Mausoleum in Rom)

Imp(eratori) Caes(ari) Fl(avio) Constantino maximo | p(io) f(elici) Augusto s(enatus) p(opulus)q(ue) R(omanus), | quod instinctu divinitatis mentis | magnitudine cum exercitu suo | tam de tyranno quam de omni eius | factione uno tempore iustis | rempublicam ultus est armis, | arcum triumphis insignem dicavit.
Für Kaiser Flavius Constantinus, den größten, frommen (und) glückhaften Augustus, haben Senat und Volk von Rom, weil er auf Eingebung der Gottheit mit tiefer Einsicht zusammen mit seinem Heer das Gemeinwesen gleichzeitig sowohl von dem Tyrannen als auch von dessen gesamter Herrschaftsclique in einem gerechten Waffengang befreit hat, diesen Bogen, geschmückt mit Triumphdarstellungen, geweiht.

(Inschrift des *Konstantinbogens*)

KÜNSTLER UND MÄZENE. Die antike Überlieferung ist reich an Schilderungen persönlicher freundschaftlicher Beziehungen zwischen einflussreichen Auftraggebern und Künstlern. Perikles beispielsweise stand in enger Verbindung mit dem Architekten und Stadtplaner Hippodamos von Milet, der um 450 v. Chr. die Stadt und den Hafen Piräus entwarf, und mit dem Bildhauer Phidias. Zu den Legenden einer solchen Freundschaft gehört die Erzählung über Alexander den Großen und den Maler Apelles. Dieser hatte den Auftrag übernommen, die Geburt der Aphrodite zu malen, und erhielt als Modell Pankaste, eine Geliebte des Königs. Apelles verliebte sich in Pankaste und erhielt sie von Alexander zum Geschenk.

Indem wir in solchen Beziehungen eine Form des Mäzenatentums erkennen, bedienen wir uns eines Begriffs, der sich von einem wohlhabenden römischen Ritter namens Gajus Cilnius Maecenas herleitet. Er förderte insbesondere Schriftsteller (Horaz, Properz, Vergil) und verschaffte ihnen Zugang zum Hof des Augustus.

Den Typus des mäzenatischen Kunstsammlers verkörpert Kaiser Hadrian. Er ließ in Tivoli eine mit Skulpturen ausgestaltete Kunstwelt aus Wohnbauten, Wandelhallen, Thermen, Bibliotheken, Terrassen und Wasserkünsten entstehen (*Hadrianvilla*, 118–134 n. Chr.).

Konstantinbogen **in Rom, 313–315; Marmor, Höhe ca. 21 m**
Seit 306 herrschte Konstantin als einer der vier Kaiser im nordwestlichen Reichsgebiet mit Trier als Residenz. 312 besiegte er an der Milvischen Brücke seinen Mitkaiser Maxentius und zog als ›Befreier‹ in Rom ein. Im folgenden Jahr begann in unmittelbarer Nachbarschaft des Kolosseums die Errichtung des Ehrenbogens. Auftraggeber ist der Senat, doch bringt das Bildprogramm die Erneuerung der Reichseinheit zum Ausdruck, in deren Dienst sich Konstantin stellt; zur Alleinherrschaft gelangt er 324. Ein Thema der neu geschaffenen Reliefs ist Wohltätigkeit (Konstantin gibt die Anweisung, Geldspenden zu verteilen). Hinzu kommt die demonstrative Wiederverwendung von Werken aus der Regierungszeit von Kaisern des 2. Jahrhunderts.

STIL

FRÜHCHRISTLICHE KUNST

TEXT UND BILD. Das Judentum und das aus der jüdischen Religion hervorgegangene Christentum sind Buchreligionen auf der Grundlage von geoffenbarten heiligen Texten sowie deren Auslegung. Hinzu kommen apokryphe, d. h. nicht in den Kanon der Heiligen Schriften aufgenommene Texte und Legenden. Gemeinsam ist beiden Religionen das Verbot des ›Götzendienstes‹ in Form der kultischen Verehrung bildhafter Darstellungen einer

Gottheit, das im dritten der Zehn Gebote als generelles Bilderverbot verankert ist und durch den römischen Kaiserkult aktuelle Bedeutung gewinnt.
Unter diesen Voraussetzungen bleibt die frühchristliche Bildkunst dem Text untergeordnet und beschränkt sich auf Bildzeichen, die auf Sprachbildern beruhen wie der ›Gute Hirt‹, das ›Lamm‹ oder der ›Weinstock‹. Sie finden sich in den unterirdischen Katakomben (antike, auch von Christen benutzte Versammlungs- und Begräbnisstätten) als Wandmalereien. Ausdruck der Hoffnung auf Erlösung ist das Motiv der Oranten (lat. *orantes* ›die Betenden‹): Figuren in antiker Gebetshaltung mit erhobenen Armen, wobei sich im Einzelfall bereits eine Identifizierung als Maria ergibt. Bei szenischen Darstellungen überwiegen alttestamentliche Themen (z. B. *Sieg Simsons über die Philister*, Katakombe an der Via Latina in Rom), die bereits im Sinne der mittelalterlichen Typologie auf die neutestamentliche Heilslehre vorausdeuten.

BILD UND INSTITUTION. Die Entwicklung der frühchristlichen Kunst in Architektur (Kirchenbau), Skulptur (Sarkophage), Wandmalerei und Mosaikkunst zu einer Stilepoche wird 313 durch eine religionspolitische Vereinbarung zwischen den Kaisern Konstantin I. und Licini-

KIRCHENGESCHICHTE

Briefe, früheste schriftliche Überlieferung: die Briefe des Apostels Paulus (gest. 60/62 in Rom) an die Gemeinden in Ephesos, Kolossä (Phrygien), Korinth, Philippi, Rom und Thessaloniki (d. i. Saloniki).

Credo (lat., ich glaube), früheste Glaubensbekenntnisse: das Apostolicum und das Nizänum aus dem 4. Jahrhundert.

Didaché (Lehre der zwölf Apostel), früheste überlieferte Kirchenordnung aus der ersten Hälfte des 2. Jahrhunderts mit der Liturgie des Abendmahls (Eucharistie) und der Taufe.

Konzil, Versammlung von Bischöfen zur Entscheidung theologischer und kirchenrechtlicher Fragen. Das erste ökumenische Konzil tagt 325 unter dem Vorsitz Konstantins I. in Nizäa (d. i. Iznik).

Patristik, Studium der Überlieferung der griech. und lat. Kirchenväter (u. a. Ambrosius, Augustinus, Hieronymus, Origenes).

Vulgata, Übersetzung (383–390) des hebräischen Alten und des griechischen Neuen Testaments durch Hieronymus ins Lateinische. Als Auftraggeber dieser *versio vulgata* (›allgemein gebräuchliche Fassung‹) gilt der Bischof Damasus I. von Rom; er ist der 37. Papst in der mit Petrus beginnenden Zählung.

Den religiösen Beginn der Kirche bildet das erste Pfingstfest in Jerusalem mit dem Empfang des Heiligen Geistes durch die Apostel. Zur staatlich geförderten Institution entwickelt sich die von Bischöfen geleitete Kirche seit der »Konstantinischen Wende«.

us eingeleitet: Das Mailänder Edikt garantiert den christlichen Gemeinden die Freiheit des Gottesdienstes und die Rückgabe aller Güter, die während der letzten Christenverfolgung unter Diokletian konfisziert wurden. Die damit einsetzende Institutionalisierung der christlichen Religion, die schließlich die alleinige römische Staatsreligion bildet, fördert, ja erzwingt die Entstehung eines breit gefächerten Bildprogramms. Es zentriert sich auf Jesus Christus, dessen Wesensgleichheit mit Gott in Nizäa zum Dogma erhoben wurde, auf die Apostel als Vorläufer der Bischöfe und auf die Märtyrer als Heilige, Fürsprecher und Wundertäter. Unter den neutestamentlichen Szenen haben die Berufung der Jünger, Wundertaten Jesu sowie seine Himmelfahrt und Wiederkehr am Tag des Jüngsten Gerichts den Vorrang vor der Passion. Ihr Symbol, das Kreuz, schmückt das Gewölbe im sog. *Mausoleum der Galla Placidia* in Ravenna (nach 425 n. Chr.) als kosmisches Zeichen. Eines der Mosaiken der Bogenfelder zeigt Christus mit goldenem Nimbus und Kreuzstab als Zepter inmitten seiner Schafe; denselben Kreuzstab schultert der hl. Erzdiakon Laurentius als Siegeszeichen, indem er auf den glühenden Rost zuschreitet, auf dem er im Jahr 258 unter Kaiser Valerian sein Martyrium erlitt. Die über seinem Grab errichtete Kirche *San Lorenzo fuori le mura* in Rom ist eine Stiftung Konstantins I. aus dem Jahr 330.

Als erste Marienkirche Roms entsteht um 360 *Santa Maria Maggiore*. Ihre Ausstattung mit Mosaiken (um 440) schildert im Langhaus alttestamentliche Ereignisse und entfaltet am Triumphbogen zwischen Mittelschiff und Apsis ein teils szenisches (Verkündigung an Maria, Anbetung der Heiligen Drei Könige), teils allegorisches Bildprogramm mit Maria als Personifikation der christlichen Kirche. Zugrunde liegt die seit dem 3. Jahrhundert verbreitete Bezeichnung Marias als *Theotokos* (griech., Gottesgebärerin), die 431 durch das Konzil von Ephesos zum Dogma erhoben wurde.

Sarkophag, Ende des 4. Jahrhunderts; Marmor, 72 x 223 cm; Rom, Musei Vaticani
Der Reliefschmuck steht in antiken Bildtraditionen, die eine neue christliche Deutung zulassen. Der Lammträger wurzelt in griechisch-archaischen Weihefiguren und besitzt als Guter Hirt sowohl alttestamentliche als auch neutestamentliche Bezüge (»Der Herr ist mein Hirte«, Ps. 23,1, und das Wort Jesu: »Ich bin der gute Hirt«; Joh. 10,1). Der Weinstock steht im Zusammenhang des Dionysoskultes und symbolisiert sowohl das Gottesvolk (Ps. 80,9) als auch Jesus: »Ich bin der wahre Weinstock, und mein Vater ist der Winzer« (Joh. 15,1). Hinzu kommen geflügelte Genien, die sich von den Eroten herleiten und in der frühchristlichen Ikonografie die Seelen verkörpern, bei der Weinlese und in der Kelter (rechts unten). Allerdings ist dieser vatikanische Sarkophag auch ein Beispiel für die Ambivalenz der gleichsam christianisierten Motive. Er wurde daher auch als einer der wenigen überlieferten paganen (›heidnischen‹) Sarkophage aus nachkonstantinischer Zeit gedeutet.

Maxentiusbasilika in Rom, um 307 – um 315; Rekonstruktion
Kaiser Maxentius begann um 307 mit der Errichtung einer monumentalen Basilika entlang der Via Sacra am östlichen Ende des Forum Romanum. Die überbaute Fläche betrug 6000 qm. Die Halle gliederte sich in einen Vorraum (Narthex, rechts), ein Mittelschiff aus drei Jochen mit Kreuzgewölben und je drei tonnengewölbte Nebenräume, die untereinander durch Bogenöffnungen verbunden waren, sowie eine Apsis. Das charakteristische Merkmal der basilikalen Baukonstruktion ist die Überhöhung des Mittelschiffs und dessen Beleuchtung durch die Fenster des Obergadens. Nach 313 vollendete Konstantin I. die Maxentius- bzw. Konstantinbasilika, wobei der Eingang vom Narthex an die Langseite verlegt und mit einer Freitreppe versehen wurde. Zur Innenausstattung gehörte eine Kolossalstatue Konstantins, deren Kopf (Höhe 260 cm) im Palazzo dei Conservatori aufbewahrt wird. Als Ruine ist das nördliche Seitenschiff erhalten.

GESTALTUNGSAUFGABE

VERSAMMLUNGSSTÄTTE

DIE PROFANE BASILIKA. Die antike Architektur kennt eine Vielzahl von Gebäudetypen, für die sich die Bezeichnung ›Basilika‹ eingebürgert hat (griech. *basilikós* ›königlich‹). Gemeinsam ist ihnen der Gegensatz zum griechischen Tempel: Während dieser als monumentaler Schrein die Wohnräume der Gottheiten birgt und nur für Auserwählte zugänglich ist, dient die Basilika der Versammlung. Die Anlässe reichen von Gerichtsverhandlungen bis zu Märkten. Basiliken in Rom waren als Kaufhallen eingerichtet, Amtsgebäude waren die *Basilica Porcia* als Sitz der Volkstribunen oder die *Basilica Iulia* am Forum Romanum als Sitz des Centumviralgerichts. Vorherrschende Merkmale sind die Gliederung in parallele, durch Kolonnaden oder Arkaden getrennte Raumbereiche und die Ergänzung des seitlichen Lichteinfalls durch die Fenster in den Seitenwänden überhöhter Bauglieder.

DIE SAKRALE BASILIKA. Der Gründungsbau der christlichen Basilika ist *San Giovanni in Laterano*. Konstantin I. stiftete sie 313 für den Bischof von Rom, dessen Amt ab 314 (Papst) Silvester I. innehatte. Die Konstantin-Legende führt diese Kirchenstiftung, die de facto die Anerkennung des Christentums unter Beweis stellte, auf die Bekehrung des Kaisers zurück, der seinen Sieg über Maxentius (312) dem Feldzeichen in Form des Christus-

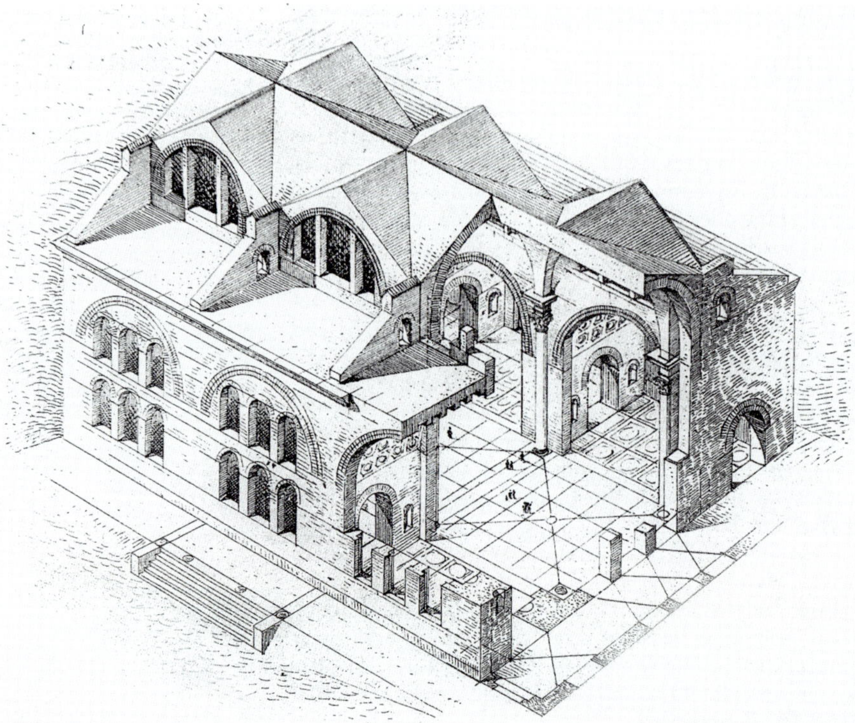

monogramms verdankt haben soll. Zumindest traute Konstantin den Bischöfen die Autorität zu, an der Wiedergewinnung der kaiserlichen Oberherrschaft im Reich mitzuwirken. Die Entscheidung für den basilikalen Bautypus zeugt also von einem Verständnis der Kirche als Behörde.
Trotz dieser machtpolitischen Voraussetzungen entwickelte sich die frühchristliche Basilika zu einer Form der Sakralarchitektur, die sich in den Dienst spiritueller Erfahrung stellte. Das historisch wirkungsvolle Beispiel ist die im Jahr 324, zu Beginn seiner Alleinherrschaft im gesamten römischen Reich, von Konstantin I. gestiftete Kirche über dem Petrusgrab: *San Pietro in Vaticano* bzw. *Alt-St. Peter*. Die Anlage gliederte sich in ein geräumiges, von Säulengängen umgebenes Atrium mit Reinigungsbrunnen, eine Basilika mit einem von Kolonnaden gesäumten Mittelschiff und je zwei Seitenschiffen, ein Querhaus mit einem Baptisterium im nördlichen Arm und eine halbrunde Apsis mit dem Thron des Bischofs.
Als fünfschiffige Basiliken entstehen ab 326 die *Geburtskirche* in Bethlehem, gestiftet von Konstantins Mutter Helena, und als konstantinische Stiftung die *Grabeskirche* in Jerusalem mit Emporen über den Seitenschiffen. Den Typus der Emporenbasilika repräsentiert in Saloniki *Hagios Demetrios*. Ein Merkmal syrischer Basiliken sind Fassaden mit dem vom Ehrenbogen übernommenen Motiv der dreigliedrigen Toranlage mit übergiebelten Bögen. Beispiele sind vier um ein Oktogon gruppierte Basiliken der Wallfahrtsstätte *Kalat Siman* bei Aleppo zu Ehren des »Säulenheiligen« Simeon Stylites (gest. 459).

Santa Sabina in Rom, um 430
Die Innenansicht nach Osten richtet sich auf die halbrunde, von einer Halbkuppel überwölbte Apsis. Sie bildet den Abschluss des 13,5 m breiten, flachgedeckten Mittelschiffs, das mit der Apsis eine Länge von 54,5 m misst. Zwischen dem Mittelschiff und den beiden Seitenschiffen reihen sich jeweils 13 Bogenstellungen mit korinthischen Säulen. Auf ihnen ruhen die beiden Seitenwände (Obergaden) des überhöhten Mittelschiffs mit je 13 Fenstern über den Bögen der Arkaden. Diese Basilika verkörpert in selten bewahrter Ursprünglichkeit die Harmonie und Klarheit des frühchristlichen Kirchenbaus. Als Stifter gilt ein Presbyter namens Petrus aus Illyrien. Als Baugrund diente ein Anwesen mit Wohnhaus, in dem sich wohl schon im 3. Jahrhundert eine christliche Versammlungsstätte befand. Die beiden Türflügel besitzen noch die Mehrzahl der 28 Relieftafeln aus Zypressenholz mit alt- und neutestamentlichen Szenen.

FRÜHCHRISTLICHE SARKOPHAGE UND IHRE SYMBOLE

Kranz, rundes Laubgewinde, ursprünglich das Siegeszeichen im sportlichen Wettkampf. Paulus im 1. Korintherbrief: »Jeder Wettkämpfer lebt aber völlig enthaltsam; jene tun dies, um einen vergänglichen, wir aber, um einen unvergänglichen Siegeskranz zu gewinnen« (1. Kor. 9,25). Nach den Zeiten der Christenverfolgungen wird dieser Siegeskranz zur Märtyrerkrone. Der Kranz kann als Rahmen eines Kreuzes oder des Christusmonogramms dienen.

Palme, Symbol der Gerechtigkeit nach Psalm 92,13: »Der Gerechte gedeiht wie die Palme, er wächst wie die Zedern des Libanon.« In der Offenbarung des Johannes tragen die Märtyrer Palmzweige (Offb. 7,9).

Pfau, Symbol der Auferstehung, u. a. aufgrund einer Äußerung des Augustinus über die Unverweslichkeit des Pfauenfleisches.

GESTALTUNGSAUFGABE

SARKOPHAG

KÖNIGS- UND FÜRSTENSARG. Den frühgeschichtlichen Höhepunkt in der Kulturgeschichte des Sarkophags bedeuten die Särge der ägyptischen Könige und Familienmitglieder, hohen Beamten und Priester. Sie gliedern sich in mehrere Behälter. Der mumifizierte Leichnam ruht in einer anthropoiden, der Form der Mumie angepassten Hülle, die mitunter aus Edelmetall besteht. Diese ist umgeben von einem zweiten Sarg aus reich bemaltem Holz. Als äußere Ummantelung dient ein Sarkophag aus Stein. Fortgeführt wurde die Bestattung in steinernen Kästen, Tonwannen mit Deckel oder Truhen mit dachförmigem Aufbau unter anderem in der kretisch-minoischen und der mykenischen Kultur, während in der griechischen Kultur dieses Statussymbol der Könige und Fürsten auf Ablehnung stieß. Während die ägyptischen Bestattungsriten dazu dienten, den Leichnam zu konservieren, förderte die Verwendung einer bestimmten Art von Kalkstein die Verwesung. Hierauf bezieht sich die griechische Bezeichnung des Steinsargs als Sarkophag in der Bedeutung von ›Fleisch fressend‹.

DER RÖMISCHE SARKOPHAG. In Italien bevorzugten die Etrusker den Sarg aus Terrakotta mit den Liegefiguren der Verstorbenen auf dem Deckel, aber auch die Aschenurne im Zusammenhang der Feuerbestattung, die bei den Römern die Regel bildete. Erst in der frühen Kaiserzeit gewinnt die Leichenbestattung an Bedeutung, und im 2. Jahrhundert führt sie als Vorrecht verdienstvoller Personen zu einer römischen, von der hellenistischen Kunst inspirierten Gestaltung von Sarkophagen aus Marmor oder Porphyr mit Reliefs an den Seitenwänden und auf dem Deckel. Bei frühen Werken der Zeit um 50 n. Chr. verdeutlichen Stierschädel, Girlanden und die Nachbildung kostbarer Gefäße sowie Ständer mit Weihrauchbecken den kultischen Zusammenhang. Im 2. Jahrhundert kommen Themen aus dem öffentlichen und privaten Leben der Verstorbenen zur Geltung: Jagd- und Kriegsszenen sowie Opferhandlungen und die einträchtige Gemeinschaft von Ehepaaren als Ausdruck der *pietas* und der *concordia*. Mit Vorliebe werden Parallelen zu mythologischen Ereignissen gezogen.

DER CHRISTLICHE SARKOPHAG. Auch der Reliefschmuck christlicher Sarkophage des 4. und 5. Jahrhunderts ist vielfältig: symbolische Motive finden sich ebenso wie additiv zusammengestellte Figuren und Szenen. Ein frühes Beispiel ist der um 270 geschaffene Wannensarkophag in Santa Maria Antiqua in Rom (Marmor, Langseiten 59 × 218 cm) mit der Darstellung des nach drei Tagen vom Wal ausgespienen Propheten Jona als typologische Präfiguration der Auferstehung Jesu Christi am dritten Tag. Zum Reliefschmuck gehören ferner eine Orantin,

eine sitzende, durch die Barttracht als Philosoph gekennzeichnete Gestalt (das Christentum wurde mitunter als neue Philosophie verstanden) bei der Lektüre einer Buchrolle, ein Lammträger als Guter Hirt sowie die Taufe Jesu im Jordan durch Johannes den Täufer mit einer Taube als Symbol des Heiligen Geistes.

Zu den eindrucksvollsten Werken gehört der *Junius-Bassus-Sarkophag* eines 359 gestorbenen römischen Stadtpräfekten (Rom, Grotten der Peterskirche). Die Langseiten messen 141 × 243 cm. Die Schauseite gliedert sich in zwei Reihen mit je fünf rundplastisch gestalteten, in Nischen zwischen Säulen eingestellte Figurengruppen. Links und rechts reihen sich Szenen aus dem Alten und Neuen Testament sowie aus den Apostellegenden: Adam und Eva nach dem Sündenfall, die Opferung Isaaks, Ijob im Elend, Daniel in der Löwengrube; Jesus wird Pilatus vorgeführt, Handwaschung des Pilatus; Gefangennahme des Petrus, Paulus auf dem Weg zur Hinrichtung. Die vertikale Mittelachse verbindet den Einzug Jesu in Jerusalem mit der darüber wiedergegebenen Szene der *traditio legis*: Jesus übergibt den Apostelfürsten Petrus und Paulus je eine Schriftrolle, die als Lehre und ›Gesetz‹ gedeutet wird. Beide Szenen sind christlich umgedeutete Bildprägungen der römischen kaiserlichen Ikonografie: Dem Einzug in Jerusalem liegt die Szene der Ankunft (*adventus*) des Kaisers zugrunde, und die Gesetzesübergabe entspricht einer Szene am *Konstantinbogen*, in der Konstantin I. seine Beamten mit der Verteilung von Spenden beauftragt.

Zum kultischen Gegenstand wird der christliche Sarkophag in Form des Reliquienschreins. Daneben erfährt der prunkvolle Königssarg seine Wiederbelebung in Werken wie dem Sarkophag Friedrichs II. im Dom von Palermo.

Stadttorsarkophag, um 395; Marmor, Langseite des Kastens (ohne die aufgesetzte Blende vor dem Satteldach) 114 x 230 cm; Mailand, Sant' Ambrogio
Die Bezeichnung als Stadttorsarkophag bezieht sich auf das an allen vier Seiten beibehaltene Motiv einer Stadtmauer mit dicht gereihten Toren. Die vier seitlichen Torbögen gliedern die zwölf Apostel in vier Gruppen. In ihrer Mitte thront Jesus als Lehrender; das jugendliche, bartlose Antlitz entspricht dem um die Mitte des 4. Jahrhunderts vorherrschenden ›apollinischen‹ Typus. Die vertikale Symmetrieachse verbindet Jesus mit den Brustbildnissen der Verstorbenen. Der runde, von zwei Engeln gehaltene Rahmen kennzeichnet das Doppelbildnis als Clipeus (*imago clipeata*, von lat. *clipeus* ›Rundschild‹). Die linke Szene schildert ein Ereignis aus dem Buch Daniel, Kap. 3: Drei Jünglinge verweigern die Anbetung des auf Befehl Nebukadnezzars hergestellten goldenen Standbilds, das hier als Ehrensäule mit der Büste eines Kaisers wiedergegeben ist. Als neutestamentliche Anbetungsszene zeigt das rechte Relief das Dreikönigsbild.

ZEITRAUM

FRÜHMITTELALTER

DAS ERBE DES IMPERIUM ROMANUM. Seit der »Konstantinischen Wende« (Toleranzedikt von Mailand, 313) hatten die Kaiser versucht, den Fortbestand ihres vor allem rechtlich geeinten Vielvölkerstaats mit Hilfe der christlichen Kirche zu sichern. Das Netz von Bistümern sollte Einheit stiften; dogmatische Streitigkeiten waren staatsgefährdend und wurden unter kaiserlicher Mitwirkung geschlichtet oder unterdrückt.
Nach der endgültigen Auflösung des seit 395 vom Ostreich getrennten Westreichs (476) veränderten sich die religionspolitischen Verhältnisse: Religion diente den Nachfolgerstaaten im lateinischen Westen in erster Linie dem Zweck des Machtgewinns, den es anschließend kirchlich zu festigen galt. Das Frühmittelalter ist daher der Zeitraum der europaweiten Ausbreitung des Christentums unter dem Vorzeichen ›missioniere und herrsche‹. Unter allen germanischen Reichsgründern aus der Völkerwanderungszeit handelten die Merowinger und ihre Nachfolger, die Karolinger, mit dem größten Erfolg nach dieser Devise. Der Prolog zur Gesetzessammlung »Lex Salica« zählt zu den vorrangigen Eigenschaften der Franken: »jüngst zum katholischen Glauben bekehrt, frei von Ketzerei.« Die christliche Missionierung ›von oben‹ erreichte um die Jahrtausendwende Skandinavien; die von König Olaf I. Tryggvesson begonnene gewaltsame Christianisierung wurde von Olaf II. Haraldsson fortgeführt, der als Schutzpatron Norwegens verehrt wird.
Eine Alternative zur römisch geprägten staatskirchlichen Mission bildete die Missionsbewegung, die vom keltischen Irland ausging. Hier hatte sich abseits des ehemals römischen Imperiums eine Mönchskirche gebildet, die in Schottland Fuß fasste (Gründung des Inselklosters Iona durch Columban d. Ä., 597) und deren Ausbreitung auf dem Festland bis nach Oberitalien reichte (um 600 gründete Columban d. J. Kloster Bobbio bei Piacenza).
Keine der religionspolitisch begleiteten Machtverschiebungen im Frühmittelalter ist jedoch mit der Verbindung von Religion und Eroberung im Islam zu vergleichen, dessen Machtbereich sich rund ein Jahrhundert nach seiner Entstehung von Spanien über Nordafrika, Syrien und Arabien bis Afghanistan erstreckte.

DREI KULTUREN. Im Verlauf des 8. Jahrhunderts stabilisierte sich eine politische und kulturelle Topografie Europas und des Mittelmeerraumes, die sich in drei Großbereiche gliederte: in das östliche griechisch-byzantinische Kaiserreich, das islamische Kalifenreich und das westliche, romanisch-germanische Frankenreich, das mit päpstlicher Hilfe (800 Kaiserkrönung des Königs der Franken und Langobarden, Karls des Großen) zum Erben des weströmischen Kaisertums wurde. Diese Reihenfolge entspricht dem Kulturgefälle im Frühmittelalter.

DATEN

498 Taufe des Merowingers Chlodwig I.

518–610 Justinianische Dynastie in Byzanz

um 530 Mönchsregel des Benedikt von Nursia

622 Hedschra: Auswanderung Muhammads von Mekka nach Medina, Beginn der islamischen Zeitrechnung

637 Jerusalem wird unter dem arabischen Namen »Al Kuds« (das Heiligtum) in das Kalifenreich eingegliedert

ab 711 Eroberung Spaniens durch die Mauren

ab 719 Missionstätigkeit des Bonifatius (»Apostel der Deutschen«)

ab 726 Bilderstreit in Byzanz (beigelegt 842)

800 Kaiserkrönung Karls I., des Großen, in Rom

955 Niederlage der Ungarn auf dem Lechfeld bei Augsburg

962 Kaiserkrönung Ottos I., des Großen, in Rom

Zierschrift in einem »Sacramentarium Gelasianum«, um 750; Pergament, 26,1 x 17,4 cm; Vatikan, Biblioteca Apostolica Vaticana, Reg. lat. 316, fol. 4r
Die liturgische Handschrift stammt aus dem Benediktinerinnenkloster Chelles östlich von Paris, einer Gründung der angelsächsischen Königin Mathilde aus der Zeit um 650. Der Kodex enthält den Text der Messe in der ›gelasianischen‹, Papst Gelasius II. zugeschriebenen Form. Die Zierseite ist charakteristisch für den Dekorationsstil merowingischer Skriptorien: Das christliche Symbol des Kreuzes vereint Blatt-, Blüten- und geometrische Formen. Die Anfangsworte »In nomine domini« (›Im Namen des Herrn‹) beginnen mit einer ornamentierten Initiale I und einem aus drei Fischen gebildeten N. Jeweils zwei Fische ergeben Anhänger am Kreuz in Gestalt der Buchstaben Alpha und Omega, die als Anfang und Ende des griechischen Alphabets Christus symbolisieren (»Ich bin das Alpha und das Omega, spricht Gott, der Herr, der ist und der war und der kommt, der Herrscher über die ganze Schöpfung«, Offb. 1,8; vgl. Offb. 20,6). Weitere Schmuckmotive sind Vögel und Vierbeiner.

GESTALTUNGSMITTEL

ORNAMENT

SCHMÜCKENDES BEIWERK. Die Kunstgeschichte des Ornaments gliedert sich in verschiedene Ebenen. Aus neuzeitlicher Sicht erfüllen Ornamente und deren Gesamtheit, die Ornamentik, die untergeordnete Aufgabe der Verzierung (lat. *ornare* ›schmücken‹). Das schmückende Ornament ist aus geometrischen Formen (Kreis, Quadrat, Dreieck), pflanzlichen (vegetabile Motive wie Blatt, Blüte, Ranke) oder tierischen (zoomorphen) Gestalten gebildet. Ein Merkmal der ornamentalen Gestaltung ist die Wiederholung, der Rapport.

ORNAMENTALE BILDSPRACHE. Im Frühmittelalter emanzipiert sich die Ornamentik aus der untergeordneten Verwendung als schmückendes Beiwerk und wird zum selbständigen bildhaften Ausdruck. Insofern knüpft die frühmittelalterliche Ornamentik an die frühgeschichtliche Tradition zeichenhafter Symbole wie Kreis oder Spirale an. Als Bindeglieder zwischen ornamentaler Symbolik und ornamentaler Bildsprache sind die keltische und die germanische Kunst zu betrachten. Sie gehören zu den Grundlagen der irisch-angelsächsischen Buchmalerei klösterlicher Skriptorien des 7. und 8. Jahrhunderts, deren reinste Ausformung die ausschließlich ornamental gestaltete Bildseite bzw. ›Teppichseite‹ darstellt.
Die Deutung solcher Buchseiten, die auf den ersten Blick als bloße Schmuckseiten wirken, als bildsprachlicher Ausdruck gründet sich auf eine besondere Form der künstlerischen Übersetzung der Wirklichkeit in deren Abbild: Realität wird nicht nachgeformt, sondern elementarisiert. Man kann auch von Chiffren der Wirklichkeit sprechen und damit auf den Anteil einer Gelehrsamkeit hindeuten, die sich aus der Begegnung zwischen keltischer und romanischer Kultur entwickelt hat. Zeitgenossen wie der angelsächsische Abt Anselm von Malmesbury und ab 705 Bischof von Sherborne wandten sich scharf gegen jene irische Gelehrsamkeit, in deren Hang zur Verschlüsselung sie heidnische Überreste vermuteten. Ihr Urteil betraf auch die gleichsam ornamentalisierte Form der christlichen Verkündigung in der irisch-angelsächsischen Buchmalerei. Eine Mischform keltischer Ornamentsprache und lateinischer Schriftsprache bilden die Initialen in irisch-angelsächsischen Evangeliaren. Hier verbinden sich magische Elemente der Ornamentik mit der Magie des Buchstabens in der Tradition der ›heiligen Namen‹ (*nomina sacra*), etwa in Form des Christusmonogramms.
Eine zumindest formal vergleichbare Bedeutung besitzt die islamische Ornamentik. Zugrunde liegt das Verbot religiöser figürlicher Darstellungen, das sich wie eine Vielzahl anderer Elemente des Koran aus dem Alten Testament herleitet. So besteht ein enger Zusammenhang zwischen den Zehn Geboten und ihrem Bilderverbot (2. Mose 20,2–21) und der 17. Sure des Koran (Verse 22–39).

TEPPICHSEITEN

Ausschließlich ornamental gestaltete Zierseiten werden als Teppichseiten bezeichnet. Sie finden sich insbesondere in der iro-schottischen bzw. insularen Buchmalerei. Zu deren Hauptwerken gehören:

Book of Durrow, um 675; erstes vollständig erhaltenes illuminiertes Evangeliar, entstanden auf der Klosterinsel Iona in Northumbrien vor der schottischen Westküste, benannt nach der Aufbewahrung im irischen Kloster Durrow (Dublin, Trinity College Library).

Book of Lindisfarne, um 700; Evangeliar, entstanden im Inselkloster Lindisfarne vor der Mündung des Tween an der schottisch-englischen Grenze (London, British Museum).

Book of Kells, um 800; Evangeliar, begonnen möglicherweise auf der Klosterinsel Iona und im irischen Kloster Kells vollendet (Dublin, Trinity College Library).

›Teppichseite‹ im *Book of Lindisfarne*, um 700; Pergament, 34 x 24,5 cm; London, British Museum, Cotton Ms. Nero D. IV, fol. 26v
Das Evangeliar aus dem Inselkloster Lindisfarne stellt den vier Evangelien jeweils ein Evangelistenbild, eine Teppichseite und eine Initialzierseite voran: Figur, Ornament und Schrift kommen in eigenständiger Weise zur Geltung. Formen der Ornamentik sind Flechtwerk sowie Schachbrett-, Treppen-, Spiral- und Trompetenmuster. Die hier wiedergegebene Seite löst aus dem dichten Gewebe durch Konturierung die Form des Kreuzes, das durch die Verbindung von Kreis und Achsenkreuz den irischen Steinkreuzen entspricht und wie diese kosmologische Symbolik enthält. Während die Teppich- und Initialzierseiten auf keltischen Voraussetzungen beruhen, liegen den Evangelistenbildern des *Book of Lindisfarne* spätantike Vorlagen zugrunde, die im Zusammenhang der von Italien ausgehenden Missionierung der Angelsachsen über die Klöster Wearmouth und Jarrow nach Lindisfarne gelangt sind.

STIL

BYZANTINISCHE KUNST

AUSSTRAHLUNG. Als Kunst im Oströmischen bzw. Byzantinischen Reich ist die rund tausend Jahre umfassende Byzantinische Kunst eine zuletzt auf die Hauptstadt Konstantinopel begrenzte Stilregion, die weit darüber hinaus ausstrahlt. Im Westen übertrifft ihr Einfluss den mediter-

David und Melodia **im *Pariser Psalter*, um 975; Pergament, Blattformat 37 x 26,5 cm; Paris, Bibliothèque Nationale, Ms. gr. 139, fol. 1v**
Der nach seinem Aufbewahrungsort benannte Pariser Psalter aus Konstantinopel gehört mit seinen 14 Miniaturen zu den Hauptwerken der Malerei der Makedonischen Renaissance: Das alttestamentliche Thema des Hirtenjungen David, der vor seinen Tieren musiziert, ist vollständig in die wieder entdeckte griechisch-hellenistische Bildsprache übersetzt. In plastisch-körperlicher und räumlicher Darstellung erscheint David als Orpheus mit Melodia, der Allegorie des Liedes. Hinter einer Säule lauscht die Nymphe Echo, zu ihren Füßen lagert sich die Allegorie der Berge bei Davids Heimatstadt Betlehem. Eine Kopie der Miniaturen aus der frühen Palaiologenzeit (Ende 13. Jahrhundert) enthält der *Palatina-Psalter* (aus der Heidelberger Palatina) im Besitz der Vaticana (Pal. gr. 3818).

ranen Machtbereich im Frühmittelalter (Ravenna, Süditalien, Sizilien) durch den byzantinischen Anteil an der Ottonischen Kunst. Im Osten ist die Byzantinische Kunst aufs engste mit der Ausbreitung der griechisch-orthodoxen Kirche bzw. ihrer Nationalkirchen verbunden und gehört damit zu den Grundlagen der Russischen Kunst.

KUNST UND THEOKRATIE. Die Byzantinische Kunst greift das griechisch-hellenistische und das frühchristliche Erbe auf, das seine theologische und dogmatische Prägung zunächst im griechischen Osten unter Beteiligung der Kaiser an Konzilsentscheidungen gewann. Konstantinopel, das ehemalige Byzantion war gemeinsamer Sitz der Kaiser und der ihnen unterstellten Patriarchen und bildete den Mittelpunkt eines theokratischen Staatskirchentums, das dem künstlerischen Leben seinen Stempel aufdrückte. Die Architektur und deren Ausstattung mit Mosaiken sowie die Erzeugnisse der kaiserlichen Werkstätten aus Edelmetall, Email und Elfenbein übertreffen im 6. Jahrhundert bei weitem die künstlerischen Bemühungen im ›barbarischen‹ Westen.
Aus der Voraussetzung theokratischer Staatskunst lässt sich die tief greifende Krise erklären, die im 8./9. Jahrhundert als ›Bilderstreit‹ Kirche und Staat entzweit. Die Auseinandersetzung um die Frage, ob die Werke der religiösen Kunst mit kultischer Verehrung verbunden sein dürfen, wird von kaiserlicher Seite als Verführung zum ›Götzendienst‹ verneint, da die ›Bilderverehrung‹ Macht und Reichtum der Kirche, vor allem der Klöster, in einem Umfang stärkt, der das von außen bedrängte Kaisertum auch im Innern untergräbt. Umso rücksichtsloser wird der Ikonoklasmus, die Verfolgung der Bilderverehrer (Ikonodulen), durchgeführt. Umgekehrt wird die Wiederherstellung der kultischen Bedeutung von Bildern durch eine Synode (843) zum »Fest der Orthodoxie«, das bis heute im Festkalender der griechisch-orthodoxen Kirche enthalten ist.

MAKEDONISCHE RENAISSANCE. In dem nun führenden Medium der Buch- und Tafelmalerei sowie der Mosaikkunst übertrifft die Byzantinische Kunst erneut den Westen. Lange vor der italienischen Renaissance findet hier eine Wiederbelebung antiker Gestaltungsmittel statt, beispielsweise im *Pariser Psalter*. Diese nach der Dynastie der Makedonen benannte Renaissance verbindet die Körperlichkeit und Räumlichkeit der Bildgegenstände mit transzendentem Sinngehalt, der im Goldgrund symbolischen Ausdruck gewinnt. Hierin berühren sich die Ottonische und die Byzantinische Kunst. Herausragende Werke der Makedonischen Renaissance sind die 430 Miniaturen im *Menologion Basileios' II.* (um 985, Vaticana); sie schildern überwiegend Martyrien, wobei die körperliche Qual vom göttlichen Goldlicht überstrahlt wird. Als Nachahmung von Friesspiralen an Triumphsäulen in der Malerei erscheinen die militärischen Szenen einer Bilderzählung des Buches Josua (*Josuarolle*, um 950; Vaticana).

DATEN

518–619 *Justinianische Dynastie*, u. a. Justinian I., der Große (reg. 527–65, Bauherr der *Hagia Sophia*)

726–842 Bilderstreit

867–1056 Dynastie der *Makedonen*, u. a. Basileios II. (reg. 976–1025, Schwager Wladimirs I., des Heiligen, von Kiew), Epoche der Makedonischen Renaissance

1054 Endgültiges Schisma zwischen lateinischer West- und griechischer Ostkirche (formale Aufhebung des Kirchenbanns gegen Patriarchen von Konstantinopel 1965)

1081–1185 Dynastie der *Komnenen*, u. a. Alexios I. Komnenos (reg. 1081–1118, Abwehr der Normannen unter Robert Guiscard)

1204–61 Fremdherrschaft während des Lateinischen Kaiserreichs

1259–1453 Dynastie der *Palaiologen*, u. a. Johannes VIII. Palaiologos (reg. 1425–48), Versuch einer Kirchenunion mit dem Westen auf dem Konzil von Florenz (1439)

1453 Eroberung Konstantinopels (seit 1930: Istanbul) durch die Osmanen unter Sultan Mehmet II. (reg. 1451–81)

NACH DEM ›BILDERSTREIT‹

Die Grundlage der Wiederbelebung der kultischen Verehrung des religiösen Kunsthandwerks bildet eine Deutung des religiösen Bildes, die bereits der Kirchenlehrer Basileios der Große im 4. Jahrhundert entwickelt hatte: Die Ehre, die der Darstellung erwiesen wird, gilt dem Dargestellten (Christus, Maria, die Heiligen). Neu ist die Beschränkung auf die zweidimensionale Ikone (griech. *eikon*), sodass der Byzantinischen Kunst des Mittelalters die Monumentalskulptur – im Unterschied zum Westen – fremd ist.

MATERIAL UND TECHNIK

MOSAIK

GLÄNZENDE WÄNDE. Der Ursprung des Mosaiks liegt im Bedürfnis nach großflächiger Wanddekoration in ornamentaler und figürlicher Gestaltung, die der vergänglichen Wandmalerei durch die Widerstandsfähigkeit ihrer Materialien überlegen ist. Aus diesem Verlangen entwickelte sich das Mosaik als eine Verkleidung der Raumhülle – Fußboden, Wände, Decke, Gewölbe, Kuppelschale – mit kleinen, dicht an dicht gefügten und durch Mörtel an der Wand befestigten Würfeln aus Naturstein oder Glasfluss.

Kaiser Justinian I. mit Klerus und Gefolge, vor 547; **Mosaik; Ravenna, San Vitale, Apsis des Presbyterium**
Der Gesamteindruck entspricht dem Charakter der Mosaikkunst als monumentaler Flächenkunst: Die zwölf Figuren scheinen sich in frontaler Wiedergabe flächenparallel zu reihen. Bei genauerer Betrachtung erweist sich die Figurenreihe als auf die Wand projizierte Kolonne einer Prozession: Überschneidungen klären die zeremonielle Reihenfolge von Klerus (Erzbischof Maximian), Kaiser und Gefolge. Die gegenüberliegende Wand zeigt in entsprechender Anordnung Kaiserin Theodora mit Gefolge.

Ihre Blütezeit in der Kirchenkunst des Mittelalters verdankte die musivische Wanddekoration ihrer mystischen Raumwirkung aufgrund vielfältiger Lichtreflexe je nach Beleuchtung durch einströmendes Tageslicht oder durch Fackeln und Kerzen. Das Raum- und Lichterlebnis gewann seine höchste Steigerung durch Mosaiksteinchen aus Glasfluss mit Edelmetallen: Über die noch glühende Glasmasse wurde Blattgold oder -silber gebreitet und diese Folie mit einer dünnen Glasschicht bedeckt, um schließlich diesen dünnen Glasflusskuchen in gold- und silberglänzende Glaswürfel zu zerteilen.

Die Kleinteiligkeit der als Tesserae bezeichneten Mosaiksteinchen trägt insofern zur geheimnisvollen Raumwirkung bei, als die ›Malerei mit Steinchen‹, hierin dem Pointillismus des späten 19. Jahrhunderts vergleichbar, ihre farbliche Erscheinung je nach Abstand des Betrachters verändert, also eine räumliche Qualität besitzt: Was aus der Nahsicht als kontrastreiche Struktur aus einer Vielzahl einzelner Punkte und Richtungsänderungen der

Kaiser Justinian I., vor 547
Das Detail aus der von Erzbischof Maximian angeführten Prozession verdeutlicht charakteristische Gestaltungstechniken der Mosaizisten. Sie beruhen zum einen auf der umfangreichen Farbpalette der Mosaiksteinchen aus Glasfluss mit eingeschmolzenen Metalloxiden, zum anderen auf der formbildenden Wirkung der Steinsetzung. So gewinnt der Nimbus des Kaisers – kein Heiligenschein, sondern gleichsam die Projektion des runden Diadems auf die Fläche – seinen hoheitsvollen, streng geometrischen Charakter nicht zuletzt durch die konzentrische Anordnung der mit Blattgold versehenen Glassteine. Eine musivische Nachbildung von Perlen schmückt den Kronreif, die seitlichen Gehänge (Pendilien) und die Mantelschließe an der rechten Schulter.

Steinsetzung erscheint, gewinnt mit zunehmender Entfernung den Charakter eines feinmaschigen Gewebes. Es bedeckt die Wände und Apsiden ravennatischer Kirchen wie *Sant' Apollinare Nuovo* (Weihe 504) und als byzantinisch geprägte Ausstattung aus dem 12./13. Jahrhundert die Gewölbe und Kuppelschalen der Palastkirche *San Marco* in Venedig.

LINIE UND RHYTHMUS. Kennzeichnend für die eigenen Gesetze der Mosaikkunst ist ihre künstlerische Wiederentdeckung (nach historistischen Imitationen) im Jugendstil und kunsthistorische Neubewertung um 1900. So bestritt Alois Riegl 1901 in seiner Studie *Spätrömische Kunstindustrie* (Titel der Neuausgabe 1927) die Allgemeingültigkeit klassischer, auf die bildinterne Realität bezogener Wertmaßstäbe zugunsten der raumbezogenen Dekoration. Als Beispiel für die dekorative Qualität von Linie und Rhythmus dienen ihm die *Kaisermosaiken in San Vitale*: »Wie angesichts solcher Werke von ›Verfall‹ gesprochen werden kann, ist unerfindlich, denn jede Linie zeugt von klarer Überlegung und positivem Wollen.«

MATERIALIEN

Fayence, Formsteine aus farbig glasiertem Ton zur Innen- und Außenverkleidung von Gebäuden mit Fayence-Mosaiken (Persien, Indien)

Kiesel, naturbelassenes Material des Kieselstein-Mosaiks

Naturstein, Mosaiksteine aus Kalk- und Sandstein sowie Marmor, vorwiegend für Bodenmosaike

Smalten, Mosaiksteinchen aus Glasfluss mit eingeschmolzenen Metalloxiden

Tesserae, die zumeist würfelförmigen Mosaiksteinchen

Tonstifte, Material mesopotamischer Wanddekorationen in musivischer Gestaltung

THEMA

CHRISTUSBILD

DIE MENSCHWERDUNG GOTTES

Die theologische Rechtfertigung des Christusbildes gründet sich auf die Lehre der göttlichen Inkarnation in der Gestalt und Person Jesu Christi: »Wer kann sich von dem unsichtbaren, unkörperlichen und gestaltlosen Gott ein Abbild machen? Höchst töricht und gottlos ist es also, die Gottheit darzustellen. Daher war im Alten Testament der Gebrauch von Bildern nicht üblich. Es ist aber Gott um seiner barmherzigen Liebe unseres Heiles wegen wahrhaftig Mensch geworden (...), wesenhaft, wirklich ist er Mensch geworden, hat auf Erden gelebt und mit den Menschen verkehrt, hat Wunder gewirkt, gelitten, ist gekreuzigt worden, auferstanden, in den Himmel aufgenommen worden, und all das ist wirklich geschehen.« (Johannes von Damaskus, *Vom Bilde*)

PANTOKRATOR UND MAIESTAS DOMINI. Die römisch-christliche Spätantike kannte die ›apollinische‹ Gestalt des jugendlichen lehrenden Jesus, verwandt der Figur des Guten Hirten als Lammträger. Auch szenische Zyklen wie die christologischen Mosaiken an den Langhauswänden von *Sant' Apollinare Nuovo* (Weihe 504) in Ravenna bewahren diesen Typus. Im Verlauf des 6. und 7. Jahrhunderts tritt jedoch ein Wandel ein, dessen äußeres Merkmal das bärtige Antlitz bildet. Es kennzeichnet zuerst im byzantinischen Bereich das mit Buch und Segensgestus dargestellte Brustbild des ›Allherrschers‹ Christus Pantokrator auf Tafelbildern sowie als Mosaik in Kuppelschalen oder an den Halbkuppeln von Apsiden, aber auch als getriebenes Relief an Gefäßen und als Münzbild. Seine Entsprechung im Westen findet der Pantokrator in der Thronfigur der Maiestas Domini im ganzfigurigen Heiligenschein, der ›mandelförmigen‹ Mandorla und umgeben von den vier Evangelistensymbolen. Statt der vier geflügelten Wesen, die der byzantinischen Bildtradition fremd sind, erscheint zu beiden Seiten des Pantokrators das zweiteilige griechische Monogramm IC (d.i. Jesus) und XP oder XC (d.i. Christus), das als Doppelname die Göttlichkeit des Menschen Jesu kennzeichnet. Bis heute gilt in der russisch-orthodoxen Kirche, dass eine neue Christusikone erst geweiht und verehrt werden darf, wenn sie mit dem Namensmonogramm versehen ist.

NICHT VON MENSCHENHAND. Die Entstehung des Pantokrator-Bildes ist umrankt von Legenden über die Entstehung von Acheiropoieta, d. h. von Bildnissen Jesu, die ›nicht von Menschenhand geschaffen‹ wurden. Der griechische Kirchenlehrer Johannes von Damaskus (gest. um 754) berichtet: »Als Abgar, König von Edessa, einen Maler absandte, um ein Bildnis des Herrn zu machen, und der Maler es wegen des strahlenden Glanzes seines Antlitzes nicht vermochte, habe der Herr selbst sein Oberkleid auf sein göttliches, Leben spendendes Antlitz gelegt und sein Bild im Kleide abgeprägt und es so dem danach verlangenden Abgar geschickt.« Dasselbe Motiv enthält die Legende vom Schweißtuch der hl. Veronika, deren Name einer Jüngerin ursprünglich Beronike lautet, dann aber als »sprechender Name« dem Begriff *vera eikon* (›wahres Bild‹) angeglichen wird.

Die Legendentraditionen der Acheiropoieta spiegeln die Entwicklung des Christusbildes zur kultisch verehrten Christusikone als Abbild eines auf wunderbare Weise entstandenen Urbildes, das von einem heilsgeschichtlichen Bilderkosmos umgeben wird. Dieser findet seine Ordnung in Gestalt der ostkirchlichen Ikonostase (Bilderwand) zwischen dem Gemeinderaum (griech. *naos*) und dem Altarraum (griech. *adyton*), zu dem die mittlere, mit einem Tuch verhängte Tür der Ikonostase führt. Die Ikone über

Christusikone, erste Hälfte des 6. Jahrhunderts; Enkaustik auf Holz, 84 x 45,5 cm; Sinai, Katharinenkloster
Das Werk zählt zu den ältesten erhaltenen Christusikonen. Das Attribut der göttlichen Person in Form eines Nimbus mit dem Zeichen des Kreuzes rahmt das bärtige Antlitz. Im linken Arm hält Christus ein kostbar gebundenes Evangelienbuch, während er die Rechte zum Segensgruß erhebt. Die Gewandung aus Tunika und Mantel zeigt den kaiserlichen Purpur. Der wohl in Konstantinopel tätige, in der antiken Technik der Wachsmalerei (Enkaustik) geübte Maler hat es verstanden, das lebensgroße Brustbild als beseeltes Menschenbild und zugleich als Gottesbild des Christus Pantokrator darzustellen. Ein wesentliches Gestaltungsmittel ist eine leichte Asymmetrie in der Wiedergabe des Hauptes, durch welche der Eindruck von Starrheit vermieden wird. Die Ikone wurde 1962 von einer Übermalung gereinigt, der zufolge eine Datierung in das 13. Jahrhundert als wahrscheinlich galt.

diesem von zwei seitlichen Öffnungen flankierten Zugang zum Allerheiligsten zeigt den Christus Pantokrator zwischen Maria und Johannes dem Täufer, die Fürbitte (griech. *deesis*) leisten. Dieser Zusammenhang definiert das Buch in der Linken Christi als Buch des Lebens, von dem die Offenbarung des Evangelisten Johannes spricht: »Und Bücher wurden aufgeschlagen; auch das Buch des Lebens wurde aufgeschlagen. Die Toten wurden nach ihren Werken gerichtet, nach dem, was in den Büchern aufgeschrieben war« (Offb. 20,12). Über der Deesis befindet sich die Ikone des Gekreuzigten zwischen Maria und dem Jünger Johannes (vgl. Joh. 19,26 f.), wobei die byzantinische Bildtradition das Sterben am Kreuz durch das Motiv der wie Schwingen ausgebreiteten Arme als Erhebung über den Tod deutet.

GESTALTUNGSAUFGABE

ZENTRAL- UND RICHTUNGSBAU

FORMEN DES ZENTRALBAUS

Kubus, Idealtypischer Baukörper über quadratischem Grundriss.

Oktogon, Zentralbau über achteckigem (oktogonalem) Grundriss (Ravenna, *San Vitale*, Weihe 547).

Polygon, Zentralbau mit vielseitigem (polygonalem) Grundriss (Aachen, Pfalzkapelle, Oktogon mit 16-seitigem Umgang, um 790–800).

Rotunde, Zentralbau über rundem Grundriss (Rom, *Santa Costanza*, wohl als Baptisterium geplant, dann Mausoleum für die Tochter Konstantins d. Gr., Constantina, gest. 354; Rom, *San Stefano Rotondo*, um 468).

Tholos, Antiker Rundtempel mit zylindrischer Cella und Säulenkranz.

FORM UND FUNKTION. Die Forderung, der Verwendungszweck eines Gebäudes müsse seine Gestaltung bestimmen und an dieser ablesbar sein (»form follows function«, Louis Henry Sullvan), ist keine Erfindung des 20. Jahrhunderts, sondern gehört zum Wesen der Architektur als ›angewandter Kunst‹. Dies verdeutlicht die Kirchenbaukunst der Spätantike und des Frühmittelalters durch die jeweilige Verwendung der beiden architektonischen Grundformen Zentralbau und Richtungsbau, der auch als Längs- oder Longitudinalbau bezeichnet wird.
Der gleichmäßig um einen Mittelpunkt geordnete Zentralbau besitzt gleichsam die geistige Mitte eines zentralen Geschehens von herausragender Bedeutung. Ein solches Ereignis ist die Taufe. Ihr hat die christliche Sakralarchitektur die Taufkirche (Baptisterium, von griech. *baptistein* ›taufen‹) gewidmet, ein eigenes, in der Regel überkuppeltes Bauwerk mit zumeist achteckigem Grundriss und einem Taufbecken im Mittelpunkt (Ravenna, *Baptisterium der Orthodoxen*, um 458).
Enthält der Zentralbau einen liturgischen Ereignisraum, so lässt sich die Kirche in Gestalt des basilikalen Richtungsbaus als Hülle eines liturgischen Handlungsraums betrachten. Der physische und mit ihm der geistige Weg führt als ein spirituelles Handeln vom Eingang entlang der Längsachse in Richtung des Altars (Ravenna, *Sant' Apollinare in Classe*, 535–49). Eine vergleichbare Orientierungs-

anweisung besitzt die Moschee in Gestalt der nach Mekka gerichteten Gebetsnische.

DIE KUPPELBASILIKA. Die funktionale Unterscheidung zwischen Zentral- und Richtungsbau lässt sich als Unterschied zwischen vertikaler und horizontaler Orientierung begreifen. Die beiden Raumachsen als Richtungen der körperlich-seelischen ›Bewegung‹ zu verbinden, ist das Ziel der byzantinischen Kuppelbasilika, wobei der jeweilige Anteil zentrierender oder längsgerichteter Raumkräfte eine Vielzahl von Differenzierungen hervorgebracht hat. Dem Zentralbau am nächsten steht die Kreuzkuppelkirche über dem Grundriss des griechischen Kreuzes mit vier Kreuzarmen von gleicher Länge. Diesen Typus repräsentiert der Neubau der *Apostelkirche* in Konstantinopel (536–65) mit einer Hauptkuppel und vier Nebenkuppeln. Ihrem Vorbild folgt *San Marco* in Venedig (beg. 1063). Der Richtungsbau dominiert beim Neubau der Irenenkirche (*Hagia Eirene*) in Konstantinopel mit einer Kuppel (Spannweite 16 m) über dem von zwei Seitenschiffen begleiteten Mittelschiff (beg. 532).
Im Westen erhält die Kuppelbasilika die Form der romanischen Basilika über dem Grundriss des lateinischen Kreuzes (langer Längs- und kurzer Querarm) mit einer Kuppel über dem Vierungsquadrat, das sich aus der Durchdringung von Längs- und Querarm ergibt.
Das prominenteste Beispiel einer Verbindung beider Haupttypen des Kirchenbaus ist neben der *Hagia Sophia* in Konstantinopel (532–37) die 1506 als Zentralbau über einem griechischen Kreuz begonnene *Peterskirche* in Rom, die zu Beginn des 17. Jahrhunderts durch ein Langhaus ergänzt wurde.

Hagia Sophia in Konstantinopel, 532–37, erneute Weihe nach Wiederherstellung der eingestürzten Kuppel 561; Längsschnitt und Grundriss (obere Hälfte Erdgeschoss, untere Hälfte Emporengeschoss)
Die *Hagia Sophia*, geweiht der Heiligen Weisheit, ersetzte im Auftrag Justinians I. den im Nike-Aufstand zerstörten konstantinischen Vorgängerbau. Als Architekten sind Anthemios von Tralles und Isidoros von Milet überliefert. Elemente des Zentralbaus sind die Hauptkuppel mit einem Durchmesser von 34 m und einer Scheitelhöhe von 52,6 m sowie die Ummantelung des Hauptraums durch Nebenräume, die den Grundriss dem Quadrat annähern. Der Charakter eines Richtungsbaus ergibt sich aus der Ergänzung der runden Hauptkuppel über dem Kuppelquadrat durch zwei Halbkuppeln entlang einer Längsachse, die von der äußeren Vorhalle (Exonarthex) und der inneren Vorhalle (Esonarthex) im Nordwesten zur entgegengesetzten Apsis im Südosten führt. Die innere Länge misst 80,9 m, die Gesamtbreite 67,7 m.

Frühmittelalter

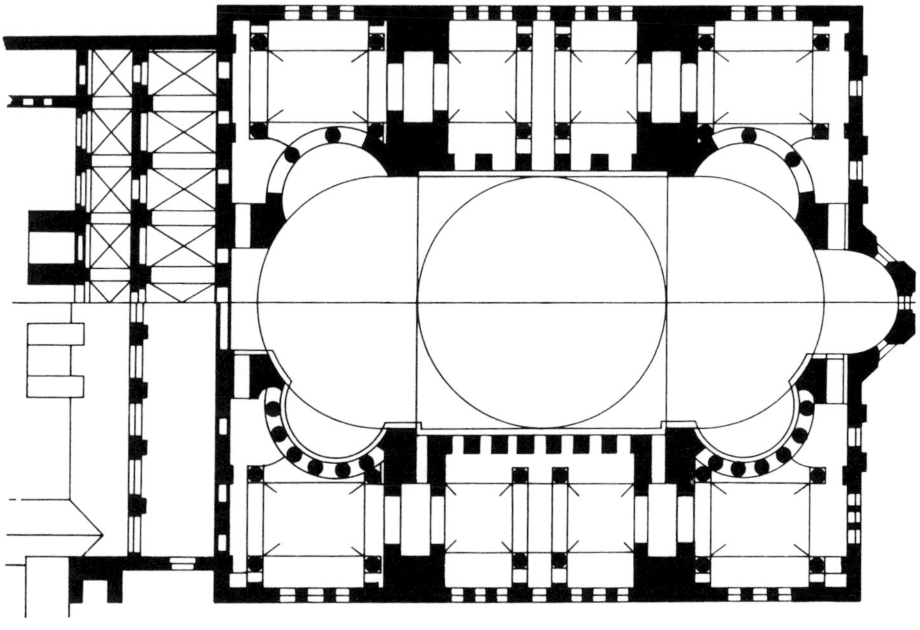

ATTRIBUT UND SYMBOL

KUPPEL

DIE GEWÖLBESCHALE. Drei repräsentative Bauwerke der ›drei Kulturen‹ des Frühmittelalters haben eines gemeinsam: die Bekrönung durch eine Kuppel. Es sind dies in der Reihenfolge ihrer Entstehung die byzantinische *Hagia Sophia* in Konstantinopel (532–37, Bauherr: Justinian I., der Große), der islamische *Felsendom* in Jerusalem (687–91, Bauherr: Kalif Abd al-Malik) und die karolingische *Pfalzkapelle* in Aachen (um 790–800, Bauherr: Karl I., der Große). Gemeinsam ist jedoch nicht allein das architektonische Motiv der Gewölbeschale über kreisförmigem bzw. in Aachen oktogonalem Grundriss, sondern auch die Himmelssymbolik, die bereits der exakt halbkugelförmigen Kuppelschale des ›allen Göttern‹ geweihten *Pantheon* in Rom zukam (erbaut zwischen 118 und 128 n. Chr., um 610 als Kirche *Santa Maria ad martyres* geweiht). Den Eindruck eines überirdischen Schwebens bewirkt bei der Kuppel der *Hagia Sophia* ein Kranz von 40 Fenstern am Kuppelfuß; sie scheint, so der Hofhistoriograf Prokopios, »wie an einer goldenen Kette vom Himmel herabzuhängen«. Die mit einem ornamentalen Goldmosaik ausgekleidete Kuppel des Felsendoms wölbt sich über dem Felsen, auf dem Abraham seinen Sohn Isaak zur Opferung vorbereitet und der Prophet Muhammad seine nächtliche Himmelsreise angetreten haben soll. Das heutige Kuppelmosaik in Aachen, eine (hypothetische) Rekonstruktion aus dem Jahr 1881, bezieht sich mit einer Maiestas Domini, den vier Evangelistensymbolen und den 24 Ältesten auf die Himmelsvision im 4. Kapitel der Offenbarung des Johannes, die mit der Vision eines »neuen Himmels und einer neuen Erde« endet (Offb. 21,1).
In dieser Zusammenstellung symbolisiert der Himmel nicht allein das Oben als Sitz überirdischer Gewalten, sondern mit der bogenförmigen Bahn der Gestirne nach unwandelbaren Gesetzen auch die Ordnung des Universums. Diese Symbolik gehört zu den Konnotationen von Kuppeln bis in die Gegenwart.

BALDACHIN UND BOGEN. Der Großform der Kuppel folgt formal und in seinem symbolischen Gehalt die Kleinform des Baldachins, der den Ziboriumaltar überwölbt. Im *Codex aureus Karls II.*, des Kahlen, thront der Herrscher unter einem Baldachin, aus dessen Wölbung die segnende Hand Gottes ragt (um 860; München, Bayerische Staatsbibliothek).
Der Querschnitt des Baldachins ergibt einen auf Säulen ruhenden Rundbogen bzw. eine Arkade (lat. *arcus* ›Bogen‹). Sie ist die vorherrschende Rahmenform des karolingischen und ottonischen Evangelistenbildes als Autorenbild am Beginn des jeweiligen Evangeliums. Das inspirierende Evangelistensymbol findet seinen Platz in der himmlischen Sphäre des Bogenfeldes.

DIE HIMMELSKUPPEL

Der erste, jüngere der beiden Schöpfungsberichte am Beginn der Bibel enthält ein Weltbild, dem zufolge der Himmel aus einer Halbkugel aus festem Stoff besteht. Sie teilt die Urflut dergestalt, dass sich das Wasser unter und über der Schale befindet und durch deren Öffnungen als Regen niederfällt:

»Dann sprach Gott: Ein Gewölbe entstehe mitten im Wasser und scheide Wasser von Wasser.« (1. Mose 1,6)

»Gott setzte die Lichter an das Himmelsgewölbe, damit sie über die Erde hin leuchteten, über Tag und Nacht herrschen und das Licht von der Finsternis scheiden.« (1. Mose 1,17)

DER BESTIRNTE HIMMEL

Die Symbolik der Himmelskuppel in der Aufklärung:
»Zwei Dinge erfüllen das Gemüt mit immer neuer und zunehmenden Bewunderung und Ehrfurcht, je öfter und anhaltender sich das Nachdenken damit beschäftigt: *Der bestirnte Himmel über mir, und das moralische Gesetz in mir.*« (Immanuel Kant, *Kritik der praktischen Vernunft*, 1788)

***Himmelfahrt Christi*, erste Hälfte des 12. Jahrhunderts; Pergament, Blattformat 32,9 x 23,3 cm; Biblioteca Apostolica Vaticana, Vat. gr. 1162, fol. 1v**

Die Bildseite dient in einer Prachthandschrift der *Marienhomilien des Jakobos von Kokkinobaphos* aus dem Hofskriptorium in Konstantinopel als Frontispiz. Die Darstellung folgt einerseits der im »Malerbuch vom Berg Athos« überlieferten Anweisung zur Darstellung der Himmelfahrt: »Ein Berg mit vielen Ölbäumen, auf ihm die Apostel, die nach oben schauen und ihre Hände staunend ausstrecken. In ihrer Mitte die Mutter Gottes, die auch nach oben schaut.« Andererseits verlegt das Bild die Szene in das Innere einer Kirche, die durch eine Hauptkuppel und vier Nebenkuppeln als Kreuzkuppelkirche gekennzeichnet wird. Die Verbindung der Architekturdarstellung mit der Szene der Entrückung Christi veranschaulicht den Symbolgehalt der Kuppel. Formähnlichkeit verbindet diese mit der Mandorla, in der Christus von Engeln empor getragen wird. Nebenfiguren sind ein Prophet und König David. Mit einer *Himmelfahrt*, die bereits den geöffneten Himmel des Barock vortäuscht, bemalte Correggio 1520 die Kuppel von *San Giovanni Evangelista* in Parma.

STIL

ISLAMISCHE KUNST

FÜNF SÄULEN. Der Islam ist nach Judentum und Christentum die dritte monotheistische Weltreligion, mit dem Koran als heiliger Schrift. Entstanden ab 608 in einem Zeitraum von etwa 20 Jahren, enthält der Koran Offenbarungen Allahs (arab. *al-ilah* ›der Gott‹) an Muhammad. Er bildete zunächst eine mündlich überlieferte, zur Rezitation bestimmte Textsammlung mit hymnischen, erzählenden, ermahnenden, polemischen und gesetzgeberischen Elementen. Die Kanonisierung erfolgte unter Uthman (reg. 644–56), dem dritten Nachfolger (Kalif) Muhammads als religiöses und politisches Oberhaupt der Muslime. Seitdem gliedert sich der Koran in 114 Suren, die nach ihrem Umfang, von der längsten zur kürzesten Sure, angeordnet sind.
Den Gläubigen sind fünf Pflichten auferlegt, die als »Fünf Säulen des Islam« bezeichnet werden: Das monotheistische Glaubensbekenntnis (»Es gibt keinen Gott außer Allah, und Muhammad ist sein Gesandter«), das fünfmal täglich in Richtung Mekka zu verrichtende Gebet, das Almosengeben (heute durch Steuern ersetzt), das Fasten von Sonnenaufgang bis Sonnenuntergang im Monat Ramadan und die einmal im Leben vorzunehmende Wallfahrt nach Mekka.

DIE MOSCHEE. Die zentrale Bauaufgabe der islamischen Architektur ist die Moschee (arab. *masgid* ›der Ort, an dem man sich zum Gebet versammelt‹). Sie gliedert sich in ihrer klassischen Form in einen umgrenzten Hof mit Brunnen und die Gebetshalle (Haram), die in mehrere Längs- oder Querschiffe gegliedert ist. Die Kiblawand mit der Gebetsnische (Mihrab) gibt die Gebetsrichtung nach Mekka an. Im Unterschied zur Alltagsmoschee (Mesdschid) besitzt die Große Moschee oder Freitagsmoschee (Dschami) einen hochgelegenen, über eine Treppe von vorn zugänglichen Predigtstuhl (Mimbar) für die Freitagspredigt.
Seit Beginn des 8. Jahrhunderts ist das Minarett (arab. *manara* ›Platz, wo Feuer/Licht ist‹) ein Bestandteil der Moschee. Von diesem Turm herab ruft der Muezzin zum Gebet.

KALLIGRAFIE UND KUNSTHANDWERK. Mit dem Judentum und frühen Christentum teilt der Islam im Frühmittelalter das Verbot von figürlichen religiösen Darstellungen. Es lockerte sich in der türkischen und persischen Buchmalerei des Hochmittelalters, doch gewannen Illustrationen insbesondere der nächtlichen Himmelsreise Muhammads nie kultische Bedeutung, und eine Darstellung Gottes blieb grundsätzlich ausgeschlossen. An ihre Stelle treten der Schriftzug »Allah« und Korantexte wie der »Lichtvers« (Sure 24, Vers 35: »Gott ist das Licht der Himmel und der Erde. Sein Licht ist einer Nische ver-

STIL

Die islamische Kunst des Frühmittelalters gliedert sich in Epochen, die nach den herrschenden Kalifen-Dynastien bezeichnet werden und sich zeitlich überschneiden.

Omaijadenstil, 661–750, in Córdoba bis 1030; Entwicklung der Hofmoschee: *Große Moschee* in der Kalifenresidenz *Damaskus* (705–15).

Abbasidenstil, 750 bis zur Zerstörung der Residenz Bagdad durch die Mongolen 1256; Ziegelbauweise mit Stuckdekorationen (*Große Moschee von Samarra*, 838–52; *Ibn-Tulun-Moschee* in Kairo, 876–79), Mausoleen.

Fatimidenstil, 909–1171 in Ägypten, Syrien und Sizilien. Betonung der Fassade (*Al-Azhar-Moschee* in Kairo, 970–72), Blüte des Kunsthandwerks mit Arbeiten aus Bergkristall, Elfenbein und Glas.

Córdoba, Gebetssaal der Großen Moschee (Omaijadenmoschee), beg. 785
Córdoba war ab 756 die Hauptstadt eines maurischen Emirats, 929–1030 Hauptstadt des selbständigen Kalifats von Córdoba. Die Baugeschichte der Großen Moschee aus Hof und Gebetshalle, die sich in elf Schiffe gliederte, reicht bis zur Jahrtausendwende. Die überbaute Fläche maß zuletzt 180 x 130 m. Die zweigeschossigen, polychrom gemusterten Hufeisenbögen ruhen auf Säulen des Vorgängerbaus, einer westgotischen Kirche, sowie antiker Bauten Südfrankreichs, Nordafrikas und aus Konstantinopel. Von dort waren auch mit kaiserlicher Erlaubnis Mosaikkünstler nach Córdoba gekommen. Die ab 1236 teilweise in eine Kirche umgewandelte Moschee wurde von der UNESCO in das Weltkulturerbe aufgenommen.

gleichbar, in der eine Lampe ist«). Die kalligrafisch dargebotenen Texte sind Bestandteile einer im Islam vorherrschenden ornamentalen Gestaltungsweise.
Ein zweites religiös motiviertes Verbot betraf die Verwendung von Edelmetallen, die dem Paradies vorbehalten waren. Es förderte kunsthandwerkliche Techniken der Veredlung durch Ziselierung und Tauschierung (Einlegearbeit) unedler Metalle wie Bronze und Eisen sowie in der Keramik die Lüstertechnik: die Bemalung mit metallhaltigen, daher glänzenden Farben.

STIL

KAROLINGISCHE KUNST

KAROLINGISCHE KÖNIGE

Pippin III., 751–768

Karl I., der Große, 768–814

Ludwig I., der Fromme, 814–40

Karl II., der Kahle, 843–877

Karl der Dicke, letzter westfränkischer Karolinger, 885–87

Ludwig das Kind, letzter ostfränkischer Karolinger, 900–11

Münzbildnis Kaiser Karls des Großen, nach 804; Silber, Durchmesser 40 mm; Paris, Bibliothèque Nationale, Cabinet des Médailles
Die Vorderseite der in Mainz geprägten Münze zeigt Karl nach antikem Vorbild mit dem kaiserlichen Lorbeerkranz. Die Umschrift nennt seinen Kaisertitel »Karolus Imp(erator) Aug(ustus)«. Auf der Rückseite umgibt die lateinische Umschrift »christiana religio« mit dem griechischen Christusmonogramm XP (=CHR) als Initiale eine als Tempelfront stilisierte Kirche.

KAROLINGISCHE RENAISSANCE. Unter dieser Bezeichnung werden die im weitesten Sinne kulturpolitischen Reformen im karolingischen Frankenreich zusammengefasst, die aufs engste mit Karl dem Großen und seinen Mitarbeitern verbunden sind: mit dem Franken Einhard, dem Iren Dungal von Saint-Denis, dem Angelsachsen Alkuin von York (in seiner Eigenschaft als Abt Alkuin von Tours), den Langobarden Paulinus von Aquileja und Paulus Diaconus sowie dem Westgoten Theodulf von Orléans. Sie bildeten einen mitunter als Akademie bezeichneten Beraterkreis am Hof in Aachen und führten einen, modern ausgedrückt, interkulturellen Dialog. Gemeinsam standen sie im Dienst von Reformen des Bildungswesens, des kirchlichen Lebens, der Kunst und Literatur, bei denen antike Normen eine wesentliche Orientierung bildeten, etwa durch die Wiederbelebung der *septem artes liberales* (Sieben Freien Künste) als Grundlage der theologischen und philosophischen Ausbildung. Insofern handelt es sich um den Versuch, die Antike in der Tradition des spätrömisch-christlichen Kaisertums wieder zu beleben, die zunächst der Ostgotenkönig Theoderich der Große in Anspruch genommen hatte. Das zeitgenössische politische Schlagwort lautete: *renovatio Romani imperii*. Zu den Voraussetzungen einer Durchführung der kulturpolitischen Reformen durch den Klerus gehörte eine wohlorganisierte fränkische Kirche. Sie beruhte wesentlich auf der Tätigkeit des Angelsachsen Winfrid bzw. Bonifatius in päpstlichem Auftrag. Zu seinen Gründungen gehörten die Bistümer Passau, Regensburg, Freising, Würzburg und Erfurt; 746 übernahm er das Bistum Mainz.

ARCHITEKTUR. Das herausragende Baumonument der *renovatio* ist die *Pfalzkapelle* (um 790–800), heute Kern des *Aachener Münsters*. Als eine Verschmelzung antiker und germanischer Elemente ist die *Lorscher Torhalle* des 772 zum Reichskloster erhobenen Klosters Lorsch zu betrachten: Über den drei von Pfeilern getragenen Arkaden des Erdgeschosses, das einem Triumphbogen ähnelt, erhebt sich das Obergeschoss mit Pilastergliederung und einer ornamentalen Verkleidung mit weißen und roten Tonplatten. Ein Dokument karolingischer Baukonzeption ist der um 820 auf der Reichenau für den Neubau von St. Gallen gezeichnete (idealtypische) *Klosterplan von St. Gallen* (Stiftsbibliothek St. Gallen). Auf der Reichenau ist in Oberzell die spätkarolingische Basilika *St. Georg* (mit ottonischen Wandgemälden) erhalten.

KUNSTHANDWERK. Werke der karolingischen Skulptur sind kaum überliefert. Am bekanntesten ist die sog. *Reiterstatuette Karls des Großen* aus dem 9. Jahrhundert (Bronze, Höhe 24 cm; Paris, Louvre). Umso reicher ist die Überlieferung der Goldschmiedekunst (*Tassilokelch* des Bayernherzogs Tassilo III., um 780; Kremsmünster, Schatzkammer der Abtei) und Elfenbeinschnitzerei (*Deckel des Lorscher Evangeliars*, um 810–15; heute getrennt, London, Victoria & Albert Museum, und Vatikan, Museo Sacro).

MALEREI. Das reichste künstlerische Erbe bildet die Buchmalerei der Skriptorien in Aachen, Reims, Saint-Denis, Tours. Die Ausstattung liturgischer Kodizes umfasst Kanontafeln (Synopsen der vier Evangelien), Evangelistenbilder, Initialzierseiten sowie aus der Zeit Karls II., des Kahlen, Thronbilder der Auftraggeber und Darstellungen der Maiestas Domini. Daneben entstanden Kopien antiker illustrierter Handschriften der Komödien des Terenz oder eines Handbuchs der Vermessungskunst und astronomischer Werke. Überreste von Wandmalerei aus der Krypta von *St. Maximin* in Trier zeigen Märtyrer (Trier, Diözesanmuseum), in der *Johanneskirche* von Müstair (Graubünden) David- und Christusszenen. Das Bild eines auf sein Schwert gestützten Edelmanns in *St. Benedikt* in Mals (Vintschgau, Südtirol) repräsentiert das Eigenkirchenwesen mit Besitz- und Schutzrecht des Grundherrn.

Löwenkopf, um 800; Bronze, Durchmesser ca. 30 cm; Aachen, Münster
Den einzigen Schmuck der beiden Flügel der *Wolfstür* am Westeingang des karolingischen Kernbaus des Münsters, der *Pfalzkapelle*, bilden zwei Medaillons mit frontal wiedergegebenen Löwenköpfen. Ihre Gestaltung tendiert zur Stilisierung, lässt aber das antike Vorbild noch deutlich spüren. Unterstützt wird diese Wirkung durch den ornamentalen Rahmen aus radial angeordneten Palmetten. Die beiden Applikationen sind wie die jeweils in einem Stück gegossenen Türflügel (die ersten Bronzetüren nördlich der Alpen, Gesamtgewicht 4,3 Tonnen) Erzeugnisse der Aachener Gießerwerkstatt.

KUNSTZENTRUM

AACHEN

DIE PFALZ. Die Römer hatten Aachen als *Aquae Granni* zu einem Kurort ausgebaut, mit Thermen über den Heilquellen. Bereits der Frankenkönig Pippin III. besaß hier eine Residenz, auf deren Areal sein Sohn Karl ein ›zweites Rom‹ plante. Ab etwa 790 ließ er eine Anlage mit zwei durch eine Tor- und Gerichtshalle getrennten Höfen errichten. Im Norden lag die *Königshalle*, im Süden die sog. *Pfalzkapelle* in der Tradition der Palastkirche, wie sie Kai-

Aachener Münster, sog. *Pfalzkapelle,* um 790–800
Der Blick führt vom Thron Karls des Großen auf der Empore des überkuppelten karolingischen Oktogons nach Osten und lässt hinter den gegenüberliegenden Arkaden den gotischen Chor erkennen (Weihe 1414). Als einziges der acht Emporengitter ist die Abschrankung vor dem Thron mit einer Tür versehen, um freie Sicht hinab zum Altar zu bieten. Im Untergeschoss öffnen sich zwischen im stumpfen Winkel geknickten Pfeilern acht Bögen zum 16-seitigen Umgang. Über einem achtseitigen Gesims mit der Weihinschrift erheben sich Rundbögen, in die jeweils paarweise Säulen eingestellt sind, das untere Paar als dreigliedrige Arkade. Die Säulen aus Granit, Marmor und Porphyr stammen aus Ravenna und Rom. Ihr Symbolgehalt als Spolien, in denen die Übertragung der antiken Herrscherwürde auf die Franken zum Ausdruck kommt, veranlasste Napoleon I., die Säulen, die keinerlei statische Funktion besitzen, 1794/95 nach Paris bringen zu lassen. Sie wurden 1843–47 wieder eingebaut. An der Planung des Bauwerks war laut einer Urkunde Odo von Metz beteiligt, für die Ausführung dürfte Einhard, Karls ›Kunstagent‹ und Biograf, zuständig gewesen sein.

ser Justinian I. in Konstantinopel in Gestalt der *Hagia Sophia* und Theoderich in Ravenna besessen hatten (fälschlicherweise hielt man *San Vitale* statt *Sant' Apollinare Nuovo* für die Palastkirche des Ostgotenkönigs). Den heute noch erhaltenen Kern der Marienkirche, um 800 der erste monumentale Kuppelbau nördlich der Alpen, umgaben im Westen ein Atrium, im Norden ein Anbau, in dem der Herrscher seine Festkleidung anlegte, im Süden ein Trakt für zeremonielle Gastmäler und als Tagungsort von Synoden. Die Bezeichnung dieses Annex als Lateran zog den Vergleich mit Roms konstantinischer Kirchenstiftung auf dem Grundbesitz der Laterani (*San Giovanni in Laterano*) und den sich anschließenden Lateranpalast.

DIE WERKSTÄTTEN. Karls Pfalz in Aachen entwickelte sich zum Zentrum der karolingischen Kulturpolitik, ausgestattet mit einer ›Akademie‹ und einer Vielzahl von Werkstätten. Am besten ist die Aachener Gießerwerkstatt in der Pfalz bezeugt: 1911 förderten Grabungen Gussformen und Bronzeschlacken zutage, und Karls Biograf Einhard überliefert: »Er schmückte die Kirche mit Gittern und Türen aus massivem Erz« (*Vita Caroli Magni*, Kap. 26). Was auf geistig-wissenschaftlicher und künstlerisch-handwerklicher Ebene geleistet wurde, diente nicht oder nicht nur den Bedürfnissen des Hofes, sondern stand im Dienst der karolingischen Reformen im Bildungs- und Kirchenwesen. Dies verdeutlicht die Tätigkeit des Aachener Skriptoriums, bei dem stilistisch zwischen der von antiken Traditionen geprägten ›Palastschule‹ und der ›Hofschule‹ unterschieden wird, in der antike Vorbilder neu formuliert und irisch-angelsächsische Einflüsse verarbeitet wurden. Die Aachener Evangeliare füllten nicht die Hofbibliothek, sondern dienten der Liturgiereform, an der Karls Sohn und Nachfolger Ludwig I., der Fromme, mitwirkte.

DIE KRÖNUNGSKIRCHE. Ab 925 gehörte Aachen endgültig zum Ostfränkischen Reich, und von Otto I. (936) bis zu Ferdinand I. (1513) wurden die Herrscher des Heiligen Römischen Reichs in der Kirche Karls des Großen zum römischen König gekrönt, bevor sie bis zu Maximilian I. (1508) in Rom und bis Karl V. (1530) vom Papst die Kaiserkrone empfingen. Den Rang der Aachener Krönungskirche veranschaulicht ihre Ausstattung und der Münsterschatz. Aachen hatte sich vom Ausgangspunkt zum Sammelplatz herausragender Kunstwerke gewandelt, zu denen zwei gotische Goldschreine gehören: der 1236 vollendete *Marienschrein* mit Gewandreliquien Christi, Mariä und Johannes' des Täufers und der *Karlsschrein*. Letzterer geht auf das Jahr 1000 zurück, in dem Otto III. das Grab Karls des Großen in der Krönungskirche öffnen ließ; 1165, anlässlich Karls Heiligsprechung, stiftete Friedrich I. Barbarossa den Schrein für die als Reliquien verehrten Gebeine Karls, die Friedrich II. bei seiner Königskrönung 1215 eigenhändig darin verschloss. Seit 1950 verleiht Aachen den nach Karl dem Großen benannten Preis für Verdienste um die Einigung Europas.

WEIHINSCHRIFT

Das karolingische Oktogon des Aachener Münsters trägt am Gesims zwischen Untergeschoss und Empore die folgenden acht (lateinischen) Verse, die dem Hoftheologen Alkuin zugeschrieben werden:

»Sind die lebendigen Steine zur Einheit friedlich verbunden,
Stimmen in jeglichem Teil Zahl und Maß überein,
So wird leuchten das Werk des Herrn, der die Halle geschaffen;
Frommen Volkes Bemühen krönt der vollendete Bau.
Bleibende Zierde menschlicher Kunst, wird er ragen auf ewig,
Wenn des Allmächtigen Hand gnädig ihn schirmend regiert.
Deshalb bitten wir Gott, dass er schütze den heiligen Tempel,
Welchen unser Kaiser Karl baute auf sicherem Grund.«

SCHUTZ UND NAHRUNG

»Monasterium sine libris est sicut civitas sine opibus, castrun sine muro, coquina sine supellectili, mensa sine cibis, hortus sine herbis, pratum sine floribus, arbor sine foliis.« (›Ein Kloster ohne Bücher ist wie ein Staatswesen ohne Macht, eine Burg ohne Mauer, eine Küche ohne Hausgerät, ein Tisch ohne Speisen, ein Garten ohne Kräuter, ein Baum ohne Blätter.‹) (Aus dem *Informatorium bibliothecarii* der Kartause Basel)

Die Blätter des Baumes (lat. *folium, -a*) bezeichnen fachsprachlich auch die Buchblätter, abgekürzt fol. Bei der Blattzählung (Foliierung) besagt der Zusatz r(ecto), dass es sich um die Vorderseite (Rectoseite) des Blattes handelt; v(erso) kennzeichnet die Rückseite (Versoseite).

***Die vier Evangelisten im Schatzkammer-Evangeliar*, um 800; Pergament, Blattformat 30,1 x 23,3 cm; Aachen, Münsterschatz**
In einer Landschaft mit hoch angesetztem Horizont gehen vier Schreiber ihrer Arbeit nach. Es sind die Verfasser der vier Evangelien, gekennzeichnet durch ihr jeweiliges Symbolwesen aus der Himmelsvision des Ezechiel (Ez. 1,6–10; ebenso Offb. 4,7). Die Zuordnung stammt vom Kirchenvater Hieronymus. Die Anordnung unterscheidet zwischen den beiden Evangelisten, die zugleich als Jünger Jesu gelten, und den beiden mittelbaren Zeugen des Lebens Jesu als Apostelschüler. Demzufolge befinden sich oben Matthäus mit dem Engel und Johannes mit dem Adler, unten Markus mit dem Löwen und Lukas mit dem Stier. Das Evangeliar stammt aus der Palastschule (im Unterschied zur Hofschule) Karls des Großen in Aachen. In diesem Skriptorium waren Maler tätig, die vermutlich aus Italien nach Aachen kamen und das antike Erbe authentisch bewahrten.

KUNSTBETRIEB

SKRIPTORIUM

BUCHKULTUR. Zum Raumprogramm eines gut ausgestatteten Klosters gehörte eine Schreibstube, das Skriptorium (von lat. *scribere* ›schreiben‹). Die Anfertigung von Büchern ist eine der praktischen Tätigkeiten, die Benedikt von Nursia in seiner Mönchsregel vorsah. Die erste Anleitung zur Vervielfältigung von Büchern durch deren Abschrift stammt dagegen von Cassiodor, dem Verfasser der *Institutiones divinarum et saecularium litterarum*; bereits ihr Titel stellt klar, dass die Mönche sowohl das religiöse als auch das profane schriftliche Erbe pflegen sollten. Cassiodor stammte aus einer römischen Adelsfamilie, bekleidete unter Theoderich dem Großen hohe Ämter und gründete nach dem Rückzug aus dem öffentlichen Leben 554 auf den väterlichen Gütern in Squillace das Kloster Vivarium, das er als Abt leitete. Was seine Mönche an Abschriften leisteten, archivierte Cassiodor in einer umfangreichen Bibliothek.
Neben den klösterlichen Skriptorien, zwischen denen ein reger Leihverkehr zur Beschaffung der zu kopierenden Handschriften stattfand, bestanden die auf Prachthandschriften spezialisierten höfischen Skriptorien, etwa in Aachen und Konstantinopel. Ihre Bezeichnung als ›Hofschule‹ gilt allerdings auch für Klöster wie Tours und Saint-Denis bei Paris, deren Skriptorien von Karl II., dem Kahlen, in Anspruch genommen wurde.

BUCHWERKSTATT. Um die zentrale Aufgabe des Kopierens überlieferter und neuer Texte gruppierten sich die weiteren Tätigkeitsbereiche, die zur Herstellung eines Buches erforderlich waren. Der Beschreibstoff Pergament aus ungegerbten Tierhäuten, der um 400 n. Chr. den Papyrus abgelöst hatte, wurde den Skriptorien von außerhalb geliefert. Eine zweite einschneidende Veränderung brachte der Übergang von der in runden Kapseln aufbewahrten Buchrolle (Rotulus) zum gebundenen Buch aus gefalteten und ineinander gesteckten Doppelblättern. Diese mussten zunächst in ihrem Format festgelegt, aus den Pergamentbahnen geschnitten und mit den Markierungen für das Layout versehen werden: Linien rahmten den Textbereich (Schriftspiegel) und bestimmten Anzahl und Höhe der Textzeilen. Nun ging der mit Schreibfedern aus dem Kiel von Vogelfedern und verschiedenfarbiger Tinte in Tierhörnern ausgestattete Schreiber ans Werk. Ein Federmesser diente dem Nachschneiden der Federspitze und der Korrektur von Schreibfehlern durch Wegkratzen. Der Schreiber hatte darauf zu achten, dass der vorab geplante Raum für den malerischen Buchschmuck mit mehrzeiligen Zierinitialen und Miniaturen freigelassen wurde, und informierte mit einer Notiz den Buchmaler darüber, welche Aufgaben dieser zu erfüllen hatte. Eine sorgfältige Planung war vor allem dann wichtig, wenn Skriptorien arbeitsteilig zusammenarbeiteten.

Die beschriebenen und verzierten Doppelblätter wurden zu Lagen im Umfang von zwei, drei oder vier Doppelblättern ineinander gesteckt, vernäht und mit weiteren Lagen, wiederum mittels Nadel und Faden, zum Buchblock zusammengefügt. Als Schutz dienten hölzerne Deckel, von denen sich die Begriffe »Buch« und »Kodex« mittelbar herleiten. Ursprünglich bezeichneten althochdt. *buoh* und lat. *codex* die zusammengefügten und beschriebenen (Buchen-)Holztafeln.

SCHREIBERNAMEN

Ein namentlich überlieferter Schreiber ist Godescalc, der sich als *famulus* (›Hausgenosse‹) Karls des Großen bezeichnet. Sein Werk ist das *Godescalc-Evangelistar* (um 782; Paris, Bibliothèque Nationale).

BUCHMALER

Illuminator, mit der malerischen Ausgestaltung einer Handschrift (lat. *manuscriptum*) befasster Maler, zuständig für Zierinitialen, Bilder (Miniaturen) und Rand- oder Rahmenschmuck (Bordüren). Sein Anteil am Buch ist dessen Illuminierung (von lat. *illuminare* ›erleuchten, schmücken‹).

Miniator, Buchmaler im engeren Sinne als Autor der Bilder (Miniaturen). In Skriptorien und Werkstätten gibt der Miniator als Hauptmeister oder Werkstattleiter durch ausgewählte Miniaturen den Stil der Ausstattung vor, in dem seine Mitarbeiter den untergeordneten Bildschmuck ausführen.

Im Unterschied zu den Namen von Schreibern, die vielfach im Kolophon (griech., Schlussschrift) einer Handschrift genannt werden, überliefert das Mittelalter nur in wenigen Fällen die Namen der Buchmaler. Sie werden heute in der Regel mit Notnamen bezeichnet, die sich auf eines ihrer Hauptwerke beziehen.

BILDTYPEN

Autorenbild, Idealbild von Verfassern wie David, dem die Psalmen zugeschrieben wurden, oder den Evangelisten mit den sie inspirierenden Symbolwesen; diese geflügelten ›Mischwesen‹ sind der byzantinischen Buchmalerei fremd.

Schmuckinitialen, Anfangsbuchstaben mit ornamentaler Zierde der Buchstabenkörper, floral oder figürlich-szenisch ausgestaltet oder aus Figuren gebildet (Byzanz).

Stifterbild, Idealbild des Auftraggebers. Beim Dedikationsbild nimmt er den Kodex entgegen oder übergibt ihn an seinen Bestimmungsort.

MATERIAL UND TECHNIK

BUCHMALEREI

DIE MINIATUR. Das heute vorherrschende Verständnis von Bildern und Gegenständen ›en miniature‹ als kleinformatig führt leicht zu einer Missdeutung der Buchmalerei als Kunst der ›kleinen‹ Bilder. Etymologisch leitet sich die Bezeichnung der bildhaften Ausstattung von Handschriften als Miniaturen jedoch von *minium* in der Bedeutung »Zinnober(rot)« her und verweist auf den Ausgangspunkt des buchmalerischen Schmucks: die Verzierung von Buchstaben mit roter Tinte.
Zwischen dieser Keimzelle der Buchmalerei und ihrer höchsten Steigerung in großformatigen Bildseiten entfaltet sich das breite Spektrum der Gestaltungsaufgaben für Feder und Pinsel. Es reicht von der ein- und mehrzeiligen Initiale (lat. *initium* ›Anfang‹), die auf der Initialzierseite das beherrschende oder alleinige Motiv bildet, über Zierleisten entlang der Textspalte oder als Zeilenabschluss sowie als Rahmen, aus dem sich die Bordüre entwickelt, bis zur figürlichen und szenischen Darstellung. Mit anderen Worten: Die Buchmalerei erwächst formal aus der Schrift, inhaltlich aus dem Text. Buchmalerische Mittel gliedern den Text und begleiten ihn illustrierend und damit zugleich interpretierend. In der Bilderhandschrift wird der Text sogar vom Bild aufgesogen. Die Konzeption einer Wechselbeziehung zwischen Bild und Text ist ein spätantikes Erbe, das im Mittelalter zu vielfältiger Blüte gelangt ist. In außereuropäischen Kulturen (Persien, Indien) bewahrte es bis weit in die Neuzeit einen hohen Rang.

ARBEITSSCHRITTE. Mit Ausnahme der reinen Bilderhandschrift, die durchaus dem modernen Comic vergleichbar ist, setzte die Tätigkeit des Buchmalers die vom Schreiber gestaltete Buchseite voraus, zumindest aber eine Disposition der für ganzseitige Miniaturen vorgesehenen Blätter. Allerdings konnten nachträgliche Wünsche des Auftraggebers oder Käufers dazu führen, dass zusätzlicher Bildschmuck eingefügt wurde.
Handschriften, deren Ausgestaltung ins Stocken geraten war und fragmentarisch geblieben ist, veranschaulichen die Arbeitsschritte des Buchmalers. Zunächst war er als Zeichner tätig, indem er mit Feder und Tinte die Konturen von Zierinitialen und Randschmuck festlegte sowie die Miniaturen detailliert ausarbeitete. War die Verwendung von Gold vorgesehen, so diente dessen Auftrag ein gesonderter Arbeitsgang: Als Haftgrund wurde – wie in der Tafelmalerei auf Goldgrund – der aus Mineralen gewonnene Bolus verwendet, dessen unterschiedliche Gelb- oder Rottönung an der Tönung des hauchdünn aufgelegten Blattgoldes mitwirkte. Die ausgesparten Flächen erhielten einen zumeist schichtweisen Auftrag pflanzlicher, mineralischer oder chemisch gewonnener (Tempera-) Farben. Diese Technik der farbintensiven Malerei auf Goldgrund in byzantinischen, ottonischen und gotischen

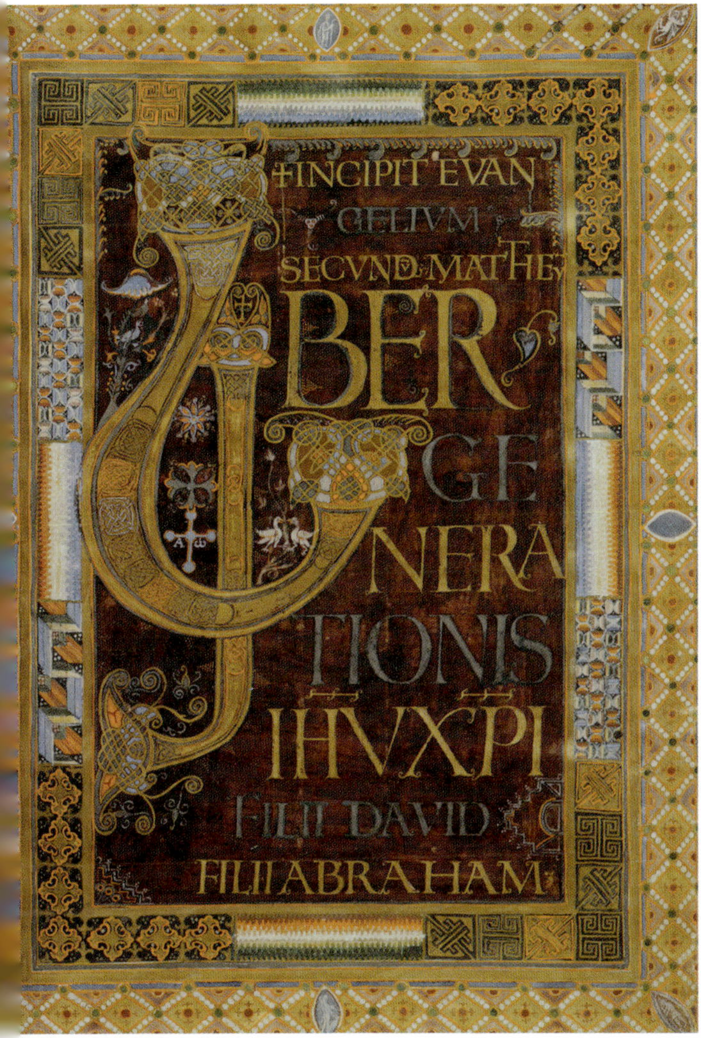

Initialzierseite im *Lorscher Evangeliar*, um 810–15; Pergament, Blattformat 37,4 x 27 cm; Alba Iulia (Rumänien), Bibliotheca Documentara Battyaneum, Ms. R. II 1
Das *Lorscher Evangeliar*, ein Werk der Hofschule Karls des Großen in Aachen, gelangte über das Kloster Lorsch und die Heidelberger Palatina 1623 als Kriegsbeute der Katholischen Liga in die Vaticana. Hier befindet sich der zweite Teil mit dem Lukas- und dem Johannes-Evangelium, der erste Teil mit dem Matthäus- und dem Markus-Evangelium liegt in Alba Iulia. Die Zierseite wird von einer im iro-angelsächsischen Stil ausgeführten Doppelinitiale LI beherrscht und enthält den ersten Vers des ersten Evangeliums: »Liber generationis hominis Jesus Christus, filii David, filii Abraham« (Stammbaum des Menschen Jesus Christus, des Sohnes Davids, des Sohnes Abrahams; Mt. 1,1). Byzantischem Brauch entspricht die Wiedergabe des Namens Jesu Christi als Monogramm aus den griechischen Buchstaben Jota, Eta, Ypsilon (IHV) sowie Chi, Rho und Jota (XPI, d.i. Chri). Im Unterschied zu Incipit-Seiten des *Lorscher Evangeliars* in der römischen Capitalis-Schrift zeichnet sich diese Seite durch purpurgetränktes Pergament aus. Ein fragmentarisch erhaltener Purpurkodex des 6. Jahrhunderts aus dem östlichen Mittelmeerbereich, ausgestattet mit szenischen Miniaturen, ist die *Wiener Genesis* (Wien, Österreichische Nationalbibliothek).

Prachthandschriften wird von einer Malweise begleitet, die durch lasierenden Farbauftrag aquarellartige Wirkung erzielt und die Farbwirkung der zeichnerischen Gestaltung unterordnet. Ein Beispiel reiner Buchgrafik ist der karolingische *Utrechtpsalter* aus Reims (um 835; Utrecht, Universitätsbibliothek).

BILDWAHRHEIT. Den inhaltlich unterschiedenen Buchgattungen entsprechen bestimmt thematische Bildtypen, deren jeweilige Gestaltung eine vom Auftraggeber und dessen Beratern gewünschte Interpretation verbildlicht. So kann das obligatorische Kanonbild im Missale (Text der Messe) am Beginn des *Canon missae* im Bild der Kreuzigung den leidenden Menschen Jesus oder den sieghaften Gottessohn Christus zeigen. Insofern geht der neuzeitlichen Bildwirklichkeit eine in vielfältige Facetten gegliederte Bildwahrheit voraus, die unterschiedliche Welt- und Glaubensbilder enthält.

STIL

OTTONISCHE KUNST

OTTONISCHE HERRSCHER
aus der sächsischen Dynastie der Liudolfinger

Otto I., d. Gr., geb. 912, Königskrönung in Aachen 936, Kaiserkrönung in Rom 962, gest. 973.

Otto II., geb. 955 als Sohn Ottos I., Königskrönung in Aachen 961, ab 967 Mitkaiser, 972 Heirat mit der byzantinischen Prinzessin Theophanu, gest. 983 in Rom.

Otto III., geb. 980 als Sohn Ottos II., Königskrönung in Aachen 983, stand bis 991 unter der Vormundschaft seiner Mutter Theophanu, bis 994 seiner Großmutter Adelheid, Kaiserkrönung in Rom 996, gest. 1002 in Palermo.

Heinrich II., geb. 973 als Urenkel des Sachsenherzogs und Königs Heinrich I., als Heinrich IV. ab 995 Herzog von Bayern, Heirat mit Kunigunde 999, Königskrönung in Mainz 1002, Krönung zum König von Italien in Pavia 1004, Kaiserkrönung in Rom 1014, gest. 1024 in Pfalz Grone (Göttingen), Heiligsprechung 1146.

SKRIPTORIEN
und ihre Handschriften

Hildesheim, *Bernward-Evangeliar,* um 1000 (Hildesheim, Dommuseum)

Köln, *Hitda-Codex,* vor 1040 (Darmstadt, Hessische Landes- und Hochschulbibliothek)

Reichenau, *Evangeliar Ottos III.,* um 998–1001 (München, Bayerische Staatsbibliothek)

Regensburg, *Evangeliar Heinrichs II.,* vor 1024 (Vatikan, Biblioteca Apostolica Vaticana)

Trier, *Codex Egberti,* um 980 (Trier, Stadtbibliothek)

DIE POLITISCHE LANDSCHAFT. Nach den verschiedenen Teilungen des Karolingerreichs in eine West- und eine Osthälfte gewann Letztere durch den Regierungsantritt der Ottonen im Jahr 936 neue staatliche Gestalt und erbte durch die Kaiserkrönung Ottos I. in Rom (962) die römisch-fränkische Kaiserwürde. Sinnbild des formell bis 1806 bestehenden Heiligen Römischen Reichs wurde die *Kaiserkrone*, mit der Otto I. der Überlieferung nach gekrönt wurde (Wien, Weltliche Schatzkammer).
Mit der Kaiserwürde übernahmen die Ottonen zugleich das Ziel einer *renovatio* des christlich-römischen Weltreichs mit Rom als Mittelpunkt. Dieses insbesondere von Otto III. verfolgte Ziel setzte jedoch stabile Machtverhältnisse im ›germanischen‹ Norden voraus, in dem die Stammesherzöge auf Autonomie bedacht blieben. Zur neuen Stütze des Königs- und Kaisertums wurden die vielfach mit der Herrscherfamilie verwandten Erzbischöfe, Bischöfe, Äbte und Äbtissinnen in der Form des ›Reichskirchensystems‹. Als Legitimation der weltlichen Vorherrschaft diente unter anderem die Ostmission, ausgehend von Bistümern wie jenem, das Otto I. in Magdeburg gründete.
Aus diesen politisch-gesellschaftlichen Verhältnissen erklärt sich die enge Verflechtung religiöser und profaner Belange in der Ottonischen Kunst. Auftraggeber sind die Kaiser und Könige sowie der hohe Klerus (Erzbischof Egbert von Trier, Bischof Bernward von Hildesheim).

ARCHITEKTUR. Die wichtigste Bauaufgabe sind Kirche und Kloster. Noch wirken karolingische Vorbilder nach, etwa in der mit Emporen ausgestatteten Form des Westwerks (*St. Pantalon* in Köln, Neubau ab 955, Grablege der Kaiserin Theophanu; Münster in Essen). Wegweisend ist die dreischiffige Gliederung der Basilika, mit östlichem und westlichem Querhaus und jeweiligem Chor (Klosterkirche *St. Michael* in Hildesheim, beg. um 1000). Der Bau der *Bartholomäuskapelle* (beg. 1017) in Paderborn mit Kuppeln über drei Schiffen »per operarios graecos« (›durch griechische Bauleute‹) bezeugt Verbindungen mit dem Osten.

PLASTIK UND GOLDSCHMIEDEKUNST. Bis zum Ende des 10. Jahrhunderts wirkte die im Byzantinischen Bilderstreit gipfelnde Kritik am (plastischen) Kultbild auch im Westen nach und verhinderte die Entstehung monumentaler religiöser Skulpturen. Ein frühes Beispiel ottonischer Großplastik ist das von Erzbischof Gero gestiftete *Gerokreuz* (um 970; Eiche, lebensgroß) im Kölner Dom. Der zunehmende Reliquienkult spiegelt sich in Reliquiaren wie dem *Egbert-Schrein* wider. Gestaltet als Tragaltar aus Gold mit Email und Edelsteinen, verweist der bekrönende Fuß auf den Inhalt: Gebein und Sandale des hl. Andreas (um 980; Trier, Domschatz). Meisterwerke des ottonischen Bronzegusses schuf die Hildesheimer Werkstatt des Bischofs Bernward: die zweiteilige *Bernwardtür* mit 16 typologisch aufeinander bezogenen alt- und neutestamentlichen Reliefszenen (vollendet 1015) und die 378 cm hohe *Bernwardsäule*, die nach dem Vorbild römischer Triumphsäulen spiralförmig von einem Reliefband mit Christusszenen umwunden wird.

Krönung des Herrscherpaares und Huldigung der Provinzen, **Bildseite im** ***Perikopenbuch Heinrichs II.*****, Reichenau, nach 1002; Tempera und Blattgold auf Pergament, 42,5 x 32 cm; München, Bayerische Staatsbibliothek, Clm 4452, fol. 2r**
Die Einleitung der Prachthandschrift mit den Lesungen (Perikopen) aus dem Neuen Testament schildert zweigeteilt und in symmetrischer Gliederung eine Krönungszeremonie, die der irdischen Sphäre entrückt ist: Präsentiert von den Apostelfürsten Petrus (mit dem Attribut des Schlüssels) und Paulus empfangen Heinrich II. und dessen Gemahlin Kunigunde ihre Kronen aus den Händen Christi, gekennzeichnet durch einen Kreuznimbus. Im unteren Bildstreifen huldigen drei große Frauengestalten Christus ebenso wie dem Herrscherpaar. Die mittlere Gestalt wird durch die Mauerkrone als Personifikation ›Roma‹ identifiziert, flankiert von den zackengekrönten Reichsteilen Germania und Gallia. Unter und hinter ihnen verkörpern sechs Halbfiguren mit Füllhörnern die Stammlande Bavaria, Franconia, Alemannia (Schwaben), Lotharingia, Thuringia und Saxonia (Sachsen). Der Goldgrund, der in beiden Bildstreifen die Silhouettenwirkung der Figuren verstärkt, symbolisiert in der gesamten, von Byzanz beeinflussten ottonischen Buchmalerei Zeit- und Raumlosigkeit. Der Kodex mit den Evangelisten-Lesungen im Gottesdienst entstand als Stiftung des Herrscherpaars für den 1007 mit dem Bistum gegründeten *Bamberger Dom*. Er kam 1803 (Säkularisierung des Domschatzes) als verstaatlichter Kirchenbesitz nach München.

MALEREI. Zu den wenigen Überresten der ottonischen Wandmalerei gehört ein Zyklus mit Wundertaten Jesu in der *Georgskirche* auf der Insel Reichenau (Unterzell). Umso reicher ist die Überlieferung an Prachthandschriften liturgischer Bücher aus den Skriptorien der Klöster, ausgestattet mit Initialzierseiten und goldgrundigen Miniaturen aus der Heilsgeschichte und Herrscherbildern, die zugleich als Stifterbilder zu betrachten sind. Stilkritische Vergleiche lassen einzelne, wenn auch anonyme Malerpersönlichkeiten erkennen, allen voran den in Trier tätigen sog. Gregormeister, benannt nach dem als Einzelblatt erhaltenen Autorenbild des Papstes Gregor I. (um 983; Trier, Stadtbibliothek) aus einer verschollenen Abschrift der päpstlichen Korrespondenz (*Registrum Gregorii*). Zugehörig ist ein Thronbild Ottos II. (Chantilly, Musée Condé). Illuminierte Handschriften der Offenbarung reflektieren die mit der Jahrtausendwende verbundene Erwartung des Jüngsten Gerichts (*Bamberger Apokalypse*, Reichenau, nach 1000; Bamberg, Staatsbibliothek).

ATTRIBUT UND SYMBOL

KRONE

SPRACHGEBRAUCH

Die Krone als Herrschaftszeichen besitzt als Sprachbild einen breit gefächerten Anwendungsbereich, der zu einem wesentlichen Teil bibelsprachlich vermittelt wurde. Hierzu zwei Beispiele aus dem Buch der Sprichwörter (Sprüche Salomos):

»(Die Weisheit) setzt dir einen schönen Kranz auf das Haupt, eine prächtige Krone wird sie dir schenken« (Spr. 4,9).

»Eine Krone der Alten sind Kindeskinder« (Spr. 17,6).

KRONENFORMEN

Lilienkrone, Kronreif mit stilisierten dreiblättrigen Lilienblüten (vgl. *Bamberger Reiter*, Abb. S. 201).

Mauerkrone, Kronreif mit Zinnen (z. B. Attribut der *Roma*, vgl. Abb. S. 151).

Tiara, kegelförmige Kopfbedeckung mit drei Kronreifen als Zeichen der weltlichen Macht der Päpste (vgl. Abb. S. 229).

Zackenkrone, Kronreif mit spitzwinkligen Dreiecken (urspr. Attribut des Sonnengottes *Sol invictus*).

FORM UND MATERIAL. Drei Eigenschaften des Ehrenzeichens in Form des Diadems oder des Kranzes (lat. *corona*) begründeten den mittelalterlichen Symbolgehalt der Krone als Amtsinsignie: Der ›Kranz‹ wird auf dem Haupt getragen und ›erhöht‹ seinen Träger; er ist als Kreis ein Zeichen für Vollkommenheit; er besteht aus kostbarem Material, vor allem aus Gold. Aus diesen Voraussetzungen entstanden zum einen der Kranz als Märtyrerkrone (Symbol des ewigen Lebens) und das religiöse Bildzeichen des runden Heiligenscheins (Nimbus), der mit eingezeichnetem Kreuz die göttliche Person von Engeln und Heiligen unterscheidet, zum anderen die Herrschaftsinsignie der Kaiser-, Königs- und Fürstenkrone mit jeweils zugeordneten Frauenkronen.
Das Symbol des abendländischen Kaisertums, die *Reichskrone* (Wien, Hofburg, Weltliche Schatzkammer), ist nach Entstehungsort und -zeit nur annähernd bestimmt. Als unwahrscheinlich gilt die Überlieferung, dass sie anlässlich der Kaiserkrönung Ottos I. in Rom (962) entstanden sei. Eher besteht eine Verbindung mit dessen Nachfolgern. Das Kreuz über der Stirnplatte gilt als Ergänzung des letzten Ottonen, Heinrichs II. Mit einiger Sicherheit handelt es sich bei Konrad, den die Perleninschrift am Bügel nennt, um den ersten Salier, Konrad II. (Kaiserkrönung 1027). Die innen am Kronenkörper befestigte rote Samthaube ersetzt seit dem 18. Jahrhundert die ursprüngliche weiße Mitra. Nachdem Kaiser Sigismund die Reichskrone als Teil der Reichsinsignien 1434 der Obhut der Stadt Nürnberg übergeben hatte, wurde sie nur noch bei der Kaiserkrönung verwendet. Für alle anderen Anlässe, bei denen der Kaiser gekrönt erscheinen sollte, musste er sich eine Privatkrone anfertigen lassen. Erhalten ist einzig die *Krone Rudolfs II.* (1602; Wien, Hofburg, Weltliche Schatzkammer). Sie verbindet eine Lilienkrone mit Bügel und eine goldene Mitra. Diese habsburgische *Hauskrone* diente 1804–1918 als österreichische Kaiserkrone.

KRÖNUNGSSZENEN. Ausdruck theokratischer Herrscherideologie des Frühmittelalters, die sowohl das byzantinische als auch das abendländische Kaisertum kennzeichnet, ist das Bildthema der Krönung durch Christus, den »Herrscher über die Könige der Erde« (Offb. 1,5). Die Krönung Ottos II. und Theophanus durch Christus ist das Thema eines byzantinischen Elfenbeinreliefs, das um 972 entstand, dem Jahr ihrer Eheschließung (Paris, Musée de Cluny). Die *Bamberger Apokalypse* zeigt Petrus und Paulus, wie sie gemeinsam Otto III. eine Krone aufs Haupt setzen (Bamberg, Staatsbibliothek), und in großer Zahl sind Krönungsbilder Heinrichs II. überliefert, so im *Perikopenbuch Heinrichs II.* (München, Bayerische Staatsbibiothek).
In dem Maß, wie das sakrale, im Namen Christi wahrgenommene Kaisertum zunehmend mit dem Papsttum riva-

Reichskrone, spätes 10. / frühes 11. Jahrhundert; Gold, Email, Edelsteine und Perlen, Höhe der Stirnplatte 14,9 cm, des Kreuzes 9,8 cm; Wien, Hofburg, Weltliche Schatzkammer
Die Kaiserkrone des bis 1806 bestehenden Heiligen Römischen Reichs besitzt einen oktogonalen Kronenkörper aus acht durch Scharniere verbundenen Platten. In kreuzförmiger Anordnung entsprechen sich die mit Edelsteinen und Perlen besetzten Stirn- und Nackenplatten und die beiden Schläfenplatten mit ursprünglichem Gehänge (Pendilien). Dazwischen befinden sich vier kleinere Platten mit figürlichen Darstellungen in der Emailtechnik des Zellenschmelzes auf Goldgrund. Inschriften auf Spruchbändern zufolge verkörpern König David Gerechtigkeit, König Salomo Weisheit und König Hiskija (auf dessen Gebet hin durch den Propheten Ezechiel 15 weitere Lebensjahre verheißen werden) Gottvertrauen. Auf der vierten Zwischenplatte repräsentieren Christus und zwei Serafim die göttliche Trinität; die Inschrift *Per me reges regnant* (›Durch mich herrschen die Könige‹) bekundet das sakrale Herrschertum.

lisiert, gewinnt die Marienkrönung an Bedeutung: Als Personifikation der Kirche wird Maria von Christus oder der Dreifaltigkeit gekrönt. In der allegorischen Gegenüberstellung von Judentum und Christentum dient die zu Boden fallende Krone der Synagoge als Gegenbild zur Krone auf dem stolz erhobenen Haupt der Ecclesia.
Kronen verwandeln die drei Magier bzw. Weisen aus dem Morgenland (Mt. 2,2) seit dem 9. Jahrhundert in die Heiligen Drei Könige. Kronen tragen allerdings auch die satanischen Gestalten in der Offenbarung des Johannes.

Frühmittelalter

MATERIAL UND TECHNIK

ELFENBEIN

EDELMATERIAL. Bevor sich die Redewendung vom ›Leben im Elfenbeinturm‹ in der abschätzigen Bedeutung von selbstzufriedener elitärer Beschränkung einbürgerte, stand Elfenbein für Reinheit, Schönheit und Keuschheit. Der bibelsprachliche Ausgangspunkt ist der Lobpreis Schulammits im Hohenlied: »Dein Hals ist ein Turm aus Elfenbein« (Hld. 7,5); ein Bild, das – wie die Mehrzahl der Sprachbilder dieses Liebeslieds – zum Mariensymbol wurde. Das sprach- und symbolgeschichtliche Detail entspricht der hohen Wertschätzung, die Elfenbein seit der Jungsteinzeit erfahren hat. Bereits die Griechen verwendeten es in Verbindung mit Edelmetall bei ihren chryselephantin, aus Gold und Elfenbein gearbeiteten Kultbildern (*Zeus in Olympia* und *Athena Parthenos* von Phidias).

***Inspiration Gregors des Großen*, Ende des 10. Jahrhunderts; Elfenbein, 20,5 x 12,5 cm; Wien, Kunsthistorisches Museum**
Die vermutlich in Trier entstandene Reliefplatte diente als Buchdeckel eines Sakramentars. Letzteres ergibt sich aus der Darstellung des Papstes Gregor I., der Große, als Verfasser des *Sacramentarium Gregorianum*. Soeben ist er im Begriff, die ersten Worte der Vorrede (»Vere dignum«) festzuhalten, die ihm der Heilige Geist in Gestalt der Taube auf seiner Schulter eingibt. Gregors Sakramentar trat bereits im Karolingerreich an die Stelle des Papst Gelasius II. zugeschriebenen Messformulars des *Sacramentarium Gelasianum*. Das herausragende Werk der ottonischen Elfenbeinschnitzerei enthält Motive des Autorenbilds Papst Gregors (Trier, Stadtbibliothek) des sog. Gregormeisters. Erweitert ist die rahmende, bekrönende Architektur oben, neu hinzugefügt die Gruppe der Schreiber, die als Kopisten dafür sorgen, dass Gregors Werk Verbreitung findet. Ein Rahmen aus Akanthusblättern mit eingerollten Spitzen fasst die vielgliedrige Komposition zusammen.

Aus Elfenbein im engeren Sinne bestehen die Stoßzähne des Elefanten und des Mammuts. Hinzugezählt werden jedoch auch die Eck- bzw. Schneidezähne von Walross, Narwal und Flusspferd. Die Wandung aus Zahnbein ist zugleich hart und elastisch, sodass Elfenbein mit Bohrer, Schnitzmesser, Schabeisen und Feile sehr detailliert bearbeitet werden kann.

RELIEF UND RUNDPLASTIK. Ein Bindeglied zwischen der spätantiken und frühmittelalterlichen Elfenbeinschnitzerei bilden die Diptychen, deren Herstellung aus Elfenbein in der ersten Hälfte des 6. Jahrhunderts per Erlass den Konsuln bei ihrem Amtsantritt vorbehalten wurde. Diese Konsulardiptychen mit dem Bildnismedaillon oder der ganzfigurigen Darstellung des Amtsinhabers sind vielfach Ausdruck der römischen ›Restauration‹ und verdanken ihre Erhaltung der Ergänzung durch christliche Symbole, der Umdeutung der Figuren in biblische Gestalten und ihrer Wiederverwendung als Buchdeckel. Elfenbeinreliefs als äußerer Schmuck einer Prachthandschrift sind jedoch in der Regel Originalwerke; ein namentlich überlieferter Schnitzer ist der um 900 in St. Gallen tätige Tuotilo (*Maiestas-Domini-Platte*; St. Gallen, Stiftsbibliothek). Zu den Ausnahmen gehört das von einem breiten Rahmen aus Gold mit Gemmen, Edelsteinen und Perlen umgebene Relief auf dem vorderen Deckel des Reichenauer *Evangeliars Ottos III.* (um 1000; München, Bayerische Staatsbibliothek). Es zeigt den *Marientod* und stammt von einem byzantinischen Klappaltärchen aus Elfenbein. Diesen Typus repräsentiert das um 850 in Konstantinopel geschaffene *Harbaville-Triptychon* (Mitteltafel 24 × 14 cm; Paris, Louvre).
Der Übergang von einer eng mit dem Reliefgrund verbundenen Gestaltung zur rundplastischen Schnitzerei ergibt sich aus der Technik des Unterschneidens: Das Relief löst sich weitgehend vom Grund und wirft Schatten. In dieser Technik entstanden um 970/80 wahrscheinlich in Mailand als Stiftung Ottos I. die 20 Platten des *Magdeburger Antependiums* für den Dom St. Mauritius (heute in Sammlungen und Museen von München bis New York). Vermutlich war der Reliefgrund mit Goldblech belegt. Eine zweite Möglichkeit einer Annäherung an die Rundplastik sind Gegenstände wie der *Heribertkamm* aus einer auf Elfenbeinarbeiten spezialisierten Werkstatt in Metz (nach 850; Köln, Stadtmuseum).
Aus der Blütezeit der Elfenbeinschnitzerei im Barock stammen ein *Kruzifix* mit dem Korpus Jesu aus Elfenbein (um 1628; Kopenhagen, Schloss Frederiksborg) und *Der Triumph der Venus*, ein mit figürlichen Hochreliefs (Venus, Nereiden, Amoretten) versehener zylindrischer Ständer eines Salzgefäßes (1630/31, Höhe 32 cm; Stockholm, Königliches Schloss), beides Werke von Georg Petel aus dem Rubens-Umkreis, der sich um 1625 in Augsburg niedergelassen hat. 44 cm Höhe erreicht die Rundplastik *Mars* (um 1680/92; Amsterdam, Rijksmuseum) des in Amsterdam tätigen Frans van Bossuit.

LUXUSARTIKEL AUS ELFENBEIN

Buchdeckel, Elfenbeinrelief, zumeist als Einsatz in einem mit Goldblech verkleideten Buchdeckel aus Holz.

Diptychon, Notizbücher aus zwei durch Scharniere verbundenen Elfenbeinplatten mit Wachsbeschichtung auf den Innenseiten und Reliefs an den Außenseiten.

Olifant (altfrz., Elefant), Jagd- und Signalhorn aus einem Stoßzahn mit reichem Reliefschmuck. Die Spezialität der fatimidischen Kunst in Nordafrika wurde nach Europa exportiert, hier auch nachgeahmt und diente mitunter als Reliquiar.

Kästchen, aus elfenbeinernen Reliefplatten zusammengefügter Behälter als Reliquienkästchen (*Lipsanothek*, um 360/70, von griech. *leipsanon*, ›Überbleibsel‹; Brescia, Museo Civico), später auch als Minnekästchen.

Möbel, unter den erhaltenen byzantinischen Prachtmöbeln befindet sich ein mit Elfenbeinreliefs verkleideter Bischofsthron (*Cathedra des Maximian*, um 510; Ravenna, Museo Arcivescovile).

Pyxis, runde Büchse aus der Wandung am unteren Teil des Stoßzahns. Verwandt sind reliefgeschmückte Gefäße mit konisch verjüngter Form (*Prunkpokal* eines Augsburger Meisters, um 1640, Höhe 40 cm; Berlin, SMPK, Kunstgewerbemuseum).

Schachfiguren, Steine des Brettspiels, in der islamischen Kunst stereometrisch, seit dem Hochmittelalter (Schachspiel als eine der sieben ritterlichen Fertigkeiten und Form des Minnedienstes) in figürlicher Gestaltung.

ZEITRAUM

HOCHMITTELALTER

DAS NEUE MILLENNIUM. Die Wende vom 10. zum 11. Jahrhundert stand im Zeichen einer ersten Ausbreitung des Chiliasmus: der Lehre von einem tausendjährigen Reich, mit dem nun auch die Welt zu ihrem Ende gelangt sei. Zwar überstand die Welt die Jahrtausendwende, doch die Gerichtsdrohung blieb im kollektiven Bewusstsein wirksam, verbunden mit der Deutung gesellschaftlicher, ethnischer und religiöser Konflikte, beispielsweise in der von antisemitischen Exzessen begleiteten Kreuzzugsbewegung, als Entscheidungskampf zwischen Gut und Böse, zwischen Gott in Gestalt seiner geistlichen und weltlichen Stellvertreter auf Erden und den teuflischen Heerscharen »Gog und Magog«. Hier wurzeln die Wesenszüge, die schlagwortartig als ›finsteres Mittelalter‹ bezeichnet werden. Es erscheint mit der 1215 institutionalisierten Inquisition, mit der machtpolitischen Rivalität zwischen kirchlichem Sacerdotium und weltlichem Imperium, seinen Kirchenspaltungen im morgenländischen Schisma zwischen der lateinischen Westkirche und der griechisch-byzantinischen Ostkirche (1054) und im abendländischen Schisma zwischen den Päpsten in Avignon und in Rom (1378–1417) als das genaue Gegenteil dessen, was der Romantiker Novalis unter dem Eindruck der profanen, ›aufgeklärten‹ Gegenwart in seinem Aufsatz *Die Christenheit oder Europa* (1799) postuliert hat: »Es waren schöne, glänzende Zeiten, wo Europa ein christliches Land war, wo *Eine* Christenheit diesen menschlich gestalteten Erdteil bewohnte; *Ein* großes gemeinschaftliches Interesse verband die entlegensten Provinzen dieses weiten geistlichen Reichs.« Kennzeichnend für die im Hochmittelalter andauernde Endzeiterwartung ist der Einfluss der chiliastischen Drei-Reiche-Lehre des Joachim von Fiore, der das Ende der Welt im Jahr 1260 erwartete.

KULTURELLE VIELFALT. Die »glänzenden Zeiten«, die sich Novalis im Mittelalter erträumte, finden sich nicht im politischen Bereich und nicht im vorherrschenden, auf Leibeigenschaft gegründeten Feudalsystem. »Es gibt keinen freien Mann, der ohne Leibeigene leben könnte«, charakterisierte Erzbischof Adalbert von Reims die sozialen Verhältnisse. Ein Grund mehr, dem auch im wörtlichen Sinne glänzenden, leuchtenden Kosmos mittelalterlicher Kunst zu misstrauen?

Dieser künstlerische Kosmos, der im Gesamtkunstwerk der gotischen Kathedrale Gestalt gewonnen hat, ist eher ein Gegenentwurf als eine Verkörperung jener ›finsteren‹ religiösen, politischen und sozialen Voraussetzungen. Trotz der Auftrags- und Zweckgebundenheit des weitgehend anonymen künstlerischen Schaffens im 11. bis 13. Jahrhundert ist dieser Zeitraum von vielfältigen kulturellen Strömungen erfüllt. Ein erster Hinweis ergibt sich aus der Beobachtung, dass die beiden Stilepochen des Hochmit-

DAS AUFGESCHOBENE WELTGERICHT

Die chiliastischen Prophezeiungen über das Ende der Welt nach tausend (griech. *chilioi*) Jahren und das unmittelbar bevorstehende Weltgericht stützten sich im 10. Jahrhundert auf die Offenbarung des Johannes:
»Wenn die tausend Jahre vollendet sind, wird der Satan aus seinem Gefängnis freigelassen werden. Er wird ausziehen, um die Völker an den vier Ecken der Erde, den Gog und den Magog, zu verführen und sie zusammenzuholen für den Kampf (…).«
(Offb. 20,7 f.)

Dem Sieg über den Satan folgt das Jüngste Gericht:
»Wer nicht im Buch des Lebens verzeichnet war, wurde in den Feuersee geworfen.«
(Offb. 20,15)

KRIEG ALS BRUDERMORD

In den Kreuzzügen herrschte ein religiös radikalisiertes Feindbild. Gegenstimmen enthalten die Epen des Dichter-Ritters Wolfram von Eschenbach (gest. um 1220). Sein Ethos kommt im Epos *Willehalm* (Sage vom provenzalischen Markgrafen Guillaume d'Orange) in der sog. Toleranzrede zum Ausdruck, mit der sich die getaufte Kalifentochter Gyburg an die beiden feindlichen Heere der Christen und Muslime wendet. Im *Parzival* gerät der Titelheld in die Gefahr, als ein zweiter Kain seinen Halbbruder, den Heiden Feirefiz, im Zweikampf zu töten. Mit dieser Szene mahnt Wolfram, ein Anhänger der religiösen Laienbewegung, zur Überwindung der seit Kain fortdauernden Blutschuld des Brudermords: »Die Freundschaft passte sehr viel mehr zu den beiden als die Feindschaft – sie endete in treuer Liebe.« Diesem Umschwung widmet sich eine Bildseite im Münchner *Parzival-Kodex* (um1250; Staatsbibliothek), der zu den 48 überlieferten Handschriften des Epos gehört.

telalters, die Romanik und die Gotik, nicht durch eine in ganz Europa einheitliche zeitliche Zäsur voneinander getrennt sind, sondern sich unter regionalen Bedingungen entwickelt und ausgebreitet haben. Zu den Voraussetzungen gehören Veränderungen der politischen Geografie wie die normannische Eroberung Englands (1066) und die rechtlich gesicherte Entfaltung der frühbürgerlichen städtischen Kultur. Diese tritt im Bildungswesen und im künstlerischen Handwerk das Erbe der Klöster an, die ihrerseits in verwandelter Form – als innerstädtische Niederlassungen des Franziskaner- und des Dominikanerordens – vor allem seelsorgerische Aufgaben wahrnehmen, aber auch eine führende Rolle in Forschung und Lehre übernehmen. Theologen wie die Dominikaner Albertus Magnus und Thomas von Aquin streben im Rahmen der Scholastik nach einer Vermittlung zwischen geoffenbartem Glauben und vernunftgemäßer Erkenntnis. Daneben entwickelten sich die höfisch-ritterliche Kultur, zu deren Merkmalen die Pflege der volkssprachlichen Dichtung gehört. Ihr Minnekult und Schönheitsideal treten mit dem Marienkult in Wechselbeziehung.

Bis heute wirkt die europäische Selbsteinschätzung einer ›Überlegenheit‹ der abendländisch-christlichen Kultur über die orientalisch-islamische nach. Im Hochmittelalter wurde die Tatsache geleugnet, dass Europa aus der arabischen Rezeption und Weiterentwicklung des griechisch-hellenistischen Erbes vielfältigen kulturellen Nutzen zog.

***Die Verkündigung an die Hirten,* 1187/88; Deckengemälde; León, San Isidoro, Panteon de los Reyes**
Ein expressiver Figurenstil kennzeichnet die spanische Buch- und Wandmalerei des Hochmittelalters. Im hier gezeigten Ausschnitt aus einem Deckengemälde in der Grablege der Könige von León kommt er Motiven der alltäglichen Wahrnehmung zugute: Ein Hirte gibt seinem Hund zu trinken, ein zweiter spielt auf der Schalmei. Die religiöse Thematik tritt in den Hintergrund. Mittelbar mag das Bild, indem es sich der Wirklichkeit öffnet, auch als Hinweis auf die wirtschaftliche Veränderung zu Beginn des neuen Millenniums verstanden werden: Die Klimaforschung hat gezeigt, dass um die Jahrtausendwende in Europa eine Erwärmung eingetreten ist, die Fortschritte in der Landwirtschaft begünstigte. Die Wärmekurve sinkt wieder im 14. Jahrhundert.

STIL

ROMANIK

EIN OBERBEGRIFF. Von der Kunst der Romanik (frz. *art roman*, ital. *arte romanica*) wird, ausgehend von Frankreich, seit etwa 1825 gesprochen. Der stilgeschichtliche Epochenbegriff sollte die bislang vorherrschende Rede von der Kunst des Mittelalters als einer ›mittleren‹ Zeit zwischen Altertum und Neuzeit ablösen. Als Parallelbildung zur Bezeichnung der romanischen Sprachen unterstellte der neue Begriff jedoch eine Begrenzung auf die romanischen Länder (Frankreich, Italien, Spanien) und betonte einseitig die Verwendung römisch geprägter Stilelemente, etwa des Rundbogens. Dennoch hat sich ›Romanik‹ als Oberbegriff für eine Epoche der abendländischen Kunstgeschichte erhalten, die im Zeitraum von etwa 1050 bis 1150 in hohem Maße überregionale Gemeinsamkeiten besitzt. Danach ergibt sich eine neue regionale Differenzierung aufgrund der Entstehung der Gotik in Frankreich, die erst nach 1250 eine ähnliche überregionale Bedeutung gewinnt wie um 1050 die Romanik, die sich bis Nord- und Osteuropa ausbreitet.

PREMIER ART ROMAN

Ausgangspunkte der ›Ersten Romanik‹ parallel zur ottonisch-salischen Kunst liegen in Burgund (Cluny), im Gebiet der Loire, in der Lombardei und in Katalonien (westgotisch, ab 713 arabisch, ab 801 fränkisch, dann als Grafschaft Barcelona selbständig, kam 1137 zu Aragonien). Ein frühes Zeugnis der katalanischen Architektur der Romanik mit Gewölben ist *San Vincente* (1020–40) in Cordona. Eine hervorragende Sammlung romanischer Kunst (Wandmalerei aus *San Clemente* in Tahull, um 1120) besitzt das Museo de Arte de Cataluña im Palacio Nacional von Barcelona.

Skriptorium, **um 1040; Tempera auf Pergament, 50 x 35 cm; Bremen, Staats- und Universitätsbibliothek, Ms. b. 21, fol. 124v**
Die Bildseite gehört zur Ausstattung eines Perikopenbuchs, das Heinrich III. im Kloster Echternach in Auftrag gegeben hat. Sie zeigt im unteren Teil den Blick in eine klösterliche Schreibstube, in der ein Mönch (mit Tonsur) und ein Laienbruder tätig sind: Die Buchkunst entwickelt sich zu einem Handwerk, das zunehmend auch außerhalb der Klöster ausgeübt wird. Die obere Hälfte zeigt das Idealbild einer romanischen Basilika mit zwei Doppelturmgruppen und einem Vierungsturm, der mehrgeschossig gegliedert und mit Trabantentürmchen versehen ist. Über dem Pultdach des Seitenschiffs erhebt sich der Lichtgaden (Fensterreihe), durch den Licht in das überhöhte Mittelschiff fällt. Ein weiteres Merkmal romanischer Architektur sind die Rundbogen-Arkaden.

Daneben haben sich im Hinblick auf Mitteleuropa und analog zu den frühmittelalterlichen Stilbegriffen der Karolingischen und Ottonischen Kunst dynastisch definierte Stilbezeichnungen eingebürgert: Kunst zur Zeit der Salier (reg. 1024–1125) und der Staufer (reg. 1138–1250). Aus kulturgeschichtlicher Sicht ist jedoch die Verwendung eines Oberbegriffs sachgerecht, da sich nach der Jahrtausendwende im Künstlerischen ein neues Ausmaß an kulturellen Gemeinsamkeiten widerspiegelt. Die stärkste integrative Wirkung entwickelte die Kirche, insbesondere das Mönchtum. Allein das burgundische Reformkloster Cluny stand mit 2000 Klöstern in Verbindung. Obwohl sich die Auseinandersetzung zwischen dem weltlichen *imperium* und dem religiösen *sacerdotium* krisenhaft zuspitzte (Investiturstreit, ab 1076; Ermordung des Erzbischofs Thomas Becket mit Wissen des englischen Königs Heinrich II., 1170), spielte die Kirche die führende Rolle in der durch das religiöse Freund-Feind-Denken verhängnisvollen Kreuzzugsbewegung – 1095 rief Papst Urban II. auf der Synode von Clermont zur Befreiung des Heiligen Landes auf. Die Verpflichtung der Christen zur Pilgerfahrt, verbunden mit der sprunghaft gestiegenen Zahl von Stätten der Reliquienverehrung, verstärkte den internationalen Charakter des christlichen Kultes.

ARCHITEKTUR UND SKULPTUR. Die führende Bauaufgabe ist der Kirchenbau. Hier herrscht die Tendenz zum ›Gruppenbau‹: Die klar artikulierten Bauglieder (Mittel- und Seitenschiffe, Querhaus, Chor über der Krypta, Turmgruppen) setzen sich zu einem Baugefüge zusammen, dessen wehrhafter Charakter die ›Gottesburg‹ mit dem romanischen Burgenbau verbindet. Im Reichsgebiet entwickelt sich die Sonderform mit geistlichem Ostchor und den weltlichen Herrschern gewidmetem Westchor als Abwandlung des Westwerks. Eine bautechnische Herausforderung ist das Gewölbe. Die bauplastische Ausgestaltung reicht vom architektonischen Wandrelief aus Blendarkaden (Lisenen mit Rundbogenfries) bis zum figürlichen Reliefschmuck vor allem der Portale. Weitere Gestaltungsaufgaben der Holz- und Steinbildhauer sowie der Goldschmiede sind freiplastische Kultbilder, Kanzeln und Taufsteine, Altargeräte und Reliquienbehälter mit der Großform des Schreins.

MALEREI. Überliefert sind vor allem Werke der Buchmalerei in liturgischen Handschriften (Bibeln mit der Sonderform der ›Riesenbibel‹, Evangeliare, Messbücher und Psalterien), doch bezeugen die geringen Reste der romanischen Wandmalerei den bedeutenden Anteil dieser Gattung sowie großflächiger Mosaiken an der Ausstattung der Kirchen. Seit dem 12. Jahrhundert entwickelten sich die Glasmalerei sowie die Tafelmalerei in Form des Altarvorsatzes (Antependium) und des Altaraufsatzes (Retabel). Noch geringer als im sakralen sind im profanen Bereich die Überreste der Wandmalerei und der ebenfalls zur Raumausstattung verwendeten Textilkunst.

KAISERDOME

Drei Kirchen des 11. bis frühen 13. Jahrhunderts bilden die Wiege der romanischen Kaiserdome am Rhein. Gemeinsame Merkmale sind eine östliche und eine westliche Choranlage mit jeweiliger Turmgruppe.

Speyerer Dom, gegründet als Grabkirche der Salier und in zwei Bauphasen errichtet: um 1030–61 unter den Kaisern Konrad II. und Heinrich III. sowie um 1080 – um 1106 unter Kaiser Heinrich IV. In der Krypta Gräber von acht Königen und Kaisern. Weltkulturerbe der UNESCO.

Mainzer Dom, Wiederherstellung des 1036 im Beisein Kaiser Konrads II. geweihten Doms nach dessen Brand 1081, Schlussweihe 1239.

Wormser Dom, ab 1171 Neubau auf den Fundamenten eines 1018 im Beisein Kaiser Heinrichs II. geweihten Doms, Weihe des Ostteils 1181, Vollendung um 1220.

RIESENBIBELN

Zwei Beispiele der nach ihrer Größe benannten illuminierten Handschriften der Bibel: *Pantheon-Bibel* (Rom oder Mittelitalien, um 1125–30, 367 Blätter im Format 60,5 x 39 cm; Rom Vaticana), mit Besitzvermerk der Marienkirche im antiken *Pantheon* in Rom, der im 16. Jahrhundert eingetragen wurde. *Winchester-Bibel*, entstanden im Auftrag des Bischofs von Winchester Heinrich von Blois (reg. 1129–71, Enkel von Wilhelm I., dem Eroberer), heute aufgeteilt in zwei Bände (59,5 x 42 cm; Winchester, Cathedral Library).

KUNSTBETRIEB

WALLFAHRT

DIE JAKOBSWEGE

Das nach Jerusalem und Rom dritte prominente Wallfahrtsziel ist seit der Mitte des 10. Jahrhunderts das Grab des Apostels Jakobus und Schutzpatrons der Reconquista in Santiago de Compostela im nordwestlichen Spanien (Galicien). Unter den zahlreichen Pilgerwegen, die aus ganz Europa zu den Pyrenäen führten, um sich nach deren Überquerung zu zwei parallelen Routen nach Santiago zu vereinen, gewannen vier Jakobswege durch Frankreich und Burgund besondere Bedeutung für die romanische Baukunst und Bauplastik:

Von Tours (Grab des hl. Martin) über Bordeaux
Von Vézelay (Reliquien der hl. Maria Magdalena) über Limoges
Von Le Puy über Conques (Reliquien der hl. Fides) und Moissac
Von Arles über Saint-Gilles-du-Gard (Reliquien des hl. Ägidius) und Toulouse

Eine Beschreibung dieser Wege enthält der *Liber Sancti Jacobi* von Améry Picaud aus dem 12. Jahrhundert.

PILGERZIELE. In seiner von Gedichten durchzogenen Erzählung *Das neue Leben* (um 1293) unterscheidet Dante Alighieri drei Bezeichnungen für Pilger: »Sie heißen *palmieri*, weil sie übers Meer in ein Land reisen, aus dem sie oftmals einen Palmzweig mitbringen, Sie heißen *peregrini*, weil sie zu der heiligen Stätte in Galicien reisen und dort das Grab des hl. Jakobus in größerer Entfernung von seinem Heimatland liegt als das eines jeden anderen Apostels. Und sie heißen *romani*, weil sie nach Rom reisen.« Die drei Bezeichnungen beziehen sich also nicht auf die Herkunft der Pilger, sondern auf die drei herausragenden Pilgerziele des Mittelalters: das Heilige Land, wo sich das Erdenleben Jesu nacherleben ließ, Santiago de Compostela und Rom, dessen Heiligtümer der um 1150 verfasste Reiseführer *Mirabilia Urbis Romae* schilderte. Die Haupt- und Nebenwege der Pilgerreisen bildeten gleichsam ein religiöses Adernetz, das wesentlich zur Entstehung der Romanik als internationaler Gestaltungsweise beitrug.

PILGERKIRCHEN. Die Pilgerrouten führten mit Vorliebe von einer zur anderen Kultstätte, zumeist also zu Klosterkirchen mit reichem Reliquienschatz. Der nicht zuletzt wirtschaftliche Nutzen einer Aufnahme von Pilgern förderte die Ausgestaltung der Kirchen. Als Gemeinsamkeit entwickelte sich der Chorumgang, ausgehend von *Saint-Martin* in Tours (1003–15). Das Deambulatorium (lat. *deambulare* ›herumgehen‹) führte als Prozessionsweg um den im Chorraum über einem Heiligengrab errichteten Altar und war auf die liturgischen Bedürfnisse des Pilgers zugeschnitten. Ein Chorumgang mit fünf Radialkapellen zeichnet auch die 1078 begonnene und um 1140 vollendete Kathedrale von Santiago de Compostela aus, das gemeinsame Ziel der Jakobswege.
Das Pilgerwesen spiegelt sich in der Ausbreitung bestimmter Kultgegenstände wie des bekleideten Christus am Kreuz. Das Vorbild befand sich im Dom von Lucca, einer Station auf dem Pilgerweg nach Rom, als wundertätiger

Die biblische Textgrundlage des Tympanonreliefs von *Sainte-Madeleine* bildet die Aussendung der Apostel im nachösterlichen Bericht des Matthäus-Evangeliums: »Darum geht zu allen Völkern, und macht alle Menschen zu meinen Jüngern« (Mt. 28,19). Die von Christus ausgehenden Lichtstrahlen spielen auf das Pfingstwunder der Ausgießung des Heiligen Geistes an. Über den Strahlen verbildlichen links Wellen, rechts Laubwerk Motive aus der Schilderung des himmlischen Jerusalem: »Und er (der Engel) zeigte mir einen Strom, das Wasser des Lebens, klar wie Kristall; er geht vom Thron Gottes und des Lammes aus. Zwischen der Straße der Stadt und dem Strom, hüben und drüben, stehen Bäume des Lebens« (Offb. 2,1 f.). Die Bücher in den Händen der Apostel symbolisieren das Evangelium, die »Gute Botschaft«, die sie in die Welt tragen. Die radial angeordneten Kastenfelder zeigen die Völker, denen das Christentum bereits verkündet wurde, während sich das Relief am Türsturz auf Völker bezieht, die das Evangelium abgewiesen haben (links eine Opferprozession) oder noch nicht kennen (rechts legendäre Gestalten von den äußersten Enden der Welt). Im äußeren Bogen enthalten 29 Medaillons die zwölf Tierkreiszeichen im Wechsel mit Monatsarbeiten.

Die Aussendung der Apostel, um 1130;
Tympanon des inneren Portals der Abteikirche Sainte-Madeleine in Vézelay
Das Hauptmotiv bildet eine Maiestas Domini: Christus im ganzfigurigen Heiligenschein, der mandelförmigen Mandorla. Kennzeichnend für die romanische Reliefkunst in Burgund ist die szenische Einbeziehung der Maiestas Domini in die Aussendung der Apostel: Die Arme Christi überschneiden der Rand der Mandorla und senden nach beiden Seiten Lichtstrahlen aus; in einer leichten Körperwendung sind die Beine Christi aus der Frontalansicht des Oberkörpers zur Seite gedreht: Bewegung als Ausdruck eines geistigen Geschehens prägt die Gestaltungsweise bis hin zu Details wie dem gekräuselten Saum des Gewandes. Die Pilger, die in der Vorhalle der Kirche dieses Tympanon betrachteten, sahen sich in der Nachfolge der Apostel auf den Wegen der Welt zum himmlischen Ziel.

Volto Santo. Kopien entstanden in Katalonien wie in Frankreich, England und Deutschland, z. B. das *Imervard-Kreuz* (um 1170?) des Braunschweiger Doms mit der Inschrift am Gürtel: »Imervard me fecit«. Wir dürfen in Imervard einen Bildhauer vermuten, der eine Wallfahrt nach Rom unternommen hat. Da der heutige *Volto Santo* in Lucca jünger ist, bleibt fraglich, ob das Braunschweiger Kruzifix dem spätestens im 11. Jahrhundert nach Lucca gelangten Kruzifix nachgebildet ist oder dessen Ersatz zum Vorbild hat. In diesem Fall könnte ein Zusammenhang mit dem Aufenthalt des Welfen Otto IV. in Lucca 1209 auf dem Weg zur Kaiserkrönung in Rom bestehen.
Bezeichnend für den Zusammenhang zwischen Pilgerwesen und Reliquienkult ist die ursprüngliche Verwendung des Imervard-Kreuzes wie des Luccheser Volto Santo als Reliquiare, denn der Hinterkopf des Gekreuzigten ist jeweils ausgehöhlt. Einer Legende zufolge schuf Nikodemus, der gemeinsam mit Josef aus Arimathäa Jesus vom Kreuz nahm und beisetzte (Joh. 19,38–42), den Korpus des Volto Santo, dessen Kopf – daher die Bezeichnung als ›Heiliges Antlitz‹ – ein Engel hinzufügte. Bischof Gualfredus brachte das Kruzifix von seiner Pilgerreise nach Jerusalem im 8. Jahrhundert in seine Heimatstadt Lucca mit. Eine weit verzweigte Legendenbildung stellte eine Verbindung zwischen dem Volto Santo und der hl. Kümmernis her, wobei hier wie dort von einem armen Pilger berichtet wird, der das Gnadenbild, da er sonst nichts besitzt, mit seinem Geigenspiel verehrt und als Dank einen silbernen Schuh erhält, der sich vom Fuß des Gekreuzigten löst – ein Hinweis auf die Kostbarkeit der von Pilgern auf den Stationen ihrer Reise verehrten Reliquiare.

KUNSTZENTRUM

HILDESHEIM

Hildesheim, *St. Michael*, um 1007–33; Rekonstruktion, Ansicht von Südwesten
Die Klosterkirche gliedert sich in das Langhaus (Seitenschiffe begleiteten das überhöhte Mittelschiff) sowie eine westliche und eine östliche Baugruppe aus jeweiligem Querhaus mit quadratischem Vierungsturm und seitlichen Treppentürmen sowie Chor, der im Osten waagrecht schließt und durch eine Apsis erweitert wird. Im Westen führt ein halbrunder Prozessionsweg mit Stützpfeilern an der Außenwand zur Sicherung des Tonnengewölbes um die ebenerdige Krypta (*Bernwardgruft*); sie trägt den erhöhten Altarraum. Das Mittelschiff besitzt eine im frühen 13. Jahrhundert bemalte flache Holzdecke mit dem Bild der nach Westen gerichteten *Wurzel Jesse* (Stammbaum Jesu), im Osten beginnend mit dem Sündenfall von Adam und Eva.

VON DER OTTONIK ZUR ROMANIK. Seit 815 Bistum, erlebte Hildesheim im 11. Jahrhundert eine kulturelle Blüte, die eng mit zwei heiliggesprochenen Bischöfen verbunden ist: mit Bernward von Hildesheim (reg. 993–1022, kanonisiert 1193), der selbst künstlerische Fertigkeiten als Kalligraf und im Bronzeguss erworben haben soll, und dessen Nachfolger Godehard (gest. 1038, kanonisiert 1131), dem die Errichtung oder zumindest Weihe von 30 Kirchen zugeschrieben wird. Beide Kirchenfürsten verdankten ihre Ämter ottonischen Herrschern: Bernward war ab 987 Erzieher des jungen Otto III. und Berater seiner Mutter Kaiserin Theophanu; Godehard, Abt des bayerischen Klosters Niederaltaich, wurde 1022 von Kaiser Heinrich II. nach Hildesheim berufen. Was sie als Bauherren geschaffen haben, weist jedoch auf die Romanik voraus bzw. ist ihr bereits zuzurechnen. Dies gilt insbesondere für die Klosterkirche *St. Michael*, gegründet von Bernward und ausgeführt unter der Bauleitung des Abtes Goderamnus. Sie ist ein Prototyp des romanischen ›Gliederungsbaus‹, dessen Äußeres seine Entsprechung im Inneren in Gestalt des sog. Sächsischen Stützenwechsels findet: Die Rundbögen der Langhausarkaden ruhen abwechselnd auf (zwei) Säulen und Pfeilern. Diese markieren die Eckpunkte von Quadraten als gliedernde Maßeinheit, deren konsequente Anwendung im gesamten Grundriss den ›Quadratischen Schematismus‹ der romanischen Architektur auszeichnet.

BERNWARDINISCHE PLASTIK. Die Bezeichnung wurde 1955 geprägt. Sie bezieht sich im engeren Sinne auf elf Bildwerke, die in unmittelbarer Verbindung mit Bischof Bernward stehen und zu den Neuschöpfungen des frühen 11. Jahrhunderts gehören. Monumentalwerke sind die *Christussäule* und die beiden Flügel der *Bernwardtür*, die ersten mit Reliefs versehenen Bronzetüren. Ihr typologisches Bildprogramm mit je acht alttestamentlichen und neutestamentlichen Szenen wurde durch die Holztüren der Kirche *Santa Sabina* (um 430) in Rom angeregt. Die beiden 472 cm hohen Tafeln sind inschriftlich 1015 datiert und waren für *St. Michael* bestimmt, wurden jedoch von Bischof Godehard in den Dom überführt.

Eine Gruppe von Kruzifixen steht im Zusammenhang mit der Entwicklung des plastischen christlichen Kultbildes, zu dessen frühesten Werken das *Gerokreuz* (um 970) des Erzbischofs Gero im Kölner Dom zählt. Eine aufschlussreiche Erörterung des Für und Wider der ›körperlosen‹ Malerei und der ›körperhaften‹, noch immer durch die Erinnerung an das heidnische Götzenbild belasteten Plastik enthält der Bericht des Klerikers Bernhard von Angers über seine Pilgerreise zum wundertätigen *Reliquiar der hl. Fides* (um 980) in Conques im Jahr 1013 oder 1014: »Denn wo des einzigen höchsten und wahren Gottes Kult recht begangen werden soll, scheint es verrucht und sinnlos, wenn man eine Statue aus Stuck, Holz oder Bronze bildet, ausgenommen eine des gekreuzigten Herrn. Dass dessen Bildnis, um das Gedächtnis des Leidens des Herrn zu feiern, in frommer Weise als Bildhauerwerk oder im Guss geformt wird, das gestattet die heilige und die universelle Kirche.« Von dieser Erlaubnis macht die Bernwardinische Plastik auf eindrucksvolle Weise Gebrauch: durch das nahezu lebensgroße *Ringelheimer Kruzifix* und das kleinformatige *Kupferkruzifix* (beide in der Pfarrkirche von Salzgitter-Ringelheim, wo Bernwards Schwester Judith einem Kanonissenstift vorstand) sowie das *Silberkruzifix* (Höhe des Korpus 12,8 cm) des Hildesheimer Domschatzes.

***Christussäule*, sog. *Bernwardsäule*, um 1022; Bronze, Gesamthöhe 379 cm, Durchmesser 58 cm, Höhe der Reliefzone 48 cm; Hildesheim, Dom**
Bischof Bernward hielt sich zur Jahrtausendwende in Rom auf und lernte hier die beiden römischen Triumphsäulen kennen: die *Marc-Aurel-Säule* und die *Trajansäule*. Ihrem Vorbild folgt der spiralförmig um die Säule gelegte Bilderfries aus 24 Einzelszenen von der Taufe Jesu im Jordan bis zum Einzug in Jerusalem. Die *Christussäule* entstand wie die *Bernwardtür* für die Klosterkirche St. Michael. Die beiden Türflügel und die Säule bestehen jeweils aus einem Stück und bilden daher gusstechnische Meisterleistungen der Bernhardinischen Plastik, zu deren Neuerungen der Silberguss gehört. Als Arbeiten *primo huius artis flore* (›in der ersten Blüte dieser Kunst‹) werden inschriftlich zwei silberne Leuchter aus Bernwards Grab bezeichnet; sie befinden sich in der gotischen Magdalenenkirche von Hildesheim.
Zu den herausragenden Werken des Hildesheimer Skriptoriums gehört das *Bernwardevangeliar* mit dem Stifterbild des Bischofs, dem er den Kodex auf einem Altar darbringt (um 1015; Hildesheim, Domschatz im Dommuseum).

GESTALTUNGSAUFGABE

KLOSTER

EINSIEDELEI UND KLOSTER. Das christliche Mönchtum kennt zwei Traditionen: das ursprüngliche Eremitentum und das im 4. Jahrhundert in Ägypten (Regel des hl. Pachomios, um 320) entstandene Koinobitentum (griech. *koiné* ›gemeinsam‹). Zur Grundlage des westlichen koinobitischen Mönchtums wurde die *Regula Sancti Benedicti*, die Benedikt von Nursia 529 seiner Klostergründung Montecassino gab. Ihre Zusammenfassung in der Formel »ora et labora« (›bete und arbeite‹) besagt, dass die Klostergemeinschaft sowohl zur fortwährenden Pflege des Spirituellen, etwa im täglichen achtteiligen Stundengebet im Abstand von drei Stunden, als auch zur Sicherung der materiellen Basis des Klosters verpflichtet ist.
Die zweifache Verpflichtung des koinobitischen Mönchtums strukturiert das Bauprogramm des benediktinischen sowie ab dem 11. Jahrhundert des zisterziensischen Klosters, dessen Idealgestalt der *St. Galler Klosterplan* aus der Zeit Karls d. Gr. fixiert. Erhalten ist eine um 820 auf der Klosterinsel Reichenau im Bodensee für den St. Galler Abt Gozbert als Orientierungshilfe beim Neubau seines Klosters angefertigte Kopie (St. Gallen, Stiftsbibliothek). Die Zeichnung mit roter Tinte auf Pergament umgibt den inneren Bereich, die Klausur mit Kirche und Kreuzgang, durch angrenzende Gebäude und Einrichtungen: Abtshaus, Gäste- und Krankenhaus, Schule, Werkstätten, Ställe und Scheunen, Garten und Friedhof.

MÖNCH UND KÜNSTLER. Der wirtschaftlichen Autarkie des mittelalterlichen Klosters entspricht die künstlerische. Sie kommt in programmatischer Weise im rechts wiedergegebenen *Dedikationsbild* zum Ausdruck, das als Rechenschaftsbericht des Abtes Desiderius von Montecassino zu betrachten ist. Im unteren Teil sind Ländereien mit Gebäuden um einen See angedeutet, durch deren Erwerb die materielle Basis des Klosters erweitert wurde. Darüber überreicht Desiderius in einer fiktiven Szene dem Ordensgründer einen im Kloster geschaffenen Kodex, während weitere Erzeugnisse des Skriptoriums am Boden liegen. Der Hintergrund zeigt Architekturmotive. Sie beziehen sich auf die rege Bautätigkeit, insbesondere auf den Kirchenneubau des Desiderius (Einweihung 1071). Neben den als Schreiber und Buchmaler tätigen Klerikern gab es mönchische Zimmerleute, Maurer, Steinmetze, Bildhauer, Wandmaler und Baumeister, die an der Errichtung und Ausgestaltung ihres Klosters mitwirkten. Aber auch Spezialisten wurden herangezogen; Desiderius beispielsweise berief byzantinische Mosaizisten aus Konstantinopel nach Montecassino.
Welchen bildkünstlerischen Reichtum die Klöster entwickelten, verrät die berühmte Schelte des hl. Bernhard, Abt seiner Klostergründung Clairvaux (1115), der entscheidend zur Entstehung und Ausbreitung des Reform-

KLOSTERGEBÄUDE

Auf der *Regula Sancti Benedicti* (529) beruht das folgende Bauprogramm für den inneren Bezirk des Klosters, die Klausur:

Die Klosterkirche gliedert sich in den östlichen Teil für den Gottesdienst und das gemeinschaftliche Gebet der Mönche und einen westlichen Teil für den Gottesdienst der Laien.

In der Regel schließt sich an der Südseite der Kirche der rechteckige Kreuzgang an, benannt nach der hier durchgeführten Kreuzprozession.

Den Kreuzgang umgeben: der Kapitelsaal als Versammlungsraum für Lesungen aus den Kapiteln der Mönchsregel, das Dormitorium (Schlafbereich, lat. *dormire* ›schlafen‹), der in Zellen gegliederte Wohnbereich und der als Refektorium bezeichnete Speisesaal (lat. *refectio* ›Erquickung‹) in Verbindung mit Vorratsraum und Küche sowie einer Gelegenheit zum Händewaschen, etwa in Form einer Brunnenkapelle. Hinzu kommen die Schreibstube (Skriptorium, lat. *scribere* ›schreiben‹) und die Bibliothek.

Eine architektonische Besonderheit kennzeichnet die Abteikirche *Maria Laach* in der Eifel (beg. 1093), die zu den am besten erhaltenen Sakralbauten der Romanik in Deutschland zählt. Um 1220–30 entstand vor dem Westteil ein von drei Flügeln eines Kreuzgangs gesäumter Hof mit Löwenbrunnen, der als ›Paradies‹ dem Atrium frühchristlicher Basiliken entspricht. Dieselbe Bezeichnung gilt für einen überwölbten Vorraum (*Klosterkirche Maulbronn*).

Dedikationsbild, um 1070; Tempera und Gold auf Pergament, Blattformat 36,5 x 25 cm; Biblioteca Apostolica Vaticana, Vat. lat. 1202, fol. 2r
Die Bildseite am Beginn einer Prachthandschrift zeigt Abt Desiderius, wie er dem Ordensgründer Benedikt von Nursia diesen im Skriptorium des Klosters Montecassino geschaffenen Kodex überreicht. Er enthält als Lektionar Lesungen zu den Festen des Benedikt, seines Schülers Maurus und seiner Schwester Scholastika. Als *lectiones* dienen die Lebensbeschreibungen der drei benediktinischen Heiligen; die Benedikt-Vita verfasste Ende des 6. Jahrhunderts Papst Gregor I., d. Gr. Im Unterschied zum runden Heiligenschein Benedikts (gest. 547) kennzeichnet der rechteckige Nimbus des Desiderius den Abt (reg. 1058–1086) als Lebenden. Zwei Inschriften erläutern das Dedikationsbild: *Cum domibus miros plures accipe pater libros* (›Samt den Häusern nimm hin, mein Vater, viele prächtige Bücher‹) und: *Rura, lacus presto. Celi michi presitor esto* (›Ich bringe Dir Länder, Gewässer. Sei Du mir ein Bringer des Himmels‹).
Einen Hinweis auf die kulturelle und kirchenpolitische Bedeutung des benediktinischen Mutterklosters auf einem Berg über der Stadt Cassino im 11./12. Jahrhundert gibt die Karriere des Desiderius. Papst Nikolaus II. (reg. 1058–61) ernannte den Abt zum Kardinal und Reformator aller Klöster in Kampanien, Apulien und Kalabrien (Stifterbild in der Abteikirche *Sant' Angelo in Formis* bei Capua).1086 wurde Desiderius als Viktor III. Papst (gest. 1087). Es war die Zeit der Auseinandersetzung zwischen Kaisern und Päpsten, die sich auf eine monastische Kirchenreform stützten: Viktor III. war Nachfolger des in der Verbannung gestorbenen Papstes Gregor VII. (als Mönch mit Namen Hildebrand), nachdem Heinrich IV. den Gegenpapst Klemens III. inthronisiert hatte.

ordens der Zisterzienser beitrug: »Überall erscheint eine ebenso bunte wie erstaunliche Fülle verschiedenartigster Formen, dass man lieber im Marmor als in den Büchern liest und betrachtet. Den ganzen Tag ist man damit beschäftigt, die Einzelheiten der Werke zu bewundern, statt über das Gesetz Gottes nachzusinnen. Mein Gott! – Wenn man sich schon nicht der Unschicklichkeit schämt, warum scheut man nicht den Aufwand?« Tatsächlich wurde die zisterziensische Rückbesinnung auf den Ursprung des benediktinischen Mönchtums von einer Neubewertung des Klosters als Gestaltungsaufgabe begleitet: An die Stelle machtvoller, kostbar ausgestatteter Baukomplexe trat die streng funktionale, handwerklich qualitätvolle Zisterzienser-Baukunst, zu deren Charakteristika im Kirchenbau der gerade statt polygonal gebrochene Chorabschluss und der Verzicht auf Türme zugunsten eines schlichten Dachreiters mit Glocke gehören. Die am besten erhaltene zisterziensische Klosteranlage in Deutschland ist das 1147 durch Mönche aus dem Elsass gegründete, durch den Erzbischof von Speyer geförderte Kloster *Maulbronn*, dessen Klausur und ummauerter Wirtschaftshof zum Weltkulturerbe der UNESCO gehören.

GESTALTUNGSAUFGABE

KAPITELL

STEREOMETRISCHE UND FLORALE FORMEN

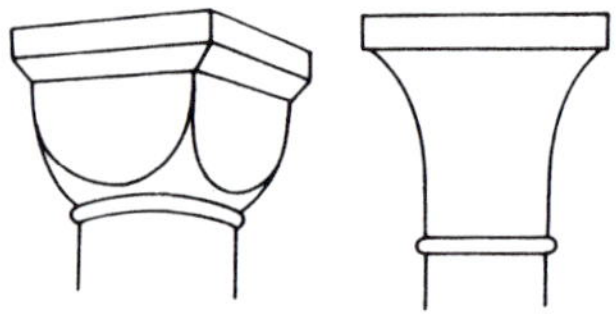

Würfelkapitell (Halbkugel und Quader) und Kelchkapitell

Trapezkapitelle

Knospenkapitell und Zungenblattkapitell

Polygonales Blattkapitell

TEKTONISCHE FUNKTION. Das Kapitell (lat. *capitellum* ›Köpfchen‹) vermittelt zwischen den Stützgliedern Säule und Halbsäule, Pfeiler und Pilaster und den lastenden Baugliedern Bogen oder Gebälk. Das Kapitell vergrößert die Auflagefläche der Last und besitzt insofern tektonische Funktion, die in der Ausgestaltung des Kapitells veranschaulicht wird. Die Architektur der Frühgeschichte des Altertums entwickelte Typenreihen vom streng stereometrischen Kapitell (dorisch) über ornamental (ionisches Volutenkapitell) und pflanzlich dekorierte Kapitelle (korinthisch) bis zum römischen Kompositkapitell mit ornamentalen, pflanzlichen und figürlichen Motiven. Diese Typen erfahren in der Romanik eine in ihrer Formenfülle einzigartige Bildhaftigkeit.

Die tektonisch klarste Form der Vermittlung zwischen dem runden Stützglied Säule und der quadratischen Auflagefläche eines Bogens ist das Würfelkapitell, das sich aus der Durchdringung von quadratischem Kubus und Halbkugel ergibt und der gleichsam stereometrischen Formvorstellung der Romanik am unmittelbarsten entspricht. Verwandte stereometrische Kapitelle sind das Glocken-, Kelch- und Korbkapitell, das trapezförmig begrenzte Trapezkapitell, das Faltenkapitell und das aus der Nachbildung schräg ansteigender Orgelpfeifen gebildete Pfeifenkapitell. Aus der vertikalen Wiederholung einer dieser Grundformen ergibt sich das Stufenkapitell. Einen ersten Schritt zur ornamentalen Ausgestaltung unternimmt das Knospen- oder Knollenkapitell mit seinen an den Enden eingerollten Blattformen.

KAPITELLPLASTIK. Indem sich die stereometrische Grundform mit dekorativem Schmuckwerk verbindet (z. B. Flechtband-Ornamentik), entwickelt sich das Kapitell zum Kern einer skulptural ausgearbeiteten Darstellung, ausgehend vom Blattkapitell mit rundum angeordneten Blattkränzen bis zur vielteiligen, das Kapitell umrundenden szenischen Bilderzählung. Dieses Figurenkapitell lässt sich analog zur Unterscheidung in der Buchmalerei zwischen der ornamentalen und der historisierten (erzählenden) Initiale als historisiertes Kapitell bezeichnen.

Die Figurenkapitelle können sich in zyklischer Erzählfolge reihen, beispielsweise in einem Kreuzgang. Vorherrschend ist jedoch eine bunte Mischung allegorisch gedeuteter antiker Themen, apotropäischer, d. h. Schaden abwehrender Motive, biblischer und hagiografischer sowie profaner Themen, die Bernhard von Clairvaux allerdings ablehnte: »Was sollen übrigens in den Klöstern vor den lesenden Mönchen jene lächerlichen Monstren, die unglaublich deformierte Formvollendung und die formvollendete Deformation? Was sollen die unreinen Affen? Was die wilden Löwen? Was die monströsen Kentauren? Was die

Halbmenschen? Was die gefleckten Tiger? Was die kämpfenden Krieger? Was die ins Horn stoßenden Jäger?«
Die romanische Kapitellplastik erweist sich als bildnerisches Experimentierfeld, in dem alles erlaubt zu sein scheint: vom erheiternden Akrobatenpaar (Ermahnungen von Bischöfen, die Würde des Gottesdienstes nicht zu verletzen, deuten auf den Hang manches Priesters zu derben Späßen hin) bis zu theologisch tiefsinnigen Motiven wie der *Mystischen Mühle* an einem Kapitell im südlichen Seitenschiff von *Sainte-Madeleine* in Vézeley: Mose schüttet das Korn des Gesetzes in eine von Christus gedrehte Mühle, und Paulus fängt das zu Mehl verfeinerte Korn in einem Sack auf. Diesem Kapitell benachbart sind der Kampf zwischen zwei Fabelwesen, die Entführung des Ganymed durch den Adler Jupiters, musizierende Tiere, die Bekehrung des Eustachius bzw. Hubertus und die Tierkreiszeichen Waage und Zwillinge sowie als Illustration des Gleichnisses Jesu vom reichen Mann und dem armen Lazarus der Tod des Prassers, dessen Seele in die Hände von Dämonen fällt, während die als Kind in einer Mandorla wiedergegebene Seele des Lazarus von Engeln in Empfang genommen wird.
Eine der Kapitellplastik verwandte Gestaltungsaufgabe bilden die Konsole und Kragsteine als Träger von Gesimsen oder als Widerlager von Gurtbögen der Tonnengewölbe bzw. Rippen von Rippengewölben. Beliebte Motive sind hier Tierköpfe und Blattmasken.

KENTAUREN

In der Turmhalle des Mainzer Doms zeigt ein Kapitell einen Kentaur, der mit Pfeil und Bogen einen Hirsch jagt (um 1120). Das antike Mischwesen aus Pferd und Mensch konnte als Symbol der irdisch-himmlischen Doppelnatur Jesu Christi verstanden werden. Als ausschließlich profanes Motiv diente der jagende Kentaur in Kalendarien als Tierkreiszeichen Schütze.

***Verkündigung an Maria*, um 1050; Figurenkapitell; Arles, Kathedrale Saint-Trophime, Ostflügel des Kreuzgangs**
An die Südseite der Kathedrale von Arles schließt sich ein Kreuzgang an, gegliedert in romanische Nord- und Ostflügel sowie gotische West- und Südflügel. Der neutestamentliche Zyklus der Figurenkapitelle des Ostflügels beginnt mit der *Verkündigung an Maria*: Nahezu rundplastisch heben sich die Sitzfigur Maria und der Verkündigungsengel Gabriel vom Kern des Kapitells ab. Eine konkav eingebuchtete Kämpferplatte unterstützt die plastische Wirkung. Eine zweite Kämpferplatte ist an der Stirnseite mit einer Blattranke geschmückt. Der in drei Joche gegliederte Ostflügel zeigt im ersten Joch die Geburt Christi, im zweiten Joch die Geschichte der Heiligen Drei Könige, im dritten Joch den Einzug Jesu in Jerusalem und die Aussendung der Apostel.

Hochmittelalter

GESTALTUNGSAUFGABE

BURG

TURMBURG UND KIRCHENBURG. Der Wehrbau Burg orientierte sich als Gestaltungsaufgabe vor allem an bau- und wehrtechnischen Entwicklungen, an den topografischen Gegebenheiten (Höhen- oder Niederungsburg, häufig als Wasserburg) und an seiner Funktion, beispielsweise als repräsentativer Mittelpunkt eines Territoriums oder zum Schutz oder zur Kontrolle von Verkehrswegen zu Wasser und zu Land.

Wartburg, vorwiegend 12. und 19. Jahrhundert
Die 1080 erstmals erwähnte Wartburg erstreckt sich als Höhenburg in Nord-Süd-Richtung auf dem Wartberg. Zu seinen Füßen entstand die Stadt Eisenach. Die Luftaufnahme zeigt die Gliederung in eine nördliche Vorburg und eine südliche Hauptburg. Hier erhebt sich an der Ostseite der dreigeschossige Palas (um 1190–1250) mit Sälen und Galerien im Inneren sowie einer durch Arkaden mit aufwendigem bauplastischem Schmuck (Kapitelle) gegliederten Hofseite. Aus dem Spätmittelalter (14. Jahrhundert) stammt der Südturm, der 1840 lediglich durch Zinnen ergänzt wurde. Das heutige Erscheinungsbild ist das Ergebnis eines als Restaurierung verstandenen Wiederaufbaus (erste Pläne 1838) unter Großherzog Carl Alexander von Sachsen-Weimar. An der neuen Innenausstattung beteiligte sich Moritz von Schwind 1853–55 mit Fresken, die an die Gründungssage, den ›Sängerkrieg auf der Wartburg‹ (Walther von der Vogelweide, Wolfram von Eschenbach) und an die hl. Elisabeth von Thüringen erinnern. Zum ›Nationaldenkmal‹ wird die Wartburg durch Luthers Aufenthalt als »Junker Jörg« (1521/22, Übersetzung des Neuen Testaments) und durch das nationalliberale studentische Wartburgfest (1817). Seit 2000 gehört die Wartburg zum Weltkulturerbe der UNESCO.

Die Ausgangspunkte für die Entwicklung der mittelalterlichen Burg sind denkbar vielfältig. Sie reichen vom römischen Kastell (mittellat. *burgus*) und der Verschanzung hinter Palisaden (Flieh- oder Volksburgen) bis zur frühmittelalterlichen Pfalz. Als Turmburgen entstanden der englische *keep*, ein monumentaler, von Stützpfeilern umgebener Turm mit Wohn- und Vorratsräumen, der ebenfalls als Wohnturm eingerichtete französische *donjon* und

schließlich der innerstädtische Geschlechterturm, von dem sich in San Gimignano 14 Beispiele erhalten haben. Ein Gegenstück zur adligen Turmburg ist die als Zufluchtsort einer Gemeinde eingerichtete, mit Schießscharten ausgestattete Wehrkirche bzw. die wehrhaft ummauerte Kirchenburg. Größere Gruppen sind in Siebenbürgen, im Erzgebirge, in Schlesien und in Friesland erhalten. Den Typus der Klosterburg vertritt das 1079 gestiftete Kloster *Groß-Comburg* auf einem Bergkegel bei Schwäbisch Hall, ausgestattet mit äußerem und innerem Bering sowie Zwingerhof. Der zwölfseitige Radleuchter (um 1150) symbolisiert das von einer Mauer mit zwölf Türmen und Toren befestigte himmlische Jerusalem.
Als Burg ist auch *Castel del Monte* zu betrachten, das einen Berg in Apulien bekrönt. Es wurde ab 1240 als Jagdschloss für Kaiser Friedrich II. erbaut und bildet durch die Regelmäßigkeit seiner oktogonalen Anlage mit acht Ecktürmen ein Sinnbild der geordneten und ordnenden Machtvollkommenheit.

DIE RITTERBURG. Der Inbegriff der mittelalterlichen Burg ist jedoch die Ritterburg als politisches, militärisches und kulturelles Zentrum eines Territoriums im Besitz einer adligen Dynastie, die zumeist aus der Schicht der Dienstleute (Ministerialen) eines Fürsten hervorgegangen ist. Sie besitzt als Wohn- und Festgebäude den künstlerisch gestalteten mehrgeschossigen Palas, als Wahrzeichen den Burgturm, als Befestigung den mehrfachen Bering. Zwei Haupttypen lassen sich unterscheiden: die um einen Mittelpunkt gruppierte Rundburg und die in mehrere Teilbereiche entlang einer Achse gegliederte Abschnittsburg. Gemeinsames Merkmal ist die Randlage der Gebäude entlang des Berings, um Raum für den Burghof als Schauplatz der ritterlichen Wettkämpfe zu gewinnen. Bei großräumigen Anlagen konnte der Burghof als Turnierplatz dienen. Von Burg zu Burg zogen die Minnesänger und Spruchdichter des 12. und 13. Jahrhunderts: Der Rang der *Wartburg* als Musenhof des Landgrafen Hermann I. von Thüringen (reg. 1190–1217) spiegelt sich in der Sage vom ›Sängerkrieg auf der Wartburg‹, deren älteste literarische Gestaltung bereits um 1260 entstanden ist *(Singerkriec uf Wartburc)*.
Ein eigenes Kapitel in der Geschichte der Ritterburg bilden die Kreuzritterburgen im Heiligen Land. Die am besten erhaltene und mächtigste Anlage ist der *Krak des Chevaliers* des Johanniterordens (Syrien, 12./13. Jahrhundert). In der Kreuzzugsbewegung wurzeln auch der Deutsche Orden und seine Architektur, die ihren Höhepunkt in der 1274 gegründeten *Marienburg* fand (poln. Malbork). Ihre Wiederherstellung ab 1817 unter der Leitung von Karl Friedrich Schinkel steht am Beginn der ›Burgenromantik‹ des 19. Jahrhunderts mit Neubauten über alter Bausubstanz wie Schinkels Burg *Stolzenfels* bei Koblenz am Rhein, entstanden ab 1825 im Auftrag Friedrich Wilhelms IV. von Preußen, des »Romantikers auf dem Königsthron« mit einer Vorliebe für das Mittelalter.

GLIEDER EINER BURG

Bergfried, Hauptturm mit rundem, quadratischem oder oktogonalem Grundriss, letzter Zufluchtsort der Bewohner. Häufig erhebt sich der Bergfried (auch Belfried) über dem unterirdischen Verlies.

Bering, Ringmauer mit der an besonders gefährdeten Abschnitten verstärkten Schildmauer.

Kapelle, in den Palas einbezogener oder selbständiger, häufig zweigeschossiger Sakralbau.

Kemenate (lat. *caminata camera* ›Zimmer mit Kamin‹), in der Regel heizbares Frauengemach oder entsprechendes Wohngebäude, das auch als Dirnitz bezeichnet wird.

Palas, mehrgeschossiges Wohngebäude, häufig mit einem Rittersaal im Erdgeschoss und Wohnbereich im Obergeschoss.

Torhaus, wehrhafter Torbau mit Fallgatter als Durchlass des inneren Mauerrings, im Unterschied zum Burgtor um den äußeren Mauerring.

Wehrgang, Laufgang auf der Mauerkrone des Berings, geschützt durch Zinnen und mit Ausgussöffnungen für heißes Pech oder Öl ausgestattet (Maschkulis bzw. Pechnasen).

Wirtschaftsgebäude, zumeist an den inneren Mauerring angefügte Stallungen, Vorratshäuser und Werkstätten.

Zwinger, Bereich zwischen innerem und äußerem Bering, in dem vielfach Tiere gehalten wurden.

GESTALTUNGSAUFGABE

TÜRFLÜGEL

HOLZ UND METALL. Die Überlieferung schreibt Michelangelo das begeisterte Urteil zu, Lorenzo Ghibertis Türflügel aus vergoldeter Bronze am Florentiner Baptisterium seien würdig, die Pforten des Paradieses zu schmücken. Diese *Paradiestür* (1425–50) bildet einen Höhepunkt in der Geschichte der Türe als einer künstlerischen Gestaltungsaufgabe, über deren antike Tradition wir nur durch literarische Quellen unterrichtet sind. Türen aus Holz oder Bronze verschlossen Stadttore, Tempel, Paläste, Grabbauten und Häuser. Sie waren häufig mit apotropäischen, d. h. Gefahren abwehrenden Darstellungen wie Gorgonenhäuptern oder Löwenköpfen versehen. Sarkophagreliefs deuten auf spätrömische Türen mit figürlichem Reliefschmuck hin; die ältesten erhaltenen Beispiele sind die Fragmente einer Tür von Sant' Ambrogio in Mailand aus dem späten 4. Jahrhundert und die Reste der ursprünglich 28 Holzreliefs der Türe von *Santa Sabina* in Rom, um 430.
Die antike Technik des monumentalen Bronzegusses blieb im Frühmittelalter in Konstantinopel lebendig (drei Türen der Hagia Sophia aus justinianischer Zeit), bevor im Westen der Aachener Gießerei Karls d. Gr. um 800 ein Neubeginn gelang (*Wolfstür* und zwei weitere Türen der Pfalzkapelle, heute *Aachener Münster*). Die ersten Türflügel mit figürlich-szenischen Reliefs aus massiver Bronze entstanden jedoch in der Hildesheimer Gießerei des Bischofs Bernward (inschriftlich datiert 1015, für *St. Michael*, heute im Dom von Hildesheim). Dieser *Bernwardtür* folgten im 11. und 12. Jahrhundert Hauptwerke der romanischen Reliefkunst als Türschmuck sowohl im Massivguss als auch in Form einzelner Tafeln, die auf Holz befestigt wurden. Auffallend häufig tragen diese offenkundig hoch eingeschätzten Werke Künstlersignaturen. Dies gilt etwa für die Magdeburger Gießer Riquin und Waismuth (Tür des Doms in Płock an der Weichsel, um 1152–56, vor 1450 in die *Sophienkirche* in Nowgorod gelangt), für den Glockengießer Roger von Melfi (Tür am Grabbau des Fürsten Boëmund I. am Dom von Canosa in Apulien, um 1111–18), für Oderisius von Benevent (Türen des West- und des Südportals der Kathedrale von Tróia, 1119 und 1127), für Barisanus von Trani (1179–89 entstandene Türen der Dome von Ravello, Trani und Monreale) oder für Bonanus von Pisa (Türen der Dome von Pisa und Monreale auf Sizilien, um 1180 und 1186).

RELIEF UND GRAVUR. Die stärkste plastische Ausformung besitzt naturgemäß der Türgriff, der bereits bei der Aachener *Wolfstür* die Form eines Ringes im Maul eines Löwen hatte. Eine besonders eindrucksvolle Abwandlung zur Teufelsfratze zeigt der Türklopfer am Nordportal der Kathedrale von Durham mit einem Ring, der seitlich des Maules mit zwei Tierköpfen versehen ist. Grundsätzlich

ROMANISCHE KIRCHENTÜREN

Augsburg, Dom, *Brautportal* am südlichen Querhaus, um 1020–50; zwei Flügel mit 35 Bronzetafeln in Leisten mit Kopfmasken, Themen des Alten und Neuen Testaments sowie Allegorien (Jahreszeiten).

Gnesen (poln. Gniezno), Dom, Südportal, um 1170; zwei Flügel in massivem Bronzeguss; 18 Szenen aus der Legende des hl. Adalbert, der 997 während einer Missionsreise zu den Pruzzen (d. i. Preußen) bei Königsberg ermordet wurde; Otto III. unternahm im Jahr 1000 eine Wallfahrt zu seinem Grab in Gnesen. Dargestellt ist u. a. die Fürbitte Adalberts für Gefangene vor Boleslaw II., dem Frommen; der König von Böhmen erreichte 973 die Errichtung des Bistums Prag. Als dessen Bischof wurde Adalbert, Sohn eines böhmischen Fürsten, vom Mainzer Erzbischof Willigis konsekriert.

Hildesheim, Dom (ehem. St. Michael), *Bernwardtür,* datiert 1015; zwei Flügel in massivem Bronzeguss, je acht alt- und neutestamentliche Szenen.

Monreale, Dom, Westportal, 1186, Bonanus von Pisa; zwei Flügel mit zusammen 42 Bronzetafeln, Themen des Alten und Neuen Testaments.

Pisa, Dom, *Porta di San Ranieri,* um 1180, Bonanus von Pisa; 20 Bronzetafeln auf Holz, Kombinationen alt- und neutestamentlicher Themen und Inschriften.

Verona, San Zeno, Westportal, um 1140; zwei Flügel mit je 24 Bronzetafeln auf Holz, Themen des Alten und Neuen Testaments sowie aus der Legende des hl. Zeno.

unterscheiden sich die in westlichen und in östlichen (byzantinischen) Werkstätten geschaffenen Türen. Erstere bevorzugen den Reliefschmuck, letztere Techniken der Goldschmiedekunst wie Gravur und Metalleinlage. Solche Werke gelangten als Importe nach Italien und finden sich in Venedig (*San Marco*, Haupttür des Atriums), Amalfi (Dom) und Rom (*San Paolo fuori le mura*). Ein charakteristisches Motiv byzantinischer Türen ist der Lebensbaum.

Vielfach unterscheiden sich die szenisch geschmückten Türen durch die ›Leserichtung‹. Drei Möglichkeiten zeigen in der Zeit des Übergangs von der Gotik zur Renaissance die Türen des Baptisteriums in Florenz: Bei der Südtür mit Szenen aus der Geschichte Johannes' des Täufers von Andrea Pisano (1330–36) ist jeder der beiden Flügel als Einheit konzipiert, die wie eine Buchseite von oben nach unten zu betrachten ist. Lorenzo Ghibertis Szenen aus dem Leben Jesu an der Nordtür (1403–24) führen dagegen wie bei der Glasmalerei von unten nach oben. Die zehn alttestamentlichen Bildfelder der *Paradiestür* an der Ostseite sind von links nach rechts über beide Flügel und von oben nach unten angeordnet. In ihrer Reliefhöhe reichen die synchron komponierten Bilderzählungen je Feld von nahezu rundplastischer Ausformung am unteren, den Rahmen überragenden Rand bzw. Vordergrund stufenweise bis zum gravierten Hintergrund.

MATARÉ

Türflügel aus Bronze mit Mosaik gehören zum religiösen Spätwerk des Bildhauers und Grafikers Ewald Mataré: vier Flügel am Südportal des *Kölner Doms* (Schöpfungs-, Pfingst-, Papst- und Kardinalstür, 1948–1954), zwei Portale der *Weltfriedenskirche Hiroshima* (1948). Mataré lehrte 1932 bis zur Entlassung 1933 und 1945–57 an der Akademie Düsseldorf; hier gehörte zu seinen Schülern Joseph Beuys.

***Höllenfahrt Christi*, um 1140; Bronze auf Holz, Verona, San Zeno, Tafel am linken Türflügel des Westportals**
Das Relief gibt einen Blick aus der Vogelperspektive in die von Hades beherrschte Vorhölle wieder, dargestellt als ummauerter Bezirk. Christus hat an der rechten Seite das Tor aufgebrochen und befreit die Gerechten des Alten Bundes, allen voran Adam und Eva. Die wichtigste Textgrundlage dieses Themas, aus dem sich das byzantinische Osterbild der »Anastasis« (griech., Auferstehung) entwickelt hat, ist das apokryphe Nikodemus-Evangelium, in dem die Seelen zweier Augenzeugen des Sieges Christi über Hades dem Nikodemus hierüber berichten. Die Szenen der reliefgeschmückten Türflügel boten zweifellos eine anregende Bildlektüre. Beispielsweise wurde Dante, der sich nachweislich zumindest 1320 in Verona aufgehalten hat, möglicherweise durch die am unteren Rand des Höllenfahrt-Reliefs kopfüber wiedergegebene Figur zur Art der Bestrafung von Simonisten (Vertreter des kirchlichen Ämterkaufs) im achten Kreis der Hölle angeregt: »Aus jeder Öffnung hat herausgestreckt / Ein Sünder seine Füße und die Beine / Bis hin zum Schenkel; sonst war er versteckt« (*Divina Commedia*, Inferno XIX,22–24).

MATERIAL UND TECHNIK

TEXTILKUNST

DAS ORNAT

In folgenden Kleidungsstücken entsprechen sich das Krönungsornat der römisch-deutschen Kaiser (Bestandteil der Reichsinsignien) und die Pontifikalkleidung der hohen Geistlichkeit:

Albe (lat. *alba*: weißes Gewand, Festtagskleid), aus der römischen *tunica talaris* entwickeltes langes Untergewand mit engen Ärmeln.

Dalmatika (lat. *dalmatica*: Hemd aus dalmatischer Wolle), langes, seit dem 13. Jahrhundert nur noch knielanges, seitlich geschlitztes Obergewand, das als Tunicella weite Ärmel besitzt.

Pluviale (lat. *pluvia* ›Regen‹), halbkreisförmig geschnittener, über der Brust geschlossener Mantel.

Weitere Entsprechungen bilden die Handschuhe, Schuhe und Stola sowie das Zingulum (lat. *cingulum*), ein Gürtel zum Schürzen der Albe, dessen Endstücke unterhalb der (knielangen) Dalmatika zum Vorschein kommen.

STICKEN, WEBEN, WIRKEN. Zu den Reichsinsignien und -kleinodien des Heiligen Römischen Reichs (Wien, Hofburg, Weltliche Schatzkammer) gehört das Krönungsornat der Kaiser mit Meisterwerken der sizilianischen, in Palermo gepflegten Textilkunst. Die Kulturschichten Palermos, einer karthagischen Gründung, die nach römischer, byzantinischer und arabischer Herrschaft ab 1072 als normannische und von 1194 bis 1265 als staufische Residenz diente, wirkten in der königlichen Textilmanufaktur nach, die der Normannenkönig Roger II. gegründet hatte. Für ihn entstand, laut kufischer Inschrift 1133/34, der halbkreisförmig geschnittene *Krönungsmantel* aus rotem Samt mit Gold- und Seidenstickerei in Anlegetechnik mit zwei Fäden: Ein Faden wird durch einen zweiten im sog. Überfangstich auf dem Stoff befestigt. Bestickt ist der Krönungsmantel in arabischer Tradition mit zwei auf zu Boden geworfenen Kamelen hockenden Löwen zu beiden Seiten einer Palme. Anders als die *Adlerdalmatika* mit 68 aufgenähten Adlermedaillons, die um 1330/40 in Süddeutschland aus chinesischem Seidendamast hergestellt wurde, stammen die kaiserliche Albe aus Seide mit Golddrahtstickerei und die *Blaue Dalmatika* aus blauem und rotem Samt mit Goldstickerei aus derselben Hofwerkstatt in Palermo, die als einzige im 12./13. Jahrhundert denselben Rang besaß wie jene in Konstantinopel.
Stickerei setzt ein zu bestickendes Gewebe voraus. Der Webstuhl, neben der Töpferscheibe das älteste mechanische Werkzeug der Kulturgeschichte, verbindet rechtwinklig zwei Fadensysteme aus Wolle, Flachs oder Seide: die Kettfäden und die Schussfäden. Werden Letztere nur in jeweils bestimmten, aneinander grenzenden Bereichen zwischen die Kettfäden eingewoben, spricht man statt von Weberei von Wirkerei. Zwischen den verschiedenfarbigen Flächen entstehen die für Wirkgewebe typischen Schlitze, die entweder belassen oder nachträglich vernäht wurden.
Stickerei, Weberei und Wirkerei entwickelten sich im Mittelalter zu hoher Blüte. Sie wurden insbesondere in Nonnenklöstern gepflegt: Bereits in karolingischer Zeit war die Bezeichnung »opus textile« gleichbedeutend mit »opus feminile«.
Zu den Anwendungsbereichen der mittelalterlichen Textilkunst gehören der Reliquienbeutel und das Reliquienkissen sowie der Bucheinband als ›Ornat‹ eines Kodex ebenso wie der großflächige, gewirkte oder bestickte Wandbehang.

***Zwei reitende Boten* auf dem *Teppich von Bayeux,* um 1080; Wollstickerei auf Leinen; Bayeux, Museum**
Die Inschrift NVNTII VVILLELMI kennzeichnet die beiden Reiter als »Boten Wilhelms«, nämlich des Normannenherzogs Wil-

DER BILDTEPPICH. Unter diesem Begriff lassen sich vielfältige Formen der textilen, der Malerei eng verwandten Flächenkunst zusammenfassen. Sie diente der Ausgestaltung sowohl profaner als auch sakraler Räume. Die Verwandtschaft mit der Tafelmalerei verdeutlichen die entweder aus Holz und Edelmetall oder aus Gewebe gefertigten Antependien zur Verkleidung der Vorderseite eines Altars. Ein Beispiel ist das gestickte *Rupertsberger Antependium* (96,5 × 230 cm) aus dem Kloster Rupertsberg bei Bingen (um 1230; Brüssel, Musées Royaux d'Art et d'Histoire). Es zeigt auf purpurfarbener byzantinischer Seide die Maiestas Domini, flankiert von Heiligen, Klosterfrauen und Stifterfiguren. Als Rücklaken (Behang) eines im Dom von Halberstadt wohl dem Altar gegenüber aufgestellten Herrscherthrones entstand in der ersten Hälfte des 13. Jahrhunderts der *Karlsteppich* (Hanfkette und Schussfäden aus verschiedenfarbiger Wolle, Fragment 159 × 150 cm) mit der Figur Karls d. Gr., umgeben von vier antiken Philosophen (Halberstadt, Ev. Domgemeinde).

Der einzige, in Fragmenten erhaltene Knüpfteppich (Wollfäden zwischen Schuss- und Kettfäden aus Hanf) des europäischen Mittelalters entstand um 1200 im Stift Quedlinburg und ist im Besitz der dortigen Servatius-Gemeinde. Thematisch bezieht sich der ursprünglich ca. 7,40 × 5,90 m große, in fünf Bildstreifen mit allseitiger Bordüre gegliederte *Quedlinburger Knüpfteppich* auf die im Mittelalter weit verbreitete allegorische Schrift *De nuptiis Philologiae et Mercurii* (›Von der Hochzeit der Philologie mit Merkur‹) des Nordafrikaners Martianus Capella aus dem 5. Jahrhundert mit einer Schilderung der *septem artes liberales* (Sieben freie Künste).

helm, der 1066 durch den Sieg bei Hastings als Wilhelm I., der Eroberer, englischer König wurde. Der 680 cm lange und 53 cm hohe Bildteppich legt mit seinen 58 Szenen (mit 623 Personen) den Schwerpunkt auf die Rechtfertigung der detailliert dargestellten Eroberung Englands: Trotz seines Eides gegenüber den Normannen bei einem Aufenthalt in Bayeux bestieg Graf Harald von Wessex den englischen Thron, auf den Wilhelm von der Normandie Anspruch hatte. Als Auftraggeber des vermutlich in Cambridge gefertigten, wohl als Palastausstattung entstandenen Wandbehangs gilt Wilhelms Halbbruder, Bischof Odo von Bayeux. Den Mittelstreifen begleiten zwei Bordüren mit der Darstellung von Fabelwesen, Tieren, Kriegern und Kampfszenen. Der Ausschnitt verdeutlicht die sowohl linearzeichnerische als auch flächigmalerische Gestaltungsweise der Stickerei in acht Farben.

KUNSTZENTRUM

PISA

STÄDTISCHE SEEHERRSCHAFT. Die etruskische Siedlung an der Mündung des Arno in einen Lagunensee wurde um 300 v. Chr. römisches Municipium. Kaiser Augustus legte südlich der Stadt einen Flottenstützpunkt an. Als Hafenstadt entwickelte sich Pisa im Mittelalter zu der neben Genua, Amalfi und Venedig mächtigsten Seerepublik in Italien: Pisa beherrschte das westliche Mittelmeer und verfügte über Handelsstützpunkte an der nordafrikanischen, syrischen und kleinasiatischen Küste. Reichspolitisch stand Pisa auf der Seite der kaisertreuen Ghibellinen und wurde durch Friedrich I. Barbarossa mit umfangreichem Landbesitz ausgestattet.

Heiliger Bezirk von Pisa, Baubeginn des Domes 1063
Die Ansicht von Südwesten verdeutlicht die axiale Verbindung zwischen dem als selbständigem Zentralbau errichteten *Baptisterium* und dem *Dom* mit weit ausladendem Querhaus, dessen südliches Portal die *Porta di San Ranieri* von Bonanus verschließt. Der nordöstlich errichtete *Campanile* verwandelte sich bereits kurz nach Baubeginn aufgrund des aus ehemaligem Schwemmland bestehenden Baugrunds in den »Schiefen Turm von Pisa«. Seine Neigung nutzte Galileo Galilei zur Erforschung der Fallgesetze. Die UNESCO erklärte den Bezirk zum Weltkulturerbe.

Das einzigartige Zeugnis der Blütezeit Pisas vom 11. bis 13. Jahrhundert ist der *Heilige Bezirk* nördlich der alten Stadtmauer mit dem Bauensemble aus *Dom, Baptisterium, Campanile* und *Camposanto*. Eine Inschrift an der Domfassade dokumentiert den Zusammenhang zwischen dem Seesieg über die Sarazenen im Jahr 1063 und dem Beginn der Bautätigkeit: »Sechs große, mit Schätzen reich beladene Schiffe fielen in ihre Hände. Mit dem Erlös ist dieser Bau begonnen worden.« Die im mittelalterlichen Maßstab weltweiten Handelsbeziehungen spiegeln sich in der Vielfalt der im Heiligen Bezirk, insbesondere im Dom, integrierten Vorbilder wider: In der weiträumigen, in fünf Schiffe gegliederten Basilika finden sich neben frühchristlichen Baugedanken auch solche aus den Moscheen in Damaskus und in Kairouan, der Innenausbau mit Emporen entspricht der byzantinischen Tradition, die Fassadengestaltung mit Blendarkaden im Erdgeschoss und Zwerchgalerien an den Obergeschossen verbindet den Dom von Pisa mit dem romanischen Sakralbau in der Lombardei (Como) und den Kaiserdomen in Worms, Speyer und Mainz; die unmittelbarste Entsprechung bieten in Lucca die Fassaden des *Domes San Martino* und von *San Michele in Foro*. Den nördlichen Abschluss des Heiligen Bezirks bildet der Camposanto (Friedhof) in Gestalt eines lang gestreckten Kreuzgangs, dessen hallenartige Umgrenzung sich zum Innenhof in Rundbogenarkaden öffnet. Wieder verwendete Sarkophage und Grabplatten bewahren das römische Erbe der Stadt.

NICCOLÒ UND GIOVANNI PISANO. Römische Sarkophage gehörten zu den stilprägenden Mustern, die Niccolò Pisano bei seiner Tätigkeit in Pisa vor Augen hatte. Um 1225 vermutlich in Apulien geboren und im Umkreis Friedrichs II. ausgebildet, schuf Nicola für das Baptisterium die 1260 datierte Kanzel mit Marmorreliefs, die zu den herausragenden Werken der mittelalterlichen Antikenrezeption in Italien gehören und als Vorstufe der Renaissance gelten.

Nicolas Sohn Giovanni, um 1250 in Pisa geboren und vermutlich 1270–75 in Frankreich tätig, gestaltete mit der Kanzel des Doms (1302–12) bei annähernd identischem Bildprogramm das gotische Pendant. Zu seinen Hauptwerken gehört eine Madonnenstatue (1305/06) in der Arenakapelle zu Padua.

Lediglich Namensverwandtschaft verbindet Nicola und Giovanni Pisano mit dem um 1290 in Pontedera bei Pisa geborenen Goldschmied und Bildhauer Andrea Pisano. Von ihm stammt die südliche Bronzetür des Florentiner Baptisteriums. Sein Sohn Nino wurde 1349 als Andreas' Nachfolger Dombaumeister in Orvieto.

Trotz der Entstehung in einem Zeitraum von drei Jahrhunderten (1053 bis zum Ende des 14. Jahrhunderts) prägt die Einheit in der Vielfalt den Heiligen Bezirk von Pisa. Gemeinsam sind das Baumaterial weißer und farbiger Marmor und die Gliederung der Sockelzonen von Baptisterium, Dom und Campanile mit Blendarkaden. Zum Außenbau des Obergeschosses gehören gotische Wimperge aus der Zeit, in der Niccolò Pisano (1260) und Giovanni Pisano (1285–93) mit der Bauleitung beauftragt waren. Die Außenrippen der Kuppel tragen gotische Krabben (Kriechblumen). Die Westfassade des Doms entspricht der Baugestalt einer Basilika mit überhöhtem Mittelschiff, das von je zwei Seitenschiffen geleitet wird. Die zwei, im Mittelteil vier, Obergeschosse der Fassade sind mit Rundbogenarkaden auf Säulen, sog. Zwerchgalerien, versehen. Dieselbe Gliederung besitzen die sechs Obergeschosse des Campanile mit bekrönendem Glockengeschoss. Im Unterschied zu den nordalpinen romanischen Domen, die mit ihren Turmgruppen den Eindruck wehrhafter Gottesburgen wecken, erstrahlt der Dombezirk von Pisa als Gottespalast.

PISA IM MITTELALTER

1030–35 Eroberung der Liparischen Inseln

1063 Seesieg über die Sarazenen bei Palermo. Baubeginn des *Domes Santa Maria*

1065 Eroberung von Sardinien

1081 Bestätigung der städtischen Autonomie durch Kaiser Heinrich VI.

1114 Eroberung der Balearen

1153 Baubeginn des *Baptisteriums*

1173 Baubeginn des *Campanile*

1183 1. Weihe des Domes, dann Erweiterung nach Westen

1278 Baubeginn des *Camposanto*

1284 Vernichtende Niederlage zur See gegen Genua. Tod des als ›Verräter‹ angeklagten Friedensstifters Ugolino della Gherardesca mit zwei Söhnen und zwei Enkeln im Palazzo Gualanti, dem sog. Hungerturm (vgl. Dantes *Divina Commedia*, Inferno XXXIII)

1340–45 Wandgemälde im Camposanto, u. a. *Der Triumph des Todes*

1406 Verkauf der Stadtherrschaft durch die Visconti von Mailand an Florenz

STIL

GOTIK

ZEITRAUM UND AUSBREITUNG. »Man bedienet sich dieses Beiworts in den schönen Künsten vielfältig, um dadurch einen barbarischen Geschmack anzudeuten, wiewohl der Sinn des Ausdrucks selten genau bestimmt wird«, beginnt Georg Johann Sulzer in seiner lexikalischen *Allgemeinen Theorie der schönen Künste* (1771–74) den Artikel »Gotisch«. Geprägt wurde die abwertende Bezeichnung für die insbesondere nordalpine Kunst des Hoch- und Spätmittelalters mehr als zwei Jahrhunderte zuvor durch Giorgio Vasari, den Theoretiker einer ›Wiedergeburt der Kunst‹ in Italien von Giotto bis Michelangelo.

Geblieben ist die Schwierigkeit, die im 19. Jahrhundert im Zeichen der Romantik zur Blüte (deutscher) Kunst erklärte Gotik als gesamteuropäische Stilepoche zu erfassen: Die Gotik entstand im französischen Kernland, der Ile de France (*Abteikirche Saint-Denis*, 1137–44), während entlang des Rheins die romanischen Kaiserdome (Worms, Speyer, Mainz) ausgebaut wurden; die Spätgotik im 15./16. Jahrhundert kontrastiert mit der Entstehung und Ausbreitung der italienischen Renaissance. Zum rein gotischen ›Zwischenspiel‹ in Italien gehören *San Francesco* (1228–53) in Assisi mit dem Grab des hl. Franziskus in der Unterkirche und der *Mailänder Dom* (beg. 1386).

VEREINIGUNG DER KÜNSTE. Wesentlicher als äußere Merkmale wie der Spitzbogen oder die Wölbungstechnik, die bereits in der Romanik vorbereitet wurden, sind die gesellschaftliche und kulturelle Differenzierung und deren Zusammenwirken bei den herausragenden Gestaltungsaufgaben, an deren Spitze die städtische Bischofskirche steht: die Kathedrale. Ihre Errichtung und Ausgestaltung ist das Werk von Dombauhütten. Die Kathedrale als Gesamtkunstwerk vereinigt die Bau- und Steinmetzkunst, die Bauplastik mit zunehmender Herausbildung der rundplastischen Statue, die Glasmalerei, die Schnitzkunst und Tafelmalerei der Altäre, die Goldschmiede-, Textil- und Buchkunst in Gestalt der liturgischen Geräte, Gewänder und Kodizes. Zwar wurzelt auch diese Zentrierung der Künste im Sakralbau im romanischen Zeitalter; neuartig ist jedoch die Wechselbeziehung zwischen der sakralen und der profanen Lebenssphäre. Kennzeichnend sind die Nähe zwischen Marienkult und höfischer Minnekultur und das Stiftungswesen des Patriziats und der Zünfte. Die Buchkunst verlässt wie die übrigen handwerklichen Künste den monastischen Bereich und wird von städtischen Werkstätten ausgeübt, während sich das Mönchtum als Bettel- und Predigerorden missionarisch-seelsorgerischen und wissenschaftlichen Aufgaben im Zeichen der Scholastik widmet. Ihr wesentlicher Beitrag zur Baukunst sind die Saal- und Hallenkirche, die sich zum Bautypus der sog. Deutschen Sondergotik entwickelt.

KATHEDRALEN

Die Daten des Beginns (Neubau oder Erneuerung) von Bischofskirchen veranschaulicht die Ausbreitung der französischen Kathedralgotik. Die Kirchen sind vorwiegend Maria (Notre-Dame) oder dem Diakon und Erzmärtyrer Stephanus (frz. latinisiert Étienne) geweiht.

1140 Sens, *St-Étienne*
1151 Senlis, *Notre-Dame*
1163 Paris, *Notre-Dame*
1170 Laon, *Notre-Dame*
1175 Canterbury, *Christ Church Cathedral* (beg. durch Wilhelm von Sens)
1194 Chartres, *Notre-Dame*
1195 Bourges, *St-Étienne*
1211 Reims, *Notre-Dame*
1215 Auxerre, *St-Étienne*
1220 Amiens, *Notre-Dame*
1221 Burgos, *Santa Maria*
1227 Toledo, *Catedral Primada* (Dom des Kardinalprimas)
1247 Beauvais, *St-Pierre*
1248 Köln, *Dom St. Peter und Maria*
1288 Exeter, *St. Peter*
1344 Prag, *Veitsdom*

SCHICKSALSRAD

Ein Symbol des Wechsels von Sieg und Niederlage (im Krieg), Gewinn und Verlust (Fernhandel, z. B. der Hanse) ist das Schicksalsrad. Seine Darstellung in der 1803 im Kloster Benediktbeuren wieder entdeckten illuminierten Handschrift einer Anthologie moralisch-satirischer Dichtungen, Liebes- und Trinklieder sowie geistlicher Schauspiele in mittellateinischer Sprache, der *Carmina burana* (›Gedichte aus Beuren‹, um 1230; München, Bayerische Staatsbibliothek), wird von dem Vers begleitet: *O fortuna velud luna statu variabilis* (›O Fortuna, wie Frau Luna stets und ständig wechselhaft‹). Aus der Sicht der *cantiones profanae* (›weltliche Gesänge‹) ist es Fortuna, die mehr noch als Venus und Bacchus alles irdische Geschehen beherrscht.

Josefs Träume und Aufbruch zu seinen Brüdern, **Bildseite im Psalter Ludwigs des Heiligen, Paris, um 1250–60; Gold und Deckfarben auf Pergament, 21 x 14,5 cm; Paris, Bibliothèque Nationale, Ms. lat. 10 525, fol. 20r**
Kämpfende Drachenpaare, deren Schwänze sich in Dornblattranken verwandeln, füllen eine Bordüre. Diese rahmt den Blick auf eine gotische Kirchenfassade: Über zwei paarweisen Spitzbögen erheben sich zwei Giebel (Wimperge) mit Fensterrosen und schlanken Türmchen (Fialen) vor einer Fensterreihe. Das giebelbekrönte Doppelportal mit schlanker Mittelsäule dient seinerseits als Rahmen für zwei Bildfelder mit Szenen aus der Josefsgeschichte: Links erscheinen dem Sohn Jakobs im Traum die Garben, die sich vor Josefs Garbe verneigen, und die Gestirne, die ihm ebenfalls Ehre erweisen (1. Mose 37,5–11). Rechts schickt Jakob seinen Sohn mit Nahrungsmitteln zu den Brüdern aufs Feld. Auffallendes Merkmal der Figuren ist der spitze ›Judenhut‹. Er geht auf die kirchlich geforderte äußere Kennzeichnung von Juden zurück (4. Laterankonzil, 1215). Auftraggeber der Prachthandschrift der 150 Psalmen war König Ludwig IX. von Frankreich (reg. 1226–70), der 1297 durch Papst Bonifaz VIII. heiliggesprochen wurde. Den Psalmen gehen 78 Bildseiten mit Themen aus dem Alten Testament voran. Blatt für Blatt verweist der Architekturprospekt auf die herausragende sakrale Stiftung des als Kreuzfahrer erfolglosen Königs: auf die hochgotische *Sainte-Chapelle* in Paris, 1243–48 erbaut für die Passionsreliquien, die Ludwig IX. aus Konstantinopel erworben hatte.

PROFANKUNST. Gestaltungsaufgaben, die aus dem profanen Lebensbereich erwachsen, ohne zum religiösen Leben in Gegensatz zu treten, sind in der Stadt das Rathaus, das aristokratische Stadthaus, das Patrizierhaus und das Zunfthaus sowie die Stadtbefestigung mit Toren wie das in Lübeck erhaltene *Holstentor* im norddeutschen Stil der Backsteingotik. Herausragende Zeugnisse des gotischen Wehr- und Palastbaus sind die *Marienburg*, Hauptsitz des Deutschen Ritterordens ab 1309, der *Dogenpalast* in Venedig und der *Papstpalast* in Avignon, ab 1309 der Sitz der Kurie und neuer Sammelpunkt von Künstlern wie dem aus Siena stammenden Maler Simone Martini.
Bauherren sind bei der Marienburg (gegr. 1274) mit Konventshaus, Kapelle, Palast, Vorburg und Mauerring die Hochmeister des Deutschen Ordens, in Venedig das Stadtoberhaupt, in Avignon Benedikt XII. (reg. 1334–42, Alter Palast mit wehrhaftem Engelsturm der päpstlichen Gemächer) und Klemens VI. (reg. 1342–52, Neuer Palast mit einer zweischiffigen Halle als Audienzsaal). Sinnbild der wirtschaftlichen Autarkie des Bürgertums sind insbesondere in Flandern die schlank aufstrebenden Türme städtischer Wirtschaftsgebäude wie der Beffroi bzw. Belfried (ab 1240, Höhe 85 m) der Tuchhalle von Brügge. Gemeinsames Formelement ist die vielfältige Ausbildung von Spitzbogen-Fenstern, die in Avignon von Spitzbogen-Blendarkaden gerahmt werden.

ALTERTUM UND MITTELALTER

38 v. Chr. Der römische Feldherr Agrippa, Schwiegersohn des Augustus, siedelt am linken Rheinufer die germanischen Ubier an

50 n. Chr. Das »Oppidum Ubiorum« wird zur befestigten römischen »Colonia Agrippinensis«

313/314 »Colonia«, die Hauptstadt Niedergermaniens, wird Bischofssitz

5. Jh. Als letzte römische Festung am Rhein kommt »Colonia« in fränkischen Besitz; an der Stelle des rechtsrheinischen Kastells entsteht ein Königshof

795 Erhebung des Bischofs zum Erzbischof, der ab 935 die Stadtherrschaft ausübt

1288 Mit der Erhebung zur Reichsstadt endet die Stadtherrschaft des Erzbischofs

1396 Die Zünfte brechen die Vorherrschaft des Patriziats in der städtischen Selbstverwaltung

KUNSTZENTRUM

KÖLN

RÖMERSTADT UND BISCHOFSSITZ. Wie bei kaum einer anderen Metropole des Mittelalters nördlich der Alpen wurzeln die Kölner Kunst und Kultur in der römischen, seit dem 4. Jahrhundert christlichen Vergangenheit. Den Wohlstand der »Colonia Agrippinensis«, bedeutend als ein Zentrum des Kunsthandwerks (Produkte aus Glas) und des Handels, bekunden antike Werke wie das *Orpheusmosaik* aus dem 2. Jahrhundert (Köln, Römisch-Germanisches Museum).

Im wörtlichen Sinne Grundlage der Kirche *St. Maria im Kapitol* ist der ehemalige Kapitolshügel mit einem Tempelgeviert, innerhalb dessen in fränkischer Zeit der Vorgängerbau der heutigen romanischen Anlage mit kleeblattförmigem Ostteil (Dreikonchenanlage) errichtet wurde. Bis in die Zeit Konstantins d. Gr. reicht der Überlieferung zufolge die Gründung von *St. Gereon*, ausgezeichnet durch einen zehnseitigen Zentralbau als Mittelteil.

KÖLNER MALERSCHULEN. In ottonischer Zeit entwickelte sich Köln zu einem Zentrum der Buchmalerei. Im Unterschied zum akkuraten Linien- und Flächenstil etwa der Reichenauer Schule wurde hier eine ausgesprochen malerische Gestaltungsweise mit dynamischer Pinselführung gepflegt, wobei der Verzicht auf Goldgrund die Entfaltung einer nuancierten Farbgebung förderte. Herausragendes Beispiel ist ein für das Evangeliar der Äbtissin Hitda von Meschede aus der ersten Hälfte des 11. Jahrhunderts (*Hitda-Codex*; Darmstadt, Hessische Landes- und Hochschulbibliothek).

Die Blütezeit der Kölner Tafelmalerei ist das 14./15. Jahrhundert mit Hauptwerken des ›Weichen Stils‹, etwa im Schaffen des Meisters der hl. Veronika (*Triptychon mit der Muttergottes mit der Wickenblüte*, um 1400; Köln, Wallraf-

Große Ansicht von Köln **(Mittelteil), 1531; Holzschnitt (neun Druckstöcke, nach einer Zeichnung von Anton Woensam), 56 x 440 cm; Köln, Stadtmuseum**
Das Panorama entlang des linken (westlichen) Rheinufers registriert gewissenhaft die Kirchtürme der Reichsstadt und die 1248 begonnene Bautätigkeit am Dom, die allerdings zwei Jahre vor der Entstehung der Stadtansicht zum Stillstand gekommen ist; den Turmstumpf bekrönt statt einer Turmpyramide ein Baukran. Links von der Dombaustelle kennzeichnet ein mächtiger quadratischer Vierungsturm mit Trabantentürmchen am spitzen Turmhelm die spätromanische Kirche *Groß St. Martin*; gut erkennbar ist auch die kleeblattförmige Dreikonchenanlage des Ostteils.
Zwar wird das Gewölk über der Stadt von Schutzheiligen bevölkert, doch verzichtet die Inschrift auf den Topos vom »Heiligen Köln«, den das Stadtsiegel von 1149 enthält (»Sancta Colonia Dei Gratia Romanae Excclesiae Fidelis Filia«) und der die erzbischöfliche Residenz als gläubige Tochter der römischen Kirche ausweist. »O Felix Agrippina Nobilis Romanorum Colonia« betont dagegen im Geist des Humanismus den antiken Ursprung.

Richartz-Museum). Die Kölner Schule gipfelte im Schaffen Stefan Lochners. Ihm verdankt die Stadt das *Dombild* mit der Anbetung der Könige auf der Mitteltafel sowie der hl. Ursula, Schutzpatronin der weiblichen Stadtbevölkerung, auf dem linken Flügel und mit dem männlichen Pendant, St. Gereon, auf dem rechten Flügel (um 1440).

DIE STADT DER DREI KÖNIGE. Seine Auszeichnung als »Heiliges Köln« verdankte die Stadt einer politischen Initiative zur Zeit der Staufer, in der Köln ein Zentrum des romanischen Kirchenbaus bildete: Rainald von Dassel, Erzbischof und Reichskanzler Friedrichs I., erreichte 1164 beim Kaiser die Überführung der in Mailand aufbewahrten Gebeine der Heiligen Drei Könige nach Köln. Als Reliquiar entstand unter Leitung des Nikolaus von Verdun ab 1181 der größte Reliquienschrein des Mittelalters, Hauptwerk der romanischen Goldschmiedekunst und zugleich ein neues Ziel der Pilgerströme.
Dreikönigsschrein und *Dombild* gehören zur reichen Ausstattung des *Kölner Doms*. Begonnen wurde die gotische Kathedrale mit in fünf Schiffe gegliedertem Langhaus und dreischiffigem Querhaus sowie Chorumgang 1248 – vierzig Jahre vor dem Ende der erzbischöflichen Herrschaft über die nun reichsunmittelbare Freie Reichsstadt. Zwar schritt die Bautätigkeit unter der Leitung des in nordfranzösischen Bauhütten geschulten Meisters Gerhard weiter voran, sodass 1322 der Chor als neue Bischofskirche geweiht werden konnte; sie musste sich jedoch mit einem provisorischen westlichen Abschluss begnügen. Nach Jahrhunderten schleppender Fortführung kam der Dombau 1529 gänzlich zum Erliegen.
Unter bürgerlichem Regiment öffnete sich die Universitätsstadt (Gründung durch den Rat 1388), Hafen- und Handelsstadt italienischen Einflüssen. Vorbilder der italienischen Frührenaissance prägen die Loggia am 1361 begonnenen *Alten Rathaus*, vor allem aber den als »des Rates Tanzhaus« erbauten *Gürzenich* (1437–44).

GESTALTUNGSAUFGABE

GEWÖLBE

GRUNDFORMEN

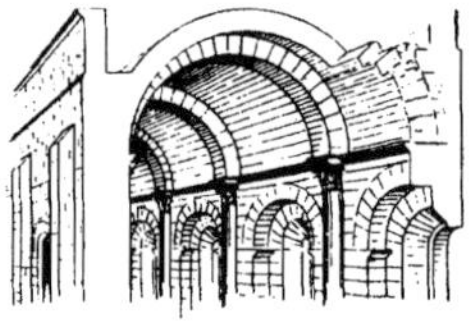

Rundbogiges Tonnengewölbe mit Gurtbögen

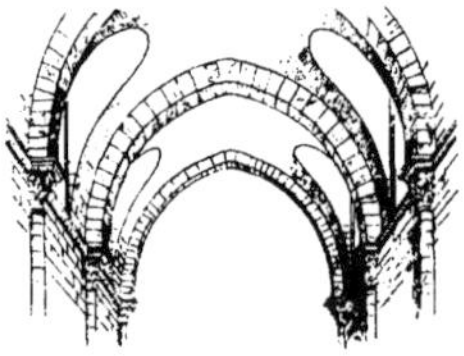

Spitzbogiges Tonnengewölbe mit Gurtbögen und Stichkappen über den Fenstern

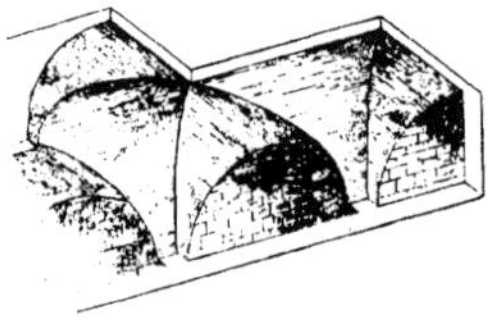

Kreuzgratgewölbe (rechtwinklige Durchdringung von zwei Tonnengewölben)

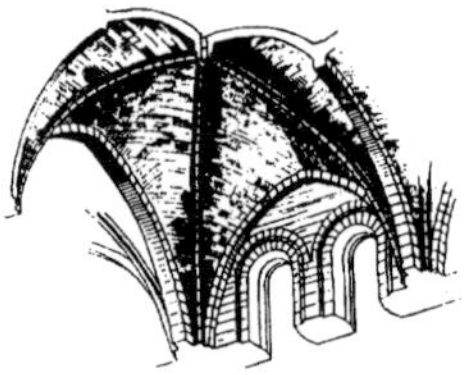

Joch mit Kreuzrippengewölbe, Schildbogen an der Fensterwand und Gurtbögen

STÜRZEND GESTÜTZTE STEINE. Das Gewölbe dient als gekrümmte Decke, die im Unterschied zur zentrierten Kuppel an einer Längsrichtung orientiert ist. Es wird notwendig, sobald der obere Raumabschluss nicht aus Holz, sondern aus Stein gefertigt werden soll, der sich nicht waagrecht verbauen lässt.

Das konstruktive Prinzip des Wölbungsbaus, der ähnlich wie die Kuppel das Himmelsgewölbe assoziiert, hat Heinrich von Kleist unter dem Eindruck der Festung Marienberg in Würzburg in Form eines existentiellen Gleichnisses formuliert: »Da ging ich, in mich gekehrt, durch das gewölbte Tor, sinnend zurück in die Stadt. Warum, dachte ich, sinkt wohl das Gewölbe nicht ein, da es doch *keine* Stütze hat? Es steht, antwortete ich, *weil alle Steine auf einmal stürzen wollen* – und ich zog aus diesem Gedanken einen unbeschreiblich erquickenden Trost, der mir bis zu dem entscheidenden Augenblicke immer mit der Hoffnung zur Seite stand, dass auch ich mich halten würde, wenn Alles mich sinken lässt« (Brief an die Braut Wilhelmine von Zenge, 16. November 1800).

Die wechselseitige Stütze der auf eine gemeinsame Linie gerichteten zentripedalen Schubkraft der Steine nutzte bereits der Gewölbebau der Ägypter und wurde von den Römern virtuos gehandhabt. Sie kennzeichnet im Unterschied zum ›falschen‹ Gewölbe aus vorkragenden Steinschichten (Kraggewölbe) das ›echte‹ Gewölbe in der Form des Tonnengewölbes mit rund- oder spitzbogigem Querschnitt, das sich als Ringtonnengewölbe um einen überkuppelten Zentralraum legen kann (*Santa Costanza* in Rom, 4. Jahrhundert n. Chr.).

Während der antike Gewölbebau im byzantinischen Osten lebendig blieb, beschränkte er sich im westlichen Monumentalbau auf wenige Ausnahmen (Umgang der *Aachener Pfalzkapelle*, Weihe 804) und wurde erst im 11. Jahrhundert zu einem Merkmal des Premier Art Roman in der Lombardei und Katalonien, im Gebiet der Loire und Burgund (um 1050 Tonnenwölbung der zweiten der insgesamt drei Klosterkirchen von *Cluny*). Ein Kreuzgratgewölbe und die Gliederung in Gewölbejoche durch Gurtbögen besaß bereits die 1041 geweihte Krypta des *Speyerer Doms*, dessen Mittelschiff zwischen 1082 und 1106 eingewölbt wurde.

DAS RIPPENGEWÖLBE. Die Grundlagen für den gotischen Gewölbebau schuf die anglo-normannische Baukunst durch die Unterscheidung zwischen dem aus Rippen gebildeten tragenden Gerüst und der Füllung des Gewölbes in Form von Gewölbekappen. Als erste Kirche mit Rippengewölben im Lang- und Querhaus entstand 1093–1133 die *Kathedrale von Durham*. Dem Stützenwechsel der Arkaden entspricht in Durham die Zusammenfassung von je zwei Jochen durch spitzbogige Gurtbögen über Bündel-

Kirche der ehem. Zisterzienserabtei Maulbronn, Weihe der romanischen Basilika mit überwölbtem Chorquadrat 1178, Gewölbe des Mittelschiffs 1424
Der Blick nach Osten erfasst den Raum für den Laiengottesdienst mit einem steinernen Kruzifix (1473) auf dem Laienaltar, den Lettner (13. Jahrhundert) und den Mönchschor mit Chorgestühl. In die gerade schließende Ostwand wurde Ende des 14. Jahrhunderts ein großflächiges Maßwerkfenster eingefügt. Ursprünglich war das Mittelschiff über der Fensterreihe des Lichtgadens flach gedeckt. Das spätgotische Gewölbe verzichtet sowohl auf eine Gliederung in einzelne Joche durch Quergurte als auch auf eine Verbindung mit den Pfeilern der Rundbogenarkaden durch vertikal aufsteigende Dienste. Vielmehr wird der Raum von einem baldachinartigen Netzgewölbe überspannt, dessen Rippen sich an der Hochwand auf Konsolen stützen. Die Vorhalle der Kirche, das *Paradies*, besitzt ein Kreuzgewölbe, dessen Rippen jeweils einen Halbkreis beschreiben. Im Laienrefektorium findet sich ein Kreuzgratgewölbe, im Herrenrefektorium ein Kreuzrippengewölbe, mit Netzgewölben sind das *Parlatorium* und das *Oratorium* ausgestattet.

pfeilern, die mit Rundstützen alternieren. Damit stand ein Gestaltungsmittel zur Verfügung, das aufgrund der variablen Krümmung des weiter oder enger gespannten Spitzbogens eine Vielzahl von Proportionen zuließ und sich organisch mit der gotischen Skelettbauweise verband. Zu den beiden diagonal gekreuzten Rippen mit plastisch geformtem Schlussstein am Kreuzungspunkt gesellten sich zusätzliche, strahlenförmig angeordnete Rippen (Fächergewölbe), die beim Netzgewölbe die Gliederung in Gewölbejoche (frz. *travée* ›Fach, Feld‹) überspielen. Seine reichste dekorative Ausgestaltung erhielt das spätgotische Gewölbe im englischen Perpendicular Style, benannt nach den konisch von der Decke herabhängenden Schlusssteinen (*Kapelle Heinrichs VII.*, Westminster Abbey in London, 1502–20).
Die rechtwinklig gekreuzten Rippen vierteiliger Rippengewölbe enthalten die Symbolik des Kreuzes. Um diese zu vermeiden, besitzen die Gewölbe der *Altneuschul* (um 1270) in Prag, der ältesten erhaltenen Synagoge in Europa, fünf statt vier Rippen.

GESTALTUNGSAUFGABE

KATHEDRALE

DIE INSTITUTION. Als Kirche, in der sich ein Bischofsthron (lat. *cathedra*) befindet, ist die Kathedrale Teil einer kirchenrechtlichen Institution. Sie wurzelt in der Gliederung der frühchristlichen Kirche in bischöfliche Amtsbereiche, die Diözesen. Im Hochmittelalter verstärkte sich der institutionelle Charakter der Kathedrale: Sie war verbunden mit dem Domkapitel, einem geistlichen Kollegium zur Durchführung feierlicher Gottesdienste, und mit der Dom- bzw. Kathedralschule. Vor allem aber entwickelte sich die Bischofskirche zu einem Zentrum und Wahrzeichen der Stadt mit selbständigem Rechtsgebiet, der vom Domstift juristisch verwalteten Domfreiheit. Diese Tendenz zur episkopalen (bischöflichen) Autonomie spiegelt sich in der Institution der Dombauhütte wider, deren Mitglieder aus allen möglichen handwerklichen Berufen dem städtischen Zunftwesen entzogen waren.
Die Kathedrale bildete die höchste Anforderung an die schöpferischen Kräfte des städtischen Handwerks, indem sie über den unmittelbaren Zweck der gottesdienstlichen Handlungen hinaus ein Weltbild symbolisierte. Der Pariser Theologe Hugo von St. Viktor hat das »Erlebnis Kirche«, anknüpfend an den traditionellen Vergleich des Kirchengebäudes mit der Arche Noah, in seiner Schrift *Über die Nichtigkeit der Welt* (um 1140) folgendermaßen beschrieben: »Weiträumig zwar, jedoch nicht langweilig wird ein solches Durchwandern sein, wo im Inneren den Hindurchgehenden ein reichhaltiger Genuss an überaus vielen Dingen begegnen wird. Und wiederum: Schaut man durch das Fenster hinaus, wird draußen den von der hohen Warte und dem festen Standpunkt aus hinausschauenden Augen weit und breit das wunderbare Ineinanderströmen und Wogen der Wandelbarkeit der Welt zu Füßen liegen.« Innen und außen, oben und unten, fester Standpunkt und Wandelbarkeit sind ästhetische und weltanschauliche Kategorien, die in der Kathedrale nicht mehr – wie im wehrhaften romanischen Kirchenbau – als schroffe Gegensätze in Erscheinung treten, sondern in einer umfassenden Ordnung aufgehoben sind.

DIE KATHEDRALGOTIK. Das neue vielgliedrige Ordnungssystem, das philosophisch-theologisch von der Scholastik entwickelt wurde, gewann seine früheste künstlerische Ausprägung nach 1150 in den französischen und englischen Kathedralen im neuen Stil der Gotik, als dessen ›Gründungsbau‹ der Chor der Abteikirche Saint-Denis (1140–45) des Abtes Suger zu betrachten ist. Doch erst die monumentale städtische Gestaltungsaufgabe der Bischofskirche bündelte die teilweise schon in der Romanik vorbereiteten Gestaltungsmittel (Spitzbogen, Wölbungstechnik, Maßwerk, Körperlichkeit der Skulptur) zur überwältigenden Synthese. Diesen Zusammenhang kennzeichnet der stilgeschichtliche Begriff ›Kathedralgotik‹.

DIE BISCHOFSKIRCHE

Basilika
1. Aus dem römischen Hallenbau entwickelter Typus der Kirche als Richtungsbau mit überhöhtem Mittelschiff.
2. Kirche mit kirchenrechtlichem Rang: Rom besitzt fünf (z. B. *Basilica di San Pietro*: Petersdom bzw. Peterskirche), Assisi zwei Patriarchalbasiliken, die mit einem Papstaltar und einem Papstthron ausgestattet sind.

Dom (lat. *domus ecclesiae* ›Haus der Kirche‹), zunächst die Bischofskirche und die Wohnungen des Klerus (Domkapitel), heute allgemein die besonders große Kirche (ital. *duomo*).

Kathedrale (lat. *ecclesia cathedralis*: zum Bischofssitz gehörige Kirche), Hauptkirche(n) einer Diözese (engl. *cathedral*, frz. *cathédrale*), im deutschen Sprachgebrauch gleichbedeutend mit Dom.

Münster (lat. *monasterium* ›Kloster‹), zunächst das Kloster, dann die Klosterkirche, schließlich die Hauptkirche einer Stadt, sei es als Bischofskirche (*Freiburger Münster*), sei es als Pfarrkirche (*Ulmer Münster*).

Westfassade der Pariser Kathedrale *Notre-Dame*, Baubeginn (Chor und westliche Portalanlage) 1163 unter Bischof Maurice de Sully, Vollendung der Türme um 1245: Höhe 69 m
Die vertikalen Stützpfeiler der reich profilierten Türme sowie die waagrechte Königsgalerie und zwei verkröpfte Gesimse gliedern die nahezu quadratische Schauwand in drei Geschosse mit je drei Feldern. Im Erdgeschoss üben drei tief eingeschnittene Portale Sogwirkung aus. Der bauplastische Portalschmuck ergibt eine ›Bibel in Stein‹ (Marienleben und Jüngstes Gericht, Propheten und Apostel), verbunden mit kirchengeschichtlichen (Heilige, Päpste) und profanen Motiven (Tierkreiszeichen, Monatsarbeiten, Lebensalter).
Im ersten Obergeschoss flankieren zwei von Blendarkaden überfangene Doppelfenster das Rosenfenster. Den waagrechten Abschluss bildet eine filigrane Arkade, hinter deren Mittelteil sich der Spitzgiebel des Langhauses verbirgt.
Mit seinem 1831 erschienenen historischen Roman *Notre-Dame de Paris. 1482* (dt. u. d. T. *Der Glöckner von Notre-Dame*) setzte Victor Hugo der Kathedralgotik ein literarisches Denkmal. Dem Erfolg des Romans war es zu verdanken, dass 1845 die Restaurierung der Kathedrale unter der Leitung von Viollet-le-Duc in Angriff genommen wurde.

Ein komplementäres Verhältnis von Außen und Innen, Unten und Oben ist das bestimmende Ordnungsprinzip der Kathedrale: Eine als Schauwand gestaltete Westfassade eröffnet den Zugang zum basilikalen Langhaus, das zum tiefen Chor hin fluchtet, jedoch zugleich das Auge, ja die Empfindung mit aller Macht in die Höhe lenkt, während der Durchblick durch die seitlichen Arkaden in die begleitenden Seitenschiffe ebenso wie das Querhaus die räumliche Dimension der Breite zur Geltung bringt. Vorherrschend bleibt jedoch im Sinne einer symbolischen Hierarchie der räumlichen Orientierung der Höhenzug, die seelische Erhebung. Dieser Vertikalismus bedingt als weiteres Merkmal der Kathedralgotik die Umhüllung von Langhaus und Chor mit einem Strebewerk, das als Konsequenz der gotischen Skelettbauweise sowohl bautechnische Funktion als auch ästhetische Qualität besitzt.
Die Doppel- bzw. Zweiturm-Fassaden steigern die Geometrie und Symmetrie der Eingangsseite. Ob die Asymmetrie der Westfassade des *Straßburger Münsters* mit ›verkümmertem‹ Nordturm auf erlahmenden Bauwillen oder eine Planänderung zurückzuführen ist, bleibt umstritten.

MATERIAL UND TECHNIK

SKELETTBAUWEISE

Langhaus, südliches Querhaus und Chor der Pariser Kathedrale *Notre-Dame*, Baubeginn 1063, Vollendung des Kapellenkranzes und der Emporenfenster des Chores um 1330, östliches Strebewerk zu Beginn des 14. Jahrhunderts; Gesamtlänge 130 m
Die Ansicht von Süden zeigt das raumgreifende Stützsystem aus brückenförmigen Strebebögen zwischen schlanken Stützpfeilern an der Außenwand des Mittelschiffs und Strebepfeilern mit bekrönenden Fialen. Im Erdgeschoss fügen sich Seitenkapellen zwischen die Strebepfeiler ein. Darüber sind die um 1240 neu gestalteten, erheblich vergrößerten Fenster des Emporengeschosses zu erkennen. Die Fassade des südlichen Querhauses mit dominierendem Rosenfenster entstand um 1260.

FUNKTIONSWANDEL DER WAND. Die Chronik des Klerikers Gervasius enthält eine aufschlussreiche Schilderung des Neubaus der Kathedrale von Canterbury, nachdem ein Brand dem Chor irreparable Schäden zugefügt hatte: »So wurde denn der dem Abriss verfallene Chor der Kirche niedergelegt, und wegen dieser Arbeiten konnte in dem Jahre 1174 nichts Neues mehr gebaut werden. Im Herbst des folgenden Jahres begann man nach dem Fest des hl. Bertinus mit der Errichtung von vier einander gegenüberstehenden Pfeilern. Nachdem der Winter vergangen war, fügte Wilhelm (von Sens) noch zwei weitere hinzu, sodass nun auf jeder Seite drei einander zugeordnet waren. Über diesen zog er die Außenmauern sowie Bögen und Wölbung in angemessener Weise empor, das heißt mit drei Schlüsseln auf jeder Seite. Ich verwende den Ausdruck Schlüssel für das gesamte Joch, weil der Schlussstein in der Mitte die von überall auf ihn zukommenden Bauteile zu schließen und zu befestigen scheint.«
Gervasius beweist mit dieser Schilderung bautechnisch-konstruktives Denken, indem er zwischen dem Gerüst aus Pfeilern und Gewölberippen einerseits, dem Mauerwerk andererseits unterscheidet. Tatsächlich begann mit dem

Neubau in Canterbury unter Leitung eines französischen Werkmeisters das Vordringen der in Frankreich entwickelten Skelettbauweise in England. Die Wand, im romanischen Mauerbau das tragende Bauelement, auf dem das Dach ruht, wird durch ein Gefüge aus Stützen und Gewölbe entlastet und verwandelt sich in eine zunehmend durchfensterte Raumhülle.
Sehr rasch zeigte sich allerdings, dass in diesem Bauskelett seitlich gerichtete Schubkräfte am Werk waren, die es abzufangen galt, zunächst durch Stützpfeiler entlang der Außenwand, dann durch ein zusätzliches Skelett aus schräg abfallenden Strebebögen, die den Gewölbeschub auf Strebepfeiler ableiteten. Diese auf den ersten Blick rein statisch bedingte Hilfskonstruktion gewann ästhetische Qualität: sowohl durch die Ausgestaltung mit Zierformen wie schlanken Türmchen (Fialen) als auch durch die Übersetzung des diaphanen Eindrucks der Raumhülle im Inneren in die Form einer filigran aufgelösten Bauhülle.

GOTIK UND INGENIEURBAU. Der rückblickend unverkennbare Zusammenhang zwischen der Wiederentdeckung der Gotik im 19. Jahrhundert und der Entstehung des modernen Ingenieurbaus aus Eisen, dann unter Verwendung eines mit Eisen und Stahl armierten Betonskeletts veranschaulicht die Tätigkeit des Kunsthistorikers, Restaurators und Architekturtheoretikers Eugène-Emmanuel Viollet-le-Duc (1814–79). In einem zehnbändigen Werk (1854–68) analysierte er die französische Baugeschichte des 11. bis 16. Jahrhunderts, und zwar nicht aus dem religiös-verklärenden Blickwinkel der Romantik, sondern unter der Fragestellung: Welche Lehren lassen sich aus der in hohem Maße rationalen, das ›finstere Mittelalter‹ überwindenden gotischen Bautechnik für die Architektur der Gegenwart ziehen? Er grenzte sich damit gegen den antikisierenden Klassizismus ab, bekämpfte aber ebenso die Neugotik (der er als Architekt zuzurechnen ist), sofern sie im historistischen Stilzitat stecken blieb. Zwar beharrte Viollet-le-Duc auf dem Vorrang des Baumaterials Stein, warnte aber vor der Trennung zwischen den Tätigkeitsbereichen des Bauingenieurs und des Baukünstlers und beschwor das in die Gegenwart projizierte Leitbild des gotischen, technisch wie künstlerisch versierten *constructeur*. Diesem Ideal widmet sich das zweibändige Werk *Entretiens sur l'architecture* (1863–72), durch das Viollet-le-Ducs Einfluss bis zu Le Corbusier reichte.

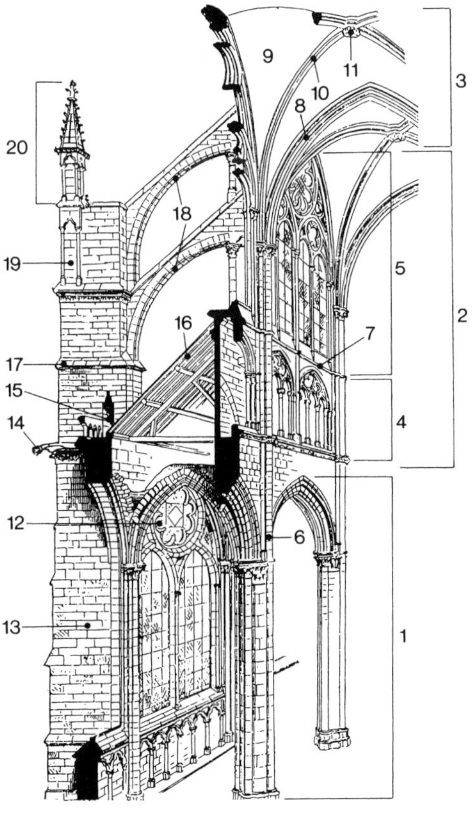

Gotische Basilika, Aufriss
1 Arkadenzone 2 Obergaden 3 Kreuzrippengewölbe 4 Triforium 5 Hochfenster 6 Dienst 7 Verkröpftes Gesims 8 Gurtbogen 9 Gewölbekappen 10 Diagonalrippe 11 Schlussstein 12 Maßwerkfenster 13 Strebepfeiler 14 Wasserspeier 15 Laufgang 16 Pultdach über dem Seitenschiff 17 Wasserschlaggesims 18 Strebebogen 19 Baldachin 20 Fiale

MATERIAL UND TECHNIK

GLASMALEREI

MATERIALIEN UND TYPEN

Bleiruten, Gitter- bzw. Netzwerk aus Bleistegen zur Befestigung der anhand von Kartons zugeschnittenen Teile aus Buntglas.

Buntglas, durch Oxidation beigemischter Metalle (Kupfer, Eisen, Mangan und Kobalt) massiv gefärbtes Glas.

Grisaillefenster (von frz. *grisaille* ›grau‹), der Grisaillemalerei entsprechende Gattung der Glasmalerei ohne Buntfarben, ein Gebot der frühen Zisterzienser-Kunst.

Kabinettscheiben, in die farblose Verglasung sakraler und profaner Gebäude eingesetzte emblematische, heraldische oder szenische Buntfenster.

Medaillonfenster, in vertikal angeordneten Medaillons (Kreis, Drei- und Vierpass, verbunden mit Quadrat oder Raute) gegliederte Fenster.

Schwarzlot, schmelzbares Farbmaterial zur zeichnerischen Verfeinerung. Es wird durch Brennen auf dem Buntglas befestigt.

Überfangglas, in der Glasmalerei auf die Rückseite geschmolzene zweite Scheibe.

LICHT UND ERLEUCHTUNG. Wie kein anderes künstlerisches Medium korrespondiert das transparente farbige Fenster mit einem biblischen Symbolbereich, der vor allem im Johannes-Evangelium zentrale christologische Bedeutung besitzt, vom Prolog (»Das wahre Licht, das jeden Menschen erleuchtet, kam in die Welt«; Joh. 1,9) bis zu den Selbstzeugnissen Jesu: »Ich bin das Licht der Welt. Wer mir nachfolgt, wird nicht in der Finsternis umhergehen, sondern wird das Licht des Lebens haben« (Joh. 8,12). Vor diesem Hintergrund entwickelte die neuplatonische Theologie des im 5. Jahrhundert lebenden Pseudo-Dionysius Areopagita eine im Mittelalter einflussreiche Lehre von der notwendigen Materialisierung des ewigen Lichtes, beispielsweise in der Farbenpracht des Glasfensters. Dieses verweist, indem es – im Gegensatz zum beleuchteten Wandbild, Tafelbild oder Mosaik – selbst zu leuchten scheint, auf den göttlichen Ursprung des Lichtes. (In dieser philosophisch-theologischen Tradition steht auch Faust, wenn er zu Beginn des zweiten Teils von Goethes Tragödie der Sonne den Rücken kehrt und begreift: »Am farbigen Abglanz haben wir das Leben.«) Abt Suger fasste im Hinblick auf die Glasfenster des neu erbauten Chors der Abteikirche Saint-Denis (1140–44) die Lichttheologie des Areopagiten, der zu dieser Zeit mit dem französischen Nationalheiligen und Patron von Saint-Denis, dem hl. Dionysius, identifiziert wurde, in der Formel zusammen: »Per lumina vera ad verum lumen« (›Von den wirklichen Lichtern zum wahren Licht‹). Dies bedeutete zugleich: Nicht die im Glasbild dargestellten Inhalte führen zur spirituellen Erleuchtung, sondern das Medium als solches.
Insofern lässt sich die gotische Verwandlung der Wand in einer von statischen Funktionen weitgehend ausgenommene Raumhülle aus dem Bedürfnis erklären, das symbolische Lichterlebnis durch immer größere farbig verglaste Fensterflächen zu steigern und umgekehrt den Kirchenraum als einen Erlebnisraum zu gestalten. Zeitgenössische Quellen deuten den farbig umglänzten, von farbigem Licht erfüllten Raum als Vorahnung des Paradieses. Dies schließt nicht aus, dass den Glasbildern als ›Kunst im öffentlichen Raum‹ auch eine inhaltliche und belehrende Aufgabe zukam.

MUSIVISCHE GLASMALEREI. Die Verwendung von farbigem Glas als Verschluss von Fenstern ist bereits in der Spätantike bezeugt und sporadisch im 9. Jahrhundert belegt (Fragmente aus dem Kloster Lorsch in Darmstadt, Hessisches Landesmuseum). Zu den Überresten der romanischen Glasmalerei gehören fünf *Prophetenfenster* (um 1135) im Augsburger Dom. Die Darstellung der frontal wiedergegebenen Einzelfiguren besitzt bereits alle Merkmale der musivischen, der Technik des Mosaiks verwandten, Glasmalerei: Aus farbigem Glas ausgeschnittene Teile sind in ein Netz aus Bleiruten eingefügt. Diese dienen der Konturierung und Binnenzeichnung, die durch Schwarzlot verfeinert wird. Der Rahmen und die Fenstersprossen bestehen aus geschmiedetem Eisen.

Dem technischen Grundprinzip der Gliederung einer Bildfläche in fest umrissene Teilformen entspricht die Entwicklung des Medaillonfensters. Es gestaltet die alt- und neutestamentlichen sowie hagiografischen und allegorischen Bildprogramme in einem zunehmend differenzierten, durch das Maßwerk der Fenster zusätzlich akzentuierten Gefüge aus szenischen Motiven. Orientierungshilfen bieten die vertikale Anordnung der Szenen von unten nach oben und die räumliche Verteilung der Themenkreise: Die Fenster der nördlichen Hochwand beziehen sich zumeist auf Patriarchen und Propheten, die Fenster der südlichen Hochwand auf Heilige; Chor und westliches Rosenfenster sind christologischen Themen wie der Wurzel Jesse und der Passion sowie der Marienverehrung gewidmet. Das ursprüngliche Zusammenwirken zwischen Raumgestalt und farbiger durchfensterter Raumhülle bewahren beispielsweise die ab 1194 neu erbaute Kathedrale von Chartres (175 Fenster aus dem Zeitraum bis 1235) oder die Sainte-Chapelle in Paris (um 1250), deren 15 Fenster dem Obergeschoss den Charakter eines monumentalen gläsernen Schreins verleihen. Eine um 1300 von Straßburg ausgehende Neuerung bilden schlanke Lanzettfenster, die über Einzelfiguren mehrgeschossige Baldachine türmen (Katharinenkapelle des Münsters). An dieses architektonische Bildmotiv knüpft die Glasmalerei des 14. Jahrhunderts an, indem die Wiedergabe der Schauplätze Räumlichkeit, die Gestaltung der Figuren Körperlichkeit gewinnt: Die musivische Glasmalerei tendiert in der Spätgotik zum Glasgemälde.

Die Raumausstattung in Jugendstil und Art Deco trug zur Erneuerung der Glasmalerei (Farbfenster) bei (Firma William Morris & Co.; 1861). Die Mischtechnik aus musivischer Glaskunst und Malerei auf Glas kennzeichnet Marc Chagalls Fenster in zehn Kirchen (ab 1957, zuletzt für die Mainzer *Stephanskirche*, 1977–84), in der Synagoge der Hebräischen Universität Jerusalem, im UNO-Gebäude in New York und in Nizza, Musée National Message Biblique Marc Chagall.

***Die hl. Elisabeth besucht eine Kranke*, um 1240 (1908 restauriert und neu verbleit); Scheibe eines Medaillonfensters, 87,5 x 83,5 cm; Marburg, Elisabethkirche**

Elisabeth von Thüringen (gest. 1231, heiliggesprochen 1235) fühlt einer Kranken den Puls und legt ihr beruhigend die Hand auf die Brust. Das Motiv bezieht sich auf die Tätigkeit der thüringischen Landgräfin, die als Witwe in Marburg a. d. Lahn ein Franziskaner-Hospital gründete. Zugleich ist die Krankenpflege eines der sechs Werke der Barmherzigkeit, die das Matthäus-Evangelium nennt (Mt. 25,35 f.) und die auf diesem und fünf weiteren Scheiben des Medaillonfensters am Beispiel Elisabeths illustriert werden. Diesen sechs Bildern sind sechs Szenen aus der Vita der Heiligen zugeordnet. Zuoberst zeigt ein Medaillon die Krönung Elisabeths und des Franz von Assisi durch Christus und Maria. Das Fenster befindet sich im Ostchor (1235–49) der Elisabethkirche, die als erste Kirche östlich des Rheins dem Vorbild der französischen Gotik folgte.

KUNSTBETRIEB

BAUHÜTTE

DER WERKMEISTER. Die Bauhütte des Hochmittelalters, benannt nach den in unmittelbarer Nähe der Baustelle aus Holz, mitunter auch aus Stein errichteten Werkstätten und Materiallagern, bildete eine selbständige Korporation neben dem ortsansässigen städtischen Zunftwesen. An der Spitze der Bauhütte, oder genauer: der Dombauhütte, denn nur monumentale Kirchenbauten verlangten einen selbständigen Baubetrieb, stand der Werkmeister (lat. *magister operis*). Er besaß juristische Kompetenz, die sich auf die Einhaltung des in Hütten-Ordnungen festgelegten Lebenswandel der Hüttenmitglieder bezog, übernahm durch vertragliche Verpflichtungen gegenüber dem (zumeist bischöflichen) Bauträger die Gesamtverantwortung für das in detaillierten Baurissen definierte Bauvorhaben und damit zugleich für die Details. Darstellungen von Werkmeistern mit den Attributen Zirkel und Winkellineal beziehen sich auf seine Aufgabe, die Schablonen der verschiedenen Werkstücke anzufertigen, über deren Ausführung der Parlier wachte.

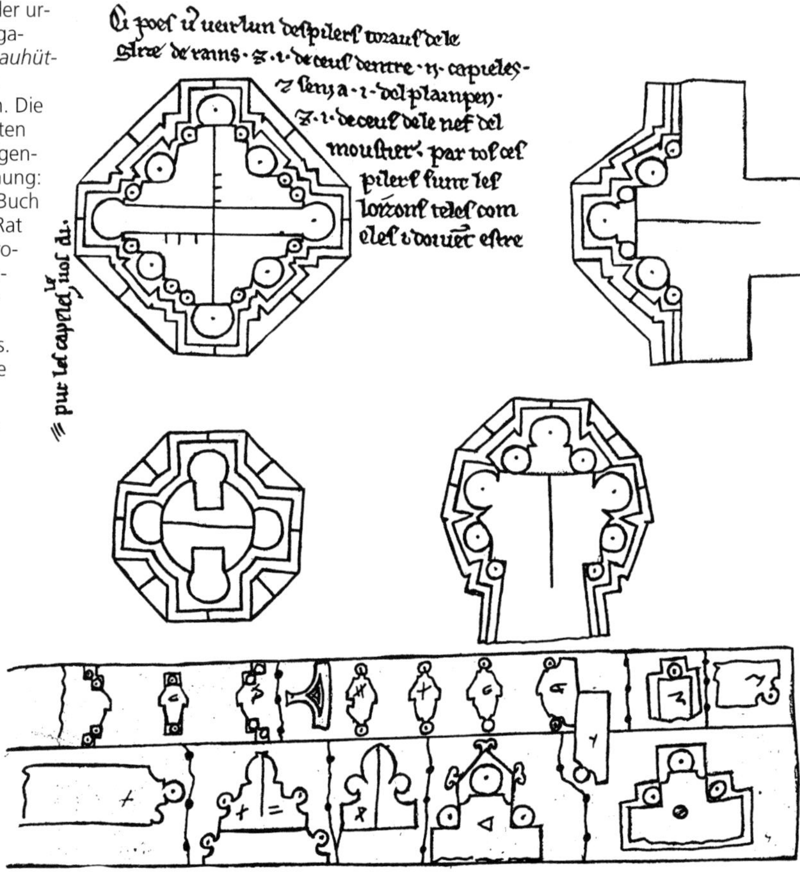

Villard de Honnecourt, Bauzeichnungen im *Bauhüttenbuch*, um 1230–35; Paris, Bibliothèque Nationale, Ms. fr. 19093
Dargestellt sind Grundrisse von Stützgliedern und Schnitte durch Wandvorlagen der 1211 begonnenen und um 1300 vollendeten *Kathedrale von Reims*. Das Interesse gilt der Vielfalt an Möglichkeiten, um einen runden bzw. quadratischen Kern Rundstäbe unterschiedlicher Stärke zu gruppieren. Die Zeichnung links oben zeigt das ausführlich in altfranzösischer Sprache beschriftete Muster eines hochgotischen Bündelpfeilers, dessen ausgekehlter Kern vollständig von den sog. Diensten verdeckt wird.
Erhalten sind 33 der ursprünglich 65 Pergamentblätter des *Bauhüttenbuchs* mit 325 Federzeichnungen. Die Versoseite des ersten Blattes enthält folgende Zweckbestimmung: »Denn in diesem Buch kann man guten Rat finden über die große Kunst der Maurerei und die Konstruktionen des Zimmerhandwerks. Und ihr werdet die Kunst des Zeichnens darin finden, die Grundzüge, so, wie die Disziplin der Geometrie sie erheischt und lehrt.«

Der Werkmeister löste sich im Verlauf des Hochmittelalters aus der handwerklichen Anonymität. Die Vielzahl der namentlich überlieferten Werkmeister ist in der Regel nur selten mit bestimmten Bauwerken oder Bauabschnitten in Verbindung zu bringen. Dies gilt auch für Erwin von Steinbach, dessen Grabplatte das Sterbedatum 17. Januar 1318 mit der Amtsbezeichnung verbindet: *gubernator fabriciae eccelesiae Argentoratiae* (›Pfleger der Bauverwaltung der Kirche von Straßburg [lat. *Argentorate*]‹). Erst im 14. und 15. Jahrhundert wird die Verbindung zwischen Werkmeister und Bauwerk in vollem Umfang erkennbar: Der 1344 von Guido von Arras begonnene *Veitsdom* in Prag wurde ab 1353 durch Peter Parler weitergeführt, mit dem *Ulmer Münster* ist Ulrich von Ensingen verbunden, den Wandel vom Werkmeister zum Baumeister vollzogen in Landshut (*St. Martin*) Hans von Burghausen und Hans Stethaimer, in Nürnberg (*St. Lorenz*) Konrad Heinzelmann und Konrad Roritzer.

WANDERSCHAFT UND SPEZIALISIERUNG. Im Kern bestand die Bauhütte aus Steinmetzen, die ihre Werkstücke – wohl auch zum Zweck der Lohnabrechnung – mit Steinmetzzeichen signierten, die ihnen vom Werkmeister zuerkannt wurden. Sie blieben mit dem Bauwerk verbunden und sorgten für dessen Erhalt unter der Leitung des Dombaumeisters (ein Amt, das 1999 in Köln erstmals einer Frau übertragen wurde).
Daneben entwickelte sich die Wanderschaft von Bauhütten bzw. einzelner Gruppen von Mitgliedern (z. B. Bildhauer, Glasmaler). Auf ihr beruhte die Ausbreitung beispielsweise der französischen Kathedralgotik.
Das einzigartige Zeugnis solcher Mobilität ist das *Bauhüttenbuch* (um 1230–35) des möglicherweise als Werkmeister tätigen Villard de Honnecourt aus der Picardie. Es bezeugt Reisen durch Frankreich (Cambrai, Chartres, Laon, Reims), die Schweiz (Lausanne) und Ungarn, auf denen er alles sammelte, was den Betrieb einer Bauhütte betraf: von bautechnischem Gerät über die Gestaltung von Stützen, Bögen, Gewölben und dekorativen Details wie Blattmasken bis zu figürlichen Darstellungen (Menschen und Tiere), denen sich etwa zwei Drittel der 325 erhaltenen Zeichnungen widmen. Sie sind als Skulpturen im zeitgenössischen Muldenfaltenstil wiedergegeben, vereinen aber auch Vorbilder der Buch- und Glasmalerei und bieten Anleitungen in Form schematisierter Konstruktionszeichnungen.
Somit kennzeichnet das *Bauhüttenbuch* als Zusammenfassung von Musterblättern den Umfang der Kenntnisse und Fertigkeiten, die von einer Bauhütte und ihren zunehmend spezialisierten Mitgliedern erwartet wurden.
Eine moderne Entsprechung des Zusammenwirkens der handwerklich fundierten künstlerischen Einzeldisziplinen im Rahmen der Architektur strebte Walter Gropius an, indem er der 1919 in Weimar gegründeten Hochschule für Gestaltung den Namen »Bauhaus« gab und die Leitung der einzelnen Ausbildungsgänge »Meistern« übertrug.

EIN MISSVERSTÄNDNIS?

Als Goethe 1773 den Aufsatz *Von deutscher Baukunst* über sein Erlebnis des Straßburger Münsters veröffentlichte, wählte der als Untertitel »D(ivis) M(anibus) Ervini a Steinbach« (›Dem seligen Geist Erwins von Steinbach‹): Die Bischofskirche, vor allem die ab 1276 errichtete Westfassade, erschien ihm als das geniale Werk eines Einzelnen: »Wie oft hat die Abenddämmerung mein durch forschendes Schauen ermattetes Aug' mit freundlicher Ruhe geletzt, wenn durch sie die unzähligen Teile zu ganzen Massen schmolzen, und nun diese, einfach und groß, vor meiner Seele standen und meine Kraft sich wonnevoll entfaltete, zugleich zu genießen und zu erkennen! Da offenbarte sich mir, in leisen Ahndungen, der Genius des großen Werkmeisters.«
Zwar irrte Goethe, als der das Straßburger Münster als Werk deutscher Baukunst in Anspruch nahm und Erwin von Steinbach (gest. 1318) als den geistigen Schöpfer des Münsters verehrte. Goethes Sicht entsprach dem Geniekult des Sturm und Drang. Zutreffend ist jedoch die Würdigung der Institution des Werkmeisters an der Spitze der Bauhütte.

GESTALTUNGSAUFGABE

RATHAUS

BEZEICHNUNGEN

Belfried, Glockenturm (mitunter frei stehend) flandrischer Rathäuser.

Buleuterion, antiker Ort der Ratsversammlung als Saalbau oder über quadratischem Grundriss mit an drei Seiten ansteigenden Sitzreihen (Milet und Priene an der ionischen Westküste Kleinasiens).

City Hall, das englische großstädtische Rathaus, in der kleineren Stadt die Town Hall.

Hôtel de Ville, das französische Rathaus (*hôtel*: großes Gebäude).

Mairie, das (kleinstädtische) Rathaus in Frankreich (*maire*: Bürgermeister).

Palazzo Pubblico, das Rathaus in Italien, auch P. Communale, P. del Popolo, P. della Signoria genannt.

Rathaus, Amtssitz des Bürgermeister und Ort der Ratsversammlung.

Prytaneion, antikes Amtsgebäude der höchsten Beamten (Prytanen) einer Stadt oder eines Heiligtums (Olympia).

WIRTSCHAFT UND VERWALTUNG. Die mittelalterliche Kunstgeschichte des Rathauses beginnt im 12. Jahrhundert. 1149 ist in Köln ein Bürgerhaus bezeugt, das älteste erhaltene Rathaus Italiens befindet sich in Padua (*Palazzo della Ragione*, ab 1172), um 1190 entstand das Rathaus von Gelnhausen. Der repräsentative Typus ist das Saalgebäude am Marktplatz mit einer Markthalle oder Verkaufsständen, der Gerichtslaube und kommunalen Einrichtungen wie der Stadtwaage im Erdgeschoss und Versammlungsräumen im Obergeschoss: Handel und Gewerbe sowie die städtische Selbstverwaltung und Gerichtsbarkeit prägen die funktionale Gliederung. Zum Raumprogramm gehört zumeist eine Ratskapelle, sofern nicht ein selbständiges Gebäude oder ein bestimmter Bereich der Stadtkirche den Ratsmitgliedern vorbehalten war.
Mit dem Kirchturm wetteifert der Rathausturm, der mitunter eine stadtgeschichtliche Zäsur zum Ausdruck bringt: Nachdem die Zünfte in Köln 1396 das patrizische Stadtregiment beseitigt hatten, versahen sie den 1330 errichteten Neubau, dem Vorbild flandrischer Rathäuser folgend, mit einem 61 m hohen Turm. In Italien ist dem bürgerlichen Regierungssitz und dem adligen Stadtpalast die Anlage als Baugeviert um einen Innenhof gemeinsam (Florenz, Siena). In Deutschland entsprechen sich großbürgerliches Wohnhaus und Rathaus durch die Schaufront mit Treppengiebel, den Maßwerk und Türmchen auszeichnen (Münster in Westfalen, um 1350). Als überreich mit spätgotischem Zierrat und je drei Türmen an den beiden Giebelseiten geschmücktes Gehäuse präsentiert sich das Rathaus in Löwen (1448–63). Ein charakteristisches Bauglied norddeutscher Rathäuser ist die monumentale, durch Maßwerkfenster und mehrgeschossige Blendbögen gegliederte Schildwand, hinter der sich ein mehrteiliger Baukomplex verbirgt (Lübeck, Rostock, Stralsund).
In unmittelbarer Nähe des Rathauses errichtete Hoheitszeichen sind die Rolandsäulen (ältestes erhaltenes Beispiel in Bremen, 1404). Das Standbild des ursprünglich als Heiliger verehrten Paladins Karls d. Gr. symbolisierte städtische Privilegien, die in großzügiger Auslegung der historischen Tatsachen bis in karolingische Zeit zurückgeführt wurden.

DIE AUSSTATTUNG. Ein Hauptwerk profaner Kunst des Hochmittelalters befindet sich im Palazzo Pubblico von Siena, und zwar im Sitzungssaal des Neunerrats. Namengebend für diesen Raum, die *Sala della Pace*, wurde die bequem zur Seite gelehnte Allegorie des Friedens. Die köstliche Sitzfigur ist ein Detail der Wandgemälde (1337–39) von Ambrogio Lorenzetti mit der Darstellung des *Guten Regiments* mit Tugendallegorien und dessen

Palazzo Pubblico von Siena, 1297–1307, Glockenturm *Torre del Mangia*, 1325–44, Höhe 102 m
Die Schauseite an der halbkreisförmigen Piazza del Campo gliedert sich in ein Erdgeschoss aus Travertin und zwei, im Mittelblock drei Obergeschosse aus Backstein. Beim Turm, dem höchsten Bauwerk der Stadt, folgt dem Bachsteingemäuer der auskragende zinnenbekränzte Sockel des gleichfalls aus Travertin aufgesetzten Glockengeschosses. Diese Materialien kontrastieren wirkungsvoll mit der Verkleidung des nahe gelegenen Domes aus weißem und schwarzem Marmor. Der Palazzo Pubblico beherbergte die Wohn- und Amtsräume des Podestà, das Oberste Gericht und den Sitzungssaal des Neunerrats. Der Sieneser Maler Simone Martini ist im Palazzo Pubblico mit zwei Wandgemälden vertreten: mit einer *Maestà* (Thronbild der Madonna mit Aposteln und Heiligen, 1315) und einem Reiterbild des *Guidoriccio da Fogliano*, das den Condottiere auf dem Weg zur Belagerung der Festung Montemassi (1328) zeigt.

Auswirkung in Stadt und Land sowie des tyrannischen *Schlechten Regiments*. Die Schilderung des städtischen und ländlichen Erwerbslebens und festlichen Vergnügens zeugt auf unvergleichliche Weise von bürgerlichem Selbstbewusstsein.

Das repräsentative Ausstattungsstück des mittelalterlichen Rathauses ist jedoch das Gerechtigkeitsbild. Als Triptychon mit dem Jüngsten Gericht auf der Mitteltafel zeigt es auf den Flügeln Beispiele gerechter und ungerechter Urteile. Diese Nebenszenen verselbständigten sich zur Form des Diptychons und schildern im 15. Jahrhundert statt biblischer Themen Beispiele aus dem Altertum: 1487/88 übernahm Gerard David den Auftrag, für die Schöffenstube (Ratsstube) des Rathauses von Brügge die Verurteilung Jesu durch Pilatus, also einen Justizmord, zu malen. Nach einer Planänderung entstand 1498 das Diptychon *Die Gerechtigkeit des Kambyses* (Brügge, Groeningemuseum): Der persische König entlarvt den bestechlichen Richter Sisames, dem auf der zweiten Tafel die Haut vom Leib gezogen wird.

Um 1440 schuf Stefan Lochner ein Triptychon mit der Huldigung der Kölner Stadtpatrone – der Heiligen Drei Könige, der hl. Ursula mit ihren Jungfrauen und des hl. Gereon mit seinen Legionären – vor dem Jesuskind. Seine Bezeichnung als *Dombild* aufgrund der heutigen Aufstellung im Kölner Dom verdeckt die ursprüngliche Bestimmung als Altarbild der Kölner Ratskapelle (bis 1809).

MATERIAL UND TECHNIK

GOLDSCHMIEDEKUNST

PROFANE UND SAKRALE SCHATZKUNST. Symbolgehalt und Kostbarkeit der Materialien (Edelmetalle, Perlen und Edelsteine) sicherten dem Goldschmiedehandwerk von jeher einen hohen Rang. Aufgrund des Materialwerts ist jedoch nur ein Bruchteil der stets vom Einschmelzen (etwa für Münzgeld) bedrohten Goldschmiedearbeiten erhalten; den ursprünglichen Umfang der mittelalterlichen Goldschmiedekunst lassen Inventare der Kirchenschätze, Heiltumsbücher und Pilgerführer erahnen.
Eine strikte Trennung zwischen profaner und sakraler Goldschmiedekunst des Mittelalters erlaubt allenfalls der Bereich der Schmuckwaren. Dagegen besaßen Herrscherinsignien wie die *Reichskrone* aus Gold und Email sowie Perlen und Edelsteinen (spätes 10. und frühes 11. Jahrhundert; Wien, Hofburg, Weltliche Schatzkammer) zugleich religiöse Weihe. Kostbare Stiftungen an Kirchen blieben als Unterpfand des himmlischen Beistands mit der Person des vielfach weltlichen Stifters verbunden. Ein Beispiel reicher Zuwendungen (und deren Rückführung) ist der *Welfenschatz*: Die Stiftungen der Familie Heinrichs

***Dreikönigsschrein,* 1181 bis um 1230; Gold, vergoldetes Silber und Kupfer in Treibarbeit über Holzkern, Edelsteine und Perlen; Köln, Dom**
Nach der Eroberung Mailands 1162 übergab Friedrich I. Barbarossa die hier erbeuteten Gebeine der Heiligen Drei Könige seinem Kanzler, dem Kölner Erzbischof Rainald von Dassel. Dieser überführte die Reliquien 1162 nach Köln. Im Auftrag von Rainalds Nachfolger Philipp von Heinsberg schuf Nikolaus von Verdun mit seiner Kölner Werkstatt 1181–91 den Schrein in Form einer dreischiffigen Basilika. Die Stirnseite (1198–1206) aus purem Gold zeigt im unteren Teil die beiden Epiphanien (Erscheinungen) Jesu als Gottessohn: die Huldigung der Heiligen Drei Könige und die Taufe. Vollendet wurde der Schrein um 1230 durch die hintere Schmalseite mit Rainald als Translator.
Das Gold der Stirnseite mit der Wiederkehr Christi zwischen zwei Engeln ist eine Stiftung des Welfen Otto IV. anlässlich seiner Wahl zum Gegenkönig des Staufers Philipp von Schwaben 1098 in Köln. Als Stifterfigur folgt der neu gewählte König den Heiligen Drei Königen.
Ähnliche reichspolitische Bedeutung wie die Überführung der Mailänder Reliquien besaß die von Friedrich I. 1165 veranlasste Erhebung der Gebeine des heiliggesprochenen Kaisers Karl d. Gr. in der Aachener Pfalzkapelle. Den Karlsschrein (Aachen, Domschatz) als Reliquiar der Gebeine verschloss Friedrich II. anlässlich seiner Königskrönung in Aachen 1215.

des Löwen für den Braunschweiger Dom mit allein 140 Reliquiaren (Inventar von 1482) kam 1670 als Gegenleistung für Waffenhilfe in die Schlosskirche von Hannover, wurde 1866 nach der preußischen Annexion des Königreichs Hannover Privateigentum des ehemaligen Königs Georg V. und wurde 1930–35 an Museen in den USA, in England und Deutschland verkauft. 42 Teile besitzt das Berliner Kunstgewerbemuseum, u. a. das oberitalienische *Welfenkreuz* (11. Jahrhundert) sowie aus dem Kunstzentrum Köln den *Tragaltar des Eilbertus* (um 1150) und ein *Kuppelreliquiar* (um 1175–80) aus vergoldeter Bronze mit Emailschmuck und Figuren aus Walrosszahn.
Kaiser und Könige, geistliche und weltliche Fürsten erteilten Wenzel Jamnitzer (1508–1585) Aufträge für Prunkpokale, Tafelaufsätze, Tischglocken und -uhren sowie astronomisches Gerät und einen als Automat konstruierten Brunnen. Jamnitzers Werkstatt befand sich in Nürnberg, einem Hauptort der Goldschmiedekunst, in der auch Albrecht Dürer d. Ä. tätig war und seinen Sohn Albrecht unterrichtete.

DAS ZEITALTER DER SCHREINE. Der überaus große Anteil von Reliquiaren am Welfenschatz ist symptomatisch für die Ausbreitung des Reliquienkults im Hochmittelalter. Pilger und Kreuzfahrer brachten Reliquien aus dem Heiligen Land nach Europa, wo allerorten die Auffindung (Erhebung, lat. *elevatio*) und Überführung (lat. *translatio*) von Heiligengebeinen oder verehrungswürdigen Gegenständen die Anfertigung von Reliquienbehältern notwendig machten. Sie geben als Kopf-, Arm- oder Fußreliquiar die Art des darin verwahrten Skelettfragments zu erkennen, doch ist die vornehmste Form des Reliquiars die überdachte und verschwenderisch ausgestattete Kastenform, von der sich die Bezeichnung des Hochmittelalters als »Zeitalter des Schreins« herleitet.
Zumindest auf die Goldschmiedekunst trifft die Bezeichnung zu, indem sie den Schrein als monumentale Gestaltungsaufgabe hervorhebt. Allerdings stehen ihr die übrigen Werktypen, insbesondere aus Byzanz oder byzantinisch beeinflussten Werkstätten, kaum nach, etwa Goldaltäre wie der um 840 datierende *Paliotto* eines Goldschmieds namens Wolvinus (Mailand, Sant' Ambrogio). Im Auftrag Heinrichs II. und seiner Gemahlin Kunigunde entstand um 1019 in Mainz für das Bamberger Kloster St. Michael das goldene *Basler Antependium* (Paris, Musée Cluny). Hieran schließen sich als repräsentative Werke der Goldschmiedekunst Statuetten an, Prozessions- und Altarkreuze, die eucharistischen Altargeräte (lat. *vasa sacra*) Kelch, Monstranz bzw. Ostensorium zur Ausstellung und die flache Patene zur Darreichung der geweihten Hostie, sodann Leuchter, Weihrauchfässer, Buchdeckel, Gürtel- und Gewandschließen mit rundplastischen figürlichen Darstellungen sowie Schmuckstücke bis hin zum Pferdezierrat aus gegossenen und gravierten Reliefscheiben aus vergoldeter Bronze, die sich bereits auf antiken Reiterdarstellungen erkennen lassen.

TECHNIKEN

Seit dem Altertum verwendeten die Werkstätten der Goldschmiede folgende Techniken:

Emaillieren, Verarbeitung von farbigem Glasfluss als Flächenkunst (Gruben- und Zellenschmelz) oder Überzug.

Gießen, dem Bronzeguss entsprechende Verarbeitung von Silber und Gold im Massiv- oder Hohlguss.

Granulation, Ziertechnik mit aufgeschweißten Gold- und Silberkügelchen.

Gravieren, Einritzen von Linien (Ausgangspunkt des Kupferstichs).

Montieren, Naturgegenstände wie Muscheln, Schneckenhäuser (Nautilus), Straußeneier werden mit Henkeln, Scharnieren, Ständern versehen.

Prägen, Technik der Kaltverformung mit Prägestempeln; eine Maschine zur Prägung von Ornamenten gehört zu den Erfindungen von Wenzel Jamnitzer.

Schmieden, Verformen von erhitztem Metall.

Tauschieren, Verzieren unedler Metalle durch Einlegearbeiten mit Edelmetall.

Treiben, Herstellung eines Reliefs, indem durch Hämmern die Formen aus dem Gold- oder Silberblech herausgetrieben werden.

Vergolden, Herstellung eines Goldüberzugs; bei Feuervergoldung wird ein Amalgam aus Edelmetall und Quecksilber verwendet, das bei hoher Temperatur ausdestilliert.

MATERIAL UND TECHNIK

TEMPERAMALEREI

MISCHTECHNIK

»Von Bärten Heranwachsender. Vermische Prasinus (Grün, auch *terra verde*) mit Rubeum (Roter Ocker, auch *terra rubea*) und ein bisschen Rosenfarbe, wenn du willst, und fülle die Bärte der Heranwachsenden aus. Mische Ocker Schwarz und Rubeum, decke das Haar und fülle mit Ocker, das mächtig mit Schwarz gemengt ist, aus und mache mit derselben Mengung schwarze Züge in die Bärte.«
Theophilus Presbyter (d. i. Roger von Helmarshausen), *Schedula diversarum artium*, Kap. 11, übers. aus dem Lat. nach Albert Ilg, 1874 (Ausgabe nach der Wiener Handschrift)

FARBMITTEL UND BINDEMITTEL. Temperafarben (von lat. *temperare* ›mischen‹) wurden im Altertum und im Mittelalter in der Wand-, Tafel- und Buchmalerei verwendet. Sie bestehen aus Farbmitteln, bei denen zwischen löslichen Farbstoffen und unlöslichen Pigmenten unterschieden wird, vermischt mit Bindemitteln.
Zur Herstellung anorganischer natürlicher Pigmente dienten pulverisierte Minerale wie der »Blaustein« Lapislazuli, der grüne Halbedelstein Malachit oder der Brauneisenstein für Ockertöne. Leuchtendes Rot lieferte das Mineral Zinnober oder auf chemischem Weg ein erhitztes Gemisch aus Quecksilber und Schwefel. Ebenfalls Produkte der mittelalterlichen Farbenchemie sind Grünspan und Bleiweiß; sie bilden sich unter Einwirkung von Essig als Belag auf Kupfer bzw. Blei. Die organischen Farbstoffe wurden aus Tieren und Pflanzen gewonnen: Purpur aus den Drüsen verschiedener mediterraner Schneckenarten, Karminrot aus der Kermesschildlaus, Gelb aus Ochsengalle oder den Blütennarben des Safran, Extrakte aus Schwertlilien, Lauch, Kohl oder Petersilie ergaben grüne Farbstoffe.
Durch das Bindemittel unterscheiden sich die Kasein- und die Eitempera, wobei Letztere entweder das Eiweiß (auch Eikläre genannt) oder das Eigelb verwendet. Der große Bedarf der Klöster an Eiern, den die den Mönchen und Nonnen unterstellten Bauern zu liefern hatten, war demnach nicht durch den Speisezettel, sondern durch die Skriptorien und Malerwerkstätten bedingt. Als weitere Bindemittel dienten Harze von Kirsch- und Pflaumenbäumen sowie Leim aus getrockneten Fischblasen und Tierhäuten bzw. Abfällen des aus Tierhaut hergestellten Beschreibstoffs Pergament.

WERKSTATT- UND LEHRBÜCHER. Unsere Kenntnis über die Herstellung der Farbmittel und die Technik der Temperamalerei stützt sich auf Traktate, die seit dem 9. Jahrhundert überliefert sind. Auf der Grundlage von Rezeptbüchern für den Eigengebrauch in klösterlichen Werkstätten, in denen das praktisch gewonnene Grundwissen vorausgesetzt werden konnte, entwickelten sich diese Traktate zu systematisch gegliederten Anleitungen. Mehrere Abschriften belegen die Verbreitung der *Schedula diversarum artium* (›Abhandlung über die verschiedenen Künste‹) vom Beginn des 12. Jahrhunderts, die Lessing auf der Grundlage der Handschrift in Wolfenbüttel veröffentlicht hat (1774 Auszüge, vollständig postum 1781). Der Verfasser nennt sich Theophilus Presbyter und wurde 1985 von Eckhardt Freise mit dem Goldschmied Roger identifiziert, zuletzt tätig im niedersächsischen Kloster Helmarshausen. Das Lehrbuch umfasst in drei Büchern die Malerei, die Glaskunst und die kunsthandwerklichen Techniken der Metallverarbeitung. 1951/52 erbrachte ein quellenkundliches Praktikum des Zentralinstituts für Kunstgeschichte und weiterer Münchner Fachinstitutionen den Nachweis, dass die Rezepte und maltechnischen Anweisungen des »Theophilus« bei genauer Befolgung zu den vom Autor in Aussicht gestellten Resultaten führen. Praktische Bedeutung hat die Erprobung der mittelalterlichen Farbrezepte für die Konservierung und Restaurierung mittelalterlicher Malerei auf gleichsam homöopathische Weise: Sog. Malmodelle geben Gelegenheit, mit konservatorischen Verfahren zu experimentieren.

Malerin und Gehilfe, **1402; Tempera auf Pergament; Paris, Bibliothèque Nationale, Ms. 2**
Die Miniatur gehört zu den Illustrationen einer französischen Handschrift von Giovanni Boccaccios *De claris mulieribus* (»Über berühmte Frauen«, entst. 1360–62). Der Blick in ein Atelier zeigt links die Arbeit an einem Madonnenbild. Die ausdrücklich nicht als Nonne, sondern als vornehme Dame gekennzeichnete Malerin sitzt auf einem Faltstuhl (lat. *faldistorium*) vor der Staffelei, hält in der Linken eine Palette und führt mit der Rechten den Pinsel. Rechts ist ein Gehilfe mit der Herstellung von Pigmenten in einem Hohlgefäß beschäftigt. Das einfachste Instrument zur Pulverisierung von Mineralen bestand aus dem flachen Farbstein und einem zweiten Stein, dem Läufer.

MALEN MIT TEMPERA. Der vielfach verblüffend frische Eindruck mittelalterlicher Buch- und Tafelmalerei beruht auf der soliden handwerklichen Ausübung der Temperamalerei. Eine wesentliche Voraussetzung bildete die sorgfältige Vorbereitung des Bildträgers Pergament oder Holz durch eine mehrschichtige Grundierung mit tierischem Leim und Kalk. Es folgten die Unterzeichnung und bei goldgrundiger Malerei der Auftrag von Blattgold auf einer als Bolus bezeichneten Malschicht. Der Vorteil der Temperafarben, aufgrund der Verdunstung des Wassergehalts rasch zu trocknen und hierbei eine matt glänzende, widerstandsfähige Schicht zu bilden, schloss ein Mischen der Farbtöne beim Malen aus. Vielmehr mussten die einzelnen Töne vorab hergestellt werden. Ein schichtweiser Farbauftrag barg die Gefahr eines unterschiedlichen Verhaltens der Farbmittel beim Trocknen. Lasuren blieben daher zumeist auf bestimmte Partien wie das Inkarnat der unbedeckten Körperteile beschränkt. Dagegen dienten Bleiweiß zur sog. Höhung in Form von Glanzlichtern und dunkle Farbmittel zur Modellierung beispielsweise eines Faltenwurfs.
Der Übergang von der vielseitigen Temperamalerei zur Tafelmalerei auf Holz, dann zur auf Leinwand beschränkten Ölmalerei im 15. Jahrhundert vollzog sich schrittweise in Form einer Mischtechnik mit zunehmendem Anteil von Ölen als langsam trocknenden Bindemitteln.

Hochmittelalter

THEMA

TYPOLOGIE

TYPUS UND ANTITYPUS

Die Übersicht nennt aus den neun Abschnitten der »Biblia pauperum« jeweils eine der vier Bildergruppen. (T) Typus; (A) Antitypus.

(T) Mose am brennenden Dornbusch / Aarons blühender Stab – (A) Jesu Geburt.

(T) Jakob flieht vor Esau / David flieht vor Saul – (A) Flucht nach Ägypten.

(T) Versuchung im Paradies / Esau verkauft Jakob sein Erstgeburtsrecht für ein Linsengericht – (A) Versuchung Jesu.

(T) Melchisedek begrüßt Abraham mit Brot und Wein / Mannalese in der Wüste – (A) Abendmahl.

(T) Josefs Brüder täuschen Jakob / Verschwörung Abschaloms gegen David – (A) Verschwörung der Juden gegen Jesus.

(T) Abraham opfert Isaak / Eherne Schlange – (A) Kreuzigung Jesu.

(T) Josef wird in den Brunnen geworfen / Jona wird vom Fisch verschlungen – (A) Grablegung Jesu.

(T) Gideon und der Engel / Jakob ringt mit dem Engel – (A) Unglaube des Thomas.

(T) Salomo ehrt Batseba / Artaxerxes ehrt Ester (A) Marienkrönung.
Mit diesem letzten Antitypus überschreitet die Typologie das Neue Testament und ›ergänzt‹ es dogmatisch.

ALTES UND NEUES TESTAMENT. Eine Grundlage der Theologie und Liturgie, bildenden Kunst und Dichtung des Mittelalters ist die Auffassung vom göttlichen Heilsplan als einer zielgerichteten Einheit von der Schöpfung bis zum Jüngsten Gericht, dem die Erschaffung eines neuen Himmels und einer neuen Erde folgt. Dieser Heilsplan umfasst das Alte und das Neue Testament, deren Zusammengehörigkeit typologisch veranschaulicht wird. Typologie bedeutet in diesem Zusammenhang, dass alttestamentliche »Typen« (Ereignisse) auf neutestamentliche »Antitypen« vorausweisen und in diesen ihre Erfüllung finden.
Neutestamentliche Ansatzpunkte einer typologischen Interpretation der Beziehung zwischen Altem und Neuem Testament, Altem und Neuem Bund zwischen Gott und den Menschen, finden sich sowohl in den Evangelien als auch in den Briefen des Paulus, die der Niederschrift der Evangelien vorausgehen. Matthäus überliefert das Wort Jesu: »Denn wie Jona drei Tage und drei Nächte im Bauch des Fisches war, so wird auch der Menschensohn drei Tage und drei Nächte im Innern der Erde sein« (Mt. 12,40); die Jona-Erzählung dient somit als Präfiguration der Grablegung und Auferstehung Jesu. Paulus entwickelt im Römerbrief den Vergleich zwischen der (im letzten Moment verhinderten) Opferung Isaaks und dem Opfertod Jesu unter dem Gesichtspunkt des Gehorsams Abrahams und Jesu gegenüber Gott.

TYPOLOGISCHE BILDERGRUPPEN. Drei Gattungen von mittelalterlichen Bilderhandschriften sind ausschließlich typologisch geprägt: die im 13. Jahrhundert entstandene »Biblia pauperum« (»Armenbibel«), das etwas jüngere »Speculum humanae salvationis« (»Heilsspiegel«) und die »Bible moralisée«. Jene ältesten, erst im 17. Jahrhundert aufgrund des Vorrangs von Bildern abwertend als »Armenbibeln« bezeichneten Handschriften enthalten 36 Bildergruppen aus jeweils zwei Typen und einem Antitypus aus dem Leben Jesu, verbunden mit je vier Prophetenbüsten mit Weissagungen, die den typologischen Zusammenhang erhellen. Ihre Bildlektüre verlangte theologische Kenntnisse und war vor allem als Anleitung für Prediger gedacht. Die je vierteiligen Bildergruppen des »Heilsspiegels« beziehen die Profan- und Kirchengeschichte in Form von Legendenszenen ein. Die »Bible moralisée« schließlich frönt einem schier grenzenlosen Interesse an offenkundigen und verborgenen typologischen Zusammenhängen.
Neben der typologischen Buchmalerei ist die ganze Ausstattung der mittelalterlichen Kirche typologisch geprägt: von der Portalplastik (mit den Aposteln auf den Schultern der Propheten als Gewändefiguren) über die Bilderzyklen der Glasfenster bis zum Bildprogramm der Flügelaltäre. Der scheinbare Widerspruch zwischen der Wertschät-

zung des Alten Testaments und dem im Mittelalter von der Kirche geduldeten, ja geförderten Antisemitismus löst sich insofern auf, als die Kirche des Mittelalters die Eigenständigkeit der jüdischen Religion leugnete und das Alte Testament als Vorstufe der eigenen Religion »christianisierte«.
Auch außerbiblische Institutionen ließen sich biblisch legitimieren: Indem Melchisedek, der »König von Salem« und »Priester des Höchsten Gottes« (1. Mose 14,18), eine Tiara trug, wurde der päpstliche Anspruch auf die geistliche und weltliche Herrschaft gleichsam typologisch aus dem Alten Testament hergeleitet. Für die Könige und Kaiser war es von Vorteil, sich auf David zu berufen.
Martin Luthers typologisches Bibelverständnis zeigt sich sowohl in den Randglossen zum Alten Testament als auch in zweigeteilten Gemälden seines Wittenberger ›Hausmalers‹ Lucas Cranach d. Ä. zum Thema ›Gesetz und Gnade‹; die älteste Gestaltung dieser reformatorischen Ikonografie bildet ein Tafelgemälde von 1529 (Gotha, Schlossmuseum).

Nikolaus von Verdun, Verkündigungsszenen des *Klosterneuburger Altars*, vollendet 1181; Email; Klosterneuburg bei Wien, Leopoldi-Kapelle des Chorherrenstifts
Nikolaus von Verdun schuf eine Ambo-Verkleidung aus 45 Emailplatten, die 1331 in einen Flügelaltar umgearbeitet und durch sechs weitere Platten ergänzt wurden. Die nunmehr 51 Platten sind in drei waagrechten, je 17-teiligen Reihen angeordnet und bilden ein umfassendes typologisches Bildprogramm: Die obere Reihe enthält Typen aus dem Buch Genesis, also aus der Zeit *ante legem* (›vor dem Gesetz‹, d. h. vor dem Bund Gottes mit dem Volk Israel am Berg Sinai), die untere Reihe zeigt alttestamentliche Typen *sub lege* (›unter dem Gesetz‹). Dazwischen reihen sich die jeweils zugehörigen neutestamentlichen Antitypen *sub gratia* (›im Zeichen der Gnade‹).
Abgebildet ist die erste senkrechte Szenenfolge: Verkündigung der Geburt Isaaks an Abraham *ante legem* (1. Mose 18,10–15), Verkündigung der Geburt Simsons an Manoachs (namenlose) Frau *sub lege* (Ri. 13), dazwischen die Verkündigung der Geburt Jesu an Maria als Beginn der Heilsgeschichte *sub gratia* (Lk. 1,26–38).

ATTRIBUT UND SYMBOL

FORM UND ZAHL

DREI, VIER, SIEBEN. Die Fähigkeit, die Erscheinungen nach ihrer Anzahl zu ordnen, gehört zu den grundlegenden kulturellen Errungenschaften des Menschen und findet ihren Ausdruck in der ursprünglich religiösen Zahlensymbolik. So besitzt die im Mittelalter theologisch wie künstlerisch verwendete Systematik der Zahlen ein altorientalisches Fundament, das durch die Bibel sowie antike Traditionen wie die Lehren von Aristoteles, Platon und Pythagoras vermittelt wurde.

Die Eins symbolisiert die ungeteilte Einheit und ist als Quelle aller übrigen Zahlen ein Symbol Gottes, während die Zwei den Dualismus zwischen Licht und Finsternis, Gut und Böse, Himmel und Erde, Seele und Leib kennzeichnet. Die Summe beider Zahlen ergibt die Drei als Symbol göttlicher Vollkommenheit von der hinduistischen Trias bis zur christlichen Trinitätslehre. Demgegenüber symbolisiert die Vier die irdische Welt: Vier Paradiesflüsse bewässern im 1. Buch Mose die vier Weltgegenden (1. Mose 2,10–14). Vier Flüsse entströmen bereits auf dem Wandbild *Die Investitur des Königs Zimrilim* aus dem Palast im sumerischen Mari (vor 1695 v. Chr.; Paris, Louvre) den krugförmigen Gefäßen in den Händen von zwei Göttinnen. Ihnen entspricht die Verkündigung der vier Großen Propheten des Alten Testaments (Jesaja, Jeremia, Ezechiel, Daniel) und der vier Evangelisten (Matthäus, Markus, Lukas, Johannes). Vier Himmels- und Windrichtungen, Jahreszeiten, Temperamente ordnen das Leben auf Erden.

Drei und Vier ergeben in der jüdisch-christlichen Zahlensymbolik – ausgehend von den sieben Tagen der Schöpfung im ersten der beiden Schöpfungsberichte am Beginn der Bibel – im Symbol der Sieben eine Gott und die Welt umfassende Einheit. Die Siebenzahl, auch Septenar genannt, entwickelte sich im Mittelalter zur Grundstruktur der Dogmatik: Den sieben Seligpreisungen der Bergpredigt und Bitten des Vaterunsers entsprechen die Sieben Sakramente. Sieben Tauben als Attribute Christi symbolisieren die Sieben Gaben des Heiligen Geistes (nach Jes. 11,2).

FORM- UND ZAHLENSYMBOLIK. Zur Darstellung gelangt der Symbolgehalt der Zahl nicht im Zahlzeichen, sondern in Formen. Der Kreis veranschaulicht die Eins, die paarweise Komposition in Malerei, Skulptur und Architektur (Doppelchoranlage) die Zwei, der Dreipass, Grundrisse wie der des kleeblattförmigen Dreikonchenchores und schließlich das gleichseitige Dreieck die Drei.

Die Acht, die erste kubische Zahl, enthält den Symbolgehalt des Neubeginns: Leben, Tod und Auferstehung des »neuen Adam« Jesus Christus bilden als achter Schöpfungstag den Neubeginn der Schöpfung, an dem der Mensch durch das Sakrament der Taufe Anteil gewinnt.

Reliefplatte mit Menora, 3./4. Jahrhundert n. Chr.; Marmor, 61,5 x 61 cm; Berlin, Museum für Spätantike und Byzantinische Kunst
Die Platte wurde im Bodenbelag der Kirche beim Theater von Priene gefunden, stammt aber wohl aus der unweit gelegenen Synagoge. Der siebenarmige Leuchter (Menora) gehört zu den jüdischen Kultgegenständen, deren Anfertigung für das Offenbarungszelt im Buch Exodus beschrieben wird (u. a. 2. Mose 25,31–40). Die sieben Arme der Menora symbolisieren die sieben Tage der Schöpfung, denen wiederum die sieben Tage der Woche entsprechen. Am Fuß des Leuchters zeigt die Reliefplatte zwei Spiralen, die wohl als Zeichen für die Torarolle (Pentateuch bzw. Fünf Bücher Mose) zu betrachten sind.

Der achteckige (oktogonale) Grundriss der Taufkirchen (Baptisterien), Taufbecken und -steine bezieht sich formsymbolisch auf diese Zahlensymbolik der Acht, deren liturgische Bedeutung in den acht Tönen des Gregorianischen Gesangs und im achtteiligen Stundengebet zum Ausdruck kommt. Speziell die Auferstehungssymbolik ist in der oktogonalen Anlage mit 16-seitigem Umgang der *Aachener Pfalzkapelle* wirksam, die Karl d. Gr. als Grabkirche errichten ließ. Doch auch die imperiale Symbolik dürfte hier bereits eine Rolle gespielt haben: Die Pfalzkapelle wurde durch Otto d. Gr. zur Krönungskirche der römisch-deutschen Könige erhoben, und die *Reichskrone* (10./11. Jahrhundert; Wien, Hofburg, Weltliche Schatzkammer) besteht aus acht oktogonal angeordneten Platten mit einem achtlappigen Bügel.
Die altorientalischen Wurzeln der Zwölf verdeutlicht die Entsprechung zwischen den zwölf (ursprünglich babylonischen) Tierkreiszeichen, den zwölf Monaten, Stunden des Tages (im Mittelalter um 6 Uhr beginnend) und der Nacht und den zwölf Stämmen Israels, zwölf Kleinen Propheten und den zwölf Jüngern Jesu bzw. Aposteln, denen im schiitischen Islam die zwölf von Gott mit Sündlosigkeit begnadeten Imame entsprechen. Zwölfseitig ist der Grundriss des Heiligen Grabes, einer verkleinerten Nachbildung der Grabeskirche von Jerusalem in mittelalterlichen Kirchen wie dem *Konstanzer Münster*. Die Summe aus den zwölf Kleinen und vier Großen Propheten bzw. die Verdoppelung der Acht ergibt die 16 Blätter des Rosenfensters an der Westfassade von Kathedralen wie dem *Straßburger Münster*.

Türklopfer mit Kaiser und Kurfürsten, um 1360; Bronze; Lübeck, Rathaus
1356 erließ Kaiser Karl IV. in der »Goldenen Bulle« ein fortan im Heiligen Römischen Reich gültiges Gesetz über die Wahl des römisch-deutschen Königs und designierten Kaisers. Das darin bestimmte Wahlkollegium ist Thema des Lübecker Reliefs, das die sieben Mitglieder in Medaillons um die Figur des Kaisers anordnet: links mit dem Bischofsstab als Amtsinsignie die Erzbischöfe von Köln, Trier und Mainz (mit dem Radwappen), oben, unten und rechts jeweils mit dem Richtschwert der König von Böhmen, der Herzog von Sachsen, der Markgraf von Brandenburg und der Pfalzgraf bei Rhein (Kurpfalz). In seiner Zusammensetzung aus drei geistlichen und vier weltlichen Fürsten entspricht das Kurkollegium der Gliederung der Sieben Tugenden in die drei Theologischen Tugenden (Glaube, Hoffnung, Liebe) und die vier Kardinaltugenden (Klugheit, Gerechtigkeit, Tapferkeit, Mäßigung). Formal entspricht das Relief dem Rosenkranz aus Medaillons mit den Sieben Freuden Mariä (vgl. z. B. Veit Stoß, *Englischer Gruß*, 1517/18; Nürnberg, St. Lorenz).

WIRKUNGSGESCHICHTE

BAMBERGER REITER

DER BAMBERGER DOM

1003/04 Gründung durch Heinrich II., Weihe der Kirche mit Ost- und Westchor 1012 als Bischofskirche (Dom) des 1007 gegründeten Bistums Bamberg

1127 Erstes Inventar der Domschatzkammer (u. a. *Sternenmantel Heinrichs II.*)

ab 1215 Erweiterter Neubau nach Brandschaden. In der Ausführung folgen einander vier Werkmeister bzw. Bauhütten

um 1230–35 Skulpturen der Georgsschranke (zwischen Georgschor und Seitenschiffen) mit sechs Propheten und sechs Aposteln sowie *Gnadenpforte*, *Adamspforte* und *Fürstentor*

1237 Weihe des spätromanisch-frühgotischen Doms mit östlichem und westlichem Turmpaar

um 1350 Grabplatten mit Bildnissen von Bischöfen

1513 Aufstellung des Grabmals Heinrichs II. und seiner Gemahlin Kunigunde von Tilman Riemenschneider

PERSON ODER PERSONIFIKATION. Beim Gang durch das Langhaus des Domes begegnen wir am nordwestlichen Chorpfeiler dem Standbild eines jugendlichen, unbewaffneten Reiters. Über einem Kranz aus gelocktem Haar trägt er eine Krone. Den Blick richtet er dem Anschein nach auf das Kreuz im Peterschor. Seine Rechte hält an einem Band den von der Schulter geglittenen Mantel. Die früheste erhaltene Erwähnung der Reiterskulptur findet sich in einer Beschreibung der *Memorabila Bambergensis* (Wolfenbüttel 1729). Der Autor setzt als selbstverständlich voraus, dass er ein Reiterstandbild des ungarischen Königs Stephan I. vor sich hat, der 995 Gisela, die Schwester des Domgründers Heinrich, geheiratet hatte und 1083 heiliggesprochen wurde. Seine besondere Bewunderung erregte das »feurige und lebhafte Pferd (»equus animosus et alacer«). 1784 wurde ein Bildhauer für kleinere Reparaturen am »reitenden Stephan« entlohnt.
Diese lokale Bamberger Tradition forderte im 19. Jahrhundert Widerspruch und eine Vielzahl von Vorschlägen zur Identifizierung des Dargestellten heraus, die allesamt ohne Beweiskraft geblieben sind. Zur Diskussion standen Heinrich II. (dessen allerdings bärtiges Standbild sich am Gewände der *Adamspforte* befindet), der wie Heinrich II. im Dom beigesetzte König Konrad III., Philipp von Schwaben (1208 in Bamberg ermordet) sowie Kaiser Konstantin d. Gr. als Begründer der römischen Staatskirche und der Staufer Friedrich II. Oder verkörperte der namenlose Reiter das Ideal des König- und Rittertums der Stauferzeit?

ZEUGNIS DER NATIONALGESCHICHTE? Die letztere Deutung gewann in dem Maße Popularität, als die Kultur und Machtentfaltung der Staufer, deren Epoche die Skulptur angehört, als letzte Blütezeit des deutschen Mittelalters verstanden wurde. Außer Acht blieb die Tatsache, dass der Bamberger Reiter zum Skulpturenschmuck gehört, der einer zuvor wohl in Reims tätigen Bauhütte zu verdanken ist, die den 1237 geweihten Dombau zum Abschluss gebracht hat. »So könnte eine Gruppe, die lange als der Inbegriff deutscher Ritterlichkeit schwärmerische Verehrung fand, das Bild eines heiliggesprochenen Ungarnkönigs in französischer Manier sein. Freilich, der Schlüssel zum Verständnis des Bildwerks liegt überhaupt nicht in modernen nationalen Kategorien, sondern in Geschichte, Brauchtum und Überlieferung der Kirche von Bamberg. Sie zählte nicht nur den römischen Kaiser Heinrich II. und den Ungarnkönig Stephan, sondern auch den ersten Pariser Bischof Dionysius zu ihren bevorzugten Heiligen. Ihre Bischöfe entstammten im 13. Jahrhundert dem Hochadel mit verwandtschaftlichen Beziehungen zum ungarischen und französischen Hof« (Willibald Sauerländer im Katalog zur Stuttgarter Ausstellung »Die Zeit der Staufer« mit einem Gipsabguss des *Bamberger Reiters*, 1977).

Bamberger Reiter, vor 1237; Sandstein, Höhe von Pferd und Reiter 233 cm; Bamberg, Dom
Die ursprünglich bemalte Skulptur besteht aus vier Werkstücken über einer auf Konsolen ruhenden Platte. Der leicht rückwärts geneigte Oberkörper des Königs, die nach vorn gerichteten Ohren und die scharrende linke Hinterhand des Tieres deuten darauf hin, dass Pferd und Reiter eben erst ihre Ruhehaltung eingenommen haben. Aus allegorischer Sicht repräsentiert das Pferd die vom Menschen beherrschte Tierwelt, während die linke, schmucklose Konsole auf die unbelebten Gesteine, die Blattmaske an der rechten Konsole auf das Pflanzenreich verweist. Der bekrönende turmartige Baldachin vertritt in diesem ›Weltbild‹ das himmlische Jerusalem.

ZEITRAUM

SPÄTMITTELALTER UND FRÜHE NEUZEIT

KONFLIKTE IM 14. UND 15. JAHRHUNDERT

1308–70 ›Exil‹ der Päpste in Avignon, gefolgt vom Abendländischen Schisma (bis 1417)

1337–1453 »Hundertjähriger Krieg« zwischen England und Frankreich um die Vorherrschaft in Westeuropa

1401 Nach der Niederlage bei Tannenberg steht der Deutsche Orden unter polnischer Lehensherrschaft

1414–18 Konzil von Konstanz. Hinrichtung von Jan Hus und Beendigung des Abendländischen Kirchenschismas

1431–49 Auf dem Basler Konzil sind die Vertreter des Konziliarismus (Vorrang von Konzilsbeschlüssen gegenüber päpstlichen Beschlüssen) stark vertreten. Die päpstliche Fraktion vertagt sich nach Ferrara (1438) und Florenz (1439) und schließt mit Byzanz eine (wirkungslose) Kirchenunion

1419–36 Hussitenkriege

1453 Die bereits auf dem Balkan vorgedrungenen Osmanen erobern Konstantinopel: Ende des Byzantinischen Reichs

1455–85 Dynastische »Rosenkriege« in England

1492 Das Königreich Aragonien-Kastilien erobert das muslimische Granada: Abschluss der Reconquista

POLITISCHE NEUORDNUNG. Als Papst Bonifaz VIII. 1300 das erste Heilige Jahr verkündete, verbunden mit einem Ablass für Rompilger, schien das Papsttum seinen Sieg in der Auseinandersetzung mit dem Kaisertum zu feiern. Doch die Frontlinie hatte sich bereits verschoben. Ab 1309 residierten die (französischen) Päpste in Avignon im unmittelbaren Einflussbereich der französischen Könige. Aber auch Frankreich genoss nur kurze Zeit seine Machtstellung: Länger als ein Jahrhundert rang es mit England um die Vormacht im westlichen Europa, mit dem Ergebnis, dass sich in beiden Monarchien der nationalstaatliche Gedanke durchsetzte. Er prägte auch die Entwicklung in Spanien durch die Vereinigung von Aragonien und Kastilien; in Mitteleuropa zeichnete sich insofern eine ähnliche Tendenz ab, als die *Goldene Bulle* Karls IV. die Grundzüge einer Reichsverfassung enthielt und ein Kollegium von sieben Kurfürsten für die Wahl des deutschen Königs und »erwählten« römischen Kaisers festlegte. In Italien besaß der Kirchenstaat des ab 1417 neu gefestigten römischen Papsttums nationalstaatliche Ansätze.
Diese Entwicklung wurde im 16. Jahrhundert durch die Erneuerung der Idee eines mit der Universalkirche harmonierenden universellen Kaiserreichs überlagert, das sich unter Karl V. über die Grenzen Europas hinaus auch auf die Neue Welt erstreckte und in dem »die Sonne nicht unterging«. Doch der religiöse und machtpolitische Universalismus scheiterte am Bündnis zwischen national- und territorialstaatlichen Tendenzen mit neuen religiösen Auffassungen, die im Zusammenhang mit der Reformation im politisch funktionalisierten Konfessionalismus münden.

DIE FRAGE DER »PHASENVERSCHIEBUNG«. An der Entstehung politisch und kulturell weitgehend selbständiger Territorien sind die Kunst und Kultur des Spätmittelalters (Spätgotik) und der Frühen Neuzeit (Renaissance) gleichermaßen beteiligt. Wobei eine an der ›klassischen‹ Hochrenaissance orientierte Betrachtung der Kunst südlich der Alpen – von Giotto bis Raffael – die Rolle des Vorreiters zuspricht, dem die Kunst nördlich der Alpen mit einer »Phasenverschiebung« folgt. Aus dem Blickwinkel des ›antiklassischen‹ Manierismus erweist sich die im Mittelalter verwurzelte expressive Spiritualität eines Hieronymus Bosch und Matthias Grünewald als progressiv. Jene »Phasenverschiebung« betrifft demnach nur die Entstehung der Renaissance als einer neben anderen Stilformen, beispielsweise neben der höfisch geprägten Internationalen Gotik einschließlich des Weichen Stils in Skulptur und Malerei oder neben der Deutschen Sondergotik mit Parallelen in England; hier kommt ein neues Raumempfinden im Typus der Hallenkirche zum Ausdruck.

Brüder Limburg, Monatsbild *Juni* im Kalendarium der *Très Riches Heures* (›Sehr kostbares Stundenbuch‹) des Duc de Berry, Bourges, um 1415; Deckfarben und Gold auf Pergament, Blattformat 29 x 21 cm; Chantilly, Musée Condé, Ms. 1284, fol. 5v
Jean de France, ein Bruder des französischen Königs Karl V. und des burgundischen Herzogs Philipp II., war ein durch sein Herzogtum Berry mit der Hauptstadt Bourges mächtiger und reicher Förderer der Künste. Sein Mäzenatentum kam hauptsächlich der Ausstattung seiner elf neu errichteten oder wiederhergestellten Schlösser und einer Sammlung von Prachthandschriften zugute. Zu seinen letzten Aufträgen gehörte das »Sehr kostbare Stundenbuch«, mit dessen Ausstattung drei nach der burgundischen Stadt Limburg benannte Brüder – Paul, Herman und Jean – begannen. Nach dem Tod des Auftraggebers und der drei Buchmaler 1416 brachte erst 1485–90 der Maler Jean Coulombe den Bildschmuck zu Ende.
Das Bild zum Juni im einleitenden Kalendar (Verzeichnis der Kirchen- und Heiligenfeste) verbindet in feinmalerischer Ausführung die aus höfischer Sicht dargestellte, anmutige Szene der Heuernte mit einer Teilansicht von Paris mit der *Sainte-Chapelle* (um 1250) Ludwigs IX., des Heiligen, und links dem Vorgängerbau des Louvre. Die konzentrisch gegliederte halbrunde Bekrönung zeigt den Wechsel vom Sternbild bzw. Tierkreiszeichen Zwillinge zur Waage.
Stilgeschichtlich repräsentiert die Miniatur, ausgezeichnet durch die farblich delikate Gestaltung eines Raumeindrucks, die Internationale Gotik, die sich mit der italienischen Frührenaissance zeitlich überschneidet. Ein Meister des höfischen Stils der Internationalen Gotik ist Gentile da Fabriano, tätig in Venedig, Brescia, Florenz (*Anbetung der Könige*, 1423; Uffizien), Siena und Rom.

DIE PERSÖNLICHKEIT. Gemeinsam ist dem Zeitraum des Spätmittelalters und der Frühen Neuzeit ein Welt- und Menschenbild, das in religiöser wie in gesellschaftlicher Hinsicht die vertikale, vom Streben nach Gottgefälligkeit geleitete Orientierung durch einen horizontalen Bezugsrahmen ergänzt. In diesem Sinne ist der Humanismus des 14. bis 16. Jahrhunderts eine wissenschaftliche Strömung, die eine diesseitsbezogene Lebensgestaltung fördert. Das Augenmerk richtet sich auf die Persönlichkeit, die in Politik und Wirtschaft, Wissenschaft und Kunst gestaltend tätig wird. Zwei epochale Errungenschaften des 15. Jahrhunderts sind daher mit jeweils individueller Tatkraft verbunden: die neue Form der Kommunikation mittels des gedruckten Buches (um 1450, Johannes Gutenberg) und der empirische Nachweis der Kugelgestalt der Erde durch die erste Fahrt nach ›Indien‹ auf dem westlichen Seeweg (Kolumbus, 1492). An der Frage der Willensfreiheit des Menschen als einer individuellen Persönlichkeit entzündet sich der Konflikt zwischen Erasmus von Rotterdam und Martin Luther.

KÜNSTLER

GIOTTO

BIOGRAFIE

1266 Giotto di Bondone wird in Colle di Vespignano bei Florenz als Sohn des Schmieds Bondone geboren. Der Überlieferung zufolge wird das Talent des Knaben von Cimabue entdeckt, der Giotto ausbildet

1287–96 Wandbilder in der Oberkirche von San Francesco in Assisi (*Franziskus-Legende*, Zuschreibung umstritten)

1300 (?) Aufenthalt in Rom

1305/06 Ausmalung der Arenakapelle in Padua (*Marienleben*, christologische Szenen, *Jüngstes Gericht*)

1310 (?) Erneut in Assisi (Unterkirche von San Francesco)

1311–29 Florenz: *Maestà* (Altarbild für die Kirche Ognissanti in Florenz; Uffizien); *Marientod* (Berlin, Gemäldegalerie); Wandgemälde in Santa Croce, Bardi-Kapelle (*Franziskus-Legende*) und Peruzzi-Kapelle (*Johannes der Täufer* und *Johannes der Evangelist*)

1329–33 In Neapel am Hof des Königs Robert des Weisen von Anjou (Werke verloren)

1334 Dombaumeister in Florenz: Entwurf und Baubeginn des Campanile

1337 Giotto stirbt in Florenz am 8. Januar im Alter von 70 Jahren

BILD UND WIRKLICHKEIT. 1550 bezeichnete Giorgio Vasari in seinen Lebensbeschreibungen italienischer Künstler den Maler Giotto als den ersten Vertreter der *rinascità*, der »Wiedergeburt« der Kunst. Er griff damit eine Tradition auf, die bis zu Giottos Lebzeiten zurückreicht: Bereits Dante stellt in seiner *Divina Commedia* (1321) Giotto über Cimabue; Boccaccios *Dekameron* (1353) begründet Giottos Ruhm mit der illusionistischen Wirkung seiner Bilder: Es kam vor, »dass der Gesichtssinn irrte und das für wirklich hielt, was nur gemalt war«.
Zwar wirkt hier eine antike Anekdote nach, die sich auf den griechischen Maler Zeuxis bezieht – Vögel versuchten, dessen gemalte Weintrauben zu naschen –, doch bleibt erkennbar, was Giotto in den Augen seiner Zeitgenossen und späterer Generationen auszeichnete: die Vermittlung zwischen religiöser, der sinnlichen Erfahrung entzogener Thematik und der alltäglich-realen Wahrnehmung. Das religiöse Bild des Mittelalters verwendete die irdische Wirklichkeit als zeichenhafte Hülle der Botschaft; Giotto näherte diese Hülle der Wirklichkeit an. Landschaften, die bislang vor Goldgrund bloße Staffage waren, werden zu Schauplätzen unter blauem Himmel, und Innenräume gewinnen Tiefe. Die Räumlichkeit korrespondiert mit der körperlich-plastischen Erscheinungsweise der Figuren, deren Gestik und Mimik individuelles Handeln und Empfinden zum Ausdruck bringen. Dem wiederum entspricht die Komposition der wirklichkeitsnah wiedergegebenen Bildgegenstände nach dem Gesetz der dramatischen Konzentration und Zuspitzung: Im Unterschied etwa zu den erzählfreudigen Wandbildern von Ambrogio Lorenzetti im Palazzo Pubblico von Siena (*Die Auswirkung des Guten Regiments*, 1338/39) betont Giotto den Zusammenhang aller Teile und bereitet auf diese Weise die neuzeitliche Autonomie der Bildwirklichkeit vor.

CIMABUE UND GIOTTO. Vasaris Giotto-Bild gründet sich auf die Vorstellung vom individuellen Genie der herausragenden Persönlichkeit. Doch unter welchen Voraussetzungen gelangt diese zur Wirkung? War die Zeit um 1300 reif für Giotto? Inwiefern leitet sich die neue Hinwendung zur Wirklichkeit von der Weltoffenheit eines Franz von Assisi her, dessen Legende die Wandgemälde in Assisi von Giotto oder der sog. Giotto-Schule schildern?
Zwei Tafelbilder der thronenden Madonna inmitten von Engeln und Heiligen, beide in den Uffizien, veranschaulichen die schrittweise Entwicklung: die von byzantinischer Strenge befreite *Maestà* von Cimabue (nachweisbar 1272–1302) und Giottos sog. *Ognissanti-Madonna*, deren Lippen sich zu einem anmutigen Lächeln öffnen.

Giotto, *Die Begegnung an der Goldenen Pforte,* 1305/06; Wandgemälde; Padua, Arenakapelle (Cappella degli Scrovegni)
Eine Diagonale, die vom Verlauf der Brücke betont wird, und die leicht nach links fluchtende Torarchitektur schaffen den Eindruck von Räumlichkeit. Ihr entspricht die plastische Körperlichkeit der Figuren: Von links ist soeben Joachim eingetroffen, dem auf dem Feld ein Engel die Geburt eines Kindes (Maria) verkündet hat. Dieselbe Verkündigung hat Joachims Ehefrau Anna zum Stadttor eilen lassen. Ihr folgen mit teils skeptisch-missbilligender, teils erheiterter Miene fünf Frauen, deren Staffelung die Raumdiagonale ins Stadtinnere verlängert. Neben der räumlichen und körperlichen Gestaltung ist die Wiedergabe von Materialien bemerkenswert: Am Tor wird zwischen Bossenquadern und glatt verputzter Wand unterschieden.

***Die Begegnung an der Goldenen Pforte* (Detail)**
Die wichtigste Textgrundlage zum Marienleben ist das apokryphe (d. h. nicht in das Neue Testament aufgenommene) Protoevangelium des Jakobus. Hier und in den Bilderzyklen zum Marienleben symbolisiert die Szene der Begegnung zwischen Joachim und Anna die unbefleckte Empfängnis Mariä, deren Fest am 8. Dezember begangen wird. Vor diesem dogmatischen Hintergrund, der in Giottos Darstellung gegenwärtig bleibt, gewinnt die Gestaltungsweise einen bislang unbekannten Eigenwert: Fern aller Typisierung bekunden die Gesten, die den Kuss begleiten, den unmittelbar aus der mitmenschlichen Wahrnehmung entwickelten Ausdruck behutsamer, selbstvergessener Liebkosung.

THEMA

MINNE

Minneszenen, 14. Jahrhundert; Elfenbein, 11,7 x 7,8 cm; New York, Metropolitan Museum of Art
Das Relief schmückt die Rückseite einer Schreibtafel aus Frankreich. Die beiden oberen Szenen kontrastieren zwei Formen der Annäherung: links die unschickliche Handgreiflichkeit, rechts die Liebkosung des Kinns als gesittete Geste. Schicklich ist hier auch die Beinhaltung des Jünglings. Sie entspricht dem gehobenen Status und erinnert an Verse Walthers von der Vogelweide: »Ich saß auf einem Stein / Und hatte ein Bein über das andere

SUBLIMIERTE SINNLICHKEIT. Die Sittenlehre des Mittelalters kennt als theologische Tugenden u. a. die geistliche Liebe (*amor spiritualis*) oder Liebe zu Gott und die hierin begründete Nächstenliebe (*caritas*) als Quelle alles Guten. Die Quelle alles Bösen dagegen ist die fleischliche Liebe (*amor carnalis*) oder Liebe zur Welt (*cupiditas*). In der allegorischen Dichtung *Psychomachia* (›Seelenkampf‹) des Spaniers Prudentius (gest. 406), die in illustrierten Handschriften weite Verbreitung fand, versetzt die Pudicitia (Keuschheit) der Libido (Lust) den Todesstoß.
Dieses Schwarzweiß-Schema verwandelte die Minnelehre der höfischen Gesellschaft des Hochmittelalters in die Unterscheidung zwischen hoher und niederer Minne, zwischen der im Minnedienst sich erfüllenden Liebe und der auf bloße Lustbefriedigung gerichteten Liebe. Erstere ist das zentrale Thema der höfisch-ritterlichen Lyrik des Minnesangs vom 12. bis zum 15. Jahrhundert.
Zwar bestehen zwischen den Konzeptionen von *amor* und *minne* Entsprechungen, doch herrschen im Blick auf die Beziehung zwischen Mann und Frau die Gegensätze vor:
Während Walther von der Vogelweide die Minne als »Hort der höchsten Werte« pries, denunziert sie ein Klerikerspruch als eine »Verwirrung des Geistes«: »Verrücktheit leitet Körper und Verstand.« Dies schloss nicht aus, dass bestimmte Texte eine religiöse und eine profane Deutung erfuhren: Braut und Bräutigam im *Hohelied* des Alten Testaments verkörperten aus typologischer Sicht die Liebe Christi zu seiner Kirche, aus Sicht der Minnelehre die Höhen (Glück des sich Findens) und Tiefen (Verlassenheit) der Liebe im Gemüt der Liebenden.

KUNST UND MINNE. Malerei und Plastik behielten zwar im Spätmittelalter die Aufgabe, die religiös motivierte Unter-

Spätmittelalter und Frühe Neuzeit

scheidung zwischen der Tugend der geistlichen Liebe und der Keuschheit einerseits und der Todsünde der Unkeuschheit (mit dem späteren Hexenattribut des Ziegenbocks) drastisch vor Augen zu führen. Auch die antiislamische Bildpropaganda bediente sich obszöner Motive, um den Gegner der christlichen Werte zu brandmarken. Daneben und dagegen eröffnete die Minnekultur eine Vielzahl von Themen, die dem Lob der profanen Liebe dienten.

Zu den schönsten Werken der Buchmalerei zu diesem Themenbereich gehören die Autorenbilder des um 1310–30 entstandenen *Codex Manesse*, auch *Große Heidelberger Liederhandschrift* genannt (Heidelberg, Universitätsbibliothek). Sie verbinden in vielen Fällen das (fiktive) Porträt des Dichters mit Minneszenen wie der Umarmung Wange an Wange, dem vertrauten Gespräch, dem Paartanz oder dem morgendlichen Abschied von der Geliebten als Illustration zum Typus des Tagelieds. In Kalendarien findet sich das Thema der Minne in den Monatsbildern April oder Mai.

Die Textilkunst entwickelte ein reiches Repertoire an Minneszenen, z. B. der *Spieleteppich* aus dem späten 14. Jahrhundert (Nürnberg, Germanisches Nationalmuseum) mit der gekrönten Allegorie der Frau Minne. Sie führt unter anderem den Vorsitz bei einem Minnegericht, einer Form der höfischen Unterhaltung in Form von Streitgesprächen über Fragen des rechten Verhaltens in der Liebe. Kunsthandwerkliche Erzeugnisse wie Minnekästchen und die reliefgeschmückten Rückseiten von Spiegeln oder Schreibtafeln zeigen die allegorische Erstürmung der vom geflügelten, gekrönten und mit Pfeil und Bogen bewaffneten Gott Amor beherrschten Minneburg durch eine Schar von Rittern, die von den besiegten Verteidigerinnen willkommen geheißen werden.

EMANZIPATION DER EROTIK. Zur nie völlig unterbrochenen Nachwirkung der Antike gehört die Rezeption von Ovids erotischem Lehrgedicht *Ars amatoria* (›Liebeskunst‹), an das um 1185 das Traktat *De amore* von Andreas Cappelanus anknüpft, vor allem aber der allegorische altfranzösische *Roman de la rose* (›Rosenroman‹) mit einer Vielzahl illustrierter Handschriften des 14. und 15. Jahrhunderts, deren Miniaturen die Rosensymbolik nach und nach als Sinnbild der Geliebten in ihrer Eigenschaft als geschlechtliches Wesen dechiffrieren. Das erste literarische Werk, das Erotik und Sexualität offen als naturgegeben schildert (und deren Verdrängung unter kirchlichem Zwang attackiert), ist Giovanni Boccaccios Novellensammlung *Decameron* (entst. 1349–53). Den ersten vollständigen Zyklus von Illustrationen zu allen 100 Novellen enthält die um 1415 entstandene Prachthandschrift der altfranzösischen Übersetzung aus der Bibliothek des burgundischen Herzogs Johann Ohnefurcht, heute im Besitz der Vaticana, in dem die Buchmaler die Vereinigung des Pilgers mit seiner Rose im Sinne einer Defloration verbildlichen (lat. *deflorare* ›der Blüte berauben‹).

geschlagen.« Unten links wird die Gemeinsamkeit beim Schach geschildert. Schach, dieses der Oberschicht vorbehaltene Spiel, wird in Liebestraktaten empfohlen, um sich näher zu kommen. Schließlich legt der Jüngling seinen Treueschwur ab, den die Dame annimmt, indem sie ihre Rechte auf seiner Schulter ruhen lässt, während die Linke seine Hände umfasst.

BEDROHTES TABU

Zu Beginn des 14. Jahrhunderts erlebte Paris eine erbitterte Literaturfehde: Die »Querelle« um den altfranzösischen *Roman de la rose*. Den ersten Teil hatte der ansonsten unbekannte Guillaume de Lorris um 1225–40 als Liebestraktat in Form einer allegorischen Traumerzählung verfasst. Eine weit umfangreichere Fortsetzung fügte Jean de Meun zwischen 1268 und 1280 hinzu: Hier mündet der Weg des Liebenden, dem zu Beginn im Traum ein Rosenstrauch erscheint, in die Vereinigung mit der Rose. Zu den Gegnern des Werks gehörten der Theologe und Kanzler der Pariser Universität, Jean de Gerson, und die Schriftstellerin Christine de Pisan. Als Verteidiger trat eine Gruppe von Humanisten auf. Die allegorische Bildwelt der mehr als 21 000 Verse brach ein Tabu, indem sie die geschlechtliche Beziehung in kaum verhüllter Form legitimierte, ohne sie auf den Zweck der Fortpflanzung einzuschränken. 300 erhaltene Handschriften, davon 120 mit Miniaturen, belegen den Erfolg des *Rosenromans*.

GESTALTUNGSMITTEL

MASSWERK

VOM KREIS ZUR FLAMME

Fensterpaar mit übergreifendem Bogen und ›negativem‹ Maßwerk

Fensterpaar mit übergreifendem Bogen und Sechspass

›Flammendes‹ Flamboyant-Fenster mit Fischblasen (Schneuße)

GEOMETRIE IN STEIN. Das Maß- oder Messwerk ist eine in der Romanik vorbereitete Erfindung der gotischen Architektur, die im Spätmittelalter unterschiedliche Stilformen entwickelt hat.

Funktional leitet sich das Maßwerk von der Aufgabe her, die immer größer werdenden Fensteröffnungen des gotischen Skelettbaus aus statischen Gründen zu unterteilen und den Formaten der einzusetzenden Glasscheiben anzupassen. Ästhetisch entspricht das Maßwerk der gotischen Vorliebe für die rationale Ordnung geometrischer, mit dem Zirkel konstruierter Formen: Gott wird verstanden als Architekt der Welt.

Die Grundform des gotischen Maßwerks besteht in radial angeordneten Dreiviertelkreisen, die den Leerraum zwischen zwei paarweisen Spitzbögen und einem übergreifenden Bogen füllen. Die romanische Vorform bildet das ›negative Maßwerk‹ aus runden Aussparungen im Mauerwerk zwischen zwei Rundbögen und übergreifendem Bogen. Je nach Anzahl der Kreise bzw. *Pässe* (von lat. *passus* ›Schritt [als Längenmaß]‹) wird dieses geometrische Füllwerk als Drei-, Vier-, Fünf-, Sechs- oder Vielpass bezeichnet. Beim einzelnen Fenster stützt sich das Maßwerk zwischen den beiden Bogensegmenten der Spitze auf das vertikale Stabwerk. Zur Ästhetik gotischer Architektur gehört nicht nur das Maßwerk selbst, sondern auch der Schatten der Maßwerkarkaden auf dem Boden oder der gegenüberliegenden Innenwand.

VIELFALT DER VERWENDUNG. Von Fenstern und Arkaden breitete sich das Maßwerk auf die übrigen Bauglieder aus. Zunächst galt dies für die Füllung von Rahmen, die dem Fenster vergleichbar sind: Brüstungen und die pyramidenförmigen Turmhelme, zwischen deren in der Turmspitze zusammenlaufenden Rippen sich filigranes Maßwerk ausbreitet (*Turmhelm des Freiburger Münsters*, um 1340). Dem Turmhelm entsprechen die Bekrönungen mit Maßwerkfüllung von Sakramentshäuschen, Kanzeln und Altären (Gesprenge). Als dekoratives Relief dient das Blendmaßwerk der Gliederung und dem Schmuck von Wandflächen, Giebeln (beim Portal als Wimperg bezeichnet) und Bogenfeldern (Tympana). Es schmückt die Seitenteile des Kanzelkorbs, das Chorgestühl oder das Rahmenwerk von Tafelbildern. Schließlich verwenden liturgische Gegenstände wie der Weihrauchbehälter durchbrochene Maßwerkwände.

Rosenfenster über dem Portalgeschoss des *Straßburger Münsters*, frühes 14. Jahrhundert
Ein Quadrat rahmt das weltweit größte Radfenster. Es gliedert sich in 16 radial angeordnete Fenster, deren Spitzbögen mit Fünfpass-Maßwerk gefüllt sind. Weitere Fünfpässe füllen die Zwickel zwischen Kreis und Quadrat. Die strahlenförmige Struktur des Rad- bzw. Rosenfensters (Westrose) betont die Bezeichnung der dekorativen Ausgestaltung als Rayonnant-Maßwerk. Formsymbolisch verweist das Fenster als Sonnenrad auf Christus. Zahlensymbolisch bilden die 16 ›Strahlen‹ die Quadratzahl der Vier als Symbolzahl der Ganz- und Vollkommenheit. Daneben besteht die Deutung der 16 als Anzahl der vier großen und zwölf kleinen Propheten, die das Kommen des Messias verkündet haben.

STILFORMEN. Das Maßwerk des Spätmittelalters ergänzt den Kreis durch spitze Blattformen und durch eine längliche geschwungene Form, die als Fischblase oder Schneuß bezeichnet wird und an eine züngelnde Flamme erinnert. Auf diese Assoziation bezieht sich der Stilbegriff *Flamboyant* (frz., geflammt). Der in Frankreich und Deutschland verbreiteten Stilform entspricht in England der *Decorated Style*, dem um 1350 der *Perpendicular Style* folgt. Diese Stilbezeichnung leitet sich von den wie Perpendikel herabhängenden Schlusssteinen der Gewölbe mit Blendmaßwerk an den Gewölbekappen her (*Kreuzgang der Kathedrale von Gloucester*, nach 1375).
Beim Zusammentreffen von zwei offenen Kreisformen entsteht ein Vorsprung, der als Nase bezeichnet wird. Der alternierende Wechsel von Nase und Dreiviertelkreis an der Bogenlaibung kennzeichnet den ursprünglich muslimischen *Mudéjarstil* der spanischen Architektur (*Alkazar in Sevilla*, 14. Jahrhundert). Seine Weiterentwicklung fand er im *Platareskenstil* (wörtl.: Silberschmiedartiger Stil) in der spanischen Architektur des frühen 16. Jahrhunderts mit flächenfüllender bauplastischer Ornamentik (*Universität von Salamanca*).

KUNSTBETRIEB

WERKSTATT UND ZUNFT

STÄDTISCHE WIRTSCHAFTSORDNUNG. Die Stadt des Spätmittelalters und der Frühen Neuzeit verstand sich idealtypisch als sozialer Organismus, der die wirtschaftliche Existenz der Bürger zu sichern hatte. Der Gedanke eines ›freien Spiels der Kräfte‹ war der städtischen Wirtschaftsordnung fremd.

Die kleinste Einheit bildete im handwerklichen Bereich die Werkstatt. Sie beschäftigte unter der Leitung eines Meisters oder einer Meisterin Gesellen und Lehrlinge und erfüllte somit auch die Aufgabe der beruflichen Ausbildung. Um die Anwartschaft auf den Meistertitel und die Eröffnung einer eigenen Werkstatt zu wahren, unterlagen die Gesellen dem Wanderzwang: Nach Abschluss ihrer Ausbildung mussten sie sich auf Wanderschaft begeben. Eine weitere Voraussetzung der eigenen Werkstatt war das Bürgerrecht der Stadt, in der sich der Geselle als Meister niederlassen wollte.

Zwischen Obrigkeit und Werkstatt vermittelte als Zwischeninstanz die Zunft, in der die Meister eines bestimmten Handwerks oder Handelszweigs zusammengeschlossen waren. Die Zünfte verhinderten durch die Begrenzung der Werkstätten den Verdrängungswettbewerb, übten die Qualitätskontrolle aus, dienten als Versicherungen (Kranken- und Sterbekassen), übernahmen militärische Aufgaben (Stadtmilizen) und beteiligten sich durch Stiftungen, Ausrichtung von Festlichkeiten und die Betreuung von Kirchen am öffentlichen Leben.

KUNST UND HANDWERK. Grundsätzlich waren die Tafel-, Buch- und Glasmaler, Bildhauer und Goldschmiede in das städtische Werkstatt- und Zunftwesen integriert, und auch die im Hochmittelalter von Baustelle zu Baustelle wandernden Bauhütten verwandelten sich in ortsgebundene Zünfte. Handwerkliches Spezialistentum grenzte die Tätigkeit des für die Bemalung, die farbige Fassung, zuständigen Fassmalers von der des Schnitzers oder Bildhauers ab. Andererseits arbeitete beispielsweise Michael Pacher, der nach einer Ausbildung in Südtirol und einer Reise nach Padua ab 1467 urkundlich in Bruneck als Werkstattinhaber nachgewiesen ist, zugleich als Bildschnitzer, Fassmaler, Tafel- und Wandmaler. In Brügge schlossen sich die bereits in einer Zunft verbundenen Buchmaler und Buchhändler 1510 mit der Malerzunft zusammen, was der Tätigkeit etwa Gerard Davids, der 1510 Dekan der Malerzunft war, als Buch- und Tafelmaler entsprach. Lucas Cranach d. Ä., der nach einer Ausbildung in der väterlichen Werkstatt im oberfränkischen Kronach nach Wien und in die Niederlande reiste, war ab 1505 in Wittenberg als Hofmaler der sächsischen Kurfürsten tätig, leitete ein Unternehmen für Tafel- und Buchmalerei sowie Druckgrafik und betrieb daneben einen Weinhandel. Mit anderen Worten: Die künstlerischen Berufe besaßen

TERMINOLOGIE

Aldermann, Synonym zu Zunftmeister.

Amt, in Norddeutschland verbreitetes Synonym zu Zunft.

Arte, die Zunft in Italien.

Corporation, die Zunft in Frankreich.

Gilde, in Norddeutschland und in den Niederlanden verbreitetes Synonym zu Zunft.

Innung, Ein(ig)ung, in Mitteldeutschland verbreitetes Synonym zu Zunft.

Lukasgilde, nach dem Schutzheiligen der Maler benannte Malerzunft. Das Patronat leitet sich von einer Legende her, wonach Lukas, der als einziger Evangelist eine ausführliche Schilderung der Geburt Jesu überliefert, eine Vision der Madonna (Maria mit dem Jesuskind) in einem Gemälde festhielt.

Zunft, zunächst vorwiegend in Süddeutschland verbreitete Bezeichnung für den ortsgebundenen Verband von Meistern eines bestimmten Handwerks oder Handelszweiges.

Städtisches Handwerk, Miniatur in einer Handschrift von Leonardo Datis *De sphaera* aus dem 15. Jahrhundert; Modena, Biblioteca Estense

Mit dem ganz unten bzw. im Vordergrund dargestellten Besucher betritt der Betrachter eine Stadt, deren zentrale Achse dem leiblichen Wohl gewidmet ist: Von der Küche führt der Weg zur gedeckten Tafel. Zu beiden Seiten gehen Handwerker ihrem jeweiligen Gewerbe nach: links zwei Waffenschmiede, zwei Uhrmacher und ein Kopist, rechts ein Orgelbauer, ein Bildhauer und ein Tafelmaler, der an einem Flügelaltar arbeitet.

zwar die handwerkliche Grundlage der Werkstatt, überwanden aber als zunehmend individuell geprägte Tätigkeiten das durch Ortsgebundenheit und Spezialisierung gekennzeichnete Zunftwesen. Dieses behielt bis zur Durchsetzung der Gewerbefreiheit im 19. Jahrhundert seine Bedeutung für Künstler, die auf den lokalen Kunstmarkt angewiesen waren.

MATERIAL UND TECHNIK

BACKSTEIN

GEBACKENER STEIN

»Ziegel aus ein und derselben Erde werden viel fester, wenn die Masse wie der Brotteig erst gärt und sie von allen, auch den kleinsten Steinchen gereinigt wird. Die Ziegel werden dann beim Brennen so hart, dass sie bei großem Feuer die Härte eines Kieselsteins annehmen. Und sie bekommen, sei es durch das Feuer beim Brennen oder durch die Luft beim Trocknen, ebenso wie das Brot eine Kruste. Daher ist es von Vorteil, sie dünne zu machen, damit sie mehr Kruste und weniger Mark bekommen.« (Leon Battista Alberti, *De re aedificatoria*, 1451/52)

KUNSTSTEIN. Der Back- oder Ziegelstein hatte als ältestes künstliches Baumaterial die Schlammablagerungen von Euphrat und Tigris sowie des Nils zur Voraussetzung. Das durch Umgraben, Stampfen oder Kneten aufbereitete Ausgangsmaterial erhielt mittels Holzrahmen die gewünschte Form. Die Rohlinge trockneten an der Luft oder gewannen ihre Härte durch Ofenbrand, dessen Hitze und Dauer unterschiedliche Färbungen vom hellen Ziegelrot bis zum schwärzlichen Ton des Klinkers bewirkten. Auf organische Zusätze wie zerkleinertes Stroh lässt der Bericht über die Verschärfung der Fronarbeit schließen, die den Israeliten in Ägypten auferlegt wurde: »Gebt den Leuten nicht mehr, wie bisher, Stroh zum Ziegelmachen! Sie sollen selber gehen und sich Stroh besorgen«, befiehlt der Pharao (2. Mose 5,7). Die Ägypter verwendeten kleinformatige Backsteine für den gewöhnlichen Hausbau, großformatige (mit Siegel) für königliche Bauten wie die 20 m hohe *Umfassungsmauer des Tempelbezirks von Karnak* (um 1530/20 v. Chr.).
Im Unterschied zu den Griechen, die das Baumaterial aus Lehm oder Ton vorwiegend in Form von Dachziegeln verwendeten, beherrschte der Backsteinbau die römische Bautechnik. Selbst Säulen wurden, wie Überreste auf dem Forum von Pompeji belegen, aus Ziegel-Formsteinen errichtet, radial geschichtete Backsteine bilden die Bögen über den Rängen des *Kolosseums* in Rom, und in Trier kontrastiert die aus Sandsteinblöcken erbaute Porta Nigra mit den Backsteinbauten der *Basilika* und der als Ruine erhaltenen *Thermen*.
Backsteinbauten des Frühmittelalters finden sich in Ravenna (*Mausoleum der Galla Placidia*, nach 425; San Vitale, geweiht 547) und in der byzantinischen Architektur, dann vor allem in der Lombardei (*San Lorenzo* und *Sant' Ambrogio* in Mailand aus dem 12. Jahrhundert), und gewannen in der an Natursteinen armen norddeutschen Tiefebene und entlang der Ostseeküste stilprägende Bedeutung.

DIE BACKSTEINGOTIK. Als einzige architekturgeschichtliche Stilregion ist die norddeutsche Backsteingotik nach dem Baumaterial benannt. Die Benennung ist insofern zutreffend, als hier – im Unterschied zu der vor allem im Altertum vorherrschenden Kaschierung des Backstein-Mauerwerks durch Verputz oder Plattenbelag – das Material selbst ästhetische Bedeutung gewinnt. Kennzeichnend sind Bauglieder wie der Staffel- oder Treppengiebel, Schmuckelemente wie der als Deutsches Band bezeichnete Fries aus übereck gestellten Backsteinen und die Betonung der Ausfugung mit Mörtel.
Der spätgotische Backsteinbau steht in enger Verbindung mit dem Sakral- und Profanbau der Hansestädte von Lübeck über Rostock bis Danzig (*Marienkirche*, 1343–1502,

Hinrich Helmstede, *Holstentor*, Lübeck, vollendet 1477/78
Das Holstentor entstand am stadtauswärts gelegenen Ufer der Trave zur Sicherung der Ausfallstraße nach Holstein und Hamburg. Der Ratsbaumeister Hinrich Helmstede orientierte sich daher am Vorbild flandrischer Brückentore. Dem Anreisenden präsentiert sich eine dreigliedrige Front aus Torhaus mit Durchfahrt und Treppengiebel, flankiert von zwei Rundtürmen mit Kegeldächern. Die stadteinwärts gerichtete Front ist als geradflächige Fassade gestaltet. Der Backsteinbau ist auf zweierlei Weise dekoriert: durch verputzte Blendarkaden und durch zwei ringsum verlaufende Gurtbänder aus reliefgeschmückten Terrakottaplatten, die den Bau in drei etwa gleich hohe Geschosse gliedern.

als Hallenkirche mit reichem Netzgewölbe zugleich ein Hauptwerk der Deutschen Sondergotik), mit dem Klosterbau der Zisterzienser, deren Wirtschaftshöfe auch Ziegelbrennereien einschlossen (Klosterkirchen in *Chorin*, 1273–1334, und in *Doberan*, um 1295–1368) und mit dem Deutschen Orden (*Marienburg*, ab 1309 Hauptsitz des Ritterordens, mit um 1400 vollendetem Hochmeisterpalast). Einen Sonderweg des spätgotischen, hier schmucklosen, aber monumentalen Backsteinbaus in Bayern repräsentiert die Münchner *Frauenkirche* (1468–94, Vollendung der Zwillingstürme im 16. Jahrhundert).

MATERIALGERECHTIGKEIT. Unter diesem bereits für die Backsteingotik kennzeichnenden Gesichtspunkt bildete der Backsteinbau eine Herausforderung an Architekten des 19. und 20. Jahrhunderts. Beispiele sind Karl Friedrich Schinkels Berliner *Bauakademie* (1832–35) und die *Amsterdamer Börse* (1897–1903) von Hendrik Petrus Berlage, einem Wegbereiter moderner Architektur mit einer Vorliebe für den unverkleideten Backstein. Ohnehin sind die Niederlande ein Eldorado des Backsteinbaus, dessen warmes Ziegelbraun zur Palette der holländischen Architekturmalerei gehört (Jan Vermeer van Delft, *Die kleine Straße*, um 1658; Amsterdam, Rijksmuseum).

GESTALTUNGSAUFGABE

WANDELALTAR

Rekonstruktion des *Isenheimer Altars* bei geschlossenem Zustand mit dem bekrönenden Gesprenge
Die bei geschlossenem Zustand sichtbaren Außenseiten der Außenflügel zeigen Jesus am Kreuz zwischen Maria und dem Jünger Johannes sowie dem Täufer Johannes mit dem Agnus Dei (Lamm Gottes) zu seinen Füßen. Am Stamm des Kreuzes kniet Maria aus Magdala. Thema der Predella ist die Grablegung Jesu. Die seitlichen Standflügel zeigen die Heiligen Sebastian (rechts) und Antonius den Eremiten.

GEBET UND OPFER. Allen Religionen gemeinsam ist eine als Altar (lat. *altare* ›Aufsatz auf dem Opfertisch‹) bezeichnete Stätte der Anbetung und des Opfers. Im Christentum verdeutlicht die Bedeutungsgeschichte der Eucharistie den Zusammenhang. Ausgehend von der in den Evangelien überlieferten Einsetzung des Abendmahls und dessen Feier im Urchristentum durch eine gemeinsame Mahlzeit, bezeichnete dieser Begriff das Dankgebet vor der Weihe der Opfergaben Brot und Wein, dann den sakramentalen Verzehr von Brot und Wein, durch den der Gläubige am Opfertod und Erlösungswerk Christi teilhat. Ihre dogmatische Ausgestaltung fand die Eucharistie in der 1215 vom vierten Laterankonzil beschlossenen Lehre der Transsubstantiation: der realen Verwandlung von Brot (Hostie) und Wein durch Konsekration in den Leib und das Blut Christi. Dieser magischen Verdinglichung der Erlösung setzte die Reformation in unterschiedlichen Ausprägungen (Luther, Zwingli, Calvin) eine Abendmahlslehre entgegen, die den Glauben an die im Abendmahl symbolisierte Erlösung betont. Das Trienter Konzil (1545–63) bestätigte für die katholische Kirche die Transsubstantiationslehre.

DER ALTARSCHMUCK. Die Entwicklung der Abendmahlslehre und damit der Lehre von der Erlösung bedingte die Ausgestaltung des christlichen Altars. Sie führt vom Tisch des urchristlichen Gemeinschafts- oder Liebesmahls zur Bilderpredigt des spätgotischen Wandelaltars. Ein wesentliches Zwischenglied ist die Einbeziehung der in der Verbindung von Altar und Reliquienschrein erkennbaren Heiligenverehrung und der Marienverehrung in die Erlösungslehre. Aus diesen Erweiterungen gewann der Altarschmuck sein vielfältiges Bildprogramm.
Formal führt der Weg zum Wandelaltar von dem textilen Schmuck des Altartischs in Form des Antependiums, das ›vor dem Altar hängt‹, zu dessen Verwandlung in den Altarvorsatz aus Holz oder Metall. Indem diese geschmückte Vorderseite des Altars zum Zweck der besseren Sichtbarkeit auf dem Altar seinen Platz fand, entstand das Retabel (von lat. *retro* ›rückwärtig‹ und *tabula* ›Tafel‹) als Grundform des Altarschreins und des Altarbilds. Zusammen ergeben sie den Flügelaltar, dessen bewegliche und beidseitig bemalte Seitenteile den mit Skulpturen ausgestatteten Schrein verschließen können. Zwischen Altartisch und Schrein vermittelt die Altarstaffel (Predella), als Bekrönung des Schreins dient das ornamentale, mit Figuren(gruppen) besetzte Gesprenge. Seine letzte Steigerung findet der bereits als Wandelaltar verwendete Flügelaltar durch die Vervielfachung der Altarflügel; sie erweitert den Wechsel zwischen geschlossenem und geöffnetem Zustand zur Abfolge mehrerer, dem Festzyklus des Kirchenjahres angepasster Ansichten.

Der herausragende, in seinem Reichtum an Themen der christlichen Erlösungslehre programmatische und zugleich unerschöpfliche Wandelaltar ist der *Isenheimer Altar* mit den Schreinfiguren (um 1490) des elsässischen Meisters Nikolaus Hagenauer und den Flügeln (um 1512–16) des vorwiegend in Mainfranken tätigen Matthias Grünewald. Er entstand für das südlich von Colmar gelegene Kloster Isenheim des 1095 als Laienbruderschaft gegründeten, der Pflege und Heilung von Kranken gewidmeten Ordens der Antoniter, die Ende des 13. Jahrhunderts die Mönchsregel des hl. Augustinus übernahmen und sich im 18. Jahrhundert mit den Maltesern vereinigten. Bei geöffnetem Schrein ist der *Isenheimer Altar* der Heiligenverehrung im Zusammenhang mit der Ordensgeschichte gewidmet. Bei geschlossenen Innenflügeln bildet er einen Marienaltar, verbunden mit dem Thema der Inkarnation Christi (Verkündigung an Maria und Empfängnis durch den Heiligen Geist, Geburt, Entkörperlichung in der Auferstehung). Bei geschlossenen Außenflügeln dient die Darstellung der Kreuzigung und der Grablegung Jesu (Predella) als Hintergrund für die in der Messe am Altar zelebrierte Eucharistie. Die seitlichen, starr verankerten Standflügel variieren die Passionsthematik durch das Thema des Martyriums des hl. Sebastian, der von Pfeilen durchbohrt wird, und der Hilfe der Heiligen Sebastian und Antonius als Schutzheilige gegen die Pest und den als Antoniusfeuer bezeichneten Kornmilzbrand. Angesichts der Entfaltung der christlichen Glaubensinhalte im Spiegel menschlicher Verhaltensweisen (den Schrein flankieren die kontemplative Unterredung zwischen den Eremiten Antonius und Paulus sowie die Versuchung des Antonius) stellt sich die Frage nach dem reformatorischen Gehalt dieser Bilderpredigt, oder genauer: dieses Glaubensbekenntnisses in Bildern mit der Inschrift im aufgeschlagenen Buch des auf den Gekreuzigten weisenden Vorläufers Johannes der Täufer: *Illum oportet crescere, me autem minui* (›Er muss wachsen, ich aber muss kleiner werden‹; Joh. 3,30). Insofern deutet das Passionsbild auf das Bild der Auferstehung voraus und löst das Paradox des am Kreuz leidenden Gottessohnes auf. Heute befindet sich der *Isenheimer Altar* ohne das ursprüngliche Gesprenge in dem ehemaligen Dominikanerinnenkloster Unterlinden in Colmar, seit dem 19. Jahrhundert Museum.

Die Wandlungen des *Isenheimer Altars*

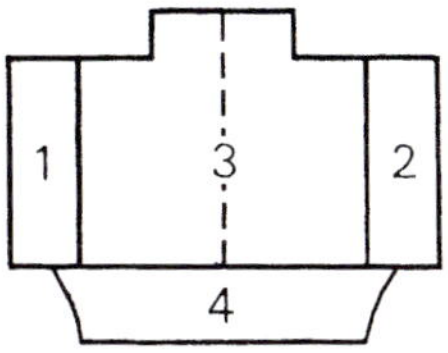

Geschlossener Zustand (sog. Werktagseite) mit der Kreuzigung auf den Außenseiten der Außenflügel (3), der Grablegung auf der Predella (4) und den Heiligen Sebastian (2) und Antonius (1) auf den einseitig bemalten Standflügeln.

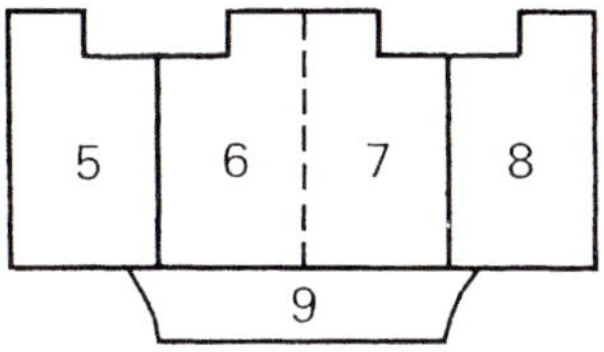

Erste Öffnung mit den Innenseiten der Außenflügel und den Außenseiten der Innenflügel: Verkündigung an Maria (5), Engelkonzert mit Maria im Tempel (6), Maria mit dem Jesuskind (7) und Auferstehung (8). Die Predella zeigt weiterhin die Grablegung (9).

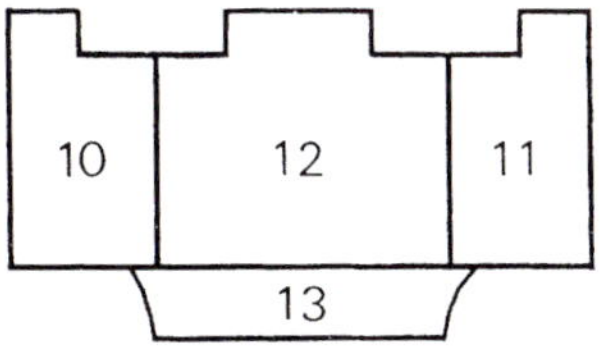

Zweite Öffnung mit den Innenseiten der Innenflügel (die Eremiten Antonius und Paulus sowie Versuchung des Antonius; 10, 11) zu beiden Seiten des Schreins mit der Sitzfigur des hl. Antonius zwischen den Standfiguren der Heiligen Augustinus und Hieronymus (12). In der geöffneten Predella reihen sich die Büsten Jesu und der zwölf Apostel (13).

DAS ALTARBLATT. Mit der Entfaltung von Glaubensinhalten im Wandelaltar kontrastiert bereits um 1500 das als Ädikula gestaltete Retabel der Renaissance und des Barock: Ein architektonisches Rahmenwerk umschließt das gemalte Altarblatt, das im katholischen Kulturbereich vielfach eine Dogmatisierung erfährt, indem es den Glaubensinhalt durch die von Heiligen verkörperte Glaubenslehre ersetzt. Ein frühes Beispiel ist Dürers *Landauer-Altar* (Stiftung Matthäus Landauers) mit dem *Allerheiligenbild* (1511; Wien, Kunsthistorisches Museum; Originalrahmen: Nürnberg, Germanisches Museum; Dürers Gesamtentwurf für Rahmen und Altarblatt, 1508; Chantilly, Musée Condé).

THEMA

MADONNA

GÖTTIN UND MUTTER. Der älteste, bereits in der Katakombenmalerei des 2. Jahrhunderts ausgebildete Typus zeigt Maria als Orantin in Gebetshaltung mit erhobenen Armen und dem Jesuskind vor der Brust. Nachdem das Konzil von Ephesos 431 die Verehrung der Gottesgebärerin (griech. *Theotokós*) legitimiert hatte, entstand das frontale Thronbild mit dem Jesuskind auf dem Schoß (Mosaik im Langhaus von Sant' Apollinare Nuovo in Ravenna als Pendant zum gegenüberliegenden Thronbild Christi). Ihm entsprechen der byzantinische Typus der Nikopoia (Siegbringerin) als Stadtpatronin, ja Stadtgöttin, und die italienische Maestà mit Engeln und Heiligen rings um den Marienthron (Tafeln von Duccio, Cimabue und Giotto in Florenz, Uffizien; Wandgemälde von Simone Martini im Palazzo Pubblico von Siena). Byzantinisch geprägte, im Westen übernommene Typen sind die stehende, das segnende Kind auf dem linken Arm haltende Wegbereiterin (griech. *Hodegetria*) und Maria, wie sie das Kind an der Brust stillt (griech. *Galaktatrophousa*). Die Übertragung der italienischen Anrede »ma donna« (›meine Herrin‹) auf vornehme Damen spiegelt als Oberbegriff für Mariendarstellungen die Marienverehrung wider.
Aus der ursprünglich germanischen Rechtssymbolik des Mantelschutzes entstand im 13. Jahrhundert das Thema der *Schutzmantelmadonna*. Es reicht bis hin zur *Madonna des Bürgermeisters Meyer* (um 1525/30; Darmstadt, Schloss) von Hans Holbein d. J., einer Verbindung von Madonnenbild und Familienbildnis.

MARIENZYKLEN. Auf der Grundlage der vier Evangelien und apokrypher Evangelien wie dem Protoevangelium des Jakobus entstanden die Bilderfolgen des »Marienlebens« von der Verkündigung der Mariengeburt mit den Eltern Anna und Joachim bis zur Marienkrönung, aus denen das achtteilige Bildprogramm des Marien-Offiziums in Stundenbüchern eine Auswahl traf. Drei Zyklen mit Episoden aus dem Leben Maria bilden den Schmerzensreichen (u. a. Passionsszenen), den Freudenreichen (Verkündigung bis Himmelfahrt) und den Glorreichen Rosenkranz (mit Marientod und Aufnahme in den Himmel bis zur Beteiligung Marias am Jüngsten Gericht als Beisitzerin). Der Freudenreiche Rosenkranz rahmt die als Leuchter entstandene Verkündigungsgruppe *Englischer Gruß* (1517/18) von Veit Stoß in St. Lorenz in Nürnberg.

SCHÖNE MADONNEN. Die stilgeschichtliche Bezeichnung bezieht sich auf Mariendarstellungen, vor allem als Skulpturen, im Zusammenhang des Weichen Stils bzw. der Internationalen Gotik des späten 14. und frühen 15. Jahrhunderts. Die Schönen Madonnen bilden den Gegenpol zur expressiven Leidensmystik der spätgotischen Pietà-Skulpturen mit dem geschundenen Leichnam Jesu auf

MARIENSYMBOLE

Die folgenden Verse stammen aus dem Hohelied in der Gruppe der Bücher der Lehrweisheit im Alten Testament. Die Deutung der aus mehreren Liedern zusammengefügten Dichtung reicht vom Lob der gottgewollten ehelichen Gemeinschaft bis zur Allegorie der Liebe Christi zu seiner Braut, der Kirche. Indem diese durch Maria personifiziert wird, bildet das Hohelied (Salomos) eine Quelle mariologischer Symbole.

»Eine Lilie unter Disteln ist meine Freundin« (2,2)

»Wie der Turm Davids ist dein Hals« (4,4)

»Ein verschlossener Garten ist meine Schwester Braut, ein verschlossener Garten, ein versiegelter Quell«(4,12)

»Die Quelle des Gartens bist du, ein Brunnen lebendigen Wassers« (4,15)

»Wer ist, die da erscheint wie das Morgenrot, wie der Mond so schön, strahlend rein wie die Sonne, prächtig wie Himmelsbilder?« (6,10)

»Dein Leib ist ein Weizenhügel, mit Lilien umstellt« (7,3)

»Wie eine Palme ist dein Wuchs; deine Brüste sind wie Trauben« (7,8)

Stefan Lochner, *Muttergottes in der Rosenlaube*, um 1450; Gold und Tempera auf Holz, 50,5 x 40 cm; Köln, Wallraf-Richartz-Museum
Zwei Engel ziehen einen Vorhang aus Goldbrokat beiseite und enthüllen den Paradiesgarten: Vor einer Rasenbank und einem Spalier mit weißen und roten Rosen sitzt Maria als *Madonna dell' Umilità* (der Niedrigkeit) am Boden. Das blaue Gewand und die Bügelkrone kennzeichnen sie als Himmelskönigin mit einem Hofstaat musizierender Engel. Das Jesuskind hält einen Apfel aus der von Engeln gereichten Schale in der Hand: Als »neuer Adam« überwindet Christus die mit dem »alten Adam« in die Welt gekommene Sünde. Weitere symbolische Bezüge enthält das Andachtsbild mit dem Motiv des Gartens: Der *hortus conclusus* (verschlossene Garten) aus dem Hohelied ist Symbol der Jungfräulichkeit. In ihrer Anmut und Majestät des in feinsten Abstufungen von Lapislazuli gestalteten, reich drapierten Gewandes ist Lochners Maria dem Typus der Schönen Madonnen verwandt.

dem Schoß der schmerzerfüllten Maria, auch Vesperbild genannt nach dem Stundengebet zur Vesper. Werke wie die *Krumauer Madonna* aus dem südböhmischen Krumau (um 1390–1400, Prag?; Wien, Kunsthistorisches Museum) aus ursprünglich farbig gefasstem und vergoldetem Sandstein verkörpern Mutterglück und gewinnen zugleich durch die weich fließende und gebauschte Fülle des Gewandes einen hoheitsvollen Ausdruck. Der Versuch, einen als Wanderkünstler tätigen »Meister der Schönen Madonnen« zu definieren, wobei auch an die Söhne des in Prag tätigen Bildhauers und Baumeisters Peter Parler gedacht wurde, hat sich angesichts der vielen Werkbeispiele als problematisch erwiesen. Vielmehr ist von ähnlichen Voraussetzungen einer höfischen Gesinnung der Auftraggeber auszugehen, die in Böhmen und Burgund (*Madonna mit der Weintraube*, um 1440/50; Auxonne, Pfarrkirche) ebenso stilprägend wirkte wie in Salzburg. Hier entstand im Weichen Stil mit dem Ausdruck verhaltener Trauer die *Pietà des Klosters Seeon* (um 1400; München, Bayerisches Nationalmuseum).

KÜNSTLER

JAN VAN EYCK

DETAILREALISMUS. Die altniederländische Malerei betrachtet ihre Bildgegenstände gleichsam durch die Lupe und gibt sie in ihrer so erforschten Stofflichkeit wieder. Dieser auch als Feinmalerei bezeichnete Stil entwickelte sich in der niederländischen Buchmalerei und wurde durch Jan van Eyck auf die Tafelmalerei übertragen. Eine technische Voraussetzung bildete die lasierend verwendete, feinste farbliche Nuancen erzielende Ölmalerei. Künstlerische Erben Jan van Eycks sind Rogier van der Weyden, Hugo van der Goes und Hans Memling.
Das Interesse an der stofflichen Charakterisierung der Gegenstände von der kleinsten Pflanze bis zum architektonischen Detail einer Stadtlandschaft verbindet sich bereits bei Jan van Eyck mit einer psychologisch charakterisierenden Porträtkunst. Beide Tendenzen vereint auf herausragende Weise ein Gemälde aus der Zeit um 1425, das traditionell als *Madonna des Kanzlers Nicolas Rolin* bezeichnet wird (Paris, Louvre). In einem Palastraum, dessen rückwärtige Arkaden den Blick auf eine Stadt an einem Fluss und eine ferne Gebirgskette freigeben, empfängt die Madonna einen kostbar gekleideten Herrn, der vor einem bei

Jan van Eyck, *Giovanni Arnolfini und seine Ehefrau Giovanna Cenami* (Arnolfini-Hochzeit), 1443; Tempera auf Holz, 82 x 60 cm; London, National Gallery
Das Doppelbildnis des aus Lucca stammenden, in Brügge lebenden Kaufmanns Arnolfini und seiner Ehefrau gilt traditionell als Hochzeitsbild, doch gibt es keine Auskunft über den Ritus der Vermählung. Lediglich die Kerze am Kronleuchter deutet als eine auch bei Tage brennende »Hochzeitskerze« im Haus Neuvermählter in diese Richtung. Das künstlerische Thema ist die illusionistische Wiedergabe der sinnlichen Wahrnehmung auf den Spuren des Lichtes und dessen Widerschein auf Wand, Metall, menschlicher Haut, unterschiedlichem Stoff, Pelz und Hundefell. Die symmetrische Komposition mit einer vertikalen Spiegelachse vom Kronleuchter über die beiden Hände bis hinab zum Saum des Kleides ordnet den Mann der vom Fenster symbolisierten Außenwelt, die Frau dem Alkoven zu, eine Verbindung, die der lebhafte Komplementärkontrast von Rot und Grün auch farblich betont.

den Bußpsalmen aufgeschlagenen Stundenbuch kniet. Er scheint den leicht gesenkten Blick auf das Jesuskind zu richten, ohne den Heiland zu betrachten. Vielmehr ist der Blick während der Gebetsübung nach innen gerichtet. Tief empfundene Frömmigkeit paart sich mit einem Anflug von Bitterkeit. Zwar stammt das Werk aus den Räumen des burgundischen Kanzlers Nicolas Rolin in Autun, dennoch könnte das Werk auch ein Gedächtnisbild des 1419 gestorbenen burgundischen Herzogs Johann Ohnefurcht sein.

GENTER ALTAR. Ein Hauptwerk der altniederländischen Malerei ist der zweigeschossige Altar einer Seitenkapelle der Kirche St. Bavo in Gent. Im unteren Bereich gliedert er sich in fünf Tafeln mit der Anbetung des apokalyptischen Lammes auf dem Mittelbild. Darüber thront einer byzantinischen Deesis entsprechend Gottvater zwischen den Fürbittern Maria und Johannes dem Täufer. Zu beiden Seiten schließen sich musizierende Engel sowie Adam und Eva an. Begonnen wurde das Polyptychon um 1425 von Hubert van Eyck, vollendet 1432 von Jan van Eyck.
Der *Genter Altar* fand seit jeher die größte Bewunderung, schon 1566 schützte der Rat der Stadt Gent das Werk vor dem Zugriff der calvinistischen Bilderstürmer. Dennoch gibt der *Genter Altar* vor allem in stilkritischer Hinsicht Rätsel auf: feinmalerische Kleinteiligkeit im Untergeschoss kontrastiert mit einer monumentalen Gestaltungsweise im Obergeschoss, das mit den lebensgroßen Gestalten Adams und Evas die wohl ersten Aktfiguren enthält, die nach lebenden Modellen geschaffen wurden.

BIOGRAFIE

1390 (?) Jan van Eyck wird in Maaseyck bei Maastricht geboren; sein etwa 20 Jahre älterer Bruder ist der Maler (und Bildhauer?) Hubert van Eyck

um 1420 Mitarbeit als Buchmaler am sog. Turin-Mailänder Stundenbuch.
Danach Übergang zur Tafelmalerei

1424 Nach seiner Tätigkeit für Johann von Bayern, Graf von Holland, tritt Jan van Eyck in den Dienst des Burgunderherzogs Philipp des Guten

1426 Hubert van Eyck stirbt, nachdem er den Genter Altar (zwölf Tafeln) begonnen hat

um 1430 Jan van Eyck wird Stadtmaler von Brügge

1432 Vollendung des Genter Altars (Gent, St. Bavo)

1433 Selbstbildnis (?) *Der Mann mit dem Turban* (London, National Gallery)

1435 Bemalung von Fassadenfiguren des Brügger Stadthauses

1441 Jan van Eyck stirbt in Brügge am 9. Juli im Alter von etwa 50 Jahren

Jan van Eyck, *Arnolfini-Hochzeit* (Detail)
Der Spiegel an der Rückwand ist ein Kabinettstück der illusionistischen Wiedergabe eines verzerrten Spiegelbildes, bedingt durch die konvexe Wölbung des Glases. Darüber hinaus ergänzt das Spiegelbild den Bildraum durch den gleichsam gegenüberliegenden Raumabschnitt. Hier öffnet sich eine Tür, durch die Gestalten eintreten. Ihnen gilt der Willkommensgruß, den Giovanni Arnolfini – nun ebenso wie seine Partnerin als Rückenfigur sichtbar – mit erhobener rechter Hand begleitet. Die Inschrift »Johannes de eyck fuit hic« (›Jan van Eyck war hier‹) über dem Spiegel hat vermuten lassen, dass einer der beiden Gäste der Maler selbst ist.

MATERIAL UND TECHNIK

ÖLMALEREI

VOM ANSTRICH ZUR MALEREI. Wer »wie ein Ölgötze dasteht«, gleicht einer Holzplastik, »die farbe bleibe und vom regen nicht abgewaschen werd«, erläutert Johann Agricola in seiner Sprichwörtersammlung (1529) die Herkunft der Redewendung. Er gibt damit zugleich einen Hinweis auf den Ursprung der Ölmalerei: den schützenden Anstrich von Gegenständen aus Holz, womit auch das auf Holz gemalte Bild gemeint war.

Im 15. Jahrhundert entwickelte sich eine Mischtechnik aus herkömmlicher Temperamalerei, die vor allem der Untermalung diente, und deren Beschichtung mit ölhaltiger Farbmasse. Die Tradition schreibt diese Erfindung Jan van Eyck zu, ihre Ausbreitung in Italien Antonello da Messina. Neu war die Verwendung von Leinen, Nuss- oder Mohnöl als Bindemittel der pulverisierten Farbstoffe (Pigmente). Die so entstandene Farbsubstanz ließ sich hauchdünn und ohne Vermischung mit der übermalten Schicht auftragen. Die größten Vorteile lagen in gesteigerter Leuchtkraft und Vervielfachung der Farbtöne.

Nürnberger Meister, *Der hl. Lukas malt die Madonna* (Lukas-Madonna), von einem Flügel des Veitsaltars des Augustinereremitenklosters in Nürnberg, 1485; Öl auf Holz, 135 x 92 cm; Nürnberg, Germanisches Nationalmuseum
Eine Legende berichtet von einer Madonnenvision des Evangelisten Lukas, die dieser in einem Gemälde festhielt, wodurch er zum Schutzheiligen der Maler wurde. Die Darstellung dieser Legende bot Gelegenheit, den Rahmen der religiösen Malerei zu wahren und dennoch ein profan-handwerkliches Thema zu gestalten: das Malen in der Werkstatt. Mit dieser Absicht, den eigenen Erfahrungsbereich wiederzugeben, korrespondiert hier der Verzicht auf die Unterscheidung zwischen Vision und Wirklichkeit: Die Madonna sitzt im angrenzenden Raum Modell. Das Porträt von Mutter und Kind ist nahezu vollendet, einschließlich der Fliesen des Fußbodens. Lediglich das rückwärtige Fenster fehlt noch, durch das ein Teil der Stadtlandschaft sichtbar wird, die sich hinter dem rechten Fenster fortsetzt.

LASIEREND ODER PASTOS. Die nahezu unbegrenzte Differenzierung der Farbtöne entsteht durch die Addition transparenter, lasierend aufgetragener Farbschichten. Nicht allein die Rezepturen der Farbherstellung, sondern auch die Abfolge der Schichten gehörte zu den Geheimnissen der einzelnen Werkstätten.
Eine grundsätzlich andere, im 17. Jahrhundert vor allem durch Rembrandt zu Meisterschaft entwickelte Technik der Ölmalerei ergibt sich aus dem pastosen Farbauftrag. Wie die Herkunft der Bezeichnung von ital. *pasta* verdeutlicht, wird die Farbsubstanz als »Teig« mit dem Pinsel, aber auch mit dem Spachtel aufgetragen und bildet ein Relief mit feiner Licht- und Schattenwirkung. Pastose Malweise kennzeichnet auch den Expressionismus.

SCHICHT- UND PRIMÄRMALEREI. Die Ölmalerei auf Holz oder Leinwand setzte bis ins 19. Jahrhundert eine Untermalung voraus, über der sich Schicht um Schicht der Farbauftrag aufbaute. In der Moderne wurde diese ›altmeisterliche‹ Technik durch die »Wiener Schule des Phantastischen Realismus« erneuert (Rudolf Hausner).
In der Primärmalerei erfolgt der – im Idealfall endgültige – Farbauftrag unmittelbar auf der grundierten Leinwand. Gefördert wurde diese im Impressionismus vorherrschende Technik durch die Herstellung eines reichhaltigen Angebots malfertiger Ölfarben in Metalltuben um 1850.

Nürnberger Meister, *Lukas-Madonna* (Detail)
Mit großer Sorgfalt schildert der uns namentlich nicht bekannte Maler seine Arbeit an einem Tafelbild. Der Bildträger aus Holz steht leicht rückwärts geneigt auf einer dreibeinigen Staffelei. Die linke Hand hält die Palette; sicheren Griff garantiert ein rundes Loch für den Daumen. Zeigefinger und Daumen der rechten Hand führen den Pinsel. Die Hand selbst ruht auf dem schräg gegen die Bildtafel gelehnten Malstock, um eine ruhige Pinselführung zu gewährleisten. Der Malstock verdeckt die Gesichter Marias und des Jesuskindes, was den Maler nicht stört, denn seine ganze Aufmerksamkeit ist auf ein Detail am Mantelsaum der Gottesmutter gerichtet. Solche feinmalerische Ausarbeitung kennzeichnet die frühe Technik der Ölmalerei.

GESTALTUNGSAUFGABE

DIPTYCHON UND TRIPTYCHON

ANTIKES NOTIZBUCH. Zwei beweglich miteinander verbundene, auf den Innenseiten mit Wachs beschichtete Tafeln bildeten das antike Diptychon (griech., ›zweifach gefaltet‹). Die in das Wachs geritzte Schrift konnte durch Glätten gelöscht werden. Diptychen dienten somit als Notizbücher zur beliebigen Wiederverwendung. Die Tafeln bestanden in der Regel aus Holz oder Metall. Die Verwendung reliefgeschmückter Elfenbeintafeln beschränkte 384 n. Chr. ein Gesetz des Kaisers Thedosius I. auf die römischen Konsuln. Solche Konsular-Diptychen, die beim Amtsantritt als Geschenke angefertigt wurden, gehören zum kostbarsten Erbe aus spätrömischer Zeit. Sie verdanken ihre Erhaltung vielfach einer christlichen Überarbeitung: So besitzt der Domschatz in Monza zwei Tafeln eines Diptychons mit je einer Darstellung des Konsuls. Eine spätere Ergänzung deutete die beiden ursprünglich identischen Figuren inschriftlich als den Psalmensänger König David und den hl. Papst Gregor I., den Schöpfer des Gregorianischen Gesangs.

DAS ANDACHTSBILD. Inhaltliches Prinzip des Diptychons ist die Verbindung von zwei Teilen zur (bipolaren) Einheit. Auf dieser Grundlage entwickelte sich das mittelalterliche Diptychon zum zweigliedrigen Andachtsbild, das die Andacht als Handlung darstellt: Der Stifter oder Besitzer auf der einen Seite wendet sich verehrend dem Gegenstand seiner Verehrung zu, in der Regel der Madonna.

Hugo van der Goes, *Die Anbetung der Hirten mit Stifterfamilie* (*Portinari-Altar*), um 1476–78; Öl auf Holz, Gesamtformat 253 x 586 cm; Florenz, Uffizien
Das gemeinsame Thema ist die Anbetung des winzig am Boden liegenden Jesuskindes. Gemeinsam ist den drei Tafeln auch der landschaftliche Hintergrund, der die seitlich gruppierten Stifter und deren Namenspatrone in das heilsgeschichtliche Geschehen räumlich miteinbezieht. Benannt ist der ursprünglich für die Kirche Sant' Egidio in Florenz bestimmte Altar nach dem links knienden Tommaso Portinari, Vertreter der Medici-Bank in Brügge. Die Schutzheiligen des Stifters, der 1480 von Brügge nach Florenz zurückkehrte, sind Antonius in der Mönchskutte und Thomas mit einer Lanze, die sich auf seine Ermordung bezieht. Maria Portinari kniet im Schutz von Margareta (Attribute: Buch und Kreuz) und Maria Magdalena, deren Salbgefäß sich von der Identifizierung mit Maria aus Betanien herleitet (Salbung Jesu, Joh. 12,3–8).

Vielfach ist nur eine der beiden, durch Scharniere verbundenen Tafeln erhalten, entweder als dem Anschein nach autonomes Bildnis oder als Madonnenbild. So entstand Jan van Eycks *Madonna in der Kirche* (um 1418; Berlin, Gemäldegalerie) als Diptychon; dessen zweite Tafel ging jedoch verloren.

DER FLÜGELALTAR. Die Zweiteiligkeit des Diptychons verwandelt der Flügelaltar zur Dreiteiligkeit des Triptychons. Besitzt das Diptychon eine imaginäre Symmetrieachse zwischen den beiden Tafeln, so teilt diese beim Triptychon die Mitteltafel in zwei Hälften, die der Breite der Seitentafeln entspricht: Bei geschlossenen Flügeln verdecken diese die Mitteltafel oder den an ihre Stelle tretenden Schrein.
Das Altartriptychon wurde im 16. Jahrhundert durch den Eintafelaltar der Renaissance abgelöst: Dürers *Paumgärtner-Altar* (um 1500–02; München, Alte Pinakothek) folgt, eingefügt in einen von Dürer entworfenen Aufbau, das *Allerheiligenbild des Landauer-Altars* (1511; Wien, Kunsthistorisches Museum).

MODERNE TRIPTYCHEN. Die Dreiteilung und Rangordnung zwischen Mitteltafel und Seitenflügeln wurde Ende des 19. Jahrhunderts wieder belebt, etwa durch Hans von Marées (*Die Hesperiden*, 1884/85; München, Neue Pinakothek). 1926 konfrontiert Otto Dix in seinem *Großstadt-Triptychon* (Galerie der Stadt Stuttgart) den Glamour im Tanzcafé mit dem Elend auf den Straßen. 1932–35 schuf Max Beckmann das erste seiner neun allegorischen Triptychen (*Abfahrt*; New York, Museum of Modern Art). Francis Bacons erstes Triptychon sind *Drei Studien für Figuren an der Basis einer Kreuzigung* (1944/45; London, Tate Gallery). Als beidseitig bemaltes Triptychon zeigt der *Frauenaltar* (1991/92, mehrjährige Wanderausstellung) von Candace Carter, tätig in Karlsruhe, u. a. ein Abendmahl mit 13 Frauen und das Opfer einer Vergewaltigung auf der Predella.

Französischer Meister, *König Richard II. verehrt die Madonna* (Wilton-Diptychon), um 1395; Gold und Tempera auf Holz, 46 x 29 cm je Tafel; London, National Gallery
Scharniere verbinden die beidseitig bemalten Tafeln. Die Vorderseiten schildern die beiden Aspekte einer Verehrungsszene: Rechts umgibt ein Kreis von Engeln das Ziel der ehrfürchtigen Zuwendung, die Madonna. Links wird der Verehrende, Richard II. von England, von Schutzheiligen präsentiert. Es sind König Edmund mit dem Pfeil seines Martyriums, Eduard der Bekenner und Johannes der Täufer mit dem Agnus Dei, dem Lamm Gottes. Die Rückseiten zeigen das Wappen Eduards des Bekenners und einen weißen Hirsch als Wappentier Richards II. Benannt ist das ursprünglich der privaten Andacht dienende Diptychon nach seiner einstmaligen Aufbewahrung in Wilton House.

STIL

RENAISSANCE

WAS BEDEUTET »WIEDERGEBURT«? Die französische Stilbezeichnung »Renaissance« (›Wiedergeburt‹) ist die Übersetzung der italienischen Bezeichnung »rinascità«, die Giorgio Vasari 1550 als kunstgeschichtlichen Terminus im Sinne einer »Wiedergeburt der guten Kunst« in Italien seit der Zeit Giottos um 1300 verwendet hat. Die Kunstgeschichte des 19. Jahrhunderts löste sich von Vasaris italienischer Perspektive und gliederte den Zeitraum des 15. und 16. Jahrhunderts in drei Perioden einer ›Wiedergeburt der Antike‹: die Frührenaissance mit Florenz als Zentrum (um 1420–1500), die Hochrenaissance mit Rom als Zentrum (um 1500–25) und die sich anschließende europaweite, um 1590 durch die Stilepoche des Barock abgelöste Spätrenaissance.
In zweierlei Hinsicht erfuhr diese Periodisierung eine Abwandlung. Zum einen wurde das Phänomen einer ›Wiedergeburt‹ (oder Wiederbelebung) der Antike als periodisch wiederkehrende Erscheinung der Kunst- und Kulturgeschichte erkannt, von der karolingischen, ottonischen, in Byzanz makedonischen Renaissance bis zum Klassizismus. Zum anderen ersetzte der Stilbegriff des Manierismus den einer Spätrenaissance. Vor allem aber richtet sich heute das Interesse weniger auf die Unterscheidung zwischen süd- und nordalpiner Entwicklung, die sich vielfach an Äußerlichkeiten der Formensprache orientiert, sondern auf Gemeinsamkeiten.

Masaccio, *Die Vertreibung aus dem Paradies,* um 1427; Fresko, 208 x 88 cm; Florenz, Santa Maria del Carmine, Brancacci-Kapelle
Nichts scheint Masaccios Deutung des biblischen Themas mit der ›Wiedergeburt der Antike‹ zu verbinden, Verzweiflung peinigt das erste Menschenpaar. Und dennoch ist das Fresko antik inspiriert: Evas Gestik leitet sich vom Typus der ›Schamhaften Venus‹ her.

RENAISSANCE UND HUMANISMUS. Unverkennbar bleibt, dass in Italien früher als in allen anderen Teilen Europas das im Süden ohnehin nie völlig in Vergessenheit geratene römisch-antike Erbe seine normative Bedeutung wiedererlangte, und zwar unter der Voraussetzung einer Rückbesinnung auf das römisch-republikanische Erbe im Unterschied zum römisch-imperialen. Nahmen Letzteres die Kaiser und Päpste, die konservativen Machtspitzen des Mittelalters, in Anspruch, so legitimierte Ersteres die italienischen Stadtrepubliken. Eine zweite Voraussetzung bildete die nun nicht mehr wie im Mittelalter durch den Islam vermittelte, sondern unmittelbar rezipierte griechische Geisteswelt: Aus dem bedrohten Byzanz geflüchtete griechische Gelehrte fanden in Italien eine neue Heimat und trugen hier zur Entfaltung einer Erneuerung des wissenschaftlichen und literarischen Lebens bei, die als Renaissance-Humanismus mit gesamteuropäischer Ausbreitung im 15. Jahrhundert wirksam wurde.

WIRKLICHKEIT UND IDEAL. Zielte die Scholastik des Hochmittelalters darauf ab, Empirie und Spiritualität in ein theologisch dominiertes System zu bringen, so ermutigte der Humanismus zu ständiger Erneuerung und Erweiterung menschlicher Erfahrung und Erkenntnis. Das Zeitalter der Renaissance und des Humanismus ist daher das erste große Zeitalter der wissenschaftlichen und künstlerischen Entdeckungen: Im Porträt entdeckt die Kunst die Individualität des Menschen, im Akt seine Körperlichkeit, mittels der Perspektive die Gesetze der räumlichen Erscheinungsweise. Teil – und nicht Ursache – der neuen Sicht- und Erfahrungsweise ist die antike Kunst. Sie leitete die Künstler auf einem Weg der Vermittlung von realistischer Wahrnehmung und idealistischer Gestaltung, eine Synthese, die auf vergleichbare Weise die christliche Tradition und das bislang christianisierte heidnische Erbe in ein neues Verhältnis zueinander setzte: Der Herzogspalast vom Urbino besaß beispielsweise zwei Kapellen, von denen eine dem Heiligen Geist, die andere den antiken Musen geweiht war. Aus Antike und Christentum entwickelten sich zwei komplementäre Pole abendländischer Ethik.

DIE HOCHRENAISSANCE. Dieses neue Verhältnis zwischen Antike und Christentum findet ihren herausragenden Ausdruck in Rom unter dem Mäzenatentum des Papstes Julius II. (reg. 1503–13), in dessen Dienst der Baumeister Bramante, der Maler Raffael sowie Michelangelo als Maler und Bildhauer tätig waren. Die enge Verbindung zwischen bildender Kunst, Wissenschaft (Anatomie, Naturstudium, Perspektive) und Religion bereitet einen grundsätzlichen Wandel vor, indem die Kunst sich aus ihrem Dienst als Magd der Religion löst und selbst eine Religion des ästhetisch Vollkommenen stiftet; ihre Gemeinde sind die Gebildeten mit verfeinertem Geschmack. Aus der Verschwisterung von Kunst und Religion entstand im 19. Jahrhundert die Kunst als Religion.

Sandro Botticelli, *Die Geburt der Venus,* um 1477; Öl auf Leinwand, 175 x 278 cm; Florenz, Uffizien
Botticellis Gemälde lässt sich als ›Neugeburt der Antike‹ begreifen. Aus der mythologischen Überlieferung stammt das Motiv der Geburt der Göttin Aphrodite (lat. Venus) in einer Muschel und ihre Ankunft auf Zypern. Zephirwinde haben sie zur Insel getrieben, wo eine der Horen mit einem blütengeschmückten Gewand zu ihrem Empfang gerüstet ist. Denn nur bekleidet kann die Göttin der Schönheit und der sinnlichen Liebe in den Kreis der olympischen Götter aufgenommen werden. Botticelli hat seine Aktfigur mit derselben Gestik der ›Schamhaften Venus‹ dargestellt, die bereits Masaccios Eva als antik inspiriert erweist. Doch welche Verwandlung hat der körperliche Ausdruck erfahren, und welchen Liebreiz strahlt das Antlitz aus. Es trägt die Züge von Simonetta Vespucci, der Geliebten des Auftraggebers Giuliano de' Medici, der 1478 der Pazzi-Verschwörung zum Opfer fiel.

KUNSTZENTRUM

FLORENZ

DAS REPUBLIKANISCHE PRINZIP. Die römische Neugründung Florentia im ehemals etruskischen Kernland Tuscien gewann um 1100 als Fiorenza städtische Autonomie. Bereits 1060 wurde der Grundstein zum Baptisterium San Giovanni gelegt, einem oktogonalen Zentralbau mit Zeltdach, der im 15. Jahrhundert als antikes Bauwerk geschätzt wurde und heute als herausragendes Zeugnis einer toskanischen Protorenaissance gilt. Seine republikanische Verfassung gewann Florenz durch die Einrichtung eines Exekutivrates, der Signoria, aus Vertretern der Zünfte, die sich aus den Arti Maggiori (Juristen, Bankiers) und den handwerklichen Arti Minori zusammensetzten. Die wehrfähige Bevölkerung gliederte sich in zwanzig Kompanien mit je einem Gonfaloniere an der Spitze, unter denen die Signoria im Kriegsfall einen Obergonfaloniere wählte.
Dieses republikanische Prinzip wurde immer wieder durch die Machtkämpfe zwischen kaisertreuen Ghibellinen

Anonymus, *Die Hinrichtung des Girolamo Savonarola und zweier Gefährten in Florenz am 22. Mai 1498*, Anfang des 16. Jahrhunderts; Öl auf Holz, 101 x 117 cm; Florenz, Museo di San Marco

(›Waiblinger‹, d. i. Staufer), zu denen der 1302 aus Florenz verbannte Dichter Dante gehörte, und den Guelfen (›Welfen‹) überlagert, im 15. Jahrhundert durch die faktische Stadtherrschaft der Medici. Es prägte aber die kulturelle Blüte im 14. und 15. Jahrhundert. In einem Gemeinwesen, in dem Handwerk und Handel mit Geld und Gütern die wirtschaftliche und politische Bedeutung gewährleistete, konnte sich früh ein neues Verständnis der Kunst als individuelle Leistung im Rahmen städtischer Gemeinschaftsaufgaben entwickeln. Öffentlicher Wettbewerb förderte künstlerischen Sachverstand, zumal auch private Stiftungen öffentlichen Charakter besaßen. Dies schloss nicht aus, dass Savonarolas Verdammung von Luxus selbst Künstler wie Botticelli zu tätiger Buße bewegte; er überantwortete profane Werke dem Scheiterhaufen.

DIE STADT ALS SCHATZKAMMER. Florenz, dessen gesamte Altstadt zum Weltkulturerbe der UNESCO gehört, bietet in Gestalt seiner Kirchen und Profanbauten sowie deren Ausstattung, ergänzt durch seine Museen (Accademia, Bargello, Palazzo Pitti, San Marco, Uffizien), ein Gesamtbild der Frührenaissance. Im ›öffentlichen Raum‹ vertreten sind die Bildhauer Lorenzo Ghiberti, Nanni di Banco, Donatello, Luca della Robbia, Andrea del Verrocchio und durch Fresken die Maler Masaccio, Masolino, Paolo Uccello, Fra Angelico, Benozzo Gozzoli und Domenico Ghirlandaio. Weniger zugänglich und teilweise in vatikanischem Besitz sind die Werke der florentinischen Buchkunst wie die Prachthandschrift eines Missales mit Miniaturen auf purpurgetränktem Pergament; es entstand um 1494–1510 für das Baptisterium als Stiftung der Tuchhändler. Eine zweite Epoche, die Florenz mitprägte, ist der Manierismus. Zu den für Herzog Cosimo I. tätigen Künstlern gehören Bartolommeo Ammanati, Benvenuto Cellini, Giambologna und Giorgio Vasari. Die Domfassade schließlich ist ein Werk des 19. Jahrhunderts.

Am 22. Mai 1498 wird in Florenz der dominikanische Bußprediger Girolamo Savonarola mit zwei Gefährten hingerichtet. Vorausgegangen ist die Urteilsverkündung vor dem Palazzo della Signoria bzw. Palazzo Vecchio, nach der die drei Mönche auf einen Steg zum Scheiterhaufen geführt und über diesem erhängt wurden. Zur unmittelbaren Vorgeschichte: Nach der Vertreibung der Medici (Unterwerfung unter Karl VIII. von Frankreich, 1494) hatte Savonarola Florenz zum Gottesstaat erklärt und war 1497 von Papst Alexander VI. exkommuniziert worden. Als Maler-Chronist verbindet der anonyme Künstler die synchron wiedergegebenen Vorgänge der Hinrichtung mit einer detailgetreuen Architekturschilderung. Schauplatz ist die vom Palazzo Vecchio (1298–1314) beherrschte Piazza della Signoria. Rechts wird die Piazza von der Loggia dei Lanzi begrenzt; Benci di Cione und Simone di Francesco Talenti erbauten sie 1374–81 für öffentliche Zeremonien der Stadtregierung. (Eine historistische Nachbildung ist die Feldherrnhalle in München, 1840–44). Links erhebt sich der Ostteil des Domes Santa Maria del Fiore mit der 1467 vollendeten Kuppel von Filippo Brunelleschi, an dessen Wiederentdeckung der Zentralperspektive die ›Fluchtlinien‹ im Pflaster der Piazza erinnern.

DIE MEDICI

Cosimo il Vecchio (›der Alte‹, 1389–1464), Bankier, 1433 durch den Adel vertrieben und im folgenden Jahr zurückberufen, beherrschte er die Stadtrepublik als ›Politiker ohne Staatsamt‹. Gründer der Platonischen Akademie und der Biblioteca Laurenziana bei San Lorenzo (Baubeginn 1524 durch Michelangelo), Bauherr des *Palazzo Medici-Riccardi* von Michelozzo.

Lorenzo il Magnifico (›der Prächtige‹, 1449–1492), Enkel Cosimos, Bankier, Mäzen, Dichter. Er entgeht 1478 einer Verschwörung der Familie Pazzi, was seine Stellung als Stadtherr festigt; sein jüngerer Bruder Giuliano fällt dem vom Erzbischof gebilligten Attentat im Dom zum Opfer. Giuliano da Sangallo erbaut für Lorenzo die *Villa Poggio a Caiano.*

Piero lo Sfortunato (›der Unglückliche‹, 1471–1503), ältester Sohn Lorenzos. Ein eigenmächtiger Vertrag mit Karl VIII. von Frankreich hat die Vertreibung der Medici zur Folge.

Giovanni (1476–1521), zweiter Sohn Lorenzos, ab 1513 als Leo X. Papst (1520 Kirchenbann gegen Martin Luther). Für Florenz beauftragt er 1519 Michelangelo mit der *Neuen Sakristei* der Kirche *San Lorenzo* als (nach Brunelleschis *Alter Sakristei*) zweite Grabkapelle der Medici.

Giulio (1478–1534), Vetter Giovannis, ab 1523 als Klemens II. zweiter Medici-Papst (1530 Kaiserkrönung Karls V. in Bologna).

Alessandro (1511–1537), Sohn Giulios, herrscht ab 1531 in Florenz. Verheiratet mit einer Tochter Karls V., der ihm die erbliche Herzogswürde verleiht. Ein Verwandter ermordet ihn.

Cosimo I. (1519–1574), als Nachfolger Alessandros Herzog von Florenz, ab 1569 Großherzog von Toskana. Bauherr der *Uffizien* (als Amtsgebäude) von Giorgio Vasari. Die Nachkommen Cosimos I. herrschen in fünf Generationen bis 1737, gefolgt von Habsburgern.

KUNSTBETRIEB

ÖFFENTLICHE UND PRIVATE AUFTRÄGE

DAS STIFTUNGSWESEN. Die Kunst des Mittelalters und der Frühen Neuzeit ist grundsätzlich Auftragskunst. Die Vielfalt an Auftraggebern spiegelt sich in einer Fülle von Hinweisen auf diesen Ursprung künstlerischer Tätigkeit wider, von der Bauinschrift bis zum Stifterbildnis, aus dem sich das individuelle Porträt entwickelt hat.
Der Auftraggeber tritt in zwei verschiedenen Funktionen in Erscheinung. Zum einen nimmt er das von ihm initiierte Werk in Empfang. Das älteste erhaltene Beispiel im Bereich der Buchkunst enthält der 512 n. Chr. in Konstantinopel entstandene *Wiener Dioskurides* (Wien, Österreichische Nationalbibliothek): Ein Putto überreicht den als Pflanzenbuch gekennzeichneten Kodex der Prinzessin Anicia Juliana. Zum anderen widmet der Auftraggeber als Stifter und Donator (lat., der Schenkende) ›sein‹ Werk in einer fiktiven Szene einer Instanz, der es zur Ehre gereicht: Christus, Maria, einer Heiligen oder einem Heiligen. Für beide Darstellungstypen gilt die Bezeichnung als Dedikations- oder Widmungsbild. Stiftungen von Bauwerken oder Bauteilen dokumentieren gemalte oder skulptierte Stifterfiguren mit einem Architekturmodell, das häufig Aufschluss über die ursprüngliche Baugestalt gibt. Allerdings können sog. Stifterfiguren wie die im Naumburger Dom auch den Zweck verfolgen, ein Bauwerk mit einer Dynastie in Verbindung zu bringen, ohne deren Mitglieder im engeren Sinne als Stifter auszuweisen.
Die reichste Entfaltung fand das Stifterbild im Spätmittelalter und in der Frühen Neuzeit auf den Seitenflügeln von Altaren: Der Stifter, seine Gemahlin, zumeist auch ihre Kinder oder auch bereits verstorbene Familienmitglieder wenden sich anbetend dem heiligen Geschehen auf der Mitteltafel zu, wobei sich der Figurenmaßstab der Seitentafeln dem der Mitteltafel annähert. Eine verhüllende Art des Stifterbildnisses ist das Rollenbildnis: Auf Raffaels *Sixtinischer Madonna* (1512/13; Dresden, Gemäldegalerie) trägt Sixtus I. die Züge des Stifters Julius II.; in der Stanza d'Eliodoro des Papstpalastes tritt Leo X. dem Hunnenkönig Attila in der Rolle Leos I. entgegen (1514).
Wappen und Embleme sowie Bildnisse in den Bordüren geben die Auftraggeber von Prachthandschriften zu erkennen, die für bibliophile Herrscher wie König Matthias I. Corvinus von Ungarn, Gründer der Bibliotheca Corviniana (1525 türkische Beute), oder Herzog Federico da Montefeltro von Urbino geschaffen wurden; die Herzogliche Bibliothek wurde 1657 in die Vaticana aufgenommen.

DER WETTBEWERB. Charakteristisch für den öffentlichen Charakter der Kunst ist der Wettbewerb um die Erteilung eines Auftrags. Neben der Erfahrung, dass Konkurrenz die Leistung steigert, lebt im Wettbewerb unter den

ARBEITSBERICHT

Ein durch Abschriften aus dem 17. Jahrhundert erhaltener Briefwechsel zwischen Albrecht Dürer und seinem Auftraggeber, dem Frankfurter Kaufmann und Ratsherrn Jakob Heller, informiert über die Entstehung des 1509 datierten Heller-Altars (Kopie der zerstörten Mitteltafel in Frankfurt a. M., Historisches Museum). Neben dem Bildprogramm (Marienkrönung auf der Mitteltafel, Stifterbildnisse und Namenspatrone auf den Innenseiten der Flügel) sind die wichtigsten Punkte:

1. Eigenhändigkeit: Dürer versichert mehrfach, er werde im Unterschied zu den Flügeln »das mitler blat mit meiner aignen hand fleisig mallen«.

2. Materialien: Dürer legt Rechenschaft ab über die verwendeten Farbpigmente, über die Untermalung und die Lasuren.

3. Termin: Mehrfach wird der Auftraggeber über den Fortgang des 1507 vereinbarten Werks unterrichtet. Als Grund für die Verzögerung gilt Dürers »mit gar großem Fleiß« betriebene Vorarbeit, die zahlreiche Studien belegen, etwa die bekannten *Betenden Hände* (um 1408; Wien, Albertina).

4. Honorar (lat. *honor* ›Ehre‹): Anstelle der vereinbarten 130 fordert Dürer mit der Begründung des Zeitaufwands und der Qualität der Materialien am Ende 200 rheinische Gulden, die er schließlich erhält.

Stifterbildnis im *Weihnachtsmissale Alexanders VI.*, 1493/94; Gold und Deckfarben auf Pergament, Blattformat 46 x 32 cm; Vatikan, Biblioteca Apostolica Vaticana, Codex Borgianus latinus 425, fol. 8v
Die Prachthandschrift mit der päpstlichen Messe am Weihnachtstag entstand im Auftrag des Papstes Alexander VI. Insofern ist sein Bildnis ein Stifter- und ein Benutzerbild und dient zugleich als Handlungsanweisung: Während der Chor der päpstlichen Kapelle die mit der Initiale P(uer) eingeleitete messianische Weissagung »ein Kind ist uns geboren« (Jes. 9,5) anstimmt, richtet der Papst – allerdings barhäuptig – den Blick auf das in die Initiale integrierte Weihnachtsbild. Somit ist die im Bild wiedergegebene Haltung der Verehrung dem für Stifterbilder kennzeichnenden Thema des Verharrens in ewiger Anbetung verwandt. Charakteristisch für den persönlichen Anteil des Papstes aus der Familie Borgia ist schließlich das links unten einbezogene Wappen mit der Amtsinsignie der Papstkrone (Tiara) und Alexanders Emblem in Gestalt eines roten Ochsen im linken Teil des Wappenschilds. Die Prachthandschrift wurde durch eine vom vatikanischen Zeremonienmeister vorgenommene Neuordnung der päpstlichen Messen an Weihnachten, Ostern und am Fest Peter und Paul veranlasst. Eine originalgetreue Reproduktion des Kodex als Faksimile-Ausgabe gehört seit einigen Jahren zu den Requisiten der Messe, die der Papst in der Heiligen Nacht in der Peterskirche zelebriert.

Künstlern der Frühen Neuzeit eine antike Tradition (griech. *agon* ›Wettkampf‹) fort.

Berühmt ist der 1401/02 in Florenz ausgetragene Wettbewerb um die zweite Bronzetür des Baptisteriums San Giovanni, an dem Jacopo della Quercia sowie Filippo Brunelleschi und Lorenzo Ghiberti teilnahmen, deren beide Probestücke mit dem Thema des Isaakopfers erhalten sind; den Sieg errang Ghiberti, der schließlich auch die dritte Tür (die sog. *Paradiestür*) geschaffen hat. Als Brunelleschi und Ghiberti 1420 mit je einem Modell der Domkuppel in Wettstreit traten, entschied sich die Dombauhütte dafür, beide mit der Bauleitung zu betrauen, wobei Brunelleschi de facto die Oberhand behielt. In diesem Zusammenhang entstehen Entwürfe (Bestellerzeichnungen) und Modelle. Sie dienten der Vergabe von Aufträgen, aber auch der nachträglichen Kontrolle der Arbeit.

KÜNSTLER

FILIPPO BRUNELLESCHI

BAUTECHNIK. Das weithin sichtbare Wahrzeichen von Florenz ist die 107 m hohe Kuppel des kurz nach 1296 unter der Leitung des Bildhauers Arnolfo di Cambio begonnenen Domes *Santa Maria del Fiore*. Ein 1368 als endgültig beschlossenes Modell sah die Überwölbung des oktogonalen Chorraumes (mit drei angefügten Konchen) vor. Im Gegensatz zum Zeltdach über dem Oktogon des Baptisteriums auf dem Domplatz sollte sich über dem 1412/13 errichteten Tambour eine Kuppel mit annähernd spitzbogigem, den Arkaden des Langhauses entsprechendem Längsschnitt erheben, deren technische Realisierung jedoch heftig umstritten war. Nach sieben Jahren gewann Brunelleschi das Vertrauen der Dombauhütte in sein Projekt, dessen Merkmale die Zweischaligkeit und acht Rippen bilden, die auf der Außenschale zur Kuppellaterne führen. Bei Brunelleschis Tod war die Kuppel bis zum Fundament der Laterne gediehen. Weniger die Form der Kuppel als vielmehr die Entstehung aufgrund einer neuartigen, individuell die Traditionen des Handwerks überschreitenden Bautechnik kennzeichnet das Werk als Beginn einer neuen Epoche der Architektur.

BIOGRAFIE

1377 Filippo Brunelleschi wird in Florenz geboren. Nach einer Ausbildung als Goldschmied Tätigkeit als Bildhauer

1401–03 Beteiligung am Wettbewerb um die zweite Bronzetür des Baptisteriums San Giovanni (Relief *Die Opferung Isaaks*); Brunelleschi unterliegt Lorenzo Ghiberti

1402 Romaufenthalt (?)

1404 Baugutachter im Dom Santa Maria del Fiore

1419 *Ospedale degli Innocenti* (Findelhaus, im Auftrag der Seidenweberzunft, bis 1444)

1420 *Domkuppel* (Einwölbung bis 1436)

1421 *San Lorenzo* (1469 von Brunelleschis Schüler Antonio Manetti vollendet) und Grabkapelle der Familie Medici (*Alte Sakristei*) an San Lorenzo (bis 1429)

1430 *Grabkapelle der Familie Pazzi* bei Santa Croce (bis 1478)

1436 *Santo Spirito* (nach Brand 1471 Vollendung des Wiederaufbaus 1482)

1446 Brunelleschi stirbt in Florenz am 15. April im Alter von 69 Jahren

Haupt- und Altarraum der *Pazzi-Kapelle*
Von Brunelleschi 1430 im Auftrag von Andrea de' Pazzi begonnen. Die Wandgliederung verwendet Pilaster und Gebälk sowie Halbkreise, die den Vollkreis des Kuppelansatzes berühren. Die sphärischen Dreiecke in den Ecken (Pendentifs) sind mit Rundreliefs (Tondi) ausgestattet.

Spätmittelalter und Frühe Neuzeit

Modell der Domkuppel Brunelleschis, mit Tambour und Laterne, 1995; Marmor und Holz, Höhe 370 cm; Florenz, Istituto e Museo di Storia della Scienza
Die innere Schale enthält eine Konstruktion aus Längsrippen und Querriegeln, während die Rippen auf der Außenschale rein optische Funktion besitzen.

BAUKÖRPER. Brunelleschis Bedeutung für die Baukunst der Frührenaissance verdeutlichen zwei Grabkapellen, entstanden im Auftrag der in Florenz um die Macht konkurrierenden Familien Medici und Pazzi. Beide sind ›körperlich‹ konzipiert, indem sich Groß- und Kleinform aufeinander beziehen. Die *Medici-Kapelle* am südlichen Querhaus von San Lorenzo gliedert sich in zwei Kuppelräume über jeweils quadratischem Grundriss; die Gliederung der Wände variiert das Triumphbogen-Motiv am Übergang vom Hauptraum zum Altarraum. Die *Pazzi-Kapelle* am ersten Kreuzgang von Santa Croce gliedert sich nach demselben Prinzip der Formanalogie in die drei überkuppelten Bauglieder Vorhalle, Haupt- und Altarraum. Ähnliches gilt für Brunelleschis Anteil an der Fortführung von *San Lorenzo* und *Santa Croce*. ›Antik‹ sind Brunelleschis Konzeptionen durch den Vorrang proportionaler Bezüge. Ein unmittelbarer Rückgriff auf das räumliche Erbe sind die Arkaden der Loggia des *Findelhauses*, die erstmals wieder schlanke Säulen als Stützen der Rundbogen verwenden.

DER GUCKKASTEN. Den Erfindungsgeist Brunelleschis illustriert eine Überlieferung, derzufolge er seinen Mitbürgern die mathematische Gesetzmäßigkeit der linearen Zentralperspektive und deren Übereinstimmung mit der realen Wahrnehmung demonstrierte. Die Vorrichtung bestand aus einer perspektivisch konstruierten Ansicht des Domplatzes mit dem Baptisterium, die in der Mitte ein Guckloch aufwies. Stellte sich der Proband auf die Domtreppe und betrachtete die von ihm abgewandte, gemalte Ansicht mit Hilfe eines davor gehaltenen Spiegels durch jenes Guckloch, so konnte er, indem er den Spiegel entfernte und den Blick durch das Guckloch auf das Baptisterium richtete, die Übereinstimmung zwischen Realbild und Abbild überprüfen. Mag diese Überlieferung auch anekdotischen Charakter besitzen, so veranschaulicht sie doch auf überzeugende Weise das für Brunelleschi wie für seinen Zeitgenossen Paolo Uccello grundlegende Zutrauen zur Harmonie zwischen der Realität und einer ihr innewohnenden, empirisch erfassbaren Gesetzmäßigkeit.

THEMA

GRUPPE

SACRA CONVERSAZIONE

Aus der Maestà (Madonna zwischen Engeln und Heiligen) entwickelte sich in der italienischen Malerei die »Heilige Unterredung«: das Bild der stehenden oder thronenden Madonna, halbkreisförmig umringt von individuell charakterisierten Heiligen. Das herausragende Werk mit diesem Gruppenthema ist das monumentale Altarbild, das Giovanni Bellini 1487/88 für die Kirche San Giobbe geschaffen hat (468 x 255 cm; Venedig, Galleria dell' Accademia).

REIHUNG UND GRUPPIERUNG. Zwischen Einzelfigur und Menschenmenge ist die Gruppe angesiedelt, deren Darstellung die Aufgabe beinhaltet, die Beziehung zwischen den beteiligten Figuren und den gemeinsamen Bezugspunkt oder den Anlass des Zusammenkommens zu artikulieren.

In formaler Hinsicht ist die einfachste Form des Gruppenbildes die frontale flächige und symmetrische Reihung zu beiden Seiten einer zentralen Figur. Die Zusammengehörigkeit veranschaulicht die Isokephalie (griech., gleiche Kopfhöhe). Überschneidungen können eine räumliche Staffelung zu erkennen geben (*Kaisermosaiken*, *San Vitale*, Ravenna). Inhaltlich kann die durch einen Thron hervorgehobene Zentralfigur die von Engeln und Heiligen flankierte Madonna sein oder ein Herrscher mit einem Gefolge aus Würdenträgern. Vor allem aber enthalten die Szenen aus dem Leben Jesu das Thema Gruppe in Gestalt der Jünger und der aus jeweils unterschiedlichem Anlass zu Jesus in Beziehung tretenden Figuren. Hierzu gehört die Darstellung der Gefangennahme Jesu: Die von Judas angeführten Kriegsknechte umringen ihr Opfer, das von Judas mit einem Kuss identifiziert wird, während Petrus zum Schwert greift.

In der Malerei des Spätmittelalters und der Frühen Neuzeit bildet die Gruppe die willkommene Gelegenheit, Körperlichkeit und Räumlichkeit in Verbindung mit Individualisierung und psychologischer Dramatisierung zu gestalten, aus der Vielgestalt den inneren Zusammenhang der Bildeinheit zu entwickeln. Ein Beispiel für die neue Intensität des Gruppenbildes in der Skulptur sind die *Quattro Coronati* (›Vier gekrönte [Märtyrer]‹) von Nanni di Banco in einer Pfeilernische von Or San Michele in Florenz, 1413–1416. Auf verwandte Weise zielt die Architektur der Frührenaissance am Beispiel des Zentralbaus darauf ab, von der Addition isolierter Bauglieder zu deren Gruppierung zu gelangen. Den Zusammenhang von überkuppelten Haupt- und Nebenräumen variieren *Zentralbauentwürfe* (um 1490) von Leonardo da Vinci.

KOMPLEMENTÄRE ANSICHTEN. Giorgio Vasari überliefert in seinen Künstlerbiografien (1550) Giorgiones Bemühen, den Nachteil der flächengebundenen Malerei, die jeweils nur eine Ansicht einer Figur zu bieten vermag, gegenüber der räumlichen und mehransichtigen skulptierten Figur dadurch auszugleichen, dass ein Gemälde Figuren aus unterschiedlichen, sich ergänzenden Blickwinkeln widergibt (Aktfiguren in Vorder- und Rückenansicht im *Ländlichen Konzert*, um 1510; Paris, Louvre).

Das exemplarische Thema, um komplementäre Körperansichten zu vereinen, boten die drei Grazien. Lorenzo Ghiberti verwendete das Motiv sich ergänzender Ansichten bei der Gruppe aus drei Dienerinnen in seinem *Jakob-Esau-Relief* der *Paradiestür* (1425–52) des Florentiner Baptisteriums. Diese Gruppe verwandelte sich in die *Drei Grazien* in der linken Hälfte von Sandro Botticellis Gemälde *La Primavera* (*Der Frühling*, um 1478; Florenz, Uffizien). Raffael zeichnete die römische Kopie der *Drei-Grazien-Gruppe* von Praxiteles in der Libreria Piccolomini von Siena (Venedig, Galleria dell' Academia) und verwendete diese Studie im Gemälde *Die drei Grazien* (um 1501–05; Chantilly, Musée Condé): Einer Rückenfigur sind zwei Vorderansichten symmetrisch zugeordnet, deren jeweilige Haltung mit spiegelverkehrtem Wechsel zwischen Stand- und Spielbein die Gestaltung von organischer Körperlichkeit bereichert. Einen ovalen ›Grundriss‹ besitzt die Gruppe der *Drei Grazien* aus mittlerer Rückenfigur und Schrägansichten der seitlichen Akte bei Rubens (1639; Madrid, Prado), dessen *Raub der Töchter des Leukippos* (um 1618; München, Alte Pinakothek) zwei komplementäre Körperansichten bietet.

Masaccio, *Der Zinsgroschen*, 1426/27; Fresko, 255 x 598 cm; Florenz, Santa Maria del Carmine, Cappella Brancacci
Das Gemälde handelt nicht, wie der geläufige Titel angibt, vom Zinsgroschen (»Gebt dem Kaiser, was dem Kaiser gehört, und Gott, was Gott gehört«; Mt. 22,21), sondern von der Tempelsteuer (Mt. 17,24–27). Masaccio unterscheidet drei Typen der figürlichen Darstellung: Links die Einzelfigur (Petrus findet im Fischleib ein Vierdrachmenstück), rechts das Figurenpaar (Petrus entrichtet die gefundene Münze als Tempelsteuer) und in der Mitte die nahezu kreisförmig um Jesus geschlossene Gruppe aus Jüngern und Beobachtern. Diesen Kreis durchbricht die Geste Jesu, die Petrus (der die Geste wiederholt) die Anweisung gibt, jenen Fisch zu fangen und die Münze, die er finden wird, als Steuer zu entrichten. Das überwiegende Gestaltungsmittel plastischer Figurenbildung ist die schräge Vorder- oder Rückansicht.

Vogelperspektive, der Blickpunkt befindet sich über dem Horizont, auf dem die Fluchtpunkte liegen.

Frontalperspektive, der Blickpunkt befindet sich in Höhe des Horizonts.

Froschperspektive, der Blickpunkt befindet sich unter dem Horizont.

Piero della Francesca, *Geißelung Jesu,* um 1460; Öl auf Holz, 59 x 81,5 cm; Urbino, Palazzo Ducale
Der zentralperspektivisch konstruierte Bildraum kontrastiert die Tiefenwirkung der Säulenhalle links als Ort der Geißelung mit der Nahwirkung der drei Gestalten rechts, wohl Pilatus mit seinen Beratern. Die beiden Bildhälften steigern wechselseitig ihre Wirkung. Es bestehen jedoch auch Deutungen der *Geißelung* als Analogie zu Ereignissen der ›nahen‹ Gegenwart: Ein Fehlurteil seiner Berater führte 1444 zur Ermordung von Oddantonio da Montefeltro, dessen Bruder Federigo das Bild für den Dom von Urbino gestiftet hat.

GESTALTUNGSMITTEL

RAUMPERSPEKTIVE

KÖRPER UND RAUM. Das Liniennetz eines regelmäßig in Quadrate gegliederten Platzes behält zwar seine Geradlinigkeit, scheint jedoch mit zunehmender Entfernung vom Betrachter an Breite zu verlieren; er schrumpft, wobei die in die Ferne führenden Linien einem gemeinsamen Berührungspunkt zustreben, während sich die Abstände zwischen den waagrechten Linien verringern. Diese Seherfahrung gewann im 15. Jahrhundert weitreichende Folgen: Der Zusammenhang zwischen Nähe und Ferne mit der Größe des Erscheinungsbildes wurde als gesetzmäßig und für alle Gegenstände der sinnlichen Wahrnehmung gültig erkannt. Wenn also alle Wahrnehmung einem Gesetz unterlag, das sich geometrisch als Zusammentreffen von Linien in einem Punkt berechnen und konstruieren ließ, so eröffnete sich die Möglichkeit, alles Wahrgenommene oder als wahrnehmbar Vorgestellte gemäß dieser Regeln zu gestalten. Mit Hilfe einiger Grundregeln gelang es, den Eindruck räumlicher Tiefe hervorzubringen: Alle in die Ferne führenden Parallelen konvergierten in Fluchtpunkten auf der Horizontlinie in Augenhöhe des Betrachters. Dies gilt auch für alle Gegenstände, die sich im dreidimensionalen Gitterwerk aus vertikalen, horizontalen und in die Tiefe fluchtenden Linien verkürzten oder verkleinerten: Ein am Boden liegender Kreis verformte sich zur Ellipse, eine in die Tiefe weisende Säule verjüngte sich zum Kegel.

OBJEKTIV UND SUBJEKTIV. Rasch wurden die Grenzen der einfachen perspektivischen Darstellung etwa der Innenansicht eines kastenförmigen Raumes aus der ›normalen‹ Sicht mit einem zentralen Fluchtpunkt in Augenhöhe verlassen. Man erprobte die räumlich-körperliche Wiedergabe aus extremen Blickwinkeln wie der Froschperspektive (Untersicht), um ein erhöht angebrachtes Gemälde mit dem Blickwinkel des Betrachters in Einklang zu bringen. Dies zeugt von dem Bewusstsein, dass die als allgemein gültig und somit objektiv erkannte Gesetzmäßigkeit der Wahrnehmung jeweils auf einen bestimmten Standort des Betrachters bezogen blieb. Ein veränderter Standort und Blickwinkel des Betrachters – bzw. seines Stellvertreters, des Malers – veränderte auch die Zuordnung der Gegenstände im Raum. Nicht die Gesetze änderten sich, aber das jeweilige Abbild der Erscheinungen. Das wirklichkeitsgetreue Bild erwies sich als standortgebunden, als individuell. ›Perspektivisch‹ bedeutete und bedeutet also zweierlei: Darstellung gemäß den Gesetzen der Wahrnehmung und unter den Voraussetzungen eines bestimmten Standorts.

Andrea Mantegna, *Oculus*, um 1470; Fresko, Durchmesser 269 cm; Mantua, Palazzo Ducale
Auftraggeber der Fresken in der Camera degli Sposi war Markgraf Lodovico Gonzaga; das Gemälde einer Längswand zeigt ihn mit seiner Familie. Die runde Öffnung (lat. *oculus* ›Auge‹) an der Decke fingiert einen Dachgarten, aus dem amüsierte Hofdamen und Eroten über eine Brüstung in das Ehegemach spähen. Die Scheinöffnung ist konsequent aus der Froschperspektive gestaltet. Bereits die Frührenaissance verfügt über die Illusionstechnik, die in der Deckenmalerei des Barock triumphiert.

KÜNSTLER

DONATELLO

BIOGRAFIE

1386 Donatello (eigtl. Donato di Niccolò di Betto Bardi) wird in Florenz geboren

1404–07 Gehilfe Lorenzo Ghibertis und Schüler Nanni di Bancos

1415 Prophetenfiguren für den Campanile des Florentiner Domes (zuletzt *Jeremia*, 1436; Museo dell' Opera del Duomo)

1416 *Hl. Georg* für Or San Michele, Florenz

1430–33 Aufenthalt in Rom

1433–39 *Cantoria* (Sängertribüne) für den Florentiner Dom (Museo dell' Opera del Duomo)

1435 (?) *David* im Auftrag der Medici (Florenz, Bargello)

1443–53 Aufenthalt in Padua: Hochaltar von Sant' Antonio und Reiterdenkmal des *Gattamelata*

1455 *Judit und Holofernes* (Florenz, Piazza della Signoria)

1460 Bronzekanzeln für San Lorenzo, Florenz (von Donatellos Schülern 1470 vollendet)

1466 Donatello stirbt in Florenz am 13. Dezember im Alter von 80 Jahren

OR SAN MICHELE. In Florenz liegt auf halbem Wege zwischen dem Domplatz und der Piazza della Signoria die Kirche Or San Michele. Erbaut als Verkaufshalle der Getreidehändler, entwickelte sich der Profanbau aufgrund eines wundertätigen Gnadenbildes zum Andachtsraum und um 1400 zur Kirche, deren vier Außenseiten zugleich eine Galerie der Renaissanceskulptur bilden: In großräumige Pfeilernischen sind Statuen eingestellt, die von den einzelnen Zünften in Auftrag gegeben wurden. Die beteiligten Künstler sind Lorenzo Ghiberti, Nanni di Banco und Donatello sowie Andrea del Verrocchio und schließlich Giovanni da Bologna. Gemeinsam ist den lebensgroßen Gewandfiguren der Ausdruck organischer Körperlichkeit, die bei Donatello durch den Kontrapost zu kraftvoll verhaltener Dramatik gesteigert ist. Seinen Anteil am Figurenschmuck von Or San Michele bilden der Evangelist *Markus* (Stiftung der Zunft der Leinenweber) und der *Hl. Georg* (das durch eine Bronzekopie ersetzte Original heute Florenz, Museo Nazionale del Bargello) sowie der *Hl. Ludwig von Toulouse* (von Or San Michele an die Fassade von Santa Croce versetzt).
Das Sockelrelief zum *Hl. Georg*, einer Stiftung der Waffenschmiede, schildert den Drachenkampf des Ritterheiligen in einer Gestaltungsweise, die als *rilievo schiacciato* bezeichnet wird: Das ›abgeplattete‹ Relief weckt durch kontinuierliche Verminderung der Reliefhöhe den Eindruck von Räumlichkeit. Zur technischen Vielfalt in Donatellos Gesamtwerk gehört die Beherrschung der Materialien Holz, Stuck, Kalkstein, Marmor und Bronze.

FLORENZ UND PADUA. Das *rilievo schiacciato* entwickelte Donatello in einem Hauptwerk seines zehnjährigen Aufenthalts in Padua zur Vollkommenheit: Die Bronzeplatten des Hochaltars in Sant' Antonio mit Szenen aus der Legende des hl. Antonius von Padua schaffen, obwohl als Flachreliefs gestaltet, durch zentralperspektivische Architekturkulissen eine tiefenräumliche Illusion. Hierbei verwertete Donatello Eindrücke seines Romaufenthalts: Die Architekturmotive (tonnengewölbte Arkaden) wurden durch die Maxentius-Basilika in Rom angeregt. Dasselbe gilt für die Bronzekanzeln in San Lorenzo, Florenz.
Das hier noch dekorativ verwendete Vorbild der Antike prägt auf epochale Weise Donatellos monumentales Meisterwerk, das Reiterstandbild des *Gattamelata* in Padua. Während die Figur des Condottiere die Würde eines römischen Imperators besitzt, vollführen an der *Cantoria* des Florentiner Doms (heute im Museo dell' Opera del Duomo) Engel, die sich allein durch kleine Flügelpaare von antiken Eroten unterscheiden, einen bacchantisch anmutenden Tanz. Die turbulente Fülle der Bewegungsmotive ist Donatellos Antwort auf den verhaltenen Reigen, zu dem sich die anmutigen Gestalten an der kurz zuvor ent-

standenen Sängertribüne von Lucca della Robbia in vier Gruppen zusammenfinden (heute ebenfalls im Museo dell' Opera del Duomo). Antik gewandet, mit teilweise entblößtem Oberkörper und in seiner Haltung auf Michelangelos *David* vorausweisend, präsentiert sich Donatellos *Jeremia* (Museo dell' Opera del Duomo), entstanden für eine Nische des von Giotto entworfenen und begonnenen Campanile (1334–59).

Donatello, *Die Verkündigung an Maria,* um 1435: Kalkstein mit Gold, Nische 218 x 168 cm; Florenz, Santa Croce
Eine antikisierende Architektur mit Maskenpaaren an den Kapitellen der Pilaster rahmt die Begegnung zwischen Maria und dem Erzengel Gabriel. Wie kaum ein anderes neutestamentliches Thema fordert diese Szene (Lk. 1,26–38) zu psychologischer Deutung heraus: Wie reagiert die Jungfrau auf die Verheißung der Geburt eines Sohnes? Donatello gibt der Gestalt Marias den Ausdruck eines Erschreckens – Maria ist aufgestanden und scheint sich zur Flucht zu wenden –, das der Engel zu besänftigen weiß. Das Eindringen der göttlichen Botschaft in Marias Leben findet in der Thronlehne formalen Widerhall. Ihre konkave Rundung betont Marias Zurückweichen, aber auch als komplementäre Form die Verneigung des Boten.

Andrea del Verrocchio, *Reiterdenkmal des Bartolommeo Colleoni,* 1479–96; Bronze, Höhe 400 cm; Venedig, Campo Santi Giovanni e Paolo
Aktion ist das Thema, das Pferd und Reiter vor Augen führen, und nur durch eigene Bewegung erschließt sich dem Betrachter die Skulptur. In zeitgenössischem Harnisch, das Kampfgeschehen beobachtend, reagiert der Kommandeur auf die Wendung seines Pferdes mit energischer, mimisch und gestisch artikulierter Korrektur. Colleoni, Condottiere in neapolitanischen, venezianischen und mailändischen Diensten, 1475 als Generalkapitän in Venedig gestorben, personifiziert in Verrocchios Gestaltung das machtvollkommene Individuum, das im barocken Herrscherdenkmal symbolisch überhöht wird.

GESTALTUNGSAUFGABE

DENKMAL

DER CONDOTTIERE. Als Denkmal kann eine Inschriftentafel ebenso dienen wie ein Monumentalbau, ein Gedenkstein wie eine aufwendige Grabanlage oder jede beliebige Leistung, mit der ein Bauherr, Erfinder, Künstler, Politiker ›sich ein Denkmal setzt‹, ganz zu schweigen von den Kultur- und Naturdenkmälern von Rang, die das Weltkulturerbe der UNESCO bilden.
Hier ist vom Denkmal als selbständige monumentale Gestaltungsaufgabe die Rede. Das autonome Denkmal erlebte seine Wiederbelebung in der zweiten Hälfte des 15. Jahrhunderts im Italien der Frührenaissance. Sie orientierte sich an antiken Vorbildern wie dem *Reiterstandbild des Mark Aurel* in Rom. Vorbereitet durch die billigere Lösung eines gemalten Standbilds, Paolo Uccellos *Reiterbildnis des Giovanni Acuto (John Hawkwood)* von 1436 (1842 wurde das Fresko auf Leinwand übertragen) im Dom von Florenz, entstanden in Venedig und Padua die beiden ersten als Reiterstandbilder gestalteten Denkmäler der Neuzeit: Donatellos *Gattamelata* und Verrocchios *Colleoni.* Wie bereits Acuto verkörpern diese als Söldnerführer den ›neuen Menschen‹: Macht, Ansehen und Reichtum verdankt er nicht seiner Herkunft und seinem Rang innerhalb der Ständegesellschaft, sondern persönlicher Tatkraft.

HERRSCHER, DICHTER UND ERFINDER. Donatello und Verrocchio schufen die Prototypen des barocken Reiterdenkmals mit der symbolischen Zügelung des sich aufbäumenden Pferdes durch den absolutistischen Lenker des Staates, ein Topos, der bis ins 20. Jahrhundert wirksam bleibt, karikiert in der Enthüllung des Reiterdenkmals Wilhelms II. in der Schlussszene von Heinrich Manns Roman *Der Untertan* (1918). Und es dauerte fast bis zur Mitte des 19. Jahrhunderts, bis das adlige Privileg eines als Standbild gestalteten Denkmals seine Ausschließlichkeit verlor: durch das 1839 eingeweihte Stuttgarter *Schillerdenkmal* mit der antik gewandeten und lorbeerbekrönten Figur des Dichters von Bertel Thorvaldsen, dem 1857 Ernst Rietschels Weimarer *Goethe-und-Schiller-Denkmal* folgte. Ein Damm war gebrochen, und zu den rund 50 nennenswerten Denkmalfiguren und -büsten in Wien gehört das 1862 enthüllte Standbild des Erfinders der Schiffsschrauben Anton Ressel von Anton Feinkorn.

Donatello, *Reiterdenkmal des Gattamelata,* 1448–53; Bronze; Höhe 280 cm; Padua, Piazza del Santo
Der Condottiere in venezianischen Diensten, gest. 1443, tritt als antiker Feldherr in Erscheinung, barhäuptig, mit Brustpanzer sowie gegürtetem Schwert und Feldherrnstab, die gemeinsam eine nach vorwärts deutende Diagonale bilden. Antikem Vorbild folgt auch die Kugel, auf die sich die linke Vorderhand des Pferdes stützt. Die Seitenansicht, mit der die Skulptur rechnet, verdeutlicht die Gelassenheit, die Pferd und Reiter verbindet, wobei das mächtige Schlachtross die Wirkung des Reiters nicht beeinträchtigt, sondern steigert.

BERÜHMTE MÄNNER

Eine literarische Gattung der Renaissance sind stadtgeschichtliche ›Ruhmeshallen‹ in dichterischer Form. Ein solches Werk mit dem Titel *De laudibus Patavii* widmete Michele Savonarola der Stadt Padua.
Die Abkehr von der mittelalterlichen Auffassung vom Rang einer Persönlichkeit verdeutlicht seine Feststellung, die Stadt blicke auf »berühmte Männer« zurück, »die keine Heiligen gewesen sind, jedoch durch ausgezeichneten Geist und hohe Kraft verdient haben, mit den Heiligen in eine Reihe gestellt zu werden« und insofern auch denkmalwürdig sind. Savonarolas Aufzählung reicht von den Schriftstellern Livius und Petrarca über Philosophen, Juristen, Mechaniker, Maler und Komponisten bis zu einem Fechtmeister.
Besondere Erwähnung findet, obwohl kein Sohn der Stadt, der Condottiere Gattamelata de Narni, dessen jüngst vor der Kirche des hl. Antonius von Padua errichtetes Reiterstandbild von Donatello den Söldnerführer als »triumphierenden Cäsar« vor Augen führt.

BEDEUTENDE GRABMALE DES 14.–16. JAHRHUNDERTS

Scaligergräber, mehrgeschossige, von Reiterstandbildern bekrönte Aufbauten in Verona, Camposanto (Friedhof) von Santa Maria Antica, u. a. *Grabmal des Cangrande della Scala*, um 1349/50 (Original des Reiterstandbilds im Museo del Castelvecchio).

Grabmale in Alt-St. Peter, von Antonio Pollaiuolo 1489–1493 geschaffene Skulpturen in Bronze: Liegefigur des Papstes *Sixtus IV.* (in den Neubau der Peterskirche überführt, heute in den Vatikanischen Grotten) und Papst *Innozenz VIII.* als Thronfigur und als Liegefigur (heute das einzige Grabmal in der Peterskirche aus Alt-St. Peter). Auftraggeber war Kardinal Giuliano della Rovere, der 1506 als Julius II. sein eigenes Grabmal bei Michelangelo in Auftrag gab (*Juliusgrab*, Aufstellung 1542 in Rom, San Pietro in Vincoli).

Sebaldusgrab, monumentales Gehäuse aus Bronze (Sockel, Pfeiler, Kuppeln, Reliefs und Statuen) für den Reliquienschrein des hl. Sebaldus (1395) von Peter Vischer d. Ä. und seinen Söhnen, 1508–19; Nürnberg, St. Sebald.

Bamberger Kaisergrab, Tumbengrab der Stifter Heinrich II. und Kunigunde von Tilman Riemenschneider im Bamberger Dom, 1499–1513.

Maximiliansgrab, 1508 von Konrad Peutinger für Kaiser Maximilian I. entworfen, um 1550 vollendetes, mit 28 Bronzestandbildern u. a. von Peter Vischer d. Ä. (König Artus, Theoderich d. Gr.); Innsbruck, Hofkirche.

Medicigräber, Sarkophage mit Allegorien (Tageszeiten) und Sitzfiguren (Giuliano, Herzog von Nemours, und Lorenzo, Herzog von Urbino) von Michelangelo in Florenz, Neue Sakristei von San Lorenzo, 1520–34.

GESTALTUNGSAUFGABE

GRABMAL

GRABPLATTE UND GRABFIGUR. Eine Voraussetzung für die reiche Entfaltung der Sepulkralkunst (von lat. *sepulcrum* ›Grab‹) im Spätmittelalter und in der Frühen Neuzeit bildete die zunehmende Einrichtung von Grabstätten im Sakralbereich, der zunächst dem Märtyrergrab vorbehalten war. Die Stifter von Kirchen und Klöstern erwarben den Anspruch, im Kreuzgang oder im Kirchenraum selbst beigesetzt zu werden. Ihre in den Boden eingelassenen Gräber bedeckten Grabplatten, deren ältestes erhaltenes Beispiel mit der ganzfigurigen Darstellung des Verstorbenen den Gegenkönig *Rudolf von Schwaben* zeigt (gest. 1080; Merseburger Dom). Die Grabplatte wuchs in der Folgezeit gleichsam in die Höhe, indem über dem Grab ein kastenförmiger Aufbau entstand: die Tumba (lat., der über einem Grab aufgeschüttete Erdhügel). Sie erinnert zwar an den antiken Sarkophag und erhielt wie dieser seitlichen Reliefschmuck, diente jedoch nicht als Sarg. Vielmehr ist das Tumbengrab ein Hochgrab, auf dessen Deckplatte sich aus dem Relief des Verstorbenen die rundplastische Liegefigur entwickelte (*Heinrich der Löwe und Mathilde* im Braunschweiger Dom, um 1230/40). Indem die Tumba an die Wand gerückt wurde, bot sich die Gelegenheit zu architektonischem Rahmenwerk des nun als Wandnischengrab gestalteten Grabmals.

DIE BILDSPRACHE DES GRABMALS. Die Grabfiguren weltlicher Fürsten und geistlicher Würdenträger sind mit ihren Amtsinsignien ausgestattet und durch Wappen gekennzeichnet. Hierin folgt die Gestaltung der Aufbahrung beim Toten-Offizium vor der Beisetzung, auf die sich ein Zug von Trauernden entlang der Seitenwände der Tumba bezieht (Grabmal für *Karl den Kühnen von Burgund*, um 1400 von Klaus Sluter für die Kartause Chapmol, heute Dijon, Musée des Beaux-Arts). Darüber hinaus kann das Grabmal die Taten des Verstorbenen würdigen: Das 1467 von Nikolaus Gerhaert van Leyden entworfene Grabmal für *Kaiser Friedrich III.* im Wiener Stephansdom zeigt an den Seiten der Tumba acht Reliefs mit den geistlichen Stiftungen des Kaisers.

Vorherrschend ist die Darstellung der Grabfigur in Gebetshaltung und mit geöffneten Augen als bereits Auferweckte in Erwartung des Jüngsten Gerichts. Die Erlösungshoffnung kann durch die Darstellung des Verstorbenen in zweierlei Gestalt zum Ausdruck kommen: als Leichnam in mitunter krasser Realistik und als Auferweckter in sitzender oder stehender Haltung.

Bildsprachlichen Ausdruck gewinnt die Erlösungshoffnung auch durch die Gestaltung der Tumba als leeres, von Arkaden gesäumtes Grab. Engel und als Trägertiere bevorzugte Löwen verweisen auf den christologisch gedeuteten Psalm 91: Engel »tragen dich auf ihren Händen, damit dein Fuß nicht an einen Stein stößt; du schreitest über

Bernardo Rosselino, *Grabmal des Leonardo Bruni,* um 1445; Florenz, Santa Croce
Zwei kanellierte Pilaster mit korinthischen Kapitellen rahmen den Aufbau aus Sarkophag, von Adlern gestützter Bahre und Liegefigur sowie Bogenfeld mit der Halbfigur der Madonna mit dem Jesuskind in einem Tondo. An der Vorderseite des Sarkophags tragen zwei Engel eine Inschriftentafel: Die Musen, Griechen und Römer trauern um den Verstorbenen. Auf der Brust der Liegefigur ruht, wie bei der Trauerfeier, ein Foliant mit dem Hauptwerk des aus einfachen Verhältnissen zum Staatsschreiber und Kanzler aufgestiegenen, als Gelehrten gefeierten Bruni (gest. 1444): sein Geschichtswerk über Florenz. Dem bekrönenden Löwenwappen entspricht am Sockel ein Löwenkopf zwischen Girlanden (Festons). Ursprünglich war das in feinster Meißelarbeit ausgeführte Grabmal reich bemalt.

Löwen und Nattern, trittst auf Löwen und Drachen« (Ps. 91,12 f.).
Die Funktion des Grabmals als Denkmal verdeutlicht das Kenotaph, das als ›leeres Grab‹ ein Grabmal lediglich vortäuscht. Diese Tradition reicht bis zum Kenotaph des 1321 in Ravenna gestorbenen und beigesetzten Dante in der zur Ruhmeshalle ausgebildeten Kirche Santa Croce in Florenz aus dem Jahr 1829 von Stefano Ricci.

THEMA

JÜNGSTES GERICHT

DAS WELTGERICHT

Zu den zahlreichen alt- und neutestamentlichen Quellentexten des Bildprogramms gehört die sog. Matthäus-Apokalypse:

»Wenn der Menschensohn in seiner Herrlichkeit kommt und alle Engel mit ihm, wird er sich auf den Thron seiner Herrlichkeit setzen. Und alle Völker werden vor ihm zusammengerufen werden, und er wird sie voneinander scheiden, wie der Hirt die Böcke von den Schafen scheidet. Er wird die Schafe zu seiner Rechten versammeln, die Böcke aber zu seiner Linken« (Mt. 25,31–33).

DAS BILDPROGRAMM. Die Gerichtsdarstellungen des Spätmittelalters und der Frühen Neuzeit stehen in einer Tradition, die bereits im 11./12. Jahrhundert die Gestalt monumentaler Kompositionen gewonnen hat: im Wandgemälde der Kirche Sant' Angelo in Formis bei Capua (um 1070), einer Stiftung des Abtes Desiderius von Montecassino, und im Mosaik der Kathedrale von Torcello auf einer Insel in der Lagune von Venedig, um 1190. Die hier jeweils vorherrschende Darstellung der himmlischen Sphären mit Engelschören reicht bis zu Giottos Fresko an der Eingangswand der Arenakapelle in Padua, um 1305. Stefan Lochners Triptychon für die Kölner Pfarrkirche St. Lorenz (um 1435, Mitteltafel im Wallraf-Richartz-Museum, Innenseiten der Flügel im Städel, Frankfurt a. M., Außenseite in München, Alte Pinakothek) konzentriert sich dagegen auf die ursprünglich byzantinische Deesis (griech., Bitte) mit Christus zwischen Maria und Johannes dem Täufer und die beiden Gruppen der Verdammten und der Erlösten. Der vergrößerte Anteil dieses Themenbereichs gestattet eine detaillierte Schilderung einzelner Standesvertreter, vor allem aber der Laster, die zur Verdammnis führen: Das Gerichtsbild dient der sittlichen Belehrung. Zwei flämische Altarwerke fügen die in ihrem Ursprung altägyptische Figur des Seelenwägers Michael hinzu: Rogier van der Weydens Polyptychon für die Kapelle des Hôtel-Dieu (Krankenhaus) in Beaune (heute Museum) und Hans Memlings Triptychon für eine Kirche bei Florenz, 1467–71, das auf dem Seeweg von Brügge nach Italien durch Piraten erbeutet wurde (Danzig, Muzeum Narodowe). Der Höllensturz der Verdammten und der Aufstieg der Erlösten beherrscht schließlich als stürmische Bewegung, die den Weltenrichter zu überwältigen droht, Michelangelos Fresko an der Altarwand der Sixtinischen Kapelle, 1534–41.

Luca Signorelli, *Flugdämon mit seiner Beute*, um 1500; Fresko; Orvieto, Dom
Signorelli verwandelte 1499–1504 die Cappella di San Brizio des Doms von Orvieto in ein Panoptikum apokalyptischer Szenen. Leonardo da Vincis Traum vom fliegenden Menschen wird in diesem Detail zum Alptraum.

Hieronymus Bosch (oder Nachfolger), *Fragment eines Jüngsten Gerichts*, nach 1500; Öl auf Holz, 59,4 x 112,9 cm; München, Alte Pinakothek
Das Fragment schildert die Auferweckung der Toten, die teils hoffnungsvoll zur Höhe aufblicken, teils als Verdammte von tierischen Mischwesen davongeschleppt werden.

GERICHTSBILD UND GERECHTIGKEITSBILD. Der angestammte Platz für Darstellungen des Jüngsten Gerichts ist die Westwand der Kirchen, der Altar, im Stundenbuch der Beginn des Toten-Offiziums (Gebete des Totengedenkens). Hinzu trat als neuer Ort des Gerichtsbildes das Rathaus, speziell der Schöffensaal, in dem Gericht gehalten wurde. Die Flügel zu beiden Seiten der traditionellen Szene des Jüngsten Gerichts zeigten biblische oder profangeschichtliche Beispiele gerechter und ungerechter Urteile. So gilt Hans Memlings *Batseba* (Stuttgart, Staatsgalerie) als Flügel eines verlorenen Jüngsten Gerichts und Beispiel für das ungerechte Verhalten König Davids.

Im Verlauf des 16. Jahrhunderts emanzipierten sich diese Nebenthemen zum reinen Gerechtigkeitsbild: 1498 wurde im Rathaus von Brügge ein Jüngstes Gericht durch das Diptychon *Die Gerechtigkeit des Kambyses* von Gerard David ersetzt (Brügge, Groeningemuseum). Die beiden Tafeln zeigen, wie der bestechliche Richter Sisamnes vom Perserkönig Kambyses entlarvt und durch das Abziehen der Haut hingerichtet wird. Zugrunde liegt eine Erzählung Herodots, für deren Verbreitung die *Facta et dicta memorabilia* (›Denkwürdige Taten und Aussprüche‹) des römischen Schriftstellers Valerius Maximus sorgten. Im Nürnberger Ratssaal stand unter einem *Jüngsten Gericht* die lebensgroße Skulptur eines bestechlichen Richters von Hans Leinberger, dessen Waage für einen Patrizier und gegen einen Bauern entscheidet.

THEMA

ANTIKE MYTHOLOGIE

EIN STOFF DER DICHTUNG. »Die Glorie des Bewegers aller Dinge / Dringt durch das Weltall, und von ihr erstrahlen / Mehr oder minder alle verschiednen Sphären.« Dieser ersten Terzine am Beginn des »Paradiso« in Dantes *Divina Commedia* folgt als fünfte dreizeilige Strophe die Anrufung des antiken Musengottes: »Apollo, gütiger, zum letzten Werke / Lass mich solch Werkzeug deiner Künste werden, / Wie du's für den geliebten Lorbeer forderst.« Die Geschichte der Illustrationen zu Dante Alighieris 1320 im Exil vollendetem Epos im 15. Jahrhundert macht deutlich, auf welch fruchtbaren Boden die Integration der antiken Mythologie in das christliche Weltgebäude fiel. Bereits 1373 hielt Giovanni Boccaccio in Florenz öffentliche Vorträge über Dantes Dichtung. Boccaccio war es auch, der in seiner mythografischen Schrift *De genealogia deorum* die grundlegende Argumentation für die ›poetische‹ Beschäftigung mit der antiken Mythologie formulierte: Im Unterschied zum frühen Christentum, das dem Heidentum notwendigerweise feindlich gegenüberstand, besitzt das längst siegreiche Christentum die Freiheit, sich gefahrlos dem antiken Erbe zuzuwenden.

Ein Kompendium der griechischen Mythologie in römischem Gewand bildeten Ovids *Metamorphosen*, die 1471 in Bologna im Druck erschienen. Aus ihnen schöpften Dichter wie der im Dienst der Medici stehende Humanist und Philologe Angelo Poliziano, dessen 1480 entstandenes Stück *La favola di Orfeo* (›Die Tragödie des Orpheus‹) als das erste profane Schauspiel in Italien gilt.

BILD UND BILDUNG. Dante hatte die Integration der Antike in einem Werk vollzogen, das in der (toskanischen) Volkssprache verfasst ist, deren sich auch Boccaccio in seinen 100 Novellen des *Decameron* – einer in weiten Teilen heftigen Attacke gegen die klerikale Unterdrückung der naturgegebenen Sexualität – bediente. Unbefangenheit, wie Dante und Boccaccio sie auf volkstümliche Weise propagierten, weckte in bestimmten Kreisen jedoch Misstrauen: Die Antike und ihre mythologisch eingekleidete Sinnlichkeit wurden zum ästhetisch kultivierten Bildungsgut der humanistisch, d. h. literarisch und philosophisch gebildeten Zirkel der italienischen Höfe: Sandro Botticellis *Geburt der Venus*, um 1477 (Florenz, Uffizien), schmückte ebenso wie der Schleiertanz der drei Grazien (*La Primavera*, nach einem Gedicht von Poliziano, um 1478; Florenz, Uffizien) ein Privatgemach der Medici-Villa in Poggio a Caiano. Andrea Mantegnas *Parnass* mit dem Reigen der Musen (um 1500; Paris, Louvre) entstand für das Studierzimmer der Markgräfin Isabella d'Este im Castello Estenso von Ferrara und besaß privaten Charakter wie das von Giovanni Bellini 1514 begonnene und 1529 von Tizian vollendete *Götterfest* (Washington, National Gallery of Art).

Initiale und Miniatur zum Beginn des »Paradiso« in Dantes *Divina Commedia*, um 1450; London, British Library, *Yates-Thompson-Codex*, fol. 129r
Die historisierte, erzählende Initiale L(a) stammt von Vecchietta, der in dieser Prachthandschrift die beiden ersten Teile der *Divina Commedia*, »Inferno« und »Purgatorio«, illustriert hat: Christus steht in einem Wagen, der an das Gefährt des Sonnengottes Phöbus Apollo erinnert und vor den ein Adler gespannt ist. Ein zweiter Adler gehört zu den vier seitlichen Evangelistensymbolen. Einbezogen sind Adam und Eva: Durch sie sind Sünde und Tod in die Welt gekommen, die Christus überwunden hat. Wie Dantes Text, so geht auch der Buchschmuck zu einem rein antiken Thema über: Die gerahmte Miniatur von Giovanni di Paolo, der das gesamte »Paradiso« illustriert hat, zeigt den Musengott Apollo, wie er Dante zwei Lorbeerkränze überreicht. Über dem Parnass schweben auf einer Wolke die neun Musen. Zweimal erscheint der Satyr Marsyas, als Herausforderer im Flötenspiel und als vom Gott geschundener Verlierer.

ominncia la terza cantica dila
comedia di dante aldighieri
defirenze chiamata paradiso nella
quale tracta debeati e dilla celestiale
gloria e di meriti e premy di santi
e diuidese in noue parti sicome lo
inferno canto primo nello cui prin
cipio lautore prohemiza alla sequē
te cantica e sono nello alimento
dillo fuogo e beatrice solue allo au
tore una questione nello quale cāto
lautore promecte di tractare le
cose diuine inuocando la scientia
poetica cioe apollo idio dilla sapiā

La gloria de chului che tucti moue
pluniuerso penetra risplende
in una pte piu et men altroue
Nel ciel che piu dela sua luce pnde
fuio et uiddi cose che redire
nesa ne po chi delassu descende
Per chappressando se al suo desire
nostro intellecto si profunda tanto
che dietro la mimoria nō puo ire
Ueramente quātio del regnio santo
nella mia mente puoti far tisoro
sira ora materia del mio canto
O buon apollo alultimo laboro
fame del tuo ualor si facto uaso
come dimandi dar lamatalloro
In fino adqui lun gioco diparnaso
assai mi fu ma or con anbendui
me buopo intrar nellaringo rimaso
Intra nel pecto mio et spira tue
si come qñ marsia traheste
della uagina delle menbre sue
O diuina uirtu semitte presti
tanto che lombra del beato regnio
segniata nel mio capo manifesti

Spätmittelalter und Frühe Neuzeit

BEGRIFFSFAMILIE

Palatin, einer der sieben Hügel Roms. Auf ihm residierten seit Augustus die römischen Kaiser. Vom *mons palatinus* bzw. dem kaiserlichen *palatium* leiten sich die folgenden Begriffe her.

Palas, Profaner Saalbau der mittelalterlichen Pfalz (ebenfalls nach *palatium* benannt) und Wohngebäude der Burg.

Palast, im deutschen Sprachgebrauch Oberbegriff für ein herrscherliches und repräsentatives Gebäude oder eine Bauanlage und insofern vielfach gleichbedeutend mit Schloss. Dasselbe gilt für den englischen und französischen Sprachgebrauch (*palace/castle; palais/château*). Gemeinsam ist auch die Übertragung auf Regierungs- und Verwaltungsgebäude (Justizpalast) sowie öffentliche Großbauten (Sportpalast).

Palazzo, im engeren Sinne der städtische Verwaltungssitz in Italien (*palazzo pubblico* ›Rathaus‹) und das innerstädtische herrschaftliche Wohngebäude.

Michelozzo, *Palazzo Medici-Riccardi,* um 1444–60; Florenz
Das Wohngebäude entstand im Auftrag von Cosimo de' Medici und wurde 1659 vom Großherzog Ferdinando II. de' Medici an den Marchese Francesco Riccardi verkauft; seit 1814 befindet sich der Palazzo in Staatsbesitz. Bis zur Übersiedlung Cosimos I. in den Palazzo Vecchio (1540) residierte hier das Familienoberhaupt. Eine Unterbrechung bildete die Zeit von der Vertreibung Pieros lo Sfortunato samt seiner Familie 1494 bis zur endgültigen Rückkehr der Medici mit Unter-

GESTALTUNGSAUFGABE

PALAZZO UND VILLA

STÄDTISCHER WOHNSITZ. Zur führenden Bauaufgabe in der Profanarchitektur des 15. Jahrhunderts entwickelte sich der Palazzo als innerstädtischer Wohnsitz der wirtschaftlich und politisch maßgeblichen Familien. Die Gestaltung musste zweierlei berücksichtigen: Vor dem Hintergrund der innerstädtischen Zwistigkeiten sollte der Palazzo ähnlich wehrhaft sein wie die adligen Wohn- oder Geschlechtertürme, am besten erhalten in San Gimignano. Zugleich sollte er der politischen und kulturellen Repräsentation dienen. Das Vorbild für die Verbindung beider Funktionen bot der Typus des Palazzo Pubblico: ein blockhaft geschlossenes Baugeviert um einen von Arkaden gesäumten Innenhof.
Idealtypische Beispiele finden sich vor allem in Florenz. Um 1450 entstand nach einem Modell von Michelozzo der Familienpalast der Medici (*Palazzo Medici-Riccardi*). Er besaß im Erdgeschoss als halböffentlichen Repräsentationsraum eine Loggia, die 1517 nach einem Entwurf Michelangelos durch Fenster verschlossen wurde. Zum Raumprogramm gehörte die Kapelle, deren Fresken von Benozzo Gozzoli (*Der Zug der Heiligen Drei Könige*, 1459/60) an das Florentiner Konzil, die lateinisch-griechische Kirchenunion von 1439, erinnern. Etwa zu derselben Zeit entstand nach einem Entwurf von Leon Battista Alberti der *Palazzo Ruccellai* des Großkaufmanns Giovanni di Paolo Ruccellai, ausgeführt von Bernardo Rosselino. Erster Bauherr des 1489 begonnenen *Palazzo Strozzi* war der aus dem Exil zurückgekehrte Filippo di Matteo Strozzi. Das durch Lorenzo de' Medici geförderte, 1536 abgeschlossene Bauwerk entstand nach einem Modell von Giuliano da Sangallo und wurde von Benedetto da Maiano ausgeführt.
Gemeinsames Gestaltungsthema aller drei Palazzi ist die organische Entwicklung der Fassaden vom belasteten Erdgeschoss zum lastenden Mittel- und aufsitzenden Obergeschoss. Michelozzo verwendete die Abfolge von Rustika, Fugenschnitt und glatter Wand, Alberti das Motiv geschossweise schmaler werdender Pilaster, Sangallo ein Mauerwerk aus Bossen, deren »Buckel« flacher werden.

LÄNDLICHER AUFENTHALT. Während sich der Palazzo in das Gefüge der städtischen Architektur einpasst, dessen Straßenführung etwa beim Palazzo Strozzi nach dessen Anlage ausgerichtet wurde, bildet die Villa den Mittelpunkt einer Garten- und Parkanlage. Im Unterschied zur Straßenfront der Palazzi entwickelt sich an den Fassaden der Villen eine Treppenanlage, die in die Umgebung ausgreift und diese mit dem Baukörper verbindet. Beispiele sind Landhäuser, die für Cosimo de' Medici errichtet und von Michelozzo zu Villen ausgebaut wurden, etwa die Villa il Trebbio und die Villa di Cafaggiolo (dargestellt auf Fresken im Palazzo Medici). Eine grundlegende Neuerung

schuf Giuliano da Sangallo bei der Fassade der Medici-Villa in Poggio a Caiano (an der Stelle einer Festung, die Lorenzo il Magnifico 1480 erworben hatte), indem er den Eingang zwischen den beiden Läufen der Freitreppe als Säulenportikus gestaltete. Das Motiv wirkte nach bis zur *Villa Rotonda* (1551–80) bei Verona von Andrea Palladio und Vincenzo Scamozzi. Hier ist einem quadratischen Baukubus mit zentralem Kuppelraum an jeder Seite ein Portikus mit Freitreppe vorgesetzt.

stützung Karls V. 1531 (Herzog Alessandro). Zu den von der Volksmenge 1494 aus dem Palazzo geraubten Schätzen gehörte Donatellos *Judit* (1455): Die Skulptur mit der Enthauptung des Holofernes diente an der Piazza della Signoria als Wahrzeichen der Befreiung von der Tyrannei.

KÜNSTLER

LEONARDO DA VINCI

KUNST UND WISSENSCHAFT. 1482 bot der 30-jährige Florentiner Leonardo da Vinci dem gleichaltrigen Ludovico Sforza seine Dienste an. In einem Bewerbungsschreiben berichtete er über seine militärtechnischen Erfindungen; erst am Ende erwähnt er die in Friedenszeiten nutzbaren Fähigkeiten als Baumeister, Bildhauer und Maler. Die Rangordnung entspricht den Erwartungen, die Leonardo beim Mailänder Herzog voraussetzen konnte. Sie zeigt aber auch den Wert, den Leonardo der auf Forschung gegründeten Erfindungskraft beimaß.
Vielseitigkeit in Bildung und Tätigkeit, die den herausragenden Künstlern des 15. Jahrhunderts ohnehin zur Selbstverständlichkeit wurde, gewann in Leonardos Schaffen universellen Charakter, indem sich die scheinbar heterogene Beschäftigung als Maler und Bildhauer, Kunsttheoretiker, Naturwissenschaftler (Anatomie, Astronomie, Physik), Ingenieur und Kartograf auf die Sieben Sinne und die Vier Elemente beziehen. Projekte, mit denen Leonardo seiner Zeit um Jahrhunderte voraus war, ergaben sich aus der Erforschung der in Wasser und Feuer, Luft und Erde wirksamen Naturgesetze, deren Kenntnis

Leonardo da Vinci, *Anna selbdritt*, 1508–10; Öl auf Leinwand, 168,5 x 130 cm; Paris, Louvre
Das Familienbild mit dem kompositorischen Aufbau der Figura piramidale und der malerischen Gestaltungsweise des Sfumato enthält als drittes Wesensmerkmal der Kunst Leonardos die psychologische Charakterisierung: Die Spitze der ›Pyramide‹ bildet das Haupt der hl. Anna; ihr sinnender Blick führt über das Haupt Marias hinunter zum Jesuskind, das spielerisch ein Lamm umhalst. Von diesem Passionssymbol aus erschließt sich der seelische Gehalt: Während sich das Kind der Spielfreude hingibt und Maria in mütterlicher Fürsorge Halt bietet, spiegelt sich in Annas Antlitz das Wissen um die Sendung ihres Enkelkindes. Bereits 1501 zeigte Leonardo in Florenz einen (verlorenen) Entwurf, dessen Variante (schwarze und weiße Kreide auf Papier; London, National Gallery) noch die Figur des Johannesknaben enthält. Die hier mit grafischen Mitteln gestaltete weiche Modellierung der Figuren verbindet das Ölgemälde mit feinster farblicher Nuancierung.

dazu diente, Unterwasserboote und Flugapparate, Explosionsgeschosse und Gartenanlagen zu entwickeln. Das verbindende Medium sind Leonardos zeichnerische Studien, die ihm den Rang des ersten wissenschaftlichen Illustrators mit hoher künstlerischer Gestaltungskraft verleihen. Veröffentlicht wurden 1498 seine Zeichnungen zum Werk *De divina proportione* des Mathematikers Luca Piciole.

KENNTNIS UND VORSTELLUNG. Die herausragende Kunst- und kulturgeschichtliche Bedeutung Leonardos beruht auf der Überwindung eines auf empirisch erkannten Regeln gegründeten Weltbildes. Kennzeichnend ist seine Verwendung der Perspektive: *Die Anbetung der Könige* (1481, unvollendet; Florenz, Uffizien) besitzt zwar eine Raumkonstruktion, ruft jedoch durch eine Vielzahl von Lichtwirkungen eine gesteigerte Raumvorstellung hervor. Mit der als Sfumato (ital., Rauch) bezeichneten malerischen Gestaltungsweise gab er nicht allein die Seherfahrung der verschleierten Fernsicht wieder, sondern aktivierte zugleich die Vorstellungskraft. Geheimnisvoll wie die auf einem Traumerlebnis beruhende Höhle, die bei den beiden Versionen der *Felsgrottenmadonna* Maria und das Jesuskind, einen Engel und den Johannesknaben umschließt, ist die ferne Gebirgslandschaft im Hintergrund des Bildnisses der Ehefrau des Florentiner Kaufmanns Francesco del Giocondo mit dem Titel *Mona Lisa*: Das Lächeln, das hier wie bei Leonardos meisten Frauenporträts und Madonnenbildern weibliche Anmut zum Ausdruck bringt, gewinnt durch jene ferne und doch mit der Halbfigur in der vordersten Bildebene verbundene Landschaft eine bildsprachlich gestaltete seelische Vertiefung.

MENSCHENKUNDE. Ein Schlüssel zu Leonardos Welt- und Menschenbild ist der zwar unvollendete, jedoch durch seinen Schüler Francesco Melzi überlieferte, in rund 50 Abschriften des 16. Jahrhunderts verbreitete *Traktat über die Malerei*. (Die spiegelverkehrte Schrift des Originals wird auf Leonardos Linkshändigkeit zurückgeführt.) Die hier zusammengestellten Notizen und Reflexionen handeln zwar auch von handwerklichen Problemen des Malerberufs sowie vom Verhältnis zwischen Theorie und Praxis, kreisen aber vor allem um die Frage nach der Lebensweise und Würde des Malers.
Diese galt es in einer Zeit zu bewahren, in der das künstlerische Tun in den Schatten machtpolitischer Auseinandersetzungen trat. Leonardos Lebensweg wurde wesentlich mitbestimmt durch die französische Italienpolitik: 1499 wurde Ludovico Sforza aus Mailand vertrieben und starb 1508 in französischer Gefangenschaft; 1506 kehrte Leonardo auf Einladung des Statthalters Charles d'Amboise nach Mailand zurück. Aus der Zeit in Rom stammt das als Rötelzeichnung ausgeführte und einzige erhaltene *Selbstbildnis* (Turin, Biblioteca Real): das Antlitz eines Greises mit wallendem Haupthaar und Bart, dessen Blick unter buschigen Augenbrauen den Ausdruck genauer Beobachtung mit der Kraft innerer Anschauung verbindet.

BIOGRAFIE

1452 Leonardo (toskan. Lionardo) wird am 15. April in Vinci bei Florenz als uneheliches Kind eines Florentiners geboren

1469–81 Florenz: Ausbildung bei dem Maler und Bildhauer Andrea del Verrocchio, ab 1472 Mitglied der Lukasgilde; *Verkündigung an Maria* (um 1472/73; Florenz, Uffizien).

1482–99 Mailand: Im Dienst des Herzogs Ludovico Sforza *Reiterdenkmal für Francesco Sforza* (nicht ausgeführt), Konstruktion von Kriegsmaschinen; *Madonna in der Felsgrotte* (Paris, Louvre); *Abendmahl* (Mailand, Santa Maria delle Grazie, Refektorium)

1500–08 Florenz: Im Wettstreit mit Michelangelo Fresko *Die Schlacht von Anghiari* (zerstört), *Mona Lisa* (Paris, Louvre); zweite Fassung der *Madonna in der Felsgrotte* (London, National Gallery); Baumeister im Dienst von Cesare Borgia

1508–13 Mailand: *Anna selbdritt* (Paris, Louvre); anatomische Studien

1513–16 Rom: Im Dienst von Giuliano de' Medici, zuletzt Herzog von Nemours; *Johannes der Täufer* (Paris, Louvre)

1516 Leonardo folgt der Einladung von König Franz I. nach Amboise; Architekturstudien

1519 Leonardo stirbt im Château Le Cloux bei Amboise am 2. Mai 1519 im 68. Lebensjahr

WIRKUNGSGESCHICHTE

LEONARDOS »ABENDMAHL«

EIN RAUM IM RAUM. Das Wandgemälde im Refektorium, dem Speisesaal, des Dominikanerklosters Santa Maria delle Grazie nimmt die ganze Breite der nördlichen Schmalseite ein. Den Auftrag erteilte Ludovico Sforza, der in der Klosterkirche seine Gebete zu verrichten pflegte und dem Konvent seine Unterstützung zukommen ließ.
Die zentralperspektivische Konstruktion des Bildraums lässt das Gemälde als Bühne erscheinen, die an den Speisesaal angrenzt. Zwei Gestaltungsmittel wirken jedoch dieser Fiktion entgegen: Zum einen liegt der Blickpunkt, auf den sich die Raumkonstruktion bezieht, nicht in Augenhöhe des Betrachters, sondern über ihm; er muss sich gleichsam innerlich erheben, um den ›richtigen‹ Standpunkt einzunehmen. Zum anderen hemmen der flächenparallele Abendmahlstisch und die hinter ihm gereihten Apostel, deren Köpfe sich etwa in Höhe der Horizontlinie befinden, den Tiefeneindruck. Hinzu kommt eine bedeutungsvolle Abweichung von den kompositorischen Vorbildern, die Leonardo da Vinci in Florenz kennen gelernt hatte: Die Fresken von Andrea del Castagno (um 1450, Museo di Sant'Apollonia) und Domenico Ghirlandaio (um 1480, Refektorium von San Marco) zeigen Judas als vereinzelte Gestalt diesseits des Tisches. Leonardos Judas dagegen ist in die Schar der Jünger eingereiht.

Leonardo da Vinci, *Abendmahl,* 1495–98; Öltempera, 420 x 910 cm; Mailand, Santa Maria delle Grazie, Refektorium
Das bereits kurz nach seiner Entstehung durch das Abblättern der Farbschicht vom Verfall bedrohte, durch Übermalungen erst recht in den Details entstellte Wandgemälde erfuhr 1979–99 eine umfassende Restaurierung.
Die Komposition enthält eine zentralperspektivische Konstruktion mit Fluchtpunkt links von Jesu leicht nach rechts geneigtem Haupt sowie ein gleichseitiges Dreieck, in das Jesu Oberkörper eingezeichnet ist. Links und rechts wiederholen die vier Dreiergruppen der Jünger die Form des Dreiecks in unterschiedlicher Abwandlung.

JESUS UND JUDAS. In der Abendmahls-Ikonografie überwiegt die Entlarvung des Verräters Judas gegenüber der Einsetzung des Abendmahls als Sakrament, die sich im Thema der Apostelkommunion verselbständigt hat. Leonardo wählte den Moment, nachdem Jesus seinen Jünger in große Verwirrung versetzt hat: »Amen, amen, das sage ich euch: Einer von euch wird mich verraten« (Joh. 13,21). Giorgio Vasari unterstreicht in seinen *Vite* (1550) den Textbezug: »In allen Gesichtern liest man die bange Frage, wer wohl den Meister verraten habe, und jedes

drückt in seiner Weise die tiefe Liebe zu Jesus aus, dazu Angst, Zorn und Betrübnis, dass sie seine Rede nicht begreifen können. Das ist nicht weniger bewundernswert dargestellt als im Gegensatz dazu der Ausdruck von Trotz, Hass und Tücke, der sich in den Zügen des Judas spiegelt.«
Die Frage nach der Beziehung zwischen Judas und Jesus ist ein Leitmotiv in der Interpretationsgeschichte des Gemäldes. Sie betrifft die Gruppe aus Judas, Johannes und Petrus, zu der Jesu Rechte hinführt, insgesamt. Vom Evangelientext motiviert ist offenkundig die Vehemenz, mit der sich Petrus an Johannes wendet, um durch den Lieblingsjünger Jesus zu einer Erklärung zu veranlassen. Doch was bedeutet die Analogie der beiden Profilansichten des Judas und des Petrus? Ist Letzterer als zweiter Verräter gekennzeichnet, der seinen Herrn dreimal verleugnen wird? Auf dem Weg einer Entschlüsselung formaler Analogien gelangte Joachim Schumacher in seiner Leonardo-Monografie (1981) zu der Hypothese, die durch eine V-Form verketteten Gestalten Jesu und des Verräters Judas verkörperten die einander bedingenden Mächte des Guten und des Bösen. Demzufolge enthielte Leonardos *Abendmahl* eine Lehre der zeitgenössischen Sekte der Ophiten.

KEINE GUTE GESELLSCHAFT. Während die zentrale, Vasaris Bericht zufolge unvollendete Gestalt Jesu nie in Frage gestellt wurde, fanden die Jünger-Figuren mitunter wenig Bewunderung. 1916 entrüstete sich der Kunsthistoriker Bertrand Berenson: »Was ist das aber für ein Haufen von aufgeregten, gestikulierenden, vorlauten Menschen, deren Gesichter alles andere als angenehm zu empfinden sind. (...) Die sind mir keine gute Gesellschaft!«
Wir wissen nicht, ob Luis Buñuel Berensons Urteil gekannt hat, in dem die Jünger mit »gemeinen Verbrechern, hinterlistigen Verschwörern« gleichgesetzt werden. Jedenfalls enthält sein Film *Viridiana* eine Szene, die Leonardos Gemälde als ›lebendes Bild‹ nachstellt: mit betrunkenen Bettlern zu beiden Seiten eines Blinden. Hat Buñuel eine Bedeutungsebene freigelegt, die von einer formalistischen bis esoterischen Verherrlichung überlagert war?
Auf entgegengesetzte Weise entzauberte Ben Willikens das Fresko, indem er das Raumgehäuse nachbildete: menschenleer, mit Stahltüren anstelle der seitlichen Wandbehänge und Gumminoppen unter den Metallbeinen des Tisches (*Abendmahl*, 1976–79; Grisaille, 300 × 600 cm; Frankfurt, Deutsches Architekturmuseum).

SELBSTZERSTÖRUNG? Im Zusammenhang der 1999 abgeschlossenen Restaurierung wurde eine Künstlerlegende neu kolportiert, die eine Antwort auf die Frage geben soll, weshalb Leonardo die ›falsche‹ Maltechnik verwendet hat. Statt der zu rascher Arbeitsweise zwingenden, aber dauerhaften Freskomalerei experimentierte er mit einer ölhaltigen Farbsubstanz *al secco* (Malerei auf trockenem Grund), die jedoch keine Verbindung mit dem Verputz der Wand einging. Dies war, so die Legende, Leonardos Absicht: ein Werk, das sich wieder in nichts auflösen würde.

DIE KÖRPERSPRACHE

»Einer, der getrunken hat, lässt sein Glas stehen und dreht den Kopf zum Sprechenden. Einer verschränkt die Finger ineinander und wendet sich mit strengem Blick seinem Nachbarn zu. Einer, der die Hände ausbreitet, sodass die Handflächen sichtbar sind, zieht mit einer Miene des Erstaunens die Schultern hoch. Ein anderer spricht in das Ohr seines Nachbarn, und der Hörende wendet sich ihm zu, um ihm sein Ohr zu leihen, während er in der einen Hand ein Messer hält und in der anderen einen bereits zur Hälfte durchgeschnittenen Laib Brot. Und wieder ein anderer, der ein Messer hält, stößt, indem er sich umwendet, ein Glas um. Einer legt die Hände auf den Tisch und starrt vor sich hin. Ein anderer beugt sich vor, um den Sprechenden anzuschauen, und beschattet dabei mit der Hand seine Augen. Wieder ein anderer versteckt sich hinter dem, der sich vorbeugt, und beobachtet den Sprecher zwischen der Wand und den sich Vorbeugenden.«

Leonardo da Vinci,
Traktat über die Malerei.
(Leonardo beschreibt in den zitierten Sätzen und im Hinblick auf sein *Abendmahl* die Aufgabe des Malers, den Geist eines Menschen in der Körperhaltung und Gestik darzustellen.)

KÜNSTLER

BRAMANTE

BIOGRAFIE

1444 Bramante (eigtl. Donato d'Angelo Lazzari) wird in Monte Asdrualdo bei Fermignano südlich von Urbino geboren

um 1468 In Urbino Maler und Architekt

1476 Übersiedlung nach Mailand. Umbau der Kirche *Santa Maria presso San Satiro*; Choranlage der Klosterkirche *Santa Maria delle Grazie*. Sein Mailänder Schüler ist der Maler Bartolomeo, gen. Bramantino (*Anbetung der Könige*, um 1498; London, National Gallery)

1499 Übersiedlung nach Rom

1502 *Tempietto* im Hof von *San Pietro in Montorio*

1503 Tätigkeit im Dienst des Papstes Julius II.: Erweiterung des *Papstpalastes* (u. a. *Belvederehof* und *Loggien*), Planung für den Neubau der *Peterskirche* (Grundsteinlegung 1506)

1508 Bramante führt Raffael am päpstlichen Hof ein

1514 Bramante stirbt in Rom am 11. März im Alter von 70 Jahren

Cristoforo Foppa Caradosso, Medaille mit Bramantes Entwurf der Peterskirche (Templum Petri), um 1505; Bronze; London, British Museum

DER ZENTRALBAU. Ein Leitgedanke der Renaissancearchitektur ist ein Bauorganismus, der sich harmonisch von einem Mittelpunkt aus entwickelt: der Zentralbau. Er war der Typologie der christlichen Sakralarchitektur nicht fremd, blieb jedoch weitgehend auf die Taufkapellen (Baptisterien) beschränkt, deren Mittelpunkt das Taufbecken bildete.
Die Gestaltung einer Kirche selbst als Zentralbau widersprach dagegen ihrer Funktion als Versammlungsstätte einer Gemeinde, deren Aufmerksamkeit auf den Altar als Ort des heiligen Messopfers gerichtet sein musste. Andererseits besaß der Ostteil der ›gerichteten‹ Basilika in Gestalt der Vierung einen ›zentrierten‹ Raumabschnitt, der im Schaffen Bramantes den Ausgangspunkt auf dem Weg zum zentrierten Kirchenbau bildete.
Gelegenheit bot in Mailand der Ausbau von *Santa Maria presso San Satiro*. Den Chorraum ergänzte Bramante durch zwei seitliche Arme mit römischer Tonnenwölbung, die Leon Battista Alberti in Mantua nach römischem Vorbild bei der Kirche Sant' Andrea (beg. 1472) verwendet hatte. Einen dritten, nach Osten ausgreifenden Arm verwehrte der Baugrund; Bramante behalf sich mit dem Anschein der Osterweiterung durch eine gemalte Scheinarchitektur. Die Faszination der hier mit perspektivisch-illusionistisch verwirklichten Raumkonzeption verdeutlichen die um 1490 in Mailand entstandenen Zentralbauentwürfe Leonardo da Vincis. Sie entsprechen der Kirche Santa Maria delle Carceri, die Giuliano da Sangallo 1485–91 in Prato nördlich von Florenz geschaffen hat.
Die Errichtung einer Kapelle zum Gedenken an die Kreuzigung des hl. Petrus in Rom entband Bramante aller liturgischen Rücksichten: Über einer Unterkirche mit Altar erhebt sich eine zweigeschossige, überkuppelte Rotunde mit Säulenkranz und ebenfalls ringsum verlaufender Balustrade: der *Tempietto* im Hof der Klosterkirche *San Pietro in Montorio*, gestiftet vom spanischen Königspaar.

BRAMANTE UND JULIUS II. Ein ungeheurer und dennoch konsequenter Schritt führt vom *Tempietto* zu einem Bauvorhaben, das Bramante und Papst Julius II. gemeinsam in Angriff nahmen, dem Neubau der *Peterskirche* als überkuppeltem Zentralbau über dem Grundriss eines griechischen Kreuzes mit vier gleich langen Armen inmitten eines Quadrats. Als vierzig Jahre später Michelangelo die Bauleitung der Peterskirche übernahm, revidierte er alle inzwischen vorgenommenen Planänderungen und kehrte zu Bramantes Projekt, wenn auch in ›dramatisierter‹ Form (Verstärkung der Vierungspfeiler) zurück. Erst das frühe 17. Jahrhundert ergänzte den Zentralbau Bramantes und Michelangelos durch das nach Osten gerichtete Langhaus.
Die zweite herausragende Bauaufgabe, mit der Julius II. Bramante beauftragte, war der Ausbau des Papstpalastes.

In unveränderter Form sind vor allem der *Cortile del Belvedere*, in dem Schaustücke aus der Antikensammlung des Papstes aufgestellt wurden (z. B. die *Laokoon-Gruppe*), und die Loggien erhalten: ein 65 m langer, in 13 Joche unterteilter Arkadengang, dessen Ausstattung mit Fresken der Nachfolger Julius' II., Leo X., Raffael übertrug.

Bramante, *Tempietto* im Klosterhof von *San Pietro in Montorio* in Rom, 1502
Hier soll der Ort sein, an dem Petrus gekreuzigt wurde. Sein Grab wird in der Peterskirche verehrt.

KÜNSTLER

RAFFAEL

VON UMBRIEN NACH ROM. Raffael wuchs im Umkreis des Hofes des Herzogs Federigo da Montefeltro auf, dessen Ruhm sein Vater, der Maler und Humanist Giovanni Santi, eine Reimchronik gewidmet hat. Am Fürstenhof von Perugia herrschte jedoch nicht das Mäzenatentum von Urbino, das Piero della Francesca genossen hatte, sondern die Tyrannei der Familie Bagloni, die im Jahr 1500 einem Massaker zum Opfer fiel.

Raffael, *Die Vermählung Marias* (*La Sposalizio*), 1504; Öl auf Holz, 170 x 117 cm; Mailand, Pinacoteca di Brera.
Das Altarbild für die Albizzi-Kapelle von San Francesco in Città di Castello ist Raffaels letztes Werk als Mitarbeiter von Pietro Pergino in Perugia. Es wiederholt dessen Altartafel aus den Jahren 1499–1504 (Caen, Musée des Beaux-Arts) mit einigen Veränderungen, die zum Teil durch das schlankere Bildformat bedingt sind: Die waagrechte Mittelachse teilt die Bildfläche in zwei Hälften, deren obere dem Architekturbild eines überkuppelten Zentralbaus (dem Tempel in Jerusalem) vorbehalten ist, während das untere Rechteck eine Episode aus dem apokryphen Protoevangelium des Jakobus schildert: Zwölf Witwer werben um die Hand der im Tempel aufgewachsenen Jungfrau Maria und übergeben dem Hohenpriester je einen Stab; Josefs Stab ergrünt und erweist diesen als den von Gott auserwählten Bräutigam, den der Hohepriester mit Maria vermählt. Vorne rechts zerbricht einer der unterlegenen Mitbewerber seinen dürren Stab. Das Stabwunder hat ein alttestamentliches Vorbild: Moses Bruder Aaron und mit ihm der Stamm Levi werden auf diese Weise zum Priesteramt berufen werden (4. Mose 17,23).

Als Raffael vier Jahre später nach Florenz übersiedelte, hatte hier die Herrschaft der Medici ihr Ende gefunden; Leonardo da Vinci und Michelangelo lagen im Wettstreit mit ihren Entwürfen zu Wandgemälden für einen Saal des Palazzo Vecchio, die vergangene militärische Erfolge der wiederhergestellten Republik vergegenwärtigen sollten. Der elegante Linienstil, den Raffael als umbrisches Erbe kultiviert hatte, verwandelte sich unter dem Einfluss Leonardos: Die Florentiner Madonnenbilder sind nach dem

Vorbild der *Anna selbdritt* pyramidenförmig komponiert und ersetzen die zeichnerische Zentralperspektive der *Sposalizi* durch die malerische Farbperspektive.
In Rom, wo ihn sein Landsmann Bramante Papst Julius II. vorstellt, tritt Raffael seinerseits in Wettstreit mit Michelangelo. Während dieser die Decke der Sixtinischen Kapelle ausmalt, arbeitet Raffael mit einer wachsenden Zahl von Gehilfen in den päpstlichen Privatgemächern, den Stanzen. Während Michelangelo auch nach dem Tod Julius' II. 1513 die Arbeit am Monumentalwerk des Juliusgrabes fortsetzen muss, erringt Raffael eine führende Stellung am Hof Leos X.: als Bauleiter der Peterskirche, Konservator der römischen Altertümer und als mit immer umfangreicheren Aufgaben betrauter Wandmaler (biblischer Zyklus in den *Loggien des Vatikanpalastes*. Fresken der *Villa Farnesina* des Bankiers Agostino Chigi) und Porträtist (*Leo X. mit zwei Kardinälen*, 1518/19; Florenz, Uffizien). Marcantonio Raimondi arbeitete für Raffael als Kupferstecher (*Das Urteil des Paris* nach einer verschollenen Zeichnung Raffaels).

ANTIKE UND CHRISTLICHE HISTORIE. Der stilistischen Synthese aus umbrischen und toskanischen Elementen, die Raffaels römische Fresken zu monumentaler Wirkung steigern, entspricht eine Synthese aus antikem und christlichem Erbe: In der Stanza della Segnatura ist das Fresko *Der Parnass* mit der zentralen Figur des Musengottes Apollo der antik begründeten Dichtung gewidmet, zu deren Repräsentanten sowohl Homer als auch Dante gehören. Im selben Raum verkörpern die um Platon und Aristoteles gruppierten Figuren die antiken Freien Künste, während die *Disputà* das christliche Mysterium der Eucharistie darstellt. Diese Zusammenschau reicht bis zur Verschmelzung: Der Engel, der im Fresko *Die Vertreibung des Heliodor* den Tempelräuber vor den Augen Julius' II. niederreitet, ist einem Relief am Konstantinbogen nachgebildet.
Die thematische und stilistische Synthese findet ihren überragenden künstlerischen Ausdruck in Raffaels kompositorischer Meisterschaft: Die illusionistische dreidimensionale Raumwirkung und die zweidimensionale Bildfläche beleben sich wechselseitig in vollendetem Ausgleich. Den Ausgangspunkt lässt bereits der *Sposalizio* erkennen: Dem Wechselspiel von bogenförmiger Rundung der Tafel und plastischer Kuppel im oberen Teil entspricht unten der kreisförmige Grundriss der Gruppierung, die wiederum das Motiv des Zentralbaus aufgreift. In Raffaels harmonischer Geometrie analoger Formelemente manifestiert sich das künstlerische Ideal der Hochrenaissance. In Raffaels Klassik »vereinigt sich die höchste kirchliche Empfindung für religiöse Kunstaufgaben sowie die volle Kenntnis und liebereiche Beachtung natürlicher Erscheinungen in der ganzen Lebendigkeit ihrer Farbe und Gestalt mit dem gleichen Sinn für die Schönheit der Antike« (G. W. F. Hegel, *Vorlesungen über die Ästhetik*, 1835).

BIOGRAFIE

1483 Raffaello Santi wird am 6. April (?) in Urbino geboren. Ersten Unterricht in der Malerei erteilt sein Vater Giovanni Santi (gest. 1494)

1494 (?) Gehilfe Pietro Peruginos in Perugia; *Kreuzigung* (1503; London, National Gallery)

1504 Übersiedlung nach Florenz; *Madonna Terranuova* (um 1505; Berlin, Gemäldegalerie), *Madonna Tempi* (1507; München, Alte Pinakothek)

1508 Übersiedlung nach Rom; Papst Julius II. erteilt den Auftrag zur Ausmalung der Stanzen (Privaträume) im Papstpalast, beginnend mit der *Stanza della Segnatura*. Es folgen: Fresken der *Stanza d'Eliodoro* (1512–14); *Sixtinische Madonna* (1512/13; Dresden, Galerie Alte Meister); Fresken der *Villa Farnesina (Meerfahrt der Galatea*, 1512/13)

1515 Papst Leo X. ernennt Raffael zum Bauleiter der Peterskirche und Konservator der Altertümer in Rom; *Baldassare Castiglione* (Paris, Louvre); Teppichentwürfe für die Sixtinische Kapelle, Kartons 1515/16, heute in London, Victoria & Albert Museum, Ausführung bis 1521 in Seide mit Goldfäden durch Pieter van Aelst in Brüssel in mehreren Fassungen, u. a. Pinacoteca Vaticana und Dresden, Galerie Alte Meister

1520 *Die Verklärung Christi* (1523 durch Giulio Romano vollendet; Pinacoteca Vaticana). Raffael stirbt in Rom am 6. April im Alter von 37 Jahren.

GESTALTUNGSMITTEL

DREIECK

VEREINFACHUNG. 1896 nannte Jacob Burckhardt, der herausragende Interpret der Renaissance, in einem Brief an seinen Schüler Heinrich Wölfflin als das wesentliche Merkmal der italienischen Kunst zu Beginn des 16. Jahrhunderts den »Verzicht auf das Viele (selbst, wenn es sehr schön war) zugunsten des Mächtigen und namentlich des Bewegten«. Beides stellte Burckhardt unter den Oberbegriff der Vereinfachung. Ihr kompositorisches Gestaltungsmittel ist das aufgerichtete Dreieck; es kennzeichnet den Aufbau der italienisch als ›Figura piramidale‹ bezeichneten Einzelfigur oder Figurengruppe. Ihre Ausprägung in Werken des frühen 16. Jahrhunderts verbindet die Mächtigkeit einer in sich geschlossenen Form mit dem Bewegten, indem die grundsätzlich symmetrische und statische Pyramide zwar als Ordnungsprinzip erhalten bleibt, aber ein reich bewegtes ›Innenleben‹ gewinnt. In dieser Verwendung erfüllt die Dreieckskomposition eine Forderung der antik geschulten Ästhetik: den harmonischen Ausgleich des Gegensatzes zwischen Ruhe und Bewegung. Klassische Werke der Porträtmalerei als Brustbild in der Komposition eines Dreiecks sind Albrecht Dürers *Selbstbildnis im Pelzrock* (1500; München, Alte Pinakothek) und Leonardo da Vincis *Mona Lisa* (um 1503; Paris, Louvre).

Matthias Grünewald, *Stuppacher Madonna,* um 1518; Öl auf Leinwand auf Holz, 185 x 150 cm; Stuppach bei Bad Mergentheim, Pfarrkirche Mariä Himmelfahrt
Hypothetisch bleibt die ursprüngliche Zugehörigkeit zum *Mariä-Schneewunder-Altar,* dessen rechter Flügel sich im Augustinermuseum in Freiburg i. Br. befindet. Diese Tafel schildert die Gründungslegende der ältesten Marienkirche Roms: Schneefall mitten im Sommer markierte den Ort, an dem Santa Maria Maggiore errichtet werden sollte. Im Vergleich mit der Madonna des *Isenheimer Altars,* die das Kind in ihren Armen wiegt, ist die Maria der *Stuppacher Madonna* mit dem stehenden Kind auf ihren Knien wesentlich ›pyramidaler‹ komponiert.

GRÜNEWALD UND RAFFAEL. Die Kunst des frühen 16. Jahrhunderts bzw. der Hochrenaissance fordert zur vergleichenden Betrachtung nord- und südalpiner Werke heraus. Beide hier gegenübergestellten Madonnenbilder verwenden für die sitzende Mariengestalt mit dem Jesuskind das Schema eines annähernd gleichseitigen Dreiecks, ohne dessen Symmetrie durch eine frontale Ansicht zu verstärken. Beide Marien sind leicht bildeinwärts gewendet, bei Raffael verbunden mit der auf den Johannesknaben gerichteten Gegenbewegung des Kopfes.
Der entscheidende Unterschied liegt in der Beziehung zwischen Figur und Raum. Raffaels horizontale, in der Ferne in lichtes Blau aufgelöste Landschaft unterstützt die Nahwirkung der ›Figura piramidale‹. Grünewalds Hintergrund dagegen bietet das ›Viele‹ der traditionellen Mariensymbolik und verbindet es formal durch die beiden Bilddiagonalen mit der Madonna: Die von links oben nach rechts unten fallende Diagonale führt von der Himmelserscheinung Gottvaters über die Engelschar, die eine Krone zur Erde trägt, zum Haupt Mariens im Glorienschein und zu den Lilien und Rosen. Die ansteigende Diagonale führt hinauf zur Kirche, die sich in Maria verkörpert. Gemessen an diesem Reichtum der inhaltlichen Bezüge erscheint Raffaels Einbeziehung des Passionssymbols Kreuzstab, den Johannes dem Jesuskind reicht, als Beiwerk zu Gestalten, die »ohne alle Zutaten als etwas Ewiges und Göttliches erscheinen« (Jacob Burckhardt).

Raffael, *Die Madonna im Grünen,* 1505/06; Öl auf Holz, 113 x 88,5 cm; Wien, Kunsthistorisches Museum
Das Andachtsbild stammt wie die ganz ähnliche *Madonna mit dem Stieglitz* (Florenz, Palazzo Pitti) aus der Zeit, in der sich Raffael in Florenz aufhielt und mit Leonardo da Vinci Bekanntschaft schloss. Aus der Sicht Jacob Burckhardts erfolgte hier durch eine neue Auffassung sakraler Bildkunst der Übergang von der Frührenaissance zur Hochrenaissance: »Es ist nur die reinste Schönheit des Weibes und des Kindes, die den Gedanken an das Übernatürliche erweckt. Die Kunst ist nach anderthalb Jahrtausenden wieder einmal auf der Höhe angelangt, wo ihre Gestalten von selbst und ohne alle Zutaten als etwas Ewiges und Göttliches erscheinen.«

GESTALTUNGSMITTEL

FARBTEMPERATUR

KALT UND WARM. Die Farbwirkung beruht auf physiologischen und psychologischen Voraussetzungen, die ihrerseits an Erfahrungen mit Gegenständen und Erscheinungen mit jeweils charakteristischer Farbe geknüpft sind. Rotgelb als Farbe des Feuers weckt auch in anderem Zusammenhang die Empfindung von Wärme, Energie, Erregung, Blaugrün als Farbe von Eis dagegen die Empfindung von Kälte und Erstarrung. Den assoziativen Verknüpfungen entsprechen physiologische Mechanismen: Die Wahrnehmung von Purpur, Rot, Orange und Gelb erhöht den Puls und beschleunigt die Atmung, während Grün, Hellblau, Indigo und Violett eine Dämpfung hervorrufen. Goethe bezeichnete diesen Zusammenhang als »Sinnlich-sittliche Wirkung der Farbe«.
Die Malerei des Spätmittelalters und der Frühen Neuzeit hat einerseits noch Anteil an der farbsymbolischen Tradition, gewinnt aber andererseits Neuland durch ein geschärftes Bewusstsein für den physiologisch-psychologischen Charakter der Farbwirkung. Kennzeichnend ist die intensive Beschäftigung Leonardo da Vincis mit dem biblischen Gottessymbol Regenbogen (u. a. Offb. 4,3) aus naturwissenschaftlicher Sicht. Dies hinderte ihn nicht, das aus dem Regenbogen entnommene Rot und Blau der Gewänder Jesu und Marias auch in individuell emotionaler und zugleich kirchenkonformer Weise zu verwenden.
Es wäre daher falsch, eine einschneidende Zäsur zu erwarten, denn die tradierte Farbsymbolik enthielt ja bereits assoziative Elemente und bildete ohnehin kein eindeutiges System von Farbe und Bedeutung. Die konsequenteste Farbsymbolik hatte sich im Zusammenhang der antiken Vier-Temperamente-Lehre entwickelt und verband Rot mit der Sanguinik, Gelb mit der Cholerik, Weiß mit der Phlegmatik und Schwarz mit der Melancholie.

NAH UND FERN. Umso deutlicher ist eine Errungenschaft in der Malerei des 15. Jahrhunderts, die den Warm-Kalt-Kontrast dazu verwendet, räumliche Nähe und Ferne zu suggerieren. Die Grundlage bildete die alltägliche Seherfahrung, dass ein roter Gegenstand näher zu liegen scheint als ein in gleicher Entfernung angebrachter hellblauer Gegenstand. Neu ist die Konsequenz, mit der die Nah- und Fernwirkung der Farben in den Dienst der Raumillusion gestellt und mit gleichgerichteten Gestaltungsmitteln verbunden wird: mit dem perspektivisch festgelegten Größenverhältnissen und der mit zunehmender Entfernung geminderten Schärfe der Konturen, die hinter einem bläulichen Luftschleier zu verschwinden scheinen. Diese Technik der farblichen Tiefenwirkung wird daher als Luftperspektive oder Farbperspektive bezeichnet. Zu einem nahezu autonomen, die gesamte Maltechnik prägenden Prinzip wird sie im Sfumato (ital., Rauch) Leonardo da Vincis.

FARBWIRKUNG

»Aus der Idee des Gegensatzes der Erscheinung, aus der Kenntnis, die wir von den besonderen Bestimmungen desselben erlangt haben, können wir schließen, dass die einzelnen Farbeindrücke nicht verwechselt werden können, dass sie spezifisch wirken, und entschieden spezifische Zustände in dem lebendigen Organ hervorbringen müssen.
Eben auch so in dem Gemüt. Die Erfahrung lehrt uns, dass die einzelnen Farben besondre Gemütsstimmungen geben.«

Johann Wolfgang von Goethe, *Zur Farbenlehre*, 1808 (Didaktischer Teil, 6. Abt.: »Sinnlich-sittliche Wirkung der Farbe«, Abs. 761 f.)

Matthias Grünewald, *Die Auferstehung Christi,* Flügel des *Isenheimer Altars,* um 1512–16; Öl auf Holz, 265 x 141 cm; Colmar, Museum Unterlinden
Die erste Wandlung des Flügelaltars nach der sog. Werktagsseite (Kreuzigung) zeigt als Gegenbild zum linken Flügel mit der Verkündigung an Maria bzw. der Menschwerdung des Gottessohnes auf dem rechten Flügel die Überwindung der irdisch-menschlichen Existenz Jesu, seine Verwandlung in die göttliche Christus-Gestalt. Göttliches Attribut ist der kreisrunde Glorienschein. Ihn umgrenzt ein Regenbogen, dessen Farbskala in der vertikal orientierten Farbkomposition wiederkehrt: Die Tücher verwandeln sich von fahlem Eisblau zu gesättigtem Grün und dessen Komplementärfarbe Rot zum warmen Gelb, in dem sich das Antlitz Christi aufzulösen scheint. Die farblich suggerierte Entkörperlichung bedient sich neben dem Helldunkel-Kontrast der emotionalen Wirkung der unterschiedlichen Farbtemperaturen.

BIOGRAFIE

1471 Albrecht Dürer wird am 21. Mai in Nürnberg geboren. Er ist das dritte von 18 Kindern des Ehepaars Albrecht und Barbara Dürer. Der Vater hat sich, aus Ungarn zugewandert, 1455 hier als Goldschmied niedergelassen

1484 Erstes erhaltenes Werk, ein *Selbstbildnis* (Silberstift; Wien, Albertina). Zu dieser Zeit macht Dürer nach dem Schulbesuch eine Lehre beim Vater

1486 Beginn einer dreijährigen Lehre bei dem Nürnberger Maler Michael Wolgemut

1490 Erstes erhaltenes Gemälde: *Bildnis des Vaters* (Florenz, Uffizien). Geburt des Bruders Hans, der ein Mitarbeiter Dürers wird. Im April geht Dürer auf eine vierjährige Wanderschaft (Colmar, Basel)

1494 Heirat mit Agnes Frey. Die Ehe bleibt kinderlos. Im Herbst reist Dürer nach Venedig (bis 1495)

1495 Dürer eröffnet seine bald über die Nürnberger Grenzen hinaus geachtete Werkstatt; Freundschaft mit dem Humanisten Willibald Pirckheimer

1498 Die *Apokalypse* (Holzschnitte) im Eigenverlag

1505 Erneuter Aufenthalt in Venedig und Reise durch Oberitalien (bis 1507)

1509 Dürer wird Nürnberger Ratsherr und kauft das heute sog. »Dürerhaus«

1512 Beginn der Tätigkeit für Kaiser Maximilian I.

1520 Reise mit Agnes in die Niederlande (bis 1521)

1526 *Die vier Apostel* (München, Alte Pinakothek) für die Nürnberger Ratsstube

1528 Dürer stirbt in Nürnberg am 7. April im 57. Lebensjahr

KÜNSTLER

ALBRECHT DÜRER

DAS STUDIUM DER NATUR. »Denn wahrhaftig steckt die Kunst in der Natur, wer sie heraus kann reißen, der hat sie«, schreibt Dürer in seiner Proportionslehre (1528). Den Erscheinungsformen der Natur vom Käfer bis zum Landschaftspanorama ist ein Zehntel der rund 1000 erhaltenen Handzeichnungen und Aquarelle gewidmet: eine Enzyklopädie individueller, von der Verwendung von Vorlagen emanzipierter Wahrnehmungslust. Viele dieser Studien werden heute als eigenständige Bilder betrachtet. Auch anatomische Studien wie die *Betenden Hände* eines Apostels des *Heller-Altars* gewannen ein Eigenleben.
Die Individualität des Menschen hat Dürer in vielfältigen Bildniszeichnungen studiert, teils als Vorarbeiten zu Gemälden und druckgrafischen Porträts, teils als Zeugnis einer persönlichen Begegnung. ›Natur‹ erschöpft sich jedoch nicht in stofflicher und physiognomischer Eigenart, sondern birgt das Geheimnis einer ursprünglichen Harmonie, die sich in den Proportionen der menschlichen Gestalt manifestiert. Dies ist die Lehre, die Dürer im Italien der Renaissance empfing und die seine Aktdarstellung des ersten Menschenpaars prägt: als Studien, Kupferstich (1504) und als Gemälde (1507, Prado).

BIBEL UND MYTHOLOGIE. Neben Bildnissen konzentriert sich Dürers Werk als Maler auf religiöse Tafeln und somit auf biblische Themen und Heiligenfiguren. Auch in der Druckgrafik herrschen diese Gattungen vor, ergänzt jedoch durch genrehafte Szenen (*Bauernpaar beim Tanz*), Allegorien (*Ritter, Tod und Teufel; Melencolia*) und mythologische Gestalten (*Apollo und Diana; Die Satyrfamilie*).
Ungleich größer ist der Anteil der in Deutschland noch nicht ›marktfähigen‹ antiken Stoffe an den Handzeichnungen, beginnend 1494 mit Kopien von Kupferstichen Andrea Mantegnas (*Kämpfende Seekentauren*). Dürers schriftlicher Nachlass überliefert seine Überzeugung, dass jene Schönheit, mit der das Altertum Apollo und Venus ausgestattet habe, auch Christus und Maria zustehe – ein zentraler Gedanke der Renaissance. Ein Bekenntnis zur Reformation als »kirchlicher Renaissance« bilden die *Vier Apostel* (1526): Zitate als (heute entfernte) Inschriften warnten mit der Autorität der Bibel vor alten und neuen Irrlehren. Zugleich stehen die beiden Figurenpaare in der antiken Tradition der vier Temperamente.

KUNST, WISSENSCHAFT, UNTERRICHT. Die Entdeckerfreude der Naturstudien harmoniert mit der Erarbeitung wissenschaftlicher Hilfsmittel. Sie sollten die Wiedergabe der sinnlichen Anschauung auf Gesetze gründen. Ein wissenschaftlich fundiertes Meisterwerk perspektivischer Räumlichkeit und Körperlichkeit ist *Der hl. Hieronymus im Gehäuse* (1514). Seit etwa 1512 plante Dürer einen »Unterricht der Malerei«. Vollendet wurden die

Albrecht Dürer, *Selbstbildnis am Fenster,* 1498; Öl auf Holz, 52 x 41 cm; Madrid, Prado
Drei Jahre vor der Entstehung des Bilds ist Dürer aus Venedig zurückgekehrt; das Gebirge im Fensterausschnitt erinnert an die Reise. Prüfend richtet sich der Blick auf den Spiegel (an dessen Stelle der Betrachter tritt) und registriert das Erscheinungsbild: die mit der Brennschere gelockten Haare, das Wams über dem fein gefältelten Hemd mit Goldlitze. Malerische Wiedergabe der Stofflichkeit verbindet sich mit harmonischem, am Achsenkreuz orientiertem Bildaufbau, der wesentlich zum Eindruck hellwachen Selbstbewusstseins beiträgt.

Perspektivlehre (1525) und die Proportionslehre (postum 1528). Auch hierin erweist sich Dürer als Künstler der Renaissance: Künstlerische Erfahrung soll über die bisherigen Grenzen des Werkstattbetriebs hinaus mitgeteilt und so dem allgemeinen Fortschritt dienstbar gemacht werden, wobei das handwerkliche Fundament gewahrt bleiben muss: »Die schönen Dinge zu erforschen, dazu dient wohl ein guter Rat. Doch soll derselbe genommen werden von denen, die gute Werkleut sind mit der Hand.«

AUFTRAGGEBER UND HANDEL. Es entspricht dem Gutenberg-Zeitalter, dass Dürer die ersten Aufträge für Basler Buchdrucker und -händler ausgeführt hat: Holzschnitte zu einer Terenz-Ausgabe und zu Brants *Narrenschiff*. Als Stiftungen von Patriziern entstanden Andachts- und Altarbilder, wobei Dürer im Einvernehmen mit seinen Auftraggebern den Übergang vom Flügelaltar (*Paumgärtner-Altar*, um 1500–02; München, Alte Pinakothek) zum Eintafelaltar vollzog (*Allerheiligenbild* mit Rahmen nach Dürers Entwurf, 1511; Wien, Kunsthistorisches Museum). Das *Rosenkranzfest* (1506; Prag, Nationalgalerie) bestellte die deutsche Kaufmannschaft in Venedig. Für den Kunsthandel entstanden Einzelblätter und Zyklen (*Apokalypse*, *Marienleben*, *Passion*). Sie machten Dürer zum einflussreichsten deutschen Künstler in Europa.

Seine Selbstbildnisse stellen Dürer in eine Reihe mit Rembrandt, van Gogh und Max Beckmann. Die Spannweite reicht vom *Selbstbildnis im Pelzrock* (1500), dessen strenge Frontalität und Symmetrie an einen traditionellen Typus des Christusbildes erinnert (München, Alte Pinakothek) bis zur Zeichnung *Selbstbildnis als Akt* (um 1506; Weimar, Schlossmuseum) mit exakt ausgearbeitetem Gesicht und Geschlechtsorgan. Darüber hinaus begegnen wir Dürer auf Altarbildern, etwa als Trommler auf einem Flügel des *Jabach-Altars* (um 1503–05; Köln, Wallraf-Richartz-Museum).

MATERIAL UND TECHNIK

DRUCKGRAFIK

DIE VERVIELFÄLTIGUNG VON KUNST. Vorbereitet durch den Stoffdruck mit Holzstempeln und Modeln, verbreitete sich die älteste druckgrafische Technik, der Holzschnitt, in Europa seit dem Ende des 14. Jahrhunderts und leitete das »Zeitalter der technischen Reproduzierbarkeit« ein. Zu den Voraussetzungen gehörte die Verbreitung von Papier als preiswerter Bedruckstoff. Ebenso wie der Buchdruck ist die Druckgrafik Teil der soziokulturellen Umwälzung im Zeitalter des Humanismus, der Renaissance und der Reformation. Alles, was sich durch Bilder darstellen, zum Ausdruck bringen und intendieren lässt, erreichte und betraf nun die Allgemeinheit: Heilige, mythologische Gestalten der Antike und technische Erfindungen, das Ereignisbild und die propagandistische Karikatur. Botanik, Zoologie und Humananatomie, Geografie und Astronomie konnten jetzt erst einem breiten Publikum nahe gebracht werden. Der Austausch zwischen den einzelnen Kunstregionen belebte sich durch Drucke, die Anregungen boten, aber auch Plagiate hervorriefen: Dürers *Marienleben* (Holzschnitte, 1511) wurde von Marcantonio Raimondi in Kupferstichen samt Dürers verkaufsförderndem Monogramm nachgebildet.

Holzschnitt. Der Holzschneider bearbeitet eine Holzplatte dergestalt, dass die gewünschte Zeichnung in Form von Stegen erhalten bleibt. Diese übertragen die aufgewalzte Druckfarbe auf den Bedruckstoff (Hochdruck).
Der Helldunkelschnitt (Clair-obscur-Schnitt) kombiniert einen Strich- mit einer Tonplatte, der Farbholzschnitt benötigt für jede Farbe eine eigene Druckplatte. Der Holzstich des 19. Jahrhunderts ist eine verfeinerte Form des Holzschnitts mit tonig-malerischer Wirkung.

Albrecht Dürer, *Adam und Eva (Der Sündenfall)*, 1509–11; Holzschnitt, 12,9 x 9,9 cm
Der Sündenfall ist das nach dem Titelblatt zweite der insgesamt 37 Themen der *Passio domini iesu christi cum figuris.* Sowohl das begrenzte Format als auch die beabsichtigte Breitenwirkung veranlassten Dürer, nach seinen Arbeiten als Kupferstecher auf den älteren, volkstümlichen Holzschnitt zurückzugreifen: An die Stelle fein nuancierter Stofflichkeit tritt die Ausdruckskraft des Linienstils. Doch auch der humanistisch gebildete Betrachter sah sich angesprochen: Das gleichsam vierbeinige erste Menschenpaar erinnert an jenes in Platons Symposion erwähnte Urwesen, das als Strafe für seinen Hochmut zweigeteilt wurde. Die Tragik des Verlustes ursprünglicher Ganzheit bringt Adams schmerzerfülltes, dem antiken Laokoon-Kopf vergleichbares Antlitz zum Ausdruck, während Eva mit ›verlorenem Profil‹ wiedergegeben ist.

BUCHKUNST UND DRUCKGRAFIK. Neben Einzelblättern, illustrierten Flugblättern und mit Texten versehenen Bilderzyklen bildete die Buchillustration die wichtigste druckgrafische Gattung. Bereits vor der Erfindung des Buchdrucks mit beweglichen Lettern (Johannes Gutenberg, um 1450) wurden Holzschnitte mit Bild und Text zu Blockbüchern zusammengefügt. Wiegendrucke (vor 1500) sparten im Text Lücken aus, in die entweder handgemalte Initialen und Miniaturen oder gedruckte Bilder eingefügt werden konnten. Zunehmend erscheinen Bibeln, Gebetbücher und profane Werke mit dem Druck von Text, Bild und Schmuckwerk (Initialen, Bordüren) in einem Arbeitsgang. Ein Vorrat an hölzernen Druckstöcken oder kupfernen Druckplatten bildete ebenso wie der Vorrat an gegossenen Lettern das Stammkapital einer Druckerei.

Symptomatisch für die angestrebte Marktfähigkeit der Frühdrucke sind neue Bildprogramme der Bibelillustrationen, die wir als ›Sensationsbilder‹ bezeichnen, etwa in der Bibel des Anton Koberger aus dem Jahr 1483.

Der ständig steigende Bedarf an Illustrationen beschleunigte die Trennung zwischen dem Entwerfer und dem Holzschneider oder Stecher. Für Luxusausgaben standen Illuminatoren zur Verfügung, die den Wert der druckgrafischen Buchausstattung einschließlich der aufwendigen Frontispize durch Handkolorierung steigerten.

Kupferstich, im 15. Jahrhundert entwickelte Technik. In Rillen, die in eine Kupferplatte eingraviert sind, bleibt die aufgewalzte Druckfarbe nach der Säuberung der Platte haften und wird auf den Bedruckstoff übertragen (Tiefdruck).

Radierung, aus dem Kupferstich hervorgegangenes Tiefdruckverfahren, wobei die Zeichnung nicht in die Platte eingraviert, sondern in deren Beschichtung geritzt wird. Die Rillen entstehen durch Ätzung.

Albrecht Dürer, ***Adam und Eva (Der Sündenfall),*** **1504; Kupferstich, 24,8 x 19,2 cm**
Vorbereitet durch eine Reihe von Aktstudien mit geometrisierten Angaben zur Anatomie und mit Maßangaben der Proportionen, schuf Dürer mit diesem Einzelblatt eines seiner ›Meisterstücke‹. Neben den Gestaltungsmitteln der Symmetrie, der Frontalität und des klassischen Kontrapost erweist sich hier Dürers überragende Fähigkeit, mit grafischen Mitteln Stofflichkeit zu charakterisieren: Haut, Haare, Rinde, Blattwerk, das Fell von Katze und Maus, Hirsch und Rind sowie das Gefieder eines Papageis sind individualisiert. Dies konnte nur in der Technik des Kupferstichs gelingen: Durch das Eingravieren differenziert ausgeführter Linien und Schraffuren mit unterschiedlichen Sticheln in eine Kupferplatte. Die handwerklichen Grundlagen legte Dürers Lehrzeit in der Goldschmiedewerkstatt seines Vaters, zu deren Aufgaben Gravuren gehörten.

MATERIAL UND TECHNIK

HOLZ

ALTAR UND GESTÜHL. Das seit jeher zu künstlerischer Gestaltung verwendete Holz dient im Spätmittelalter und der Frühen Neuzeit als Werkstoff der beiden monumentalen Gestaltungsaufgaben Schnitzaltar und Chorgestühl. Beide setzen arbeitsteilige oder im Verbund tätige Werkstätten voraus, um die an Holzbildhauer, Schnitzer, Maler, Schreiner und Schmiede gestellten Arbeiten zu bewältigen. Zeitgenössische Werkstattbilder unterrichten uns über die Ausstattung mit dem »Geschirr« aus Stemm-, Hohl- und Flacheisen sowie mit Beil, Stößel, Messern und Zirkeln, Holzböcken und Schnitzbänken, die ein Drehen des Werkstücks zur allseitigen Bearbeitung erlaubten. Grundlage der Erteilung des Auftrags bildete die als Visierung bezeichnete Bestellzeichnung, die in den Werkverträgen meist ausdrücklich genannt wird.

Als Gesamtkunstwerk aus skulpturaler und malerischer Gestaltung entstand 1493/94 im Umkreis der Ulmer Schule (Hans Multscher) der *Hochaltar der Klosterkirche Blaubeuren* mit der bemalten und teilweise vergoldeten Statue der Madonna zwischen Johannes dem Täufer und Johannes dem Evangelisten, dem Ordensgründer Benedikt und dessen Schwester Scholastika im Schrein (Gregor Erhart?), bemalten Reliefs mit gemaltem Hintergrund auf den Innenseiten der Innenflügel (Christgeburt und Anbetung der Könige) sowie Malereien von Bernhard Strigel, Bartholomäus Zeitblom und Gehilfen auf den Außenseiten der Innenflügel und auf den Außenflügeln. Der *Wolfgangaltar* (1471–81; Pfarrkirche in St. Wolfgang im Salzkammergut) bezeugt Wolfgang Pachers Meisterschaft als Schnitzer (Schrein mit Marienkrönung unter filigranem Baldachin) und Maler (Szenen aus dem Leben Jesu und aus der Legende des hl. Wolfgang).

Den Schritt zum reinen Schnitzaltar vollzog Tilman Riemenschneider mit seinen drei für Kirchen im Taubertal geschaffen Altären in *Rothenburg, Dettingen* und *Creglingen* (um 1505–10). Charakteristi-

Tilman Riemenschneider, Schrein des *Heiligblutaltars*, 1501–05; Lindenholz ohne polychrome Fassung, ca. 275 x 275 cm; Rothenburg, Jakobskirche
Die rückwärtige Durchfensterung verstärkt den Charakter des Schreins als Bühnenraum, in dem sich eine Szene abspielt: Indem Jesus seinem Jünger Judas einen Bissen Brot reicht, kennzeichnet er ihn als den Verräter (Joh. 13,26). Der Beutel, den Judas in der Hand hält, weist ihn als den Jünger aus, der »die Kasse hatte« (Joh. 13,29).

sche Merkmale der Riemenschneider-Altäre sind die szenische Verbindung zwischen den Figuren des Schreins und der Verzicht auf die farbige Fassung zugunsten einer Beschichtung mit goldgelbem Wachs.
Eine letzte Steigerung erreicht die Schnitzkunst in den ›protobarocken‹ Gewandfiguren und Baldachinen des *Hochaltars des Breisacher Münsters* (1523–26; Marienkrönung zwischen gleichfalls rundplastischen Heiligen auf den Seitenflügeln), geschaffen von dem nach seinem Monogramm benannten, auch als Holzschneider und Kupferstecher tätigen Meister H. L. Den Gegenpol einer Beruhigung und Klärung der Raum-Körper-Beziehung (Rundbogen statt Baldachin) bildet der *Marienaltar des Bamberger Doms* (1523), ein Spätwerk von Veit Stoß, dessen Hauptwerk, der *Krakauer Marienaltar* (1477–89), noch ein Höchstmaß an Dramatik besitzt (Marientod und Marienkrönung). Die doppelte Höhe des Schreins (Wolfgang zwischen Petrus und Christophorus) erreicht das Gesprenge beim *Hochaltar in Kefermarkt* bei Linz einer unbekannten Werkstatt (1476–96; Gesamthöhe 13,5 m, auf Initiative von Adalbert Stifter 1852–55 restauriert).
Östlich des Lettners bzw. der Chorschranke befand sich in Klosterkirchen, aber auch in Kathedralen und Pfarrkirchen der dem Klerus vorbehaltene Raum mit dem Chorgestühl für das gemeinschaftliche Gebet. Das Gestühl enthält Knieschemel und Klappsitze mit Misericordien (lat., Erbarmen) an den Unterseiten. Diese Vorsprünge erlaubten eine stehend eingenommene Sitzhaltung. Sie war zwar erlaubt, doch kennzeichnet die Gestaltung der Misericordien als dämonische Fratzen ihre Inanspruchnahme als Zeichen nicht allein körperlicher, sondern auch geistlicher Schwäche.
Ein Pandämonium der Misericordien, rundplastische Büsten der Sibyllen und Weisen des Altertums, Reliefs der Prophetinnen und Propheten sowie der Apostel bilden das reiche, in eindrucksvoller Physiognomik gestaltete Bildprogramm des *Chorgestühls des Ulmer Münsters* (1469–71) von Jörg Syrlin d. Ä. und seiner Werkstatt.

Erasmus Grasser, *Moriskentänzer*, 1480; Holz in polychromer Fassung, Höhe 88 cm; München, Stadtmuseum
Die Figur gehört zu den heute zehn, ursprünglich 16 Akteuren eines grotesken ›maurischen‹ Tanzes. Ihre Bewegungen veranschaulichen, abgesehen von der thematischen Motivierung, das zeittypische Interesse an der freiplastischen Raumwirkung der Figur.

FREIPLASTIK UND STATUETTE. Das herausragende Werk der freiplastischen Holzskulptur bildet die *St.-Jürgen-Gruppe* der Stockholmer Nikolaikirche, die der vorwiegend in Lübeck tätige Maler und Bildhauer Bernt Notke 1489 vollendet hat. Sie erinnert an den Sieg des schwedischen Reichsverwesers Sten Sture im Kampf gegen die Dänen, den er mit Unterstützung des hl. Jürgen (d. i. Georg) errungen hat. Ein Kuriosum mit naturalistischer Wirkungsabsicht: Notke verwendete für den Schwanz von Jürgens Reittier echtes Pferdehaar und versah den Drachen mit einem Elchgeweih.
Notkes monumentaler Inszenierung eines wild bewegten Kampfes entspricht in der Kleinform der geschnittenen Statuette die Gruppe der *Moriskentänzer*, die Erasmus Grasser, der Schnitzer des ursprünglichen *Chorgestühls der Münchner Frauenkirche*, 1480 als profanes Werk für den Tanz- und Festsaal des Münchner Rathauses geschaffen hat.

KÜNSTLER

DONAUSCHULE

BIOGRAFIE

Albrecht Altdorfer, um 1480 geboren, erwarb 1495 das Bürgerrecht von Regensburg und bekleidete mehrere öffentliche Ämter (u. a. Stadtbaumeister). 1511 unternahm Altdorfer eine durch Zeichnungen nachgewiesene Reise durch das Donautal nach Österreich. 1529 stellte ihn die Stadt frei, um für Herzog Wilhelm IV. von Bayern zu arbeiten (*Die Alexanderschlacht*; München, Alte Pinakothek). Altdorfer starb 1538 in Regensburg.

Lucas Cranach d. Ä., als Sohn des Malers Hans Maler 1472 in Kronach geboren, nannte sich nach diesem fränkischen Ort Cranach. Ab etwa 1500 lebte er in Wien, ab 1505 als kursächsischer Hofmaler, ›Hauskünstler‹ Martin Luthers, Werkstattleiter und Unternehmer in Wittenberg (Apothekerprivileg,Weinausschank, Druckereibesitzer). Mehrfach war er Bürgermeister. 1552 folgte Cranach Kurfürst Johann Friedrich I., dem Großmütigen, ins Exil nach Weimar, wo er 1553 starb. Sein Nachfolger wurde sein Sohn Lucas Cranach d. J. (1515–86).

Wolf Huber, 1485 in Feldkirch (Vorarlberg) geboren, lebte spätestens ab 1515 in Passau und trat in den Dienst des bischöflichen Hofes. 1541 war er Stadtbaumeister von Passau. Hier starb er 1553.

LANDSCHAFT UND STIL. Die seit den 1930er-Jahren geläufige Bezeichnung ›Donauschule‹ verwendet den Schulbegriff im weitesten Sinne als stilistische Gemeinsamkeit einer Reihe von Malern und Grafikern, die um 1500 bis um 1540 im bayerisch-österreichischen Donaugebiet tätig gewesen sind. Sie bleibt, wie auch die synonyme Bezeichnung ›Donaustil‹, insoweit sachgerecht, als sie neben der regionalen Eingrenzung eine Landschaftsvorstellung assoziiert. Die drei Hauptmeister lebten zumindest zeitweise in Donaustädten – Albrecht Altdorfer in Regensburg, Wolf Huber in Passau, der junge Lucas Cranach in Wien –, und eine neue erlebnishafte Auffassung der Landschaft bildet die Gemeinsamkeit ihres künstlerischen Schaffens in Malerei und Grafik.
Kennzeichnend ist die Tatsache, dass sich anhand seiner Zeichnungen Wolf Hubers Reisen zum Wolfgangsee, nach Linz und Wien, in die Wachau und in den Schweizer Prätigau belegen lassen. Insofern besteht Verwandtschaft mit Dürers unterwegs und in der Umgebung von Nürnberg entstandenen Landschaftszeichnungen und -aquarellen. Während diese jedoch auf die dienende Funktion als Motivsammlungen beschränkt blieben und in Auswahl im Hintergrund der figürlichen Komposition wiederkehren, besitzen in der »Donauschule« die Naturstudie und das Gemälde einen weit engeren Zusammenhang: Hubers religiöse Szenen *Jesus am Ölberg* und *Jesu Gefangennahme* von einem Altar (beide München, Alte Pinakothek), Lucas Cranachs *Ruhe auf der Flucht nach Ägypten* (1504; Berlin, Gemäldegalerie) und Altdorfers Passionstafeln des *Florian-Altars* (um 1509–18; Linz, St. Florian, zwei Tafeln in Wien, Kunsthistorisches Museum) betten die jeweilige Szene in bislang unbekannter Weise in die zumeist von aufragenden Bäumen beherrschte Landschaft ein.

LANDSCHAFTSPORTRÄTS. Die neue Bedeutung, ja Mitwirkung der Landschaft führt bei Altdorfer zum autonomen Landschaftsbild. Ein letzter kleiner Rest an szenischem Bildanlass enthält die Wiedergabe einer Gruppe dicht belaubter Bäume durch die winzige Figur des hl. Georg, weshalb dieses ›Waldstück‹ als *Drachenkampf des hl. Georg* bezeichnet wird (1510; München, Alte Pinakothek). Der etwa zehn Jahre später entstandenen *Donaulandschaft mit Schloss Wörth bei Regensburg* fehlt jede Spur einer szenischen Legitimation: Das Bild – wenn auch im bescheidenen Kleinformat – rechtfertigt sich als malerisch gestaltetes Landschaftserlebnis, das aus heutiger Sicht unweigerlich mit der Auffassung des Landschaftsbildes in der Romantik in Beziehung gesetzt wird.
Die kühnste Lösung für einen autonomen Teilbereich der Landschaft fand Altdorfer im Historienbild *Die Alexanderschlacht* (1529; München, Alte Pinakothek): Vom oberen Bildrand hängt eine Tafel herab, deren lateinische In-

Albrecht Altdorfer, *Donaulandschaft mit Schloss Wörth bei Regensburg,* nach 1520; Öl auf Pergament auf Holz, 30,5 x 22,2 cm; München, Alte Pinakothek
Das Gemälde zählt zu den frühesten Darstellungen mit exakter topografischer Wiedergabe eines Landschaftsausschnitts. Das seitliche Rahmenwerk der aufragenden Bäume, deren linker vom oberen Bildrand überschnitten wird, verstärkt die zugleich farbperspektivisch hervorgerufene Raumwirkung. In einer für Altdorfer charakteristischen Weise wird der Blick nicht auf den Bildmittelpunkt, sondern zur Seite gelenkt, wo der Fluss durch eine Biegung ins Blickfeld gerät. Dieses Motiv verstärkt den Eindruck des Ausschnitthaften und trägt zum Stimmungsgehalt bei: Die Begegnung mit der Landschaft erscheint, indem sie keinerlei ›Inszenierung‹ enthält, in besonderem Maße als natürlich und erlebnishaft.

schrift das Thema angibt: die Entscheidungsschlacht zwischen Alexander d. Gr. und Dareios III. bei Issos 333 v. Chr.; die untere Bildhälfte schildert den Zusammenprall der beiden Heere; dazwischen breitet sich eine Gebirgs- und Küstenlandschaft aus. »Soll ich es eine Landschaft nennen, ein historisches Gemälde oder ein Schlachtstück?«, beginnt Friedrich Schlegel seine enthusiastische Schilderung der *Alexanderschlacht* im Bericht *Gemäldebeschreibungen aus Paris und den Niederlanden in den Jahren 1802 bis 1804*. Er hat das 1800 aus München entführte Werk 1803 im Restaurierungssaal des Louvre kennen gelernt; danach befand es sich bis 1815 in Napoleons Badezimmer in Saint-Cloud. Die Landschaft identifiziert Schlegel als »das Weltmeer; links dann der untergehende Mond, rechts die aufgehende Sonne; ein ebenso deutliches als großes Sinnbild der dargestellten Geschichte«. Zutreffender ist allerdings die Deutung der Lichtstimmung als letztes Aufleuchten der Sonne am Abend, an dem antiken Quellen zufolge die Schlacht zugunsten Alexanders entschieden wurde. Ein Vergleich mit den zeitgenössischen topografischen Kenntnissen deutet darauf hin, dass Altdorfer sich ein ›Porträt‹ des östlichen Mittelmeers mit der Insel Zypern und einem Fernblick auf das Rote Meer vorgenommen hat.

MATERIAL UND TECHNIK

FRESKO

DER BILDTRÄGER. Die Freskomalerei ist eine Technik der Wand- und Deckenmalerei nicht nur auf, sondern auch und vor allem mit der Wand. Ihre Beschaffenheit hat wesentlichen Anteil an der Entstehung und Erhaltung des Bildes. In der Regel gliedert sich der Bildträger in drei Grundschichten aus Mörtel, grobem und feinem Verputz mit jeweils unterschiedlichem Anteil von Sand und gelöschtem Kalk. Die dritte Schicht (ital. *arricio*) trägt die Unterzeichnung, die nach der Verwendung des rötlichen Sinoper als Sinopia bezeichnet wird. Darüber liegt als millimeterdünne Beschichtung ein Gemisch aus feinem Sand oder Marmorstaub und Kalk (ital. *intonaco*), auf das die in Wasser gelösten Farbpigmente aufgetragen werden.
Der entscheidende Unterschied zwischen der *pittura a fresco* (Malerei auf dem Frischen) und der *pittura a secco* (Malerei auf dem Trockenen) besteht darin, dass bei ersterer die Farben auf den feuchten Verputz aufgetragen werden. Beim Trocknen unterliegen die Farben einem chemischen Prozess: Der gelöschte Kalk nimmt die beim Brennen verlorene Kohlensäure aus der Luft wieder auf, und es entsteht eine Schicht aus Calciumcarbonat, die den Farbauftrag unlöslich mit dem Bildträger verbindet. Im Gegensatz zur Sekkomalerei, bei der die Farbschicht abblättern bzw. abgeschabt werden kann, lässt sich ein Fresko nur mitsamt dem Verputz entfernen.

MALEREI UNTER ZEITDRUCK. Die reine Freskomalerei (ital. *fresco buono*) war in der Antike verbreitet und löste im 15. Jahrhundert die im Mittelalter übliche Mischtechnik aus Fresko- und Sekkomalerei ab. Die Voraussetzungen betrafen den Gerüstbau, Techniken der Übertragung des Entwurfs auf den Verputz mittels des aus mehreren Papierbögen zusammengesetzten Kartons und die Fähigkeit der Maler, in der kurzen Zeitspanne des (durch feuchte Tücher verzögerten) Trocknens das nach Tagesleistungen vorausberechnete Pensum zu erledigen. Misslungene Teile mussten abgeschlagen werden und verlangten eine Erneuerung des schichtweisen Auftrags von Verputz.
Den Ausgangspunkt der neuzeitlichen Freskomalerei bildete Italien; als der erste Maler, der das *fresco buono* beherrschte, gilt Masaccio (Fresko der *Trinität* mit Blick in eine zentralperspektivisch konstruierte Kapelle mit kassettiertem Tonnengewölbe, um 1425; Florenz, Santa Maria Novella). Eine Erklärung für den zeitlichen, aber auch künstlerischen Vorrang der italienischen Freskomalerei ergibt sich aus der Tatsache, dass die Architektur südlich der Alpen in weit geringerem Ausmaß die gotische Durchfensterung der Mauern vollzogen hat. In Italien bewahrten Sakral- und Profanbauten die weiträumige Wandfläche, die zu malerischer Gestaltung herausforderte: Die italienischen Maler des 15. und 16. Jahrhunderts sind in der Regel sowohl Tafel- als auch Freskomaler.

MICHELANGELO IN DER SIXTINA

Von seinem Auftraggeber Papst Julius II. mit wachsender Ungeduld zu rascherem Arbeiten gedrängt, schuf Michelangelo 1508–12 die Deckenfresken der Sixtinischen Kapelle. Der Überlieferung zufolge duldete der Maler keine Mitarbeiter mit Ausnahme eines Gehilfen, der die in Kalkwasser gelösten Farbpigmente zubereitete. Zur selben Zeit entstanden Raffaels Fresken in den vier Stanzen des Papstpalastes, die zunehmend als Werkstattarbeiten ausgeführt wurden.
In einem Sonett schildert Michelangelo die Mühsal des Arbeitens im Liegen:

»Zum Himmel zeigt mein Bart, am Buckel kracht / Der Schädel mir; wie von Harpyienschrei / Krampft sich die Brust; der Farben Sudelei / Tropft aus dem Pinsel auf die Wange sacht.« (Sonett 64, Strophe 2; übersetzt von Edwin Redslob)

Raffael, *Disputà,* um 1510; Rom, Papstpalast, Stanza della Segnatura
Der Ausschnitt aus der linken Hälfte des Freskos zeigt Papst Gregor den Großen. Er gehört zur Gruppe der vier lateinischen Kirchenväter, die um den zentralen Altar gruppiert sind, um mit weiteren Theologen über das Sakrament der Eucharistie zu disputieren. Zugeordnet sind zwei entsprechende Ausschnitte aus den vorbereitenden Studien Raffaels. Einen ersten Schritt bildete die Klärung der Körperhaltung in Form von Aktstudien (Feder auf Pergament; Frankfurt, Städelsches Kunstinstitut). Die darauf folgende lavierte Federzeichnung (London, British Museum) bekleidet die Aktfiguren und skizziert das Helldunkel. Zwischen dieser Arbeitsphase und der Ausführung des Gemäldes liegt der Karton aus Papierbögen mit der Zeichnung im Maßstab 1:1, die auf den feuchten Verputz übertragen wird. Hierzu dienten Verfahren wie die Lochpause, bei der Kohlenstaub über die perforierten Linien gestrichen wird.

THEMA

AKT

Donatello, *David,* um 1432; Bronze, Höhe 158 cm; Florenz, Museo Nazionale del Bargello
Entstanden als Brunnenfigur im Garten des Palazzo Medici in Florenz, bildet Donatellos Hirtenjunge die erste freiplastische Aktfigur seit der Antike. Den Hirtenhut auf dem Kopf, das Schwert Goliats in der Rechten, blickt David auf das abgeschlagene Haupt seines mit der Schleuder getöteten Gegners hinab. Der ausgeprägte Kontrapost mit rechtem Standbein und linkem Spielbein ruft die Wirkung von entspanntem Stehen hervor.

EIN HILFSBEGRIFF. Die deutschsprachige Bezeichnung der Darstellung des nackten Menschen (ital. *il nudo*) als ›Akt‹ besitzt ursprünglich eine sehr eingeschränkte Bedeutung. Ausgehend von *actus* (lat., Bewegung, Handlung), bezog sich der Begriff im akademischen Lehrbetrieb auf die jeweilige Positur des Modells. Bewegung und Handlung blieben auf den Wechsel von einer zur anderen Positur beschänkt.
Dennoch deutet der Begriff, unabhängig von seiner etymologischen Herleitung, auf ein Thema hin, das zum Wesen der Aktkunst gehört: die Beweglichkeit in der natürlichen Körperhaltung. Nur unter Zwang steht, sitzt oder liegt der Mensch ›stocksteif‹. Die Wiederbelebung der antiken Aktkunst ist daher aufs engste mit der künstlerischen Wiederentdeckung des organischen Zusammenspiels der Körperteile verbunden, die seit dem 15. Jahrhundert durch anatomische Studien gefördert wurde.
Bevor jedoch Künstler wie Leonardo da Vinci sich in ihren Studien auch auf die Sektion von Leichen stützten, boten antike Werke reiches Anschauungsmaterial, das bereits im 13. Jahrhundert Bildhauer wie Niccolò Pisano zu körperlich-plastischen, wenn auch noch bauplastisch gebundenen Aktfiguren anregte (Herkules als Allegorie der Stärke, um 1260; Pisa, Kanzel des Baptisteriums). Zwei biblische Themen legitimierten die hüllenlose Darstellung von Mann und Frau: das Jüngste Gericht und die beiden ersten Menschen im Garten von Eden; nachdem sie die verbotene Frucht gekostet hatten, »gingen beiden die Augen auf, und sie erkannten, dass sie nackt waren« (1. Mose 3,7). Die Entwicklung der gotischen Aktfigur veranschaulichen die *Adamspforte* (um 1235) des Bamberger Doms und Tilman Riemenschneiders *Adam und Eva* (1491–93, Sandstein; Würzburg, Mainfränkisches Museum).

DER KONTRAPOST. Bereits Pisano bediente sich bei seinem *Herkules* eines (antiken) Gestaltungsmittels, das den stehenden Körper in eine leichte Bewegung versetzt, indem zwischen gestrecktem Standbein und locker angewinkeltem Spielbein unterschieden wird. Die hierdurch hervorgerufene Senkung des Beckens über dem Spielbein gleicht der Körper in einer natürlichen Reaktion durch die gegenläufige Hebung der Schulter auf der Seite des entlasteten Spielbeins und ihrer Senkung über dem belasteten Standbein aus. Dieser Kontrapost, dessen Ziel einer Ausgewogenheit die Bezeichnung als Ponderation betont, war bereits in der s-förmig geschwungenen gotischen Gewandfigur spürbar. Doch erst die Frühe Neuzeit erhob den ponderierten, aus seiner Verhüllung befreiten Körper zu einem zentralen Thema mit einer Fülle körpersprachlicher Ausdrucksmittel, die nicht mehr auf Haltung und Gestik beschränkt sind, sondern gleichsam jede Faser des Körpers in Anspruch nehmen.

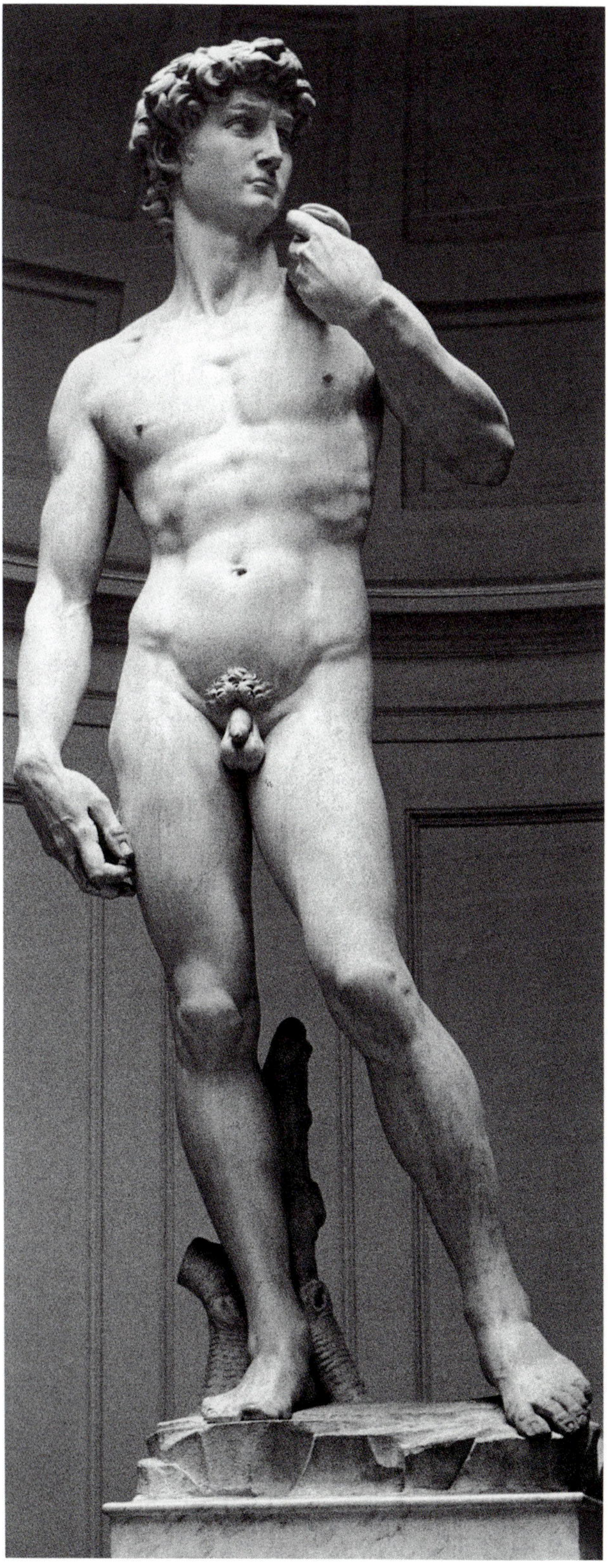

Michelangelo, *David*, 1501–04; Marmor, Höhe 434 cm; Florenz, Galleria dell'Accademia
Michelangelo meißelte den ›Giganten‹ aus einem Marmorblock, den die Florentiner Dombauhütte aufgrund der missglückten Bearbeitung durch einen Bildhauer als verdorben betrachtete. Er stellte sich der Herausforderung durch dieses Material, dessen Tiefe in keinem Verhältnis zur Breite und Höhe stand. Die Konsequenz bildet die auf eine Hauptansicht berechnete Gestaltung. Diese Beschränkung wird durch die Verbindung von Frontalansicht und Profil (Kopf) ausgeglichen. Der Kontrast zwischen senkrechtem Arm und Standbein sowie angewinkeltem Arm und energisch abgespreiztem Spielbein verwandelt die gelöste Haltung bei Donatellos *David* nach dem Sieg über Goliat in den Ausdruck gespannter Bereitschaft zur Tat vor dem Kampf. Am ursprünglichen Standort vor dem Palazzo Vecchio in Florenz ist die in mehr als doppelter Lebensgröße aufragende Aktfigur seit 1905 durch eine Kopie ersetzt.

DIE LEBENDIGE NASE

Vasari überliefert eine köstliche Anekdote über angemaßten Kunstverstand. Als der Gonfalionere Piero Soderini beobachtete, wie Michelangelo einige Stellen am *David* nachbesserte, bemerkte er, die Nase erscheine ihm zu dick. Michelangelo bestieg das Gerüst, schien den Meißel zu betätigen und ließ dabei aus seiner Hand Marmorstaub rieseln. Daraufhin lobte Soderini: »Was mich anlangt, so gefällt sie mir besser, Ihr habt ihr Leben gegeben.«

KÜNSTLER

MICHELANGELO

BIOGRAFIE

1475 Michelangelo Buonarroti wird am 6. März in Caprese bei Arezzo geboren. Er wächst in Florenz auf

1488/89 Lehrling bei dem Maler Domenico Ghirlandaio und Wechsel zu einem Bildhauer

1490 Hausgenosse des Lorenzo de' Medici, nach dessen Tod (1492) im Elternhaus

1496–1501 Rom: *Trinkender Bacchus* (Florenz, Bargello), *Pietà* (Peterskirche)

1501–08 Florenz: *David*

1508–19 Rom: Im Auftrag des Papstes Julius II. *Deckenfresken der Sixtina* (bis 1512) und Arbeiten für das *Juliusgrab* mit der Sitzfigur des *Mose* (um 1515 unter Leo X.)

1520–34 Florenz: Medici-Grabkapelle in San Lorenzo, sog. *Neue Sakristei*, und *Medici-Grabmäler* mit den *Allegorien der Tageszeiten; Biblioteca Laurenziana*

1534 Endgültige Niederlassung in Rom: Freundschaft mit Vittoria Colonna (Sonette); im Auftrag Pauls III. *Jüngstes Gericht* in der Sixtina (bis 1541), dann Ausmalung der Cappella Paolina (*Bekehrung des Paulus* und *Kreuzigung des Petrus*, bis 1550)

1546 Bauleitung des *Palazzo Farnese* und der *Peterskirche* (Vollendung der Kuppellaterne 1593 durch Giacomo della Porta)

1564 Michelangelo stirbt in Rom am 18. Februar im 89. Lebensjahr. Sein Grabmal in Santa Croce in Florenz entwirft Vasari

FLORENZ UND ROM. Das Schaffen Michelangelos entwickelte sich im künstlerischen und gesellschaftlichen Kontrast zwischen Florenz, dem republikanisch geprägten Ausgangspunkt der italienischen Renaissance, und Rom, dem politisch neu erstarkten Zentrum der päpstlichen Monarchie, an dem die Hochrenaissance zur Entfaltung gelangte. Hier wie dort beheimatet, führte Michelangelo aus der Sicht seines Zeitgenossen Giorgio Vasari die von Giotto eingeleitete »Wiedergeburt der Kunst« zur Vollendung: »O wahrhaft glückliches Zeitalter! Glückselige Künstler, denen es vergönnt ist, an einem Quell von solcher Reinheit die umnebelten Augen rein zu waschen«, verkündet Vasari in seinen *Vite* (2. Ausgabe 1568). »Danket dafür dem Himmel und suchet den Michelangelo in allem nachzuahmen.«
Andererseits preist Vasari Michelangelos individuelle, unnachahmliche *maniera* – ein Begriff, von dem sich die Stilbezeichnung Manierismus herleitet. Er ist, frei von allen negativen Konnotationen, am ehesten geeignet, eine annähernde stilgeschichtliche Einordnung des Malers, Bildhauers und Architekten vorzunehmen. Er betont Michelangelos herausragende Bedeutung für die Überwindung einer Kunstauffassung, die im Ideal absoluter Harmonie die Widersprüche der Realität zu ignorieren drohte.

EIN ›SKULPTURALES‹ MENSCHENBILD. Den Schlüssel zu Michelangelos künstlerischer Individualität bietet sein Schaffen als Bildhauer, eine Tätigkeit, die bereits unter handwerklichem Gesichtspunkt etwas Kämpferisches besitzt: das Ringen mit dem Material. Michelangelo verstand die Arbeit mit dem Meißel als das schrittweise Befreien der im Marmorblock enthaltenen Figur. Was damit gemeint ist, verdeutlichen die Entstehung des *David* und der vier vordergründig als unvollendet betrachteten *Boboli-Sklaven* (benannt nach ihrer zeitweisen Aufstellung in einer Grotte der Bobboli-Gärten in Florenz, heute in der Accademia), die für das *Juliusgrab* bestimmt waren: Ihr symbolischer Gehalt ergibt sich aus dem Motiv der Gebundenheit an die Materie, aus der sich der Körper und damit die menschliche, zum Geistigen strebende Existenz in einem heroischen Kampf zu befreien sucht.
Dieses Motiv lässt sich auch in Michelangelos Arbeiten als Architekt erkennen: Im Treppenhaus der *Biblioteca Laurenziana* (Florenz) bilden die Säulen nicht frei hervortretende Bauglieder, sondern sind in die Wand ›eingekerkert‹. Als Bauleiter der Peterskirche verstärkte Michelangelo nicht allein aus statischen Gründen Bramantes Stützpfeiler der Hauptkuppel, sondern gestaltete sie als Träger einer gewaltigen Last. Die Kuppel bekrönt in kraftvoller Dynamik, mit Doppelsäulen am Tambour und Rippen auf der Schale, den westlichen Zentralbau mit einer Gesamthöhe von 123,4 m (Beginn der Einwölbung 1588).

Vor allem aber bleibt der Bildhauer Michelangelo auch in seinen Fresken spürbar. Die neun Bildfelder an der Decke der Sixtinischen Kapelle mit Szenen vom ersten Tag der Schöpfung bis zur Trunkenheit Noachs enthalten die *Beseelung Adams*: In Erwartung der Berührung durch den Finger Gottes krümmt sich der Oberkörper der breit gelagerten Aktfigur Adams aufwärts. Die begleitenden Gestalten von sieben Propheten und fünf Sibyllen sowie zehn Paaren aus je zwei Aktfiguren (*ignudi*) besitzen als Gemeinsamkeit den Widerstreit zwischen körperlicher Bewegungsenergie und der Gebundenheit als Sitzfiguren. Zur kühnsten Entfaltung gelangt die körperlich-plastisch zur Anschauung gebrachte Dramatik des menschlichen Daseins im *Jüngsten Gericht* an der Altarwand der Sixtina. Der Vorrang des ›Skulpturalen‹ schließt eine Dramatisierung der Farbgebung ein. Die umfassende Restaurierung der Sixtina-Fresken schärfte den Blick für die ungewöhnliche Technik, die bis dahin als ›gemalte Skulpturen‹ betrachteten Gestalten farblich zu charakterisieren. Zum Vorschein kamen Beleuchtungseffekte, die sich nicht auf die Modellierung der Körper und Gewänder beschränken, sondern Licht und Schatten als Farbqualitäten zur Erscheinung bringen: Dunkelrot verwandelt sich in Violett und intensives Rosa, Dunkelblau kontrastiert mit lichtem Blau. Die Wiederentdeckung des Farbkünstlers Michelangelo bestätigte seinen Einfluss auf Manieristen wie Pontormo oder Rosso Fiorentino.

Michelangelo. *Die Heilige Familie* (*Tondo Doni*), 1504; Tempera auf Holz, Durchmesser 120 cm; Florenz, Uffizien
Das einzige überlieferte Tafelbild Michelangelos entstand anlässlich der Hochzeit des Florentiner Kaufmanns Agnolo Doni mit Maddalena Strozzi, die Raffael 1506 in Einzelbildnissen porträtierte (Florenz, Palazzo Pitti). »Michelangelo zeigt hier durch die Kopfhaltung der Mutter Gottes und durch den Blick, den sie auf die herrliche Schönheit ihres Söhnchens richtet, ihre hohe Beseligung und ihr Verlangen, den heiligen Greis daran teilhaben zu lassen« (Vasari). Kompositorisch entspricht der Einbeziehung Josefs die Abwandlung der ›Figura piramidale‹, indem sich zwei Dreieckformen überlagern und die drei Köpfe eine V-Form ergeben. Auch die Farbgebung unterscheidet sich von der Gestaltungsweise Raffaels und Leonardo da Vincis: Statt feiner Modellierung durch abgestufte Tonwerte von Lokalfarben zergliedert die malerisch wiedergegebene Wirkung von Licht und Schatten die Gewänder. Statt einer tiefenräumlichen Landschaft reihen sich im Mittelgrund jugendliche Aktfiguren. Diese *ignudi* weisen ebenso wie die Malweise auf die Deckenfresken der Sixtinischen Kapelle voraus.

WIRKUNGSGESCHICHTE

MICHELANGELOS »MOSE«

Grabmal Julius' II., entstanden mit Unterbrechungen 1505–47; Rom, San Pietro in Vincoli

Das als frei stehendes Monument in Alt-St. Peter geplante Grabmal, dessen Dimensionen mit antiken Mausoleen wetteifern sollte, reduzierte sich zum 1547 vollendeten Wandnischengrab. Eigenhändige Skulpturen Michelangelos sind im Untergeschoss die zentrale Sitzfigur des *Mose* und die seitlichen Nischenfiguren der *Rahel* (Kontemplation) und der *Lea* (tätiges Leben). Die Kopie eines Entwurfs (sog. *Von Beckerathsche Zeichnung*; Berlin, Kupferstichkabinett) zeigt *Mose* als rechte Eckfigur des Obergeschosses.

DAS JULIUSGRAB. Die Skulptur des jüdischen Religionsstifters verdankt ihre Entstehung dem Plan eines gigantischen Grabmals für Julius II., das der Papst 1505 bei Michelangelo in Auftrag gegeben hatte. Vorgesehen waren rund 40 überlebensgroße Figuren. Das Sockelgeschoss des frei stehenden Monuments sollten Allegorien der Künste und Wissenschaften sowie Sklaven als Verkörperungen der unterworfenen Provinzen umgeben; darüber waren dem ersten Plan zufolge vier Sitzfiguren um den Sarkophag vorgesehen, auf dem zu Füßen der Madonna die von zwei Engeln gestützte Grabfigur knien sollte. 1506 ließ Julius II. den Plan fallen, und Michelangelo verließ fluchtartig Rom. 1508 kehrte er zurück und begann mit den Deckenfresken der Sixtinischen Kapelle.

DER FALSCHE PLATZ. 1513 starb Julius II., und Michelangelo widmete sich erneut dem Grabmal. Es entstanden der *Gefesselte Sklave* und der *Sterbende Sklave* (Paris, Louvre) und der *Mose*. Planänderungen, die jeweils neue Verträge mit der Familie Rovere dokumentieren, mündeten 1547 in das Grabmal in San Pietro in Vincoli.

Das älteste Zeugnis der hohen Bewunderung des *Mose* bildet eine Kopfstudie (Amsterdam, Museum Fodor); sie stammt von Leonardo da Vinci, der 1515 Papst Leo X. bei einem Besuch in Michelangelos Werkstatt begleitet hat. »Als Michelangelo den Moses vollendet hatte, gab es kein Werk zu sehen, ob antik oder modern, das daneben bestehen konnte«, fasst Vasari das zeitgenössische Urteil in der zweiten Ausgabe seiner *Vite* (1568) zusammen. In freier Nachgestaltung schuf Pietro Francavilla um 1585 die Sitzfigur des Mose mit ausgestreckten Armen in der Niccolini-Kapelle von Santa Croce in Florenz. Zugrunde liegt ein Tonmodell im Bargello, das dem in Florenz tätigen Manieristen Giambologna zugeschrieben wird.

Ein Aspekt in der Wirkungsgeschichte der Skulptur ist die Auseinandersetzung mit der ursprünglichen Wirkungsabsicht: Geplant war Mose als eine der Eckfiguren auf der Ebene des Sarkophags hoch über dem Betrachter. Aus dieser Position erklären sich sowohl die Körperdrehung als auch die physiognomische Dramatik, die auf Fernwirkung berechnet ist. Aus der Nähe betrachtet, gewinnt der Kopf den Furcht erregenden Ausdruck, der sich in der Charakterisierung Michelangelos als Meister der *terribilità* verfestigt hat, einer »Ehrfurcht gebietenden Kraft«. Die planwidrige Aufstellung beeinflusste auch Goethes Eindruck, der San Pietro in Vincoli 1786 besichtigte und 1812 eine Nachbildung des *Mose* als Bronzestatuette erwarb. Er notierte 1830: »Diesen Heroen kann ich mir nicht anders als sitzend denken. Wahrscheinlich hat die überkräftige Statue des Michel Angelo am Grabe Julius des Zweiten sich meiner Einbildungskraft dergestalt bemächtigt, dass ich nicht davon loskommen kann.«

EINE IDENTIFIKATIONSFIGUR. 1914 veröffentlichte Sigmund Freud anonym den Aufsatz *Der Moses des Michelangelo* mit einer Deutung der Skulptur als Ausdruck von Aggression (Zorn über den Rückfall der Israeliten am Berg Sinai in den Götzendienst) und des Zwangs zur Affektbeherrschung: Michelangelos *Mose* entscheidet sich »für das Niederringen der eigenen Leidenschaft zugunsten und im Auftrage einer Bestimmung, der man sich geweiht hat«, nämlich dem Bund mit Gott, den die Gesetzestafeln symbolisieren. Der Aufsatz entstand unmittelbar nach dem offenen Konflikt mit dem ›abtrünnigen‹ Schüler C. G. Jung. Insofern kann man in dieser Interpretation der Skulptur »ein Moment der Identifizierung Freuds mit der mythischen Figur des Moses sehen. Seine Bestimmung zum Gesetzgeber der Psychoanalyse zählte letztlich mehr als der persönliche Affekt« (Hans-Martin Lohmann, *Sigmund Freud*, 1998). Einen Hinweis auf Freuds Beschäftigung mit Michelangelo enthält ein um 1914 entstandenes Foto. Es zeigt Freud in der Veranda seiner Wiener Wohnung in der Berggasse 19 mit einer verkleinerten Nachbildung des *Sterbenden Sklaven*.

Michelangelo, *Mose*, um 1515; Carrarischer Marmor, Höhe 252 cm; Rom, San Pietro in Vincoli
Der rechte Arm ruht auf den Tafeln des Gesetzes, das Mose auf dem Berg Sinai empfangen hat. Auf diesen Zusammenhang deutet auch das Attribut der Hörner hin, die auf einer missverständlichen Übersetzung des hebräischen Textes beruhen: Aus den Lichtstrahlen, die nach der zweiten Begegnung mit Gott das Haupt des Mose erglänzen lassen (2. Mose 34,29), wurde in der mittelalterlichen Bildtradition der Hörnerschmuck. Michelangelos Zeitgenossen erkannten in der Figur des Befreiers der Israeliten aus der ägyptischen Sklaverei und Gesetzgebers ein postumes Rollenbildnis des 1513 im Alter von 70 Jahren gestorbenen Papstes Julius II., für dessen Grabmal der *Mose* entstanden ist. Hieran knüpft die Deutung des Kirchenhistorikers Ludwig von Pastor an: »Die ganze gewaltsame Heftigkeit und fast übermenschliche Energie des Rovere-Papstes, aber auch der Stolz, der Trotz, das unbeugsame Wesen wie die maßlos heftige und leidenschaftliche Natur des Künstlers sprechen aus dieser Titanengestalt.«

KUNSTZENTRUM

VENEDIG

SEE- UND LANDMACHT. Venedig ist die weltweit prächtigste Pfahlbausiedlung. Das 4 km von der Küste entfernte Stadtgebiet in der Lagune des Golfs von Venedig erstreckt sich zwar über 118 eng beieinander liegende Inseln, doch dienen als Baugrund tief in den schlammigen Untergrund getriebene Pfähle. Die Hauptader des Systems von Wasserwegen ist der Canal Grande.

Die seit dem 5./6. Jahrhundert neu besiedelten Inseln wuchsen politisch zu einem republikanischen Gemeinwesen zusammen, an dessen Spitze ab 697 ein gewählter Dux stand, der ab 742 als Doge bezeichnet wurde und durch seine Wahl auf Lebenszeit eine monarchische Stellung gewann. Die Überführung der Reliquien des hl. Markus von Alexandria nach Venedig (828; Gemälde von Tintoretto, vor 1566; Mailand, Brera) verhalf zu religiöser Identität, deren Wahrzeichen das Staatswappen mit dem Evangelistensymbol des geflügelten Löwen bildete. Als Handelspartner von Konstantinopel profitierte Venedig vom Levantehandel, Pilger- und Kreuzzüge ins Heilige Land bedienten sich der venezianischen Seefahrt. Händler und Künstler schätzten den venezianischen Golddukaten, der als härteste Währung galt.

Im 15. Jahrhundert veränderten sich die Handelswege grundlegend: Während das östliche Mittelmeer zunehmend unter osmanische Kontrolle geriet (1453 endete mit der Eroberung von Konstantinopel das Byzantinische Reich), verlagerte sich der Seehandel in das westliche Mittelmeer und von hier aus nach Übersee.

Venedig kompensierte den Verlust seiner vorrangigen Stellung als Seemacht durch die Entwicklung zur Landmacht: Die *Terra ferma*, das ›feste Land‹ unter venezianischer Herrschaft, umfasste Venetien entlang der adriatischen Küste und reichte weit nach Westen bis Bergamo. Eine letzte auch kulturelle Blüte erlebte Venedig im 18. Jahrhundert als ›Hauptstadt des Rokoko‹. Nach der Absetzung des letzten Dogen durch die französischen Revolutionstruppen gehörte Venedig ab 1797 zu Österreich, dann zum napoleonischen Königreich Italien und 1815–66 zum habsburgischen Königreich Lombardo-Venetien.

BAUDENKMALE

San Marco, 11.–13. Jahrhundert. Kreuzkuppelkirche, im Innern mit Mosaiken ausgekleidet

Santi Giovanni e Paolo, 13.–15. Jahrhundert, Dominikanerkirche mit zahlreichen Grabdenkmälern für Dogen, davor der *Colleoni* von Verrocchio

Santa Maria Gloriosa dei Frari, 14./15. Jahrhundert, Franziskanerkirche

Dogenpalast, beg. nach 1340, Prachtbau mit gotischen Fassaden (gemusterte Marmorverkleidung über zweigeschossigen Arkaden) an der Piazetta und am Canal Grande, mit reicher Ausstattung (Tintoretto, Tizian)

Ca' d'Oro, 1421–40 von Bartolomeo Bon, mit ursprünglich vergoldeter Fassade (Marmorverkleidung neben dreigeschossigen Arkaden) am Canal Grande

Alte Bibliothek, 1537 beg. von Jacopo Sansovino, Hauptwerk der venezianischen Renaissance

San Giorgio Maggiore, 1566–1610, Neubau einer Benediktinerkirche auf der Isola di San Giorgio Maggiore, beg. von Andrea Palladio

Il Redentore, 1577–92 nach Plänen des Manieristen Andrea Palladio, Votivkirche (Befreiung von der Pest)

Santa Maria della Salute, 1631–87 von Baldassare Longhena, Hauptwerk des venezianischen Barock

Venedig gehört zum Weltkulturerbe der UNESCO

VENEZIANISCHE MALEREI. 1494 lernte Albrecht Dürer in Venedig eine Weltstadt kennen, in der mit einhunderttausend Einwohnern viermal so viel Menschen lebten wie in Nürnberg. Noch war die Lagunenstadt von ihren Verbindungen zum Orient und von dessen Waren geprägt. Dazu gehörten Gewürze, erlesene Stoffe, Schmuck und wertvolle Farben wie das ›von jenseits des Meeres‹ importierte Ultramarin. Zu den internationalen Niederlassungen gehörte der Fondaco dei Tedeschi, das Handels- und Gesellschaftshaus der Deutschen. In einem Brief an seinen Nürnberger Freund Pirckheimer vergleicht Dürer: »Hier bin ich ein Herr, daheim ein Schmarotzer.«
In Venedig lernte Dürer den etwa 64-jährigen Giovanni Bellini kennen, dessen Triptychon in Santa Maria Gloriosa dei Frari mit den je zwei Apostelgestalten auf den Flügeln (1488) in Dürers *Vier Aposteln* (1526; München, Alte Pinakothek) nachgewirkt hat. Giovanni Bellini leistete Herausragendes als Porträtist (*Der Doge Leonardo Loredan*; um 1501; London, National Gallery), zu seinem Spätwerk gehört die monumentale *Sacra Conversazione* (1505) in der Kirche San Zaccaria. Mit seinem Vater Jacopo und Bruder Gentile entwickelte Giovanni Bellini die venezianische Malkultur weich verwobener Töne; beteiligt war der aus Sizilien stammende Antonello da Messina (*Hl. Sebastian*, 1475; Dresden, Galerie Alte Meister). Sie fand ihre reichste Entfaltung im Schaffen Giorgiones und Tizians. Ein erzählfreudiger Maler des frühen 16. Jahrhunderts ist Vittore Carpaccio (*Zwei venezianische Kurtisanen auf einem Balkon*; Venedig, Museo Correr).

Gentile Bellini, *Prozession auf der Piazza San Marco*, 1496; Tempera auf Leinwand, 367 x 745 cm; Venedig, Galleria dell' Accademia
Das monumentale Gemälde überliefert akribisch den Fassadenschmuck von San Marco: die Mosaiken mit Goldgrund an den Bogenfeldern der Portale und die antike Quadriga aus vergoldeter Bronze über dem Hauptportal. Der obere Bildrand überschneidet die Kuppeln über den Armen eines griechischen Kreuzes, die sich um eine zentrale Hauptkuppel gruppieren. Rechts schließt der Dogenpalast an, davor erhebt sich diesseits der zum Canal Grande führenden Piazzetta der Campanile.
Die Vedutenmalerei entwickelte sich zu einer venezianischen Spezialität, die im 18. Jahrhundert durch Bellotto, Canaletto und Guardi zu europäischer Bedeutung gelangte. Zu den Meistern einer mit Ironie gepaarten Genremalerei des Rokoko zählt Pietro Longhi (*Der Zahnzieher* mit venezianischen Maskenträgern; Mailand, Brera).

KÜNSTLER

TIZIAN

BIOGRAFIE

1488/90 Tiziano Vecelli wird um diese Zeit in Pieve di Cadore im Friaul geboren. Ab etwa dem 10. Lebensjahr wird er in Venedig als Maler ausgebildet, zuletzt bei Gentile und Giovanni Bellini

1508–10 Mitarbeiter von Giorgione

1516 Staatsmaler von Venedig und Beginn der Tätigkeit für Herzog Alfonso d'Este in Ferrara: 15 mythologische Szenen, darunter *Bacchus und Ariadne* (1520–23; London, National Gallery)

1523/24 *Hl. Christophorus* (einziges erhaltenes Fresko Tizians im Dogenpalast)

1530 Begegnung in Bologna mit Karl V. (Kaiserkrönung durch Klemens VII.), der Tizian 1533 adelt und zu seinem Hofmaler ernennt

1538 *Venus von Urbino* (Florenz, Uffizien)

1545/46 Rom: *Papst Paul III. und zwei Nepoten, Danae* (beide Neapel, Museo di Capodimonte)

1548 Aufenthalt in Augsburg (Reichstag), *Bildnis Karls V.* (München, Alte Pinakothek)

1553 Beginn der Tätigkeit für Philipp II. von Spanien

1576 *Dornenkrönung* (München, Alte Pinakothek). Tizian stirbt in Venedig am 27. August im Alter von etwa 88 Jahren

DIE ERWACHTE VENUS. Zwei liegende weibliche Akte geben Tizians Auffassung eines Themenbereichs zu erkennen, dem ein Großteil seines Schaffens gewidmet ist: der malerischen Verherrlichung sinnlicher Schönheit. Das eine dieser beiden Gemälde, *Die schlummernde Venus* (Dresden, Galerie Alte Meister), vollendete Tizian 1510 als Mitarbeiter Giorgiones. Knapp zwei Jahrzehnte später malte er die sog. *Venus von Urbino* (Florenz, Uffizien). An die Stelle des lyrisch gestimmten Einklangs von Mensch und Natur trat die Schilderung eines Interieurs, in dem eine Kurtisane darauf wartet, dass die im Hintergrund tätigen Dienerinnen ihrer Herrin Gewänder zur Auswahl präsentieren. Dazwischen liegt die rätselhafte Darstellung einer vornehm gekleideten Dame, der sich eine weibliche Aktfigur zuwendet. Der traditionelle Titel *Die himmlische und die irdische Liebe* (um 1515; Rom, Galleria Borghese) täuscht auch hier über das Thema hinweg. Es ist wohl im Sinne einer Botschaft des Auftraggebers an eine umworbene Frau als ›Aufforderung zur Liebe‹ zu begreifen, der *Das Venusfest*, um 1515, und *Bacchanal (Die Andrier)*, um 1519/20 (beide Madrid, Prado, jeweils von Peter Paul Rubens kopiert), gewidmet sind. Einen breiten Deutungsspielraum hält die *Venus mit dem Orgelspieler* bereit (um 1550, Berlin und Madrid). Er reicht vom sprichwörtlichen Vergleich (»Denn ganz wie ein berühmter Orgelspieler verfüg ich über allerlei Register«, prahlt der Frauenheld Luzman in Lope de Vegas Komödie *Der Ritter vom Mirakel*, 1621) bis zum neuplatonischen Dualismus zwischen sinnlicher und geistiger Sphäre.

DER PORTRÄTIST. Auch als Bildnismaler steigerte Tizian die venezianische Tradition (Giovanni Bellini, Antonello da Messina, Giorgione) zu sinnlichem Reichtum. Ein Hauptwerk ist der *Mann in Blau* (der Titel bezieht sich auf den Ärmel aus einer Fülle von lavendelfarbigem Seidenstoff, um 1511; London, National Gallery). Zum Spätwerk gehört das sog. *Bildnis der Tochter Lavinia* (um 1550; Berlin, Gemäldegalerie); schräg von hinten mit erhobener Fruchtschale dargestellt, wendet sich die junge Frau (als Allegorie der Göttin Pamona?) mit rückwärts gewandtem Kopf dem Betrachter zu. Monumental und zugleich psychologisch einfühlsam gestaltete Tizian das Reiterbildnis *Karl V. nach der Schlacht bei Mühlberg* (1548; Madrid, Prado). Es zeigt den siegreichen Feldherrn vor einer Abendlandschaft mit abziehenden Gewitterwolken, die dennoch ahnungsvoll den Eindruck einer Verdüsterung wecken. In den beiden letzten Jahrzehnten in Venedig bei kirchlichen und staatlichen Aufträgen von Tintoretto und Paolo Veronese überflügelt, schuf Tizian 1570 sein Selbstbildnis (Madrid, Prado) als strenge Profilansicht mit einem Blick, der zugleich in die Ferne und nach innen gerichtet ist.

Tizian, *Himmelfahrt Mariä* (*Assunta*), 1516–18; Öl auf Holz, 690 x 360 cm; Venedig, Santa Maria Gloriosa dei Frari.
Die auftraggebenden Franziskaner, volkstümlich *Frari* (von *Frati*) genannt, waren im Zweifel, ob Tizians Altarbild für ihre Kirche geeignet sei: Waren der stürmische Gefühlsausdruck in den Gestalten der Apostel und der sinnliche Reiz der Farbgebung dem Thema angemessen? In der Tat besitzt Tizians *Assunta* eine beispiellose Dynamik, der kompositorisch ein spitzwinkliges Dreieck zugrunde liegt. Es verbindet die beiden zinnoberrot gewandeten Apostel am Sarkophag mit der Gestalt der Jungfrau und führt den Blick hinauf zu Gottvater. Zu den Neuerungen gehört die kühne Körperdrehung Marias vor gleißender Lichtfolie. Zu derselben Zeit arbeitete Tizian für private Auftraggeber an mythologischen Kompositionen. Der Überlieferung zufolge wurde Tizian in der Frarikirche beigesetzt. Im rechten Seitenschiff wurde 1852 ein Ehrenmonument eingeweiht, zu dessen Reliefschmuck eine Nachgestaltung der *Assunta* gehört.

STIL

MANIERISMUS

KRISEN DES 16. JAHRHUNDERTS

ab 1517 Reformation: Eine ›Ketzerbewegung‹ schränkt erstmals den kulturellen Machtbereich der katholischen (universalen) Kirche ein und ersetzt die Kirchen- durch die Konfessionszugehörigkeit

1519–22 Erste Weltumsegelung: Magellans Pioniertat erbringt den endgültigen Beweis für die Kugelgestalt der Erde, auf der Europa einen verschwindend kleinen Raum einnimmt

1526 Großer Bauernkrieg: Erstmals droht die Gefahr einer Veränderung der sozialen Verhältnisse ›von unten‹

1527/28 Sacco di Roma: Die Plünderung Roms durch Söldnertruppen Karls V. wird als göttliches Strafgericht über die allgemeine Sittenlosigkeit verstanden

1529 Balkan: Der osmanischen Eroberung folgte die erste Belagerung Wiens

1543 Heliozentrisches Planetensystem: Das postum publizierte Werk des Kopernikus über die Bewegungen der Planeten widerlegt die Vorstellung vom Umlauf der Sonne um die Erde

1562 Frankreich: Beginn des ersten von acht Hugenottenkriegen (bis 1598)

1563 Tridentinum: Die Beschlüsse des Konzils von Trient (ab 1543) verschärfen im Zuge der Gegenreformation den zunehmend politischen Konfessionalismus

1568 Niederlande: Aufstand gegen die Herrschaft Spaniens und Bildung der Republik der Vereinigten Niederlande (1581)

ZWEI BEDEUTUNGEN. Ausgehend von Giorgio Vasaris Feststellung, Michelangelos *maniera* (›Stil, Gestaltungsweise‹) habe zahlreiche Nachahmer gefunden, ersetzt der Begriff einerseits als stilgeschichtliche Epochenbezeichnung vor allem für die italienische Kunst von etwa 1530 bis zum Frühbarock zu Beginn des 17. Jahrhunderts die Bezeichnung des Zeitraums als Spätrenaissance. Andererseits hat der Begriff Manierismus eine Bedeutungserweiterung erfahren, indem er eine periodisch auftretende Gegenbewegung zur ›Klassik‹ bezeichnet. Belastet ist der Begriff des Manierismus in beiden Verwendungen durch die Nähe zum ›Manierierten‹ als Bezeichnung für alles Gekünstelte und durch die Definition ex negativo als ›antiklassisch‹.

STILMERKMALE. Einen Zugang zu Erscheinungen der Kunst ab etwa 1530 erleichtert eine Vergegenwärtigung der Erschütterungen, aber auch Erweiterungen des Welt- und Menschenbildes. Entwickelten Früh- und Hochrenaissance aus der »Wiederentdeckung der Welt und des Menschen« (Jacob Burckhardt) eine idealistische Konzeption, so gerät diese aufgrund einer neuen Erfahrung der Wirklichkeit in den Verdacht der bloßen Illusion. Insofern besitzt die Kunst des Manierismus den Charakter einer Befreiung vom Dogma der Harmonie, von der Beschränkung der Kunst auf den ›schönen Schein‹.
Das künstlerische Welt- und Menschenbild im Manierismus des 16. Jahrhunderts bedeutet jedoch keinen völligen Bruch mit der Früh- und Hochrenaissance, sondern verstärkt einzelne ihrer Themen und Gestaltungsmittel: Der Eindruck räumlicher Tiefe erweitert sich in Malerei und Architektur zur Tiefenflucht. Gereihte oder im Raum gruppierte Figuren geraten in der Malerei und Skulptur in eine Bewegung, die auch den einzelnen, spiralförmig gewundenen Körper erfasst, an die Stelle der flächenparallelen Kompositionsschemata Halbkreis, Kreis und Dreieck tritt die Raumdiagonale, den antiken Kanon der idealen körperlichen Proportionen ersetzen expressive Figurenbildungen, das Wechselspiel zwischen Farbgebung und natürlichem Licht erfährt eine Bereicherung durch gebrochene, im Helldunkel dramatisierte Beleuchtung, das humanistische Bildungswissen erfährt eine zunehmende Allegorisierung, während die tradierten religiösen Themen im Zeichen des Konfessionalismus eine appellative Zuspitzung erhalten. All dies sind künstlerisch produktive Ausdrucksformen eines weit verbreiteten Krisenbewusstseins.
Zentren des Manierismus des 16. Jahrhunderts in Italien sind Venedig (Tintoretto) und Florenz (Parmagianino, Pontormo) mit unmittelbarer Ausstrahlung nach Frankreich (Rosso Fiorentino und die Schule von Fontainebleau) und in die Niederlande (Romanismus der ›Romfahrer‹), die ihrerseits Einfluss auf das deutschsprachige Gebiet ausübten. Hier wie dort hemmte allerdings die von

Bilderstürmern begleitete Ausbreitung von Calvinismus und lutherischem Protestantismus eine stilbildende Entwicklung, die über formale (oft auf Schmuckformen beschränkte) Anleihen hinausreichen würde.

El Greco, *Die Auferstehung Christi,* 1584–94; Öl auf Leinwand, 275 x 127 cm; Madrid, Prado
Um 1541 auf der venezianischen, ab 1645 von den Osmanen eroberten Insel Kreta geboren, verbrachte ›der Grieche‹ Dominikos Theotokopulos Lehrjahre bei Tizian in Venedig und lebte ab 1570 in Rom, spätestens ab 1577 bis zu seinem Tod 1614 in Toledo. Seine überlangen Gestalten wurden auf positivistische Weise durch einen Sehfehler erklärt. Inzwischen besitzt El Grecos überwiegend religiöse Malerei längst den Rang als herausragende Ausprägung des Manierismus und dessen Streben nach sinnlicher Vergegenwärtigung des Übersinnlichen. Die Darstellung der *Auferstehung Christi* kontrastiert zum schwerelosen Emporschweben Christi mit einer tumultuarischen Gruppe, in der das traditionelle Thema der geblendet zu Boden gestürzten Grabwächter nachwirkt, jedoch Motive der Himmelfahrt einbezieht: In ekstatischer Verzückung recken sich Figuren empor, um an der Überwindung alles Irdischen teilzuhaben. Der mittlere Grabwächter, eine irdische, abwärts gerichtete Gegenfigur Christi, ist auf ähnliche Weise mit verkrümmten Gliedmaßen an den Boden geheftet wie Laokoon als Opfer göttlicher Strafe vor dem Hintergrund von Toledo auf El Grecos Gemälde *Der Tod Laokoons und seiner Söhne* (um 1610; Washington, National Gallery).
Der Vergleich mit Tizians *Assunta* lässt in dieser Hinsicht Gemeinsamkeiten erkennen, vor allem aber den Unterschied zwischen festlicher Steigerung der Farbenpracht und einer Unterordnung der insgesamt kühlen Farbgebung unter die Dramatik des Helldunkels.

KÜNSTLER

TINTORETTO

BIOGRAFIE

1518 Tintoretto (Iacopo Robusti) wird in Venedig als Sohn eines Färbers geboren

1539 Als selbständiger Meister bezeugt. Er bleibt fast ausschließlich in Venedig tätig

1545 Der Einfluss Michelangelos könnte auf einen Aufenthalt in Rom hindeuten

1564–87 Wand- und Deckengemälde (auf Leinwand) in der Scuola di San Rocco

1594 Tintoretto stirbt in Venedig am 31. Mai im Alter von 76 Jahren

BEDEUTUNGSEBENEN. Gipfelte die Hochrenaissance in der Einheit aus Realität und Idealität im Kunstwerk, so tritt in der zweiten Hälfte des 16. Jahrhunderts eine Spaltung ein. Sie kennzeichnet das Schaffen Tintorettos, der im Jahr vor Leonardo da Vincis Tod geboren wurde.
Das Idealbild des menschlichen Körpers in Gestalt des weiblichen Aktes erscheint im mythologisch-anekdotischen Erzählbild *Vulkan überrascht Mars und Venus* als auf drastische Weise entblößt. Der moralisierende Mythos kann aber auch unter dem Gesichtspunkt des ›Ungleichen Paares‹ (Greis und junge Frau) betrachtet werden. Kompositionselemente sind eine fallende Diagonale (Venus), ein Spiegel (Rückenansicht des Vulcanus) und die Tiefenflucht rechts; hier wird Mars verbellt.
Als Gegenbild zu Leonardos Mailänder *Abendmahl* erweist sich Tintorettos Gestaltung desselben Themas rund ein Jahrhundert später. Zwar bildet in beiden Werken das Haupt Jesu den Mittelpunkt. In diesem zentriert sich bei Leonardo die perspektivische Konstruktion, während Tintoretto den Fluchtpunkt in die rechte obere Bildecke verschiebt. Zum Bedeutungsträger wird das Licht. Es umstrahlt als übersinnlicher Glanz das Haupt Jesu und wird von den schwebenden Engeln reflektiert. Die zweite Lichtquelle, eine flackernde Ampel, beleuchtet dagegen die Dienerschaft diesseits der diagonal in den Bildraum fluchtenden Tafel: Hier herrscht Geschäftigkeit um des leiblichen Wohles willen. Jesus dagegen stiftet die sakramentale Speise des eucharistischen Opfermahls.

Tintoretto, *Vulkan überrascht Mars und Venus*, um 1555; Öl auf Leinwand, 135 x 198 cm; München, Alte Pinakothek
Inhaltlich geht die Szene auf eine Episode in Homers *Odyssee* (VIII,266 ff.) zurück.

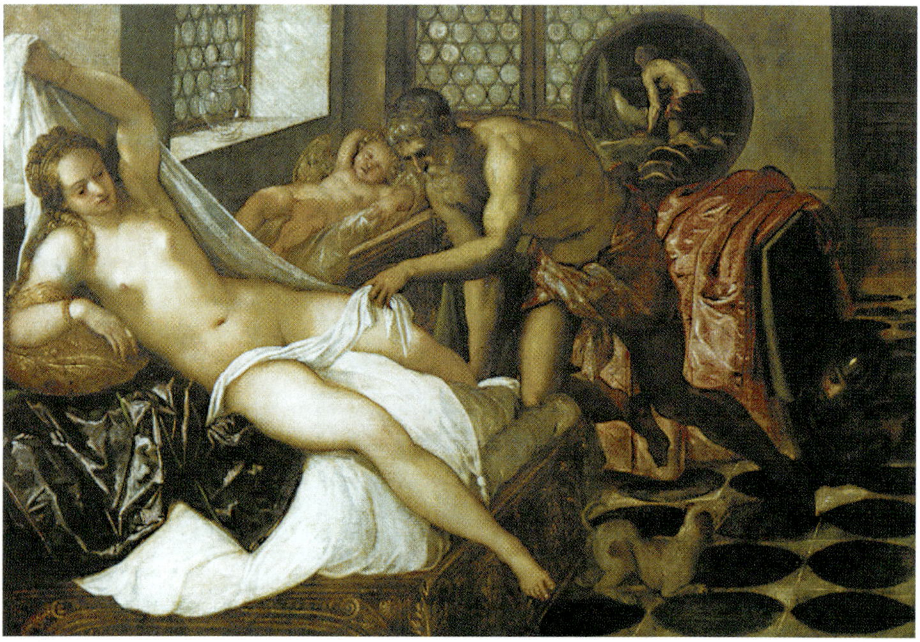

DIE SCUOLA DI SAN ROCCO. Als ›scuole‹ werden in Venedig die Bruderschaften und deren Gebäude bezeichnet: religiöse Vereinigungen von Laien mit karitativen Aufgaben unter dem Patronat eines Heiligen. Neben sechs ›großen‹ Bruderschaften bestand eine Vielzahl kleinerer, vielfach aber ebenfalls wohlhabender Gemeinschaften: 1732 wurden 290 ›scuole‹ gezählt. Zu den sechs angesehensten Bruderschaften gehörte die Scuola Grande di San Rocco. Sie widmete sich unter dem Patronat des Pestheiligen Rochus, dessen Gebeine 1415 nach Venedig übertragen wurden, der Krankenpflege. Aus dem Wettbewerb um die Ausstattung des 1560 vollendeten Gebäudes der Rochus-Bruderschaft (Saalbau und Herberge) neben der Kirche San Rocco ging 1564 Tintoretto – gegen die Konkurrenz von Meistern wie Paolo Veronese und Federico Zuccari – als Sieger hervor. In den folgenden zwei Jahrzehnten schuf er 33 Wand- und Deckengemälde (auf Leinwand) mit Szenen aus dem Alten und Neuen Testament sowie aus der Rochus-Legende (in San Rocco). Die breit gelagerten (*Kreuzigung*, 1565), tiefenräumlich geöffneten oder steil emporgerichteten Kompositionen sind Hauptwerke des Manierismus, die den Realraum dem Bildraum unterordnen. Stilistisch eng verwandt mit den biblischen Historien sind die acht profanen Ereignisbilder des *Gonzaga-Zyklus* (1579/80; München, Alte Pinakothek). Tintoretto schuf sie mit Gehilfen im Auftrag des Herzogs Guglielmo Gonzaga für zwei Säle des Palazzo Ducale in Mantua. Den Anfang bildet *Die Erhebung des Giovanni Francesco Gonzaga zum Markgrafen von Mantua 1433*.

Tintoretto, *Abendmahl*, 1591; Öl auf Leinwand, 365 x 568 cm; Venedig, San Giorgio Maggiore
Ein Vergleich mit Leonardo da Vincis Mailänder *Abendmahl* (1495–98) führt beispielhaft den Gegensatz zwischen Hochrenaissance und Manierismus vor Augen. An die Stelle einer flächenparallelen und symmetrischen Komposition tritt eine Raumdiagonale in Gestalt des Tisches. Die von links unten nach rechts oben verlaufende Schräge trennt zwei Bedeutungsbereiche: die Versorgung einer Festtafel mit dem Detail einer schleckhaften Katze von der Einsetzung des eucharistischen Sakraments, verbunden mit der Entlarvung des Verräters Judas. Tintoretto betrieb Studien bei künstlichem Licht, um der venezianisch geschulten Formbildung »durch die wirksamsten Lichteffekte eine neue Bedeutung zu geben« (Jacob Burckhardt in seiner »Anleitung zum Genuss der Kunstwerke Italiens« mit dem Titel *Cicerone*, 1855).

GESTALTUNGSMITTEL

FIGURA SERPENTINATA

BEWEGUNG IN DER MALEREI. Zu den Themen, die der Manierismus des 16. Jahrhunderts aus dem Repertoire aufgriff und in gesteigerter Weise gestaltete, gehört die Wiedergabe von Bewegung im ›statischen‹ Medium des Bildes – eine Aufgabe, die sich im frühen 20. Jahrhundert erneut der Futurismus stellte. So schließen sich die vier Figuren auf Jacopo Pontormos *Heimsuchung (Begegnung zwischen Maria und Elisabet*, um 1530, Pfarrkirche von Carmignano) zu einem Reigen zusammen, der einen kreisenden Bewegungseindruck hervorruft. Michelangelos Studien zur *Schlacht von Cascina* im Palazzo Vecchio, die in Konkurrenz zu Leonardo da Vincis *Anghiari-Schlacht* entstanden ist (beide Fresken sind zerstört), bilden eine Mustersammlung von Aktfiguren in heftiger Bewegung: Vom Feind beim Baden überrascht, eilen die Soldaten zu den Waffen.

Pablo Picasso, *Myrrhina und Kinesias*, 1934; Radierung, 21,5 x 15 cm
Die Grafik in Picassos neoklassischem Linienstil bezieht sich auf eine Szene der Komödie *Lysistrata* (um 411 v. Chr.) von Aristophanes. Um dem seit 20 Jahren wütenden Bruderkrieg Athens mit den Städten auf der Peloponnes Einhalt zu gebieten, hat Lysistrata die Frauen aus ganz Griechenland zusammengerufen und zur Verweigerung des Beischlafs verpflichtet, bis die kriegslüsternen Männer die Waffen niederlegen. Allein die Athenerin Myrrhina gerät in die Gefahr, ihrem Mann Kinesias gegenüber schwach zu werden, doch heldenmütig widersteht sie der Versuchung und entwindet sich – in Picassos Darstellung als Figura serpentinata – der Umarmung.

Bereits in Michelangelos *Tondo Doni* ist die kniende Mariengestalt in einer aufwärts gerichteten Drehbewegung begriffen, die auf Raffaels Fresko *Die Meerfahrt der Galatea* (1512/13: Rom, Gartensaal der Villa Farnesina) die gesamte Figur der fliehenden Nymphe erfasst. Dieses Gestaltungsmittel einer Drehbewegung, mit der sich ein Körper in die Höhe schraubt, wird als Figura serpentinata bezeichnet (ital. *serpentinato* ›schlangenartig‹). Sie beherrscht beispielsweise die allegorischen und mythologischen Gemälde des in Antwerpen, Frankreich, Oberitalien, Rom und zuletzt in Prag als Hofmaler des ›manieristischen‹ Kaisers Rudolph II. tätigen Niederländers Bartholomäus Spranger (*Venus und Adonis*, um 1597; Wien, Kunsthistorisches Museum).

BEWEGUNG IN DER PLASTIK. Zu höchster Vollkommenheit entwickelte der gebürtige Niederländer Giambologna die Figura serpentinata in Florenz im Dienst der mediceischen Großherzöge Cosimo I. und Ferdinando I., deren Reiterstandbilder er 1594 bzw. 1608 geschaffen hat. Sein programmatisches Hauptwerk bildet die Marmorgruppe *Der Raub der Sabinerin* (1583; Florenz, Loggia dei Lanzi): Die Gefangene versucht, sich der Umklammerung in einer Aufwärtsbewegung zu entwinden. Als Wesensmerkmal der plastischen Figura serpentinata wird der Verzicht auf eine Hauptansicht erkennbar: Nur im Umschreiten erfasst der Betrachter die Plastik in der Vielzahl ihrer Motive. Insofern bringt die Figura serpentinata Bewegung zum Ausdruck und setzt auch Bewegung in Gang.

Giambologna, *Fliegender Merkur*, 1580; Bronze, Höhe 187 cm; Florenz, Museo Nazionale im Bargello
Der Götterbote sowie Gott des Handels und der Diebe berührt mit dem rechten Fuß den als Feder wiedergegebenen ›Hauch‹ des Windes. Der ausgestreckte Zeigefinger der rechten Hand bezeichnet die Mittelachse der Komposition, um die sich der Körper in Form der Figura serpentinata windet. Als Attribute dienen der Flügelhut und der geflügelte Heroldsstab Kerykeion, um den sich – gleichsam als Vorbild der skulpturalen Gestaltungsweise – zwei Schlangen winden. Zu den Nachgestaltungen und Kopien dieses Meisterwerks der manieristischen Plastik gehören die Brunnenfigur des Augsburger *Merkurbrunnens* (1596–99) von Adriaen de Vries, hier bindet Gott Amor dem Götterboten die Flügelsandalen, und die vergoldete Figur, die seit 1862 die *Merkursäule* der Alten Kanzlei in Stuttgart bekrönt.

GESTALTUNGSAUFGABE

BRUNNEN

BRUNNENFORMEN

Die Brunnenanlagen des 16. Jahrhunderts und des Barock vereinen verschiedene Grundformen zu Brunnen:

Geschossbrunnen, Aufbau aus mehreren übereinander angebrachten Schalen mit Abfluss von einer Schale zur nächsten.

Schalenbrunnen, als Becken in den Boden eingelassener, ebenerdiger oder erhöhter Wasserbehälter. Zugrunde liegt der einfache Trogbrunnen.

Springbrunnen, durch eine Fontäne gespeister Schalenbrunnen, vielfach in ein Wasserspiel (eine Wasserkunst) einbezogen.

Stockbrunnen (Röhrenbrunnen), Schalenbrunnen mit zentralem Aufbau als (figurenbekrönter) Pfeiler oder Säule bzw. nach dem Vorbild einer Turmspitze, von dem die Zuflüsse zumeist in Form von Röhren abzweigen.

Wandbrunnen, an eine Wand angefügte, zumeist halbkreisförmige Schale zur Handwaschung oder als Zierform mit plastisch gestaltetem Zufluss (Maske).

ZWECK- UND ZIERBAU. Als Sammelbehälter von Wasser besitzt der Brunnen profane und religiöse Symbolkraft: Er hält das lebensnotwendige Wasser bereit, das als ›Wasser des Lebens‹ transzendente Bedeutung gewinnt. Daneben gründet sich auf die reinigende Qualität des Wassers die kultische Funktion des Brunnens als Taufbrunnen im christlichen Baptisterium (Wiedergeburt durch das Sakrament der Taufe), als Reinigungsbrunnen im Vorhof (Atrium) der frühchristlichen Basilika oder im Vorhof der islamischen Moschee. Zum Bauprogramm des mittelalterlichen Klosters gehörte die Brunnenkapelle am Kreuzgang gegenüber dem Speisesaal (Refektorium). Bauplastischer Schmuck blieb jeweils untergeordnet.
Dies änderte sich im Spätmittelalter und in der Frühen Neuzeit, indem der Brunnen etwa als Marktbrunnen die religiöse mit der sozialen Symbolik verband. In Nürnberg folgte dem *Schönen Brunnen* (nach 1350) mit seinen Propheten, Evangelisten und Kirchenvätern der *Tugendbrunnen* (1585–89 von Benedikt Wurzelbauer) mit den Sieben Tugenden, wobei die Gerechtigkeit die bekrönende Spitze bildet. In Siena erhielt der Brunnen auf der Piazza del Campo (*Fonte Gaia*, 1409–19 von Jacopo della Quercia) Reliefdarstellungen der Monatsarbeiten (Originale im Palazzo Pubblico).

DIE BRUNNENPLASTIK. Als bekrönende Brunnenfiguren schuf Donatello die erste freiplastische Aktskulptur (*David*; Florenz, Bargello) und die Gruppe *Judit und Holofernes* (vor 1460, heute als denkmalhafte Skulptur vor dem Palazzo Vecchio in Florenz). Das 16. Jahrhundert entwickelte aus der plastischen Dekoration die formale und thematische Interpretation von Brunnen, ausgehend von der antiken naturmythologischen Ikonografie des Elements Wasser. Die Meeresfauna sowie Meeresbewohner wie die weiblichen Najaden und männlichen Tritonen dienten nicht allein als Zierde, sondern zugleich als Wasserspender: beim *Neptunbrunnen* auf der Piazza della Signoria in Florenz von Bartolommeo Ammanati (als Provisorium 1565 anlässlich der Hochzeit Francescos I. mit Johanna von Österreich, ausgeführt 1571–75) und beim *Schildkrötenbrunnen* von Taddeo Landini in Rom.
Diese Konzeption der Brunnenplastik als integraler Bestandteil der Funktion, als Verbildlichung und Verherrlichung des Elements Wasser sowie als synästhetisches Zentrum von Plätzen übernehmen die barocken Brunnenanlagen: in Rom Gian Lorenzo Berninis *Vierströmebrunnen* (1648–51) samt Nebenbrunnen auf der Piazza Navona und die nach einem Entwurf Berninis errichtete *Fontana Trevi* in einer bereits der Kaskade verwandten Form vor einer Fassade. Zu den neubarocken Nachgestaltungen gehört der *Neptunbrunnen* (1888–91) von Reinhold Begas auf dem Berliner Alexanderplatz.

Adriaen de Vries / Wolfgang Neidhardt (Gießer), Najaden, Tritonen und Putti am *Herkulesbrunnen*; 1596–1602; Bronze, lebensgroß; Augsburg, Maximilianstraße

Ausgebildet in Italien, statteten die Niederländer Hubert Gerhard und Adriaen de Vries die Augsburger Prachtstraße mit drei monumentalen Brunnen aus: mit dem *Augustus-, Merkur- und Herkulesbrunnen.* Letzterer verwendet das bereits im Mittelalter verbreitete Motiv von Löwenköpfen sowie Vögel als Wasserspeier. Die reinigende oder erfrischende Wohltat des Wassers illustriert eine Najade mit einem Krug, mit dessen Inhalt sie ihre Beine benetzt.

KUNSTBETRIEB

HOFKÜNSTLER

AMT MIT BESOLDUNG. Im 16. Jahrhundert entstanden europaweit Hofhaltungen als Regierungs- und Verwaltungszentren von Territorialstaaten der unterschiedlichsten Größe. Um einen inneren Zirkel (Kronrat) gruppierte sich eine Vielzahl von Hofämtern, zu denen auch die eines Hofbaumeisters, -bildhauers und -malers gehörten.
Im Unterschied zu den Diensten, die Künstler einem Herrscher sporadisch, während eines Zeitraums oder im Rahmen eines bestimmten Vorhabens leisteten, forderte das mit einer Besoldung verbundene Hofamt die ständige Verfügbarkeit (sog. Residenzpflicht). Die Veränderung lässt sich an einem Vergleich zwischen den beiden Unternehmern Albrecht Dürer (gest. 1528) und Lucas Cranach d. Ä. (gest. 1553) ablesen: Während seine Nürnberger Werkstatt Dürer die Möglichkeit bot, auch für Kaiser Maximilian I. tätig zu werden, nutzte Cranach sein Amt als Hofmaler, um eine durch höfische Aufträge ausgelastete Werkstatt zu betreiben. Die Bindung an Höfe gewann in protestantischen Territorien wachsende Bedeutung, da hier die Kirche als Auftraggeber weitgehend ausschied bzw. der Landesherr auch für das künstlerische Wohlergehen seiner Landeskirche zu sorgen hatte.

GNADENGEHALT

Ab 1512 nahm Maximilian I. die Arbeit Albrecht Dürers als Grafiker in Anspruch (mehrteilige Holzschnitte *Ehrenpforte, Triumphzug, Triumphwagen,* Randzeichnungen zu Maximilians *Gebetbuch für den St. Georg-Ritterorden)* und gewährte ihm 1516 ein Gnadengehalt von jährlich 100 Gulden. Nach Maximilians Tod reiste Dürer 1520/21 in die Niederlande, um sein Privileg von dessen Nachfolger Karl V. bestätigen zu lassen. Karl hatte die Nachricht von seiner Wahl 1519 in Spanien erhalten und reiste über die Niederlande zur Königskrönung in Aachen 1520.

Giuseppe Arcimboldo, *Bildnis des Kaisers Rudolph II.,* 1592, 70,5 x 57,5 cm; Uppsala, Skokloster
Im Zeitraum von 1562 bis 1588 diente der Mailänder Maler Arcimboldo am kaiserlichen Hof in Wien und Prag nacheinander Ferdinand I., Maximilian II. und Rudolph II. Das nach der Rückkehr nach Mailand entstandene Bildnis seines letzten Dienstherrn ist in einer schon früh in Bildserien wie den *Vier Jahreszeiten* und den *Vier Elementen* entwickelten Form der Verdinglichung gestaltet: Das aus Früchten gebildete, nach zeitgenössischem Urteil erstaunlich lebensnahe Porträt scheint eine Allegorie des Herbstes darzustellen. In Wirklichkeit präsentiert sich der Kaiser als römischer Gott Vertumnus (etrusk. Voltumna), der Fruchtbarkeit, aber auch die unbegrenzte Verwandlungsfähigkeit verkörpert: »Er ist jung und schön und kann, wenn es sein muss, alle Formen annehmen« (Ovid). Insofern ist Vertumnus (und mit ihm Rudolph II.) eine Gestalt des Manierismus des 16. Jahrhunderts, dessen Verwandtschaft zum Surrealismus des 20. Jahrhunderts besonders am Werk Arcimboldos erkennbar ist.

LUCAS CRANACH. 1505 folgte der 33-jährige Lucas Cranach d. Ä., zuletzt in Wien als freier Künstler tätig, dem Ruf Friedrich III., des Weisen, nach Wittenberg. Seine Besoldung von jährlich 100 Gulden entsprach der eines Professors an der 1502 gegründeten Universität Wittenberg. Die einzelnen Leistungen wurden zusätzlich entlohnt und sind durch eine Unmenge an Rechnungen dokumentiert. Das Hofamt bildete keine exklusive Verpflichtung, doch besaßen Aufträge des Hofes stets Vorrang. Die permanente Dienstbarkeit wurde durch mehrere Vorteile ausgeglichen: Cranach war vom Zunftzwang ausgenommen, erhielt neben einem persönlichen Wappen, das ihn de facto adelte, Privilegien für seine Tätigkeiten als Buchdrucker und Apotheker. Ferner brachte ihn die Zugehörigkeit zum Hof mit Auftraggebern in engen Kontakt. Auch die Arbeiten für Martin Luther lagen im Interesse des Hofes, der die Reformation unterstützte.
Für den Hofmaler Lucas Cranach ist sowohl die lokale als auch die persönliche Bindung an Friedrich den Weisen (gest. 1525), dessen Bruder und Nachfolger Johann den Beständigen (gest. 1532) und schließlich an Johann Friedrich I., den Großmütigen, charakteristisch. Als Letzterer, Haupt des gegen Karl V. unterlegenen Schmalkaldischen Bundes, sein Herzogtum und die Kurwürde an Moritz von Sachsen verlor, folgte ihm Cranach in die Gefangenschaft nach Augsburg und ins Exil nach Weimar, wo er 1553 starb. Aus dem Jahr 1551 ist der einzige formelle Dienstvertrag mit seinem Herrn überliefert. Tizian, der den Titel eines Hofmalers Karls V. trug, porträtierte in dessen Auftrag 1550/51 in Augsburg Johann Friedrich I. als Kunstkenner, der eine Venusstatuette in Händen hält (Wien, Kunsthistorisches Museum).

HANS HOLBEIN. Der Sohn des Augsburger Malers Hans Holbein d. Ä. (Hochaltar der Dominikanerkirche in Frankfurt a. M., 1500/01; Tafeln in Frankfurt, Städel, und Hamburg, Kunsthalle) arbeitete gemeinsam mit seinem älteren Bruder Ambrosius in Basel (Bekanntschaft mit Erasmus von Rotterdam), bereiste Italien, Frankreich, England und ließ sich 1532 im Alter von 34 Jahren endgültig in London nieder. Das *Bildnis des Georg Gisze* (1532; Berlin, Gemäldegalerie) zeigt den Kaufmann im Stahlhof, dem Quartier der deutschen Hansekaufleute in London. Auf Verbindung zum Hof deutet das Doppelbildnis *Die Gesandten* (1533; London, National Gallery) hin; es zeigt die französischen Diplomaten Jean de Dinteville und George de Selve. Wohl im folgenden Jahr gab ihm Heinrich VIII. das Amt des Hofmalers, das Hans Holbein d. J. bis zu seinem Tod 1543 vorwiegend als Porträtist ausübte. Um 1533 porträtierte Holbein *Anna Boleyn* (Kreide; London, Royal Academy), die wegen Ehebruchs hingerichtete zweite Gemahlin Heinrichs VIII., und 1536 ihre Nachfolgerin *Jane Seymour* (Öl auf Holz; Wien, Kunsthistorisches Museum). Holbeins Wandmalereien (u. a. *Heinrich VIII. mit Gemahlin und Eltern*, 1537; Schloss Whitehall) sind nur durch Kartons und Kopien überliefert.

AUFTRÄGE DES HOFES

Die Arbeiten Lucas Cranachs d. Ä. für die sächsischen Kurfürsten lassen sich in folgende Kategorien gliedern:

»Staatsbilder«, Porträts, die vorwiegend als Geschenk dienten (für 1533 sind 60 Bildnisse Johann Friedrichs I. nachgewiesen), Darstellungen von Ereignissen aus dem Hofleben wie das Gemälde *Hirschjagd* (1529; Wien, Kunsthistorisches Museum), das an eine Jagd Friedrichs des Weisen, seines Bruders Johann und des Kaisers Maximilian I. bei Torgau erinnert.

Altäre, für die Schlosskirchen und -kapellen (Wittenberg, Torgau, Coburg) oder als kurfürstliche Stiftungen für Pfarrkirchen (*Torgauer Altar* mit der Heiligen Sippe, 1509; Frankfurt, Städel).

»Lustbilder«, Aktdarstellung in mythologischer Einkleidung (*Cupido als Honigdieb*, 1530; London, National Gallery).

Dekorationen, gemalter Festschmuck, Fassadenmalerei, Bemalung von Möbeln, Geräten, Kriegsfahnen.

THEMA

LANDSCHAFT

DER SCHAUPLATZ. Jahrtausende blieb die Darstellung einer Landschaft, oder genauer der landschaftlichen Motive ein untergeordnetes Beiwerk szenisch wiedergegebener Handlungen, um deren Schauplatz zu kennzeichnen: zunächst den grundsätzlichen Unterschied zwischen Innen- und Außenraum, dann dessen typisierende Ausgestaltung als Gebirge, Hain, Wald, als schilfgesäumtes Gewässer beispielsweise, auf dem der Pharao Wasservögel jagt, oder als Meereslandschaft, die Poseidons Hochzeitswagen aufwühlt.
Diese Auffassung der Landschaft als Ensemble naturgegebener Versatzstücke herrscht noch um 1300 vor: in den Zyklen Giottos, deren Naturnähe andererseits die Einbettung des menschlichen Handelns in einen als Bühne gestalteten Landschaftsraum spürbar macht. Es ist aber kein Zufall, dass die Hinwendung zur Natur, zur Schöpfung, in Giottos Szenen aus dem Leben des hl. Franziskus zum Ausdruck kommt (1287–96; Assisi, Oberkirche von San Francesco). Ein profaner Spiegel der neuen Empfindung für die Bedeutung des Handlungsraumes ist das in einen städtischen und einen landschaftlichen Bereich aufgeteilte Wandbild *Das gute Regiment* (um 1338/39; Siena, Palazzo Pubblico) von Ambrogio Lorenzetti.
Anlässe, Handlungsräume unter freiem Himmel detailliert und im Wechsel der Jahreszeiten zu schildern, boten die mit Szenen aus der Landwirtschaft, das heißt mit Monatsbildern ausgestatteten Kalendarien der Stundenbücher (frz. *heures*), die im 15. Jahrhundert eine Spezialität der flämischen Buchmalerei waren.

TOPOGRAFIE. In einem der berühmtesten Kalendarien, jenem am Beginn der *Très Riches Heures de Duc de Berry* (Chantilly, Musée Condé), verbinden die um 1415 entstandenen Monatsbilder der Brüder von Limburg das Interesse an feinmalerischer Landschaftsschilderung mit topografischer Dokumentation: Bei elf der zwölf Miniaturen erhebt sich im Hintergrund eines der Schlösser des Duc de Berry. 1444 schuf Konrad Witz mit einer Tafel des *Petrialtars* die erste topografisch exakte Wiedergabe einer bestimmten Ansicht: *Petri Fischzug / Der sinkende Petrus* (Genf, Musée des Beaux-Arts) besitzt als Schauplatz den Genfer See, an dessen gegenüberliegendem Ufer unverkennbar der markante Dôle aufragt.
Das autonome Landschaftsbild entstand zu Beginn des 16. Jahrhunderts. Während Albrecht Dürers Landschaftszeichnungen und -aquarelle noch dem Zweck dienten, Material für die Gemälde und druckgrafische Arbeiten zu sammeln, ist Albrecht Altdorfers *Donaulandschaft mit Schloss Wörth bei Regensburg* (1520–25; München, Alte Pinakothek) das wohl früheste reine, das heißt durch keinerlei szenischen Vorwand motivierte und zugleich lokalisierbare Landschaftsbild der europäischen Malerei.

FACHMALEREI

Die Landschaftsmalerei entwickelte sich im 17. Jahrhundert zu einem eigenen ›Fach‹, auf das sich ganze Malerfamilien spezialisierten. Dies gilt insbesondere für die niederländische Malerei des Barock.
Zu den bedeutendsten Vertretern gehören Jacob Isaaksz Ruisdael und sein ebenfalls in Haarlem tätiger Sohn Salomon Ruisdael, Meindert Hobbema in Amsterdam, Aelbert Cuyp in Dordrecht sowie Herkules Pietersz Seghers, bekannt für seine farbig gestalteten Landschaftsradierungen. Das Spezialfach ›Seestück‹ vervollkommnete Willem van de Velde d. J.
Trotz der Wertschätzung, die der Landschaftsmalerei beim Publikum zuteil wurde, blieb das Landschaftsbild aus akademischer Sicht eine ›niedere‹ Gattung in der Rangordnung künstlerischer Themen, weit unter dem christlichen, mythologischen oder ereignisgeschichtlichen ›Historienbild‹. Dies galt bis weit ins 19. Jahrhundert, als C. D. Friedrich Mühe hatte, als Landschaftsmaler eine Professur an der Dresdner Akademie zu erhalten.

ERLEBNISRAUM. Topografische Zuverlässigkeit blieb eine Aufgabe der Landschaftsmalerei und -grafik, neben der sich ein breites Spektrum an Sichtweisen entwickeln konnte. Albrecht Altdorfer hat nicht allein die erste reine Landschaft, sondern auch die erste bedeutende ›Weltlandschaft‹ geschaffen: Aus der Vogelperspektive weitet sich der Blick in der *Alexanderschlacht* (1528/29; München, Alte Pinakothek) über das Kampfgetümmel der Schlacht bei Issos auf eine Gebirgs- und Meereslandschaft, über der Sonne und Mond, Himmel und Wolken eine kosmische Dimension zur Geltung bringen.

Ähnlich weiträumig, jedoch von existenziellem Empfindungsgehalt erfüllt, sind die Monatsbilder von Pieter Bruegel d. Ä. Sie beruhen teilweise auf dem Erlebnis der Alpen, die Bruegel 1554 auf dem Weg nach und von Italien überquert hat.

Der Landschaftsraum als Raum des Lichtes ist das Thema der ›Ideallandschaft‹, die Claude Lorrain im 17. Jahrhundert entwickelt hat. Historienbilder wie *Die Einschiffung der Königin von Saba* (1648; London, National Gallery) rücken alle Hinweise auf die literarische Vorlage – den biblischen Bericht über den Besuch der (äthiopisch-jemenitischen) Herrscherin bei König Salomo – buchstäblich an den Rand und geben den Blick frei auf eine Meeresfläche im Licht der aufgehenden Sonne, wie es typisch ist für den Maler.

»Sentimentalisch« (Schiller) gestimmt sind die klassizistischen ›Heroischen Landschaften‹ des frühen 19. Jahrhunderts, in der Maler wie Joseph Anton Koch das Erlebnis der Antike zu erwecken versuchen.

Pieter Bruegel d. Ä., *Die Heimkehr der Jäger,* 1565; Öl auf Holz, 117 x 162 cm; Wien, Kunsthistorisches Museum
Die Winterlandschaft gehört zu einem Zyklus, von dem sechs Bilder erhalten sind; ob jemals zwölf Teile als vollständiger Monatszyklus existiert haben, ist unbekannt und daher der ebenfalls gebräuchliche Titel *Der Monat Januar* spekulativ. Offenkundig ist jedoch Bruegels neue Auffassung des Landschaftsbildes als suggestive Vergegenwärtigung einer Lebenssituation, die bestimmt ist von Kälte, Verhärtung, Verkrustung, Stille. Winzig klein nur erscheint das vergnügte Treiben auf den vereisten Gewässern tief im Tal. Das wärmende Feuer ist, von den mühsam durch den Schnee stapfenden Jägern ignoriert, an den linken Bildrand gerückt, während die kahlen Silhouetten der Bäume und die fernen Felszacken dominieren. Dazwischen schwebt, die Empfindung der Leere verstärkend, ein schwarzer Vogel.

ZEITRAUM

17. UND 18. JAHRHUNDERT

KONFESSIONALISMUS UND ABSOLUTISMUS. Das 17. Jahrhundert hinterließ ein konfessionell gespaltenes Europa. In dessen Mitte, zwischen katholischem Süden und protestantischem Norden, entschied die weitgehend autonome Obrigkeit gegenüber der kaiserlichen Reichsgewalt über die Konfession der Untertanen. Der 1618 durch den ›Prager Fenstersturz‹ ausgelöste ›Glaubenskrieg‹ erwies sich bald als Machtkampf zwischen der österreichisch-spanischen Monarchie der Habsburger und dem mit Schweden verbündeten Frankreich, der überwiegend auf deutschem Boden ausgetragen wurde. Der 1648 geschlossene Frieden bestätigte die politische Zergliederung Deutschlands, dessen Fürsten im Kleinen nachzuahmen versuchten, was die neue Großmacht Frankreich mit Erfolg zu praktizieren schien: Die Umformung der feudalen Gesellschaft in einen straff organisierten Staatsfeudalismus, der alle Macht in der Person des Monarchen konzentrierte. Die Ludwig XIV. zugeschriebene Devise »Der Staat bin ich« kennzeichnet das Selbstverständnis dieses absolutistischen Herrschers und seiner Nachahmer. Die Alternative einer konstitutionellen Monarchie entwickelte England 1660 nach Ende der ›Glorreichen Revolution‹ (Entmachtung der Stuart-Dynastie und Hinrichtung Karls I. 1649). Neue machtpolitische Gewichte bildeten sich durch die Personalunionen des Kurfürstentums Brandenburg mit dem Königreich Preußen und des Kurfürstentums Sachsen mit dem Königreich Polen sowie aufgrund der nach Südosten gerichteten Gegenoffensive Österreichs nach dem letzten Vordringen der Osmanen bis Wien 1683. Der 1756 zwischen Preußen und Österreich um den Besitz Schlesiens begonnene, zuletzt durch einen Machtwechsel in Russland entschiedene und 1763 beendete europäische Siebenjährige Krieg wurde zugleich als britisch-französisch-spanischer Kolonialkrieg in Nordamerika, der Karibik und Indien geführt. Er gilt als der erste Weltkrieg.

AUFKLÄRUNG UND REVOLUTION. Von der Zensur argwöhnisch beobachtet, erschien 1751–72 in 17 Textbänden und elf Kupferstichbänden die französische *Enzyklopädie*, ein »Sachwörterbuch der Wissenschaften, Künste und Berufe, herausgegeben von einer Gesellschaft von Gelehrten«. Im Vorwort des ersten Bandes entwickelt der Mathematiker und Philosoph Jean Le Rond d'Alembert eine Genealogie der Aufklärung seit Beginn des 17. Jahrhunderts: von René Descartes, der gelehrt hatte, »das Joch der Scholastik und der Autorität, der Vorurteile und Unwissenheit abzuschütteln«, über Francis Bacon (*Über Wert und Wachstum des menschlichen Wissens*, 1623) bis zu John Locke, dem Begründer des Empirismus. Der ›Baum des Wissens‹ wurzelt jedoch auch im Werk von Künstlern wie Raffael und Michelangelo. Aus der Sicht der Enzyklopädisten ist die Aufklärung, nach Immanuel Kants Definition

WISSENSCHAFT UND TECHNIK

1608/09 Erfindung des Fernrohrs durch Hans Lipperhey und Galileo Galilei. Erste Planetengesetze von Johannes Kepler

um 1650 Das Steinschlossgewehr (die ›Flinte‹) löst den Vorderlader als Handfeuerwaffe ab

1665 Der dänische Mathematiker Thomas Walgenstein entwickelt die *Laterna magica* als Werkzeug der Bildprojektion

1705 Erfindung der Dampfmaschine durch den englischen Ingenieur Thomas Newcomer (1765 verbessert durch James Watt)

1733 Der Engländer John Kay baut den ersten Webstuhl mit mechanisch bewegtem Schiffchen

1745/46 Erfindung des Kondensators (Kleistsche bzw. Leidener Flasche), benannt nach dem mit Heinrich von Kleist verwandten Domherrn und Erfinder Ewald Jürgen von Kleist

1783 Heißluftballon der Brüder Montgolfier

N. B. Jeaurat de Berty, *Allegorie der Französischen Revolution*, 1794; Paris, Musée Carnavalet
Die Allegorie bedient sich der bildsprachlichen Tradition in neuer Bedeutung. So zeigt das in den Himmel entrückte Bildnismedaillon keinen verherrlichten Herrscher, sondern den Philosophen und Schriftsteller Jean-Jacques Rousseau, Mitarbeiter der *Enzyklopädie* und Gesellschaftskritiker des Ancien régime. Die Inschrift auf dem Säulenstumpf nennt seinen

»der Ausgang des Menschen aus seiner selbstverschuldeten Unmündigkeit« (1784), die Frucht einer sukzessiven Erweiterung des auf Erfahrung und Vernunft gegründeten Wissens und fordert dessen Anwendung im privaten wie im öffentlichen Leben. Wo dieses Wissen den tradierten, dem kirchlichen und staatlichen Eigeninteresse dienenden Lehrmeinungen widersprach, entwickelte sich die *Enzyklopädie* zu einer Grundlage der revolutionären Bewegungen, die 1776 durch die Unabhängigkeitserklärung der englischen Kolonien in Nordamerika und 1789 in Paris mit der Erstürmung der Bastille eingeleitet wurden.

Appell »Erneuerung der Sitten«. Ein säulenartiges Liktorenbündel mit den Aufschriften »Stärke«, »Wahrheit«, »Gerechtigkeit« und »Einigkeit« bildet eine Reminiszenz an die altrömische Republik. Das gleichseitige Dreieck auf dem Obelisken am linken Bildrand ist, wie die Inschrift »Egalité« verdeutlicht, vom Symbol der göttlichen Trinität in ein Symbol der Gleichheit verwandelt.

GESTALTUNGSMITTEL

HELLDUNKEL

MODELLIERUNG UND SUGGESTION. Die natürliche Seherfahrung lehrt, dass beleuchtete Körper und Gegenstände eine Licht- und eine Schattenseite besitzen. Diese tragen wesentlich zum dreidimensionalen Erscheinungsbild bei und dienten in der Malerei seit dem 14. Jahrhundert zu einer modellierenden Wiedergabe von Gegenständen und Figuren. Die atmosphärische Raumwirkung von Licht und Beleuchtung oder die Eigenschaften des Lichts wurden jedoch nicht thematisiert. Zwar hatten bereits Manieristen wie Tintoretto natürliches und spirituelles Licht einander gegenüber gestellt, doch erst Caravaggio schuf eine Malerei, die Licht und Schatten, genauer: Licht und Dunkelheit als Gestaltungsmittel einer radikal neuen Dramaturgie des Bildes verwendet. Lichtkegel entreißen der Dunkelheit die Bildgegenstände, die auf suggestive Weise realistisch erscheinen. Eine Technik der Lichtregie Caravaggios ist das schräg von oben einfallende ›Kellerlicht‹ (*Die Berufung des Matthäus*, 1599/1600; Rom, San Luigi dei Francesi, Cappella Contarini).
Diese provozierende Helldunkel-Malerei (ital. *Chiaroscuro*, frz. *Clair-obscure*) bildet eine Grundlage der barocken Bildsprache bis hin zu Rembrandt. In der unmittelbaren Caravaggio-Nachfolge steht die in Rom, Florenz, Neapel und England tätige Malerin Artemisia Gentileschi (*Judith enthauptet Holofernes*, 1612/13 bzw. 1620; Neapel, Museo di Capodimonte, bzw. Florenz, Uffizien). Früh gelangten Werke Caravaggios nach Spanien und wurden in Sevilla Velázquez bekannt. Der schulbildende Caravaggist in Uttrecht ist Hendrick Terbrugghen (*Musizierende Gesellschaft*, um 1626/27; London, National Gallery). Den Einfluss in den Niederlanden bezeugt auch die Stiftung einer Künstlergruppe, darunter Rubens und Jan Brueghel d. Ä., durch die Caravaggios *Rosenkranzmadonna* (um 1606/07; Wien, Kunsthistorisches Museum) 1620 in die Dominikanerkirche von Antwerpen kam (in Wien seit 1781). Dieses Altarbild bezeugt den krassen Realismus Caravaggios: Zu Füßen des hl. Dominikus knien in Rückansicht wiedergegebene Gestalten, um aus den Händen des Heiligen auf Anweisung der Madonna Rosenkränze zu empfangen. Die Fußsohlen der barfuß Knienden sind staubig, ja schmutzig und bilden den denkbar größten Kontrast zur Reinheit des im Licht aufleuchtenden Kindes auf Marias Arm.

DAS NACHTSTÜCK. Im Zusammenhang des Caravaggismus entwickelte sich die Darstellung nächtlicher Szenen mit der Wiedergabe des Mondlichts oder künstlicher Lichter wie Kerzen, Fackeln und offenes Feuer. Fanden bislang die Geburt Christi oder die Verkündigung an die Hirten überwiegend am helllichten Tage statt, so entstand im 17. Jahrhundert das Bild der Heiligen Nacht. Als programmatisches ›Nachtstück‹ schuf Adam Elsheimer 1609 *Die Flucht nach Ägypten* (München, Alte Pinakothek):

BIOGRAFIE

1573 Caravaggio (d. i. Michelangelo Merisi) wird am 28. September in Caravaggio bei Bergamo geboren

um 1590 Nach einer Lehrzeit in Mailand wird Caravaggio in Rom als Maler tätig: *Medusa* (nach 1590; Florenz, Uffizien), *Amor als Sieger* (um 1596–98; Berlin, Gemäldegalerie), *Bacchus* (um 1598; Florenz, Uffizien), Altarbilder *Die Bekehrung des Saulus* und *Die Kreuzigung Petri* (1601; Rom, Santa Maria de Popolo), *Tod Mariä* (1605/06; Paris, Louvre)

1606 Flucht nach Neapel aufgrund eines Mordes in Rom; *Geißelung Christi* (1607; Neapel, San Domenico Maggiore)

1607 Übersiedelung nach Malta, Verhaftung und Flucht

1608 Aufenthalt in Sizilien

1610 Tod in Porto Ercole bei Civitavecchia am 18. Juli im Alter von 37 Jahren

Caravaggio, *David mit dem Haupt des Goliat*, 1605/06; Öl auf Leinwand, 125 x 101 cm; Rom, Galleria Borghese
Ein greller Lichtkegel schneidet die Halbfigur des siegreichen Hirtenknaben David aus der Dunkelheit. Parallel zum ausgestreckten linken Arm blitzt links unten das Schwert auf, das David seinem mit der Steinschleuder getöteten Gegner abgenommen hat, um ihn zu enthaupten. Doch nicht der scheinbar ungleiche Kampf und die Bluttat der Enthauptung werden vom Licht enthüllt, sondern der physiognomische Kontrast innerhalb einer realistischen Konzeption. Unverkennbar ist Caravaggios

Während auf der rechten Bildhälfte das kühle Licht des in einem Gewässer sich spiegelnden Mondes unter einem bestirnten Himmel herrscht, leuchtet links ein warmes Hirtenfeuer, dem die Heilige Familie zustrebt. Die Charakterisierung nächtlicher Lichter unterscheidet das Nachtstück als selbstständiges Thema von der barocken Helldunkel-Malerei im Allgemeinen, die Licht und Dunkelheit als Gestaltungsmittel verwendet, das nicht an bestimmte Tageszeiten gebunden ist. Geheimnisvolle wissenschaftliche Demonstrationen bei künstlicher Beleuchtung sind schließlich ein Thema des Engländers Joseph Wright (Gruppenbild *Das Experiment mit dem Vogel in der Luftpumpe*, 1768; London, Tate Gallery).

David ein römischer Straßenjunge, der den Kopf eines Hingerichteten am Schopf hält: Caravaggios Helldunkel-Malerei ist aufs engste verknüpft mit einer demonstrativen Abkehr vom idealisierenden Menschenbild der Renaissance. Dass er aus der Sicht seiner zeitgenössischen Gegner die Natur wiedergab, ›nur wie sie ist‹ statt wie sie ›sein soll‹, entspricht auf scheinbar paradoxe Weise dem religiösen Radikalismus der Gegenreformation.

KUNSTZENTRUM

ROM

KULTURHAUPTSTADT EUROPAS. »Noch betracht ich Kirch und Palast, Ruinen und Säulen, / Wie ein bedächtiger Mann schicklich die Reise benutzt«, dichtete Goethe in der ersten seiner ab 1788 entstandenen *Römischen Elegien*. Zu dieser Zeit bildete Rom das reichhaltigste Freilichtmuseum der europäischen Kulturgeschichte und den Höhepunkt einer Bildungsreise. Nach einer Zeit des Niedergangs im Mittelalter, insbesondere während des päpstlichen Exils in Avignon (1309–76) und als Folge der Pestepidemie (1348/49), als die Bevölkerung auf weniger als 20000 Einwohner zurückging, leitete das Pontifikat Martins V. aus dem römischen Adelsgeschlecht der Colonna (1417 Wahl auf dem Konstanzer Konzil) eine neue Entwicklung ein, die Rom als Residenz der Päpste und Sitz der Kurie einen Rang verhieß, den es zur Zeit der römischen Kaiser besessen hatte. Symptomatisch ist die Sorg-

Giovanni Battista Piranesi, *Peterskirche und Petersplatz*, ersch. um 1775; Kupferstich, 47,6 x 70,8 cm
Der Blick von Ost nach West erfasst rechts die päpstliche Residenz auf dem Mons Vaticano. Hier gründete Konstantin d. Gr. 324 die Basilika Alt-St. Peter. Ausgangspunkt für den Neubau der *Peterskirche* (*San Pietro in Vaticano*, ab 1506) war Bramantes Projekt eines Zentralbaus mit dem Grundriss eines griechischen Kreuzes über dem Petrusgrab. Nach zahlreichen Planänderungen kehrte Michelangelo 1546 zu dieser Konzeption zurück. Die Kuppel des Zentralbaus wurde von Giacomo della Porta 1590 bzw. 1593 (Laterne) vollendet. Es folgten zwei weitere Bauphasen: Die nach Osten – zur Stadt Rom – gerichtete Erweiterung durch ein Langhaus (Carlo Maderno) und die Gestaltung des östlichen Vorplatzes als monumentaler ›Vorhof‹ durch Gian Lorenzo Bernini: In vier Reihen begrenzen insgesamt 284 Säulen aus Travertin und 88 Pfeiler den querovalen Platz als überdachte Kolonnaden mit bekrönenden Kolossalstatuen, deren letzte 1670 aufgestellt wurden. Der bereits 1586 an diese Stelle versetzte Obelisk (Höhe 25 m) bezeichnet einen Ausgangspunkt des Straßensystems, das unter anderem *San Pietro* mit *Santa Maria Maggiore* verbindet.

falt, mit welcher sich die Renaissancepäpste der Wiederentdeckung des römischen Erbes widmeten. Im Wettstreit mit den Päpsten entwickelten der in Rom konzentrierte hohe Klerus und der stadtrömische Adel ein Mäzenatentum, das zumindest zeitweise die herausragenden Künstler (Bramante, Raffael, Leonardo da Vinci, Michelangelo, Tizian) an sich binden konnte. Diese Epoche der Hochrenaissance erlebte eine Krise im Trauma der achtmonatigen Plünderung Roms durch die Söldner Karls V. (»Sacco di Roma«, 1527/28) im Pontifikat Klemens' VII. Doch bereits dessen Nachfolger Paul III. ging von der kirchen- und machtpolitischen Defensive in die Offensive der Gegenreformation über. Die wesentliche Stütze bildeten die Jesuiten (endgültige Bestätigung durch Paul III. 1540). Die 1568 von Vignola begonnene Hauptkirche des neuen Ordens in Rom, *Il Gesù*, leitete die sakrale Barockarchitektur ein und wurde Vorbild der *Peterskirche*: Hinter einer zweigeschossigen, durch Säulen rhythmisierten Fassade erstreckt sich ein weiträumiges, tonnengewölbtes Langhaus in Richtung des lichtdurchfluteten Kuppelraums.

DIE STADT ALS ORGANISMUS. Die kirchliche Geschichte Roms wird zusammengehalten durch die Vernetzung der ins 4. Jahrhundert zurückreichenden stadtrömischen Basiliken. Nachdem Bonifaz VIII. 1300 das erste Heilige Jahr und den damit verbundenen besonderen Ablass für Rompilger verkündet hatte, erschienen seit dem 16. Jahrhundert in zunehmender Zahl reich illustrierte Pilgerführer durch das Stadtgebiet, beispielsweise zum Heiligen Jahr, das Gregor XIII. 1575 verkündet hatte. Dargestellt sind die vier Patriarchalbasiliken *San Pietro*, *San Giovanni in Laterano*, *Santa Maria Maggiore* und *San Paolo fuori le mura* sowie die weiteren drei Hauptkirchen *Santa Croce*, *San Lorenzo* und *San Sebastiano*. Diese religiösen Fixpunkte verband Sixtus V. durch ein radiales Straßensystem mit *Santa Maria Maggiore* als Zentrum. Zum urbanen Organismus entwickelte sich Rom durch weitere Baumaßnahmen Sixtus' V. wie die Wasserleitung *Acqua Felice* mit einem Brunnen bei den Thermen des Diokletian als Endpunkt, dessen Gestaltung als *Mosebrunnen* den Papst mit Mose und dessen Quellwunder in der Wüste vergleicht (2. Mose 17,5–7). Dieses System aus Verkehrswegen und Wasseradern gewann seine barocke Ausgestaltung durch eine neue Dynamik in der Wechselbeziehung zwischen den raumgreifenden Kirchen- und Palastfassaden eines Borromini, Martino Longhi d. Ä., Carlo Maderno, Pietro da Cartona oder Carlo Rainaldi und den vorgelagerten, brunnengeschmückten Plätzen. Zum überragenden Interpreten der in Rom entstandenen barocken Synthese aus achsialer Orientierung und dynamischer Räumlichkeit wurde der Baumeister und Bildhauer Gian Lorenzo Bernini durch eine *via sacra*, die zwischen den Skulpturen der Engelsbrücke hindurch zum kolonnadengesäumten *Petersplatz* und zum bronzenen *Baldachin* unter Michelangelos Kuppel führt, um zu Füßen der *Cathedra Petri* in der Westapsis ihr Ziel zu erreichen.

PÄPSTE ALS BAUHERREN

Sixtus IV., 1471–84; *Sixtinische Kapelle* (1473–84)

Julius II., 1503–12; Neubau der *Peterskirche* (Bramante, Grundsteinlegung 1506)

Paul III., 1534–49; Weiterbau der *Peterskirche* (ab 1546 unter der Leitung Michelangelos); Michelangelo beginnt die Neugestaltung des Kapitols (Überführung des Reiterstandbilds des Mark Aurel vom Lateran auf das Kapitol) und vollendet den von Antonio da Sangallo begonnenen *Palazzo Farnese*.

Sixtus V., 1585–90; Vollendung der Kuppel der *Peterskirche* (Giacomo della Porta, 1588–90), Neuplanung des Straßennetzes von Rom; Neubau des *Lateranpalastes* (Domenico Fontana)

Paul V., 1605–21; Langhaus und Fassade der *Peterskirche* (1608–12, Carlo Maderno); *Villa Borghese* mit der Galleria Borghese

Urban VIII., 1623–44; *Palazzo Barberini* (Bernini, 1625–33)

Innozenz X., 1644–66; Neugestaltung der *Piazza Navona* mit *Sant' Agnese* (u. a. Borromini, 1653–57) und dem *Vierströmebrunnen* (Bernini, 1648–51)

Alexander VII., 1655–67; *Kolonnaden des Petersplatzes* (Bernini, 1657–70)

Klemens XII., 1730–40; *Fontana di Trevi* (Niccolò Salvi nach Plänen Berninis), Fassade von Alessandro Galilei für *San Giovanni in Laterano*

STIL

BAROCK

ENTSTEHUNG UND AUSBREITUNG. Die Kunst des Barock entstand um 1600 in Rom im Zeichen der Gegenreformation. Ignatius von Loyola, ab 1541 Ordensgeneral der von ihm gegründeten »Gesellschaft Jesu« (Jesuiten), hatte in seinen »Regeln der kirchlichen Gesinnung« gefordert: »Man lobe Kirchenschmuck mit Kirchenbauten; desgleichen die Bilder und die Verehrung derselben mit Rücksicht auf das, was sie darstellen« (*Geistliche Übungen*, 1548). In diesem Sinne entwickelte die katholische Kirchenkunst im Zusammenwirken von Architektur, Skulptur und Malerei einen gefühlsbetonten Sensualismus. Die Kunst dient einem mit allen Sinnen wahrgenommenen Appell, sich vom Niederen zum Erhabenen, vom Dunklen zum Lichten emporzurichten und dabei kirchlicher wie staatlicher Hilfe und Leitung zu vertrauen: Barocke Kirchenkunst und Staatskunst besitzen denselben Zweck, absolut gesetzte und insofern abstrakte Autorität sinnfällig werden zu lassen. Der Barockstil erfährt daher seine europaweite, durch die Mission der Mönchsorden weltweite Ausbreitung und behält bis zur Mitte des 18. Jahrhunderts den unangefochtenen Vorrang, den allenfalls Sonderbedingungen wie im protestantischen republikanischen Holland modifizieren; doch auch in Holland entwickelt sich eine höfische Kultur nach französischem Vorbild.

WORTGESCHICHTE

Als *baroco* verurteilten die Renaissancehumanisten die ›falsche‹ Argumentationsweise der mittelalterlichen Scholastik. Bereits hier wurzelt die überwiegend abschätzige Bedeutung von ›barock‹ im Sinne von ›überladen‹. Der französische Fachbegriff *perle baroque* bezeichnete, hergeleitet vom portugiesischen *barroco* (›unregelmäßig‹), seit der Mitte des 16. Jahrhunderts die ›schiefrunde Perle‹ bzw. ›Barockperle‹. Den wertneutralen Stilbegriff ›Barock‹ verwendeten als erster Jacob Burckhardt in seinem *Cicerone* (1855) und dessen Schüler Heinrich Wölfflin (*Renaissance und Barock*, 1888) sowie Friedrich Nietzsche (*Vom Barockstile*, 1879).

VIRTUOS

Für alle Künste gilt im 17. Jahrhundert das Ziel einer virtuosen Verwendung der Gestaltungsmittel. Im Hinblick auf die Literatur stellt der schlesische Dichter Friedrich von Logau, Verfasser von »Sinngedichten« (Epigramme, Sammlungen 1638 und 1654) fest: »Kann die deutsche Sprache schnauben, schnarchen, poltern, donnern, krachen, / Kann sie doch auch spielen, scherzen, liebeln, gütteln, tändeln, lachen.«

DAS GESAMTKUNSTWERK. Dieser von Richard Wagner geprägte (*Das Kunstwerk der Zukunft*, 1849) und auf seine Konzeption des Musikdramas bezogene Begriff dient retrospektiv zur Charakterisierung der barocken Synthese aller künstlerischen Gattungen. Die Epoche selbst sprach vom *theatrum mundi*: Die Welt als Bühne findet ihr künstlerisches Abbild in der theatralischen, auf suggestive Wirkung bedachten Inszenierung. Barocke Wesenszüge sind daher sowohl die ungezügelte Lust an der Schaustellung als auch das Bewusstsein von deren Künstlichkeit. Keine Epoche der Kunst- und Kulturgeschichte hat mit derselben Inbrunst der Sinnenfreude gehuldigt und mit gleicher Bildkraft die Vergänglichkeit alles Irdischen beschworen: »Dies, was uns kann ergötzen, / Was wir für ewig schätzen, / Wird als ein leichter Traum vergehn« (Andreas Gryphius, *Vanitas! Vanitatum Vanitas!*).

PHANTASIE UND WIRKLICHKEIT. 1595 und 1615 veröffentlichte Cervantes in zwei Teilen den Roman *Don Quijote*: Während sich der Held in der längst vergangenen Zeit des edlen Rittertums wähnt, bleibt sein bäuerlicher Gefährte Sancho Pansa Realist. Das ungleiche Paar verkörpert die Doppelnatur des Barock, dessen grenzenlose Bildhaftigkeit als ›Phantasiekunst‹ bezeichnet worden ist. Der Begriff setzt eine von der Phantasie virtuos, aber auch zwanghaft und willkürlich überformte Wirklichkeit voraus, die bei dialektischer Betrachtung im barocken Kunstwerk mittelbar, als Anlass der Utopie, mit enthalten ist.

Bartolomé Estéban Murillo, *Die Engelsküche*, 1646; Öl auf Leinwand, 180 x 450 cm; Paris, Louvre
Murillo schuf das Gemälde mit dem ursprünglichen Titel *Das Wunder des hl. Diego von Alcala* für das Kloster San Francisco in Sevilla. Es schildert die Legende von der Verzückung des Klosterkochs Diego, an dessen Stelle Engel die Küchenarbeit verrichten. Das Heilige, so lautet die Botschaft, ereignet sich im Alltäglichen, das Religiöse wirkt im Profanen. Letzteres gewann in Murillos Kinderbildern ein Eigenleben (*Trauben- und Melonenesser*, 1645/46; München, Alte Pinakothek). Im Gegensatz zum sozialen Realismus in den Bauernbildern der Brüder Antoine, Louis und Mathieu Le Nain idealisierte Murillo seine Straßenkinder zu zwar zerlumpten, aber wohlgenährten Genießern. Verbreitung fanden die für den freien Kunstmarkt entstandenen Genrebilder in den Niederlanden.

KÜNSTLER

GIAN LORENZO BERNINI

TRIUMPH DER KIRCHE. Die Bezeichnung Berninis als »Interpret der Peterskirche« bezieht sich nicht allein auf deren Ausstattung, die er als päpstlicher Kunstintendant gestaltete und als Leiter einer umfangreichen Werkstatt inspirierte. Darüber hinaus ist sein Schaffen jener Idee verpflichtet, die in der Hauptkirche der katholischen Christenheit zum Ausdruck kommt: Wie Gott in Christus menschliche Gestalt angenommen hat, so wird auch das fortwährende Erlösungswerk der Kirche sinnlich erfahrbar. Diese Überzeugung, die aller christlichen Kunst die Grundlage bietet, findet im 17. Jahrhundert ihre ›barocke‹ Steigerung, indem die Kunst im Dienst der Kirche auch das Übersinnliche als sinnfällig vor Augen führt – oder zur Schau stellt. Berninis *Verzückung der hl. Teresa von Avila* ist eine solche Inszenierung vor den Augen eines an den Wänden der Kapelle dargestellten Publikums.

BIOGRAFIE

1598 Gian Lorenzo Bernini wird am 7. Dezember in Neapel geboren

1605 Bernini kommt nach Rom und erhält hier seine Ausbildung als Bildhauer

1623 Bernini tritt in den Dienst des Papstes Urban VIII.: *Baldacchino* im Kuppelraum der Peterskirche, *Grabmal Urbans VIII.* (1628–47)

1644 Bernini im Dienst des Papstes Innozenz X.: *Vierströmebrunnen* auf der Piazza Navona (vor der Kirche San' Agnese seines Rivalen Borromini)

1655 Bernini im Dienst des Papstes Alexander VII.: *Cathedra Petri* im Chor der Peterskirche, *Kolonnaden* des Petersplatzes und Prunktreppe *Scala Regia* (Verbindung der Vorhalle der Peterskirche mit der Sala Regia, 1663–65)

1658 Kirche *Sant' Andrea al Quirinale* in Rom

1665 Aufenthalt in Paris auf Einladung Ludwigs XIV.; sein Entwurf für die *Ostfassade des Louvre* wird abgelehnt

1667 Bernini im Dienst des Papstes Klemens IX.: *Skulpturen der Engelsbrücke*

1680 Bernini stirbt in Rom am 28. November im 82. Lebensjahr

Gian Lorenzo Bernini, *Die Verzückung der hl. Teresa von Avila*, 1642–52; Marmor und vergoldete Bronze; Rom, Santa Maria della Vittoria
Die Skulptur illustriert und inszeniert eine Vision der 1622 heiliggesprochenen spanischen Mystikerin. Auf Wolken schwebend, empfängt sie den Pfeilstoß der göttlichen Liebe.

RUHE IN DER BEWEGUNG. Der zutiefst römisch-katholische Charakter der Kirchenkunst Berninis verdeckt allzu leicht das nachwirkende klassische Erbe der Renaissance: das Streben nach einem Ausgleich der Gegensätze. Keine seiner eigenhändigen Skulpturen, keiner seiner Kirchenräume und -fassaden verliert sich in leerem Überschwang. Bewegung erreicht den Punkt, an dem – einem Pendel vergleichbar – die Gegenbewegung einsetzt. Die barocke ›Klassik‹ zeigt sich in Berninis Rückkehr von der manieristischen Figura serpentinata zur Hauptansicht einer Skulptur.
Eine wesentliche Facette seiner künstlerischen Persönlichkeit ist schließlich die psychologische Scharfsicht des Porträtisten Bernini, die er als Bildhauer und Zeichner, mitunter auch als Karikaturist, gleichermaßen überzeugend bewies.

Gian Lorenzo Bernini, *Apollo und Daphne*, 1622–25; Marmor, Höhe 243 cm; Rom, Galleria Borghese
Die überlebensgroße Gruppe nach einem Thema aus der antiken Mythologie bzw. Ovids *Metamorphosen* entstand im Auftrag des Kardinals Scipio Borghese. Geschildert wird der Höhepunkt einer im nächsten Moment endenden Verfolgungsjagd: Vom liebestollen Gott verfolgt, wird die Nymphe Daphne in einen Lorbeerbaum verwandelt: »Grünend erwachsen zu Laub die Haare, zu Ästen die Arme; / Fast hängt, jüngst noch flink, ihr Fuß an trägem Gewurzel« (*Metamorphosen* I,549 f.). In vollendeter Meisterschaft der Materialbehandlung vereinigt die Skulptur naturalistische Details mit frei entfalteter Körperlichkeit, glänzend polierte und aufgeraute Oberflächen.

GESTALTUNGSAUFGABE

DECKE

Annibale Carracci, *Triumph von Bacchus und Ariadne*, 1595–1605); Rom, Palazzo Farnese
Das Fresko bildet den Mittelteil eines Gefüges aus Einzelszenen, mit denen Carracci das Tonnengewölbe der etwa 20 m langen Galleria des Palazzo Farnese ausgestattet hat. Noch bewegt sich der bacchantische Zug – verglichen mit der hochbarocken illusionistischen Deckenmalerei – flächenparallel entlang der gewölbten Decke. Zur Vorhut gehört der stets trunkene Silenus auf einem Esel. Vor ihm stellt eine Korbträgerin den Blickkontakt mit dem tief unter ihr verweilenden Betrachter her.

DECKEN ALS BILDTRÄGER. Die Decke (frz. *plafond*) dient als überwiegend flacher oberer Raumabschluss. Ihre Gestaltung trägt wesentlich zum Raumeindruck bei. Aus der Antike leitet sich die Kassettendecke der Renaissance her. Sie ist in quadratische oder polygonale vertiefte Felder gegliedert, in die Bilder eingefügt sein können. Monumentale bemalte Holzdecken haben sich in Hildesheim (*Wurzel Jesse* in St. Michael, 12. Jahrhundert) und in St. Martin in Zillis (Graubünden, um 1130) erhalten; in letztgenannter Kirche fügen sich 153 quadratische Tafeln mit gemalten Rahmen zu einem detaillierten christologischen Bilderzyklus zusammen. Eine der Raumarchitektur, nämlich den Einschnitten von Stichkappen in die Flachtonne angepasste Felderung besitzt Michelangelos Decke in der Sixtinischen Kapelle (1508–12), wobei die zuerst ausgeführten Szenen von der *Sintflut* bis zum *Sündenfall* noch den Charakter von an die Decke projizierten Tafelbildern aufweisen; die – im Arbeitsprozess – letzten Szenen zeigen dagegen den Schöpfer aus der Untersicht des zur Decke aufschauenden Betrachters. In dieser Tradition stehen die frühbarocken Deckenfresken Annibale Carraccis im Palazzo Farnese (1595–1605).

DIE OFFENE DECKE. Zum Inbegriff barocker Illusionstechnik entwickelt sich die Gestaltung der Decke als vertikaler Ausblick in eine von auf- und niederschwebenden Gestalten bevölkerte Himmelsregion. Gemalte Scheinarchitektur setzt die Pfeiler, Säulen und Arkaden der Wandgliederung in perspektivischer Verkürzung fort und zielt auf einen Fluchtpunkt im Zenit des imaginären Himmelsraumes. Diesem Fluchtpunkt im lichtstrahlenden Jenseits entspricht am Boden ein bestimmter Standort des Betrachters. Nur wer den ›richtigen‹ Standpunkt einnimmt,

Pietro da Cortona, *Allegorie des Pontifikats Urbans VIII.*, 1633–39; Rom, Palazzo Barberini
Das Deckenfresko des Malers und Baumeisters Pietro da Cortona öffnet in illusionistischer Gestaltungsweise die Decke des 14 × 25 m weiten Salons. Das Bildprogramm stammt von Francesco Bracciolini, dem Hauspoeten der Familie Barberini. Der zentrale Gedanke ist die Verbindung zwischen der Regierung des Papstes aus der Familie Barberini mit der göttlichen Vorsehung. Deren lichtumstrahlte Personifikation deutet auf ein von Engeln getragenes, von Bienen als den Wappentieren der Barberini bevölkertes Arrangement aus Girlanden und Früchten, das von den päpstlichen Insignien der gekreuzten Schlüssel Petri und einer Tiara bekrönt wird.

wird der visionären Schau uneingeschränkt teilhaftig – eine Bedingung, die der Malermönch Andrea Pozzo als Nutzanwendung seines monumentalen Deckenfreskos *Allegorie des Missionswerks der Jesuiten* (1691–94; Rom, Sant' Ignazio) verstanden hat. Den Aufblick zu Apollo und den Olympiern bietet Giovanni Battista Tiepolos Deckengemälde mit der Allegorie der vier Erdteile (1750–53) im Treppenhaus der Würzburger Residenz.
Das klassizistische Gegenbild schuf kurz darauf Anton Raffael Mengs in der Villa des Kardinals Alessandro Albani in Rom: Das Fresko *Der Parnass* (1760/61, ca. 300 × 680 cm) verzichtet demonstrativ auf die Untersicht mit ihren perspektivischen Verzerrungen zugunsten der Frontalansicht Apollos und der Musen und bildet insofern ein Tafelbild, das über dem Raum schwebt.

KÜNSTLER

PETER PAUL RUBENS

BIOGRAFIE

1577 Peter Paul Rubens wird am 28. Juni in Siegen (Westfalen) als Sohn des aus Antwerpen emigrierten Juristen Jan Rubens geboren

1589 Nach dem Tod des Vaters Rückkehr der Familie nach Antwerpen. Hier erhält Rubens eine Ausbildung als Maler bis zur Aufnahme als Freimeister in die Lukasgilde

1600–08 Aufenthalt in Italien, u. a. in Mantua als Hofmaler des Herzogs Francesco I. Gonzaga, in dessen Auftrag er nach Spanien reist. Studium Michelangelos und Tizians

1608 Eröffnung einer Werkstatt in Antwerpen, Hofmaler des spanischen Statthalterpaares Albrecht und Isabella, Heirat mit der 18-jährigen Isabella Brant (gest. 1626)

1609–12 Kreuzaufrichtung und Kreuzabnahme für die Kathedrale in Antwerpen

1611–18 Bau eines Hauses mit Werkstatt in Antwerpen

1622–25 Allegorisch-zeitgeschichtlicher *Medici-Zyklus* (Paris, Louvre)

1628 Am Hof Philipps IV. von Spanien, Begegnung mit Velàzquez

1629/30 Am Hof Karls I. von England

1630 Heirat mit Helene Fourment; Kinder: Frans und Clara Joanna

1635 Erwerb des Schlosses Steen bei Elewijt

1640 Rubens stirbt am 30. Mai in Antwerpen im 63. Lebensjahr

LEBENSFÜLLE. »Ganz schön prall, Herr Rubens« betextete 1982 eine Agentur ein Plakat in eigener Sache mit einer extremen Ausschnittvergrößerung des Gemäldes *Der Raub der Töchter des Leukippos*. Was hier werbe- und umgangssprachlich mit »prall« gemeint ist, bezeichnete Rubens selbst als »Versinnbildlichung der in der Natur waltenden Lebensmacht«. Sie bildet den gemeinsamen stilistischen Bezugsrahmen eines Gesamtwerkes, dessen thematischer Reichtum sich vom Bildnis bis zum Jagdbild und zur Landschaft entfaltet. Den Mittelpunkt bilden das mythologische und das christliche Historienbild (auch als Altarbild) sowie die zeitgeschichtliche Allegorie.
In dieser Fülle und Vielfalt spiegelt sich ein aristokratisches, bildungsbewusstes Weltverständnis, das Rubens als Künstler und Persönlichkeit repräsentiert. Er verkehrte an den Höfen von Genua und Brüssel, Madrid, Paris und London, nicht zuletzt in diplomatischer Mission. Vor dem Hintergrund der glanzvollen Vergangenheit Flanderns, das als spanische Provinz am Niedergang der spanischen Monarchie teilhat, ist die flämische Rubens-Welt in all ihrer Sinnlichkeit eine Kunst-Welt, die sich allenfalls in den Landschaften des Spätwerks mit ländlichen Staffagefiguren der Wirklichkeit öffnet.

RUBENS-WERKSTATT. Dieser Begriff gewann eine Bedeutung, die weit über das herkömmliche Verständnis eines vom Freimeister geleiteten Werkstattbetriebes hinausreichte. Rubens führte in seinem Wohn- und Atelierhaus in Antwerpen (heute Museum) ein gut organisiertes Unternehmen mit Schülern und Mitarbeitern, zu denen die Figurenmaler Anthonis van Dyck, ab 1632 Hofmaler Karls I. in London, und Jacob Jordaens gehörten, der Tiermaler Frans Snyders und der Blumen- und Landschaftsmaler Jan Brueghel d. Ä., ein Sohn von Pieter Bruegel d. Ä. Etwa 600 Gemälde gelten als weitgehend eigenhändige Rubens-Werke. Ihnen stehen 1400 Werkstattarbeiten gegenüber. Zu diesen gehören die 21 Teile des *Medici-Zyklus*, entstanden 1622–25 für eine Galerie im Pariser Palais du Luxembourg der Witwe Heinrichs IV., Maria de' Medici (heute im Louvre). Den Monumentalgemälden auf Leinwand im Format 392 × 295 cm liegen Vorlagen zugrunde, die Rubens in Öl auf Holz im Format 64 × 50 cm ausgeführt hat. Im Vertrauen auf seine Werkstatt konnte Rubens 1621 in einem Brief an William Trumbull versichern: »Mein Talent ist so geartet, dass keine Unternehmung, sei sie auch noch so groß und mannigfaltig im Gegenstand mein Selbstvertrauen jemals überstiegen hätte.«
Von Rubens sind rund 200 Zeichnungen überliefert. Die Druckgrafik betrieben Mitarbeiter der Werkstatt, deren Aufgabe es war, die Gemälde in das Medium des Kupferstichs zu übersetzen: Sie begründeten die Verbreitung von Werken der Malerei durch die Reproduktionsgrafik.

Peter Paul Rubens, *Helene Fourment* (*Das Pelzchen*), um 1638; Öl auf Holz, 176 x 83 cm; Wien, Kunsthistorisches Museum
In zweiter Ehe heiratete Rubens die 16-jährige Helene Fourment, deren Aktfigur wir in einer Reihe von mythologischen Szenen im Spätwerk des Malers wiedererkennen. Als zweifellos intimes Aktbildnis schuf Rubens, angeregt durch ein entsprechendes, jedoch als Halbfigur gestaltetes Gemälde Tizians (*Junge Frau im Pelz*, um 1530/40; St. Petersburg, Eremitage), dieses Meisterwerk erotischer Kunst. Die junge Frau voll Anmut und Natürlichkeit ist ihrer Körperhaltung nach gleichzeitig als antik-klassische Liebesgöttin, als *Venus pudica* (›schamhafte Venus‹), dargestellt.
Das Spätwerk verbindet die für Rubens charakteristische weiche, rein malerische Modellierung des Körpers mit ungewöhnlicher Zurückhaltung in der Farbgebung: Das helle Inkarnat gewinnt seine Leuchtkraft durch den Kontrast zum dunklen Pelzgewand, das ebenso wie die Geste der Arme dazu dient, durch Verhüllung zu enthüllen. Der kräftige, auf den Boden beschränkte Farbakzent der roten Standfläche belebt mittelbar die Lichtwirkung des Körpers. Verbunden mit dem leicht schwebend anmutenden Standmotiv, stellt sich der Eindruck einer sublimierten Sinnlichkeit ein.
Seine Entscheidung für die Ehe mit einer 16-jährigen Kaufmannstochter begründet Rubens 1630 gegenüber einem Freund mit der Einstellung zur Aktmalerei. Bei der ihm angeratenen Wahl einer Hofdame fürchtete er den Hochmut des Adels »und deshalb hat es mir gefallen, ein Weib zu nehmen, das nicht errötet, wenn ich zum Pinsel greife«. (Eine Ausgabe der Briefe Rubens' erschien 1918 in Wien.)

RUNDBILDER

Medaillon, kleinformatige, kreisförmig oder oval gerahmte Darstellung in der Buch-, Glas-, Tafel- und Wandmalerei bzw. im Mosaik oder als Relief. Das Bildnismedaillon auf Materialien wie Elfenbein oder Porzellan diente unter anderem als Schmuckstück. Formale Verwandtschaft besteht mit der gravierten oder als Flachrelief gestalteten Münze und Medaille.

Tondo (ital.; runde Scheibe), kreisrundes Gemälde, Mosaik oder Relief. Tondi dienten in der Florentiner Frührenaissance als bevorzugtes Format für Madonnenbilder mit dem Kreis als Ausdruck von Würde und Entrückung (Sandro Botticelli, *Madonna del Magnificat*, 1481/82; Florenz, Uffizien).

GESTALTUNGSMITTEL

KREISKOMPOSITION

VOLLKOMMENE ORDNUNG. Geometrisch betrachtet ist die Kreislinie der Ort aller Punkte mit demselben Abstand von einem gemeinsamen Mittelpunkt und die Kreisfläche die geometrische Figur mit dem geringsten Umfang. Als Grundriss reicht der Kreis zurück bis zur frühgeschichtlichen Anlage von *Stonehenge*, die wohl mit der Sonnensymbolik in Zusammenhang steht; als *Sonnenstaat* bezeichnete der Schriftsteller Tommaso Campanella seine 1623 veröffentlichte »Idee einer philosophischen Republik«, deren Gebäude kreisförmig angeordnet sind. Auf die Bedeutung des Kreises in der Kunsttheorie deutet eine Anekdote hin, die Carel van Mander in seiner biografischen Sammlung *Het schilder-boek* (1604) überliefert: Vom Papst um den Nachweis seines Könnens gebeten, zeichnete Giotto freihändig und in einem Zug einen perfekten Kreis. Es ist denkbar, dass Rembrandts *Selbstbildnis mit zwei Kreisen* (um 1665–69; London, Kenwood House) auf diesen Topos anspielt.

Peter Paul Rubens, *Raub der Töchter des Leukippos*, Kompositionsschema
Ein Kreis umschließt die beiden Paare: Die Frauenräuber Castor und Pollux sowie die geraubten Bräute Hilaeria und Phoibe. Doch die vom Kreis postulierte harmonische Verbindung wird von zwei Halbkreisen durchkreuzt, die formal die Gegenwehr der Geraubten zum Ausdruck bringen. Am linken Bildrand wohnt Cupido als scheinbar Außenstehender dem Kampfgeschehen bei.

STATIK UND DYNAMIK. Durch seine Regelmäßigkeit besitzt der gleichsam in sich ruhende Kreis den Charakter des Statischen, deren Aufhebung die barocke Kreiskomposition kennzeichnet. Zwei Werke von Peter Paul Rubens verdeutlichen diese Tendenz. Die *Madonna im Blumenkranz* (um 1620; München, Alte Pinakothek) rahmt Maria und das Christuskind mit einer kreisrunden, von Jan Brueghel d. Ä. gemalte Girlande und modifiziert insofern eine in der Renaissance bevorzugte Gestaltung des Madonnenbildes als Tondo (Werke von Botticelli, Michelangelo, Raffael, Signorelli). Weniger offenkundig, jedoch in seiner konzentrierenden Wirkung spürbar ist die Kreiskomposition beim *Raub der Töchter des Leukippos*: Ein leicht nach links verschobener Kreis umschließt die vier Gestalten. Ein zweites kompositorisches Element wirkt jedoch der Konzentration entgegen, indem zwei gegenläufige Halbkreise den Vollkreis überschneiden. Dieses Wechselspiel zwischen Statik und Dynamik setzt sich im Gitterwerk aus senkrechten und waagrechten sowie diagonalen Kompositionslinien fort; zu Letzteren gehört der Blickkontakt zwischen dem Reiter (Castor) und der am Boden knienden Tochter des Leukippos. Statik und Dynamik, Ruhe und Bewegung sind zugleich das Thema des Gemäldes: Die beiden berittenen Frauenräuber halten einen Moment lang an, um ihrer Beute habhaft zu werden. Der mythologische Quellenbezug und epische Zusammenhang des Themas wurde erst 1777 durch den Schriftsteller Wilhelm Heinse wieder entdeckt.

Peter Paul Rubens, *Raub der Töchter des Leukippos*, um 1618; Öl auf Leinwand, 224 x 210,5 cm; München, Alte Pinakothek
Das mythologische Historienbild bezieht sich auf eine durch Theokrit (*Idyllen*) und Ovid (*Fasten*) überlieferte Episode. Hilaeria und Phoibe, die beiden Töchter des Königs Leukippos von Argos, waren mit den Zwillingen Lynkeus und Idas verlobt, wurden jedoch auch von den göttlichen Zwillingen Castor und Pollux begehrt. Während der Hochzeitsfeier raubten die beiden Dioskuren (griech. *Dioskouroi* ›Söhne des Zeus‹) die Bräute.

Mit dem *Großen Jüngsten Gericht* (um 1615; Öl auf Leinwand, 600 × 460 cm) besitzt die Münchner Rubens-Sammlung ein monumentales Beispiel für den Übergang von der harmonischen Kreis- zur dynamischen Ovalkomposition. An ihrer Spitze erscheint Christus auf den Wolken; zu seiner Rechten steigen die Seligen empor, zu seiner Linken stürzen die Verdammten in einer gegenläufigen Bewegung abwärts. Das Gemälde entstand als Bild des Hochaltars der Jesuitenkirche in Neuburg an der Donau; 1653 wurde es wegen »anstößiger Nuditäten« vom Altar entfernt und 1691 an die Düsseldorfer Galerie Johann Wilhelms von der Pfalz abgegeben.

MÜNCHNER RUBENS-SAMMLUNG

Die 60 Gemälde der Münchner Rubens-Sammlung bieten einen stilistisch wie thematisch umfassenden Überblick. Sie stammen überwiegend aus der Galerie des in Düsseldorf residierenden Wittelsbachers Johann Wilhelm, Kurfürst von der Pfalz (reg. 1690–1716).

THEMA

HISTORIE

GESCHICHTE UND GESCHICHTEN. Die Spannweite des Themenbereichs der Historie und insbesondere der Historienmalerei entspricht der Bedeutungsvielfalt des Begriffs ›Historie‹. Er bezeichnet zum einen das geschichtliche Geschehen, die vergangene ›Geschichte‹, zum anderen Aufsehen erregende, phantastische Ereignisse, die in Geschichten wie beispielsweise im Volksbuch der *Historia von D. Johann Fausten* (1587) ihre literarische Form gewinnen.

Der literarischen oder wissenschaftlichen Vergegenwärtigung des längst oder jüngst Vergangenen, als bedeutungsvoll Empfundenen oder Propagierten entspricht in der bildenden Kunst das geschichtliche Ereignisbild. Seinen Rang an der Spitze der bildnerischen Themen definierte erstmals Leon Battista Alberti in seinen *Drei Büchern über die Malerei*, die postum 1540 in Basel erschienen sind. Seinem Vorbild folgten die Kunsttheoretiker bis ins 19. Jahrhundert.

Jacob Jordaens, *Jupiter und Merkur bei Philemon und Baucis*, um 1645; Öl auf Leinwand, 109,5 x 140 cm; Raleigh, North Carolina Museum of Art
Das mythologische Thema überliefern Ovids *Metamorphosen*: Als Jupiter und Merkur durch Phrygien wanderten, wurde ihnen mehrfach die Gastfreundschaft verwehrt, bis sie von Philemon und Baucis aufgenommen wurden. Die Hütte bleibt daraufhin bei einer Überschwemmung verschont und verwandelt sich in einen Tempel. Außerdem wird den Eheleuten der Wunsch erfüllt, in hohem Alter gemeinsam zu sterben. Philemon wird in eine Eiche, Baucis in eine Linde verwandelt. Jordaens, neben Rubens ein Hauptmeister des flämischen Barock, konzentriert sich auf die Epiphanie der beiden bedürftigen Wanderer, indem er Jupiter und Merkur in göttlicher Nacktheit (und barfuß) wiedergibt. Hierin unterscheidet sich Jordaens' Tischszene von der Version Adam Elsheimers (um 1609/10; Dresden, Galerie Alte Meister). Diese hat, vermittelt durch einen Kupferstich von Hendrick Goudt (1612), Rembrandts frühe Emmaus-Darstellung beeinflusst (*Christus in Emmaus*, um 1629; Paris, Musée Jacquemart-André).

RELIGIONS- UND PROFANGESCHICHTE. Alberti wies der Historienmalerei sowohl biblische und mythologische als auch profangeschichtliche Themen zu. Zugrunde liegt die gleichsam synthetische Sicht der Renaissance, aus der die christliche Geschichtsauffassung als Heilsgeschichte mit der humanistischen Konzeption der Menschheitsgeschichte als Vervollkommnung von Bildung und Moral in Einklang standen. Damit endete die typologische Gesamtschau, in der Herakles als das heidnische ›Vorbild‹ des biblischen Löwenbezwingers Simson diente, der wiederum als alttestamentliche Präfiguration des den Tod überwindenden Christus verstanden wurde. Die Vereinigung antiker und biblischer Themen in der Galerie mit Historienbildern, die Herzog Wilhelm IV. von Bayern

und seine Gemahlin Jacobaea von Baden um 1525 gegründet haben, erklärt sich aus dem Wunsch, als beispielhaft für Mut, Ehre, Gerechtigkeit sowohl Männer als auch Frauen zur Geltung zu bringen. Letztere fanden sich vorwiegend im Alten Testament (Hans Burgkmair, *Die Geschichte der Ester*, 1528; München, Alte Pinakothek). Die gleichzeitige Wertschätzung biblischer, mythologischer und profangeschichtlicher ›Historien‹ bildete die Grundlage der breit gefächerten Historienmalerei des Barock und des Klassizismus bzw. des Akademismus, schließlich des Historismus. Zwar unterschied sich das Altarbild durch seine religiöse Funktion von einer Götterversammlung oder Schlachtenszene; als biblisches oder kirchengeschichtliches, den Heiligenlegenden entnommenes Ereignisbild gehörte es jedoch zur Gattung des thematisch bedeutsamen, zumeist großformatigen Historienbildes.

Vor diesem Hintergrund wird der Skandal verständlich, den Gustave Courbet 1849 mit seinem *Begräbnis in Ornans* (Paris, Louvre) erregte: Er hatte es gewagt, der Öffentlichkeit eine für die Allgemeinheit belanglose dörfliche Friedhofszene, die sich allenfalls für ein Genrebild geeignet hätte, als Monumentalgemälde (314 × 663 cm) und insofern als Historienbild zu präsentieren. Der psychologische Realismus in den Historienbildern über Friedrich d. Gr. des Demokraten Adolph Menzel missfiel den regierenden Hohenzollern; sie verhinderte zunächst den Ankauf der *Tafelrunde in Sanssouci* (mit Voltaire, 1850; Berlin, Nationalgalerie, seit 1945 verschollen).

Nicolas Poussin, *Abendmahl*, 1647; Öl auf Leinwand, 117 x 178 cm; Edinburgh, National Gallery of Scotland
Poussin, der in Rom tätige französische ›Klassizist‹ des Barock, gestaltete das neutestamentliche Thema in zweifacher Hinsicht als Historienbild: Es schildert ein Ereignis von herausragender Bedeutung in einer historisch getreuen Szenerie und Inszenierung, indem die Jünger nicht sitzend, sondern in antiker Weise liegend das Mahl einnehmen. Einen solchen Hinweis enthält das Johannes-Evangelium: »Einer von den Jüngern lag an der Seite Jesu« (Joh. 13,23).

KÜNSTLER

REMBRANDT

EINE TRAGÖDIE. Rembrandts Lebensgang ist der Handlung einer Tragödie vergleichbar. Der Exposition in Leiden, die den jungen Künstler als Historienmaler zeigt, folgt eine steile Karriere in Amsterdam als Porträtist bis zum Wendepunkt 1642: Nach dem Misserfolg der sog. »Nachtwache« sinkt Rembrandts Ansehen; das Zusammenleben mit Hendrickje Stoffels trägt zu seiner Isolierung bei. Ab 1655 verliert Rembrandt durch Zwangsversteigerungen seine Kunst- und Raritätensammlung und sein Haus. 1662 bleibt er von der Ausstattung des neuen Rathauses von Amsterdam ausgeschlossen; die hierfür bestimmte *Verschwörung des Claudius Civilis* wird abgelehnt (Fragment in Stockholm, Nationalmuseum).
Zum Wesen der Tragödie gehört der Kontrast zwischen der fallenden äußeren Handlung und der Gegenbewegung einer Läuterung. Sie findet ihren Ausdruck in Rembrandts späten Gestaltungsweisen, die sämtliche Konventionen überwinden. In der Grafik verbindet er die virtuos beherrschte Radierung mit einer Bearbeitung der bereits geätzten Platte mit Stichel und Radiernadeln. In der Malerei dient die pastos aufgetragene Farbe nicht mehr der Nachahmung von Lichtwirkungen, sondern verwandelt sich gleichsam in Lichtmaterie. Diese Technik veredelt selbst den *Geschlachteten Ochsen* (1655; Paris, Louvre).
Ein dritter Aspekt relativiert jedoch die Tragödie: Seit rund zwei Jahrzehnten ›entlarvt‹ die kritische Sichtung des Œuvres Schülerarbeiten und Arbeiten im Stil Rembrandts (z. B. *Der Mann mit dem Goldhelm*; Berlin, Gemäldegalerie, 1986 in Frage gestellt). Sie lassen die Konturen eines Rembrandt-Umkreises erkennen, der das Bild vom verkannten und vereinsamten Genie korrigiert.

Rembrandt, *Selbstbildnis*, um 1629; Feder und Pinsel, 12,7 x 9,5 cm; London, British Museum
Das Blatt gehört zu den frühen Beleuchtungs- und Ausdrucksstudien des Historienmalers.

Rembrandt, *Selbstbildnis beim Fenster*, 1648; Radierung, 16 x 13 cm; Amsterdam, Rijksmuseum, Rijksprentenkabinet
Vielfach vernachlässigen Rembrandts Selbstbildnisse die Hände, da sie im Spiegel, dem unerlässlichen Hilfsmittel der Selbstdarstellung, seitenverkehrt erscheinen. Dieses Problem löst in der Druckgrafik der wiederum seitenverkehrte Abzug: Die zeichnende Hand, auf der Druckplatte noch eine linke Hand, wird auf natürliche Weise als rechte Hand wiedergegeben.

AUTOBIOGRAFIE IN BILDERN. Als erster Künstler hat Rembrandt dem Selbstbildnis einen wesentlichen Teil seines Schaffens gewidmet. Diente ihm demnach die Kunst als ein Mittel der Selbsterkenntnis, vergleichbar der Selbstbefragung, die wir in den Selbstbildnissen Vincent van Goghs und Max Beckmanns erkennen? Die Deutung Rembrandts als Ich-Sucher muss aus heutiger Sicht zumindest ergänzt, wenn nicht gar ersetzt werden durch die Unterscheidung verschiedener Funktionen der Selbstdarstellung. Sie diente als Ausdrucksstudie (sog. *tronie*), war aber auch für Sammlungen von Künstlerbildnissen bestimmt und besitzt vielfach bekenntnishaften, insofern öffentlichen Charakter. Der früh zu Ansehen gelangte Künstler präsentiert sich als vornehmer, den Auftraggebern gleichrangiger Bürger, als tätiger Künstler, der sich des Wertes seines Handwerks bewusst ist, oder in demonstrativ altmodischer Tracht in der Tradition des Nordens (Lucas van Leyden, Albrecht Dürer) wie des Südens: Als Rembrandt in Amsterdam Raffaels *Baldassare Castiglione* (um 1515; Paris, Louvre) kennen lernte, diente ihm das Porträt als Vorbild für die Radierung *Selbstbildnis mit aufgestütztem Arm* (1639). Daneben entstanden Rollen-Selbstbildnisse bis hin zum rätselhaften *Lachenden* (1663; Köln, Wallraf-Richartz-Museum); es zeigt Rembrandt wohl als Zeuxis, der beim Porträtieren einer alten Frau am eigenen Lachen erstickte. Mit dem *Selbstbildnis als Apostel Paulus* (1661; Amsterdam, Rijksmuseum) widmete sich Rembrandt erneut einer Gestalt in seinem Frühwerk (*Paulus im Gefängnis*, 1627; Stuttgart, Staatsgalerie).

REMBRANDT-BIBEL. Zwar existiert keine von Rembrandt illustrierte Ausgabe der Bibel, doch lässt sich unter dieser Bezeichnung jener Teil seines Schaffens zusammenfassen, dem biblische Themen zugrunde liegen. Die biblisch motivierten Gemälde entstanden – anders als vergleichbare Werke von Peter Paul Rubens im katholischen Antwerpen – im reformierten Amsterdam nicht als Altarbilder, sondern für private Sammlungen, etwa der fünfteilige *Passionszyklus* (1633–39; München, Alte Pinakothek) für die Galerie des Statthalters Frederik Hendrik von Oranien in Den Haag. Die Unabhängigkeit von kirchlichen Erfordernissen gab Rembrandt die Freiheit, Bibel und eigenes Erleben zueinander in Beziehung zu setzen: Das Gemälde *Die Judenbraut* (um 1665; Amsterdam, Rijksmuseum) porträtiert ein Brautpaar als Isaak und Rebekka (nach 1. Mose 26,8). Das Aktgemälde *Bathseba mit der Botschaft Davids* (1654; Paris, Louvre) handelt von der Aufforderung des Königs zum Ehebruch und von Hendrickje Stoffels Beschuldigung der Unzucht mit dem Maler durch die Amsterdamer Sittenwächter. Rembrandts Grafik zur Bibel gipfelt in der eindringlichen Schilderung menschlichen Verhaltens im *»Hundertguldenblatt«* (Radierung, um 1642–49): Die zentrale Lichtgestalt Jesus wendet sich heilend und segnend den vertrauensvollen Kranken und Schwachen zu, den selbstgerechten Pharisäern und eifernden Jüngern Einhalt gebietend.

BIOGRAFIE

1606 Rembrandt Harmensz. van Rijn wird am 15. Juli in Leiden geboren. Er ist das neunte Kind des Müllers Harmen Gerritsz. van Rijn

1620 Nach der Lateinschule Besuch der Universität Leiden

1622 Beginn einer dreijährigen Malerlehre bei Jacob Isaacsz. van Swanenburch in Leiden

1626 Nach einer wohl halbjährigen Lehre bei Pieter Lastmann in Amsterdam macht Rembrandt sich in Leiden selbständig; Ateliergemeinschaft mit Jan Lievens. Sein erster Schüler wird 1628 Gerrit Dou

1631 Rembrandt zieht nach Amsterdam. Er unterrichtet an der Schule der Kunsthandlung Uylenburgh

1632 *Die Anatomie des Dr. Tulp* (Gruppenbild am Seziertisch; Den Haag, Mauritshuis); Carel Fabritius geht bei Rembrandt in die Lehre

1634 Mitgliedschaft in der Malergilde, Heirat mit Saskia van Uylenburgh (gest. 1642)

1639 Erwerb eines Hauses (heute Rembrandt-Museum)

1641 Nach drei bereits als Säuglinge gestorbenen Töchtern wird Titus geboren

1647 Hendrickje Stoffels wird Rembrandts Haushälterin

1654 Geburt der unehelichen Tochter Cornelia

1662 *Die Staalmeesters* (letztes Gruppenbild: fünf Gutachter der Tuchhändler im »Staalhof«; Amsterdam, Rijksmuseum)

1663 Hendrickje Stoffels stirbt

1668 Titus van Rijn stirbt

1669 Rembrandt stirbt in Amsterdam am 4.Oktober im 64. Lebensjahr

WIRKUNGSGESCHICHTE

REMBRANDTS »NACHTWACHE«

EIN SCHICKSALSBILD? Anfang 1642 vollendete Rembrandt sein 1640 begonnenes monumentalstes Gemälde, das Gruppenbildnis der *Büchsenschützen-Kompanie des Hauptmanns Frans Banning Cocq*. Mitte dieses Jahres starb Rembrandts Ehefrau Saskia. In den folgenden zehn Jahren erhielt Rembrandt so gut wie keine privaten Aufträge mehr und war gezwungen, für den freien Kunstmarkt zu arbeiten. 1656 leitet eine Erklärung über den Verzicht auf sein Vermögen zugunsten der Gläubiger den wirtschaftlichen Ruin ein. Auf diese Tatsachen stützt sich jene Deutung der Rembrandt-Biografie, die dem Schützenbild die Rolle einer Peripetie nach den Regeln der klassischen Tragödie zuweist: des Wendepunkts, an dem die steigende Handlung umknickt und unaufhaltsam der Katastrophe zueilt.

Allerdings sind keine Zeugnisse der unmittelbaren Wirkung des Gemäldes überliefert. Indizien für einen Misserfolg enthält erst der Bericht von Rembrandts Schüler Samuel van Hoogstraten, nach Meinung vieler habe der bislang vor allem als Bildnismaler hoch geschätzte Meister »dem großartigen Gesamtentwurf zu viel Aufmerksamkeit geschenkt und dabei zu wenig die einzelnen Porträts beachtet, die ihm aufgetragen waren« (*Inleyding tot de hooge schoole der schilderkonst, 1678*).

Zwar wissen wir, dass Frans Banning Cocq und sein Leutnant Willem van Rijtenburch ein Vielfaches des Honorars entrichtet haben als die übrigen 16 Porträtierten, doch konnten einige von diesen zu Recht mit ihrer ungleichen Behandlung unzufrieden sein, gehörte doch gleichwertige Präsentation bei gleichem Preis zu den Forderungen, die ein Schützenstück zu erfüllen hatte. Möglicherweise weigerten sich einige der Schützen, ihren Anteil in voller Höhe zu bezahlen, sodass Rembrandt finanzielle Einbußen hinnehmen musste.

Zur zentralen Figur wurde Hauptmann Cocq allerdings erst durch einen Eingriff, als das Schützenbild 1715 aus dem »Kloveniersdoelen« in das Kleine Kriegsratzimmer des Rathauses gebracht und dabei dem Format eines neuen Rahmens angepasst wurde. Die ringsum vorgenommene Verkürzung betraf vor allem den linken Rand. Der Verlust eines ca. 50 cm breiten Streifens hatte zur Folge, dass Cocq, bislang rechts der Mittelachse postiert, nun exakt ins Zentrum verschoben wurde. Man hatte Rembrandts asymmetrische Komposition ›zurechtgerückt‹.

EIN NACHTSTÜCK? Eine zweite Veränderung erlitt das Schützenbild durch das Nachdunkeln des Firnis. Zwar äußert bereits Hoogstraten, nachdem er beteuert hat, »dass das Werk alle Konkurrenten überleben wird«: »Trotzdem hätte ich gewünscht, dass er mehr Licht hin-

SCHÜTZENGILDEN

Nach dem 1568 begonnenen Aufstand der Niederlande gegen die spanische Herrschaft schlossen sich die sieben nördlichen protestantischen Provinzen zur Republik der Vereinigten Niederlande zusammen, deren Unabhängigkeit von Spanien im Frieden von 1648 anerkannt wurde. Während des sog. Achtzigjährigen Kriegs entstanden in allen holländischen Städten Bürgerwehren. Diese Schützengilden gliederten sich aufgrund ihrer vom Vermögen abhängigen Bewaffnung in Armbrust-, Bogen- und Büchsenschützen mit eigenen Gildehäusern als bewirtschafteten Versammlungsstätten. In Amsterdam, das sich dem Aufstand 1578 angeschlossen hatte, bestanden zwischen 1620 und 1650 zwanzig solcher Kompanien mit jeweils etwa 200 Mitgliedern. Sechs davon waren Büchsenschützen, die 1639–45 Malern wie Joachim von Sandrart und Rembrandt Gruppenbildnisse für den Großen Saal im neuen Anbau ihres Gildehauses »Kloveniersdoelen« in Auftrag gaben.

FRANS HALS

In Haarlem überwand Rembrandts Zeitgenosse Frans Hals (um 1588–1666), der selbst jahrelang einer Schützengilde angehörte, die stereotype Reihung von Einzelporträts durch die Gestaltung von ›Schützenstücken‹ als Bankett mit lebhafter Unterhaltung. Den Anfang bildet das Gruppenbild mit zwölf Offizieren an einer Tafel beim Abschluss ihrer Amtszeit: *Das Festmahl der St.-Georg-Schützengilde* (1616; Haarlem, Frans-Hals-Museum). Kompositorische Einheit schafft der Dreiklang Rot-Weiß-Schwarz der Uniformen mit Schärpen, der Tücher und Fahnen.

eingebracht hätte.« Doch erst im 19. Jahrhundert, nachdem das Schützenbild als Leihgabe der Stadt Amsterdam 1808 in das Rijksmuseum gelangt war, bürgerte sich der Titel »Die Nachtwache« ein, der seine vom dunklen Farbeindruck und Aufleuchten einzelner Gestalten hergeleitete Berechtigung durch Reinigungen der Firnisschicht 1948 und 1978 verloren hat.

Freilich hat sich das angebliche »Nachtstück« nicht in ein »Tagstück« verwandelt. Bereits 1902 betonte der Kunsthistoriker Carl Neumann den Eigenwert des vom malerischen Licht hervorgerufenen poetischen Menschen- und Raumerlebnisses: »Aber unmöglich ist es, sich vorzustellen, dass diese Figuren aus dem Rahmen in die Wirklichkeit eines Oberlichtsaales heraustreten könnten, die ihnen sofort ihr Geisteslicht ausblasen würde.«

Rembrandt, *Die Büchsenschützen-Kompanie des Hauptmanns Frans Banning Cocq (beim Aufbruch)*, gen. »Die Nachtwache«, 1640–42; Öl auf Leinwand, 363 x 437 cm (urspr. ca. 440 x 500 cm); Amsterdam, Rijksmuseum
Rembrandts ursprünglich asymmetrische Komposition, die Hauptmann Cocq (mit roter Schärpe) und seinen Leutnant rechts der Mittelachse postierte und einen von rechts nach links gerichteten Bewegungseindruck hervorrief, belegt eine Kopie von Gerrit Lundens (London, National Gallery). Zu den neueren Gesichtspunkten, unter denen Rembrandts Schützenstück diskutiert wird, gehört die Frage nach einem historischen Ereignis, an das erinnert wird. In Frage kommt die Beteiligung der Kompanie am Empfang der Witwe Heinrichs IV., Maria de' Medici, 1638 in Amsterdam; 1631 war sie von Richelieu aus Frankreich gedrängt worden. Tatsächlich beschränkte sich der Dienst der Bürgerwehren um die Mitte des 17. Jahrhunderts weitgehend auf repräsentative Aufgaben. Umso bemerkenswerter ist Rembrandts Betonung individueller Verhaltensweisen.

THEMA

KRIEG

KRIEG UND FRIEDEN. Zu den ältesten Bildwerken Mesopotamiens gehört die sog. *Standarte von Ur* aus einem sumerischen Königsgrab in Ur (um 2600 v. Chr.; London, British Museum): Zwei Tafeln mit friesartiger Einlegearbeit auf Holz zeigen als ›Kriegsseite‹ Streitwagen, Fußsoldaten und den Zug der Gefangenen, als ›Friedensseite‹ ein kultisches Siegesmahl. Eine humanistische Allegorie des Sieges der Liebe über den Krieg ist Sandro Botticellis *(Schlafender) Mars und Venus* (um 1480; London, National Gallery).

Indem jedoch zumeist der siegreiche Kampf als Voraussetzung des Friedens verstanden wurde, überwiegt in der Gestaltung des Doppelthemas ›Krieg und Frieden‹ seit jeher der Krieg, entweder als auf wenige Beteiligte beschränkte Kampfszene oder als Panorama einer Schlacht.

Beide Formen des historischen Ereignisbildes fanden in der Renaissance weite Verbreitung. Sie können, wie die drei ursprünglich als Fries zusammengehörigen Gemälde *Die Schlacht von San Romano* (um 1456) von Paolo Uccello, ein stadtgeschichtliches Ereignis verherrlichen (Sieg der Florentiner über die Sienesen, 1432; die 1491 im Stadtpalast der Medici nachgewiesenen Tafeln befinden sich heute in: Florenz, Uffizien; Paris, Louvre; London, National Gallery). Oder sie vergegenwärtigen Schlachten als weltgeschichtliche Ereignisse: Im Papstpalast schildert Giulio Romanos Fresko *Die Konstantinschlacht* (1520–24; Sala di Costantino) den Sieg Konstantins d. Gr. über Maxentius an der Milvischen Brücke bei Rom (312).

Peter Paul Rubens, *Der Kampf um die Fahne*, um 1602–05; schwarze Kreide, Feder und Tinte, weiß gehöht; 45,2 x 63,7 cm; Paris, Louvre, Cabinet des Dessins
Die Zeichnung ist eine Kopie des Mittelteils auf dem (verlorenen) Karton zu Leonardo da Vincis Fresko *Die Anghiari-Schlacht* im Palazzo Vecchio in Florenz (zerstört). Leonardo hatte den Auftrag 1503 erhalten, hinterließ das Werk jedoch bei der erneuten Übersiedelung nach Mailand 1506 unvollendet. Rubens' Kopie zufolge schuf er das nachhaltig wirksame Vorbild einer im Kampf ineinander verkeilten Gruppe aus Menschen und Tieren, die gleichermaßen Kampfeswut zum Ausdruck bringen. Eine frühe mythologische Kampfszene von Rubens ist *Die Amazonenschlacht* (um 1615; München, Alte Pinakothek).

Jacques Callot, *Der Galgenbaum*, aus der Serie *Misère de la guerre*, 1633; Radierung, 10 x 25 cm; Wien, Albertina
1608 floh Callot, angeblich mit Zigeunern, nach Italien, wo er in Rom und Florenz als Grafiker tätig wurde. 1621 kehrte er nach Nancy zurück und veröffentlichte im Jahr darauf die 28 Radierungen der grotesken *Balli di Sfessania* mit spielerisch kampfbetonten Figuren und Szenen aus der Commedia dell'arte. (1821 erwies E. T. A. Hoffmann dem Zyklus seine Referenz, indem er acht Kopien daraus seiner Erzählung *Prinzessin Brambilla* als Illustrationen beigab.) Gut ein Jahrzehnt nach den *Balli di Sfessania* erweist sich Callot mit seinen beiden Radierfolgen *Misères de la guerre* als ein dem äußeren Anschein nach kühler Beobachter der Gräuel abseits des Kampfgeschehens. Drastische Szenen mit plündernden und mordenden Soldaten in Bauerndörfern gestaltete dagegen der Grafiker Hans Ulrich Franck.

SIEGER UND OPFER. »(…) und wo wir hin nur schaun, Ist Feuer, Pest und Tod, der Herz und Geist durchfähret«, klagt Andreas Gryphius im Sonett *Tränen des Vaterlandes* (1636). Während des Dreißigjährigen Krieges wird der Krieg nicht mehr unter ausschließlich militärischen Gesichtspunkten vermittelt, sondern als Ursache verheerender Folgen begriffen. Zwar werden das Schlachtenbild und entsprechende Grafikzyklen, die Kriegsereignisse aus der Sicht der Auftraggeber schildern oder im Hinblick auf das Informationsbedürfnis des Publikums dokumentieren, zur Massenware. Doch Grafiker wie der Lothringer Jacques Callot beginnen, die Kategorien ›Sieger und Besiegte‹ der Frage nach den Opfern unterzuordnen. 1627 schuf Callot im Auftrag der Infantin Isabella von Flandern Kupferstiche über die spanische Eroberung von Breda im Jahr 1625. Dagegen entstanden 1633 und 1635 Callots Folgen *Misères de la guerre* (›Elend des Krieges‹). Unmenschliche Grausamkeit auf beiden Seiten ist schließlich das Thema von Francisco de Goyas Radierungen *Los Desastres de la guerra* (›Die Schrecken des Krieges‹, entst. 1810–14); der Künstler ist hier weit davon entfernt, den spanischen Volkskrieg gegen die französischen Besatzungstruppen zu glorifizieren.

DAS SOLDATENSTÜCK. Die vorwiegend holländische Genremalerei des 17. Jahrhunderts bemächtigte sich des Militärwesens in Form von alltäglichen Szenen aus dem Soldatenleben (Gerard Terborch, *Ein Offizier diktiert einen Brief*, 1658/59; London, National Gallery), die mitunter Vereinsamung zum Ausdruck bringen (Carel Fabritius, *Die Torwache*, 1634; Schwerin, Staatliches Museum). Reitergefechte finden sich im Frühwerk des später auf Pferdebilder spezialisierten Haarlemer Malers Philips Wouwerman. Vorbereitet wurde das Genre ›Soldatenstück‹ zu Beginn des 16. Jahrhunderts unter anderem durch den in Basel tätigen Goldschmied, Maler und Grafiker Urs Graf mit kraftvoll-realistischen Federzeichnungen, Holzschnitten und Kupferstichen aus dem zügellosen Leben der Söldner, das er durch seine Beteiligung an Söldnerzügen unter französischem Kommando (Franz I.) nach Oberitalien aus eigener Erfahrung kannte.

KÜNSTLER

DIEGO VELÁZQUEZ

BIOGRAFIE

1599 Diego Rodriguez de Silva y Velázquez wird am 6. Juni in Sevilla geboren. Er stammt aus altem portugiesischem Adel

1612–17 Ausbildung in Sevilla bei dem Maler Francisco Pacheco, dessen Tochter Juana Velázquez 1618 heiratet

1620 *Der Wasserverkäufer von Sevilla* (Privatbesitz) und *Eine alte Frau brät Eier* (Edinburgh, National Gallery of Scotland) aus der Gruppe der *bodegónes* (Küchenstücke)

1623 Ernennung zum Hofmaler Philipps IV. Ab 1627 lebt und arbeitet Velázquez als Mitglied des Hofes im Schloss in Madrid

1629–31 Studienreise in Italien (Genua, Venedig, Rom, Neapel) und Ankauf von Gemälden für Philipp IV.; *Jesus am Kreuz* (Madrid, Prado)

1635–45 Bildnisse von Hofnarren und -zwergen

1649–51 Zweite Italienreise; *Bildnis Innozenz' X.* (1650; Rom, Galleria Doria Pamphili)

1651 *Die Toilette der Venus* (liegender Rückenakt mit Spiegel, Schauspielerin als Modell?; London, National Gallery)

1652 Ernennung zum Hofmarschall

1656 *Las Meninas* (Madrid, Prado)

1658 Ernennung zum Ritter des Santiago-Ordens

1666 Velázquez stirbt in Madrid am 6. August im 68. Lebensjahr

1700 Mit dem Tod Karls II. endet die Herrschaft der spanischen Habsburger

DAS GOLDENE ZEITALTER. Während die spanisch-habsburgische Monarchie unter Philipp IV. (reg. 1621–65) ihre Machtstellung in Europa und Übersee verlor, erlebte Spanien im späten 16. und im 17. Jahrhundert das *Siglo de oro* (›Goldene Zeitalter‹) seiner Literatur (Calderón, Cervantes, Lope de Vega), Musik und bildenden Kunst. Dieser Gegensatz zwischen kultureller Blüte und politisch-wirtschaftlichem Niedergang ist ein Schlüssel zum Verständnis des Bildnis- und Historienmalers Diego Velázquez.
Im Unterschied zu El Greco, Murillo, Ribera und Zurbarán widmete sich Velázquez als Hofmaler fast ausschließlich profanen Themen, deren Gestaltung die Erwartungen des Königshofes in zweierlei Hinsicht reflektiert: als Widerspiegelung und als deren Brechung. Das Spätwerk *Las Meninas* besitzt in dieser Hinsicht Symbolkraft: Das schemenhafte Porträt des Königspaares im rückwärtigen Spiegel entspricht dem Urteil des Dichters Quevedo (1632 Privatsekretär des Königs) über den Madrider Hof: »Hier gibt es viele Dinge, die zu existieren scheinen und doch nicht mehr sind als Namen und Erscheinungen.«

BAUERN UND BEFEHLSHABER. Begonnen hatte Velázquez mit *bodegónes*, die als ›Küchenstücke‹ die Zubereitung und den Verzehr von Mahlzeiten schildern, wobei den Personen und Gegenständen dieselbe Würdigung zuteil wird. Eine realistische Grundhaltung prägt auch Velázquez' mythologische Darstellungen: Inmitten von trinkseligen Bauern und Landstreichern krönt ein als Gott des Weines auftretender Bursche einen Trinker (*Der Triumph des Bacchus*, 1629), und ein neunmalkluger Apollon berichtet in einer verrußten Werkstatt vom Ehebruch der Venus mit Mars (*Die Schmiede des Vulkan*, 1630; beide Madrid, Prado). Derlei mythologisch maskierte Volksszenen dienten der höfischen Belustigung ebenso wie die Bildnisse aus dem Heer der über hundert Hofnarren und Hofzwerge. Doch mit welcher Eindringlichkeit verleiht der Porträtist jedem dieser Objekte der Schaulust den Rang einer tragischen Persönlichkeit. Auch diese Thematik mündet in *Las Meninas*: Neben der bezaubernden Infantin Margarita behauptet sich eine durch ihren Wasserkopf entstellte Zwergin namens Mari-Bárbola.
Ein Zyklus von Reiterbildnissen und Historienbildern entstand nach der Rückkehr von der ersten Italienreise (1629–31) für das neu erbaute Schloss Buen Retiro: Philipp IV., Minister Olivarez, Prinz Balthasar Carlos, jeweils mit Kommandostab. In malerischer Hinsicht lassen die Reiter und die im Hintergrund ausgebreitete Landschaft die Schulung am schmelzenden Kolorit der venezianischen Malerei erkennen. In diesem Zusammenhang steht ein Gemälde, das die Ehre einer Nation in einer zutiefst

menschlichen Geste preist: Im Zentrum der *Übergabe von Breda* (1634/35; Madrid, Prado), den stolz aufgerichteten Lanzen seiner siegreichen Armee den Rücken kehrend, legt der Feldherr Ambrosio Spinola dem besiegten Justin von Nassau begütigend die Hand auf die Schulter.

Diego Velázquez, *Las Meninas*, 1656; Öl auf Leinwand, 318 x 276 cm, Madrid, Prado
Schauplatz ist das Atelier des Malers im Alcázar (Schloss). Hier hat sich die Infantin Margarita mit ihren Hofdamen (*meninas*) eingefunden, um dem Maler (mit dem roten Kreuz des Santiago-Ritters auf der Brust) Modell zu stehen. Doch nicht ihr gilt Velázquez' Augenmerk, sondern dem Königspaar, dessen schemenhaftes Doppelbildnis im rückwärtigen Spiegel neben der geöffneten Tür erscheint. Philipp IV. und seine (zweite) Gemahlin Maria Anna von Österreich befinden sich demnach diesseits des Bildraums, der mit dem im Spiegelbild angedeuteten Realraum vor dem Gemälde verbunden ist. Drei Einzelbildnisse der Infantin Margarita Teresa (1651–1673) von Velázquez besitzt das Kunsthistorische Museum in Wien. Ihre Porträts wurden in regelmäßigen Abständen an den kaiserlichen Hof gesandt, um den Liebreiz der zukünftigen Gemahlin des späteren Kaisers Leopold I. vorzuweisen (Hochzeit 1666).

KUNSTZENTRUM

PARIS UND VERSAILLES

HAUPTSTADT UND RESIDENZ. Das römische, nach einem keltischen Stamm benannte Oppidum »Lutetia Parisiorum« auf der Seineinsel *Ile de la Cité* wurde 486 von den Franken erobert und diente den Merowingern ab 508 als Hauptstadt. Unter den Karolingern residierten hier lediglich die Grafen von Paris, und erst der Kapetinger Philipp II. August erhob die inzwischen bedeutende Handelsstadt und Sitz zahlreicher Schulen um 1180 zu einer der königlichen Residenzen, an deren Westrand er das Schloss Louvre errichten ließ.

»Paris ist eine Messe wert«, soll Heinrich IV., Anführer der Hugenotten und seit 1589 nominell König von Frankreich, seinen Konfessionswechsel begründet haben, durch den er 1593 die Königskrönung im katholisch gebliebenen Paris erreichte. Seine Nachfolger aus der Dynastie der Bourbonen, Ludwig XIII. und Ludwig XIV., festigten mit

Jules Hardouin-Mansart, *Invalidendom (Saint-Louis des Invalides)*, 1680–1706
1670 gründete Ludwig XIV. südwestlich von Paris eine im damaligen Europa vollkommen neue Einrichtung: das Hôtel des Invalides. Anstelle der Klöster übernahm der Staat die Armen- und Krankenfürsorge, allerdings beschränkt auf die Kriegsversehrten aus den Feldzügen des Königs. Der kasernenartige Gebäudekomplex mit einer Kirche für die Soldaten wurde ergänzt durch den Invalidendom, geweiht Ludwig IX., dem Heiligen, und möglicherweise als Grablege Ludwigs XIV. gedacht (1840 wurde Napoleon I. von St. Helena in den Invalidendom überführt). Als Grundriss dient dem Zentralbau ein Quadrat mit einbeschriebenem griechischen Kreuz und runden Kapellen über den vier Eckquadraten. Über einem zweigeschossigen Kubus erhebt sich die herrscherliche, goldgeschmückte Tambourkuppel mit Laterne. Im Innern kaschiert die Unterteilung in drei Schalen die steile Streckung der Kuppel. Die südliche Eingangsfront und der Tambour werden durch das unterschiedlich rhythmisierte Motiv der Doppelsäule verbunden. Es bildet ein Merkmal der ›klassischen‹ Barockarchitektur in Paris.

dem politischen Zentralismus zugleich den kulturellen Vorrang von Paris, das um 1650 die Führungsrolle Roms übernahm. Mit den königlichen Akademien für Malerei und Skulptur (1649), Tanz (1661), Wissenschaft (1666), Musik (1669) und Architektur (1671) entstand ein umfassendes Instrumentarium staatlicher Kulturpolitik. Sie ist ›klassisch‹, nämlich an Vorbildern der Antike und der

Renaissance orientiert, und entwickelt als Ausdruck nationaler Identität das Kriterium des »guten Geschmacks« (*le bon goût*), dem Europa nachzueifern versucht.
Unter den beiden Nachfolgern Ludwigs XIV. erhält Paris durch den Architekten Jacques-Ange Gabriel großzügige Plätze und Verkehrsachsen wie die heutige *Place de la Concorde* und die *Champs-Élysées*. Der letzte sakrale Monumentalbau aus der Zeit des Ancien régime ist die Kirche Sainte-Geneviève von Jacques-Germain Sufflot, die 1791, im zweiten Jahr der Revolution und ein Jahr nach der Fertigstellung, in das Panthéon umgewandelt wird, eine Gedächtnis- und Begräbnisstätte der »großen Männer der Epoche der Freiheit«.

SCHLOSS UND RESIDENZ. Als Ludwig XIV. 1678 die Hofhaltung und damit das Zentrum der königlichen Macht von Paris nach Versailles verlegte, war die erste Erweiterung des Jagdschlosses Ludwigs XIII. unter Leitung von Louis Le Vau zum Abschluss gelangt. 1663 hatte der Gartenarchitekt André Le Nôtre mit der Anlage des Parks begonnen; er war 1664 Schauplatz dreitägiger »Feiern und Feste zur Unterhaltung des Königs« (mit der Aufführung der Ballettkomödie *Princesse d'Elide* von Molière). Mit dem Funktionswandel vom Schloss zur Residenz beginnt unter der Leitung von Jules Hardouin-Mansart die zweite Phase des Ausbaus, der frei von städtebaulichen Einschränkungen gigantische Ausmaße annimmt und zeitweise die Arbeitsleistung von 36 000 Mann, darunter Truppen des Königs, in Anspruch nimmt.
Die Gartenseite erreicht mit Flügeln zu beiden Seiten des rechteckig ummantelten Kernbaus eine Gesamtbreite von 580 m. Dieser Trakt enthält unter anderem die von Hardouin-Mansart und Charles Le Brun ausgestattete Raumfolge aus dem *Salon de la Guerre* und dem *Salon de la Paix*; zwischen den beiden Sälen, deren Ausstattung dem Thema ›Krieg und Frieden‹ gewidmet ist, liegt die 73 m lange *Galerie des Glaces* (Spiegelgalerie) mit 17 Fenstern zum Garten, denen ebenso viele Spiegel an der gegenüberliegenden Wand entsprechen.
An der Stadtseite staffeln sich zwischen Flügelbauten drei stufenförmig verengte Höfe (*Cour des Ministres*, *Cour Royale*, Marmorhof *Cour de Marbre*), deren gemeinsame Mittelachse auf das Zentrum des Schlosses zuläuft: auf den säulen- und giebelgeschmückten Risalit des *Corps de logis* mit den Wohn- und Repräsentationsräumen des Königs.
Weitere Baukörper sind die *Schlosskirche* von Robert de Cotte mit Kolonnaden im Emporengeschoss und die unter Ludwig XV. erbaute *Oper*, die 1770 anlässlich der Hochzeit des Thronfolgers mit Marie-Antoinette eingeweiht wurde.
Am 6. Oktober 1789 zwang eine ins Schloss eingedrungene Volksmenge Ludwig XVI. zur Rückkehr nach Paris. Versailles, das Sinnbild des Absolutismus, verlor unwiderruflich seine politische Funktion; der ›Bürgerkönig‹ Louis Philippe ließ die gesamte Anlage in ein 1837 eröffnetes Nationalmuseum umwandeln.

KÖNIGLICHE BAUHERREN

Franz I., reg. 1515–47; Auftrag an Pierre Lescot, die mittelalterliche Festung *Louvre* an der Seine durch einen Neubau »im italienischen Geschmack« zu ersetzen, Beginn der Ausführung unter Heinrich II. (reg. 1547–59, verh. mit Caterina de' Medici).

Heinrich IV., reg. 1589–1610; Vollendung des *Pont-Neuf* als neue Verbindung der Ile de la Cité mit beiden Ufern der Seine; Ausbau der für Caterina de' Medici als Witwensitz und Pendant zum Louvre gegründeten *Tuilerien* (1871 zerstört)

Maria de' Medici, Regentin 1610–17; Witwensitz *Palais de Luxembourg* (Salomon du Brosse)

Ludwig XIII., selbstreg. 1617–43; Erweiterung der *Cour Carrée des Louvre* auf das Vierfache (heutige Ausdehnung des Innenhofes); Jagdschloss in Versailles

Ludwig XIV., selbstreg. 1661–1715; *Grands Boulevards* mit Stadttoren anstelle der niedergelegten Stadtbefestigung; *Ostfront des Louvre* (sog. Kolonnaden, Claude Perrault mit Charles Le Brun und Louis Le Vau), *Invalidendom* (Jules Hardouin-Mansart); *Schloss und Park Versailles* (ab 1661, Übersiedelung des Hofes 1678)

Ludwig XV., selbstreg. 1723–74; *Sainte-Geneviève* (seit 1791 *Panthéon*)

GESTALTUNGSAUFGABE

SCHLOSS UND PARK

GATTUNGEN

Adelshof (frz. Hôtel, Palais), Stadtschloss einer Adelsfamilie.

Belvedere, architektonisch gestalteter Aussichtspunkt, auch Name von Schlössern (Johann Lucas von Hildebrandt, *Unteres Belvedere*, 1714–16, und *Oberes Belvedere*, 1721–1723, des Prinzen Eugen in Wien).

Jagdschloss, für den vorübergehenden Aufenthalt eingerichtetes Schloss in der Nähe eines Jagdreviers (als monumentale Anlage Jagdschloss *Stupinigi* bei Turin, beg. 1729 von Filippo Juvara).

Klosterschloss, Verbindung von Kloster und Residenz (*El Escorial* Philipps II. von Spanien mit Kloster San Lorenzo, beg. 1563; Kloster St. Blasien im Schwarzwald mit einem Abt als Reichsfürst, Neubau nach 1742).

Lustschloss, für den privaten Aufenthalt eingerichtetes Schloss mit Namen wie *Monrepos* (›Meine Ruhe‹, 1760–65) in der Nähe der Ludwigsburger Residenz und *Solitude* (›Einsamkeit‹, 1763–67) bei Stuttgart, beide vom württembergischen Hofbaumeister Louis-Philippe de la Guepière, oder *Eremitage* (›Einsiedelei‹), ein Ensemble aus Altem und Neuem Schloss in Bayreuth für Markgräfin Wilhelmine, die Schwester Friedrichs II., der 1745–47 in Potsdam sein *Sanssouci* (›Ohne Sorge‹) bauen lässt.

Residenz, Wohn- und Regierungssitz eines geistlichen oder weltlichen Herrschers.

DER BAUORGANISMUS. Die Kunstgeschichte des von Burg und Palast unterschiedenen Schlosses beginnt Mitte des 16. Jahrhunderts und reicht von der Renaissance bis zum Historismus. Am Beginn steht der Verzicht auf Gestaltungselemente des Wehrbaus zugunsten der Repräsentation. Die Entwicklung führt vom Baugeviert zum Dreiflügelbau, vom Herrschersitz zur Baulichkeit mit sowohl politischen wie kulturellen Funktionen.

Durch diese Doppelfunktion geprägt, ist das Residenzschloss zumeist ein achsial und hierarchisch gegliederter baulicher Organismus. Das Kernstück bilden die Wohn- und Repräsentationsräume im Corps de logis. Ihre Zusammengehörigkeit bringt zum Ausdruck, dass in der Person des Souveräns das Private und das Öffentliche eine Einheit bilden, in der bereits die morgendliche Toilette zum Staatsakt wird. Ein Mittelrisalit mit Freitreppe, Portal, Balkon und reliefgeschmücktem Giebel (Frontispiz) zeichnen den Mittelbau aus. Untergeordnete Bauglieder mit Seitenrisaliten sind symmetrisch auf den Corps de logis bezogene Flügel. Ihr Raumprogramm reicht vom Festsaal über Galerien (Kunstsammlung) und Kabinette (Bibliothek) bis zur Küche. Corps de logis und Seitentrakte umgeben bei der Dreiflügelanlage den Ehrenhof (Cour d'honneur), dessen vierte Seite ein Gitter mit Eingangspavillon begrenzt. Integrierte oder selbstständige Bauglieder sind die Schlosskirche und das Schlosstheater. Zum Bauprogramm gehören Kavaliershäuser für die höheren Bediensteten und der Marstall (althochdt. *marah* ›Pferd‹) zur Unterbringung der Pferde und des Fuhrparks; Pferdeschwemme und Reithalle können sich anschließen.

DAS PARKSCHLOSS. Die historisch gewachsenen Residenzstädte setzten der Entfaltung eines solchen Bauprogramms räumliche Grenzen, die Neugründungen von Residenzschlössern in einiger Entfernung zur Hauptstadt zur Folge hatten. Welche Möglichkeiten sich hierbei eröffneten, demonstrierte die neue Residenz Ludwigs XIV. in *Versailles* (beg. 1661). Wichtiger als die praktischen Gründe und die Bauleidenschaft (der »Bauwurm«, der nach eigenem Bekunden die Fürstbischöfe der Familie Schönborn plagte) war jedoch die symbolische Loslösung des Hofstaats aus dem städtischen Zusammenhang.

Ab 1695 entstand nach den Plänen Johann Bernard Fischers (geadelt: von Erlach) als Pendant zur Wiener Hofburg *Schloss Schönbrunn*, das 1744–49 im Auftrag Maria Theresias seine heutigen Dimensionen erhielt. Ab 1704 wurde nördlich von Stuttgart am ›württembergischen Versailles‹ *Schloss Ludwigsburg* gearbeitet. Keimzelle von *Schloss Nymphenburg*, das sich zum Pendant der Münchner Residenz entwickelte, war ein 1664 begonnenes Sommerschloss, an dessen Ausbau ab 1715 Josef Effner beteiligt war.

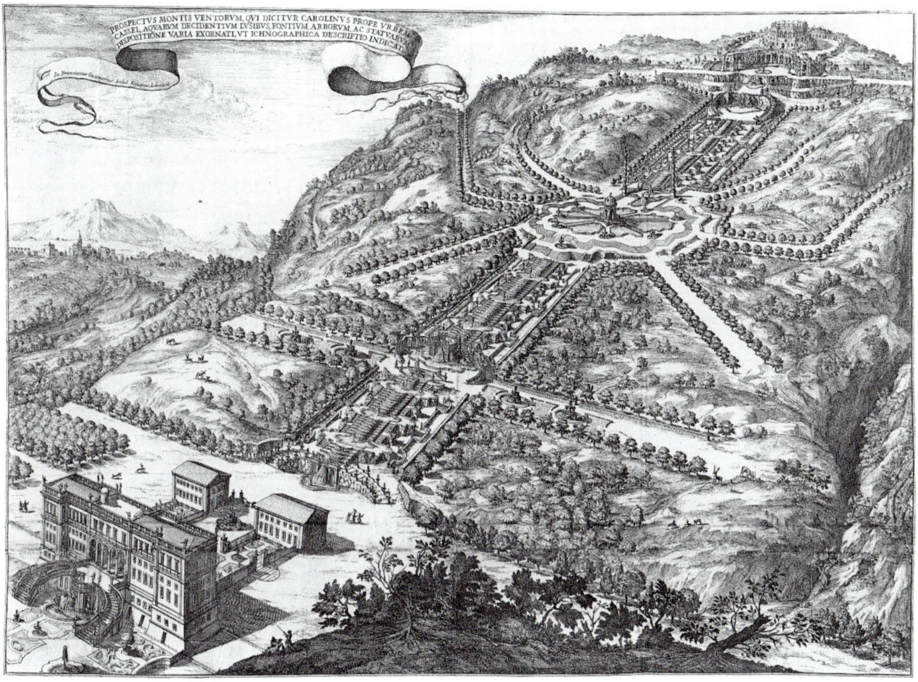

Nymphenburg, Ludwigsburg und Schönbrunn gehören zu den eindrucksvollsten Ensembles aus Schloss- und Gartenarchitektur. Deutlich wird hier zwischen der Hof- bzw. Stadtseite und der Gartenfront mit einem Gartenparterre unterschieden. Die anschließende weiträumige Parkanlage im Stil des geometrisch gegliederten Französischen Gartens erfuhr im 18. Jahrhundert zumindest in den Außenbereichen eine Umgestaltung zum Landschaftspark bzw. Englischen Garten im Zeichen naturbeseelter Empfindsamkeit. Die Parkanlagen boten Raum für Naturbühnen (*Schlosspark Herrenhausen* bei Hannover) und Lust- und Jagdschlösser wie die vier ›Burgen‹ im Park von Nymphenburg mit der *Amalienburg* (1734–39, François Cuvilliés d. Ä.) im Stil des Rokoko, deren Mittelpavillon einen Anstand für die Fasanenjagd trägt. Der erste und mit 112 ha größte deutsche Landschaftspark nach englischem Vorbild entstand ab 1665 in Wörlitz für den Fürsten von Anhalt-Dessau. Das Gelände bot außer dem Neubau des Schlosses Raum für ein ›Freilichtmuseum‹ mit Pavillons nach antikem, chinesischem, italienischem Vorbild und für ein neugotisches Gebäude (Gesamtplan: Friedrich Wilhelm von Erdmannsdorff).

In logischer Konsequenz der Herauslösung der Residenz aus der historischen Stadt und der Gestaltung eines eigenen Landschaftsraumes wurden als Ausdruck der schöpferischen Kraft des absolutistischen Souveräns Residenzstädte neu gegründet. Das Musterbeispiel ist *Karlsruhe*: Ein oktogonaler Schlossturm (1715) ist der Zirkelpunkt eines radialen Ordnungssystems, das zur einen Hälfte den Park, zur anderen Hälfte die Stadt strukturierte.

Schloss und Park Kassel-Wilhelmshöhe
Der Kupferstich (1706) zeigt das 1606–10 für Landgraf Moritz erbaute Jagdschloss am Ostrand des Habichtswaldes, der um mehr als 200 m ansteigt. Hier entstand 1701–18 nach Plänen des italienischen Baumeisters Giovanni Francesco Guerniero eine Parkanlage, gipfelnd in einem Oktogon mit einer aus Kupfer getriebenen Nachbildung des *Herkules Farnese* als Ausgangspunkt einer Kaskade. Guernieros nur teilweise ausgeführtes Projekt verdeutlicht das Ziel der barocken Gartenarchitektur, das natürliche Terrain so weit als irgend möglich einer vom Menschen erdachten Ordnung zu unterwerfen. Die heutige Gestaltung entspricht dem Geschmackswandel im Verlauf des 18. Jahrhunderts: Kurfürst Friedrich II. von Hessen-Kassel ließ die achsial gegliederte Anlage in einen Landschaftspark bzw. Englischen Garten umwandeln.

THEMA

VEDUTE

KUNST ALS SOUVENIR. Das 18. Jahrhundert ist eine erste Blütezeit des Bildungstourismus und des Handels mit Erinnerungen. Die Reisesouvenirs sollen nicht allein künstlerischen Wert besitzen, sondern auch thematisch die Reiseeindrücke lebendig halten. Auf diese Bedürfnisse reagierte als erstes europäisches Kunstzentrum und Reiseziel Venedig mit einer Spezialform des Landschaftsbildes, die als Vedute (ital. *veduta* ›Aussicht, Fernsicht‹) ein topografisch getreues Abbild einer Stadtansicht und der landschaftlichen Umgebung bietet.

Zu europäischer Bedeutung gelangen die beiden unter dem Künstlernamen Canaletto bekannten Venezianer sowie ihr Landsmann Francesco Guardi als Spezialisten der venezianischen Stadtvedute. Durch Schlossveduten dokumentiert der jüngere Canaletto in höfischem Auftrag die Leistungen der Fürsten als Bauherren in sachgetreuer Wiedergabe, deren malerische Verfeinerung an die Stelle allegorischer Überhöhung tritt.

Die repräsentative Technik der Vedute ist jedoch die Druckgrafik. Sie fand ihren Meister in dem Venezianer Giovanni Battista Piranesi, der ab 1740 in Rom lebte und ab 1748 die 137 Blätter der *Vedute di Roma* veröffentlichte. Seine Ansicht des Petersplatzes in Rom erinnerte in Goethes Elternhaus an die Italienreise, die Johann Caspar Goethe nach seinem Jurastudium unternommen hatte. Goethes eigenes Schaffen als Zeichner und Aquarellist fand seinen Höhepunkt in den vedutenhaften Architektur- und Landschaftsstudien seiner Italienreise 1786–88, die er keineswegs zufällig als »Maler Jean Philippe Möller« angetreten hat.

Piranesi pflegte neben der ›objektiven‹ Vedute im engeren Sinne einschließlich der atmosphärisch dramatisierten Wiedergabe von Ruinen eine Sonderform der Idealvedute: die archäologisch fundierte, bereits klassizistisch orientierte Rekonstruktion antiker Baudenkmäler (Antichità romane, 4 Bde., 1756). Die

ZWEIMAL CANALETTO

Antonio Canal, gen. Canaletto, 1697 in Venedig als Sohn des Theatermalers Bernardo Canal geboren, entwickelt er die venezianische Stadtvedute mit Staffageszenen zu seiner Spezialität (Dresden, Galerie Alte Meister; London, National Gallery und Wallace Collection; München, Alte Pinakothek). 1746–50 und 1751–53 arbeitet er in England. Er stirbt 1768 in Venedig.

Bernardo Bellotto, gen. Canaletto, 1721 in Venedig geboren, erhält Bellotto seine Ausbildung beim Onkel Antonio Canal. 1748 in Dresden zum Hofmaler berufen, porträtiert er im Auftrag von August III. die Residenzstadt (acht Veduten in der Galerie Alte Meister). Während des Siebenjährigen Kriegs arbeitet er 1758–61 in Wien, dann in München. Ab 1764 lehrt er an der Kunstakademie in Dresden und wird 1767 Hofmaler in Warschau. Hier stirbt er 1780.

nachhaltigste Wirkung entfalteten jedoch Piranesis Architekturphantasien der *Carceri* (ab 1745, überarbeitet ab 1760): monumentale Raumlabyrinthe, die unterschiedliche Perspektiven vereinen und sich als Psychogramme deuten lassen.

WEITWINKEL-EFFEKT. Als ›Fernsicht‹ ist die Vedute in der Regel als Panorama gestaltet und verbindet unter Wahrung der perspektivischen Einheit mehrere Blickwinkel. Erhaltene Einzelstudien des jüngeren Canaletto zu venezianischen Stadtveduten wie dem *Canal Grande mit San Simeone Piccolo* (um 1738; London, National Gallery) lassen vermuten, dass er sich der Camera obscura bedient hat. Diese ›dunkle Kammer‹ projizierte mittels eines Systems aus Prismen, Linsen und Spiegeln in ihrem Inneren ein gestochen scharfes Abbild auf ein Blatt Papier, dessen Nachzeichnung die traditionelle freihändige Naturstudie ersetzte. Durch Drehung des zuoberst angebrachten Prismas ergab sich eine nahtlose Addition von Ansichten, die im Ergebnis der Weitwinkelaufnahme moderner Kameras entspricht. Tatsächlich beginnt die Geschichte der fotografischen Mechanisierung des Abbildens bereits ein Jahrhundert vor der Erfindung der Daguerreotypie im Jahr 1837 und ist das Resultat der seit Beginn des 17. Jahrhunderts intensivierten Erforschung optischer Hilfsmittel.

Bernardo Bellotto, gen. Canaletto, *Wien, vom Oberen Belvedere aus gesehen*, um 1758–61; Öl auf Leinwand, 136 x 214 cm; Wien, Kunsthistorisches Museum
Das Panorama gehört zu einer Serie von 13 Stadt- und Schlossveduten im Auftrag Maria Theresias. Im Mittelpunkt kreuzt der Südturm des *Stephansdoms* die Horizontlinie des Wienerwaldes. Seitlich erheben sich die *Karlskirche* (J. B. Fischer von Erlach, links) und die *Salesianerinnenkirche*. Dem *Unteren Belvedere* Prinz Eugens (rechts, heute Österreichische Galerie) entspricht links das *Schwarzenbergpalais*. Das erstere Gartenschloss erbaute Johann Lucas von Hildebrandt, bei letzterem folgten ihm Vater und Sohn Fischer von Erlach. Die langen Schlagschatten der Staffagefiguren verdeutlichen die Lichtsituation eines Spätnachmittags.

KUNSTBETRIEB

ATELIER UND MANUFAKTUR

DIE KÜNSTLERWERKSTATT. Die Bezeichnung der Arbeitsstätte eines Malers oder allgemein eines bildenden Künstlers als Atelier leitet sich über altfrz. *artelier* von *ars* (lat., Kunst) her. In der Tradition des Mittelalters sind die Werkstatt und der Wohnbereich des Künstlers unter einem Dach miteinander verbunden. Zu seinen Einkünften gehört das Lehrgeld von Schülern.

Ein Thema der Bildpublizistik des 16. Jahrhunderts sind Ateliers als Ausbildungs- und arbeitsteilige Werkstätten, z. B. in der Serie *Erfindungen und Entdeckungen* des aus Brügge stammenden, in Italien tätigen Johannes Stradanus (*Die Kunst der Ölmalerei* bzw. *Die Werkstatt des Jan van Eyck*, *Die Werkstatt eines Kupferstechers*, *Die Werkstatt eines Buchdruckers*; Kupferstiche, ersch. um 1600). Atelierszenen des 17. und 18. Jahrhunderts zeigen bei vordergründiger Betrachtung den Maler-Handwerker bei der Arbeit. Doch sowohl die Art seiner Bekleidung als auch die Ausstattung seiner Werkstatt bilden chiffrierte Stellungnahmen zur Frage, worauf sich der seit der Renaissance evidente schöpferische Charakter der Malerei gründet. Requisiten wie eine Maske verkörpern die Nachahmung

Adriaen van Ostade, *Der Maler in seiner Werkstatt*, 1663; Öl auf Eichenholz, 38 x 35,5 cm; Dresden, Galerie Alte Meister
Die Atelierszene schildert die Arbeitswelt des Tafelmalers. Von links fällt Tageslicht in den Raum, das von einem Deckentuch reflektiert wird, um eine Art von zusätzlichem Oberlicht zu erzielen. Pinsel, die wie Pfeile in einem Köcher anmuten, und ein beweglicher Gliedermann gehören ebenso zu den Malerutensilien wie die Farben, mit deren Zubereitung ein Gehilfe im Hintergrund beschäftigt ist. Der Maler sitzt in bequemer Haltung vor der Staffelei und stützt das rechte Bein auf die untere Verstrebung. Der Malstock erleichtert als Auflage des rechten Arms eine sichere Pinselführung. Vor allem aber verdeutlicht das Blatt über der in Arbeit befindlichen Bildtafel die beiden Phasen des Arbeitsprozesses: Der Studie im Freien oder nach einem Modell folgt die Ausführung im Atelier. Der Maler trägt ein rotes Barett, das den lebhaftesten Farbakzent der insgesamt tonalen Komposition des Adriaen van Ostade aus Haarlem bildet.

der Natur als spezifische Leistung des Malers, Bücher verweisen auf seine Bildung, speziell auf seine Fähigkeit, Regeln zu befolgen. Jan Steens Gemälde *Die Zeichenstunde* (um 1663/65; Malibu, J. Paul Getty Museum) verweist in der Tradition der ›Bilderrätsel‹ mit einer prächtig gekleideten Schülerin unter einer Cupido-Figur auf die Kunst *amoris causa*; wobei die Schülerin, indem sie in ihrem Schoß einen Stift spitzt, auf Warnungen vor Verführung im Atelier anspielen könnte.
Vor diesem Hintergrund ist die Atelierszene mit dem allegorisch anmutenden Titel *Lob der Malerei* (um 1665/66; Wien, Kunsthistorisches Museum) von Jan Vermeer van Delft als Absage an barocke Überhöhung zu verstehen. Zwar ist der Tisch am linken Bildrand mit symbolhaften Attributen der Malerei bestückt. Doch das Interesse des in Rückenansicht wiedergegebenen Malers an der Staffelei richtet sich auf eine offenkundig als Muse verkleidete junge Frau mit Lorbeerkranz, Buch und einer ›Posaune des Ruhms‹. Sie ist keine Allegorie, die – der hl. Maria in Darstellungen der Lukasmadonna vergleichbar – als inspirierende Macht den Künstler erhebt, sondern sie posiert als Klio, die Muse der Geschichtsschreibung und der Historienmalerei. Vermeer zeigt, wie der Maler sein Modell ins rechte Licht rückt. Die Kostümierung dient der Demaskierung einer auf die Krücken der Gelehrsamkeit gestützten Kunstauffassung zugunsten der ›reinen‹ Malerei. Auf diese Weise gewinnt das Atelier eine neue Würde als Ort, an dem der Künstler mit seinem Handwerksgerät zu schöpferischen Leistungen gelangt.
Nichts anderes, vor allem nicht weniger drücken Rembrandts späte Selbstbildnisse in Arbeitskleidung und mit Pinsel und Palette aus. Bereits sein frühes Selbstbildnis *Der Maler in seiner Werkstatt* (um 1629, Boston, Museum of Fine Arts) zeigt einen kahlen Raum, in dem der Künstler eine dem Betrachter abgekehrte Bildtafel prüfend mit dem Bild seiner Vorstellung vergleicht oder schlicht den weiteren Fortgang der Arbeit bedenkt. Einzigartig in seiner Zeit ist jedoch die Ausschließlichkeit, in der ein Maler im Dialog mit seinem Werk steht.

DIE PRODUKTIONSSTÄTTE. In der Manufaktur (von lat. *manus* ›Hand‹, *factura* ›das Machen‹) hat handwerkliche Herstellung den Vorrang gegenüber der künstlerischen Gestaltung. Als staatlich geförderte oder der Versorgung des Hofes dienende Institution steht sie außerhalb der Zunftordnung. Weitere Merkmale sind Arbeitsteilung und die Serienfabrikation von Luxusgütern.
Einen hohen Rang nimmt die Gobelinmanufaktur zur Herstellung von handgewirkten Wandteppichen und Möbelbezügen ein. Der Name erinnert an die Entstehung der ersten französischen Teppichmanufaktur im Pariser Haus der Färberfamilie Gobelin im Jahr 1662. Eindrücke aus einer Textilmanufaktur verarbeitete Velázquez in *Die Spinnerinnen* (um 1657; Madrid, Prado) mit dem Wettstreit am Spinnrad zwischen Arachne und Athena, die ihre unterlegene Herausforderin in eine Spinne verwandelt.

HÖFISCHE WERKSTÄTTEN

Jean-Baptiste Colbert, 1658 zum Marquis de Seignelay geadelt, war seit Beginn der Selbstregierung Ludwigs XIV. (1661) Oberintendant der Finanzen. Hinzu kamen die Ämter als Oberintendant der königlichen Bauwerke, der schönen Künste und des Fabrikwesens. 1667 gründete er die »Manufacture Royale des Meubles et des Tapisseries de la Couronne«. Sie vereinigte alle Werkstätten der Kleinkunst und des Kunstgewerbes und glich als Lieferant der Hofkunst einem Staatsbetrieb. Mitarbeiter der in Beauvais angesiedelten Gobelinmanufaktur als Entwerfer von Wandteppichen, Möbelbezügen und Seidentapeten waren im 18. Jahrhundert die Maler François Boucher und Jean-Honoré Fragonard. Boucher wurde Inspektor der Manufaktur. Für Madame Pompadour, die Mätresse Ludwigs XV. und Gönnerin Bouchers, entwarf er die Ausstattung der Bibliothek ihres Schlosses in Crêcy (um 1750–52; als »Boucher-Zimmer« in New York, Frick Collection).

ATTRIBUT UND SYMBOL

KERZE

LICHT IM DUNKEL. Alltägliche Gebrauchsgegenstände wie Öllampen, Fackeln und Kerzen fanden bereits im Frühchristentum liturgische Verwendung, zumal das Neue Testament die Grundlage für eine christliche Lichtsymbolik bereitstellt.
Neben Lichterprozessionen, etwa am Fest der Reinigung Mariä bzw. Mariä Lichtmess am 2. Februar gewinnt die Osterkerze zentrale Bedeutung. Ihr Ständer, der Osterleuchter, leitet sich von den Kandelabern römischer Tempel her. Mittelalterliche Darstellungen der Osterliturgie beim Entzünden der Osterkerze enthalten die hierbei verwendeten Ex(s)ultet-Rollen. Der Text, nach dem die auf Mittel- und Süditalien beschränkten, in etwa 30 Exemplaren (10.–13. Jahrhundert) überlieferten Rotuli benannt sind, beginnt: »Exsultet iam angelica turba« (›Schon frohlockt die himmlische Heerschar‹).
Die Kerze als Symbol geistiger Erleuchtung im Sinne der Aufforderung Jesu an die Jünger, ihr »Licht leuchten zu lassen«, bildet im 17. Jahrhundert ein vor allem in der protestantischen Bildsprache beliebtes Motiv mit Martin Luther als Kerzenträger oder den Reformatoren rings um eine Kerze, die ein Papst auszublasen versucht.
Doch es gehört zum Wesen der Symbolik, dass sie – im Unterschied zur eindeutig definierten Allegorie und Emblematik – in unterschiedlichen Zusammenhängen die verschiedenen Eigenschaften des Symbolgegenstandes zur Geltung bringt: Die Kerze erhellt, aber ihr Licht vergeht.

***Liturgie der Osternacht*, um 1075–90; Pergament, Breite ca. 28 cm; Biblioteca Apostolica Vaticana, Barb. lat. 592**
Der Bildschmuck einer in fünf Einzelteilen erhaltenen Ex(s)ultetrolle aus dem Skriptorium von Montecassino zur Zeit von Abt Desiderius schildert, wie ein Diakon einen Rotulus (liturgische Buchrolle) verwendet, um die Osterliturgie zu feiern. Höhepunkt des nächtlichen Gottesdienstes ist das Entzünden der reich geschmückten Osterkerze, was die Auferstehung Christi symbolisiert.

VERGÄNGLICHKEIT. Andreas Gryphius beginnt sein Sonett *Menschliches Elende* (1637) mit der Frage: »Was sind wir Menschen doch?« Die Anwort besteht in einer Fülle wenig tröstlicher Bilder der Vergänglichkeit: »Ein Schauplatz herber Angst, besetzt mit scharfem Leid / Ein bald verschmelzter Schnee und abgebrannte Kerzen.«
Der Barockdichter verwendet den Symbolgehalt der Kerze in enger Entsprechung zu den Vanitas-Stillleben des Barock. Ihre bevorzugten Bildgegenstände sind der Totenschädel, der Spiegel, in dem der Mensch sein vorrückendes Alter wahrnimmt, das Stundenglas (auf Dürers Kupferstich *Ritter, Tod und Teufel*, 1513, ein Attribut des Todes) und die Uhr, Musikinstrumente, deren Töne verklingen, Wertgegenstände, die eingeschmolzen werden können, und die bereits niedergebrannte Kerze.

Georges de La Tour, *Maria Magdalena mit dem Totenschädel*, um 1640; Öl auf Leinwand, 128 x 94 cm; Paris, Louvre
Die neutestamentliche Gestalt der Jüngerin Maria aus Magdala bzw. Maria Magdalena wird von Legenden umgeben, zu denen seit Beginn des 16. Jahrhunderts auch die von der reuigen Sünderin gehört. Ihr traditionelles Attribut der Salbbüchse weicht dabei einem Kruzifix und einem Totenschädel als Gegenstände der Meditation. Georges de La Tour verbindet das Vanitas-Symbol des Schädels mit der Flamme, die sich verzehrt und daher dieselbe Symbolik gewinnt: Ein Talglicht schwimmt in einem Glas Wasser und wird aufzischend verlöschen. Kennzeichnend für La Tours ›Nachtstücke‹ ist allerdings die unterschiedliche Funktion des Kerzenlichts. Beim Gemälde *Frau mit dem Floh* (Nancy, Musée des Beaux-Arts) beleuchtet eine Kerze die erfolgreiche Jagd auf den Plagegeist.

KÜNSTLER

NICOLAS POUSSIN

KUNST UND LITERATUR. Narziss betrachtet sein Spiegelbild, zum Liebespaar Krokos und Smilax gesellt sich Adonis. Die in Blumen verwandelten Gestalten umgeben die tanzende Blumengöttin Flora, neben der sich der Kriegsheld Ajax in sein Schwert stürzt, während die Quadriga des Sonnengottes Phöbus Apollo den Himmel überquert. Poussins *Reich der Flora* (1630/31; Dresden, Galerie Alte Meister) gründet sich auf Ovids *Metamorphosen* und befriedigt ein Interesse an literarischer Bildung, das dem

Nicolas Poussin, *Die Inspiration des Dichters*, um 1630; Öl auf Leinwand, 148 x 214 cm; Paris, Louvre
Die mythologische Allegorie ist der apollinischen Welt der Schönheit, Klarheit und Ordnung gewidmet, wobei Poussin verdeutlicht, dass diese Welt einem Traumbild ähnelt: Zwischen dem Poeten und dem Musengott besteht kein realer Handlungszusammenhang; vielmehr bleibt Apollo, indem er dem Dichter einen ›Fingerzeig‹ gibt, dem zum Himmel aufblickenden Menschen verborgen, und auch die Muse am linken Bildrand scheint den Dichter heimlich zu betrachten. Die beiden knabenhaften Genien mit Lorbeerkränzen sind als ein und dieselbe Person in zwei Phasen eines Vorgangs zu betrachten: Zunächst in abwartender Haltung verharrend, ist der Genius im Augenblick der Inspiration im Begriff, den Dichter mit dem Lorbeer als Attribut Apollos auszuzeichnen. Die Krönung zum »lorbeerbekränzten Dichter« Poeta laureatus wurde in Italien bereits im 14. Jahrhundert wieder belebt; so erhielt Francesco Petrarca 1341 auf dem Kapitol in Rom den Dichterlorbeer.

Maler durch den Dichter Giambattista Marino vermittelt wird; dessen Hauptwerk *Adone* (1623) schildert in 20 Gesängen die tragische Liebesgeschichte zwischen Venus und Adonis im verrätselten, allegorisch ausgeschmückten Stil des Marinismus.
Vor diesem Hintergrund bildungsbeflissener Phantastik entwickelt Poussin in mythologischen und biblischen Historien eine Bildwelt, die barocken Überschwang in die Bahnen einer neuen Ordnung lenkt. Charakteristisch ist die Entfaltung weiter Landschaftsräume, in die sich antike und religiöse Gestalten einfügen. Anstelle des Helldunkels der barocken Beleuchtungsdramatik sind Mensch und Natur in eine warme Lichtatmosphäre gehüllt. Sie wird zum Inbegriff Italiens, in dessen Licht die klassischen Werke der Antike und der Renaissance entstanden sind.

LINIE UND FARBE. Als Erbe der klassischen Kunst gewinnt der Wahlrömer Poussin nachhaltigen Einfluss auf die ›klassizistische‹ Orientierung der 1649 gegründeten Pariser Akademie. Ihr Gründungsdirektor Charles Le Brun begleitete 1642 Poussin bei der Rückkehr nach Rom und blieb drei Jahre in dessen Umgebung. Bereits im 17. Jahrhundert stehen in Paris die ›Poussinisten‹ den Verfechtern der Rubens-Tradition gegenüber, wobei sich der Streit auf den Vorrang zeichnerischer oder malerischer Gestaltung reduziert. Die Frage ›Linie oder Farbe‹ prägt im 19. Jahrhundert schlagwortartig die Gegnerschaft zwischen dem klassizistischen Idealisten Ingres und dem neubarocken Romantiker Delacroix.

ARKADIEN. Die Wirkungsgeschichte Poussins mit ihrer akademischen Scheinalternative zwischen zeichnerischer Klarheit und malerischer Sinnlichkeit birgt die Gefahr, den menschlichen und weltanschaulichen Gehalt seines Schaffens zu verdecken. Zwei Fassungen des Gemäldes *Die Hirten von Arkadien* verdeutlichen die künstlerische Entwicklung von der räumlich gestaffelten Komposition mit einer Repoussoir-Figur nach einer antiken Skulptur im Vordergrund (um 1629; Chatsworth, Devonshire Collection) zur annähernd flächenparallelen Anordnung der Figuren vor einer durch Baumgruppen gegliederten Landschaft (um 1650–55; Paris, Louvre). Gemeinsam ist beiden Fassungen die Handlung: die Entzifferung der desillusionierenden Inschrift eines Sarkophags *Et ego in Arcadia*: Auch in Vergils idyllischer Hirtenwelt herrscht der Tod. Insofern enthält *Die Hirten von Arkadien* das barocke Thema der Vergänglichkeit als integralen Bestandteil des Erhabenen, das in Poussin seinen herausragenden Interpreten gefunden hat. Poussins ›italienisches‹ Licht wird im Werk des um sechs Jahre jüngeren, ebenfalls in Rom tätigen Lothringers Claude Lorrain zum vorherrschenden künstlerischen Medium, sodass die mythologischen oder biblischen Kompositionen vielfach Doppeltitel erhalten haben (*Die Verstoßung der Hagar / Morgenlandschaft*, 1668; München, Alte Pinakothek).

BIOGRAFIE

1594 Nicolas Poussin wird am 15. Juni in Villers bei Les Andelys in der Normandie geboren. Er verbringt seine Kindheit in ländlicher Umgebung und bescheidenen Verhältnissen

1612 Beginn der künstlerischen Ausbildung in Paris. Bekanntschaft mit dem Dichter Giambattista Marino

1623/24 Reise nach Venedig

1624–40 Erster Rom-Aufenthalt: *Apollo und Daphne* (um 1627; München, Alte Pinakothek), *Die sieben Sakramente* (1637/38, erneut 1644–48 mit *Das Abendmahl*, 1647; Edinburgh, National Gallery of Scotland), *Landschaft mit dem Evangelisten Matthäus* (1640; Berlin, Gemäldegalerie)

1640 Auf Wunsch des Kardinals Richelieu Rückkehr nach Paris

1642 Endgültige Niederlassung in Rom: *Landschaft mit Diogenes* (1648; Paris, Louvre); *Selbstbildnis* (1649; Berlin, Gemäldegalerie), *Die vier Jahreszeiten* (1660–64; Paris, Louvre)

1665 Poussin stirbt in Rom am 19. November im Alter von 61 Jahren

KÜNSTLER

JOHANN BALTHASAR NEUMANN

IM DIENST DER FÜRSTBISCHÖFE. Die Baukunst des Barock im westlichen Teil Deutschlands ist vor allem mit zwei Namen verbunden: mit Neumann und der Familie Schönborn, welche die Kurfürsten von Mainz sowie die Fürstbischöfe in Bamberg, Speyer und Würzburg stellte.
Neumanns Lebenswerk ist die ab 1720 nach seiner Gesamtplanung und unter seiner Leitung erbaute *Würzburger Residenz*. Die Dreiflügelanlage mit Ehrenhof und Binnenhöfen in den Seitentrakten bezieht Pariser und Wiener Elemente des Schlossbaus ein; die Schlosskirche zeigt Ähnlichkeiten mit barockem Sakralbau in Neumanns böhmischer Heimat (Kilian Ignaz Dientzenhofer, *St. Niklas* in der Prager Altstadt, 1732–37). Doch beschränkt sich Neumanns Tätigkeit in Würzburg nicht auf die Residenz, sondern umfasst alle Aspekte des barocken Städtebaus mit Verkehrsbauten (Brücken), Werkstätten (Zinngießerei), ein Kaufhaus mit Läden um einen Lichthof, Wohnhäuser und der Planung ganzer Straßenzüge.
Bautechnische Ingenieurleistung und baukünstlerische Gestaltung verbinden Neumanns Treppenhäuser in der Würzburger Residenz sowie in den Schlössern in Bruchsal und Brühl (*Augustusburg*). Seinen Wirkungskreis bezeugen Arbeiten in Bamberg, Worms, Mainz, Bonn (*Schloss Poppelsdorf*) und Trier (*Saalkirche St. Paulin*, 1734–37).

RAUMVERSCHMELZUNG. Neumanns vielseitiges Werk gipfelt in zwei Sakralbauten am Übergang vom süddeutschen Hoch- zum Spätbarock. Die Klosterkirche *Neresheim* (beg. 1746, Schlussweihe 1792, Säkularisierung 1802) vermittelt im Inneren durch schlanke Säulen als Stützen von drei Kuppeln den Eindruck räumlicher Schwerelosigkeit. In der Wallfahrtskirche *Vierzehnheiligen* (1743–72) vereinigte Neumann die beiden Typen der Kirchenarchitektur, den Zentralbau und den Richtungsbau, durch die Verschmelzung von Baugliedern über ovalem und rundem Grundriss zu einem Lichtraum. Die umgrenzenden Emporen erzeugen den Eindruck eines mittelbaren Lichteinfalls. Richtung und Zentrierung betonen der Hochaltar im Chor und der runde Gnadenaltar der Vierzehn Nothelfer im Mittelschiff.
Die raumkünstlerische Gestaltung durch schwingende Raumhüllen als Lichtquellen, die Neumanns Spätwerke auszeichnet, findet sich auch bei den Kirchenbauten des fünf Jahre jüngeren Münchner Stadtbaumeisters und kurkölnischen Hofarchitekten Johann Michael Fischer. Seine Grabtafel in der Münchner Frauenkirche schreibt ihm 22 Klöster und 32 Kirchen zu, darunter Hauptwerke des süddeutschen Barock mit Rokoko-Ausstattung wie die Klosterkirchen in *Zwiefalten* (unter Fischers Leitung 1741–65), *Ottobeuren* und *Rott am Inn*.

BIOGRAFIE

1687 Johann Balthasar Neumann wird am 30. Januar in Eger geboren

1711 In Würzburg Lehre als Geschütz- und Glockengießer, Studium der Geometrie und des Festungsbaus, städtebauliche Entwürfe

1717/18 Reise nach Paris und Wien, danach Ingenieurhauptmann

1720 Baubeginn der *Würzburger Residenz* (Rohbau bis 1744, Vollendung des Treppenhauses 1753)

1729 Beteiligung am *Schloss Bruchsal* (bis 1750)

1732 Lehramt für Zivil- und Militärarchitektur an der Würzburger Universität

1743 Wallfahrtskirche *Vierzehnheiligen* (bis 1772)

1745 Klosterkirche *Neresheim* (bis 1764)

1749 Oberbaudirektor in Würzburg

1753 Neumann stirbt in Würzburg am 19. August im Alter von 66 Jahren

Johann Balthasar Neumann, Treppenhaus der Würzburger Residenz, 1735–53
Die barocke Dreiflügelanlage der Residenz enthält im Mittelbau (Corps de logis) ein Treppenhaus in ganzer Höhe des Gebäudes. Die Treppe beginnt in einem Lauf, teilt sich doppelläufig und erreicht im Obergeschoss einen Umgang mit Zugang zum Kaisersaal. Eine bautechnische Meisterleistung ist das Spiegelgewölbe mit einer Ausdehnung von 30 x 18 m. Es trägt ein 1753 (Todesjahr Neumanns) signiertes Deckenfresko *Die vier Erdteile* des Venezianers Giovanni Battista Tiepolo, dem sein Sohn Domenico hier wie im Kaisersaal assistierte. Die Porträts der beiden Maler sowie des Baumeisters Neumann in militärischer Uniform finden sich in der Figurengruppe des Erdteils Europa. Darüber schwebt das Bildnismedaillon des Fürstbischofs Johann Philipp von Greiffenklau, der mit dem Hof von der Burg Marienberg in die Stadt zog. Sein Nachfolger Johann Philipp Franz von Schönborn legte 1720 den Grundstein zum Schloss, dessen Gesamtplanung von Neumann stammt. Beteiligt waren Johann Lucas von Hildebrandt aus Wien, Max von Welsch aus Mainz sowie die Pariser Germain Boffrand und Robert de Cotte.

KUNSTBETRIEB

AKADEMIE UND STIPENDIUM

GRÜNDUNGSDATEN

1563 »Accademia del Disegno« in Florenz (Herzog Cosimo I. de' Medici auf Anraten von Giorgio Vasari)

1577 »Accademia di San Luca« in Rom (Papst Gregor XIII., Statuten 1596 unter Papst Klemens VIII.)

1583 »Accademia degli Incamminati« (›Akademie der auf den rechten Weg Gebrachten‹) in Bologna (Agostino Carracci)

1649 »Académie Royale de la Peinture et de la Sculpture« in Paris (Jean-Baptiste Colbert, Gründungsdirektor Charles Le Brun)

1652 Akademie in Turin

1662 Malerakademie in Nürnberg (privat, ab 1674 unter Joachim von Sandrart öffentlich); Akademie in Den Haag

1663 Akademie in Antwerpen

1692 Akademie in Wien

1696 Akademie in Berlin (Kurfürst Friedrich III., Mitdirektor Andreas Schlüter)

18. Jahrhundert Academia de San Fernando in Madrid, Kunstakademien in Stuttgart (1761), St. Petersburg (1763), Dresden (1764) und London (1768, Gründungsdirektor Sir Joshua Reynolds)

STAATLICHE LEHRANSTALT. Die Reihenfolge der Gründungen von Kunstakademien als Ausbildungsstätten entspricht in groben Zügen der Wanderung des künstlerischen Führungsanspruchs von Florenz über Rom und Oberitalien nach Frankreich und schließlich nach Deutschland. Denn die zumeist staatlich initiierten Lehranstalten bildeten sich zunächst als Reaktionen auf einen Niedergang. Die Statuten (1596) der 1577 gegründeten, dem hl. Lukas geweihten »Accademia di San Luca« nennen als Anlass, Methode und Ziel der Einrichtung: »Da man wahrgenommen hat, dass sich die Künste der Malerei, Bildhauerei und des Zeichnens von Tag zu Tag verschlechtert haben, dass sie wegen des Mangels an guter Schulung und durch die Gewinnsucht der Ausübenden in immer größerer Rohheit versinken wird, dass sich unerzogene Anfänger als Meister aufgespielt haben, so ist zur Heilung dieser Übelstände die Gründung einer Akademie vorgeschlagen worden, welcher in ihrer Kunst wohlerfahrene und geübte Männer vorstehen sollen, die die Zöglinge ihrem Talent entsprechend ausbilden und ihnen die hervorragendsten Meisterwerke Roms vor Augen führen, damit sie dieselben nachahmen.« Die kulturpessimistische Argumentation hat sich bis heute gehalten: Gewinnsucht und Anmaßung »unerzogener Anfänger« bedrohen die Kunst. Ob der Verfasser an den seit 1595 in Rom tätigen Kunstrevolutionär Caravaggio gedacht hat?

In der Betonung des in der Kunst »wohlerfahrenen und geübten« Lehrkörpers klingt die ursprüngliche Zielsetzung der Akademie mit: als Vereinigung von Geistesgrößen nach dem Vorbild der Schule des Platon in Athen, benannt nach einem Heiligtum des Heros Akademos.

Die Akademie als Zusammenschluss einer Elite charakterisiert vor allem die »Académie Royale« in Paris, der die Maler des Königs angehörten. Zugleich wurde die Akademie im Kampf gegen die Autonomie der Zünfte eingesetzt: Wie der Feudaladel seiner innenpolitischen Machtbefugnisse beraubt wurde, um als Hofadel an den Souverän gebunden zu werden, so sollte das handwerklich organisierte künstlerische Leben der staatlichen Direktive unterworfen werden. Zu diesem Zweck erhielten die Mitglieder der Akademie das alleinige Recht, Schüler auszubilden, verbunden mit dem Privileg, Aktmodelle im Unterricht einzusetzen. Da eine Aktstudie (frz. *académie*) nach dem lebenden Modell seit der Renaissance als Krone der künstlerischen Ausbildung galt, vermittelte der akademische Unterricht über den alleinigen Zugang zu jener Vollkommenheit, welche die Akademie normierte. ›Akademisch‹ wurde zum Prädikat, das erst im 19. Jahrhundert einen abschätzigen Beiklang annahm, um schließlich das Erstarrte und Überholte zu charakterisieren.

DER ROMPREIS. Zu den Maßnahmen, mit denen die Pariser Akademie den künstlerischen Nachwuchs förderte, gehörte der Rompreis: ein staatliches dreijähriges Stipendium an der Académie de France à Rome. Zu den Verpflichtungen der Stipendiaten gehörten Kopien klassischer Werke für die königlichen Sammlungen.

Die reglementierte Verbindung von Akademie, Rompreis und Karriere verdeutlicht der erste Teil der Laufbahn von Jacques-Louis David (geb. 1748). Nach einem Zeichenunterricht durch die Pariser Lukasgilde (Académie de Saint-Luc, 1776 aufgelöst) kommt David in das Atelier von Joseph Marie Vien (Rompreis 1743, Mitglied der Akademie 1754), der ihn 1766 als seinen *protégé* (Schützling) zum Unterricht an der Akademie empfiehlt. Im Wettbewerb um das Romstipendium erhält David 1771 den zweiten, 1774 den ersten Preis. Die Arbeiten aus Rom (*Hl. Rochus*, 1779; Marseille, Musée des Beaux-Arts) werden zwar hoch gelobt; für die vorläufige Mitgliedschaft als *agrégé* mit Zugang zur »Salon«-Ausstellung verlangt die Akademie jedoch ein neues Aufnahmestück. Nachdem David diese Bedingung mit *Belisar* (1781; Lille, Musée des Beaux-Arts) erfüllt hat, erlangt er 1783 mit *Andromache beklagt Hektor* (Paris, Louvre) die Vollmitgliedschaft und kehrt 1784 mit einem Staatsauftrag (*Der Schwur der Horatier*; Paris, Louvre) nach Rom zurück. Neun Jahre später veranlasst der ›Jakobiner‹ David im Nationalkonvent die Schließung der Königlichen Akademien, an deren Stelle 1795 das Institut de France tritt.

Pierfrancesco Alberti, *Academia d. pitori* (Inschrift), um 1610; Radierung, 41,11 x 52,4 cm; London, British Museum
Die Grafik unterrichtet über die Fächer und Methoden der akademischen künstlerischen Grundausbildung: Gipsabgüsse dienen als Modelle für Übungen im Zeichnen. Das Studium des menschlichen Skeletts leitet über zum anatomischen Studium, das am Seziertisch betrieben wird. Die mittlere Gruppe – ein Bildzitat aus Raffaels *Schule von Athen* in der Stanza della Segnatura des Papstpalastes – beschäftigt sich mittels des Stechzirkels mit Proportionsstudien. All dies sind Voraussetzungen des den Akademien vorbehaltenen Aktstudiums, denn »auf ein schöneres und sichereres Vorbild als auf den vollkommenen Akt von Männern und Frauen kann man sich nicht verlassen« (Carel van Mander, *Lehrgedicht*, um 1600).

KUNSTZENTRUM

DRESDEN

FRAUENKIRCHE UND HOFKIRCHE. Wahrzeichen Dresdens war bis zur Zerstörung 1945 die von einer glockenförmigen Kuppel mit schlanker Laterne bekrönte lutherisch-protestantische *Frauenkirche* des Dresdner Ratsmaurermeisters Georg Bähr, der sich bereits im Wohnhaus und Kirchenbau betätigt und nach 1722 das Landschloss Seußlitz erbaut hatte. Nach der 1722 begonnenen Planung entsteht 1726–43 die Frauenkirche: Ein nahezu quadratischer Außenbau ummantelt einen runden Zentralraum mit acht durch Emporen verbundenen Pfeilern als Stützen der mehrschaligen Kuppel. Vier Türme über Treppenhäusern begleiten den konkav beginnenden, dann in die konvexe Rundung übergehenden Aufschwung der Kuppel. Als Menetekel zeigt *Lot und seine Töchter* (Otto Dix, 1939; Aachen, Ludwig Forum für Internationale Kunst) die brennende Frauenkirche (1945). Der Abschluss des Mitte der 90er-Jahre begonnenen Wiederaufbaus ist für das 1000-jährige Stadtjubiläum geplant.

Matthäus Daniel Pöppelmann und Balthasar Permoser, *Wallpavillon des Zwingers*, 1716–18
Die halbrund schließende westliche Schmalseite des Festplatzes wird vom Wallpavillon über ovalem Grundriss dominiert. Im Inneren führt eine doppelläufige Treppe zum Festsaal im Obergeschoss. Die Bauglieder und der bauplastische Schmuck verschmelzen zu einer Architektur-Skulptur, über der Herkules – gemeint ist: August der Starke – anstelle des Giganten Atlas die Weltkugel trägt. Das Bildprogramm der Bauplastik gliedert sich in die olympischen Götter und Göttinnen zu beiden Seiten der monumentalen Wappenkartusche sowie in Hermen, die in der Funktion von Atlanten die Balustrade stützen.

Dass die protestantische städtische Frauenkirche noch vor ihrer Vollendung ein katholisches Pendant in Gestalt der *Hofkirche* (1738–55) des Italieners Gaetano Chiaveri bekommt, erklärt sich aus dem Konfessionswechsel der seit 1485 in Dresden herrschenden Albertinischen Linie des Hauses Wettin, auf die 1547 die Kurwürde der Ernestinischen Linie übergegangen war: Um die polnische Königskrone annehmen zu können, konvertierte Kurfürst August der Starke 1697 zum Katholizismus. Den konfessionellen Gegensatz zwischen Stadtbevölkerung und kursächsischem Herrscherhaus berücksichtigt Chiaveris Hofkirche insofern, als die beiden Seitenschiffe als Prozessionswege eingerichtet sind, die es erlauben, den im Grunde auf Publikumswirkung bedachten katholischen Ritus unter Ausschluss der Öffentlichkeit zu pflegen. Ihre städtebauliche Wirkung erzielt die Hofkirche durch ihren elegant emporstrebenden Turm als herausragenden Blickpunkt des Stadtpanoramas entlang der Elbe.

EINE HOCHZEITSFEIER. Inbegriff des ›Dresdner Barock‹ ist der Zwinger, dessen Name den Bereich zwischen äußerem und innerem Mauerring bezeichnet, in dem der Feind, hatte er den äußeren Ring überwunden, in die »zwinge« geriet. Nach Erweiterung der Dresdner Stadtbefestigung blieb das entsprechende Gelände nordwestlich des Schlosses unbebaut und diente als Turnierplatz, bis August der Starke 1709 eine »Orangerie im Zwingergarten« errichten ließ, die mit Orangenbäumen aus dem Gewächshaus eines Leipziger Kaufmanns ausgestattet wurde.
Der 1712 von Matthäus Daniel Pöppelmann in Angriff genommene Ausbau der Orangerie durch weitere Galerien und Pavillons und das Kronentor als Zugang erhielt 1718 höchste Dringlichkeit, als die Hochzeit des Kurprinzen Friedrich August mit einer Tochter des Kaisers Karl VI. feststand, für deren standesgemäße Feier in Dresden kein Festplatz zur Verfügung stand. In aller Eile wurde der bereits fertiggestellte Ausbau der Orangerie durch eine provisorische Wiederholung des Gebäudes auf der gegenüberliegenden Seite zum architektonischen Rahmen eines im Mittelfeld 106 m im Quadrat weiten Festplatzes ergänzt. Dessen bauplastische Ausstattung findet sich nicht auf den Außenmauern, sondern auf den zum Platz gekehrten Innenseiten. Nun konnte die Orangerie als einer der Schauplätze eines vierwöchigen Festes (2.–29. September 1719) dienen, das der in Wien vorgenommenen Trauung folgte. Danach blieben Pöppelmann und der Werkstatt des Bildhauers Balthasar Permoser neun Jahre Zeit, um die hölzernen Provisorien zu ersetzen.
Seine Vollendung fand der *Zwinger* jedoch erst durch Gottfried Sempers *Gemäldegalerie* (1847–55) im Stil der Neurenaissance mit einer nach außen in Richtung der Elbe gewandten Schauseite. Auf dem Platz zwischen Galerie und Elbe hatte Semper bereits 1838–47 das *Alte Hoftheater* errichtet. Nach dessen Brand 1869 entstand an derselben Stelle Sempers *Neues Hoftheater*, die *Semperoper* (1871–78, Neueröffnung 1984).

BAUHERREN

Das barocke Dresden entstand in der Regierungszeit von drei sächsischen Kurfürsten nach der Devise: »Die Fürsten schaffen sich Unsterblichkeit durch ihre Bauten« (August der Starke). Seit 1485 diente Dresden als Residenz der Albertiner Grafen; Moritz von Sachsen erhielt 1547 von Karl V. die Kurwürde.

Johann Georg III., reg. 1680–91; *Palais im Großen Garten* (1678–83, erster bedeutender Barockbau in Dresden).

Friedrich August I., der Starke, Kurfürst 1694–1733, nach Konversion zum Katholizismus als August II. polnischer König 1697–1706 und 1709–1733; *Zwinger* (Matthäus Daniel Pöppelmann, 1712–28). Durch den Ausbau des rechtselbischen Dorfs Altendresden zur Neustadt wird Dresden zur Doppelstadt mit dem Schlossbezirk als Zentrum. Zu den Schlössern in der Umgebung gehören *Pillnitz* (Wasserpalais am Elbufer und Bergpalais) sowie das 1723–26 ausgebaute Jagdschloss *Moritzburg*.

Friedrich August II., reg. 1733–63, als August III. polnischer König 1733–63; die Regierungsgeschäfte in Sachsen leitet überwiegend Heinrich Graf von Brühl, Premierminister 1746–63; *Kath. Hofkirche* (Gaetano Chiaveri, 1738–55).

Zu den Veduten des barocken ›Elbflorenz‹ von Bernardo Belotto, gen. Canaletto, gehört der Altmarkt mit den Trümmer der *Kreuzkirche* nach der preußischen Beschießung 1760 im Siebenjährigen Krieg (Dresden, Galerie Alte Meister). An die Stelle der spätgotischen Saalkirche tritt ein barocker Neubau.

STIL

ROKOKO

RÜCKZUG INS PRIVATE. Das letzte Jahrzehnt der Herrschaft Ludwigs XIV. bis zu seinem Tod 1715 lässt die Grenzen absolutistischer Machtvollkommenheit erkennen. Das außenpolitische Signal ist die Konfrontation mit einer zeitweise übermächtigen Koalition im Spanischen Erbfolgekrieg um den Anspruch der Bourbonen auf die spanische Krone (1701–13/14). Der Krieg trägt zur Zerrüttung der französischen Staatsfinanzen bei.

Dem drohenden politischen Niedergang entspricht eine Abwendung vom Pathos der Staatskunst im Stil des Louis-quatorze. Während der Regentschaft Philipps II.,

Johann Konrad Seekatz, *Die Familie Goethe im Schäferkostüm*, 1762; Frankfurt/Main, Freies Deutsches Hochstift – Goethemuseum
Das Familienbildnis des Darmstädter Hofmalers Seekatz zeigt das Elternpaar Johann Caspar und Katharina Elisabeth Goethe mit ihren Kindern, dem 13-jährigen Johann Wolfgang und der eineinhalb Jahre jüngeren Cornelia. Im Hintergrund verkörpern Genien die vier früh verstorbenen älteren Geschwister. Zur bukolischen Inszenierung im Stil des bürgerlichen Rokoko gehören die antiken Ruinen und das Schaf, dem Johann Wolfgang eine Schleife umbindet. Aus Goethes Zeit in Leipzig (1765–68) stammen seine ersten Gedichte im Stil des literarischen Rokoko, der Anakreontik. Das Titelgedicht zum »Buch Annette« beginnt: »Es nannten ihre Bücher / Die Alten sonst nach Göttern, / Nach Musen und nach Freunden, / Doch keiner nach der Liebsten«.

Herzog von Orléans, und der Selbstregierung Ludwigs XV. (1723–74) bildet sich ein verfeinerter Geschmack aus, der als Régence und Louis-quinze insbesondere die höfische, aristokratische und großbürgerliche Wohnkultur prägt. Im engeren Sinne beziehen sich diese Stilbezeichnungen auf das Kunsthandwerk im Möbelbau.

Im Hinblick auf die europaweite Verbreitung einer Vorliebe für das Spielerische, Graziöse, Empfindsame bürgert sich im Nachhinein die Bezeichnung Rokoko ein. Ihre Herleitung von einem Ornament, der asymmetrischen, beschwingten Rocaille, entspricht der grundlegenden Bedeutung der Ornamentik (mit der neuen druckgrafischen Gattung des Ornamentstichs) im Rokoko. Sie spiegelt über ihre dekorativ-schmückende Funktion hinaus eine neue Lebenseinstellung wider: Regeln, deren Notwendigkeit in der Kunst wie im gesellschaftlichen Leben unbestritten ist, sollen wie die zierliche, florale und geometrische Motive vereinende Bewegung der Ornamente als zwanglos erscheinen. Den Spielraum hierfür bietet nicht das streng reglementierte öffentliche oder gar politische Leben, sondern die Privatsphäre exklusiver Geselligkeit, deren idyllische Verklärung die *fêtes galantes* bilden. Mit Hilfe dieser neu geprägten Gattungsbezeichnung wird Antoine Watteau 1717 in die Pariser Akademie aufgenommen: Weder die heroische Historienmalerei noch die milieuspezifische Genremalerei besaß Maßstäbe, um Watteaus zweifellos akademiewürdige Darstellungen eines heiter-graziösen Miteinanders zu kategorisieren.

Mehr als drei Jahrzehnte nach seinem Tod (1721) findet Watteau im preußischen König Friedrich II. einen Liebhaber seiner Kunst. Watteau'sche Gemälde gehören zur Ausstattung der geselligen Privatsphäre, die Friedrich II. im *Schloss Sanssouci* (1745–47 nach einem Entwurf des Königs durch Georg Wenzeslaus von Knobelsdorff erbaut) und im Schlosspark im Stil des Fridericianischen Rokoko einrichtet. Dessen wichtigster Maler ist Antoine Pesne aus Paris, 1710 bis zum Tod 1753 Hofmaler in Berlin.

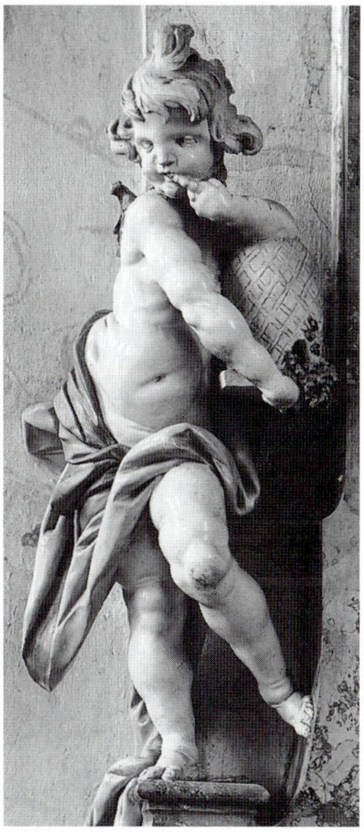

Josef Anton Feuchtmayer, *Putto*, 1749; farbiger Stuck; Wallfahrtskirche Birnau am Bodensee
Die Skulptur gehört zur Ausstattung eines Seitenaltars, der Bernhard von Clairvaux geweiht ist. Das Motiv des »Honigschleckers« spielt auf den 1174 heiliggesprochenen Zisterzienser an, der im 15. Jahrhundert im Hinblick auf seine Beredsamkeit als Prediger den Beinamen *doctor mellifluos* (honigfließender Lehrer) erhielt. Spielerisch wie der Hinweis auf diese Tradition ist die Gestaltung des auf einem Bein balancierenden Kind-Engels als *figura serpentinata*.

MALEREI DES ROKOKO. In der Malerei Watteaus und zahlreicher Nachfolger wie François Boucher und Jean Honoré Fragonard (*Die Schaukel*, mehrere Fassungen) erweckt eine aufgehellte, im Auftrag lockere, klare Konturen vermeidende Farbgebung den Eindruck des Unbeschwerten. Diese Technik kennzeichnet neben der Tafelmalerei die Fresken eines Giovanni Battista Tiepolo oder die Deckengemälde in spätbarocken, in ihrer Ausstattung dem Rokoko verpflichteten Sakralbauten in Süddeutschland. Ebenso charakteristisch ist die Vorliebe für die lichte Farbwirkung der Pastellkreiden in der Porträtkunst wie der Venezianerin Rosalba Carriera oder des Franzosen Maurice Quentin de La Tour. Eine ›trockene‹ Spätform des Rokoko bildet der Zopfstil, benannt nach seiner Ornamentik. Ihn vertreten Daniel Chodowiecki aus Danzig und der Leipziger Akademiedirektor (ab 1764) Adam Friedrich Oeser, bei dem der Student Goethe mit einigen jungen Adligen privaten Zeichenunterricht nimmt.

STIL

CHINESISCHE KUNST

DIE ENTDECKUNG CHINAS. Der erste ausführliche Augenzeugenbericht über ein weit im Osten liegendes Kaiserreich verbreitet sich in Europa durch Abschriften einer Reiseschilderung. Ein Venezianer hat sie 1298/99 einem Bretonen während ihrer gemeinsamen Kriegsgefangenschaft in Genua diktiert; sie ist unter dem Titel *Il Milione* bekannt. Der Erzähler ist Marco Polo, der 1271–95 als Begleiter seines Vaters und eines Onkels, zweier Handelsreisender, bis nach China gelangte. Er gewann die Freundschaft des mongolischen Großkhans und chinesischen Kaisers Khubilai und verwaltete in dessen Dienst drei Jahre lang als Statthalter die Provinz Kiang-nam.

Zwar weckte Marco Polos Schilderung der märchenhaften Pracht an Khubilais Hof Zweifel an der Glaubwürdigkeit, doch hielten die Luxuswaren des Orienthandels und Geschenke orientalischer Fürsten die Vorstellung vom sagenhaften Reichtum im »Reich der Mitte« wach; auch Kolumbus besaß eine Abschrift des *Milione*, der Ende des 15. Jahrhunderts in mehreren Druckausgaben veröffentlicht wurde.

Die systematische Erschließung Chinas für den europäischen Handel ist seit Ende des 16. Jahrhunderts das Ziel von Handelsgesellschaften wie der mit Monopolprivilegien ausgestatteten englischen, holländischen und französischen Ostindienkompanien. Für 1602 ist eine erste Versteigerung einer Schiffsladung chinesischer Luxusgüter, insbesondere Porzellangefäße und Möbel mit Lackmalerei, in Middelburg bezeugt. Im selben Jahr entsteht die holländische Ostindienkompanie mit Sitz in Delft.

Eine Nürnberger Quelle aus dem Jahr 1562 gibt eine zeittypische Begründung für die Wertschätzung des chinesischen Porzellans: Trinkgefäße aus diesem Material neutralisieren die Wirkung von Gift, weshalb »heut zu tag die großen Potentaten« auf das »Porzelach« angewiesen sind (*Bergpostill* von Johann Muthesius).

DIE CHINOISERIE. Der Begriff bezeichnet im engeren Sinne die Verwendung chinesischer Motive im Kunsthandwerk des 18. Jahrhunderts. Doch die ›Chinamode‹ tritt als erste Welle des neuzeitlichen Exotismus in Europa in vielfältiger Weise in Erscheinung. In der Malerei bezeugen Werke wie Willem Kalfs *Stillleben mit chinesischer Porzellandose* (1662; Berlin, Gemäldegalerie) den hohen Rang chinesischer Produkte in der an Prunkgeräten reichen Epoche des Barock. Porzellankabinette wie im Berliner Schloss Charlottenburg vervielfältigen die Wirkung der hier zusammengetragenen Kostbarkeiten durch Spiegel. In Parkanlagen gesellen sich zu antikisierenden Rundtempeln Pavillons nach dem Vorbild chinesischer Pagoden mit gestaffelten und geschwungenen Dächern. Die Kunsttischler des 18. Jahrhunderts greifen Techniken wie die Lackmalerei auf, und in Brüssel entwickelt Jodocus de Vos

GESCHICHTLICHE DATEN

1280 Der mongolische Großkhan Khubilai, ein Enkel Dschingis Khans, wird Kaiser von China (gest. 1294). Seine Hauptstadt ist Peking; die *Verbotene Stadt* mit dem Kaiserpalast liegt im Zentrum der Kaiserstadt, die von der Inneren Stadt umgeben wird

1368 Die Kaiser der Ming-Dynastie beenden die Mongolenherrschaft. Die *Große Mauer* wird als »Drache, der sich durch die Berge schlängelt«, wiederhergestellt. Blütezeit bemalter Porzellangefäße. 1517 landen portugiesische Seefahrer in Kanton

1644 Der Mandschuherrscher Fulin erobert Peking. Nach politischen Wirren gewinnen die Mandschu durch die Qing-Dynastie die Macht im Kaiserreich, das im 19. Jahrhundert seine größte Ausdehnung erreicht. Die Qing-Kaiser herrschen bis zur Revolution von 1911 und zur Errichtung der Republik 1912

KENNT IHR CHINA?

Heinrich Heine beantwortet die Frage mit Stereotypen, in denen die Chinamode im 19. Jahrhundert nachwirkt. China ist »das Vaterland der geflügelten Drachen und der porzellanenen Teekannen«, ein »Raritätenkabinett«. »Es gibt dort weder Schatten noch Perspektive. Auf den buntscheckigen Häusern heben sich, übereinandergestapelt, eine Menge Dächer, die wie aufgespannte Regenschirme aussehen (…).«
(*Die romantische Schule*, 1835, Beginn von Buch III)

um 1720/30 eine umfangreiche Produktion von Bildteppichen mit chinesischen Architekturen und figürlichen Szenen, die eine zum Grotesken neigende Märchenwelt hervorzaubern.
Eine anglochinesische Gartenarchitektur wird von William Chambers begründet. Er veröffentlichte 1753 nach einer Reise durch Ostasien das Musterbuch *Designs of Chinese Buildings* und stattete die Königlichen Gärten in *Kew Gardens* mit einer Pagode aus. Eine Nachahmung besitzt Schloss *Het Loo* des Statthalters Wilhelm von Oranien (ab 1689 als Wilhelm III. König von England). Eine Attraktion des Englischen Gartens in München (ab 1795 öffentlich) ist der Chinesische *Turm* (1789/90) mit Chinesischem *Wirtshaus* als volkstümliche Variante der höfischen Chinesischen *Teehäuser* wie im Park von Sanssouci.

***Deckelvase mit chinesischen Szenen*, um 1690/94; Fayence, Höhe ohne Deckel 38 cm; Berlin, SMPK, Kunstgewerbemuseum**
Die Vase stammt aus der Manufaktur *Het Jonge Moriaenshooft* (›Der junge Mohrenkopf‹) in Delft. Hier hat sich im Verlauf des 17. Jahrhunderts ein keramisches Handwerk entwickelt, das Engpässe aufgrund des stockenden Imports von originalem chinesischem Porzellan durch dessen Nachahmung in der Technik der Fayence (so genannt nach Faenza in Italien) beheben hilft: Gebrannte Tonwaren erhalten ein Glasurbad und eine Bemalung, die im zweiten Brand einen glänzenden Überzug mit Porzellanwirkung ergeben. Die zunächst in Delft bestehende Beschränkung der Farbgebung auf Blau ist hier bei der Darstellung chinesischer Szenen mit der Versammlung um einen Tisch und dem Disput zwischen einem Krieger und einem Philosophen durch Rot sowie die Höhung mit Gold zur Polychromie erweitert.

MANUFAKTUREN
und ihre Porzellanmarken

Meißen, gegr. 1710

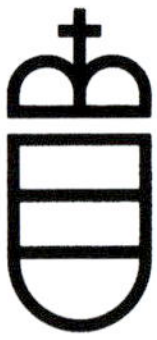

Wien, gegr. 1717

Sèvres, gegr. 1738

Nymphenburg, gegr. 1747

Berlin, gegr. 1751

Frankenthal, gegr. 1755

MATERIAL UND TECHNIK

PORZELLAN

DAS GEHEIMNIS VON MEISSEN. Seinen Namen verdankt das ›Weiße Gold‹ der Familie der im Meer lebenden Porzellanschnecken, deren eiförmige glänzende Schalen an das fernöstliche Material erinnerten. Die Technik, aus Kaolin, Feldspat und Quarz eine gussfähige und formbare, durch Brand zu härtende Schmelzmasse zu gewinnen, entstand wohl im 13. Jahrhundert in China. In Europa waren zwar seit dem 16. Jahrhundert die Produkte der chinesischen Kunsthandwerker bekannt, doch erreichte deren keramische Nachahmung in Form von Fayencen (benannt nach Faenza) bzw. Majoliken (benannt nach Mallorca) bei weitem nicht den Zauber des bei hauchdünner Wandung transparenten chinesischen Originals.
Versuche, das Geheimnis der Porzellanherstellung zu entschlüsseln, an denen sich in Florenz um 1580 Großherzog Francesco I. beteiligte (sog. Medici-Porzellan), führten den Alchimisten Johann Friedrich Böttger 1707 in Dresden zu einem ersten Erfolg, dem allerdings erst zehn Jahre später das begehrte blütenweiße Porzellan folgte, und erst nach Böttgers Tod 1719 in Dresden wurden die Voraussetzungen für eine umfangreiche Produktion geschaffen.
Doch bereits 1710 gründete der sächsische Kurfürst und polnische König August der Starke in der Albrechtsburg in Meißen die erste europäische Porzellanmanufaktur, um Böttgers Erfindung nicht zuletzt im Interesse der Staatsfinanzen zu nutzen. Alle in Meißen Beschäftigten wurden streng bewacht, um das kursächsische Staatsgeheimnis zu wahren. Doch das Monopol war von kurzer Dauer, nachdem einigen Arbeitern die Flucht gelang. Bereits 1717 wurde in Wien eine Porzellanmanufaktur eingerichtet, gefolgt von Venedig (1720). Die rasch einsetzende Konkurrenz unter den zumeist von Fürsten betriebenen Manufakturen machte die Einführung von Porzellanmarken als Herkunftsnachweis notwendig (ab 1722 in Meißen), die fälschungssicher vor dem Glasurbrand aufgemalt wurden.

GESCHIRR UND KLEINKUNST. Künstlerische Mitarbeiter der Porzellanmanufaktur sind die Formmeister bzw. Modelleure, die zugleich für die Motive der Dekoration und die farbliche Gestaltung zuständig sind. Untergeordnete Arbeit leisten die Porzellanmaler mit spezialisierter Ausbildung beispielsweise als Blumenmaler. Die wichtigsten Anwendungsbereiche sind das Tafelgeschirr als stilistisch jeweils charaktervolles Service und die figürliche Kleinkunst in Gestalt von Einzelfiguren, Gruppen oder Ensembles, die der Tafeldekoration dienen oder zur Ausstattung der Porzellankabinette gehören. Hier wie dort treten die Eigenschaften des Materials und die am Elegant-Spielerischen orientierte Ästhetik des Rokoko in fruchtbare Wechselbeziehung.
Den Ruf der Manufaktur in Meißen, die bis 1863 besteht, sichert der 1731 als Modelleur berufene Bildhauer Johann

Franz Anton Bustelli, *Lalagé*, um 1760; Porzellan, Höhe 22 cm; Berlin, Kunstgewerbemuseum
Tänzelnd schreitet die junge Lalagé voran. Die rechte Hand (ursprünglich mit einem Löffel) mit graziösem Schwung erhoben, drückt sie mit der linken eine Breischüssel gegen ihre Hüfte. Das Oberteil ihres Gewandes und der Rocksaum zeigen das bunte Rautenmuster des Harlekin-Kostüms. Die Statuette stammt aus der Nymphenburger Manufaktur und gehört zu einer Serie von 16 Figuren der Commedia dell'arte. Lalagé ist die Partnerin des musikalischen Mezzetin, den Watteau auf mehreren Gemälden beim Spiel einer Serenade wiedergegeben hat. Zum Figurenensemble gehören außerdem der alte Kaufmann Pantalone, seine Tochter Isabella, ihr heimlicher Verlobter Octavio und der eifersüchtige Capitano. Derlei figürliche Arrangements dienten als Tafeldekoration und wurden mit Vorliebe zum Dessert präsentiert.

Joachim Kändler, der zunächst mit großplastischen Porzellanfiguren (Tiere) und Porträtbüsten experimentiert, um sich ab 1742 der Kleinplastik zu widmen. Zu seinen prächtigsten Servicen gehört das ursprünglich über 2200 Teile umfassende *Schwanenservice* (1737–41) für Heinrich Graf von Brühl in Dresden.

KUNSTBETRIEB

KUNSTHANDEL

DIE WARENMESSE. Das mit hohem Material- und Zeitaufwand verbundene künstlerische Schaffen ist im Mittelalter und in der frühen Neuzeit an Aufträge gebunden. Diese Voraussetzung sichern institutionalisierte Einrichtungen wie die Stelle des Hof- oder Stadtmalers. Auch große Bauvorhaben und die sich anschließende Ausstattung sind nur auf der Grundlage einer vertraglichen Verpflichtung zwischen Auftraggeber und ausführenden Künstlern denkbar.

Daneben entwickelt sich bereits im 14. Jahrhundert, zunächst im Rahmen des allgemeinen Warenhandels, ein freier Markt für Kunstgegenstände. Ein beliebter Anlass sind die Märkte an kirchlichen Festtagen, benannt nach der vorangehenden kirchlichen Messfeier. Die Teilnahme als Anbieter setzt in den Städten die Mitgliedschaft in der Zunft voraus, was dazu führt, dass Künstler direkt oder durch Mittelsmänner die Zunftzugehörigkeit in mehreren Städten erwerben und sich in ihrer Produktion auf unterschiedliche lokale Vorlieben einstellen. Die Tätigkeit des Künstlers als Händler mit eigener oder fremder Ware ist eine weit verbreitete Spielart des seit dem 17. Jahrhundert aufblühenden Kunsthandels, den vor allem die Entstehung privater Sammlungen fördert. Ein gut dokumentier-

Antoine Watteau, *Das Ladenschild des Gersaint*, 1720; Öl auf Leinwand, 163 x 208 cm; Berlin, Schloss Charlottenburg
1720 kehrte Watteau aus London nach Paris zurück und wohnte bei dem befreundeten Kunsthändler Gersaint. Als Zeichen des Dankes und der Verbundenheit malte er, nach Gersaints Bericht innerhalb einer Woche, das »Ladenschild« als Innenansicht des Verkaufsraums. Aus zwei Teilen zusammengesetzt, schildert das Gemälde im linken Teil das Auspacken neuer Ware, rechts zwei Verkaufsgespräche: Während der Inhaber einem in Rückenansicht wiedergegebenen Paar ein großes Ovalbild erläutert, präsentiert Madame Marie-Louise Gersaint einer von zwei Herren begleiteten Dame ein auf dem Ladentisch aufgestelltes Miniaturbild. 1756 wurde das »Ladenschild« für Friedrich II. erworben und gelangte mit weiteren Werken Watteaus wie der *Einschiffung nach Kythera* (2. Fassung, Schloss Charlottenburg), *Die französische Komödie* und *Die italienische Komödie* (beide Berlin, Gemäldegalerie) in die 1764 im Park von Sanssouci eingerichtete Bildergalerie.

tes Beispiel ist Albrecht Dürers Handel mit seiner im Eigenverlag veröffentlichten Druckgrafik, über den etwa sein Tagebuch der Niederländischen Reise (1521/22) samt Preis- und Mengenangaben Auskunft gibt. Welche Risiken ein vom Künstler betriebener Kunsthandel birgt, zeigt der Fall Rembrandt.

LADENGESCHÄFT UND ATELIER. Wie im Buchhandel, so setzt sich auch im Kunsthandel das von einem Kaufmann gepflegte Sortiment durch: Der Händler hält ein vielfältiges Angebot zur Auswahl bereit, pflegt die Verbindung zu Künstlern, nimmt Wünsche entgegen und wird auf diese Weise zum Auftraggeber im Interesse seiner Kundschaft.

Die bevorzugte Gelegenheit, Kunst zu sichten und eine Kaufentscheidung zu treffen, bleibt jedoch die Werkstatt des Künstlers. Atelierbesuche gehören im 17. und 18. Jahrhundert zum Programm einer Reise. So sucht Großherzog Cosimo III. de' Medici bei seinem Aufenthalt in Amsterdam 1667 den *famoso pittore* Rembrandt auf und erwirbt bei dieser Gelegenheit ein Selbstbildnis.

Mit außergewöhnlichem Erfolg organisiert der Bildhauer Bertel Thorvaldsen, der 1797 als Stipendiat der Akademie in Kopenhagen nach Rom kommt, den Atelierhandel. Ab 1815 wird sein Atelier an der Piazza Barberini durch zahlreiche *piccoli studi* ergänzt, in denen bis zu 40 Mitarbeiter die Nachfrage des Publikums befriedigen.

SORGEN EINES KUNSTHÄNDLERS

Watteaus *Ladenschild des Gersaint* schildert den Kunsthandel aus der Sicht des Händlers, dessen vornehme Kundschaft sich etwas auf die eigene Kennerschaft zugute hält. Obwohl das von Gersaint beratene Paar dem Betrachter die Rücken zukehrt, ist erkennbar, mit welcher Akribie der Herr und die Dame ihre Lorgnons auf das Ovalbild richten, um die Qualität der Malerei millimetergenau zu prüfen. (Goethe überliefert in seinen *Maximen und Reflexionen* Rembrandts Warnung: »An meinen Bildern müsst ihr nicht schnüffeln, die Farben sind ungesund.«) Madame Gersaint wirkt eingeschüchtert angesichts der herablassenden Haltung, die ihre Kundin und deren Begleiter zur Schau tragen. Watteau selbst machte seinem Händler in zweierlei Hinsicht Sorgen. Zum einen korrigierte er durch erneutes Verflüssigen bereits getrocknete Farbschichten, wodurch die Haltbarkeit der Bilder beeinträchtigt wurde. Zum anderen verkaufte sich Watteau unter Wert: Erbittert berichtet Gersaint darüber, wie der Maler eines seiner Bilder als Zahlungsmittel für eine Perücke verwendet hat.

THEMA

STILLLEBEN

Jean-Baptiste Siméon Chardin, *Attribute der Künste*, 1766; Öl auf Leinwand, 113 x 125 cm; Minneapolis (Minnesota), Institute of Art
Das Stillleben ist aus Gegenständen arrangiert, die auf die bildenden Künste verweisen: ein Farbkasten samt Palette und Pinseln auf die Malerei, Lineale auf die entwerfende Tätigkeit des Baumeisters und eine Skulptur auf den Bildhauer. Chardin, ab 1728 Mitglied der Pariser Akademie, verwendete hierbei als Modell *Merkur, der seine geflügelten Schuhe befestigt*. Aufgrund dieser Statuette, deren lebensgroße Wiederholung (1748) sich in der Berliner Skulpturensammlung befindet, wurde Jean-Baptiste Pigalle 1744 in die Akademie aufgenommen.

»TOTE GEGENSTÄNDE«? Die jüngste Rechtschreibreform hat einen Zweifel behoben: Die deutsche Gattungsbezeichnung für Bilder, die sich auf Blumen, Früchte, Geschirr, Lebensmittel und Gebrauchsgegenstände in kunstvoller Zusammenstellung beschränken, hat nichts mit einem Stil-Leben zu tun, sondern meint ein Still-Leben. Zugrunde liegen der niederländische Begriff *stilleven* und dessen englische Nachbildung *still life*. Romanische Entsprechungen sind *nature morte* (frz.) und *natura morte* (ital.). Diese Begriffsbildungen sind insofern aufschlussreich, als sie einen Widerspruch zu enthalten scheinen: Was ist unter ›stillem‹ (›totem‹) Leben zu verstehen?
Der Widerspruch löst sich auf, indem ›still‹ als ›unbewegt‹ und ›Leben‹ bzw. ›Natur‹ im Sinne von ›Modell‹ verstanden werden: Das Stillleben zeigt die vom Künstler ausgewählten und arrangierten Modelle, die ihm erlauben, dem Ziel der Nachahmung der Natur näher zu kommen als in jeder anderen Bildgattung (Historie, Landschaft, Porträt). Insofern verweist der Gattungsbegriff sowohl auf die Entstehung eines Stilllebens (auf das Arrangieren, in der Realität Komponieren), als auch auf das kunsttheoretisch fun-

dierte Ziel: die Imitation der Natur mit einem Höchstmaß an Kunstfertigkeit in der Wiedergabe der Stofflichkeit.

ANFÄNGE UND ENTWICKLUNG. Die Voraussetzung für die wirklichkeitsgetreue Wiedergabe von Gegenständen in der Neuzeit liegen in der Gestaltung von Räumlichkeit und Körperlichkeit, wie sie ab 1300 entwickelt wurde (Giotto). Erst unter dieser Bedingung konnte Beiwerk wie Bücher und Schreibgerät auf einem Tisch oder ein Blumenstrauß in einer Vase ein stilllebenhaftes Eigenleben gewinnen und nach 1500 als selbstständiger Bildgegenstand dienen. Das möglicherweise erste erhaltene Jagdstück stammt von dem Venezianer Jacopo de' Barbari, der in seiner Heimatstadt 1495 Dürers Bekanntschaft gemacht hat. Nach 1500 ist er für Kaiser Maximilian I., Friedrich III., den Weisen, von Sachsen und ab 1510 in den Niederlanden tätig (*Stillleben mit Rebhuhn, Eisenhandschuh und Armbrustbolzen*, 1504; München, Alte Pinakothek). Mag Barbaris Bild einer Tierstudie Dürers näher stehen als einem autonom konzipierten Werk, so sind solche Zweifel bei Caravaggios *Fruchtkorb* (um 1595; Mailand, Pinacoteco Ambrosiana) ausgeschlossen.
Kennzeichnend für die Entwicklung im 17. Jahrhundert in Holland, im 18. Jahrhundert in Frankreich ist die mehr oder weniger verdeckte allegorische Bedeutungsebene. Insekten können als unscheinbare ›Zaungäste‹ prachtvoller Arrangements aus Blumen und Früchten an die Vergänglichkeit alles Irdischen gemahnen, und eine Komposition, die der Mannigfaltigkeit der sinnlichen Wahrnehmung gewidmet zu sein scheint, kann sich als Allegorie der Fünf Sinne oder der Vier Elemente erweisen. Küchen- und Marktstücke sind mitunter das (dominierende) Rahmenwerk biblischer Szenen (Pieter Aertsen, *Jesus und die Ehebrecherin*, 1558; Frankfurt, Städel). Autobiografischen Gehalt besitzt ein *Trompe-l'oeil* (1664; Dordrechts Museum; ebenso Karlsruhe, Kunsthalle): Samuel van Hoogstraten zeigt an einem Brett mit Lederstreifen als Halterung seine Utensilien als Schriftsteller, Schmuck und Toilettengegenstände seiner Frau sowie eine Goldmünze, mit der ihn Kaiser Ferdinand III. 1651 geehrt hat.

DIE MODERNE. Im 19. Jahrhundert wird das Stillleben zum Exempel ›reiner‹ Malerei: »Der Satz, dass die gut gemalte Rübe besser sei als die schlecht gemalte Madonna, gehört bereits zum eisernen Bestand der modernen Ästhetik. Aber der Satz ist falsch; er müsste lauten: Die gut gemalte Rübe ist ebenso gut wie die gut gemalte Madonna. Wohlgemerkt als malerisches Produkt« (Max Liebermann, *Die Phantasie in der Malerei*, 1922). Édouard Manet verstand das Stillleben als »Prüfstein der Malerei«. Sein *Bund Spargel*; 1880; Köln, Wallraf-Richartz-Museum dürfte Carl Schuch zum *Stillleben mit Spargel* angeregt haben (um 1885/90; München, Neue Pinakothek). Ebenfalls allegorisch aufgeladen ist Oskar Kokoschkas *Stillleben mit totem Hammel* (und Schildkröte, weißer Maus, Lurch und Hyazinthe, 1910; Wien, Österreichische Galerie).

GATTUNGEN

Blumen und Früchte, Stillleben-Malerei in Form bunt gemischter Sträuße (Jan Brueghel d. Ä.)., *Großer Blumenstrauß* für Kardinal Federigo Borromeo, 1606; Mailand, Pinacoteca Ambrosiana).

Frühstück-Stillleben, gedeckter Tisch mit kostbarem Geschirr (Willem Claesz. Heda, *Frühstückstisch mit Brombeermarmelade*, 1631; Dresden, Galerie Alte Meister).

Jagdstück, Arrangement mit Wildbret, auch mit Jagdwaffen (Melchior de Hondecoeter, *Jagdbeute*, um 1660; Schwerin, Staatliches Museum).

Küchenstück, Lebensmittel aller Art mit Küchengerät (Sebastian Stoskopff, *Küchenstillleben*, 1640; Saarbrücken, Saarland-Museum).

Musikinstrumente, Streich- und Blasinstrumente mit Notenblättern (Spezialität der Werkstatt des Evaristo Baschenis in Bergamo).

Prunkstillleben, Arrangement luxuriöser Gefäße und Speisen (Jan Davidsz. de Heem, *Stillleben mit Hummer und Nautiluspokal*, 1634; Stuttgart, Staatsgalerie).

Trompe-l'oeil, als Bildgattung eine das Auge ›täuschende‹ Wiedergabe einer Wand oder eines Bretts mit daran befestigten Gegenständen.

Vanitas-Stillleben, Gegenstände mit dem Symbolgehalt der Vergänglichkeit wie Kerze, Musikinstrumente, Schmuck, Spiegel, Totenschädel, Uhr (Pieter Claesz, *Vanitas-Stillleben*, 1630; Den Haag, Mauritshuis).

Weitere Gattungen sind Bankett-, Bücher- und Waffenstücke. Waldstücke (Dickichtbilder) sind eine Spezialität von Rachel Ruysch aus Amsterdam, 1708–16 Hofmalerin des Kurfürsten Johann Wilhelm von der Pfalz (*Blumen an einem Baumstamm*, undat.; Kassel Schloss Wilhelmshöhe).

KUNSTBETRIEB

KUNSTKRITIK

DENIS DIDEROT

1713 in Landres an der Marne geboren, kommt Diderot nach dem Besuch einer Jesuitenschule 1728 nach Paris und legt nach vierjährigem Sprach- und Philosophiestudium das Magisterexamen ab. Seine ersten Veröffentlichungen als Erzähler (*Die indiskreten Kleinode*, 1748) bringen ihn in Konflikt mit der Zensur; 1749 verbüßt er eine dreimonatige Haftstrafe. Als Mitherausgeber und Mitautor trägt er entscheidend zum Gelingen der *Enzyklopädie* bei, die 1751–72 in Paris erscheint. Er stirbt 1784 in Paris.
Ab 1759 veröffentlicht Diderot Berichte über den Pariser »Salon«. An seinem hier 1767 ausgestellten Porträt von Louis Michel van Loo (Paris, Louvre) bemängelt er den »gezierten Ausdruck«. In seinem letzten Bericht setzt sich Diderot für Jacques-Louis David ein: »Dieser junge Mann offenbart in der Ausführung seines Werks eine große Manier« und qualifiziert sich somit als Historienmaler im neuen Stil: »Seine Köpfe haben Ausdruck ohne Ziererei, seine Haltungen sind edel und natürlich.« Gemeint ist Davids Gemälde *Belisar wird in dem Augenblick, in dem ihm eine Frau ein Almosen gibt, von einem Soldaten erkannt, der unter ihm gedient hat* (Lille, Musée des Beaux-Arts). Mit der Darstellung des in Ungnade gefallenen und geblendeten Feldherrn Justinians I. wurde David 1781 als *agrégé* in die Akademie und in den »Salon« aufgenommen. Als ›Undank der Herrscher‹ war das Thema aus dem 6. Jahrhundert aktuell. Ein ›Held‹ der Armee wurde nach einer Niederlage gegen die Engländer in Indien des Verrats beschuldigt und 1766 in Paris enthauptet. Ein von Voltaire unterstütztes Verfahren zur Rehabilitierung kam 1781 zum Abschluss.

VON DER ANEKDOTE ZUR THEORIE. Die Grundlage der neuzeitlichen Kunsttheorie bilden Künstleranekdoten aus antiker Überlieferung. Diesen Fundus erweitert und aktualisiert die biografische Kunstliteratur seit Giorgio Vasaris *Lebensbeschreibungen der berühmtesten italienischen Architekten, Maler und Bildhauer* (1550, erweiterte Ausgabe 1568). Zu Vasaris Nachfolgern gehören der holländische Maler und Kunstschriftsteller Carel van Mander (*Het schilder-boek*, 1604) sowie der in den Niederlanden und Italien, ab 1674 als Direktor der Nürnberger Malerschule tätige Joachim von Sandrart (*Teutsche Academie der edlen Bau-, Bild- und Mahlerey-Künste*, 2 Bde., 1775–79, mit Kupferstichen nach antiken und zeitgenössischen Bauwerken und Skulpturen).
Zu den am lebhaftesten erörterten antiken Anekdoten gehört die vom Wettstreit der Maler Zeuxis und Parrhasios, den Plinius d. Ä. in seiner *Naturalis historia* überliefert. Ihr Thema ist die Malerei als Nachahmung der Natur: Zeuxis besaß die Fähigkeit, Weintrauben mit solcher Kunstfertigkeit wiederzugeben, dass sich Vögel anlocken ließen, um an den Früchten zu naschen. Parrhasios stellte einen gemalten Vorhang vor dieses Bild, und als Zeuxis ungeduldig forderte, das Tuch beiseite zu ziehen, musste er sich – seinerseits durch Malerei getäuscht – dem Rivalen geschlagen geben.

DER PARISER »SALON«. Die in Künstlerviten implizit enthaltenen kunsttheoretischen Maßstäbe können idealerweise jeweils anhand der erwähnten Werke veranschaulicht und beurteilt werden. Eine Bezugnahme auf die Originalwerke wird seit dem 17. Jahrhundert zunehmend erleichtert durch deren druckgrafische Nachbildungen, die Maler wie Rubens beispielsweise in eigener Regie herstellen lassen. Zur entscheidenden Voraussetzung des Zusammenwirkens von Kunst, breiter Öffentlichkeit und Kunstkritik werden jedoch Kunstausstellungen, unter denen der Pariser »Salon« die höchste Reputation genießt. Ab 1663 stellen die Mitglieder der 1649 gegründeten »Académie Royale de la Peinture et de la Sculpture« im »Salon carré« des Louvre ihre jüngsten von einer Jury begutachteten Werke aus. Die erläuternden Texte in den Katalogen sind die ersten Ansätze zu einer aktuellen Kunstliteratur.
Den Schritt von der referierenden Beschreibung zur qualifizierenden Kunstkritik vollzieht Denis Diderot in seinen ab 1759 veröffentlichten »Salon-Berichten«. In der Auseinandersetzung um die höfisch orientierte Rokoko-Erotik eines François Boucher und die aufklärerische Genremalerei mit Szenen aus dem bürgerlichen Leben ergreift Diderot Partei für Jean-Baptiste Greuze, dem er zuruft: »Mut, mein Freund, lehre Du Moral und tue es immer wieder!« Greuze' ehrgeizigem Versuch, sich mit antiken

Themen zum Historienmaler hochzuarbeiten, versagt er die Unterstützung.

Diderots Treffsicherheit in Fragen der malerischen Qualität belegen seine Urteile über die Stillleben von Jean-Baptiste Siméon Chardin, beispielsweise im »Salon-Bericht« des Jahres 1765: »Um die Gemälde der anderen zu betrachten, muss ich mir, so scheint es, andere Augen anschaffen. Um die Gemälde Chardins zu betrachten, brauche ich nur die Augen zu behalten, die mir die Natur gegeben hat, und sie gut zu benutzen.« Nach einer ausführlichen Erörterung der Malweise am Beispiel des Stilllebens *Das Olivenglas* (Paris, Louvre) schließt Diderot mit einem Rekurs auf die Zeuxis-Anekdote (wobei er Parrhasios mit Apelles verwechselt), um Chardins Verzicht auf gekünstelte Trompe-l'oeil-Effekte zu würdigen; »Oh, lieber Freund, pfeifen Sie auf den Vorhang des Apelles und auf die Trauben des Zeuxis. Man täuscht mühelos einen ungeduldigen Künstler, und Tiere sind schlechte Beurteiler in der Malerei.«

Angefeindet wurde Diderot nicht nur von Instanzen wie der Zensur, sondern auch von Künstlern, die sich von einem ›fachfremden‹ Literaten beurteilt fühlten. Insofern verdeutlicht Diderots Kunstkritik einen *Strukturwandel der Öffentlichkeit* (Dissertation von Jürgen Habermas, 1962).

Jean-Baptiste Greuze, *Der bestrafte Sohn*, 1778; Öl auf Leinwand, 130 x 163 cm; Paris, Louvre
Mit dieser Szene setzte Greuze die im Vorjahr mit *Der Fluch des Vaters* (Paris, Louvre) begonnene Familientragödie fort: Der aus dem Haus gejagte Sohn kehrt zurück, um sich mit dem Vater auszusöhnen. Doch seine Reue kommt zu spät, der Vater ist bereits tot. Greuze fand mit seiner der Comédie larmoyante bzw. dem Rührstück verwandten Genremalerei die Unterstützung Denis Diderots, dem Mitbegründer dieser Form der Aufklärungskomödie: »Aus der Wahl seiner Sujets erkennt man seine Sensibilität und Sittenstrenge.«

STIL

KLASSIZISMUS

NEUENTDECKUNG DER ANTIKE. Um 1760 verschafft sich in der Malerei und Skulptur eine Stilrichtung Geltung, deren Bezeichnungen aus nationalen kulturgeschichtlichen Unterschieden resultieren. Da in den romanischen Ländern die Epoche des Barock als die ›klassizistische‹ (am Vorbild der ›Klassik‹ orientierte) Epoche gilt, in Spanien gar als *siglo d'oro* (›Goldenes Zeitalter‹), wird die Gegenbewegung zum Barock, die sich ihrerseits auf die klassische Antike beruft, in Frankreich als *Néoclassicisme*, in Italien als *Neoclassicismo* bezeichnet. Die deutschsprachige Terminologie versteht dagegen unter Klassizismus die Neuentdeckung der Antike um 1760, als Neoklassizismus verschiedene antikisierende Stiltendenzen seit Ende des 19. Jahrhunderts.
Die neue Sicht der Antike unterscheidet zwischen der griechischen Kunst als Ursprung der Klassik und deren römischer Nachahmung. Das wissenschaftliche Fundament hierfür legt der Archäologe Johann Joachim Winckelmann, der ab 1763 die Aufsicht über die Altertümer in Rom und Umgebung führt, mit seiner *Geschichte der Kunst des Altertums* (1764). Sie enthält die Charakterisierung der griechischen Klassik als sinnenhaften Ausdruck von »edler Einfalt und stiller Größe«. Eine literarische Gestaltung dieses Menschenbildes ist Goethes ab 1778 entstandenes Schauspiel *Iphigenie auf Tauris*, dessen endgültige Versfassung 1802 in Weimar in der Bühnenbearbeitung Schillers uraufgeführt wird. Einen Hinweis auf Goethes Beschäftigung mit dem Iphigenie-Stoff in Rom enthält Johann Heinrich Wilhelm Tischbeins Bildnis *Goethe in der Campagna* (1786/87; Frankfurt, Städelsches Kunstinstitut) in Form eines Reliefs *Orest und Pylades vor Iphigenie*.
Winckelmann ist ab 1755 in Rom zunächst Sekretär des Kardinals Alessandro Albani, in dessen Villa Anton Raffael Mengs 1760/61 mit dem Deckenfresko *Der Parnass* die Abwendung vom barocken Illusionismus einleitet. Auch Tischbeins Goethebildnis bricht mit dem barocken Typus des Porträts, indem sich der Dargestellte nicht dem Betrachter zuwendet, sondern in Profilansicht den Blick in einer Mischung aus Beobachtung und Nachsinnen auf Gegenstände außerhalb des Bildraums richtet. Ein Wahrzeichen für die Hinwendung zum ursprünglichen griechischen, nämlich dorischen Stil ist das *Brandenburger Tor* (1788–91, Carl Gotthard Langhans), das demonstrativ die römische Erfindung des Rundbogens ignoriert.

Bertel Thorvaldsen, *Kommt her zu mir* (Inschrift am Sockel: Matthäus 11,28); Kopenhagen, Thorvaldsen-Museum
Die Marmorstatue, bekannt unter dem Titel *Segnender Christus*, entstand in Rom für die Frauenkirche in Kopenhagen, mit deren Ausstattung Thorvaldsen 1819/20 begonnen hat. Frontalität, Symmetrie und antike Gewandung kennzeichnen die Figur des barfuß wiedergegebenen Christus als Werk des Klassizismus.

IM VORFELD DER REVOLUTION. Doch auch die römische Vergangenheit wird neu entdeckt, wobei die Ausgrabungen in Pompeji und Herculaneum dem archäologischen Interesse neue Nahrung geben. Vor allem aber werden die einzelnen Schichten der römischen Geschichte abgetragen und die altrömisch-republikanische Periode der imperialen Kaiserzeit gegenübergestellt. Signalwirkung hat Jacques-Louis Davids *Schwur der Horatier*, das nach seiner Fertigstellung 1785 in Rom und im selben Jahr im Pariser »Salon« begeistert aufgenommen wird. Davids künstlerische Entwicklung ist beispielhaft für die politische Prägung des ›republikanischen‹ Klassizismus in Frankreich und die Umbildung zum ›imperialen‹ Klassizismus des napoleonischen Kaiserreichs: Davids jakobinischem Märtyrerbild *Der ermordete Marat* (1793; Brüssel, Musées Royaux des Beaux-Arts) folgen Bildnisse des Feldherrn Napoleon und das Monumentalgemälde der *Kaiserkrönung* (1807/08; Paris, Louvre). Im Krönungsjahr 1806 beginnt die Errichtung des *Arc de Triomphe* in Paris nach dem Vorbild römischer Triumphbögen. Ludwig XVIII. schickt David 1816 ins Exil. Er stirbt 1826 in Brüssel.

Jacques-Louis David, *Der Schwur der Horatier*, 1784/85; Öl auf Leinwand, 330 x 425 cm; Paris, Louvre
Nach seinem Aufenthalt 1777–80 in Rom als Stipendiat der Pariser Akademie kehrte David 1784 dorthin zurück, um einen Auftrag des Generalintendanten der königlichen Bauten, des Grafen Angiviller, auszuführen. Das Thema entstammt der altrömischen Geschichte: Um 500 v. Chr. entschied der Kampf zwischen je drei Brüdern aus den Familien der Horatier und der Curatier über den Streit zwischen Rom und Alba Longa. Davids Historienbild zeigt, wie die drei Horatier dem König Tullus Hostilius schwören, bis zum letzten Blutstropfen zu kämpfen; danach erhalten sie ihre Schwerter. Die Gruppe der trauernden Frauen deutet den Ausgang des Kampfes voraus: Zwei der Horatier fallen. Der dritte besiegt jedoch seine drei Gegner und sichert damit die Vorherrschaft Roms über Alba Longa. Die strenge, durch drei Arkaden gegliederte Komposition mit flächenparalleler Anordnung der Figuren entspricht formal dem Rigorismus des Inhalts: der vorbehaltlosen Bereitschaft, sein Leben für das Vaterland zu opfern.

THEMA

BILDNIS

ROKOKO UND KLASSIZISMUS. Thomas Gainsborough widmete sich nahezu ausschließlich, sein um 21 Jahre jüngerer französischer Kollege Jacques-Louis David zu einem wesentlichen Teil der Porträtmalerei, einer Gattung, deren neuzeitliche Ausprägung im 14. Jahrhundert Konturen gewinnt. Als Darstellung der im Erscheinungsbild zum Ausdruck kommenden Persönlichkeit eines Menschen ist das Porträt in der Malerei und Grafik, Reliefkunst und Rundplastik eine Errungenschaft der Renaissance, wobei die begriffliche Unterscheidung zwischen Porträt und Bildnis, wenn sie überhaupt bewusst vorgenommen wird, das eher typisierende Bildnis dem im engeren Sinne individualisierenden Porträt gegenüberstellt. Doch mischen sich diese beiden Elemente ohnehin mit dem Individualstil des Künstlers und den Charakteristika des Zeitstils.

Auf Letzteres machen die Bildnisse Gainsboroughs und Davids aufmerksam. Gemeinsam sind ihnen die Entstehungszeit, das Format, die Haltung der Modelle. Diese folgt einem Muster, das erstmals Leonardo da Vinci beim Bildnis *Mona Lisa* (um 1503; Paris, Louvre) verwendet

Thomas Gainsborough, *Bildnis Mrs. Thomas Hibbert*, 1786; Öl auf Leinwand, 127 x 101,5 cm; München, Neue Pinakothek
Gainsboroughs Modell ist die Gattin eines Handelsmanns mit umfangreichem Familienbesitz auf Jamaika. Auf ihrem Bildnis erscheint Mrs. Hibbert allerdings vor dem Hintergrund einer englischen Parklandschaft in abendlichem Dämmerlicht. Der Versuch, den Menschen in harmonischer Verbindung mit der Natur zu zeigen, kennzeichnet Gainsboroughs Porträtkunst, wobei ›Natur‹ auch als bewirtschaftetes Eigentum des Landadels in Erscheinung treten kann. Auf diesem Spätwerk, das zwei Jahre vor Gainsboroughs Tod entstanden ist, vermittelt der natürliche Rahmen vor allem den Stimmungsgehalt einer Idylle, die mit dem mondänen Putz der Porträtierten reizvoll kontrastiert. Vor dem in den Brauntönen der Tonmalerei gestalteten Laubwerk entfaltet die Wiedergabe von Inkarnat, Perücke und Bekleidung eine Rokoko-Palette in Silbergrau, Hellblau und zarten rosafarbenen Tönen.

hat: Den Oberkörper leicht bildeinwärts gewandt, die Unterarme waagrecht aufeinander gelegt, richten die Modelle ihren Blick auf den Maler bzw. auf den Betrachter. Doch welch ein Unterschied im Blick: Sind die Augen von Mrs. Thomas Hibbert durch die Gemütsbewegung der Abendstimmung leicht getrübt, so sind die Augen der Marquise um taghelle Klarheit bemüht.

ANLÄSSE. Das Porträt bildet im 17. und 18. Jahrhundert die sicherste Einnahmequelle. Wie im Adel sind im Bürgertum bestimmte Lebensstationen wie Heirat oder Karrierestufen der Anlass für Einzel-, Doppel- und Gruppenbildnisse. 1775 lässt die Herzoginmutter Anna Amalia für Goethes Mutter ein Porträt anfertigen; es zeigt den Weimarer Gast bei der Betrachtung eines Scherenschnitts mit dem Profil Charlotte von Steins, der für Lavaters *Physiognomische Fragmente zur Beförderung der Menschenkenntnis und Menschenliebe* (1775–78) bestimmt ist (Frankfurt, Goethe-Museum). Lessing verwendet im bürgerlichen Trauerspiel *Emilia Galotti* (1772) ein Gemälde als Exposition: Während das vom Hofmaler abgelieferte Bildnis der inzwischen fallengelassenen Mätresse nur als Malerei Beachtung findet, erregt Emilias Konterfei im Prinzen Hettore Gonzaga das Verlangen, sich des bürgerlichen Mädchens zu bemächtigen.

Jacques-Louis David, *Bildnis Marquise de Sorcy de Thélusson*, 1790; Öl auf Leinwand, 129 x 97 cm; München, Neue Pinakothek
David porträtiert die 20-jährige Anne-Marie-Louise Rilliet, Tochter eines Genfer Bankiers, kurz nach ihrer Heirat mit Jean Isaac Marquis de Sorcy de Thélusson. In kerzengerader Sitzhaltung vor neutralem Hintergrund aufgerichtet, nimmt die junge Marquise alle Aufmerksamkeit für sich in Anspruch. Ihre Gewandung ist vornehm-schlicht, der Schmuck beschränkt sich auf die Stickerei des über die linke Schulter gelegten Schals. Insofern ist es nur noch ein kleiner Schritt zur Mode à la grecque auf Davids *Bildnis Madame Récamier* (1800; Paris, Louvre). Das zehn Jahre zuvor entstandene Porträt gleicht die Blässe durch den Farbakzent des roten Sesselpolsters aus, dem rechts in exakt berechneter Quantität der Zipfel eines roten Tuches entspricht. Als Pendant entstand ebenfalls 1790 Davids *Bildnis Marquise d'Orvilliers* (Paris, Louvre), der älteren Schwester der Marquise de Sorcy de Thélusson.

KUNSTBETRIEB

GALERIE

BEISPIEL DRESDEN

1560 Kurfürst August gründet im Schloss eine »Kunstkammer« mit Naturalien, wissenschaftlichen Instrumenten, Büchern, Atlanten

1658 Das Inventar der »Kunstkammer« verzeichnet 118 Gemälde

1722 August der Starke lässt seinen verstreuten Besitz an Gemälden im »Stallgebäude« am Jüdenhof vereinigen. Diese Galerie, die nach den Worten des Generaldirektors La Plat »zu den Anforderungen eines fürstlichen Haushalts gehört«, umfasst im Gründungsjahr 1938 Werke

um 1750 Die Beschränkung der Besucher auf den Hof sowie Gesandte und »ansehnliche Fremde«, denen die Bilder »recht ins Auge leuchten sollen«, lockert sich, notfalls durch Trinkgelder

1765 Erster gedruckter Katalog in Französisch, der Sprache der höfischen Gesellschaft und der ›oberen Klassen‹

1819 Die königliche Galerie steht »als eine nicht ganz öffentliche Anstalt dem Publikum nicht unbedingt offen«; Zutritt erhalten jedoch »gebildete Fremde und hiesige Kunstfreunde«

1831 Endgültige Auflösung der »Kunstkammer«

1839 Die Galerie ist werktags von 9 bis 13 Uhr »anständig Gekleideten« geöffnet

1847–54 Gottfried Semper ergänzt die drei Flügel des Zwingers durch einen vierten Trakt, in dem die Gemäldegalerie Alte Meister untergebracht wird

VON DER KUNST- UND WUNDERKAMMER ZUR KUNSTGALERIE. Öffentliche Kunstsammlungen, die heute zu den wichtigsten kulturellen Einrichtungen einer Stadt gehören, wurzeln vielfach in Raritätenkabinetten der Fürstenhöfe, deren Bezeichnung als »Kunst- und Wunderkammer« das Kuriose andeutet, das den Sammeleifer beflügelte. »Kunst« umfasste alles, was kunst- und wertvoll wirkte und insofern als wunderbar empfunden wurde, einschließlich magischer Gegenstände wie das Horn des legendären Einhorns, das in pulverisierter Form als Aphrodisiakum diente. Zu den erhaltenen Sammlungen dieser Art gehört die Kunst- und Wunderkammer im 1564–89 von Erzherzog Ferdinand II. erbauten Schloss Ambras bei Innsbruck.
Verfeinerung des Geschmacks, Bildungsstreben, vor allem aber die Unterscheidung zwischen Kunst- und Naturschätzen filterten die ästhetisch hochrangigen Werke der Malerei und Plastik aus den Sammelsurien heraus und wiesen ihnen eigene Räume zu. In Frage kamen häufig jene neu entwickelten Glieder eines Schlosses oder Palastes, die als Galerie bezeichnet wurden. Ein frühes Beispiel ist das Antiquarium der Münchner Residenz (1568), ein lang gestreckter, beiderseits durchfensterter Raum zur Schaustellung antiker Skulpturen. Der private Besitzanspruch fürstlicher Sammler äußerte sich mitunter in willkürlichem Umgang mit Kunstwerken: Nachdem Maximilian I. von Bayern 1613 Dürers *Paumgartner-Altar* aus der Nürnberger Katharinenkirche erworben hatte, ließ er die Seitenflügel abtrennen und übermalen: Aus den beiden Heiligen Georg und Hubertus wurden zwei ›Galeriebilder‹ mit der Darstellung von zwei Rittern vor landschaftlichem Hintergrund (Entfernung der Übermalung 1903).

PRIVILEGIERTER KUNSTGENUSS. Als »Schwatz- und Spaziersäle«, so lautet eine aus dem Jahr 1699 überlieferte Bezeichnung, diente die Galerie der höfischen Unterhaltung. Dies deutet selbst die Darstellung der *Tribuna der Uffizien* an, in der Zoffany 22 Besucher versammelt. Sein Gemälde steht in der Tradition gemalter Inventare, auf die sich insbesondere flämische Maler spezialisiert hatten (David Teniers d. J., Hofmaler und Galeriedirektor in Brüssel, *Erzherzog Leopold Wilhelm besichtigt seine Galerie*, um 1670; Wien, Kunsthistorisches Museum).
Andererseits entwickelte sich der fürstliche Kunstbesitz zu Bildungs- und Kultstätten einer ›Religion der Ästhetik‹: Als Goethe 1768 die Dresdner Galerie besucht, erlebt er ein »Heiligtum«; die Galerieräume wecken »ein Gefühl von Feierlichkeit (...), das umso mehr der Empfindung ähnelte, womit man ein Gotteshaus betritt, als der Schmuck so manches Tempels, der Gegenstand so mancher Anbetung hier abermals, nur zu heiligen Kunstzwecken aufgestellt, erschien« (*Dichtung und Wahrheit*).

1801 gehört Heinrich von Kleist zu den Besuchern der Galerie; ihn fesseln der »hohe Ernst« und die »stille Größe« der 1754 aus der Klosterkirche San Sisto in Piacenza erworbenen *Sixtinischen Madonna* von Raffael.

Johann Zoffany, *Die Tribuna der Uffizien*, 1772–79; Öl auf Leinwand, 123,6 x 154,9 cm; London, Buckingham Palace
Zoffany schuf dieses gemalte Inventar im Auftrag der englischen Königin Charlotte. Schauplatz ist die 1585–89 von Bernardo Buontalenti für Francesco I. de' Medici als überkuppeltes Oktogon eingerichtete Tribuna. Sie bildet das Herzstück der mediceischen Kunstsammlung in Giorgio Vasaris Palazzo degli Uffizi (1560–70), den Cosimo I. für städtische Ämter (*uffizi*) errichten ließ. In der Tribuna versammelt Zoffany privilegierte Kunstfreunde, insbesondere Angehörige des englischen Adels, die Florenz entweder als Station einer Bildungsreise besuchen oder hier ihre zweite Heimat gefunden haben.

Gemälde in Zoffanys Tribuna der Uffizien
Zoffany ›überfüllte‹ die Tribuna, um möglichst viele Kunstschätze der Medici-Sammlung ins Bild zu bringen; auch weicht die heutige Raumgestaltung von der dargestellten ab. Den Vordergrund beherrscht Tizians *Venus von Urbino*, die 1631 durch Erbschaft in den Besitz der Medici gelangt ist. An den Wänden reihen sich zuoberst *Die Bacchantin* von Annibale Carracci, die Allegorie der Caritas von Guido Reni, die *Mystische Vermählung der hl. Katharina* aus der Tizian-Schule, Raffaels *Johannes der Täufer*, eine *Madonna* und *Der Tod Kleopatras* von Guido Reni sowie das Gruppenbildnis *Julius Lipsius mit seinen Schülern* von Rubens. Dieser ist auch mit der Allegorie *Die Folgen des Krieges* vertreten (zweite Reihe Mitte), links flankiert von zwei Werken Raffaels (Rundbild *Madonna della Sedia* und die *Madonna mit dem Stieglitz*), dazwischen Correggios *Anbetung des Kindes* und das *Bildnis Galileo Galilei* von Susterman. Zu den insgesamt 25 Gemälden aus den Epochen der Renaissance und des Barock gesellen sich sechs antike Skulpturen: *Amor und Psyche*, der *Satyr mit Zimbel*, der mit Schlangen kämpfende *Heraklesknabe*, die *Mediceische Venus* (rechts außen) und im Vordergrund links der *Schleifer* vor der etruskischen *Chimäre* und einem altägyptischen *Würfelhocker*. Somit bietet sich ein kunstgeschichtliches Panorama von den Frühen Hochkulturen bis zum Barock als Bildungsgut der gesellschaftlichen Elite.

GESTALTUNGSMITTEL

GEOMETRIE

REVOLUTIONSARCHITEKTUR. Wie in der Malerei und Skulptur, so unterscheidet sich auch in der Baukunst die klassizistische Gegenbewegung zu Barock und Rokoko im 18. Jahrhundert vom Klassizismus des frühen 19. Jahrhunderts, der bereits dem Historismus zuzurechnen ist. In diesem Zusammenhang bezeichnet der Begriff ›Revolutionsarchitektur‹ Bauvorhaben, die sich aufgrund einer Rückführung der Architektur auf ihre Grundelemente mit dem naturrechtlich begründeten, insofern elementaren Gesellschaftsentwurf der Französischen Revolution vergleichen lassen. Gemeinsam ist der utopische Charakter, den hier wie dort die politische bzw. baugeschichtliche Entwicklung überlagert.
Das vorherrschende Gestaltungsmittel solcher Elementarisierung sind die Geometrie und ihre räumliche Entsprechung, die Stereometrie. Den Symbolgehalt der ›reinen‹ geometrischen Form verdeutlicht der 1784 datierte Entwurf von Étienne Louis-Boullée zu einem architektonischen *Denkmal für Isaac Newton*, den 1727 gestorbenen Mathematiker, Physiker und Astronomen. Boullée plant eine Kugel mit einem Durchmesser von 67 m. Lichtkanäle in der Kugelschale sollen im Inneren den Eindruck eines bestirnten Himmels erzeugen. Die Kugelform selbst verkörpert den Zustand der Erde, bevor sie durch ihre Rotation eine Abplattung an den Polen erfahren hat. Mit anderen Worten: Kunst bringt das Ursprüngliche und daher Vollkommene zur Anschauung. Eine Übertragung auf die Arbeitswelt bildet die Planung einer *Salinenstadt Chaux* von Claude-Nicolas Ledoux.

Claude-Nicolas Ledoux, *Friedhof der Salinenstadt Chaux*, vor 1789; Grundriss und Aufriss (nicht ausgeführt)
Ledoux erhielt von Ludwig XVI. den Auftrag, in Chaux bei Besançon eine Stadt für die Salzgewinnung zu errichten. Zwar wurde der Auftrag zurückgezogen, doch Ledoux arbeitete weiter an dem Projekt einer Idealstadt, deren Gesamtplan und Einzelgebäude er 1804 als Kupferstichsammlung veröffentlichte. Den Mittelpunkt der konzentrisch gegliederten Anlage bilden das Gebäude des Direktors und die Werkstätten der Salzsiederei. Es folgen die Wohngebäude der Arbeiter und dann erst die öffentlichen Einrichtungen. Der »Stadt der Lebenden« entspricht die »Stadt der Toten« mit dreigeschossigen Katakomben und einer im Inneren vollkommen leeren, nur von außen einsehbaren Kugel, die bis zur Hälfte im Boden versenkt ist. Kreis und Kugel dienen als die vollkommenen geometrischen Körper und vertreten das Absolute im weltanschaulich-philosophischen Sinne.

ENTSPRECHUNGEN. Der geometrische Purismus eines Boullée und Ledoux findet sich auch in zeitgenössischen Entwürfen englischer und deutscher Baumeister. Beispiele sind Planungen von John Soane zu dem 1788 begonnenen Erweiterungsbau der *Bank of England* in London und ein streng kubisch gegliederter Entwurf zu einem *Schauspielhaus* in Berlin (1798) von Friedrich Gilly, der 1800 im Alter von 28 Jahren gestorben ist; 1786 gehörte Karl Friedrich Schinkel zu seinen Schülern.
Verwandtschaft besteht aber vor allem zwischen der französischen und der russischen utopischen Revolutionsarchitektur nach 1917 (Iwan Iljitsch Leonidow, Projekt *Lenin-Institut* in Moskau mit Kugelhaus als Auditorium und Planetarium sowie ›Koordinatenkreuz‹ aus Hochbahn und Bibliotheksturm, 1927) und zum Frühwerk von Le Corbusier. Von ihm ist eine Zeichnung aus dem Jahr 1922 erhalten, die über den berühmtesten antiken Baudenkmälern Roms fünf elementare Körper aufreiht: Zylinder, Pyramide, Würfel, Quader und Kugel. Sie sind aus der Sicht des Klassizismus und des Neoklassizismus des frühen 20. Jahrhunderts in der antiken Baukunst in leicht zu durchschauender historischer Einkleidung enthalten.

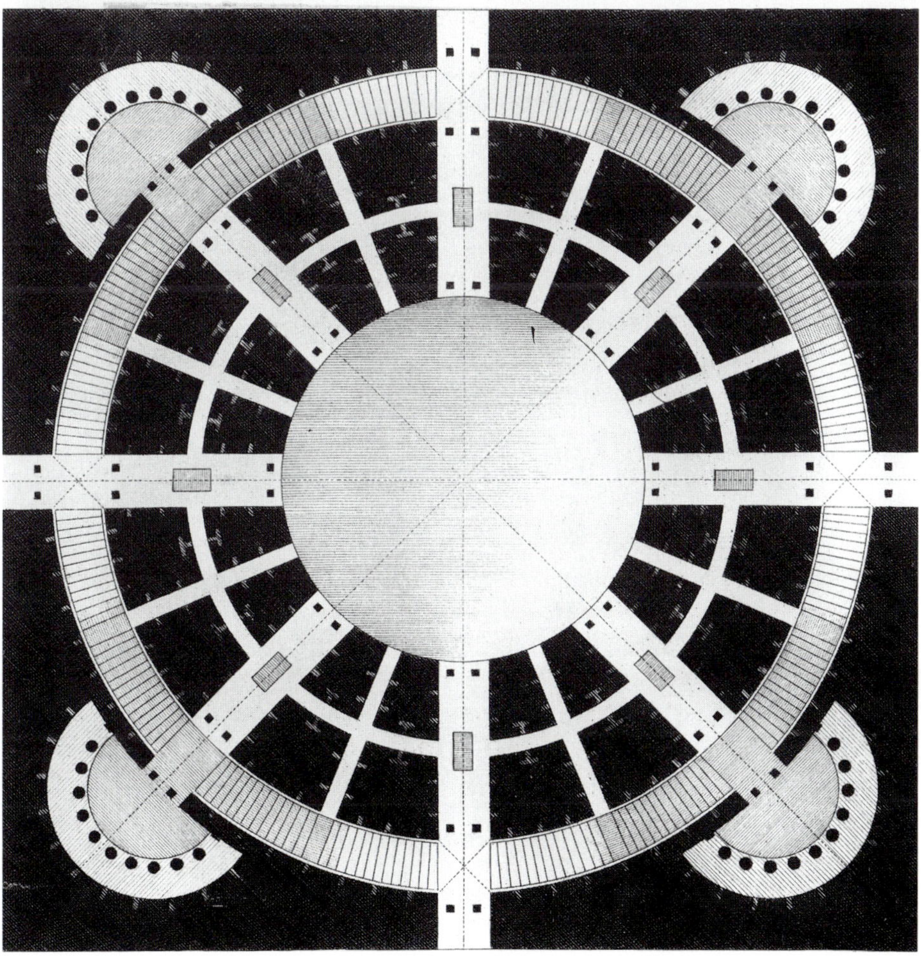

ZEITRAUM

19. JAHRHUNDERT

STILRICHTUNGEN. Im 19. Jahrhundert endet in Europa die Abfolge weiträumiger, die verschiedenen Kunstgattungen prägender Stilepochen, nachdem bereits im 18. Jahrhundert der Barock in den Gegensatz zwischen Rokoko bzw. Spätbarock und Frühklassizismus sowie in die Anfänge der Neugotik mündete. Zwar erweckt das 19. Jahrhundert den Eindruck eines einheitlichen Stilwillens, der unter der Bezeichnung ›Historismus‹ das kunstgeschichtliche Erbe als wissenschaftlich erkundeten und gesammelten, unter Gesichtspunkten der Zweckmäßigkeit verfügbaren Fundus nutzt, um die repräsentativen Bauaufgaben und deren Ausgestaltung historisch zu legitimieren oder allzu Profanes wie Fabriken im Zeichen der industriellen Revolution kunstvoll zu maskieren. Die historistische Architektur, Skulptur, Malerei und angewandte Kunst dienen jedoch überwiegend den restaurativen gesellschaftlichen Tendenzen und befriedigen das Bedürfnis nach umfassender Einheit eines neugotischen oder neubarocken architektonischen Ensembles mit stilreiner bauplastischer und malerischer Ausstattung.
Die kunstrevolutionären Gegenbewegungen brechen unter anderem mit dem Dogma der Stileinheit: Den industriellen Konstruktionen des Ingenieurbaus aus den Materialien Eisen und Glas entspricht keine unmittelbar vergleichbare Gestaltungsweise der Skulptur und Malerei. Umgekehrt üben neue Stilrichtungen in der Malerei wie Romantik und Realismus, Impressionismus und Symbolismus sowie die verschiedenen Formen des Post- oder Nachimpressionismus keinen Einfluss auf die baugeschichtliche Entwicklung aus. Allenfalls bestehen vorwiegend ideologische Berührungspunkte zwischen der Neugotik und der Romantik, sofern diese an der Rückbesinnung auf die Kultur des Mittelalters bzw. auf die »altdeutsche Kunst« Anteil hat (*Herzensergießungen eines kunstliebenden Klosterbruders* von Wilhelm Heinrich Wackenroder, 1797) oder zwischen dem Impressionismus und der Begeisterung für die Wirkungen des natürlichen Lichtes in glasverkleideten Architekturen des Ingenieurbaus.
Der Vereinzelung der Kunstgattungen und der zunehmenden Beliebigkeit historischer Formzitate im Eklektizismus wirkt am Ende des 19. Jahrhunderts die Reformbewegung des Jugendstils entgegen.

L'ART POUR L'ART. Die Formel ›Kunst um der Kunst willen‹ wurde 1818 von dem französischen Philosophen Victor Cousin geprägt. Sie kennzeichnet insbesondere die Entwicklung der Literatur zur ›reinen Poesie‹, welche endgültig die Doppelfunktion von Dichtung, »zu nützen und zu erfreuen« (lat. *prodesse et delectare*, Horaz), zugunsten der sprachkünstlerischen Autonomie aufhebt.
In der bildenden Kunst opponiert das Streben nach Autonomie, die am Ende des Jahrhunderts im Symbolismus

REVOLUTION UND RESTAURATION

Zum politischen Erbe des 18. Jahrhunderts (1776: Unabhängigkeitserklärung der englischen Kolonien in Nordamerika; 1789: Beginn der Französischen Revolution) gehören einschneidende Veränderungen: die Säkularisation (Verstaatlichung von Kirchenbesitz) im Heiligen Römischen Reich deutscher Nation, das 1806 endet, die serbische Erhebung (1804–17), der Freiheitskampf in Südamerika (ab 1811) und in Griechenland (1821–30), die Julirevolution in Frankreich, der polnische Aufstand und die Loslösung Belgiens von den Niederlanden im Jahr 1830, schließlich die Revolutionen von 1848/49 vorwiegend in Frankreich, Deutschland und Österreich-Ungarn. Die periodischen nationalen und liberalen Bewegungen wechseln mit restaurativen und reaktionären Gegenbewegungen. Revolutionäre Elemente enthält das Risorgimento von 1815 bis 1870 mit dem Ziel der ›Wiederherstellung‹ der politischen Einheit und nationalen Unabhängigkeit Italiens. In Deutschland folgt dem gescheiterten Ringen um staatliche Einheit ›von unten‹ (Frankfurter Nationalversammlung 1848) die Reichsbildung ›von oben‹ unter der Führung Preußens mit der innenpolitischen Priorität, dem sozialistischen ›Umsturz‹ vorzubeugen, nachdem 1848 das *Kommunistische Manifest* erschienen war (Friedrich Engels und Karl Marx 1847 im Auftrag des Bundes der Kommunisten), gefolgt von der nationalen und internationalen parteipolitischen Organisierung des Sozialismus.

Gustave Courbet, *Pierre Joseph Proudhon und seine Kinder*, 1853/65; Öl auf Leinwand, 147 x 198 cm; Paris, Musée du Petit Palais
Das Gruppenbildnis des Realisten Gustave Courbet ist ein philosophisches und pädagogisches Programmbild: Die Individualität des Erwachsenen harmoniert mit der kindlichen Entwicklung in Form des Spielens und Lernens. Bücher und Manuskripte kennzeichnen Proudhon als Schriftsteller und erinnern an dessen Aufsehen erregende Untersuchung *Was ist Eigentum?* (1840) mit der Kritik an der ungleichen Verteilung von Reichtum (Slogan »Eigentum ist Diebstahl«). Karl Marx bemühte sich um eine Kooperation mit dem Sozialisten Proudhon, doch fehlte diesem aus marxistischer Sicht das fundamentale, im *Kommunistischen Manifest* artikulierte Verständnis für dialektische Prozesse wie die historische Rolle des Kapitalismus. Proudhon gehört neben dem Dichter Charles Baudelaire, dem Kunstsammler Alfred Bryas und dem Kunstkritiker Champfleury zur Gruppe der Freunde auf Courbets Monumentalgemälde *Das Atelier* (1855; Paris, Musée d'Orsay). Das auf 1853 (Beginn der Freundschaft) datierte Familienbild entstand nach Proudhons Tod 1865, wobei Courbet Fotografien als Vorlagen verwendet hat.

zum esoterischen Ästhetizismus neigt, gegen die vielfältigen Formen der Fremdbestimmung. Diese wird von der Schicht der adligen oder großbürgerlichen Auftraggeber und Mäzene ausgeübt oder vom Kunstmarkt, der sich am besitzbürgerlichen Anspruch auf Veredlung des materiellen Wohlstands oder am bildungsbürgerlichen Bedürfnis nach kultureller Befriedigung orientiert. Daneben übernimmt die Fotografie als neues Bildmedium traditionelle zweckgebundene Aufgaben der bildenden Kunst wie das Porträt, oder sie dient als Vorlage.
Romantik, Realismus, Impressionismus, Symbolismus und Postimpressionismus sind daher Stilrichtungen, die bei ihrem ersten Auftreten den Charakter einer Avantgarde (frz., ›Vorhut‹) annehmen. Bereits im Laufe des 19. Jahrhunderts gerät der ›freie Künstler‹ in eine Position, über die Franz Marc 1912 im Kunstalmanach *Der Blaue Reiter* im Rückblick beispielsweise auf Paul Cézanne, Paul Gauguin und Vincent van Gogh und für die eigene Generation feststellt: »Die heutige Isolierung der seltenen echten Künstler ist für den Moment durchaus unabwendbar.«

KÜNSTLER

FRANCISCO DE GOYA

BIOGRAFIE

1746 Francisco José Goya y Lucientes wird am 30. März in Fuentedodos bei Saragossa geboren. Seine Eltern sind der ehemalige Vergoldermeister José Goya und dessen aus verarmtem Adel stammende Gattin Gracia Lucientes; den Adelstitel legt Goya sich um 1780 zu

1760 Lehre bei einem Maler in Saragossa

1770/71 Italienreise

1772–74 Fresken in der Kathedrale von Saragossa. Heirat mit Josefa (gest. 1812), einer Schwester der Maler Francisco und Ramón Bayeu, die eine Anstellung als Hofmaler in Madrid vermitteln. Tätigkeit für die Teppichmanufaktur Santa Bárbara

1772/73 Schlaganfall und bleibende Taubheit

1799 Erster Hofmaler Karls IV. Die 80 *Caprichos* werden von der Inquisition verboten

1810 Beginn der Arbeit am Zyklus *Los Desastres de la Guerra* (ersch. postum 1863); ab 1813 Lebensgemeinschaft mit der Witwe Leocadia Zorilla

1820 Das *Selbstbildnis mit Dr. Arrieta* (Minneapolis, Institute of Art) reflektiert eine erneute schwere Erkrankung. Im »Haus des Tauben«, das Goya 1819 erworben hat, entstehen die »Schwarzen Bilder« (Wandgemälde auf Verputz, später auf Leinwand übertragen; Madrid, Prado)

1824 Unter wachsendem Druck der politischen Restauration emigriert Goya nach Frankreich; Lithografien *Die Stiere von Bordeaux*

1828 Goya stirbt in Bordeaux am 16. April im Alter von 82 Jahren

DIE SPANISCHEN WURZELN. Francisco de Goyas Frühwerke in kirchlichem Auftrag sind Fresken im spätbarocken Stil des seit 1762 in Spanien tätigen Italieners Giovanni Battista Tiepolo. Entscheidend wurde jedoch die Rückbesinnung auf das Goldene Zeitalter des spanischen Barock im 17. Jahrhundert: Sowohl das Aufnahmestück für die Akademie (*Christus am Kreuz*, 1780; Madrid, Prado) als auch Goyas Bildniskunst sind der Farbkultur des Diego Velázquez verpflichtet, dessen Porträts königlicher Hofnarren den frühen Radierungen Goyas (1778) zugrunde liegen.
Velázquez schuf dank der Protektion König Philipps IV. einen der wenigen überlieferten weiblichen Akte der spanischen Malerei (*Die Toilette der Venus*, 1651; London, National Gallery). Goyas *Nackte Maja* entstand für Manuel Godoy, einen Günstling der Königin Maria Luisa, und war vermutlich durch Scharniere mit der *Bekleideten Maja* verbunden, sodass diese Version mühelos das provozierende, 1815 von der Inquisition konfiszierte Aktbild verdecken konnte.
Die Titel der beiden Maja-Gemälde (um 1798–1805; Madrid, Prado) beziehen sich auf den spanischen Typus der *maja* als Verkörperung einer ungezwungenen bis frivolen Lebensweise. Aufwendige Fächer und das schwarze, über Kopf und Schultern gelegte Spitzentuch Mantilla geben vornehmen Damen, die sich von Goya porträtieren ließen, den Anschein des *majismo* (Bildnis *Doña Isabel de Porcel*, 1804/05; London, National Gallery).
Goyas Stillleben, deren Datierung zwischen 1810 und 1823 schwankt, stehen in der spanischen Tradition des Küchenstücks, verzichten jedoch auf üppige Arrangements zugunsten der dramatischen, mitunter gespenstischen Bildwirkung vereinzelter Gegenstände (*Gerupfte Pute*; München, Neue Pinakothek).

DIE ZEITENWENDE IN SPANIEN. Goyas künstlerischer Werdegang umfasst – wie das Lebenswerk seines deutschen Zeitgenossen Goethe (1749–1832) – rund 70 Jahre, vom Ausklang des Barock bis weit in die nachrevolutionäre Epoche der Restauration. Eine kulturgeschichtliche Synopse erfasst eine Reihe zeittypischer Gemeinsamkeiten: Goyas frühe Tafelbilder, die der königlichen Manufaktur für Wandteppiche als Vorlagen dienten, schildern anmutige Rokoko-Tändelei in lichten Farben (*Der Sonnenschirm*, 1777; Madrid, Prado) und sozialkritische Volksszenen: *Der verletzte Maurer* (1786/87; Madrid, Prado) wurde als Teppichentwurf (sog. Karton) abgelehnt, da ein vom Baugerüst gestürzter Handwerker als Opfer höfischer Bauleidenschaft erscheinen konnte. Gemeinsam sind Goya und Goethe die zwiespältige Einstellung zum Vorrang des Adels: Die Fürstenkritik im *Torquato Tasso* ähnelt Goyas schonungslosem Gruppenbildnis *Die Familie Karls IV.*

Francisco de Goya, *Die Erschießung der Aufständischen am 3. Mai 1808*, 1814; Öl auf Leinwand, 266 x 345 cm; Madrid, Museo del Prado
Unmittelbar nach der Machtübernahme durch Napoleon I. bzw. dessen Bruder Joseph Bonaparte begann der spanische Volkskrieg gegen die französische Besetzung. Am 2. Mai 1808 richteten Aufständische in Madrid ein Blutbad unter den Mamelucken an, doch behielten die Franzosen die Oberhand und exekutierten in der folgenden Nacht ihre Gefangenen. Diesen Ereignissen am 2. und 3. Mai 1808 widmete Goya 1814, nach der Befreiung Spaniens durch die Engländer und der Rückkehr König Ferdinands VII., zwei monumentale, durch suggestiven Realismus geprägte Historienbilder. Goyas Parteinahme wird in der Szene der Erschießung perspektivisch vermittelt: Die in schräger Rückenansicht wiedergegebenen französischen Soldaten bilden eine gesichtslose Formation. Die Opfer dagegen sind Individuen im grellen Licht der Tötungsmaschinerie.

(1800/01; Madrid, Prado). Die Vertrautheit des Faust-Gefährten und Doppelgängers Mephistopheles mit der Dämonie wird in Goyas »Schwarzen Bildern« vergegenwärtigt: *Der große Ziegenbock* (1820–23; Madrid, Prado) schildert einen Hexensabbat, der Goethes »Walpurgisnacht« eng verwandt ist.

Die Gegensätze, die Goya und Goethe trennen, beruhen unter anderem auf den unterschiedlichen Vorzeichen der gesamteuropäischen Zeitenwende in Spanien und in Deutschland: Während hier die französische Hegemonie zunächst die liberalen Bestrebungen des Bürgertums zu fördern verspricht, wird Spanien zum Schauplatz eines Volkskrieges gegen die als Schutzherrschaft propagierte französische Besetzung. Goyas Darstellung des spanischen Aufstandes und der anschließenden Hungersnot im Zyklus *Los Desastres de la Guerra* (›Die Schrecken des Krieges‹, beg. 1810), die erschütternde Schilderung entsetzlicher Grausamkeiten, die von beiden Seiten begangen werden, ist eine Steigerung der mitunter noch humoristisch karikierenden, jedoch bereits als Soziogramme zu betrachtenden *Caprichos*.

Die druckgrafischen Hauptwerke erweisen Goya als den unerbittlichen Zeugen der Abgründe menschlicher Existenz. Nichts liegt ihm ferner als die am antiken Menschenbild orientierte Bildungseuphorie der Klassik bzw. des Klassizismus im frühen 19. Jahrhundert. Dies verdeutlichen Goyas Wahl und Gestaltung antiker Themen, beispielsweise die Schreckensszene *Saturn verschlingt seine Kinder* (1820–23; Madrid, Prado). Ihre Deutung als Ausdruck eines mythologisch eingekleideten Geschichtspessimismus legt ein Zitat aus dem Drama *Dantons Tod* (1835) nahe: »Ich weiß wohl – die Revolution ist wie Saturn und frisst ihre eigenen Kinder« lässt Georg Büchner seinen Titelhelden erkennen.

Francisco de Goya, *An welchem Übel wird er sterben?*, 1793/98; Radierung mit Aquatinta, 20,8 x 15 cm
Das Blatt Nr. 40 gehört zu den 80 Aquatinta-Radierungen der Sammlung *Los Caprichos* (wörtl. ›Einfälle, Launen‹), die 1799 zwei Tage nach ihrem Erscheinen auf Anweisung der Inquisition beschlagnahmt wurde. Neue Ausgaben erschienen postum ab 1855. Die Gestaltungsweise unterscheidet zwischen der linearen Zeichnung der Figuren mit der feinen Radiernadel und den flächigen, abgestuften Grauwerten in der Technik der Aquatinta. Thematisch steht das Bild des Arztes in Gestalt eines Esels im Zusammenhang mit einer Gruppe von Satiren in der Tradition der Tierfabel, die in den *Caprichos* ihren belehrenden Charakter verliert. Vielmehr geißelt Goya in der karikierenden Bildsprache der ›Verkehrten Welt‹ die Arroganz und Dummheit eines Berufsstandes.

MATERIAL UND TECHNIK

NEUERUNGEN DER DRUCKGRAFIK

AQUATINTA. Die vorwiegend linear-zeichnerische Druckgrafik in Tiefdruck, Kupferstich und Radierung, wurde in der zweiten Hälfte des 18. Jahrhunderts mit einer Technik kombiniert, die eine Nachahmung der Flächenwirkung von Pinselzeichnungen erlaubt. Bei dieser Aquatinta (ital., ›gefärbtes Wasser‹) wird die Druckplatte aus Metall (meist Kupfer) mit pulverisiertem Asphalt oder Kolophonium bestäubt; eine Erwärmung der Platte sorgt für die Haftung des Pulvers. Bevor die Druckplatte geätzt wird, bedeckt Firnis die auszusparenden Partien. Die Ätzflüssigkeit dringt rings um die Körnchen in die Platte ein und erzeugt netzartige Vertiefungen für die Druckfarbe, die beim Abzug mittels der Druckpresse auf dem Papier haften bleibt. Je nach Beschaffenheit des Pulvers und aufgrund der Ätzdauer variieren die Geschlossenheit und Intensität der gekörnten Flächen.

HOLZSTICH. Das älteste druckgrafische Verfahren, der Holzschnitt, gewann im 16. Jahrhundert beim Clair-obscur-Schnitt malerische Helldunkel-Wirkung: Die erhaben aus der Holzplatte geschnittene lineare Zeichnung auf der Strichplatte wurde beim Druck mit Tonplatten kombiniert. Kurz vor 1800 entwickelte der englische Holzschneider Thomas Bewick den Holz- oder Tonstich bzw. die Xylografie (griech., ›Holzzeichnung‹), die vor allem in der Bildpublizistik (Leipziger »Illustrierte Zeitung« mit gezeichneten Reportagen) und Buchillustration Verbreitung fand (Gustave Doré, Adolph Menzel). Holzschnitt und Holzstich gehören zum Hochdruck; der Unterschied ergibt sich aus der Bearbeitung des Langfaserholzes beim Schnitt, des senkrecht zur Faser geschnittenen harten Hirnholzes beim Stich, der mit dem Stichel ausgeführt wird und feinste Schattierungen erlaubt.

Henri de Toulouse-Lautrec, *Der Jockey*, 1899; Lithografie, aquarelliert, 51,5 x 36,3 cm (seitenrichtiges Monogramm HTL und seitenverkehrte Datierung)
Henri de Toulouse-Lautrec nutzte die Technik der Lithografie in zwei unterschiedlichen Gestaltungsweisen. Seine Plakate, ausgeführt als Farblithografien, setzen sich vorwiegend aus klar konturierten Flächen zusammen. *Der Jockey* dagegen gewinnt den Ausdruck dynamischer Bewegung durch eine zeichnerische Differenzierung zwischen dem federleichten Reiter und dem durch Schraffuren modellierten, in perspektivischer Verkürzung entlang der räumlichen Bilddiagonale deformierten Pferd. Für einen Moment löst es sich mit allen vier Beinen vom Boden. Ein vom Bildrand überschnittenes zweites galoppierendes Pferd mit Jockey verstärkt den Bewegungseindruck und die tiefenräumliche Wirkung. Toulouse-Lautrec hat einige Abzüge der Lithografie aquarelliert, andere zusätzlich mit Ölfarben bearbeitet.

LITHOGRAFIE. Das erste Flachdruckverfahren, das die druckenden Partien einer Grafik weder als eingravierte oder geätzte Vertiefung noch als umschnittene Erhöhung verwendet, wurde 1797 von dem österreichischen Erfinder Alois Senefelder entdeckt. Er beschrieb geschliffenen Kalkschiefer, speziell den feinkörnigen Solnhofener Schiefer von der Fränkischen Alb, mit Fettkreide und stellte fest, dass Druckfarbe an den beschriebenen Stellen haften blieb, während sie vom unbeschriebenen, aber mit Wasser befeuchteten Stein abgestoßen wurde. Rasch entwickelte sich diese Technik der Lithografie (griech., ›Steinzeichnung‹) bzw. des Steindrucks zur führenden druckgrafischen Technik mit unbegrenzten Möglichkeiten der Gestaltung: Die Zeichnung lässt sich mit feinen Federn und Stiften, mit lithografischer Kreide und mit dem Pinsel auftragen und reicht von der minuziösen Sachdarstellung bis zur spontan anmutenden Improvisation, von der streng linearen Umrisszeichnung bis zur Modellierung durch malerisches Helldunkel. Frühe Meisterwerke sind Goyas fünf Lithografien *Die Stiere von Bordeaux* (Stierkampfszenen, 1825; 30,5 × 41,5 cm, Erstauflage 100 Abzüge); voraus gingen Goyas 33 Radierungen *La Tauromaquia* (*Die Kunst des Stierkampfs*, 1816).

STIL

ROMANTIK

FORMEN DER EMPFINDSAMKEIT. Sprachgeschichtlich reicht die Bezeichnung ›romantisch‹ von ›romanhaft‹ (frz. *romantique* ›der mittelalterlichen Ritterdichtung entsprechend‹) über ›poetisch, phantastisch‹ (engl. *romantic*) bis zu ›schwärmerisch, träumerisch, unwirklich‹. Gemeinsam ist all diesen Bestimmungen die Abgrenzung gegenüber einer von den Kräften des Verstandes geleiteten, in der Tradition der Aufklärung auf rationale Prinzipien gegründeten Weltanschauung. Bereits im 18. Jahrhundert behauptet sich neben dem Verstandeskult ein Kult der Empfindsamkeit, der sich im frühen 19. Jahrhundert in der Literatur, bildenden Kunst und Musik auf jeweils kulturgeografisch unterschiedliche Weise ausprägt.

Die Kunst der Romantik gelangt in Deutschland als Landschaftsmalerei zur Blüte. Philipp Otto Runge und Caspar David Friedrich entwickeln eine Form der Naturschilderung, die Sehnsucht nach Entgrenzung zum Ausdruck bringt. Der Gegensatz zwischen dem durch Staffagefiguren belebten Vordergrund und einem fernen Horizont erzeugt eine neuartige, den Mittelgrund aussparende und daher in ihren Dimensionen der ahnungsvollen Einfühlung gewidmete Tiefenräumlichkeit. Der Landschaftsraum wird zur Seelenlandschaft im Licht der verschiedenen Tageszeiten, die anthropologische Symbolik gewinnen. In diesem Sinne reichen die Bedeutungsebenen in Runges Gemälde *Der Morgen* (1. Fassung 1808; Hamburg, Kunsthalle) aus dem geplanten Zyklus *Die Tageszeiten* vom Erlebnis des Erwachens über den Beginn des individuellen Lebens mit der Geburt bis zum Anbruch der Epoche einer neuen, von dogmatischen Relikten gereinigten, vergeistigten und ästhetischen Religion.

In England besitzt die bildende Kunst der Romantik in den figürlichen Kompositionen des Dichters, Malers und Grafikers William Blake mystischen Charakter. William Turners Landschaften, die sich zunehmend in Farbschleier auflösen, erscheinen als kosmologische Visionen, die von Naturerlebnissen im Norden, bei der Überquerung der Alpen und in Italien (Venedig) ausgelöst werden.

DER MOND

In einem Brief aus dem Jahr 1802 an seinen Bruder Daniel schreibt Philipp Otto Runge, nachdem er sich über den »Schnickschnack in Weimar« mit dem Ziel einer Wiederbelebung der klassischen Kunst mokiert hat:
»Ist es nicht sonderbar, dass wir klar und deutlich unser ganzes Leben empfinden, wenn wir dicke, schwere Wolken bald dem Mond vorübereilen, bald ihre Ränder von dem Monde vergoldet, bald die Wolken den Mond ganz verschlingen sehen? Es kommt uns verständlich vor, als könnten wir bloß in solchen Bildern unsre ganze Lebensgeschichte schreiben; und ist es denn nicht wahr, dass es seit Raffael und (Michelangelo) Buonarroti keine eigentlichen Historienmaler mehr gegeben hat?« Die neuartige Konzeption einer »eigentlichen Historienmalerei« fernab der epigonalen Ereignisschilderung wird nach Runges Tod (1810) durch Caspar David Friedrich eingelöst: Das Bilderpaar (zwei Gegenstücke) *Mondnacht am Ostseestrand* und *Mondnacht mit Schiffen auf der Ostsee* (beide um 1816/18; München, Neue Pinakothek) dient als Allegorie der ›Fahrt ins Ungewisse‹ zur Zeit des ›Neubeginns‹ nach der Befreiung Deutschlands. *Mann und Frau bei der Betrachtung des Mondes* (1822; Berlin, Nationalgalerie) erinnert an die ›vorromantische‹ Empfindsamkeit im *Abendlied* (1779) mit dem Sinnbild des nächtlichen Gestirns von Matthias Claudius: »Seht ihr den Mond dort stehen? – / Er ist nur halb zu sehen, / Und ist doch rund und schön. / So sind wohl manche Sachen, / Die wir getrost belachen, / Weil unsre Augen sie nicht sehn.«

In Frankreich rebelliert die Kunst der Romantik gegen den staatlich kanonisierten Klassizismus, dessen Erbe Jean-Auguste-Dominique Ingres auf hohem Niveau die harmonische Veredlung tradiert (*Apotheose Homers*, 1827; Paris, Louvre). Krasser Realismus kennzeichnet dagegen Théodore Géricaults monumentale, durch Leichen-Studien vorbereitete Darstellung von Schiffbrüchigen in Todesnot (*Das Floß der »Medusa«*, 1818/19; Paris, Louvre). Ingres' erbitterter Kontrahent wird Eugène Delacroix, dessen Ausgangspunkt die schockierende Schilderung barbarischer Grausamkeit in Geschichte und Gegenwart bildet (*Das Massaker von Chios*, 1823/24; *Tod des Sardanapal*, 1827; beide Paris, Louvre).

DIE SPÄTROMANTIK. Popularität gewinnt die Kunst der Romantik in Deutschland und Österreich durch die gemütvolle Hinwendung zu Volksmärchen und Sagen (Ludwig Richter, Moritz von Schwind), durch die beschauliche Schilderung des Einklangs zwischen Mensch und Natur (Ferdinand Georg Waldmüller, *Frühling im Wiener Wald*, 1860/65; München, Neue Pinakothek) oder

Philipp Otto Runge, *Arions Meerfahrt*, 1809; Feder und Aquarell auf Papier, 51 x 118,7 cm; Hamburg, Kunsthalle
Runges Entwurf für einen Bühnenvorhang verbindet eine griechische Sage mit dem Thema einer Landschaft im Mondschein. Der Dichter und Sänger Arion wurde während einer Fahrt von Sizilien nach Korinth von den Seeleuten mit dem Tod bedroht. Er stürzte sich ins Meer und wurde von einem Delphin gerettet, den Arions Gesang angelockt hatte. Zwar dient die symmetrische Komposition der von Genien bevölkerten und von Schwänen umgebenen Pflanzen einer dekorativen Absicht, doch erzeugt die tiefenräumliche Meeresfläche zugleich einen Erlebnisraum der gegenstandslosen Empfindung.

die humoristische Historisierung der zeitgenössischen bürgerlichen Verhältnisse und Verhaltensweisen (Carl Spitzweg, *Gähnende Schildwache* aus der Folge ›Nachtstücke im Mondlicht‹, um 1870; München, Neue Pinakothek). Der in diesem Zusammenhang gebräuchliche kulturgeschichtliche Begriff des Biedermeier kritisiert ursprünglich weltfremde, insofern triviale romantische Selbstzufriedenheit, die im Revolutionsjahr 1848 in den satirischen *Fliegenden Blättern* von zwei Spießertypen namens Biedermann und Bummelmeier verkörpert wurde.

WIRKUNGSGESCHICHTE

EINE LANDSCHAFT ALS ALTARBILD

Caspar David Friedrich, *Selbstbildnis*, um 1810; schwarze Kreide, 22,8 x 118,2 cm; Berlin, Kupferstichkabinett
Das Selbstbildnis stammt wohl aus der Zeit der ersten Erfolge Friedrichs: 1810 zeigt er in der Berliner Akademie-Ausstellung die Gemälde *Mönch am Meer* und *Abtei im Eichenwald* (beide Berlin, Galerie der Romantik). 1774 in Greifswald im schwedischen Pommern geboren, studiert Friedrich 1794–98 in Kopenhagen und schreibt sich anschließend an der Dresdner Kunstakademie ein, ohne am Studium teilzunehmen. Sein Können erwirbt er vor allem durch Naturstudien. 1816 wird er Mitglied der Akademie und 1824 Professor ohne Lehrauftrag. 1835 und 1837 durch Schlaganfälle gelähmt, stirbt Friedrich 1840 in Dresden in geistiger Umnachtung. Wesentlichen Anteil an seiner Wiederentdeckung hat 1906 eine Ausstellung der Berliner Nationalgalerie (Direktion: Hugo von Tschudi) mit dem Titel »Jahrhundertausstellung der deutschen Malerei von 1775 bis 1875«, nämlich vom Ende des Rokoko bis zum Beginn der Moderne im Impressionismus.

EINE KONTROVERSE. »Bei Gelegenheit dessen, was Herr Kammerherr von Ramdohr über ein zum Altarblatte bestimmtes Landschaftsgemälde von Herrn Friedrich in der *Zeitung für die elegante Welt* hat einrücken lassen«, bemerkt Ferdinand Hartmann, Mitarbeiter an Heinrich von Kleists Zeitschrift *Phöbus* (11/12, 1808), das Bild sei »keineswegs für eine öffentliche Kirche, sondern für die Hauskapelle einer der ausgezeichnetsten, gebildetesten und feinfühlendsten Frauen bestimmt ist, auf deren Zartgefühl Herr Friedrich in der Tat mit Zuversicht rechnen durfte«.
Im Kern bezweifelt der als Philosoph dilettierende preußische Kammerherr Friedrich Wilhelm Basilius von Ramdohr, dass es »ein glücklicher Gedanke« gewesen sei, »die Landschaft zu einer bestimmten religiösen Idee, oder auch nur zur Erweckung der Andacht zu gebrauchen«. Hartmann entgegnet mit dem Bekenntnis der Romantik zur Natur-Empfindung: »Wer es für unmöglich hält, mit der Landschaft Ideen und Empfindungen auszudrücken, der kann wohl niemals von der Natur gerührt gewesen sein« – was ein Verständnis für Kunst ausschließt.
Friedrich selbst gibt Hinweise auf den religiösen Sinngehalt der landschaftlichen Motive: »Wohl ist es beabsichtigt, dass Jesus Christus, ans Kreuz geheftet, hier der sinkenden Sonne zugekehrt ist. (…) Es starb mit Jesus eine alte Welt, die Zeit, wo Gott der Vater unmittelbar wandelte auf Erden. (…) Auf einem Felsen steht aufgerichtet das Kreuz, unerschütterlich fest, wie unser Glaube an Jesum Christum. Immer grün durch alle Zeiten während stehen die Tannen ums Kreuz gleich unserer Hoffnung auf ihn, den Gekreuzigten« (Brief an Prof. Schulz, 1809).

ERNEUERUNG DER LANDSCHAFT. Der Anlass der Kontroverse ist ab 1809 der Öffentlichkeit entzogen. Rund drei Jahrzehnte später erinnert Friedrichs Freund und Schüler, der Maler und Mediziner Carl Gustav Carus, an das *Kreuz im Gebirge*. Carus würdigt als Leistung des im Vorjahr Verstorbenen, »dass in der Landschaftsmalerei namentlich Friedrich es war, welcher mit einem durchaus tiefsinnigen und energischen Geiste und auf absolut originale Weise in den Wust des Alltäglichen, Prosaischen, Abgestandenen hineingriff, und, indem er ihn mit einer herben Melancholie niederschlug, aus dessen Mitte eine eigentümlich neue, leuchtend-poetische Richtung hervorhob«. Als Beispiele nennt er »die beiden prächtigen Bilder im königlichen Schlosse zu Berlin – die Abtei im Eichenwalde an einem Winterabende oder der Wanderer am Gestade des Meeres – oder das einmal einen literarischen Streit veranlassende Kruzifix auf einem Tannenhügel nach Sonnenuntergang« (*Caspar David Friedrich, der Landschaftsmaler*, 1841).

Caspar David Friedrich, *Das Kreuz im Gebirge (Tetschener Altar)*, 1808; Öl auf Leinwand, 115 x 110 cm (ohne Rahmen); Dresden, Gemäldegalerie Neue Meister

Eine Sepiazeichnung (1807; Berlin, Kupferstichkabinett) weckte nach einer jüngst fragwürdig gewordenen Überlieferung den Wunsch der Gräfin Thun-Hohenstein, das Motiv als Gemälde für einen Altar der Hauskapelle des Schlosses Tetschen in Böhmen zu besitzen. Der nach Friedrichs Entwurf geschnitzte Rahmen zeigt »Engelsköpfe, die alle anbetend niederschauen auf das Kreuz. (...) Unten ist in länglicher Füllung das allsehende Auge Gottes, vom heiligen Dreieck eingeschlossen, mit Strahlen umgeben. Kornähren und Weinranken neigen sich zu beiden Seiten gegen das allsehende Auge. Das ist zu deuten auf Leib und Blut dessen, der ans Kreuz geheftet ist« (C. D. Friedrich an Prof. Schulz, 1809).

ZWEIFELHAFTE LEGENDE. Der Aufenthalt des Gemäldes in Tetschen von 1809 bis 1921 schloss bis in jüngste Zeit jeden Zweifel an seiner Entstehung als Altarbild aus. 1977 entdeckte Briefe der Gräfin Maria Theresa von Thun-Hohenstein gaben jedoch Anlass zu einer Revision. Im August 1808 schreibt sie an ihren Mann: »Das schöne Kreuz ist leider nicht zu haben! Der brave Norde hat es seinem König gewidmet.« Mit »Norde« ist Friedrich gemeint, dessen Heimatort Greifswald in jenem Teil Pommerns liegt, der seit 1648 zu Schweden gehörte; Friedrichs König ist daher Gustav IV. Adolf. Indem Friedrich das *Kreuz im Gebirge* diesem antinapoleonisch eingestellten Monarchen zugedacht hatte, diente es als Bekenntnis zu einer politischen Einstellung, deren Repräsentant den Ruf tiefer Frömmigkeit besaß. Ist das »Altarbild« demnach ein politisches Manifest? Obwohl Gustav IV. Adolf erst 1809 entmachtet wurde, muss Friedrich bereits Ende 1808 das Kaufangebot des Grafen von Thun-Hohenstein angenommen haben. Wurde er durch die Zusicherung umgestimmt, das Landschaftsbild mit Gipfelkreuz werde in der Schlosskapelle aufgestellt und erhalte somit als profanes Kunstwerk eine religiöse Weihe? Die Kapelle besaß aber bereits ein Altarbild, und spätere Fotos belegen die Aufhängung im Schlafgemach der Gräfin neben einer Reproduktion von Raffaels *Sixtinischer Madonna*.

Unter diesen Voraussetzungen sind der nach Friedrichs Entwurf geschnitzte Rahmen mit einer Art von Predella (mit eucharistischen Symbolen), die eine Aufstellung als Retabel auf einem Altartisch erlaubte, Friedrichs theologische Erläuterungen und jener ›literarische Streit‹ die Folgen einer Täuschung durch den Käufer. Opfer dieser Täuschung wären aber auch die Gegner, indem sie wetterten: »Es ist eine wahre Anmaßung, wenn die Landschaftsmalerei sich in die Kirchen schleichen und auf Altäre kriechen will« (Ramdohr). Die Täuschung konnte jedoch nur gelingen, wenn die Verwendung eines Landschaftsbildes als Altarretabel denkbar war.

Als Gemälde mit zwiespältiger Entstehung und Wirkung befand sich *Das Kreuz im Gebirge* 1995 in der feuilletonistischen Galerie »Mein meistgehasstes Meisterwerk« der Wochenzeitung *Die Zeit*.

KUNSTBETRIEB

KÜNSTLERGRUPPEN

BEFREIUNG VOM AKADEMISMUS. Mit der Revolution endeten in Frankreich das höfische und aristokratische Mäzenatentum sowie das Auftragswesen der katholischen Kirche, deren Besitz in Staatseigentum überging. Vergleichbare Folgen zeigten sich insgesamt in Europa, zumal die Säkularisation im Heiligen Römischen Reich 1802/03 (Verstaatlichung von Kirchenbesitz) und ein von der Aufklärung in Gang gesetzter Prozess der Säkularisierung (Profanierung der Weltanschauung) traditionelle Voraussetzungen des kulturellen Lebens in Frage stellten. Im Kunstbetrieb kam diese Entwicklung den staatlichen Akademien zugute. Ihre Lehren stützten sich auf Regeln und Techniken, welche durch klassizistisch interpretierte Vorbilder der heidnischen Antike autorisiert wurden. In Misskredit geriet der Akademismus außerhalb von Frankreich durch dessen Anteil an der propagandistischen Staatskunst des napoleonischen Personenkultes, in dessen Dienst sich der Republikaner und Jakobiner Jacques-Louis David nach einer Amnestie gestellt hatte.
Als Alternative zum institutionell geprägten, zunehmend mit dem Marktgeschehen verquickten Akademismus entsteht die individuelle Organisationsform der Künstlergruppe, deren Mitglieder sich ideellen Aufgaben der künstlerischen Tätigkeit verpflichten. Anfänglich enge Lebensgemeinschaft kennzeichnet den Lukasbund, die Gruppe der Präraffaeliten, die Künstlerkolonie in Worpswede und bildet das Ziel, das Vincent van Gogh 1888 mit Paul Gauguin in Arles als »Atelier des Südens« ins Leben rufen will. Arbeitsgemeinschaft verbindet um 1850 die Landschaftsmaler der »Schule von Barbizon«, um 1865–75 die Pariser Impressionisten, zu Beginn des 20. Jahrhunderts die »Brücke«-Künstler in Dresden.

KUNST UND ETHIK. Der Lukasbund aus Studenten der Wiener Akademie, die ab 1810 in Rom im ehemaligen Kloster Sant' Isidoro zusammenleben und weitere deutsche Künstler für ihre Ideen begeistern, erhofft sich die ethische Erneuerung der Volksgemeinschaft, die aus der Sicht der frühromantischen Geschichtsbetrachtung im christlichen Mittelalter bestanden hat. Als Repräsentanten einer religiös beseelten Ästhetik werden Albrecht Dürer und die Maler der als mittelalterlich verstandenen italienischen Frührenaissance von Fra Angelico bis zu Raffael verehrt, im Gegensatz zum ›virtuosen‹ Tizian.
Als nicht zuletzt handwerkliche Vorbereitung (Erlernen der Freskotechnik) auf eine Tätigkeit in Deutschland dienen Gemeinschaftswerke in Rom: Ab 1816 die konfessionell unproblematische Josefsgeschichte für den preußischen Generalkonsul Jacob Salomon Bartholdy in der Casa Bartholdy (1886/87 von den Wänden gelöst und nach Berlin in die Nationalgalerie überführt), danach Fresken im *Casino Massimo* mit Themen aus den Epen *Der*

GEMEINSCHAFTEN

Lukasbund. An der Gründung in Wien 1809 beteiligten sich u. a. Johann Friedrich Overbeck aus Lübeck und Franz Pforr aus Frankfurt a. M. Die Freunde verließen das von Napoleon besiegte Österreich. Mitglieder in Rom (ab 1810) wurden Peter Cornelius aus Düsseldorf (1811), Wilhelm Schadow aus Berlin (1813), Carl Philipp Fohr aus Heidelberg (1816) und Julius Schnorr von Carolsfeld aus Leipzig (1818). Zum engeren Kreis gehörte Joseph Anton Koch aus Tirol, der nach dem Studium in Stuttgart seit 1795 in Rom tätig war. Rom und Italien sollen, wie einst bei Dürer, einer Erneuerung der deutschen Kunst dienen (Overbeck, *Italia und Germania*, 1828; München, Neue Pinakothek). Als Weg galt die »Wiedereinführung der Fresco-Malerei, so wie sie zu Zeiten des großen Giotto bis auf den göttlichen Raffael in Italien war« (Cornelius an Joseph Görres, 1814). Während die Selbstbezeichnung als Lukasbund an den hl. Lukas als Patron der Maler erinnert, bezieht sich der Spottname »Nazarener« auf das Erscheinungsbild der ›altdeutsch‹ gekleideten Künstler mit einer Haar- und Barttracht, die an Bilder Jesu aus Nazaret erinnerte.

Bruderschaft der Präraffaeliten. 1848 wurde die Bruderschaft u. a. von William Holman Hunt, John Everett Millais und Dante Gabriel Rossetti in London ins Leben gerufen. Zum engeren Kreis gehörten Ford Madox Brown, Edward Burne-Jones und William Morris.

Worpsweder Kolonie. Initiator einer Künstlerkolonie in Worpswede bei Bremen war 1889 Fritz Mackensen. Zu den ersten Mitgliedern gehörte Otto Modersohn, der 1901 Mackensens Schülerin (ab 1898) Paula Becker heiratete.

Dante Gabriel Rossetti, *Paolo und Francesca*, 1855; Aquarell, 47 x 75,5 cm; London, Tate Gallery
Rossetti malte das Bild für den prominentesten Fürsprecher der Präraffaeliten, den Schriftsteller, Kunstkritiker, Zeichner und Sozialphilosophen John Ruskin. 1853 hatte dieser in der *Times* die rhetorische Frage gestellt, »ob selbst die größten unter den älteren Künstlern eine unerschöpflichere Einbildungskraft besessen haben als Millais oder Rossetti«.
Als literarische Vorlage diente Rossetti der V. Gesang des »Inferno« in Dantes *Göttlicher Komödie*. Im zweiten Kreis der Hölle begegnen Dante und Vergil den Seelen tragisch ums Leben gekommener Liebender, darunter Paolo Malatesta und Francesca da Rimini. Links erleben sie, angeregt durch die gemeinsame Lektüre des Lanzelot-Romans, die verbotene Liebe zwischen Lanzelot und Königin Ginevra, worauf sie von Francescas Ehemann erstochen werden. Rechts erscheinen sie als »Schatten, die nie sich trennen«.

rasende Roland von Ariost, *Göttliche Komödie* von Dante und *Das befreite Jerusalem* von Torquato Tasso. Doch bereits während der Ausführung des 1817 vom Marchese Carlo Massimo erteilten Auftrags lockert sich der Zusammenhalt der Gruppe, nachdem Peter Cornelius 1819 die Direktion der Düsseldorfer Akademie übernommen hat; ab 1824 leitet er zugleich die Akademie in München, zu deren Professoren ab 1827 auch Julius Schnorr von Carolsfeld gehört (ab 1831 im Auftrag Ludwigs I. Fresken des Nibelungensaals im neuen Königsbau der Residenz).
Gemeinsamkeiten zwischen dem deutschen Lukasbund in Rom und der 1848 in London gebildeten »Bruderschaft der Präraffaeliten« (*Pre-Raphaelite Brotherhood*) ergeben sich aus der jeweiligen Nähe zur Geschichtsauffassung der Romantik sowie aus dem ethischen Anspruch, dem Bekenntnis zur italienischen Kunst des 15. Jahrhunderts, eingeschränkt auf die Zeit ›vor Raffael‹, und der Wahl biblischer und literarischer Themen (Dante, Shakespeare). Andererseits verdeutlicht die Beschäftigung mit moralischen und sozialen Problemen der Gegenwart die inhaltliche, aber auch in der Maltechnik offenkundige Nähe zum Realismus: *Der letzte Blick auf England* (1852–56; Birmingham, Museum and Art Gallery) von Ford Madox Brown zeigt Emigranten auf dem Deck eines Schiffes. In dieser vom akademischen Establishment angefeindeten Gruppe entwickelt sich das Ziel, durch Kunst zur Herstellung sozialer Gerechtigkeit beizutragen, und zwar durch die handwerkliche Produktion künstlerisch gestalteter Gebrauchsgegenstände. Ein Bekenntnis der Künstler-Unternehmer mit antikapitalistischer, sozialutopischer Einstellung, Ford Madox Brown und William Morris, lautet: »Kunst, vom Volk für das Volk gemacht, ist eine Freude für den Erzeuger und für den Benutzer.«

THEMA

LITERATUR

LITERARISCHE THEMEN. In der ersten Hälfte des 19. Jahrhunderts gewinnt die Literatur eine führende Rolle in der kulturellen Entwicklung und begünstigt die bildende Kunst durch ihren Reichtum an neuen Themen. Dennoch erheben sich Stimmen gegen eine Literarisierung der Kunst, zunächst bezogen auf die Maßstäbe der Kunstbetrachtung: »Wir werden immer an literarischen Kategorien gemessen«, beschwert sich Eugène Delacroix 1847 in einem Brief an den Kunstkritiker Théophile Thoré. »Ich wünschte, Ihre Aussage, ich besäße nur die Vorstellungswelt eines Malers, entspräche der Wahrheit; mehr verlange ich gar nicht.«
Die Position, die der umfassend literarisch gebildete Maler und Grafiker Delacroix bezieht, ist historisch fundiert. Bereits 1766 hat Gotthold Ephraim Lessing in seiner kunsttheoretischen Abhandlung *Laokoon oder Über die Grenzen der Malerei und Poesie* grundsätzlich zwischen Poetik und Ästhetik unterschieden. Doch sein Nachweis einer Unvereinbarkeit zwischen Werken der bildenden Kunst und den an literarischen Werken entwickelten poetischen Kategorien widerspricht, wie Delacroix' Klage verdeutlicht, einem weit verbreiteten bildungsbürgerlichen Interesse. Dieses verengt sich vielfach auf einen dem bildenden

Eugène Delacroix, *Kampf zwischen dem Giaur und Hassan*, 1835; Öl auf Leinwand, 74 x 60 cm; Paris, Musée du Petit Palais
Das Gemälde bezieht sich auf die Verserzählung *The Giaour* (1813; dt. »Der Giaur«) von George Gordon Lord Byron. Der aus Venedig stammende Titelheld, benannt mit dem türkischen Wort *giaour* für Christen und sonstige »Ungläubige«, hat sich in die Sklavin Leila verliebt. Nachdem ihr Herr Hassan Leilas Untreue entdeckt hat, lässt er sie bei lebendigem Leibe im Meer versenken. Der Giaur rächt ihren Tod, indem er Hassan überfällt und tötet. In Delacroix' Gesamtwerk gehört die Kampfszene sowohl zu den literarisch motivierten Bildern als auch zum Themenbereich des Orientalismus, dem eigene Eindrücke als Mitglied einer politischen Gesandtschaft zum König von Marokko 1832 zugrunde liegen. Unter stilgeschichtlichem Gesichtspunkt zeigt es die neubarocke Rubens-Rezeption des Romantikers Delacroix.

Künstler abverlangten literarischen Inhalt, der die traditionellen Themen der Historienmalerei aus antiker und christlicher Mythologie sowie aus der Politik durch lebensvolle Charaktere aus der von Dichtern ersonnenen Geschichte der Menschheit ergänzen soll.
Ein reiches Repertoire solcher Charaktere bieten die Dramen William Shakespeares, die Ende des 18. Jahrhunderts wieder entdeckt wurden und nun Maler wie die englischen und französischen Romantiker William Blake, Théodore Chassériau, Eugène Delacroix oder den nach London übersiedelten Schweizer Johann Heinrich Füssli sowie die Präraffaeliten William Holman Hunt und John Everett Millais inspirieren.
Entscheidenden Anteil an einer Entliterarisierung der bildenden Kunst gewinnt im letzten Viertel des 19. Jahrhunderts der Impressionismus; Max Liebermann trifft schließlich 1911 die lapidare Unterscheidung: »Wozu malen, was man mit Worten ausdrücken kann.«

ILLUSTRIERTE AUSGABEN. Das gesteigerte Interesse an Literatur erlaubt die Ausstattung der gedruckten Bücher mit Bildschmuck. Er entspricht in Ausmaß und Anspruch der sprunghaften Erweiterung der überwiegend bürgerlichen Leserschaft. Das als Titelkupfer bezeichnete traditionelle Frontispiz vervielfacht sich gleichsam zu zyklisch konzipierten Bildfolgen. Einer der qualitätvollsten und mit malerischen Holzstichen zu rund 90 Werken der Weltliteratur produktivsten Illustratoren ist Gustave Doré; seine Themen reichen von Dantes »Inferno« (1861) aus der *Göttlichen Komödie* über *Gargantua und Pantagruel* (1854) von Rabelais und *Don Quijote* (1863) von Cervantes bis zu Balzacs *Tolldreisten Geschichten* (1855). Die Popularität als Bibel-Illustrator teilte sich Doré mit Julius Schnorr von Carolsfeld (240 Holzschnitte, 1853–60).
Zu den im 19. Jahrhundert zahlreichen literarisch-bildnerischen Doppelbegabungen gehören, neben Goethe, der Erzähler, Maler, Zeichner und Komponist E. T. A. Hoffmann, die Erzähler und Maler Gottfried Keller und Adalbert Stifter sowie der Zeichner und Dichter Wilhelm Busch. Seine Bildgeschichten (*Max und Moritz*, 1865; *Maler Klecksel*, 1884) sind Vorläufer des ursprünglich satirischen, um 1900 entstandenen Comic strip (engl., ›komischer Bildstreifen‹).
Der zunehmenden Industrialisierung der Buchherstellung wirkt Ende des 19. Jahrhunderts eine Reformbewegung entgegen. Ihr Ziel ist die Erneuerung der als Buchkunst bezeichneten Verbindung zwischen Kunst und Literatur auf handwerklicher Grundlage. Maßstäbe setzt die 1891 von William Morris gegründete »Kelmscott Press« mit Edward Burne-Jones als künstlerischem Mitarbeiter. Das Ideal einer stilistischen Einheit von Typografie (Schrift) und Buchschmuck (Illustration und Ornamentik) übernehmen »Pressen« in Deutschland wie die »Steglitzer Werkstatt« (1901) und die »Ernst-Ludwig-Presse« (1907) in Darmstadt, einem Zentrum des Jugendstils.

WELTLITERATUR

Johann Peter Eckermann zufolge erklärte Goethe: »Nationalliteratur will jetzt nicht viel sagen; die Epoche der Weltliteratur ist an der Zeit, und jeder muss jetzt dazu wirken, diese Epoche zu beschleunigen.«
Der Appell an die Schriftsteller entspricht einer Tendenz in der bildenden Kunst.
Zu den Dramen und Epen, denen sich beispielsweise Eugène Delacroix in Gemälden und Lithografien gewidmet hat, gehören:
Byrons *Don Juan* (*Der Schiffbruch des Don Juan*, 1840; Paris, Louvre),
Dantes *Göttliche Komödie* (*Die Barke des Dante*: Dante und Vergil überqueren den Höllenfluss Styx, 1822; Paris, Louvre),
Goethes *Faust. Der Tragödie erster Teil* (*Mephisto erscheint Faust*, 1827; London, Wallace Collection),
Shakespeares *Hamlet* (*Hamlet und die beiden Totengräber*, 1839; Paris, Louvre),
Tassos *Das befreite Jerusalem* (*Clorinde befreit Olindo und Sofronia vom Scheiterhaufen*, 1853/56; München, Neue Pinakothek).

GESTALTUNGSAUFGABE

KARIKATUR

KOMISCHE GEGENBILDER. Die Geschichte der Karikatur ist Bestandteil der Kunstgeschichte, sofern Darstellungen, die sich als komische, parodistische Abwandlungen tradierter Themen und Motive erweisen, im weitesten Sinne als karikierend betrachtet werden. Ein Beispiel ist die Statuette *Negerknabe, der sich einen Dorn auszieht* aus Priene in Kleinasien, 1. Jahrhundert v. Chr. Er sitzt in der Haltung des klassischen, in zahlreichen Kopien verbreiteten *Dornausziehers* und sollte durch seine dem Vorbild diametral entgegengesetzte schmerzverzerrte negroide Physiognomie mit großer Wahrscheinlichkeit die Betrachter belustigen (Berlin, Antikensammlung).

Bild und komisches Gegenbild verhalten sich im Altertum zueinander wie die Tragödie und die Komödie, die wie ihr bildnerisches Pendant zur Übertreibung neigt. Diese Eigenschaft betont der Begriff ›Karikatur‹, der sich von ital. *caricare* ›überladen, übertrieben komisch darstellen‹ herleitet. Insofern gelten Zerrbilder von Mensch und Tier in Form der mittelalterlichen Bauplastik und gezeichneten marginalen Drolerien oder absonderliche Porträtstudien aus der Zeit der Renaissance (Serie der *Grotesken Köpfe* von Leonardo da Vinci) und des Barock (Annibale Carraccis *Rittratini carichi*) als Karikaturen, die vorwiegend erheitern, mitunter bestimmte Verhaltensweisen verspotten, die sich physiognomisch ausdrücken und auf bestimmte Personen beziehen. In diesem Zusammenhang konnte die Porträtkarikatur als Schandbild dienen.

Honoré Daumier, *François Guizot*, 1832; Terrakotta, mit Ölfarbe bemalt, Höhe 22 cm; Paris, Musée d'Orsay
Die Büste gehört zu den 36 *Célébrités du Juste-Milieu* (›Berühmtheiten des Juste-Milieu‹), die Daumier ab 1831 als Modell für seine lithografischen Karikaturen hergestellt hat. Der Historiker und Politiker François Guizot wurde in die Serie aufgenommen, nachdem ihn Louis-Philippe 1832 zum Erziehungsminister ernannt hatte, weil er 1830 maßgeblich an der publizistischen Vorbereitung der Julirevolution und dem Sturz der Bourbonen (Karl X.) mitgewirkt hatte. Nach 1830 passte sich Guizot der Verdrängung der revolutionären Ziele an. Als Ministerpräsident (1847/48) widersetzte er sich den Forderungen nach einer Wahlrechtsreform und Sozialgesetzgebung und bot dadurch Anlässe für die Februarrevolution von 1848.

KARIKIERENDE BILDPUBLIZISTIK. Zur breit gefächerten Gestaltungsaufgabe entwickelte sich die Karikatur im 16. Jahrhundert mit der Entstehung einer parteilichen Publizistik der illustrierten Flugblätter und Flugschriften im Zeichen konfessioneller, zugleich sozialer und politischer Kämpfe. Als wirkungsvollstes Gestaltungsmittel erwies sich die aktualisierende Verbildlichung populärer Spruchweisheiten, Fabeln und biblischer Motive wie des Drachens aus der Offenbarung des Johannes, der sowohl das siebenköpfige Papsttum als auch den siebenköpfigen Reformator Martin Luther verkörpern und auf bildpublizistische Weise denunzieren konnte. Die hier bereits vorbereitete Moralsatire erlebte ihren bedeutendsten Aufschwung im vergleichsweise liberalen England des 18. Jahrhunderts (William Hogarth) und wandelte sich hier im publizistischen Kampf gegen das revolutionäre, dann napoleonische Frankreich zur politischen Waffe (James Gillray). Wesentliches Kennzeichen ist die Personalisierung der politischen Konflikte.

Nach der französischen Julirevolution von 1830 entwickelte sich Paris zum Zentrum der bildpublizistisch gesteigerten Macht der Presse, wobei nicht zuletzt Karikaturen den Vorwand für Beschränkungen der Pressefreiheit

boten. Zum Vorbild aller späteren Zeitschriften mit satirischem Inhalt wurden die 1830 und 1832 von Charles Philipon gegründeten Blätter *La Caricature* und *Le Charivari* mit Grandville und Honoré Daumier als bedeutendsten Mitarbeitern. Die Karikaturen des Grafikers, Malers und Bildhauers Daumier sezieren die politische Entwicklung Frankreichs von der Julimonarchie des ›Bürgerkönigs‹ Louis-Philippe über die 2. Republik und das Kaiserreich Napoleons III. bis zu den Anfängen der 3. Republik nach 1870. Daneben widmete er sich der gesellschaftlichen Moralsatire und schuf mit der Figur des Robert Macaire die Personifikation des verhassten bürgerlichen Spekulantentums und der Hochstapelei (ersch. 1836–38 in *Caricaturana*). Als Einzelblätter veröffentlichte Daumier die Serie *Juristen* (1845–48). In seiner Grabrede (1879) charakterisierte Jules Champfleury den Künstler mit den Worten: »Den Lithostein verwandelte er in ein Fresko: Alles lebt hier, bewegt sich, pulsiert und erhellt sich gegenseitig. Große Helligkeit ist in seinen Werken, zu groß vielleicht für das Publikum, das Anmutiges lieber sieht als Feuriges, Eleganz mehr liebt als Kraft und vom Denker gerne Bonmots hören würde.«
Mit dem Untertitel »The London Charivari« erscheint ab 1841 wöchentlich *The Punch* (mit John Tenniel, Bismarck-Karikatur *Der Lotse geht von Bord*, 1890). In München erscheinen ab 1844 die *Fliegenden Blätter* (mit Carl Spitzweg und Moritz von Schwind); es folgen der *Kladderadatsch* (›Zusammenbruch‹, ab 1848) und der *Simplicissimus* (ab 1896, Mitbegründer Thomas Theodor Heine).

Honoré Daumier, *Der gesetzgebende Bauch*, 1834; Lithografie, 28 x 43 cm
Mit seiner Darstellung der Abgeordneten der Deputiertenkammer als *Ventre législatif* brandmarkte Daumier Tendenzen, die sich in Frankreich im Widerspruch zu den Zielen der Julirevolution von 1830 durchsetzten. Die Losung »Enrichez vous!« (›Bereichert euch!‹) kennzeichnete unverhohlen die Vorherrschaft des Großbürgertums, in dessen ökonomischen Interessen sich die Politik fügte. Die Karikatur erschien 1834 in den Pariser Zeitschriften *Association Mansuelle* und *Caricature*. Die Regierung unter dem ›Bürgerkönig‹ Louis-Philippe nahm Daumiers Satire und entsprechende Publikationen zum Anlass, 1835 die Pressefreiheit per Gesetz drastisch einzuschränken. Stilistisch ist *Der gesetzgebende Bauch* ein Beispiel für Daumiers Verfahren, die Personen nach karikierenden Büsten aus Terrakotta zu zeichnen, beispielsweise François Guizot, mit dessen hager-verdrießlichem Abbild links die Riege der Minister in der ersten Reihe beginnt.

STIL

HISTORISMUS

REVIVAL DER KUNSTGESCHICHTE. Die terminologische Unterscheidung zwischen der Wiedergeburt (ital. *rinascità*; frz. *renaissance*) und der Wiederbelebung (engl. *revival*) historischer Stilmerkmale betrifft auf den ersten Blick Nuancen, die jedoch den jeweils grundlegenden Unterschied im Verhältnis zur Geschichte kennzeichnen. Eine Wiedergeburt beinhaltet die Entstehung von Verwandtem, aber organisch Neuem, eine Wiederbelebung die Weiterführung, bestenfalls Fortentwicklung von Vergangenem.

Für die Verwendung der englischen Terminologie spricht die führende Rolle englischer Archäologen, Architekten und Bauherren bei der Entstehung des klassizistischen Greek Revival (dorischer Tempel im Park von Hagley, 1758) und des Gothic Revival. Zu den frühesten Beispielen der neugotischen Architektur gehört der Landsitz *Strawberry Hill* in Twickenham des Autors des Schauerromans *Schloss Otranto* (1765), Horace Walpole. Das Hauptwerk des neugotischen Profanbaus in England ist das *Londoner Parlament* (1839–52), das stilistisch an die Entstehung des englischen Parlamentarismus im Mittelalter erinnert (Bezeichnung des Großen Rats der englischen Könige seit dem 13. Jahrhundert als *parliament*).

DENKMAL-KUNST. Einen vergleichbaren denkmalhaften Charakter besitzen Rathäuser in einer neugotischen Version, die an die Blütezeit der bürgerlichen Ökonomie in Flandern erinnert (*Münchner Neues Rathaus*, 1867–1908). Zum mittelalterlichen Rittertum bekannte sich der preußische ›Romantiker auf dem Königsthron‹, Friedrich Wilhelm IV., durch die Restaurierung oder neugotische Nachbildung von Burgen. An die kulturellen Leistungen der französischen Monarchie erinnern Nachahmungen der Loire-Schlösser im Stil der Renaissance (*Schweriner Schloss*, beg. 1844) oder die Imitation des Barockschlosses *Versailles* Ludwigs XIV. durch das neubarocke Schloss *Herrenchiemsee* (beg. 1878) Ludwigs II. von Bayern, dessen Schloss *Linderhof* (beg. 1874) zu den Zeugnissen des Neurokoko gehört. Der Epoche des Barock als Blütezeit des Musiktheaters huldigt die *Grand Opéra* (1862–75) in Paris von Charles Garnier mit bauplastischem Schmuck von Jean-Baptiste Capreaux; ein Dekret Napoleons III. erklärte das Projekt zur gemeinnützigen Einrichtung, ausgestattet mit historisch legitimiertem Luxus zum Ruhm des Second Empire.

Die Sammelbezeichnung einer kunstgeschichtlichen Kostümierung der auf Repräsentation bedachten, jeweils als Gesamtkunstwerke im antiken, mittelalterlichen Gewand oder im Stil der

DER WIENER »RING«

Kaiser Franz Josef I. ließ per Dekret (1857) die Befestigung der Wiener Innenstadt abreißen und durch eine Prachtstraße ersetzen, die zu zwei Dritteln die Innenstadt (also den 1. Bezirk) umschließt und durch den Kai am Donaukanal zur kreisförmigen Trasse geschlossen wird. Die Bebauung dieser ›Ringstraße‹ u. a. nach Plänen von Gottfried Semper aus Zürich bildet ein Freilichtmuseum des Historismus im ›Ringstraßenstil‹.

1861–69 *Hofoper* (heute *Staatsoper*) in Anlehnung an Formen der venezianischen Renaissance, Fresken von Moritz von Schwind

1872–81 *Hofmuseen* (heute *Kunsthistorisches Museum* und *Naturhistorisches Museum*) als überkuppelte Zwillingsbauten im Stil der Spätrenaissance

1872–83 *Neues Rathaus* des aus Köln an den Stephansdom berufenen Dombaumeisters Friedrich von Schmidt, angeregt durch spätgotische Profanbauten der Niederlande mit Türmen, Innenhöfen und arkadengesäumten Lauben

1873–83 *Reichsrat* (heute *Parlament*) im Stil des Neuklassizismus bzw. der im befreiten Griechenland entwickelten neugriechischen Architektur

1873–83 *Neue Universität* mit Renaissance-Arkadenhof

1874–88 *Hofburgtheater* (heute *Burgtheater*) in einer Stilmischung aus Renaissance und Barock frühen Neuzeit (Renaissance, Barock, Rokoko und Klassizismus) konzipierten Bauwerke als Historismus bedient sich eines Begriffs aus der Geisteswissenschaft im 19. Jahrhundert. Hier betonte eine historistische Betrachtung der Vergangenheit die Geschichtlichkeit aller kulturellen Errungenschaften, sodass diese an bestimmte Stilformen der Kunstgeschichte gebunden zu sein schienen. Als Konsequenz kam beispielsweise in Preußen eine Verordnung auf, die dem Kirchenbau allenfalls die Wahl zwischen den beiden Bau- und Dekorationsstilen des ›christlichen Mittelalters‹ ließ. Bei der Berliner *Kaiser-Wilhelm-Gedächtniskirche* (1891–95) fiel die Entscheidung für einen romanischen statt gotischen Baukomplex, der ein Mosaik mit einer Prozession von Herrscherpaaren des Hauses Hohenzollern nach byzantinischem Vorbild zuließ. Die heute als Ruine konservierte, durch Neubauten von Egon Eiermann (Glockenturm und Gemeinderaum) ergänzte *Gedächtniskirche* entstand als Denkmalkirche, um das Andenken des Reichsgründers Wilhelm I. statt durch einen Obelisken auf dem Potsdamer Platz durch einen dem allgemeinen Wohl gewidmeten Nutzbau zu ehren, errichtet am Schnittpunkt des Kurfürstendamms mit vier weiteren Straßen.

Firma Strumpre & Co., *Hamburger Elbbrücke*, 1882–92
Der Verkehrsbau zeigt den Versuch einer Synthese aus industriellem Zweckbau und historistischer Verkleidung. Während der Brückentrakt als mustergültiger Ingenieurbau aus Beton und Eisen der Bautechnik angehört, behaupten sich die Zugänge als baukünstlerisch gestaltete Baukörper in der Tradition monumentaler Stadttore und im historistisch adaptierten Stil der norddeutschen Backsteingotik mit Spitzbögen, Zinnen und mittlerem Staffelgiebel. Anleihen bei der Romanik sind die runden Trabantentürmchen. Über dem mittleren Pfeiler flankieren zwei Löwen als Schildhalter das Wappen der Freien Stadt Hamburg, deren heutiges Rathaus ab 1886 entstand (›Deutsche Renaissance‹ mit barockem Treppenhaus).

BIOGRAFIE

1781 Karl Friedrich Schinkel wird am 13. März in Neuruppin geboren

1799–1800 Studium an der Berliner Bauakademie

1803–05 Studienreise durch Italien und Frankreich

1810 Beginn der Laufbahn im preußischen Staatsdienst (1815 Oberbaurat und 1830 Leiter des Staatsbauamtes)

1815 Bühnenbilder zu über 40 Berliner Inszenierungen (*Die Zauberflöte* von Mozart, E. T. A. Hoffmanns Märchenoper *Undine*)

1816–30 Bauten in Berlin in Anlehnung an die griechische Architektur (*Neue Wache*, *Schauspielhaus* und *Altes Museum*) sowie die neugotische *Werdersche Kirche*

1826 Englandreise zum Studium der industriellen Entwicklung

1841 Schinkel stirbt in Berlin am 9. Oktober im Alter von 60 Jahren

KÜNSTLER

KARL FRIEDRICH SCHINKEL

BAUKUNST UND STIL. Als Musterbeispiel der Austauschbarkeit historischer Stilvorbilder im Historismus gelten die beiden Entwürfe Karl Friedrich Schinkels für die Innengestaltung der Berliner *Werderschen Kirche* (1824–30, heute *Schinkel-Museum*): Während der erste Entwurf durch Kuppeln und kassettierte Gurtbögen die antikisierende Stilform der Renaissance verwendet, gehört der zweite, vom Bauherrn König Friedrich Wilhelm III. von Preußen (reg. 1797–1840) zur Ausführung bestimmte Entwurf mit Sterngewölbe zu den frühen Beispielen des neugotischen Kirchenbaus in Deutschland. Vorherrschend ist jedoch die kubische Geschlossenheit des horizontal orientierten Hallenbaus mit Emporen, der Schinkels klassizistische Grundhaltung erkennen lässt. Sie leitet sich von seiner Ausbildung an der 1799 gegründeten Berliner Bauakademie her, zu deren Lehrkräften neben Friedrich Gilly auch Aloys Hirt gehörte, dessen Abhandlung *Die Baukunst nach den Grundsätzen der Alten* (1809) der formbildenden Konstruktion den Vorrang vor Stilmerkmalen einräumte. In diesem Sinne sind Schinkels Berliner Hauptwerke konstruktiv entwickelte Gefüge mit integrierten antikisierenden Bauelementen wie der zentralen Rotunde und einer ionischen Kolonnade beim *Alten Museum* (1824–28). Als Wirkungsabsicht der Baukunst nennt Goethes »Prolog zur Eröffnung des Berliner Theaters [d. i.: *Schauspielhaus* am Gendarmenmarkt] im Mai 1821« in direkter Anrede an das Publikum, das »sittlich nun geweihten Saal« schmücken soll: »Denn euretwegen hat der Architekt, / Mit hohem Geist, so edlen Raum bezweckt, / Das Ebenmaß bedächtig abgezollt, / Dass Ihr euch selbst geregelt fühlen sollt.«

Karl Friedrich Schinkel, *Neue Wache* in Berlin, 1816–18
Dieses Frühwerk verbindet einen als Militärbau zweckmäßigen Baukubus mit einem dorischen Portikus. Er entsprach wie bereits das *Brandenburger Tor* (1788–91) von Carl Gotthard Langhans dem Greek Revival und postulierte eine historische Verwandtschaft zwischen dem dorischen (d. i. spartanischen) und dem preußischen Leitbild soldatischer Pflichterfüllung.

DAS GESAMTWERK. Den Bildungsauftrag der Architektur verfolgte Schinkel nach seinen eigenen Worten als »Veredler aller menschlichen Verhältnisse«, wobei »Plastik, Malerei und die Kunst der Raumverhältnisse und Bedingungen des sittlichen und vernunftgemäßen Lebens« zusammenwirken müssen. Als Maler arbeitete Schinkel in den Jahren der politisch bedingten Stagnation der Bautätigkeit in Preußen (1806 Niederlage gegen Frankreich). Er entwarf effektvolle Schaubilder (Dioramen) und Rundbilder (Panoramen) wie *Die Sieben Weltwunder* (1808), malte Landschaften mit Phantasieveduten (*Dom über einer Stadt*, 1813; München, Neue Pinakothek).

Schinkels Tätigkeit als Architekt (Schloss-, Theater-, Wohnbau) in Berlin, Dresden, Frankfurt a. d. O., Hamburg, Potsdam (*Nikolaikirche*), Zittau und auf Rügen wurde ergänzt durch städtebauliche Planungen für Berlin. Hier leitete Gottfried Schadow (*Quadriga des Brandenburger Tors*, 1793; *Prinzessinnen Luise und Friederike*, 1795–97; Schinkel-Museum) ab 1815 die Kunstakademie. Im gleichen Jahr verfasste Schinkel eine erste Denkschrift für die staatliche Denkmalpflege und setzte sich ab 1817 für die Wiederherstellung der *Marienburg* ein. Handelte es sich hierbei um eine Veredlung der »menschlichen Verhältnisse« im großen Maßstab, so widmete er sich zugleich der Verbesserung der kunsthandwerklichen, teilweise bereits industriell gefertigten Gebrauchsgegenstände (Publikationen: *Schinkels Möbelentwürfe* und *Vorbilder für Fabrikanten und Handwerker*); besondere Förderung wurde dem Berliner Eisenguss zuteil. Ihren sinnfälligen Ausdruck fand Schinkels Entwicklung vom herausragenden Repräsentanten einer Baukunst im Geist der Weimarer Klassik zum umsichtigen Organisator des Bauwesens und verwandter Gewerbe im Neubau der Berliner *Bauakademie* als Nutzbau, nachdem Schinkel eine während seiner Englandreise empfundene Scheu vor der Anonymität der zeitgenössischen »Gebrauchsarchitektur« überwunden hatte.
Schinkels Bedeutung für den Weg zur Moderne verdeutlicht die Kritik am restaurativen Historismus und dessen Bestreben, »das Alte allein festzuhalten oder zu wiederholen. Dadurch würde die Historie zugrunde gehen«. Im Gegenteil ist »historisch handeln das, welches das Neue herbeiführt und wodurch die Geschichte fortgesetzt wird«. Nicht zuletzt städtebaulich gilt jedoch: Indem »die Geschichte fortgesetzt werden soll, ist sehr zu überlegen, welches Neue, und wie dies in den vorhandenen Kreis eintreten soll«.

Karl Friedrich Schinkel, *Bauakademie* in Berlin, 1832–35
Als »Wiedervereinigung von Bautechnik und Bauästhetik« würdigt der Architekturhistoriker Paul Klopfer (*Von Palladio bis Schinkel*, 1911) den Neubau der Berliner *Bauakademie*. Die Begründung ergibt sich aus der Übereinstimmung zwischen der Felderung der Backsteinmauern des Außenbaus mit der Tonnenwölbung der Innenräume. Die kubische Gesamtform wird von den würfelförmigen Raumelementen wiederholt, die dem schachbrettförmigen Grundriss entsprechen. Die jeweils achtteilige Gliederung der vier Fronten vermeidet eine Achsenwirkung. »Was Schinkel durch den Bau groß macht, ist die Beschränkung allen Beiwerks zugunsten der Masse, ist die Gliederung dieser Masse im Sinne der Konstruktion, ist die Anwendung der Konstruktion im Sinne des Schmucksinns« (Paul Klopfer). Eine Rekonstruktion des 1945 ausgebrannten und 1961 im damaligen Ostberlin beseitigten Baudenkmals ist geplant.

KUNSTZENTRUM

MÜNCHEN

ISAR-ATHEN. Die 1158 erwähnte Neugründung »Munichen« (d. i. ›bei den Mönchen‹) des welfischen Sachsen- und Bayernherzogs Heinrichs des Löwen diente ab 1255 den Herzögen des Hauses Wittelsbach als Residenzstadt mit dem »Alten Hof« als burgartigem Wohnsitz. Ihn ersetzte nach und nach die »Neue Veste«, deren Ausbau zum Stadtschloss vor allem Kurfürst Maximilian I. zu verdanken war. Das gegen Österreich gerichtete Militärbündnis mit Napoleon trug Maximilian I. Joseph 1806 die Königswürde ein. 1813 wechselte Bayern die Fronten und gehörte zu den Siegermächten der Freiheitskriege.

Von 1825 bis zur Abdankung 1848 regiert Ludwig I. Unter diesem bereits als Kronprinz mit städtebaulichen Erweiterungen beschäftigten König und zunächst liberalen Förderer von Kunst und Wissenschaft entwickelt sich München zum »Isar-Athen« mit klassizistisch-romantischer, insgesamt historistischer Prägung. Bayern ist zu dieser Zeit eng mit dem befreiten Griechenland verbunden, das 1833–62 von Ludwigs Sohn König Otto I. regiert wird.

Ludwigs Bauvorhaben folgen jedoch überwiegend italienischen Vorbildern des Altertums und der Renaissance wie das *Hof- und Nationaltheater* mit Säulenportikus (1811–18, Carl von Fischer, Wiederaufbau nach Brand 1823–25) und Leo von Klenzes *Königsbau* der Residenz (1826–35), der dem Florentiner *Palazzo Pitti* Bartolommeo Ammanatis (ab 1560) nachempfunden ist. In Zusammenarbeit mit Klenze, dann mit Friedrich Gärtner entsteht die *Ludwigstraße*. Ihr Vorbild als einheitliche Planung ist die 1808 von Fischer begonnene Brienner Straße zum *Königsplatz* mit Klenzes *Glyptothek* (1816–30) und *Propyläen* (1846–1860). Als bayerisches Pendant zur deutschen *Walhalla*

***Einzug des Kronprinzen Maximilian (II.) Joseph und seiner Gemahlin Marie von Preußen 1842 in München*; München, Bayerische Staatsbibliothek**
Als Schauplatz dient die 1816 im Auftrag von Kronprinz Ludwig (I.) begonnene, nach ihm benannte Prachtstraße. Sie erweiterte München von der Residenz aus nach Norden in Richtung Schwabing, das schließlich 1890 eingemeindet wird. Als südlicher Blickpunkt dient die *Feldherrnhalle* (1840–1844) von Friedrich Gärtner nach dem Vorbild der *Loggia dei Lanzi* (1374–81) in Florenz. Daneben erscheinen die beiden Fassadentürme der spätbarocken Hof- und Klosterkirche *St. Kajetan* bzw. *Theatinerkirche* (1765–68). Links im Mittelgrund befindet sich als Pfarrkirche des neuen Stadtviertels Gärtners *Ludwigskirche* (1829–44), erbaut im Rundbogenstil der italienischen Romanik mit Zweiturm-Fassade und ausgestattet mit dem Fresko *Das Jüngste Gericht* von Peter Cornelius. Das Gebäude rechts im Vordergrund gehört zu Gärtners Neubau der *Universität* (1835–40); die Landshuter Hochschule war 1826 nach München verlegt worden. Als nördlicher Abschluss folgt an der Grenze zu Schwabing nach dem Vorbild des römischen *Konstantinbogens* (313–15) das *Siegestor* (1843–52), inschriftlich »Dem bairischen Heer« gewidmet.

(bei Regensburg, Plan ab 1807, Ausführung durch Klenze als Nachbildung der *Akropolis* von Athen 1830–42) entsteht an der Münchner Theresienwiese die *Ruhmeshalle* (1843–53). Davor erhebt sich die 18,5 m hohe, in Einzelteilen durch die königliche Eisengießerei hergestellte und 1850 eingeweihte *Bavaria* nach einem 1837 begonnenen Modell Ludwig von Schwanthalers. Statt einer Griechin mit Lorbeerkranz, die an Werke des Phidias erinnern sollte, ist eine Germanin mit Bärenfell und Eichenkranz entstanden. Sie bildet den Endpunkt eines stil- und kulturgeschichtlichen Wandels vom philhellenischen Klassizismus über Stadien des Historismus zu nationalem Pathos, das in eklektizistischer Prunkarchitektur mündet.

AKADEMIE UND KUNSTVEREIN. Die 1808 gegründete Kunsthochschule in München ist dem klassizistisch geschulten Akademismus verpflichtet; Vorrang genießt im Lehrbetrieb wie in den Ausstellungen die Historienmalerei, Arbeiten der Bildnis-, Genre-, Landschafts- und Architekturmaler zählen zur untergeordneten ›Fachmalerei‹. Diese Rangordnung bleibt unter der Direktion (1824–40) des ehemaligen Nazareners und Düsseldorfer Akademiedirektors Peter Cornelius bestehen, ebenso unter dessen Nachfolgern Kaulbach (1849) und Piloty (1874).
Wilhelm Kaulbach, ein Düsseldorfer Schüler von Cornelius, folgt diesem 1826 nach München und wird 1837 Hofmaler. Als ein Hauptwerk der gelehrten, auf Quellentexte gestützten Historienmalerei entsteht 1836–46 Kaulbachs Monumentalgemälde *Die Zerstörung Jerusalems durch Titus* (585 × 705 cm; München, Neue Pinakothek). Die Inszenierung eines welt- und religionsgeschichtlichen Wendepunktes wird von Ludwig I. erworben. Der König beauftragt Carl Rottmann mit historisch bedeutenden Landschaften der Antike (Hofgarten-Arkaden).
Um Freiräume zu schaffen, gründen Vertreter der ›Fachmalerei‹ 1823 den Münchner Kunstverein. Allerdings setzt der öffentliche Kunstgeschmack Grenzen. Als das Mitglied Carl Spitzweg in der Vereinsausstellung von 1839 sein Genrebild *Der arme Poet* zeigt, stößt die Darstellung eines zwar begeisterten, aber in ärmlichsten Verhältnissen hausenden Dichters auf schroffe Ablehnung (Erstfassung: Berlin, Neue Nationalgalerie; eigenhändige Replik: München, Neue Pinakothek). Hier missbrauchte anscheinend ein Anfänger sein Talent, indem er die selbst vom König ausgeübte Dichtkunst lächerlich machte.
Man erinnert sich in München: Ludwig I. hat 1828 Joseph Stieler, einen Mitbegründer des Vereins und für den König mit der »Schönheitsgalerie« (heute im Schloss Nymphenburg) beschäftigt, nach Weimar geschickt, um Goethe zu porträtieren (München, Neue Pinakothek). Doch damit nicht genug. Er wird zum wichtigsten Förderer eines *Goethe-und-Schiller-Denkmals* und wünscht statt eines antiken Gewandes (Modell von Christian Daniel Rauch) ein höfisch angemessenes »teutsches Costum«, in das daraufhin Ernst Rietschel die beiden Nationaldichter beim 1857 in Weimar enthüllten Doppeldenkmal kleidet.

KUNSTMUSEEN

1568–71 lässt Albrecht V. für seine Antikensammlung das *Antiquarium* errichten, heute Bestandteil der Residenz; Abschluss der jüngsten Restaurierung des größten Saals im Stil der Renaissance in Deutschland im Jahr 2000

ab 1816 entsteht im Auftrag des Kronprinzen Ludwig (I.) Leo von Klenzes klassizistische *Glyptothek* als Museum der Bildhauer- und Steinschneidekunst (Glyptik) des Altertums; Eröffnung 1830

1825–36 erbaut Klenze zur Schaustellung der königlichen Gemäldesammlung die *Pinakothek* im Stil der Hochrenaissance (heute *Alte Pinakothek*)

1846 Ludwig I. legt den Grundstein zur *Neuen Pinakothek* für seine Sammlung von Werken des späten 18. Jahrhunderts und zeitgenössischer Kunst. Zu den Neuerwerbungen des 1848 abgedankten Königs (Affäre mit der Tänzerin Lola Montez) für das 1858 eröffnete Museum gehört 1859 der verliebte *Pan im Schilf*, den Hans Böcklin im Münchner Kunstverein ausgestellt hat.

1894–99 Neubau des 1855 von König Maximilian II. gegründeten *Bayerischen Nationalmuseums* als Konglomerat historischer Stile

20. Jahrhundert Umwandlung der Atelierhäuser der »Malerfürsten« Franz von Lenbach und Franz von Stuck in die *Städtische Galerie im Lenbachhaus* (1927–29) und in das *Stuckmuseum* (1968), *Haus der (deutschen) Kunst* (1933–37) im neoklassizistischen NS-Stil, Neubau der *Neuen Pinakothek* (Eröffnung 1981) und *Pinakothek der Moderne* (Eröffnung 2001)

MATERIAL UND TECHNIK

EISEN UND GLAS

INGENIEURBAUTEN. Begabung und Erfindungsgeist (lat. *ingenium*) kennzeichnen den im Französischen bis ins 18. Jahrhundert als *ingenieur* betitelten Kriegsbaumeister. Die Erweiterung der Berufsbezeichnung auf die Lösung konstruktiver und statischer Aufgaben im Bauwesen insgesamt beruht wesentlich auf der Verwendung neuer Baumaterialien wie dem industriell hergestellten Eisen und Stahl, einer Gruppe von Eisenlegierungen mit verbesserter Festigkeit, Zähigkeit und chemischer Beständigkeit. Eisen und Stahl erlauben die Konstruktion von weiträumigen Tragwerken in Gestalt zweidimensionaler Flächen als Raumhüllen anstelle des dreidimensionalen Mauerwerks. Anregungen für das Prinzip der Versteifung von Flächen durch Rippen bietet einer Überlieferung zufolge die Natur: John Paxton soll dieses Grundprinzip der verglasten Eisenkonstruktion an den bis zu 2 m breiten Blättern der Seerose *Victoria amazonica* studiert haben.
Zum Wahrzeichen der Leistungsfähigkeit der Ingenieurbauweise wird der nach dem Unternehmer Gustave Eiffel benannte, von dessen Büroleiter Maurice Koechlin aus der Schweiz konstruierte *Eiffelturm*. Er entsteht in zweijähriger Bauzeit als Attraktion der Pariser Weltausstellung von 1889. Verarbeitet werden rund 15 000 vernietete Einzelteile, die Verglasung beschränkt sich auf die Nutzräume und besteht aus vorgehängten statt in die Metallkonstruktion eingefügten Scheiben. Das mit 300 m (1957 durch eine Antenne auf 320 m erhöhte) weltweit für Jahrzehnte höchste Bauwerk, mit gastronomischen Einrichtungen auf mehreren Aussichts-Plattformen, steht prinzipiell in der Tradition der gotischen Skelettbauweise und verwertet Erfahrungen des Brückenbaus aus Eisen. In politischer Hinsicht ist der *Eiffelturm* ein Denkmalbau zum 100-jährigen Jubiläum der Revolution und ein Symbol Frankreichs, das nach der Niederlage von 1870/71 neu erstarkt ist. Aus Eiffels Sicht demonstriert er die Errungenschaften der industriellen Bauweise und die wissenschaftliche Leistung eines kalkulierbaren Umgangs mit Windkraft und Erwärmung, die zur Ausdehnung des Materials führt.

BAUAUFGABEN. Paxtons *Kristallpalast* steht am Beginn der Ingenieurbauweise im Hallenbau. Großflächige Überbauung, zuverlässige Zeitplanung und Kalkulation aufgrund der Verwendung vorgefertigter Bauelemente und die natürliche Beleuchtung sind entscheidende Vorzüge der verglasten Eisenkonstruktionen zumindest als Überdachung von Ausstellungs-, Bahnsteig- und Fabrikhallen.
Zu den Pionieren des Eisenbaus in Paris gehört Louis-Auguste Boileau, nach dessen Plänen erstmals ein Sakralbau,

BRÜCKENBAU

Die steigende Zahl von Verkehrsbauten führt 1747 in Paris zur Gründung einer Institution im Dienst des verbesserten Brücken- und Straßenbaus. Der Direktor dieser École des Ponts et Chaussées, Jean Rodolphe Perronnet, konstruiert eine Steinbrücke über die Seine bei Neuilly in der Nähe von Paris (1768–74) auf fünf flachen Bogensegmenten (Spannweite 39 m) mit erheblich verringertem Materialaufwand. Kurz darauf entsteht in der südenglischen Grafschaft Shropshire über den Severn bei Coalbrookdale die erste Brücke auf einem halbkreisförmigen Unterbau aus Gusseisen (1777–79, Spannweite 30 m). Als erste Eisenbrücke in Frankreich folgt der Pariser *Pont des Arts*, der die Seine zwischen dem Louvre und der École des Beaux-Arts auf neun gusseisernen Bögen (Spannweite 18,25 m) überquert (1801–03). Eine zweite Form der Verwendung von Eisen im Brückenbau findet sich bei der Hängebrücke mit Eisenketten, an deren Stelle Stahlseile treten (*Brooklyn Bridge* in New York, 1883, Spannweite 486 m).

John Paxton, *Kristallpalast*, 1850/51
Nachdem sie mehr als 200 Entwürfe für das Hauptgebäude der ersten Weltausstellung in London abgelehnt hat, entscheidet sich die Baukommission im Juli 1850 für ein Projekt des Landschafts- und Gartenarchitekten John Paxton. Ausgehend von seiner Erfahrung im Bau von Gewächshäusern mit eisernen statt hölzernen Stützen und Trägern plant er eine im Querschnitt abgestufte, flach gedeckte Halle als verglaste Eisenkonstruktion. Die Montage industriell gefertigter und normierter Elemente (Maßeinheit von 7,3 m bei Stützen und Trägern) gewährleistet eine Fertigstellung bis zur Ausstellungseröffnung im Mai 1851. Dieses Datum bestimmt die Länge des Bauwerks: Es misst 1851 Fuß (rund 564 m). Ein tonnengewölbtes Querhaus, in dem einige Bäume des Hyde Park stehen bleiben, dient als Bereicherung der ursprünglich als allzu kunstlos eingeschätzten Konzeption des *Crystal Palace* (›Glaspalast‹). Er wird 1852–54 demontiert und in Sydenham (Kent) mit gewölbtem Dach und einem zweiten Querhaus neu errichtet. 1936 fällt der Hallenbau aus der Gründerzeit des Ingenieurbauwesens einem Brand zum Opfer.

die Kirche Saint-Eugène (1854–55), mit Ausnahme der steinernen Außenmauern Bauglieder wie die Stützen, Gewölbe und Galerien aus Guss- und Schmiedeeisen erhält. Von Boileau und Eiffel stammen die Pariser *Magasins au Bon Marché* (1876), denen 1877 die *Grands Magasins du Louvre* folgen. Émile Zola, der diese ersten Warenhäuser zur Vorbereitung auf *Das Paradies der Damen* (1883) studiert, bemerkt im 11. Kapitel des Romans: »Übrigens herrschte das Eisen überall vor, der junge Architekt war ehrlich und mutig genug gewesen, es nicht unter einer Stein oder Holz imitierenden Mörtelschicht zu verbergen.« Die erste Geschäftspassage mit einer Eisen-Glas-Überdachung entsteht 1865–77 in Mailand nach den Plänen von Giuseppe Mengoni und ist nach Viktor Emanuel II. benannt, dem ersten König im vereinigten Italien. Die beiden von viergeschossigen Baukörpern flankierten, sich rechtwinklig kreuzenden Fußgängerwege (Länge 100 und 200 m) der *Galleria Vittorio Emanuele II* werden von gläsernen Tonnengewölben überdeckt; die oktogonale Kreuzung besitzt eine Glaskuppel mit einer Scheitelhöhe von 40 m über dem Boden.
Der Atmosphäre glasüberdachter Hallen widmet Claude Monet eine Bilderserie *Der Bahnhof Saint-Lazare* (u. a. Paris, Musée d'Orsay). Zola huldigt ihr im Bericht über die dritte Pariser Ausstellung der »Impressionisten« (1877): »Monet hat in diesem Jahr prachtvolle Bahnhofsinnenansichten ausgestellt. Man hört das Getöse der einrollenden Züge, man sieht die überquellenden Dampfwolken, die sich in den weiten Hallen wälzen. Dort ist heute die Malerei. (...) Unsere Künstler müssen die Poesie der Bahnhöfe entdecken, so wie ihre Väter die Poesie der Wälder und Flüsse fanden.«

STIL

REALISMUS

KUNST UND WIRKLICHKEIT. 1855 propagiert Gustave Courbet während der ersten Weltausstellung, die in Paris stattfindet, eine Kunstauffassung, die er unter den Begriff *le réalisme* stellt. Mit Figurenbildern, Porträts, Landschaften, Jagdszenen und Stillleben setzt er neue Maßstäbe für eine Wiedergabe der Wirklichkeit, ohne sie klassizistisch-heroisch oder romantisch-empfindsam zu überformen. Courbet nimmt die Wirklichkeit gleichsam physisch wahr und entwickelt eine Gestaltungsweise, deren erdgebundene, tonale Farbgebung mit pastosem Auftrag der in Misskredit geratenen holländischen Kunst des 17. Jahrhunderts nahe steht. Seine realistische, nach heutigem Sprachgebrauch ›nüchterne, objektive, sachliche‹ Darstellungsweise reicht allerdings von der sozial engagierten Thematik ›Arbeit‹ (*Die Steinklopfer*, 1849; ehem. Dresden, 1945 verbrannt) über die Enttabuisierung der Sexualität (*Der Schlaf* mit dem Motiv lesbischer Liebe, 1868; Paris, Petit Palais) bis zum Frauenakt in eher assoziativer als in

Wilhelm Leibl, *Drei Frauen in der Kirche*, 1878-81; Öl auf Holz, 113 x 77 cm; Hamburg, Kunsthalle
Ein stilgeschichtliches Merkmal des Realismus im 19. Jahrhundert ist die uneingeschränkte, allen Bildgegenständen gleichermaßen gewidmete Wiedergabe der stofflich-physischen Beschaffenheit, ohne dieses Verfahren als Selbstzweck zu vervollkommnen. Vielmehr dient die wirklichkeitsgetreue Feinmalerei in Leibls Figurenbild der Charakterisierung von drei Lebensstufen und deren Zusammengehörigkeit. Um die Würde seines anscheinend alltäglichen und folkloristischen Motivs sinnfällig werden zu lassen, bedient sich Leibl kompositorischer Gestaltungsmittel wie dem Wechsel von heller Figur vor dunklem Grund und dunkler Figur vor hellem Grund; diese beiden Frauen schützen und stützen gleichsam die vornüber gebeugte Greisin. Aus dem Jahr 1878, in dem Leibl das in vierjähriger Arbeit im Dorf Berbling in Oberbayern entstandene Gemälde begonnen hat, stammt die briefliche Äußerung: »Meine Gegner sind wohl deshalb meine Gegner, weil ich mich von dem alten konventionellen Schlendrian, den sie Idealismus nennen, losgemacht habe.« Dieses Selbstbewusstsein teilt Leibl mit den befreundeten Malern Carl Schuch, Hans Thoma und Wilhelm Trübner sowie den jüngeren Mitgliedern des »Leibl-Kreises«.

symbolischer Verbindung mit dem lebensspendenden Element Wasser (*Die Quelle*, 1868; Paris, Musée d'Orsay). Courbets reine Landschaften widmen sich Südfrankreich (Côte d'Azur) und der Normandie, etwa der *Steilküste von Etretat nach dem Gewitter* (1869; Paris, Musée d'Orsay). Neben der tektonischen Charakterisierung der steil aus dem Meer aufragenden Felsen veranschaulicht Courbet die Atmosphäre einer bestimmten Witterung. Ausgehend von diesem topografisch motiviertem, malerisch gesteigertem Realismus, versieht der Impressionist Claude Monet das spektakuläre Felsmassiv von Etretat in der Normandie mit einer flimmernden Lichthülle, die massives Gestein als bewegt und dem Wasser wesensverwandt erscheinen lässt (*Manneporte*, 1886; New York, Metropolitan Museum of Art).

EINE NEUE WELTANSCHAUUNG. Courbets Realismus steht einerseits in der Tradition der wirklichkeitsgetreuen Wiedergabe der sinnlichen Wahrnehmung als Mimesis (griech., ›Nachahmung‹), die bereits in der Antike wurzelt und sich in der Epoche des Spätmittelalters bzw. der Renaissance erneuert hat. Andererseits spiegelt Courbets Realismus thematisch wie stilistisch die neuen weltanschaulichen Tendenzen des Empirismus, Materialismus und Sozialismus wider. Vergleichbare künstlerische Bewegungen entwickeln sich – parallel zum literarischen Realismus und Naturalismus – in ganz Europa.
Herausragende Vertreter des malerischen Realismus in der zweiten Hälfte des 19. Jahrhunderts sind in Deutschland Adolph Menzel, Wilhelm Leibl und Mitglieder der »Düsseldorfer Malerschule« wie Carl Friedrich Lessing.
In St. Petersburg bildet sich 1870 die Künstlervereinigung »Peredwischniki« (russ., ›Wanderer‹); ihre Ausstellungen werden vom Kaufmann Pawel Michailowitsch Tretjakow unterstützt, dessen Sammlung altrussischer und zeitgenössischer Kunst den Grundstock der Tretjakow-Galerie bildet. Der später hinzutretende, mit Lew N. Tolstoi befreundete Ilja Jefimowitsch Repin erlangt als Vertreter des sozialkritischen Realismus internationales Ansehen, ausgehend vom Gemälde *Wolgatreidler* (St. Petersburg, Russisches Museum, Vorstudie in Moskau, Tretjakow-Galerie), das 1873 auf der Wiener Weltausstellung gezeigt wird.
Gemeinsam ist den Realisten Lessing, Menzel, Repin die Beschäftigung mit Themen der Gegenwart, aber auch der Geschichte, die im Gegensatz zur akademischen Historienmalerei von aktuellem, gegenwartskritischem Interesse ist. Hinter Lessings Beschäftigung mit dem Schicksal des ›Ketzers‹ Jan Hus wird die Absicht antikatholischer Agitation vermutet, Menzels Szenen aus dem Leben Friedrichs des Großen widersetzen sich der preußischen Legendenbildung, und Repins Gruppenbild *Die Saporoger Kosaken schreiben an Sultan Mohammed IV. einen Brief* (1891–98; Moskau, Tretjakow-Galerie) widmet sich der Bravour einer aus der Ukraine vertriebenen Volksgruppe, die nicht nur von den Türken, sondern auch von den Russen als Kriegsgegner gefürchtet war.

COURBET

1819 in Ornans bei Besançon geboren, schult sich Gustave Courbet ab 1840 in Paris autodidaktisch als Maler, u. a. durch das Studium von Meistern des 17. Jahrhunderts (Frans Hals, Rembrandt). Aufsehen erregt er 1850 im Pariser »Salon« mit der im Heimatort entstandenen, provokativ großformatig wie ein Historienbild dargestellten Dorfszene *Das Begräbnis von Ornans*, von der ein Kritiker behauptet, sie solle »abschrecken, in Ornans beerdigt zu werden« (Paris, Musée d'Orsay). Um 1850 entdeckt Courbet den bislang mit Italien verbundenen südlichen Zauber von Licht und Farbe an der Côte d'Azur. Seinem Beispiel folgen die Impressionisten (Monet, Renoir), Cézanne, van Gogh, Matisse, schließlich Braque und Picasso.
1855 entsteht ein Interieur, Gruppenbild und Selbstbildnis als Landschaftsmaler an der Staffelei mit einem weiblichen Aktmodell in der Tradition einer Muse: *Das Atelier des Künstlers. Reale Allegorie, sieben Jahre meines künstlerischen und sittlichen Lebens umfassend* (339 x 598 cm; Paris, Musée d'Orsay). Diese *Allégorie réelle* zeigt Courbet 1855 während der ersten Pariser Weltausstellung im privaten »Pavillon du Réalisme« als Zentrum einer Werkübersicht aus 40 Gemälden. Aufenthalte in Frankfurt a. M. und München bereiten Courbets Einfluss auf Maler in Deutschland vor; ihn verstärkt seine Beteiligung an der Internationalen Sommerausstellung von 1869 im Münchner Glaspalast, die Wilhelm Leibl 1869/70 zu einem Aufenthalt in Paris veranlasst. 1871 wird Courbet nach der blutigen Niederschlagung des Aufstandes, der nach dem Pariser Gemeinderat (*Commune*) benannt ist, als maßgeblich Beteiligter für ein halbes Jahr inhaftiert. 1873 kommt er einer erneuten Verhaftung durch die Flucht in die Schweiz zuvor. Er stirbt 1877 im Exil in La-Tour-de-Peilz bei Vevey.

MATERIAL UND TECHNIK

FOTOGRAFIE

DAS AUTOMATISIERTE ABBILD. Die Urform der Fotokamera ist die Camera obscura (lat., ›dunkle Kammer‹): ein Kasten mit einer Öffnung an der Vorderseite und einer Mattscheibe als Rückwand, auf der die einfallenden Lichtstrahlen ein verkleinertes Abbild des Gegenstandes zeigen, der sie reflektiert. Arabische Astronomen haben das Gerät bereits vor der Jahrtausendwende zur mittelbaren Beobachtung der Sonne verwendet, eine Beschreibung durch den jüdischen Philosophen, Mathematiker und Astronomen Levi Ben Gerson ist aus dem Jahr 1321 überliefert. Seit dem 17. Jahrhundert dient die »Lochkamera«, nachdem sie durch Linsen in der Öffnung schärfere, exakt nachzuzeichnende Abbildungen bietet, als Hilfsmittel, das die freihändige Skizze ergänzt oder ersetzt.
Um den manuellen Anteil durch eine automatische Fixierung des ›Lichtbildes‹ abzulösen, bedurfte es des Rückgriffs auf Kenntnisse seit dem 16. Jahrhundert über die chemische Wirkung von Sonnenlicht, indem es das Silbererz Chlorsilber schwärzt. Experimente des Landadligen und Wissenschaftlers Joseph-Nicéphore Niepce mit lichtempfindlich beschichteten Metallplatten führen zur *Heliografie* (›Sonnenzeichnung‹) und zur ersten erhaltenen *Fotografie* (›Lichtzeichnung‹) im Besitz der University of Texas in Austin. Sie stammt aus dem Jahr 1826 und zeigt einen Blick aus dem Arbeitszimmer von Niepce auf eine Scheune, ein Backhaus und ein Taubenhaus. Alle Bildgegenstände sind beleuchtet aufgrund der Wanderung der Sonne während der Belichtungszeit von acht Stunden. 1829 verbündet sich Niepce mit dem Maler Jacques-Louis-Mandé Daguerre, über dessen verbessertes Verfahren der Beschichtung von Bildträgern die Pariser Akademie der Wissenschaften 1839 berichtet. Zugleich informiert der englische Parlamentarier, Wissenschaftler und Zeichner Henry Fox Talbot die Öffentlichkeit über seine Erfindung, sowohl Positive als auch Negative herzustellen, von denen sich im Kontaktverfahren durch Sonnenbelichtung beliebig viele Abzüge anfertigen lassen. 1838/39 wird auch das erste in Deutschland entstandene Foto datiert: ein Blick auf die westliche Zweiturm-Fassade der Frauenkirche in München, aufgenommen von den beiden Professoren und Erfindern Franz von Kobell und Carl August Steinheil. Die *Daguerreotypie* entwickelt sich zum handkolorierten Unikat, gerahmt und geschützt durch Etuis, die *Talbotypie* dagegen zum Prototyp des Bildes als Massenware.

GEBRAUCHSFORMEN. Aus dem ›Geburtsjahr der Fotografie‹ 1839 ist die Prophezeiung des französischen Historienmalers Paul Delaroche beim Anblick einer Daguerreotypie überliefert: »Seit heute ist die Malerei tot!« Die Konkurrenz beschränkt sich jedoch auf die Themen Architektur und Landschaft und auf das publizistische Medium des gedruckten Bildes: 1841 erscheint der Bildband

KUNST-FOTOGRAFIE

Der Annäherung zwischen Malerei und Fotografie in Form der fotografischen Reproduktion und Vervielfältigung von Gemälden folgt der Wettbewerb. Angesichts der 1859 im Pariser »Salon« eingerichteten Fotoabteilung warnt der Schriftsteller Charles Baudelaire, dessen Bewunderung Eugène Delacroix und Gustave Courbet gilt, vor der neuen Gattung der Kunst-Fotografie: »Wenn es der Fotografie erlaubt ist, sich von ihren Funktionen an die Stelle der Kunst zu setzen, dann wird diese schnell verdrängt oder verdorben sein aufgrund des natürlichen Bedürfnisses, das sie in der Dummheit der Menschen findet. Es ist also notwendig, dass sie sich wieder ihrer eigentlichen Pflichten besinnt. Sie soll die allerdings sehr demütige Dienerin der Wissenschaft und der Kunst sein, wie es die Presse und die Stenografie ist, die auch nicht die Literatur erschaffen oder ersetzt haben.«

Eadweard Muybridge, *Vogelflug*, 1887 (Tafel einer Faksimile-Ausgabe der Stiftung Kodak-Pathé, 1983)
1872 beginnt der englische Fotograf Eadweard Muybridge bei einem Rennstallbesitzer in Kalifornien mit der Herstellung von Bildserien eines Reiters. Zu den Voraussetzungen gehört eine Verringerung der Belichtungszeit von ursprünglich Stunden über Minuten auf Bruchteile von Sekunden. Zehn und mehr Kameras sind entlang der Rennstrecke postiert. Die Auslöser werden durch das Pferd mittels quer gespannter Fäden bedient. Die ab 1878 veröffentlichten Phasenaufnahmen entscheiden einen Streit

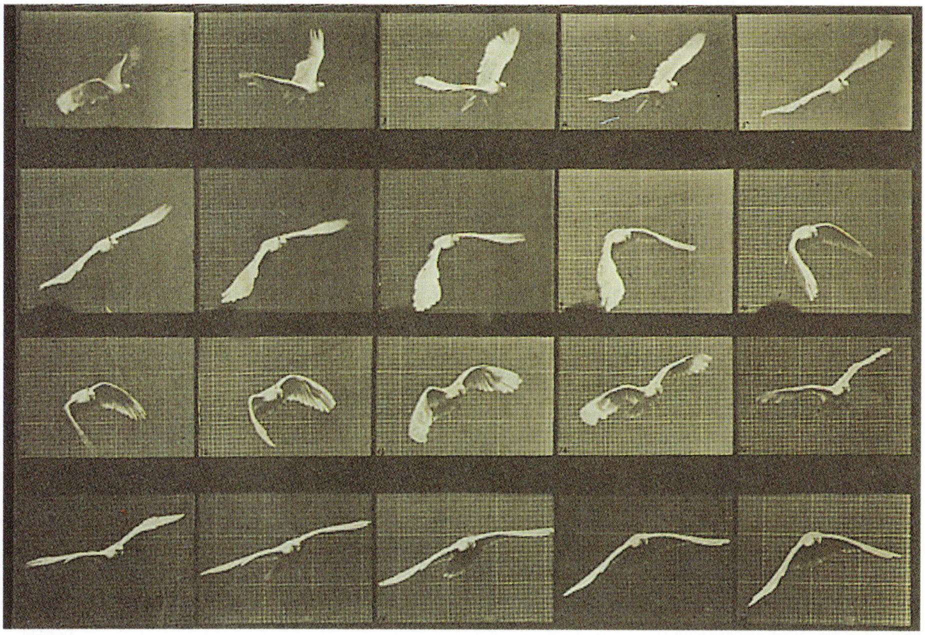

Les Excursions daguerriennes, nachdem es gelungen ist, Daguerreotypien in Druckplatten umzuwandeln; 1844–46 verlegt Talbot die Serie *The Pencil of Nature* in 24 Einzelausgaben. Eine Fotoreportage dokumentiert die Aufstellung von Schwanthalers Münchner *Bavaria* (1850).
Doch bald gehört das Porträt zu den Aufgaben der Fotografie: 1853 eröffnet der zunächst als Karikaturist tätige Nadar ein Studio in Paris und bringt die Schriftstellerin George Sand, ihren Kollegen Charles Baudelaire, die bildenden Künstler Honoré Daumier und Gustave Doré sowie die Komponisten und Musiker Hector Berlioz und Franz Liszt vor seine Atelierkamera. 1857 ergänzt Maximilian II. Joseph das Amt des Hofmalers durch einen Königlich-bayerischen Hoffotografen.
Mit der tragbaren Kamera macht Nadar 1858 von einem Fesselballon aus die ersten Luftaufnahmen von Paris. Er genießt das Vertrauen junger Maler, für deren erste Gruppenausstellung er 1874 seine Räume zur Verfügung stellt. Zu diesen als »Impressionisten« verspotteten Künstlern gehören Edgar Degas und Claude Monet, die selbst Kameras erwerben. Die Optik der inzwischen auch für Schnappschüsse geeigneten Fotografie mit am Rand angeschnittenen Personen, die soeben das Blickfeld der Kamera verlassen, oder Unschärfen in der Wiedergabe von bewegten Figuren gehören zu den Stilmerkmalen ihrer figürlichen Kompositionen, während Paul Cézanne Landschaftsfotos als vorbereitendes Material verwendet. Umso deutlicher unterscheidet sich die Eigengesetzlichkeit des Gemäldes von den optischen Eigenschaften des fotografischen Bildes, das durch die Perspektive des Objektivs definiert ist, während Cézanne die ›objektive‹ perspektivische Einheit, der Fotocollage vergleichbar, aufhebt.

über Bewegungsabläufe, indem sie die Ansicht bestätigen, dass ein galoppierendes Pferd für einen Moment alle vier Hufe gleichzeitig vom Boden löst. Weitere Themen, denen sich Muybridge und der Franzose Étienne-Jules Marey widmen, sind der Vogelflug sowie der bewegte Mensch mit der Fotosequenz eines schreitenden und sich bückenden weiblichen Aktes (1887). Die Bildserien sind eine unmittelbare Vorstufe des Films: Auf einen drehbaren zylindrischen Träger oder eine rotierende Scheibe montiert, verschmelzen die einzelnen Phasen zum Eindruck einer kontinuierlichen Bewegung.

THEMA

ARBEIT

FRÜHE ANLÄSSE

Die produzierende Tätigkeit in der Landwirtschaft und im Handwerk gehört bereits zu den Themen der frühgeschichtlichen und antiken Kunst, überliefert in Form der Ausstattung ägyptischer Grabkammern (Reliefs, Wandmalerei, Statuetten) und der griechischen Vasenmalerei, die auch Darstellungen aus der Arbeitswelt des Handels einschließt.
Dem Mittelalter bot die Verbildlichung biblischer Themen vielfältige Gelegenheit zum Arbeitsbild: das Erdenleben Adams und Evas, der Turmbau zu Babel und Gleichnisse Jesu vom Sämann oder den Arbeitern im Weinberg. Vom Frühmittelalter bis zum Ende des 18. Jahrhunderts reicht die Entwicklung der Monatsbilder mit der Darstellung der Monatsarbeiten in Kalendarien, an Kirchenportalen und Brunnen, als Tafelbilder und Tapisserien. Ein Beispiel für Bildprogramme, die Szenen der Heilsgeschichte mit Allegorien der Sieben freien Künste bzw. Wissenschaften (Artes liberales), Sakramente, Tugenden sowie Darstellungen der Handwerke und handwerklichen Künste (Artes mechanicae) umfassen, sind die Reliefs am Florentiner *Campanile* (beg. 1334). In der Tradition der Astrologie stehen Darstellungen menschlicher Eigenschaften und Tätigkeiten, die vom jeweiligen Planeten begünstigt werden. Druckgrafische Zyklen zeigen, wie der Tod den Menschen aus seiner Arbeit reißt (*Totentanz* von Hans Holbein d.J., 1535).

INDUSTRIELLE REVOLUTION. Um 1760 bahnt sich in Großbritannien der Übergang von der Agrargesellschaft zur Industriegesellschaft an. Die Beschleunigung wissenschaftlich-technischer Fortschritte führt um 1820, zunächst wiederum bei den Briten, zum ›großen Sprung‹ (engl. *take-off*), der um 1850 Deutschland erreicht. Angesichts der sozialen Umwälzungen bei der Entstehung ökonomisch definierter Klassen und der Polarisierung zwischen Wirtschaftsliberalismus und Sozialismus entstehen Reformbewegungen, die eine Modernisierung der vorindustriellen Ständegesellschaft anstreben. Einer ihrer Repräsentanten ist der anglo-schottische Schriftsteller Thomas Carlyle, den Ford Madox Brown als »Kopfarbeiter« in sein Monumentalgemälde *Work* (›Arbeit‹, 1852–65; Birmingham, Museum and Art Gallery) einbezogen hat. Carlyle beobachtet eine Baugrube für Wasserleitungen »mit dem britischen Erdarbeiter im Zentrum, als äußerlich sichtbarem Zeichen von Arbeit«, während Carlyle zu den »Kopfarbeitern« gehört, »die, obschon untätig, doch arbeiten und der Grund für das Glück und die wohlgeordnete Arbeit der anderen sind« (F. M. Brown).
Browns programmatisches Bekenntnis zur Harmonie von Hand- und Kopfarbeit hält die Mitte zwischen der Schilderung der Arbeit in Landwirtschaft und Handwerk einerseits und dem Industriebild andererseits. Zum ersteren Themenkreis gehören Werke von Jean-François Millet (*Die Ährenleserinnen*, 1857) und Gustave Caillebotte (*Die Parkettschleifer*, 1875; beide Paris, Musée d'Orsay), Max Liebermann (*Konservenmacherinnen*, 1880; Leipzig, Museum der bildenden Künste; *Schusterwerkstatt*, 1881, und *Die Flachsscheuer in Laren*, 1887; Berlin, Nationalgalerie), van Gogh (*Der Weber*, 1884) und Giovanni Segantini (*Das Pflügen*, 1887–90; beide München, Neue Pinakothek).
Die Industriebilder gliedern sich in die beiden Gruppen der Außen- und der Innenansicht. Der spätere Historienmaler Alfred Rethel verdeutlicht den gesellschaftlichen Wandel im Architekturbild *Die Harkortsche Fabrik auf Burg Wetter* (1834; Duisburg, DEMAG-AG): Die Fabrik des Industriellen Friedrich Harkort, der maßgeblich am Maschinenbau nach englischem Vorbild in Deutschland beteiligt ist, verdrängt das historische Gemäuer. Das in der Bildpublizistik entwickelte thematische Spektrum der Innenansichten der Industrieanlagen reicht von der Information über die technischen Einrichtungen und Arbeitsabläufe bis zu Kritik an der Ausbeutung des Proletariats durch die Darstellung von Arbeitsunfällen sowie von Frauen- und Kinderarbeit in den Maschinensälen. Vom

schlesischen Aufstand 1844 handelt der Grafikzyklus *Die Weber* (1894–98) von Käthe Kollwitz nach dem Drama von Gerhart Hauptmann (Uraufführung 1893).

DENKMAL DER ARBEIT. Im unübersehbaren Statuenwald, mit denen man im 19. Jahrhundert Fürsten und Feldherren, in der zweiten Hälfte zunehmend auch Künstler, Wissenschaftler und Erfinder ehrt, ist für den Typus des Arbeiters kein Platz. Bildhauer, die sich dem Thema widmen, sind Vincenzo Vela in Italien (Bronzerelief *Die Opfer der Arbeit*, 1882; Rom, Galleria Nazionale d'Arte Moderna), Jules Dalou, ein Freund von Auguste Rodin, in Frankreich (*Der Triumph der Republik*, 1889, seit 1899 auf der Place de la Nation in Paris) und der Belgier Constantin Meunier, dessen *Denkmal der Arbeit* 1930 in Brüssel errichtet wird. Zu Meuniers Vorarbeiten gehört das Bronzerelief *Puddler am Hochofen* (1893; Paris, Musée d'Orsay). Doktrinärem Appell im Stil des 1932 in der UdSSR verordneten Sozialistischen Realismus dient eine Allegorie der Arbeit als progressive Energie der gesellschaftlichen Entwicklung: die 25 m hohe, aus Stahlplatten geformte Figurengruppe *Arbeiter und Kolchosbäuerin* (1935/36) von Wera Ignatjewna Muchina mit Hammer und Sichel in den gemeinsam emporgereckten Fäusten. Die Skulptur bekrönte den sowjetischen Pavillon der Pariser Weltausstellung 1937 und befindet sich seit 1938 in Moskau.

Adolph Menzel, *Das Eisenwalzwerk*, 1875; Öl auf Leinwand, 153 x 253 cm; Berlin, SMPK, Nationalgalerie
Dem Industriebild vom Typus ›Innenansicht‹ liegen Studien in Königshütte (poln. Chorzów) im oberschlesischen Industrierevier zugrunde. Die Szene im Zentrum, wo Arbeiter mit einer Zange und einem Haken einen glühenden Eisenblock packen, erinnert von fern an den heroischen Kampf mit einem feuersprühenden Drachen. Vorherrschend ist jedoch das Interesse des Realisten an den Arbeitsbedingungen; im Vordergrund nehmen Arbeiter vor einer Schutzwand gegen die glühende Hitze eine Mahlzeit ein. In der Figur links im Hintergrund am Ausgangspunkt der diagonalen Komposition lässt sich der beobachtende Maler vermuten.

STIL

IDEALISMUS

ITALIENSEHNSUCHT DES NORDENS. »Soll ich die Gegenstände nennen, die mich besonders aufregen und beglücken, so sind es folgende: der Süden, die alte Kunstwelt, das Kunstleben unserer Landsleute hier zu Rom und endlich das eigene Treiben meiner Kunst«, berichtet Julius Schnorr von Carolsfeld 1818 zu Beginn seines Italienaufenthalts in einem Brief an den Leipziger Schriftsteller Friedrich Rochlitz und nennt ein Beispiel für die willkommenen »Erscheinungen fürs Auge«: Er sieht »eine schöne Albanenserin auf ihrem Maultier weit lieber als die Frau Höhn aus Schönfeld mit ihrem Tragkorb auf dem Rücken, gleichsam selbst ein Lasttier«. Der Anblick einer italienischen Bäuerin aus den Albaner Bergen südlich von Rom

Hans von Marées, *Arbeit im Orangenhain*, 1873; Fresko, Figuren in Lebensgröße; Neapel, Zoologische Station (gegr. 1870)
Dank der Vermittlung des Bildhauers Adolph Hildebrand, der die Innenarchitektur des Gemeinschaftsraumes (13,5 x 5 m, Höhe 7,5 m) über dem Aquarium übernommen hat, erhält Marées den Auftrag für Fresken an den vier Wänden mit folgendem Bildprogramm nach Studien, die vor Ort entstehen: »Das Meer mit Grotten, Inseln, Felsufer und Architektur, mit Fischern, die Netze ausbreiten, ein Schiff ins Meer rücken (…), eine Meerkneipe und, um auch mal ganz aufs Trockne zu kommen, auf der Fensterseite ein lebensgroßer Orangenhain mit den entsprechenden Figuren« (Marées an Conrad Fiedler, Juli 1873). Letzteres Motiv aus Sorrent verwendet Marées auch beim Ölgemälde *Drei Jünglinge unter Orangenbäumen* (1874–80) und beim Triptychon *Die Hesperiden* (1884/85; beide aus Fiedlers Besitz in München, Neue Pinakothek). Bereits die Fassung in Neapel mit Anklängen an das Thema der Lebensstufen enthält ausgeprägte Stilmerkmale des Idealismus: ein klares Bildgerüst aus Waagrechten und Senkrechten und ein der Skulptur angenäherter kraftvoller Rückenakt bei einer in ausgewogener, anmutiger Haltung ausgeübten Tätigkeit. Die lichte Farbgebung entspricht der raschen Ausführung der Wandmalerei, während die Tafelbilder Marées' durch korrigierende Übermalungen zumeist verdunkelt sind (Triptychon mit den Heiligen Georg, Hubertus und Martin, 1885–87; München, Neue Pinakothek aus der Sammlung Fiedler).

befriedigt das Bedürfnis nach dem schönen Augen-Schein im Unterschied zum Anblick der Mühsal des bäuerlichen Alltags. Im Kern veranschaulicht das Beispiel den Gegensatz zwischen Idealismus und (sozialem) Realismus.
Im Bewusstsein dieses Gegensatzes stehen die seit dem Spätmittelalter traditionellen Studien- und Bildungsreisen nach Italien im 19. Jahrhundert im Zeichen einer im Norden ungestillten Sehnsucht. Sie ist bei den Lukasbrüdern, denen sich Schnorr von Carolsfeld in Rom anschließt, religiös getönt: »Das zweite, worin ein großer Teil meines Glücks besteht, ist das Anschauen, das Genießen der Werke alter christlicher Kunst. Fürwahr, süße Früchte in einem schönen Frühling der jetzt so winterlichen Welt gereift.«

KUNST UND PHILOSOPHIE. Die Lukasbrüder bzw. Nazarener gehören zur ersten Generation der »Deutschrömer« und werden später in den Kunstzentren München, Dresden und Berlin tätig. Zur zweiten Generation gehören Maler, die in Italien ihre zweite Heimat finden: Arnold Böcklin, Anselm Feuerbach und Hans von Marées. Letzterer schließt 1866 in Rom Freundschaft mit Conrad Fiedler, der in seinen *Schriften zur Kunst* postuliert: »Die Kunst ist ihrem Wesen nach ideal, sonst hört sie auf, Kunst zu sein.« Er verwendet eine Terminologie, die in der Philosophiegeschichte der Ideenlehre Platons im Unterschied zur Erfahrungslehre des Aristoteles nahesteht und im 19. Jahrhundert den Idealismus (lat.: *idea* ›Urbild, Leitbild‹) im Gegensatz zum empirischen Realismus, zum Positivismus und Materialismus bezeichnet.
Den inhaltlichen Zusammenhang zwischen Philosophie und Kunst des Idealismus thematisiert Anselm Feuerbachs Gemälde *Gastmahl des Plato* (1868/69; Karlsruhe, Kunsthalle; Zweitfassung: 1870–73; Berlin, Nationalgalerie) mit einer Szene (Auftritt des Alkibiades) aus Platons sokratischem Dialog *Das Gastmahl* mit dem Eros-Mythos. Dem Humanitätsideal der Weimarer Klassik huldigt Feuerbach mit der Darstellung der Titelheldin von Goethes Schauspiel *Iphigenie auf Tauris* getreu den Versen ihres Auftrittsmonologs: »Und an dem Ufer steh ich lange Tage, / Das Land der Griechen mit der Seele suchend« (*Iphigenie*,1862; Darmstadt, Hessisches Landesmuseum; Zweitfassung: 1871; Stuttgart, Staatsgalerie).
Stilistisch konzentriert sich Feuerbach auf die statuarisch aufgefasste, verinnerlichte menschliche Figur. Hierin liegt der wesentliche Unterschied zur idealistischen Naturschilderung Arnold Böcklins mit naturmythologischen Motiven wie Pan oder die Wasserwesen Najaden und Tritonen (*Im Spiel der Wellen*, 1883; München, Neue Pinakothek). Böcklins Spätwerk zählt bereits zum Symbolismus. Vergleichbar ist in dieser Hinsicht die Entwicklung des Schweizers Ferdinand Hodler und des Franzosen Pierre Puvis de Chavannes, dessen figürliche Kompositionen in lichter, harmonischer Farbgebung einem ruhigen, beglückenden Wachtraum zu entstammen scheinen (*Mädchen am Meer*, 1879; Paris, Musée d'Orsay).

DREI »DEUTSCHRÖMER«

1827 Arnold Böcklin wird in Basel geboren; Ausbildung in Düsseldorf, Genf und Paris

1829 Anselm Feuerbach wird in Speyer geboren; Ausbildung in Düsseldorf, München, Antwerpen und Paris

1837 Hans von Marées wird in Elberfeld (= Wuppertal) geboren; Ausbildung in Berlin und München

1850 Böcklin kommt nach Rom; nach Aufenthalten in München und Weimar (1872–74) folgt die Niederlassung in Florenz; Böcklin stirbt 1901 in Fiesole

1855 Feuerbach reist über Venedig und Florenz nach Rom. 1872 folgt er einer Berufung als Professor nach Wien (mythologische Deckengemälde in der Aula der neuen Kunstakademie). Angewidert von Intrigen, kehrt er 1877 nach Italien zurück; Feuerbach stirbt 1880 in Venedig

1865 Marées lässt sich in Rom nieder; Freundschaft mit Conrad Fiedler, der ihn als Mäzen fördert, und dem Bildhauer Adolph Hildebrand; Aufenthalten ab 1870 in Berlin, Dresden, Neapel und Florenz folgt 1875 die Rückkehr nach Rom; hier stirbt Marées 1887

Gefördert werden Böcklin, Feuerbach und Marées durch den aus Mecklenburg stammenden Baron Adolph Friedrich von Schack. 1858 folgte er einer Einladung von Maximilian II. Joseph nach München und lebt hier bis zum Tod 1894. Ab 1859 erteilt er Aufträge an Böcklin, ab 1862 an Feuerbach. 1864 reisen Marées und Franz Lenbach nach Rom und Florenz, um für Schack Werke alter Meister zu kopieren. Kopien gehören zur 1909 in München eröffneten Schack-Galerie.

KUNSTBETRIEB

AUSSTELLUNG

WARENÄSTHETIK

Ausstellungen jeder Art gehören zum urbanen Straßenbild der europäischen Metropolen. Heinrich Heine, der 1827 London besucht, berichtet von den Auslagen der »Bilderläden« und Kaufläden.
»Nicht bloß diese Gegenstände selbst machen den größten Effekt, weil der Engländer alles, was er verfertigt, auch vollendet liefert, und jeder Luxusartikel, jede Astrallampe und jeder Stiefel, jede Teekanne und jeder Weiberrock uns so finished und einladend entgegenglänzt: sondern auch die Kunst der Aufstellung, Farbenkontrast und Mannigfaltigkeit gibt den englischen Kaufläden einen eigenen Reiz; selbst die alltäglichen Lebensbedürfnisse erscheinen in einem überraschenden Zauberglanze, gewöhnliche Esswaren locken uns durch ihre neue Beleuchtung (...), ja alles erscheint uns wie gemalt und mahnt uns an die glänzenden und doch so bescheidenen Bilder von Frans Mieris.«

Heinrich Heine, *Englische Fragmente*, Erstveröffentlichung in der Münchner Zeitschrift *Annalen*.

STAATLICHE LEISTUNGSSCHAU. Neben den im 19. Jahrhundert öffentlichen Kunstmuseen dienen Kunstausstellungen als staatlich geförderte, zeitlich befristete Museen der zeitgenössischen Kunst. Sie repräsentieren den Stand der staatlichen Kunstpolitik, beeinflussen den öffentlichen Kunstgeschmack und wirken somit auf den Kunstmarkt ein. Das Vorbild dieser Form der Leistungsschau bildet die erstmals 1673 im »Salon carré« des Schlosses Louvre veranstaltete Ausstellung von Werken lebender französischer Künstler. Sie wird periodisch, ab 1863 jährlich wiederholt. Die europäische Bedeutung dieser Schaufenster aktueller französischer Malerei veranschaulicht Heinrich Heines »Salon«-Bericht *Gemäldeausstellung in Paris 1831* für die in Augsburg erscheinende *Allgemeine Zeitung*. Er enthält eine Deutung des Revolutionsbildes (Julirevolution 1830 in Paris) *Die Freiheit führt das Volk an* (Paris, Louvre) von Eugène Delacroix und der Reaktionen des Publikums.
Der Gedanke der Leistungsschau liegt den erstmals 1851 in London veranstalteten Weltausstellungen zugrunde. Während zunächst die geschmacklose industrielle Produktion von Gebrauchsgütern den Anlass zu kunstgewerblichen Reformen bildet, widmet sich die erste Pariser Weltausstellung (1855) auch der bildenden Kunst, gegen deren Auswahl Gustave Courbet mit seiner privaten Einzelausstellung »Le réalisme« protestiert. Courbets Beispiel folgt Édouard Manet während der Pariser Weltausstellung von 1867.
Die erste Retrospektive auf das Lebenswerk eines Künstlers von nationaler Bedeutung veranstaltet die Royal Academy in London 1813 für ihren 1792 gestorbenen Direktor Sir Joshua Reynolds.

PRIVATE INITIATIVEN. Die kunstpolitische Kompetenz der überwiegend restaurativen Staaten und ihrer Institutionen wird in der ersten Hälfte des 19. Jahrhunderts zunehmend in Frage gestellt. Ergänzend bilden sich als Ausdruck des bürgerlichen Bildungsbewusstseins staatlich lizensierte, doch privat getragene Kunstvereine. Sie fördern das Kunstleben durch Ausstellungen, Vorträge, Veröffentlichungen und den Verkauf oder die Verlosung zeitgenössischer Kunst. Als erste Kunstvereine entstehen 1787 die Zürcher Kunstgesellschaft, 1792 der Albrecht-Dürer-Verein in Nürnberg und 1799 der Verein der Weimarer Kunstfreunde, gefolgt von Gründungen in London und Paris sowie in Karlsruhe, Hamburg, Bremen, München, Berlin, Stuttgart, Dresden und Düsseldorf (1829).
In der zweiten Hälfte des 19. Jahrhunderts tritt neben den Kunstverein mit heterogener Mitgliedschaft aus Künstlern und Kunstfreunden die Künstlervereinigung, die vielfach als Ausstellungsgemeinschaft in Erscheinung tritt. Nach ihrer bevorzugten Form der Wanderausstellung ist die

Henri Gervex, *Die Jury des »Salon«*, 1885; Öl auf Leinwand, 299 x 419 cm; Paris, Musée d'Orsay
Mit Requisiten wie Spazierstöcken, ersatzweise einem Regenschirm, votieren die Juroren für die Aufnahme eines Gemäldes in die »Salon«-Aus-

1770 in St. Petersburg gegründete Künstlervereinigung »Peredwischniki« (›Wanderer‹) benannt. Als »Société anonyme« firmieren die 30 Maler, die im Zusammenhang mit ihrer ersten gemeinsamen Pariser Ausstellung als »Impressionisten« verspottet werden. An ihrer achten und letzten Ausstellung (1886) beteiligt sich Georges Seurat, der zwei Jahre zuvor als Mitglied der »Société des Indépendants« den Pariser »Salon des Indépendants« mitbegründet hat. Dieser ›Salon der Unabhängigen‹ dient als Gegengewicht zum offiziellen Pariser »Salon« und ist das Vorbild für die »Secession«, durch die Künstlergruppen eine ›Abspaltung‹ von etablierten Verbänden und Vereinigungen vollziehen: 1892 bildet sich die Münchner Sezession (mit Franz von Stuck). 1892/93 trennen sich zwei Gruppen vom Verein Berliner Künstler, in dem der wilhelminische Historienmaler Anton von Werner den Ton angibt. Sie schließen sich 1899 zur Berliner Sezession (mit Max Liebermann) zusammen, deren Ausstellungen dem deutschen Impressionismus Geltung verschaffen. 1897 veranstaltet die Wiener Sezession die erste ihrer Gruppenausstellungen im »Sezessionsstil« (d. h. Jugendstil), für die ab 1898 das Wiener *Sezessionsgebäude* von Joseph Maria Olbrich zur Verfügung steht. Eine Ausstellungsgemeinschaft der belgischen Avantgarde ist die Künstlergruppe »Les Vingts« (›Die Zwanzig‹, mit James Ensor) in Brüssel; ihre Gäste sind 1890 Paul Cézanne und Vincent van Gogh (mit dem einzigen Verkauf eines Bildes zu seinen Lebzeiten).

stellung. Ihr günstiges Urteil gilt einem Gemälde, das mit der Darstellung eines als Allegorie legitimierten weiblichen Aktes dem Geschmack des Publikums entgegenkommt. Die Entscheidung über die Teilnahme am »Salon« liegt bei Mitgliedern der École des Beaux-Arts sowie bei Künstlern, die bereits in einer dieser Ausstellungen prämiert worden sind. Zu den von Gervex porträtierten Juroren gehört der Historienmaler Cormon (eigtl. Fernand Piestre), der im »Salon« von 1880 mit dem Monumentalgemälde *Kain und seine Kinder* (384 x 700 cm; Paris, Musée d'Orsay) Triumphe feierte. Die Mitgliedschaft in der Jury unterstreicht die Qualifikation als Lehrmeister. Zu den rund 30 Privatschülern, die Cormon um 1885 unter anderem im Aktstudium unterrichtet, gehören – ohne wesentlichen Nutzen aus der akademisch orientierten Ausbildung zu ziehen – Émile Bernard, Henri de Toulouse-Lautrec und Vincent van Gogh, denen der Zugang zum »Salon« verschlossen bleiben wird.

KÜNSTLER

MANET UND MONET

EINE BÜRGERLICHE KULTURREVOLUTION. Édouard Manet stammte aus einer großbürgerlichen Familie. Sie ließ ihm die Wahl zwischen einer Laufbahn in der Justiz oder der Marine, musste sich jedoch Manets Entscheidung für die Kunst beugen, zumal die Ausbildung in den besten Händen zu liegen schien: Manets Lehrer Thomas Couture hatte im »Salon« von 1847 mit dem Monumentalbild *Die Römer in der Zeit des Niedergangs* (466 × 775 cm; Paris, Musée d'Orsay) den Höhepunkt seiner Karriere erreicht, indem er eine literarische Sentenz (»Grausamer als der Krieg ist das Laster über Rom gekommen und rächt die besiegte Welt«, Juvenal) in Gestalt eines Gelages illustriert, ohne dessen ›Lasterhaftigkeit‹ bloßzustellen.
Doch Manets Interesse ist weit entfernt von den literarisch motivierten, akademischen Regeln und der dem bürgerlichen Anstand verpflichteten Historienmalerei. Seine Ausbildung orientiert sich an den Meisterwerken eines Tizian, Velázquez und Goya, die er als Kopist studiert, verbunden mit der Neuentdeckung der japanischen Kunst (Farbholzschnitte) und dem Naturstudium.
Das entscheidende Jahr in der künstlerischen Biografie Manets ist 1863. Der Jury des »Salon« sind bei der Auswahl der zugelassenen Werke offenkundige Fehlentscheidungen unterlaufen, sodass Kaiser Napoleon III. die Einrichtung eines »Salons der Zurückgewiesenen« anordnet. Hier löst Manet mit *Das Frühstück im Freien* einen Skandal aus, der sich 1865 im »Salon« mit *Olympia* wiederholt. Die Gemälde (Paris, Musée d'Orsay) erinnerten an Werke von Giorgione (*Ländliches Konzert* im Louvre) und Tizian (*Venus von Urbino* in den Uffizien). Umso schockierender wirkten Manets Adaptationen: Die jeweils dominierende weibliche Aktfigur wandte dem Betrachter den prüfenden Blick zu und schien dessen geheimsten Gedanken zu enträtseln; helles Inkarnat und die buntfarbige Umgebung mit Motiven aus Früchte- und Blumenstillleben widersetzten sich einer harmonischen Verklärung des erotischen Sujets, zumal eine frontale Beleuchtung die malerische Modellierung der Flächenwirkung opferte. Mit einem Wort: Manet schien zum ›Hässlichen‹ zu neigen. Der Schriftsteller Théophile Gautier, der Malerei studiert hatte und um 1830 zur antibürgerlichen Boheme der literarischen Romantik gehörte, höhnt in seinem »Salon«-Bericht: »Die *Olympia* lässt sich auf keine Weise erklären, selbst wenn man sie als das auffasst, was sie ist, als ein dürftiges Modell auf einem Leintuch. Der Fleischton ist schmutzig, die Modellierung gleich null. Die Schatten sind durch mehr oder weniger breite Streifen Stiefelwichse ausgedrückt.« Die Empörung über Manet wächst, nachdem entdeckt worden ist, dass er für das *Frühstück im Grünen* eine Figurengruppe aus Marcantonio Raimondis Kupferstich *Das Urteil des Paris* (nach einer Zeichnung Raffaels) verwendet hat.

BIOGRAFIEN

1832 Édouard Manet wird am 25. Januar in Paris geboren

1840 Claude Monet wird am 14. November in Paris geboren; er wächst in Le Havre auf

1851 Nach dem gescheiterten Versuch einer Karriere bei der Marine beginnt Manet in Paris eine Ausbildung bei dem Historienmaler Thomas Couture; er reist nach Holland, Deutschland, Italien und Spanien

1860–62 Monet leistet Militärdienst in Algerien; in Paris schließt er Freundschaft mit den Malern Camille Pissarro, Pierre-Auguste Renoir und Alfred Sisley

1870/71 Im Deutsch-Französischen Krieg tritt Manet der Nationalgarde bei; Monet lebt in London und lernt den Kunsthändler Paul Durand-Ruel kennen

1874 Erste von acht Ausstellungen der »Impressionisten« um Monet; Gemeinsamer Aufenthalt von Monet und Manet in Argenteuil

1883 Manet stirbt in Paris am 30. April im Alter von 51 Jahren; Monet lässt sich in Giverny nieder

1892–95 Monets Serie *Die Kathedrale von Rouen* (Paris, Musée d'Orsay) widmet sich systematisch dem Einfluss von Licht und Atmosphäre auf die Plastizität und Farbstimmung eines Erscheinungsbildes

1920 Monets Serie *Seerosen* (München, Paris, Zürich) reicht bis an die Grenze zur gegenstandslosen Malerei

1926 Monet stirbt in Giverny am 6. Dezember im Alter von 86 Jahren

EIN ATELIER IN BATTIGNOLLES. Unter diesem Titel präsentierte Henri Fatin-Latour im »Salon« von 1870 ein Gruppenbildnis mit Manet beim Porträtieren des Kunstkritikers Zacharie Astruc (Paris, Musée d'Orsay). Als Schauplatz dient Manets Atelier im Pariser Stadtteil Les Battignolles, das sich zum Treffpunkt von Literaten (Émile Zola) und Malern entwickelt hat, die Manets künstlerische Befreiungstat begrüßen, verteidigen und auf eigene Weise fortführen. Zu ihnen gehören Frédéric Bazille (gefallen 1870), Pierre-Auguste Renoir und Claude Monet; Fatin-Latour drängt Monet zwar an den rechten Bildrand, doch wird er zum Mittelpunkt jener Gruppe, die 1874 spöttisch als »Impressionisten« bezeichnet werden.
Indem er sich Manets viel geschmähte Vernachlässigung der ästhetischen Patina zu Eigen macht, zieht Monet aus dem von Manet beim *Frühstück im Freien* erweckten Eindruck der Freiluftmalerei die Konsequenz und arbeitet als Landschaftsmaler im Freien.
Nun geschieht etwas Erstaunliches: Manet, der Wegbereiter Monets, bedient sich seinerseits im Landschafts- und Figurenbild, Bildnis und Stillleben Monets skizzenhaft anmutender Suggestion einer spontanen Wiedergabe disparater Eindrücke (*Bar in den Folies-Bergère*, 1881/82; London, Courtauld Institute Galleries).

Édouard Manet, *Die Barke*, 1874; Öl auf Leinwand, 82,5 x 100,5 cm; München, Neue Pinakothek
Der Titel bezieht sich auf das Atelierboot, das Claude Monet dazu diente, auf der Seine bei Argenteuil zu arbeiten. Im Kabineneingang erscheint Madame Camille Monet. Sowohl die Bildgegenstände als auch die Gestaltungsweise kennzeichnen das Gemälde als Freundschaftsbild. Die Bewunderung, die Monet dem Erneuerer der Farbkultur entgegenbringt, erwidert dieser, indem er sich Monets maltechnische Errungenschaften aneignet: Der Farbauftrag vermittelt den Eindruck einer scheinbar unkontrollierten, spontanen Wiedergabe visueller Reize. Trotz der Annäherung an Monet wahrt Manet Distanz zur Gruppe der »Impressionisten«, die 1874 ihre erste Gruppenausstellung veranstaltet hat.

STIL

IMPRESSIONISMUS

ZENTRUM PARIS. Im Frühjahr 1874 veranstalteten 30 Mitglieder der »Société Anonyme des Artistes Peintres, Graveurs« in Paris in den Atelierräumen des Berufsfotografen Nadar eine Ausstellung ihrer Malerei und Grafik. Das privat finanzierte Unternehmen geriet zum wirtschaftlichen Fiasko, gab aber der hier vorherrschenden Stilrichtung einen Namen, den Claude Monet durch den Titel *Impression, soleil levant* (›Eindruck, aufgehende Sonne‹, 1872; Paris, Musée Marmottan) einer Ansicht des Hafens von Le Havre nahegelegt hatte. Allerdings diente »Impressionismus« dem Journalisten Louis Leroy in einer Rezension im Satiremagazin *Le Charivari* als Spottname für eine Malweise, der gegenüber »eine Tapete besser ausgearbeitet« sei. Doch bereits 1878 betitelte der Kunstkritiker Théodore Duret seine Abhandlung über die jüngste Malerei ohne herabwürdigende Absicht *Les Peintres impressionistes*.

Dass die Bilder der Impressionisten ›unfertig‹ wirkten, gehörte zu den Konsequenzen einer neuen Themenwahl, die neue maltechnische Verfahren erzwang: Um glaubhaft wiederzugeben, was sich dem Auge des Künstlers bot, sollte die Art und Weise der Wahrnehmung unter rasch wechselnden Bedingungen in der Gestaltungsweise wirksam werden. Dies bedeutete eine Ölmalerei *alla prima* mit unmittelbarem Farbauftrag auf die grundierte Leinwand in raschen Pinselstrichen; kompositorische Traditionen wie Ausgewogenheit und Ausarbeitung des Bildzentrums mussten dem Eindruck von Bildausschnitten weichen.

Die Vorliebe der Impressionisten für die Arbeit im Freien (frz. *plein air*) besaß Vorbilder in der Landschaftsmalerei des Engländers John Constable und der französischen »Schule von Barbizon« (u. a. Camille Corot, Jean François Millet, Théodore Rousseau), benannt nach einem Dorf bei Fontainebleau. Die Neudefinition der Kunst resultierte aus der Kunstwürdigkeit aller Phänomene, in denen sich die Großstadt Paris mit ihrer teils ländlichen, teils bereits industrialisierten Umgebung als Lebensraum darbot. Kriterien der Auswahl von Motiven ergaben sich aus den persönlichen Voraussetzungen der Künstler. In ihrer Gesamtheit reicht die Bildwelt des französischen Impressionismus von traditionellen Sujets (Akt, Stillleben) über Landschafts-, Park- und Gartenbilder bis zur Darstellung von Boulevards, Plätzen, Verkehrseinrichtungen und großstädtischen Unterhaltungs- und Vergnügungsangeboten (Bars, Konzertcafés, Rennplätze, Theater, Zirkus).

WELTWEITE HELL- UND FREILICHTMALEREI. Der Krieg von 1870/71 hat zwar die chauvinistisch geschürte deutsch-französische ›Erbfeindschaft‹ mit kultureller Abgrenzung zur Folge. Dennoch gelangt der französische Impressionismus vereinzelt auch in Deutschland zur Geltung: bei Max Liebermann, Max Slevogt und Fritz von Uhde.

AUSSTELLUNGEN

Von 1874 bis 1886 veranstalteten die Pariser »Impressionisten« acht Gruppenausstellungen, beginnend mit 30 Teilnehmern. Zu den Künstlern, die sich an der ersten und an weiteren Ausstellungen beteiligten, gehören Paul Cézanne, Edgar Degas, Claude Monet, Berthe Morisot, Camille Pissarro, Pierre-Auguste Renoir und Alfred Sisley. Ab der zweiten Ausstellung (1876) beteiligte sich Gustave Caillebotte, ab der vierten (1879) Mary Cassatt und Paul Gauguin. Die letzte Ausstellung (1886) präsentierte Werke der »Neoimpressionisten« Georges Seurat und Paul Signac. Im selben Jahr veranstaltet der Kunsthändler Paul Durand-Ruel seine erste erfolgreiche Impressionismus-Ausstellung in den USA.

Claude Monet, *Frauen im Garten*, 1867; Öl auf Leinwand, 255 x 205 cm; Paris, Musée d'Orsay
Das vorherrschende Thema der im Freien entstandenen Gemälde ist die willkürliche Verteilung von hell leuchtenden und verschatteten Partien durch den Lichteinfall. Hinzu kommt der Eindruck einer zufällig entstandenen Konfiguration, indem eine der vier Frauen im Begriff ist, gleichsam bildeinwärts zu enteilen. Émile Zola, der vor allem Édouard Manet publizistisch unterstützt hat, berichtete über die Ablehnung der *Frauen im Garten* durch die Jury des »Salon« von 1867 und betonte Monets kühne Hinwendung zum Gegenwärtigen: »Man muss seine Zeit ungemein schätzen, um einen solchen Gewaltakt zu wagen«, nämlich »durch Licht und Schatten zweigeteilte Stoffe«. Die Faszination durch das vom Licht beherrschte Erscheinungs-

Eine italienische Variante entwickeln die »Macchiaioli« (ital. *macchia* ›Fleck‹), zu denen Giovanni Fattori gehört (Bauern-, Fischer- und Schlachtenbilder). Die »Londoner Impressionisten« traten 1889 mit einer Ausstellung an die Öffentlichkeit. Zu den Künstlern, die sich in Paris impressionistische Gestaltungsmittel aneigneten, gehörten die vor allem in England tätigen US-Amerikaner John Singer Sargent und James Abbott MacNeill Whistler sowie der Japaner Seiki Kuroda in Paris.

bild führte Monet später zur systematischen Erforschung der atmosphärischen Bedingungen der Wahrnehmung von Form und Farbe. Als Bildgegenstände dieser Serien dienten ihm Heuschober oder die Kathedrale von Rouen, zuletzt die Seerosen (frz. *nymphéas*) im Teich seines Anwesens in Giverny.

KUNSTBETRIEB

KÜNSTLERINNEN

Mary Cassatt, *Frau beim Nähen*, um 1880–82; Öl auf Leinwand, 92 x 63 cm; Paris, Musée d'Orsay
Die Darstellung häuslicher Tätigkeit im Garten ist charakteristisch für die Beschränkung der Lebensbereiche, in denen Künstlerinnen des Impressionismus ihre Motive finden. Studien in der Öffentlichkeit der Boulevards, Cafés und Theater, Rennplätze, Ausflugs- und Vergnügungsstätten gelten als unschicklich für Frauen. 1845 in Pittsburgh geboren, besucht Mary Cassatt die Pennsylvania Academy und widmet sich ab 1866 in Europa dem Studium alter Meister. 1874 lässt sie sich in Paris nieder und wird durch Edgar Degas gefördert (Radierung *Mary Cassatt im Louvre*, 1885). An den Gruppenausstellungen der Impressionisten nimmt sie erstmals 1879 teil. 1891 veranstaltet der Kunsthändler Paul Durand-Ruel ihre erste Pariser Einzelausstellung. Zu den Exponaten gehört neben den in heller Farbgebung gestalteten Ölgemälden und Pastellen eine Serie von zehn Farbradierungen mit Frauen bei der Toilette vor dem Frisierspiegel oder im Schein einer Tischlampe auf dem Sofa sitzend; entscheidend ist die Rezeption des Linien- und Flächenstils japanischer Farbholzschnitte. 1892/93 malt Mary Cassatt ein (nicht erhaltenes) Fresko *Moderne Frauen* für einen Pavillon der Weltausstellung in Chicago. Sie stirbt, ab etwa 1914 nahezu erblindet, 1926 in Le Mesnil-Thèribus (Dép. Oise).

KUNST UNTER VORBEHALT. »Ich wende mich an Euer Mitgefühl, Hochwohlgeboren, weil der Name einer Frau Zweifel aufwirft, solange man das Werk nicht gesehen hat«, schreibt Artemisia Gentileschi 1649 an den Kunstsammler Don Antonio Ruffo in Messina. Sie spielt damit auf einen Vorbehalt an, der sich von der Entwicklung der Kunstgeschichte auf deren Darstellung übertragen hat. Der Verdacht, diese sei durch ›patriarchalische‹ Vorurteile belastet, führte um 1960 im Zusammenhang der emanzipatorischen Frauenbewegung zu Ansätzen einer Revision der Kunstgeschichte. Artemisa Gentileschis *Enthauptung des Holofernes* (1612/13, Neapel, Museo di Capodimonte; um 1620, Florenz, Uffizien) wurde neu als symbolischer Akt der Vergeltung für die Vergewaltigung gedeutet, die Artemisia durch den Maler Antonio Tassi erlitten hat. Dieser Zusammenhang wiederum schien zu erklären, weshalb Artemisia, Tochter des mit Caravaggio befreundeten Malers Orazio Gentileschi in Rom, trotz einer erfolgreichen Karriere in Florenz, Neapel und London in Vergessenheit geraten war: Ihr angeblicher ›Männerhass‹ diskreditierte sie in den Augen der männlichen Kunstgeschichtsschreibung.

VORAUSSETZUNGEN. Zweifellos unterlag die künstlerische Tätigkeit von Frauen, die zumindest in den Nonnenklöstern selbstverständlich war, in der bürgerlichen Gesellschaft seit dem Spätmittelalter erheblichen Einschränkungen. Die entscheidende Voraussetzung einer Ausbildung ist der familiäre Zusammenhang; eine Ausnahme bildet die Schule für Malerinnen, die Maria Sibylla Merian, Tochter des Grafikers und Buchverlegers Matthäus Merian d. Ä. und erfolgreich durch Stillleben und Pflanzenbilder, während ihrer Tätigkeit in Nürnberg (1668–85) gegründet hat. Beispiele für die Karrieren von Maler-Töchtern sind im Klassizismus Angelica Kauffmann und Marie Elisabeth-Louise Vigée-Lebrun.
An die Stelle von Vater-Tochter-Beziehungen treten im 19. Jahrhundert der Privatunterricht, die freundschaftliche Verbindung und der Zugang zu Künstlergruppen der Avantgarde. 1860 wird Berthe Morisot Schülerin von Camille Corot und eignet sich die Freilichtmalerei im Stil der »Schule von Barbizon« an; 1868 schließt sie Freundschaft mit Édouard Manet, und 1874 beteiligt sie sich (als einzige Frau) an der ersten Pariser Gruppenausstellung der »Impressionisten«; 1879 folgt ihr Mary Cassatt.
Der Zugang zur Pariser École des Beaux-Arts bleibt Frauen bis 1897 verwehrt. An ihr studiert Paula Becker im Jahr 1900, nachdem sie 1888 in London die School of Art und 1896 die Schule des 1867 gegründeten »Vereins Berliner Künstlerinnen« besucht und danach die Verbindung zur Künstlerkolonie in Worpswede aufgenommen hat; hier heiratet sie 1901 den Landschaftsmaler Otto Modersohn, kehrt aber um ihrer künstlerischen Selbständigkeit willen mehrfach nach Paris zurück (Aktbild *Liegende Mutter mit Kind*, 1906; Bremen, Kunsthalle).

VOM MODELL ZUR MALERIN. In ihrer Beziehung zu Édouard Manet, dessen jüngeren Bruder Eugène sie 1874 heiratet, ist Berthe Morisot sowohl Malerin als auch Modell (*Der Balkon*, 1868/69; Paris, Musée d'Orsay). Den Rollentausch versucht Victorine Meurent, Manets Lieblingsmodell (*Das Frühstück im Grünen*, 1863; *Olympia*, 1865, beide Paris, Musée d'Orsay). Sie ist nach einem Aufenthalt in den USA 1876 und 1879 im Pariser »Salon« vertreten; berühmt bleibt sie jedoch als Kurtisane »Olympia«. Was ihr misslingt, erreicht Suzanne Valadon, Artistin in einem Wanderzirkus, dann Modell in der Künstler-Boheme auf dem Montmartre und Lebensgefährtin Henri de Toulouse-Lautrecs, der sie als *Die Trinkerin* porträtiert (Bleistift, 1889; Albi, Musée Toulouse-Lautrec). Edgar Degas bestärkt sie als Zeichnerin. Kennzeichnend für den Rollentausch vom Objekt (Renoir, *Tanz auf dem Land*, 1882/83; Paris, Musée d'Orsay) zum Subjekt ist Suzanne Valadons Umkehrung des männlich dominierten Maler-und-Modell-Themas in der Aktkunst (*Adam und Eva* bzw. *Selbstbildnis mit André Utter*, 1909; Paris, Musée National d'Art Moderne). Ihren Sohn Maurice Utrillo unterrichtet sie in der Malerei als Therapie gegen den Alkoholismus.

WEIBLICHE KUNST

»Sie hat ein unglaubliches und als Weib wirklich ungeheures Talent«, urteilt Goethe in der *Italienischen Reise* (18. September 1887) über die Malerin Angelica Kauffmann, nachdem er zuvor ihre Arbeit an seinem Porträt bemängelt hat: »Es ist immer ein hübscher Bursche, aber keine Spur von mir« (27. Juni 1887). 1741 in Chur geboren und früh als Mitarbeiterin ihres Vaters Johann Josef Kauffmann künstlerisch tätig, setzt sie ihre Ausbildung in Italien fort (in Rom porträtiert sie Johann Joachim Winckelmann; Zürich, Kunsthaus), gehört 1768 in London zu den Gründungsmitgliedern der Royal Academy und lebt ab 1782 mit ihrem Mann, dem Maler Antonio Zucchi, bis zu ihrem Tod 1807 in Rom. Hohes Ansehen genießt sie, dem neuen Frauenbild entsprechend, durch ihre Bildung. Im Hinblick auf ihre als anmutig und empfindsam geschätzte Gestaltung antiker Themen spricht Goethes künstlerischer Berater in Weimar, der Schweizer Johann Heinrich Meyer, 1805 von »weiblicher Kunst«, und Goethes oben zitiertes Lob der Malerin als Frau enthält die zusätzliche, auf ihr anmutiges Wesen bezogene Einschränkung: »Man muss sehen und schätzen, was sie macht, und nicht, was sie zurücklässt.«

MATERIAL UND TECHNIK

PASTELL

TROCKENMALEREI. Sprachlich verwandt mit *pasta* ›Teig‹, bildet das zuerst im 15. Jahrhundert in Italien verwendete *pastello* einen ›geformten Farbteig‹ aus feingemahlenen Farbpigmenten mit Kaolin, Ton und geringen Mengen Bindemitteln. Je geringer ihr Anteil ist, desto reiner reflektiert der gepresste Farbstaub das Licht. Die Haftung auf dem Bildträger aus Papier, Pappe, Pergament oder Leinwand beruht auf dessen rauer Oberfläche. Zur Festigung dient ein nachträglich aufgesprühtes leimhaltiges Bindemittel, das Fixativ, dessen Lösungsmittel verdunstet. Ursprünglich diente der Pastellstift der Kolorierung von Handzeichnungen in Strichmanier und Schraffuren. Hieraus entwickelte sich die grafische Technik der Pastellzeichnung. Den Übergang zur Pastellmalerei kennzeichnet die flächige Ausbreitung der mit dem Finger oder einem Läppchen, in jedem Fall trocken verwischten, verriebenen bzw. ›vertriebenen‹ Farbsubstanz, die auf diese Weise auch gemischte Farbtöne ergibt. Diese ›Trockenmalerei‹ setzt einer verändernden oder korrigierenden Überarbeitung enge Grenzen und zählt somit zu den Maltechniken *alla prima* (von Anfang an) im Unterschied zum schichtweisen Farbauftrag und einer Unterscheidung zwischen Unter- und Übermalung.
Erweist sich dennoch eine Überarbeitung als notwendig, kann ein Zwischenfixativ verwendet werden. Dies bildet den ersten Schritt in die Richtung der unterschiedlichsten Mischtechniken, welche die reine Trockenmalerei mit Aquarell-, Deck- und sogar Ölfarben kombinieren.

TECHNIK UND THEMA. Die Blütezeit der Pastellmalerei ist die Bildniskunst des Rokoko und dessen Vorliebe für insgesamt ›pastellartige‹ Farbtöne im Bereich von lichtem Gelb, Rosa, Violett und Blau. Welches Material hätte gepuderten Gesichtern, Perücken und zarten Stoffen besser entsprochen als das Farbpulver? Zu den Spezialisten des Bildnisses in Pastell gehören im höfischen Rokoko die Venezianerin Rosalba Carriera und der Franzose Maurice-Quentin de La Tour sowie Jean-Étienne Liotard aus Genf, tätig in Konstantinopel, Wien (hier entsteht 1746 *Das Schokoladenmädchen*, das eine Tasse mit Kakao serviert; Dresden, Galerie Alte Meister), Venedig, Darmstadt und Paris. Im bürgerlichen Rokoko zeichnet sich Jean-Baptiste-Siméon Chardin als Pastellmaler aus.
Im Klassizismus schließt die an antiken Reliefs geschulte klare Konturierung der zumeist flächenparallel komponierten Bildgegenstände die Pastellmalerei mit ihrer Vorliebe für weiche Farbübergänge kategorisch aus. Im letzten Drittel des 19. Jahrhunderts wird das Pastell in gegensätzlichen thematischen Zusammenhängen wieder belebt. Es entspricht im Impressionismus der Auflösung von Konturen durch die Flüchtigkeit farblicher Wahrnehmungen (Edgar Degas), im Symbolismus der schwebenden Leich-

HANDZEICHNUNG

Die grafischen Techniken teilen sich in die Gruppe der Druckgrafiken und der Handzeichnungen. Letztere, Techniken des Skizzierens und Entwerfens, haben erst im Zusammenhang der Renaissance als individuelle ›Handschriften‹ den Sammlerwert einer künstlerischen Gattung gewonnen. Zu den Zeichenmitteln gehören:

Bleistift, gefasste Mine aus Graphit (von griech. *graphein* ›einritzen, schreiben‹), einer Modifikation des reinen Kohlenstoffs, in Verbindung mit Ton. Das Mischungsverhältnis entscheidet über den Härtegrad: Sehr weiche Minen enthalten bis zu 90 % Graphit, sehr harte höchstens 20 %.

Feder, Schreib- und Zeichengerät mit Tinte oder Tusche. Es besteht ursprünglich aus dem zugespitzten Kiel einer Vogelfeder, heute aus Metall. Das Gerät der Rohrfederzeichnung ist ein schräg angeschnittenes Schilfrohr.

Kohle, als Zeichengerät aus Holzkohle (heute auch aus dem Staub von Steinkohle) gepresster Stift.

Kreide, als Zeichengerät aus feinerdigem Kalkstein gepresster Stift in Schwarz (Anteil von Kohlenstoff) und Weiß sowie den Naturfarben.

Rötel, Stift aus gebrannter Tonerde mit Eisenoxid. Je nach Brenndauer erhält die rotbraune Farbe eine hellere, dunklere oder violette Abstufung.

Silberstift, dünner Griffel aus einer Blei-Zinn-Legierung. Die feingrauen Linien der Silberstiftzeichnung auf zumeist getöntem Papier nehmen durch Oxidation eine bräunliche Färbung an.

tigkeit traumhafter Vorstellungsbilder, die aus dem Schleier des Unbewussten hervortreten und wieder verwehen (Odilon Redon). Als Stufe zwischen zeichnerischen Vorarbeiten und einer Ausführung als Ölgemälde gilt das großformatige Pastell auf Leinwand *Singende Mädchen* (um 1885; München, Neue Pinakothek) des Idealisten Hans von Marées mit der Darstellung von vier Mädchen in fließenden Gewändern und melodisch sanfter Bewegung. Einen hohen Anteil an der Ausführung figürlicher Studien besitzt das Pastell bei Paul Gauguin in Verbindung mit Bleistift und Kohle zur Konturierung zart getönter Flächen oder mit Aquarell. Eine vom Expressionisten Ernst Ludwig Kirchner bevorzugte zeichnerische Mischtechnik, etwa bei den Berliner Straßenszenen, verbindet Pastell- und Ölkreiden sowie Kohle (*Straße mit roter Kokotte*, *Menschen vor Schaufenster*, beide 1914, Stuttgart, Staatsgalerie, Graphische Sammlung).

Edgar Degas, *Tänzerin mit Blumenbukett, auf der Bühne grüßend*, 1878; Pastell auf Papier, auf Leinwand aufgezogen, 72 x 77,5 cm; Paris, Musée d'Orsay
Der Anteil von Pastellbildern am Gesamtwerk von Degas reicht von Landschaftsstudien um 1870 bis zu den in der letzten Gruppenausstellung der »Impressionisten« 1886 gezeigten Darstellung sich badender, waschender, abtrocknender und kämmender Frauen aus der »Schlüssellochperspektive« eines dem Anschein nach unbemerkt anwesenden Beobachters. Die Pastelle aus dem Themenbereich des Balletts suggerieren durch asymmetrische Kompositionen und diffuse Lichter der Bühnenbeleuchtung den Eindruck einer Momentaufnahme. Mit den Pastellstiften erzeugt Degas ›irisierende‹, in den Farben des Regenbogens schimmernde Farbeindrücke, verbunden mit der sanften Ausstrahlung der duftig die gelenkigen Körper der Tänzerinnen umschmeichelnden und umschwebenden Kostüme aus Tüll.

GESTALTUNGSMITTEL

POINTILLISMUS

FARBE UND LICHT. »Die Farben sind Taten des Lichts, Taten und Leiden«, schreibt Goethe im Vorwort seiner Abhandlung *Zur Farbenlehre. Didaktischer Teil* (1810). »In diesem Sinne können wir von denselben Aufschlüsse über das Licht erwarten.« Wobei Goethe vermeidet, »das Gesagte zu wiederholen oder das oft Wiederholte zu vermehren«.

In der Tat ist die Kenntnis von Zusammenhängen zwischen dem Licht und der Wahrnehmung farblicher Erscheinungen keine Entdeckung des 19. Jahrhunderts. Sie wirkte sich jedoch verstärkt auf die maltechnische Entwicklung aus, die von der Lichtmalerei der Romantik (C. D. Friedrichs *Tageszeiten* und flimmernde Meeresflächen) zur impressionistischen Nachbildung der lichtbedingten Erscheinungsweisen führt. Die maltechnische Konsequenz ist die schrittweise Auflösung von Farbflächen als Wiedergabe von Lokalfarben, die den Gegenständen anhaften, in ein Gewebe aus aufgetupften Farben. Sie erzeugen den Eindruck einer Vibration der Atmosphäre.

Pierre-Auguste Renoir, *Weiblicher Halbakt in der Sonne*, 1876; Öl auf Leinwand, 81 x 64,8 cm; Paris, Musée d'Orsay
Die impressionistische Maltechnik eines tupfenförmigen, fleckigen statt flächigen Farbauftrags dient der Wiedergabe von Licht und Schatten mit disparaten Lichtreflexen.

NEOIMPRESSIONISMUS. Während Impressionisten wie Monet und Renoir ihre maltechnische Gestaltungsweise intuitiv aus dem Erlebnis der Wahrnehmung entwickelten, stützten sich die Neoimpressionisten auf wissenschaftliche Erkenntnisse optischer Gesetze. Diese betrafen neben der Zusammensetzung aller Farbtöne aus den Primärfarben Rot, Gelb und Blau die Entstehung der Farbwahrnehmung auf der Augennetzhaut, und zwar als optische Mischung reiner Farben. Einflussreich wurde vor allem Eugène Chevreuls Buch *Über das Gesetz des simultanen Kontrastes von Farben* (1839) über die wechselseitige Steigerung der benachbarten komplementären Farben Rot und Grün, Orange und Blau, Gelb und Violett.

Wissenschaftlich über die menschliche Wahrnehmungsweise orientiert, entwickelten Georges Seurat und Paul Signac den Auf-

Georges Seurat, *Modell, Rückenansicht*, 1886/87; Öl auf Leinwand, 24,5 x 15,5 cm; Paris, Musée d'Orsay
Die Studie in der Gestaltungsweise des Divisionismus bzw. Pointillismus entstand als Vorarbeit zu Seurats Gemälde *Modelle* (Merion in Pennsylvania, Barnes Foundation). Es zeigt dieselbe Aktfigur stehend sowie sitzend im Profil und als Rückenansicht.
Im Unterschied zur Ausführung der Gesamtkomposition zeigt die Einzelstudie die formauflösende Wirkung des Lichts, das den Körper rechts berührt. Zugleich weckt das Eigenleuchten der Rückenpartie den Eindruck einer Entmaterialisierung der Physis. Ihrer makellosen Schönheit widmete Ingres den behutsam modellierten, klar konturierten klassizistischen Rückenakt *Die Badende von Valpinçon* (1808; Paris, Louvre).

trag komplementärer Farben in Form von Rasterpunkten zu einem Gestaltungsmittel bei klar konturierten Bildgegenständen und vibrierender Farbwirkung, das als Pointillismus (frz. *pointillier* ›mit Punkten darstellen‹) bzw. Divisionismus (lat. *divisio* ›Teilung‹) bezeichnet wird. Aufsehen erregte Seurat 1886 auf der achten und letzten Pariser Ausstellung der »Impressionisten« mit seinem pointillistischen Gemälde *Ein Sonntagnachmittag auf der Insel La Grande Jatte* (Chicago, The Art Institute). Aus der Gruppe um Monet eignete sich Camille Pissarro den Pointillismus an. Vincent van Gogh, der sich 1886 in Paris aufhielt, hatte eine pointillistische Phase, und der Symbolist Giovanni Segantini verstand es, durch extrem dichte Punktraster die Intensität der Farbwirkung auf geheimnisvolle Weise zu steigern.
Mit seiner Geschichte der Farbe *De Eugène Delacroix au Néo-Impressionisme* (1899) weist Signac den Weg zum Fauvismus (Henri Matisse, André Derain).

BIOGRAFIE

1853 Vincent van Gogh wird am 30. März in Groot-Zundert in Nord-Brabant geboren; sein Vater ist Prediger

1869–76 Angestellter der Kunsthandlung Goupil et Cie in Den Haag, London und Paris, Entlassung wegen »geschäftsschädigenden Verhaltens«

1879 Vorbereitung auf eine Tätigkeit als Seelsorger, doch der missionarische Auftrag wird wegen »übertriebener Selbstaufopferung« entzogen

1880–85 Ausbildung in Brüssel, Den Haag und Antwerpen; Abschluss der ›Bauernmalerei‹ mit dem Gemälde *Die Kartoffelesser* (Amsterdam, Rijksmuseum Van Gogh)

1886–89 Leben als freier Künstler in Paris, ab Februar 1888 in Arles, im Herbst ist Paul Gauguin zu Gast; nach einer Selbstverstümmelung Aufenthalt im Spital, dann in der Anstalt von Saint-Rémy

1890 Van Gogh begibt sich in die Obhut des Kunstsammlers und Arztes Dr. Paul Gachet in Auvers-sur-Oise nördlich von Paris; er stirbt an den Folgen einer Schussverletzung am 29. Juli im Alter von 37 Jahren

KÜNSTLER

VINCENT VAN GOGH

KUNST ALS SELBSTZEUGNIS. Das auf ein Jahrzehnt begrenzte künstlerische Schaffen Vincent van Goghs gliedert sich in eine niederländische und eine französische Hälfte. In beiden Abschnitten reagierte der rastlos tätige Maler und Zeichner auf Erwartungen, mit denen er sich konfrontiert sah, auf ähnliche Weise wie zuvor als angehender Kunsthändler und Seelsorger: Er blieb der leidenschaftliche Verfechter einer individuellen und zugleich allgemein verbindlichen Wahrhaftigkeit. Sie trieb ihn nach ersten Versuchen einer lernbegierigen Annäherung in die Opposition zur konventionellen niederländischen ›Bauernmalerei‹ und zum bereits routinierten und marktgerechten französischen Impressionismus, der inzwischen eine neoimpressionistische Metamorphose erlebte. Aber auch die Bereitschaft, sich in Arles dem Anschein nach gleichgesinnten Künstlern wie Paul Gauguin unterzuordnen, stieß auf Grenzen und mündete in die Katastrophe der Selbstverstümmelung Ende 1888 und in eine als ›Wahnsinn‹ diagnostizierte, wohl venerisch bedingte neurologische Erkrankung.
Die einzige öffentliche Würdigung zu seinen Lebzeiten, ein Zeitungsartikel von Albert Aurier im Januar 1890, handelt von der Persönlichkeit van Goghs als eines »Isolierten« und stellt die rhetorische Frage: »Wird dieser star-

Vincent van Gogh, *Selbstbildnis*, 1889; Öl auf Leinwand, 65 x 54,5 cm; Paris, Musée d'Orsay
Der konzentrierte Blick in den Spiegel weckt den Eindruck, als forsche der Maler nach Anzeichen eines erneuten epileptischen Anfalls. Briefe aus Saint-Rémy an den Bruder Theo handeln von der »Empfindung von Angst« und deren Überwindung: »Dadurch, dass ich die Wirklichkeit des Lebens der Verrückten und der verschiedenen Irren in dieser Menagerie sehe, verliere ich die unbestimmte Furcht«; insofern bringt das Selbstbildnis auch eine neue Selbstgewissheit inmitten eines kalten Flammenmeers zum Ausdruck.

ke und wahre Künstler, dieser echte Künstler mit den brutalen Händen eines Riesen, mit der Überempfindlichkeit einer hysterischen Frau, mit der Seele eines Erleuchteten, der so ganz er selbst ist und inmitten unserer heutigen erbärmlichen Kunst so abseits steht (...) die reuevollen Schmeicheleien modischer Beliebtheit kennen lernen?«

DER WEG ZUM EXPRESSIONISMUS. Van Goghs umfangreiches malerisches und grafisches Gesamtwerk gliedert sich unter herkömmlichen Gesichtspunkten in frühe Naturstudien zum Thema ›Arbeit‹, in Bildnisse und Selbstbildnisse, Stillleben, Interieurs, Blumenbilder und Landschaften, schließlich zumeist freie Nachgestaltungen von figürlichen Kompositionen (Rembrandt, Delacroix, Doré, Millet). Eine ausführliche Korrespondenz insbesondere mit dem als Kunsthändler erfolgreichen Bruder Theo, dem Vincent den Lebensunterhalt verdankte (zu Lebzeiten wurde ein einziges seiner Gemälde verkauft), gewährt Einblick in den inneren Zusammenhang des thematischen Spektrums: Gemeinsamer Zielpunkt ist die bildnerisch – durch eine verselbständigte Farb- und Formgebung – zu sinnlicher Anschauung und damit zu geistigem Ausdruck gebrachte gesteigerte Bedeutung des subjektiv erfassten Bildgegenstandes. Das Risiko individueller ›Ausdruckskunst‹ hat Vincent van Gogh bereits 1880 in einem Brief an Theo ahnungsvoll in die Metapher gekleidet: »Mancher hat ein großes Feuer in seiner Seele, und niemand kommt jemals, sich daran zu wärmen.«

Vincent van Gogh, *Sternennacht*, 1889; Öl auf Leinwand, 73 x 92 cm; New York, The Museum of Modern Art

Das Bild entstand während des Aufenthaltes in der Heilanstalt von Saint-Rémy als künstlerischer Ausdruck einer psychischen Konstitution: Himmel und Erde befinden sich in unablässiger kreisender und züngelnder Bewegung. Das vorherrschende Gestaltungsmittel ist die gestische Linienführung, die sich auf dem etwa zeitgleichen *Selbstbildnis* wieder findet. Hier gewinnt die Farbgebung eine zusätzliche Symbolik: Während die natürliche Haarfarbe dem feurigen Rot angenähert ist, färbt kaltes Blaugrau das Flammenmotiv rings um die Büste und erinnert an das Eis im Zentrum von Dantes »Inferno«. Die Verselbständigung von Form bzw. zeichnerischer Struktur sowie der Farbgebung sind die beiden Voraussetzungen expressiver Malerei, die Vincent van Gogh als Einzelgänger entwickelt hat.

STIL

SYMBOLISMUS

EINE ANDERE WELT. Der Stilbegriff ›Symbolismus‹ verkürzt eine breit gefächerte Bewegung in Literatur und bildender Kunst auf ein Element, das von jeher als Ding-, Farb-, Form- oder Zahlensymbolik die künstlerische Gestaltung mitbestimmt. Kennzeichnend ist dagegen eine Auflistung von Verfahrensweisen, die der französische Zeichner und Karikaturist Grandville bereits 1844 seinem Buch *Un autre monde* als Untertitel gegeben hat. Die ›andere Welt‹ erschließt sich in Form von Transformationen, Visionen, Metamorphosen, Metapsychosen und bildet insofern eine Gegenwelt zur rational verständlichen, nach ihrer Zweckmäßigkeit bewerteten Wirklichkeit.
Mit der Suche nach den vom modernen Bewusstsein verdrängten Voraussetzungen der menschlichen Verhaltensweisen, Konflikte, scheinbar unerklärlichen Ängste und vagen Hoffnungen, enthält der Symbolismus ein erkenntnis- und gesellschaftskritisches Element. In der Auseinandersetzung der Stilrichtungen bildet es die Gegenposition zum Impressionismus, den die Symbolisten in mehrfacher Hinsicht der Oberflächlichkeit bezichtigen: Der impressionistischen Imitation flüchtiger äußerer Wahrnehmung setzen sie die Beschwörung der ahnungsvoll in den Tiefen des Unterbewussten wieder entdeckten Kräfte entgegen. Diese sind, im Gegensatz zur impressionistischen Lebensbejahung, zutiefst erschütternd. Hierin berührt sich der Symbolismus mit der pessimistischen Lebensauffassung der Dekadenz-Bewegung am Ende des 19. Jahrhunderts. Andererseits befriedigte der Symbolismus das Bedürfnis nach mystischer Überhöhung alltäglicher Befürchtungen

Edvard Munch, *Szenenentwurf zu »Gespenster«*, 1906; Oslo, Munch Museet
Der Szenenentwurf des norwegischen Symbolisten Edvard Munch entstand für die Inszenierung des Dramas von Henrik Ibsen, mit der Max Reinhardt am 8. November 1906 die Berliner »Kammerspiele« eröffnet hat. Der III. Akt versammelt Pastor Manders, Osvald, Helene Alving, den Tischler Engstrand sowie Regine, deren rote Bluse die Lebensfreude symbolisiert, die sich Osvald als Opfer der Ausschweifungen seines Vaters vergeblich ersehnt. Für die »Kammerspiele« schuf Munch 1906/07 einen zwölfteiligen *Lebensfries* (Berlin, Neue Nationalgalerie).

Gustave Moreau, *Christus als Erlöser*, um 1895; Aquarell auf Papier, 29,5 x 22 cm; Paris, Musée Moreau

Das Aquarell des französischen Symbolisten Gustave Moreau verbindet das Motiv der ausgebreiteten Arme Christi am Kreuz mit dem Emporwachsen aus einem Blütenkelch, den die Flügel einer Schar von Engeln bilden. Diese entstammen der Bildtradition der Himmelfahrt und deuten die ausgebreiteten Arme – hierin byzantinischen Ikonen folgend – als Schwingen. Aus den Wunden Christi an den Händen tritt das eucharistische Blut der Erlösung und benetzt zwei Himmelskörper, die dem Bild des Erlösers kosmologische Symbolkraft verleihen. Charakteristisch für Moreaus Bildwelten sind die altorientalischen, antiken und christlichen Mythen sowie eine Vorliebe für die juwelenhafte Kostbarkeit der Farbgebung.

oder nach naturmythologisch verklärter Sinnlichkeit entgegen nüchterner naturwissenschaftlicher Erkenntnisse und technischem Fortschritt. »Zwischen 1885 und 1900«, erinnert sich der Schriftsteller Max Halbe, »durfte in keinem guten Bürgerhaus die Reproduktion Böcklinscher Bilder, *Die Toteninsel*, *Das Schloss am Meer*, *Der Frühlingstag*, fehlen.«

EUROPÄISCHER SYMBOLISMUS. Wie der Impressionismus entwickelte sich auch die Gegenbewegung des Symbolismus zuerst und auf die vielfältigste Weise in Frankreich, u. a. bei Gustave Moreau, Odilon Redon (Grafikzyklus *Im Traum*, 1878) und Paul Sérusier mit der Künstlergruppe »Nabis« (›Propheten‹, mit Maurice Denis). Zu den bedeutendsten Symbolisten mit jeweils individueller Thematik und Gestaltungsweise gehören in England Walter Crane (*Die Rosse des Neptun*, 1892; München, Lenbachhaus), in Belgien James Ensor (*Der Einzug Christi in Brüssel*, 1888; Malibu, J. Paul Getty Museum) und Fernand Khnopff (*Geheimnis und Widerschein*, 1902; Brügge, Groeningemuseum), in den Niederlanden Jan Toorop (*Das Verhängnis*, 1893; Otterlo, Rijksmuseum Kröller-Müller), in der Schweiz Ferdinand Hodler (*Aufgehen im All*, 1892; Basel, Kunstmuseum), in Norwegen Edvard Munch (*Tanz des Lebens*, 1899; Oslo, Nasjonalgalleriet), in Russland Michael A. Wrubel (*Der gefallene Dämon*, 1901; Moskau, Puschkin-Museum), in Deutschland Max Klinger (*Christus im Olymp*, 1897; Leipzig, Museum der bildenden Künste) und Franz Stuck (Halbakt mit Schlange als Allegorie *Die Sünde*, 1893; München, Neue Pinakothek), in Österreich Franz Klimt. Sein *Beethovenfries* (1901/02, Wandmalerei mit Stuck, Gold und Applikationen verschiedener Materialien wie Glas und Perlmutt, Höhe 215 cm, Länge 34,14 m; Wien, Gebäude der Sezession) führt von den *Leiden der schwachen Menschheit* bis zu *Freude, schöner Götterfunke* und *Dieser Kuss der ganzen Welt*, also Versen aus Schillers Hymnus *An die Freude* (1785), den Beethoven für den Schlusschor seiner 9. Sinfonie (1824) verwendet hat. 1927 widmet ihm der Expressionist Ernst Barlach neun Holzschnitte.

ATTRIBUT UND SYMBOL

EIS UND SCHNEE

DAS SCHNEEWUNDER. Das Augustinermuseum in Freiburg i. Br. besitzt das Bild eines Papstes, der mit einer Hacke beginnt, den Boden für ein Gebäude auszuheben, dessen Ort und Grundriss durch Schnee bezeichnet ist. Matthias Grünewalds Altarflügel (um 1517/19) handelt von der Gründungslegende der Kirche *Santa Maria Maggiore*: In der Nacht vom 4. zum 5. August erscheint dem römischen Bischof Liberius (reg. 352–66) im Traum die Madonna und trägt ihm auf, dort, wo am Morgen Schnee liegen wird, eine Kirche zu errichten. Liberius findet den Schnee auf dem Aventin. Dieses Schneewunder (Kirchenfest Mariä Schnee am 5. August) verbindet die ›widernatürliche‹ Naturerscheinung des Schneefalls im Sommer mit dem weißen, kalten Schnee als Symbol jungfräulicher Reinheit und Keuschheit, aus der sich das in Marienliedern besungene Mariensymbol Schnee entwickelt hat, schließlich der Begriff der Frigidität.

DIE JAHRESZEIT. Als ›natürliche‹ Phänomene gehören Eis und Schnee zur Ikonografie der Jahreszeit Winter mit Darstellungen von Schneelandschaften in Kalendarien (Monatsbild »Februar« der Brüder von Limburg in den *Très Riches Heures* des Duc de Berry, um 1415; Cantilly, Musée Condé), auf Tafelbildern (Pieter Bruegel d. Ä., *Die Heimkehr der Jäger/Winter*, 1565; Wien, Kunsthistorisches Museum) oder Gobelins (Karton *Der Winter* von Francisco de Goya, mit Bauern, die durch eine Schneelandschaft stapfen, während ihr Esel ein frisch geschlachtetes Schwein trägt; 1786/87; Madrid, Prado). In der holländischen Fachmalerei des 17. Jahrhunderts spezialisierte sich Hendrick Avercamp auf die Winterlandschaft mit vereisten Gewässern, auf denen sich Schlittschuhläufer tummeln und Pferdegespanne mit Schlitten fahren (*Wintervergnügen*, 1609; Amsterdam, Rijksmuseum).
Das jahreszeitliche Motiv Eis und Schnee findet erst im 16. Jahrhundert eine Annäherung an Themen der Weihnachtsgeschichte, die seit dem Spätmittelalter zwar in heimatlichen Gefilden angesiedelt wurden, doch keine Verbindung mit der Naturstimmung zur Zeit des Weihnachtsfestes eingingen. Einen Ausgangspunkt der Winter-Weihnacht bildet Pieter Bruegels Einbettung von Szenen aus dem Lukas- und dem Matthäusevangelium in tief verschneite Landschaften mit dem Dorf Bethlehem: *Die Volkszählung* (1566; Brüssel, Musées Royaux des Beaux-Arts), *Die Anbetung der Könige im Winter* (1567; Winterthur, Sammlung Oskar Reinhart), *Der Kindermord*, um 1564; Hampton Court Palace, Royal Collection). Möglicherweise ist das zuletzt genannte Beispiel unter dem Eindruck des ungewöhnlich harten Winters 1564/65 entstanden, und zwar als erstes der drei Bilder.
Für das Thema ›Farbe und Licht‹ im Impressionismus bot der Schnee die willkommene Gelegenheit, den koloristi-

FARBSYMBOLIK

»Es war einmal mitten im Winter, und die Schneeflocken fielen wie Federn vom Himmel herab, da saß eine Königin an einem Fenster, das einen Rahmen von schwarzem Ebenholz hatte, und nähte. Und wie sie so nähte und nach dem Schnee aufblickte, stach sie sich mit der Nadel in den Finger, und es fielen drei Tropfen Blut in den Schnee. Und weil das Rote im weißen Schnee so schön aussah, dachte sie bei sich: ›Hätt ich ein Kind so weiß wie Schnee, so rot wie Blut und so schwarz wie das Holz an dem Rahmen.‹ Bald darauf bekam sie ein Töchterchen, das war so weiß wie Schnee, so rot wie Blut und so schwarzhaarig wie Ebenholz und ward darum das Sneewittchen (Schneeweißchen) genannt. Und wie das Kind geboren war, starb die Königin.«
Mit diesem Abschnitt beginnt das Märchen *Sneewittchen* in den *Kinder- und Hausmärchen* (1812) der Brüder Grimm. Es führt die Farbsymbolik fort, indem die Stiefmutter »gelb und grün vor Neid« wird, als ihr der Spiegel kundtut: »Frau Königin, Ihr seid die Schönste hier, / aber Sneewittchen ist tausendmal schöner als Ihr.« Das von Philipp Otto Runge aufgezeichnete Märchen *Von dem Machandelboom* enthält die plattdeutsche Version jenes Wunsches der Königin: »Hadd ik doch en Kind, so rood as Blood un so witt as Snee.«

Caspar David Friedrich, *Die gescheiterte Hoffnung*, 1822; Öl auf Leinwand, 98 x 128 cm; Hamburg, Kunsthalle
Der Titel des Bildes leitet sich im wörtlichen Sinne von der verschollenen Erstfassung her, die im Heck den Namen des Schiffes »Hoffnung« zeigte. Dass die zweite Fassung auf die Inschrift verzichtet, beugt dem Missverständnis vor, es handle sich um die Darstellung eines bestimmten Schiffes, das im Nordmeer von den Eismassen zerdrückt worden sei. Vielmehr dient bei Friedrichs ›Seestücken‹ das Schiff als Symbol der Lebensfahrt, die ins Ungewisse führt. Zum Kontext gehören Anekdoten wie jene vom baltischen Pfarrer, der zwar in einer Hafenstadt lebte, aber noch nie eine Schiffsreise unternommen hatte. Nach dem Grund befragt, gab er zur Antwort: »Nein, nein, mein Bester – man ist zur See doch gar zu sehr in Gottes Hand.« Im zeitgeschichtlichen Zusammenhang symbolisiert die Eiswelt der *Gescheiterten Hoffnung* die gesellschaftliche Erstarrung im Zeichen der Restauration.

schen Reichtum der ›Nichtfarbe‹ Weiß zu gestalten: Claude Monet, *Der Karren/Straße im Schnee bei Honfleur* (1865) und Alfred Sisley, *Schnee in Louveciennes* (1878; beide Paris, Musée d'Orsay), schließlich aus Monets *Heuschober*-Serie eine Winterversion mit Gegenlicht, das leuchtend blaue Schatten hervorruft (1890/91; Edinburgh, National Gallery of Scotland).

DIE WEISSE HÖLLE. Im Gegensatz zu impressionistischer Wahrnehmungslust dient die Schneelandschaft in der symbolistischen Erkundung der menschlichen Existenz der Wiederbelebung einer Symbolik, in der Eis und Schnee ursprünglich die äußerste Gottferne bedeuten. In Dantes *Göttlicher Komödie* ist der innerste, neunte Kreis der Hölle eine Eismasse, in der die schlimmsten Sünder sowie Luzifer stecken. Das Gegenbild zu Kälte und Erstarrung sind Wärme und Bewegung: Dantes Epos endet mit der Vision der »Liebe, die bewegt die Sonn und Sterne«. Aus dieser Bildsprache schöpft Giovanni Segantinis Darstellung von Lieblosigkeit in einer Schneelandschaft mit Baumgerippen, in die eine in heftiger Bewegung erstarrte Frau eingeflochten ist, während ein Kind, das sie abgetrieben hat, an ihre entblößte Brust drängt. Über seine großformatige Komposition *Die bösen Mütter* (1894; Wien, Österreichische Galerien im Belvedere) schreibt Segantini in der dem Symbolismus gewidmeten Zeitschrift *Ver Sacrum* (›Heiliger Frühling‹), sie handle von den »eitlen und unfruchtbar Wolllüstigen« und von ihrer »Strafe im Fegefeuer«, wobei das Schnee-›Feuer‹ die Assoziation des Leichentuchs weckt, das sich über die Erde ausbreitet.

THEMA

EXOTIK

Paul Gauguin, *Contes barbares*, 1902; Öl auf Leinwand, 131,5 x 90,5 cm; Essen, Museum Folkwang
Der Titel *Barbarische Märchen* lässt der Deutung einen weiten Spielraum und entspricht wohl Gauguins Devise »Seid geheimnisvoll!« Er hat sie im »Haus der Wonne« auf der Insel La Dominique (polynesisch *Hiva-oa*) im Archipel der Marquesas-Inseln an einem der mit Schnitzereien versehenen Stützen und Träger angebracht (Paris, Musée d'Orsay). Hier lebte Gauguin zuletzt mit der jungen Tohotua zusammen. Sie diente ihm als Modell für die rechte der drei Figuren, die möglicherweise Polynesien verkörpert. Der Lotossitz könnte die mittlere Figur als Asiatin kennzeichnen, während Klauen an den Füßen den Mann mit diabolischer Mimik als hellhäutige (westliche? missionarische?) Teufelsgestalt ausweisen. Blüten rahmen das Frauenpaar und bekränzen Tohotua.

SUCHE NACH URSPRÜNGLICHKEIT. Dem Zeitalter der Entdeckungen und der Entstehung von Kolonialreichen in Übersee folgt im 19. Jahrhundert die verstärkte Wirkung außereuropäischer Kulturen in Europa nach dem Vorbild der China-Mode des 17./18. Jahrhunderts. Im Zusammenhang der britisch-französischen Auseinandersetzung im Vorderen Orient (Napoleons Schlacht bei den Pyramiden 1798) entsteht die archäologisch fruchtbare Ägyptomanie. Die arabische Welt inspiriert die Literatur (Goethes *West-östlicher Divan*, 1819) und bildende Kunst des Orientalismus als Gegenbewegung zum Klassizismus (Rivalität zwischen Delacroix und Ingres), aber auch gegen den Rationalismus der unaufhaltsam die europäische Zivilisation beherrschenden Industrialisierung. Insofern ist dem Orientalismus und der Wiederentdeckung der Volkskultur im Spiegel von Märchen und Sage in der Romantik eines gemeinsam: die Suche nach Ursprünglichkeit vor und außerhalb der modernen Lebensverhältnisse in Europa, die Suche nach dem Fremdartigen, Exotischen. Beispielhaft für diese Bewegung des Exotismus in der zweiten Hälfte des 19. Jahrhunderts ist der künstlerische Werdegang des ehemaligen Bankangestellten Paul Gauguin, der 1883 im Alter von 35 Jahren, nach der Bekanntschaft mit Camille Pissarro und Paul Cézanne, seinen Beruf aufgibt. Nach einem Aufenthalt in La Martinique (Westindien) findet er das Thema archaischer Lebensformen zunächst in der bäuerlichen Welt der Bretagne, wo sich in Pont-Aven ein Kreis von Schülern um Gauguin bildet; als ›Meister‹ verhält er sich 1888 gegenüber van Gogh in Arles. Vom Leben auf Tahiti erwartet Gauguin das Eintauchen in eine Welt paradiesischer Einheit von Mensch und Natur. Er sieht sich jedoch mit den Auswirkungen der französischen Kolonialverwaltung konfrontiert, sodass sein Schaffen als Maler, Grafiker, Bildhauer und Schriftsteller (*Noa Noa*) einer Rekonstruktion von naturhaft-elementaren Lebensformen gleichkommt. Gauguins Werk wird nach seinem Tod (1903) als ein Höhepunkt des Symbolismus gefeiert (Retrospektive in Paris 1906).

POESIE DER EXOTIK. 1891 porträtiert Henri Rousseau, von 1869 bis zur Pensionierung 1884 Angestellter beim Pariser Stadtzoll, den

Marineoffizier und Reiseschriftsteller Pierre Loti (Zürich, Kunsthaus), dessen Schilderung exotischer Schauplätze einen Gegenpol zum Naturalismus der französischen Literatur bildet. Aus demselben Jahr stammt das erste Bild Rousseaus, der sich seit etwa 1880 der Malerei widmet, mit Pflanzen und Tieren des Urwalds (*Sturm im Dschungel*) aus dem Pariser Jardin des Plantes. Die Exotik repräsentiert in Rousseaus Gesamtwerk den Schauplatz von Tierkämpfen, zerstörerischen Naturgewalten und friedlicher Harmonie, sodass die fremdartige Ferne als Spiegelbild seelischer Regungen erscheint. Zugang zu dieser metaphysischen Exotik als Ausdruck der Befreiung aus der beklemmenden Enge der kleinbürgerlichen Existenz findet der Schriftsteller Guillaume Apollinaire; Rousseau porträtiert ihn mit der Malerin Marie Laurencin im Gemälde *Die Muse inspiriert den Dichter* (1909; Basel, Kunstmuseum), einem Schlüsselbild zum Verhältnis zwischen Kunst und Poesie. Apollinaire und Laurencin gehören zu den Teilnehmern des Festbanketts zu Ehren des »Zöllners« in Pablo Picassos Atelier auf dem Montmartre im Jahr 1908, bei dem sich Rousseau – nach Überlieferung durch den Kunsthändler Daniel-Henry Kahnweiler – an Picasso wendet: »Wir beiden sind die Größten, Du im ägyptischen Stil und ich in der modernen Art.« Wobei Picassos »ägyptischer Stil« eine neue Form des Exotismus unter dem Eindruck afrikanischer Masken bildet.

Henri Rousseau, *Die Schlangenbeschwörerin*, 1907; Öl auf Holz, 169 x 189 cm; Paris, Musée d'Orsay
Inmitten der akribisch wiedergegebenen Flora eines Urwaldes lösen sich Schlangenleiber aus dem Astwerk oder richten sich am Boden empor, angelockt vom Flötenspiel einer dunkelhäutigen Magierin als weiblicher Orpheus, um deren Nacken sich eine Schlange windet. Im Mondlicht glitzert ein Fluss, an dessen Ufer ein rosenfarbener Vogel spaziert, und leuchten drei Büschel aus lanzettförmigen, gelb gesäumten Blättern. Rousseau zählte diesen exotischen ›Sommernachtstraum‹ zu seinen Hauptwerken und zeigte ihn im Pariser »Salon d'Autumne« (Herbstsalon) von 1907.

KÜNSTLER

PAUL CÉZANNE

BIOGRAFIE

1839 Am 19. Januar wird Paul Cézanne in Aix-en-Provence als Sohn des Huthändlers Louis-Auguste Cézanne und dessen Lebensgefährtin Anne-Elisabeth-Honorine Aubert geboren. Die Eltern heiraten 1844, 1848 gründet der Vater eine Bank

1852 Freundschaft mit dem Schulkameraden Émile Zola

1859 Auf Wunsch des Vaters Jurastudium in Aix

1861/62 Besuch der Académie Suisse in Paris und erfolglose Bewerbung um Aufnahme in die École des Beaux-Arts

1869 Lebensgemeinschaft mit Hortense Fiquet (1872 Geburt des Sohnes Paul, Einwilligung des Vaters in die Heirat 1886)

1873/74 Zusammenarbeit mit Camille Pissarro, Teilnahme an der ersten Ausstellung der »Impressionisten«. Bis um 1900 Aufenthalt in der Ile-de-France und der Provence

1895 Erste Ausstellung bei dem Kunsthändler Ambroise Vollard in Paris

1900 Maurice Denis versammelt auf seiner *Hommage à Cézanne* (Paris, Musée National d'Art Moderne) u. a. Pierre Bonnard und Odilon Redon in der Galerie Vollard um ein Stillleben von Cézanne aus Gauguins Besitz

1902 Cézanne lässt bei Aix ein Atelierhaus errichten (seit 1954 Gedenkstätte)

1904 Der Pariser »Salon d'Autumne« (Herbstsalon) widmet Cézanne einen Saal

1906 Cézanne stirbt in Aix-en-Provence am 27. Oktober im Alter von 67 Jahren

ALTE UND NEUE MEISTER. Sein Berufsziel des Malers setzt Paul Cézanne gegen den Widerstand seines aus kleinbürgerlichen Verhältnissen zum Bankier aufgestiegenen Vaters durch. Seine Lehrmeister findet er nicht während der Vorbereitung auf die schließlich erfolglose Bewerbung um das Studium an der École des Beaux-Arts, sondern im Louvre. Die emotional wirkungsvolle Helldunkel-Malerei von Künstlern in der Nachfolge Caravaggios kommt Cézannes konfliktbeladener Lebenssituation entgegen und wirkt auf die frühen Figurenbilder ein: auf *Die büßende Magdalena* (*Der Schmerz*; 1866-68; Paris, Musée d'Orsay) oder *Die Versuchung des hl. Antonius* (1870; Zürich, Sammlung Bührle).
1872 bringt der Aufenthalt in Auvers-sur-Oise die Befreiung vom Zwang der literarisch vorbelasteten Figurenmalerei: Camille Pissarro begeistert ihn für die Landschaftsmalerei im Freien; erste Anerkennung erfährt Cézanne, dessen Bildnis des missgebildeten Schriftstellers *Achille Emperaire* (um 1868; Paris, Musée d'Orsay) vom Pariser »Salon« abgelehnt wurde, durch den Arzt Dr. Paul Gachet, der knapp zwei Jahrzehnte später Vincent van Gogh betreuen wird. In Paris findet Cézanne den Anschluss an den Kreis um Claude Monet und schließt Freundschaft mit Pierre-Auguste Renoir. Édouard Manets Skandalgemälde *Olympia* von 1863 übertrumpft er 1872/73 mit einer in zügellosem Pinselschwung improvisierten *Modernen Olympia*, die sich rosenfarben auf leuchtend weißem Laken einem Freier präsentiert (beide Paris, Musée d'Orsay).

DER TRIUMPH DES »SCHEITERNS«. Nach den Schmähungen, die Cézannes Beiträge zu den ersten Gruppenausstellungen der »Impressionisten« 1874 und 1877 hervorgerufen haben, beschränkt sich die Kenntnis seines Schaffens auf einen kleinen Freundeskreis. 1886 erscheint Émile Zolas Künstlerroman *Das Werk*. Die Hauptfigur des scheiternden, im Selbstmord endenden Malers Claude Lantier ist zwar in einer Vielzahl von Motiven der Handlung dem 1883 gestorbenen Édouard Manet nachgebildet, wird aber vor allem als Anspielung auf Zolas langjährigen Freund Cézanne verstanden, den der Romancier 1886 in *Le Figaro* als einen Künstler charakterisiert, »von dem man erst jetzt beginnt, die genialen Seiten eines großen, gescheiterten Malers zu erkennen«.
Zola hat insoweit Recht, als Cézanne, den 1886 das väterliche Erbe von materiellen Sorgen befreit hat, ohne eigene Anstrengungen den Weg in die Öffentlichkeit findet: Angeregt von Monet, Pissarro und Renoir, veranstaltet der Pariser Kunsthändler Ambroise Vollard 1895 eine Cézanne-Ausstellung mit etwa 50 Figurenbildern, Porträts, Landschaften und Stillleben. Nach 1900 (Beteiligung an der Weltausstellung) sind Hortense und Paul jr. als seine Agenten in Paris tätig.

In allen vier Themenbereichen hat Cézanne zu diesem Zeitpunkt eine Bildauffassung entwickelt, die sämtliche Bildgegenstände in Form und Farbgebung zueinander in Beziehung setzt und damit ihren abbildenden Charakter offenkundig vernachlässigt. Beim *Knaben mit roter Weste* (1894/95; Zürich, Sammlung Bührle) beispielsweise verselbständigt sich der überlange rechte Oberarm zum Maßstab einer bildinternen Organisation von Körperlichkeit im Zustand ruhigen Verharrens. Bereits 1891 publiziert Émile Bernard die Ansicht, es handle sich bei Cézanne »um eine Malerei um ihrer selbst willen« im Sinne einer Autonomie des Bildes.

Paul Cézanne, *Stillleben*, um 1885; Öl auf Leinwand, 71 x 90 cm; München, Neue Pinakothek
Während der Impressionismus zur Auflösung der Bildgegenstände tendiert, erfahren sie bei Cézanne eine Metamorphose zu geometrischen Formelementen. Diese variieren beim Münchner Stillleben in der Wiedergabe einer Tapete links oben, eines Ensembles aus drei Gefäßen, einer Schale mit Äpfeln und eines Tuches auf einem Tisch vor dem Hintergrund einer Kommode vom Rechteck und Kreis über das Oval zum Dreieck. Letzteres gliedert das Tuch unter Mitwirkung von Licht und Schatten in spitz- und stumpfwinklige Flächen mit geradliniger oder gekrümmter Begrenzung.
Der Vielfalt der Rundformen entspricht die groß- und kleinflächige Verwendung der komplementären Farbbezüge Rot – Grün und Blau – Orange. Die beiden seitlichen Ecken der Tischplatte sind gegeneinander versetzt und vermindern die illusionistische Tiefenwirkung zugunsten der Bildfläche. Insofern ist dieser Tisch ein frühes Beispiel der später als kubistisch bezeichneten Zergliederung von Bildgegenständen durch ihre Wiedergabe aus unterschiedlichen Blickwinkeln.

Das vorherrschende ›präkubistische‹ Gestaltungsmittel ist die Verbindung unterschiedlicher Perspektiven in Form von ›Simultanbildern‹: Cézanne entwickelt diese Technik der Komposition um 1885 insbesondere bei Stillleben mit Früchten und Gefäßen. Zwei Themen beherrschen Cézannes Malerei der letzten Jahre: *Die großen Badenden* (1898–1905; Philadelphia, Museum of Art) mit Gruppen von Aktfiguren aus der Vorstellung in einem Bildgerüst aus Baumstämmen, die einen Kegelstumpf begrenzen, und der als abgestumpfter Kegel gebildete ›Hausberg‹ von Aix-en-Provence, *Montagne Sainte-Victoire* (1904–06; Basel, Kunstmuseum, und Zürich, Kunsthaus). Die hier entwickelte Gestaltungsweise mit Farbflächen, die den Malgrund teilweise unbedeckt lassen, begründet Cézanne 1905 in einem Brief an Bernard damit, dass »die Farbeindrücke, die das Licht geben, bei mir die Ursache von Abstraktionen sind, die mir weder erlauben, meine Leinwand ganz zu bedecken, noch die Abgrenzung der Objekte zu verfolgen, wenn die Berührungspunkte zart und fein sind; daraus ergibt sich, dass mein Abbild oder Gemälde unvollständig ist«.

MATERIAL UND TECHNIK

AQUARELL

WASSERFARBEN

Abgeleitet von lat. *aqua* ›Wasser‹, bezeichnet der Begriff **Aquarell** wörtlich und im weitesten Sinne eine Malerei mit wasserlöslichen Farben (engl. *watercolours* ›Wasserfarben‹), zu denen auch die Farben der Freskomalerei zählen.
Im engeren, allgemein gebräuchlichen Sinne unterscheidet sich das Aquarell aus transparenten Aquarellfarben von der **Guasch** (ital. *pittura a guazzo*, frz. *gouache*) aus Deckfarben, die auch als Temperafarben bezeichnet werden. Der Unterschied in der Verwendung und der Wirkung von Aquarell- und Guasch- bzw. Deckfarben ergibt sich vor allem aus den Stoffen, mit denen die Farbpigmente jeweils gebunden sind.
Ein frühes Bindemittel ist das farblose und wasserlösliche, ursprünglich in Afrika und Indien gewonnene Gummiarabikum aus der Rinde verschiedener Akazienarten. Zusätze aus pflanzlichem oder tierischem Leim, aber auch bestimmte Farbstoffe wie die anorganischen Pigmente aus Eisenoxiden ergeben einen deckenden Farbauftrag.
Als **Tuschmalerei** wird die ostasiatische Malerei mit wasserlöslichen Farben bezeichnet, die sich in ihrer strengen Form auf schwarze Tusche aus Rußpartikeln beschränkt. Im weiteren Sinne dienen ›Tuschfarben‹ (ein heute veralteter Ausdruck) dem Kolorieren (Austuschen) einer Zeichnung mit Wasserfarben aus dem ›Tuschkasten‹.

WERTSTEIGERUNG EINES HILFSMITTELS. Die Verwendung von Wasserfarben gehört zu den ältesten Techniken der Malerei, doch sind keine Zeugnisse ihrer speziellen Wertschätzung überliefert. Die Buchmalerei des Mittelalters auf Pergament bediente sich der deckfähigen Temperafarben, und erst die Kolorierung von Holzschnitten auf Papier förderte die Verwendung von lichten, transparenten Wasserfarben als untergeordnetes Hilfsmittel.
Als erster Aquarellist gilt Albrecht Dürer aufgrund seiner Landschafts-, Tier- und Pflanzenstudien, bei denen die Ausführung in einer Mischtechnik aus deckenden und transparenten Wasserfarben einen wesentlichen Bestandteil des Naturstudiums bildet. Die Wiedergabe feinster farblicher Abstufungen durch schichtweise Lasuren, die zu den Leistungen der Ölmalerei zählte, zeichnete auf vergleichbare Weise die aquarellierten Zeichnungen aus, die wissenschaftlichen Zwecken dienten oder der musischen Beschäftigung während einer Bildungsreise oder von Frauen in gehobenen Gesellschaftskreisen. Professionellen Künstlern dienten Wasserfarben zur Präsentation von Entwürfen sowie bei kleinformatigen Gemälden wie den Miniaturbildnissen, wobei sich neben Papier und Pergament auch Elfenbein als Bildträger eignete.
Als vergleichsweise preiswertes und maltechnisch einfaches Material fanden die Wasserfarben nicht allein eine große Zahl ausführender Kunstliebhaber, sondern auch ein kaufwilliges Publikum. 1804 entstand eine »Society of Painters in Watercolour« mit eigener Galerie in London. Ausgestellt wurden großformatige, aufwendig gerahmte und mitunter auch durch einen Firnis den Erzeugnissen der Ölmalerei angenäherte Wasserfarbenbilder.

EINE NEUE GATTUNG. Vor dem Hintergrund der Imitation der Ölmalerei gewinnt die Aquarellmalerei im 19. Jahrhundert ihre maltechnische und ästhetische Eigenständigkeit. Grundlegend ist die Malweise vom Hellen zum Dunklen, wobei die Aussparung unbemalter Teile des Bildträgers, zumeist saugfähiges weißes oder leicht getöntes Papier, am hellsten wirken. Eine zweite Regel, die ebenfalls erhöhte Anforderungen an die Verwendung von Aquarellfarben stellt, betrifft die Intensität der Farbwirkung und die Farbmischung durch den schichtweisen Auftrag der transparenten Farbschichten. Voraussetzung ist ein behutsames Fortschreiten der Malerei, da die lasierende Übermalung das Trocknen der vorausgehenden Schichten voraussetzt. Ein weiterer Grad an technischem Geschick ist die Nass-in-nass-Malerei mit fließender Ausbreitung der Farbsubstanz und der Gefahr unkontrollierter Konturen und Mischung der Farben.
Der Vorzug der Nass-in-nass-Technik besteht in der atmosphärischen Wirkung der lichten Farbschleier beim Landschaftsaquarell. Sie zeichnet Naturstudien von Wil-

Paul Cézanne, *Stillleben mit Äpfeln, Flasche und Stuhllehne*, um 1902–06; Bleistift und Aquarell auf Papier, 44,5 x 59 cm; London, Courtauld Institute Galleries
Neben dem Ölbild und der Guasch bildet das Aquarell in Cézannes Gesamtwerk, trotz inhaltlicher Entsprechungen, ein drittes selbständiges künstlerisches Medium. Cézannes Technik des Aquarellierens lässt die farblichen Eigenschaften der Bildgegenstände aus dem Licht hervorgehen, dem sie ihr Erscheinen verdanken. Dieses Licht dient nicht als Beleuchtung, die von einer bestimmten Lichtquelle ausgeht, sondern wohnt den Gegenständen inne und verwandelt sich auf prismatische Weise in die Wahrnehmung von Farben. Maltechnisch äußert sich diese Farb-Werdung des Lichtes im partiellen Auftrag transparenter Farbflecken. Im Gegensatz zur Nass-in-nass-Malerei setzt jede neue Lasur das Trocknen des vorausgehenden Farbauftrags voraus, sodass die stufenweise Entstehung der Farbwirkungen und der Duktus der Pinselführung erkennbar bleiben. Ebenso besitzen Bleistiftlinien, welche die Entstehung des Bildes einleiten, ihren Anteil an der Bildwirkung.

liam Turner (dem die zeitgenössische Kritik ›Formlosigkeit‹ vorwirft), John Constable und Richard Parkes Bonington aus, deren Aquarelle die lichterfüllten Studien der Impressionisten vorbereiten. In Tierstudien der französischen Romantiker Théodore Géricault und Eugène Delacroix unterstützt die Aquarelltechnik den Ausdruck leidenschaftlicher Spontaneität, der im frühen 20. Jahrhundert die Aquarellmalerei der Expressionisten bestimmt (farbintensive Landschaften, Blumen- und Figurenbilder von Emil Nolde). Der Lasurtechnik bedienen sich Paul Klee und August Macke bei den Aquarellen ihrer gemeinsamen Tunisreise 1914, der Klee, zunächst vorwiegend als Zeichner tätig, seine ›Geburt als Maler‹ verdankt.

GESTALTUNGSAUFGABE

PLAKAT

Henri de Toulouse-Lautrec, *Plakat für Aristide Bruant*, 1893; Farblithografie, 136,5 x 100,5 cm; Berlin, SMPK, Kunstbibliothek
Das figürliche Plakat mit untergeordnetem Schriftelement zeigt den Pariser Chansonsänger Aristide Bruant in der Künstlerkleidung, die er auf der Bühne zu tragen pflegte. Sie dient als ›Markenzeichen‹ und kommt zugleich der plakativen Wirkungsabsicht entgegen: Der Pellerinenmantel bildet eine nur im Umriss untergliederte schwarze Fläche, über die sich in wirkungsvollem Form- und Farbkontrast der rote Schal schwingt. Schlapphut und Knotenstock dienen wie der Schal als Accessoires mit Fernwirkung, auf die sich jedoch Toulouse-Lautrec nicht beschränkt. Der Sänger dreht zwar dem Betrachter den Rücken zu, wendet aber den Kopf zur Seite und zeigt sein Profil; aus der Nahsicht wird der Blick aus dem Augenwinkel erkennbar, mit dem Bruant sich vergewissert, dass er Beachtung findet. Das Werbemittel reiht sich in die Galerie von Toulouse-Lautrecs psychologischen Porträts aus dem Milieu auf dem Montmartre ein. Sein erstes Plakat schuf er 1891 für das Vergnügungslokal »Moulin Rouge«, auf dessen Eröffnung 1889 ein Plakat von Jules Chéret mit einem Reigen aus Tänzern rund um das Wahrzeichen der »Roten Mühle« aufmerksam machte. Blickfang bei Toulouse-Lautrecs Plakat *Moulin Rouge* sind dagegen nur zwei Figuren: die Tänzerin mit dem Künstlernamen La Goulue und ihr Partner Valentin-le-Désossé.

SCHRIFT UND BILD. Dem Plakat geht das mit Holzschnitten illustrierte Flugblatt voraus. Es berichtete über ungewöhnliche Naturerscheinungen und aktuelle Ereignisse, dient aber auch konfessioneller und politischer Propaganda mit karikierender Deformierung der Gegner.
Daneben entwickelte sich die ausschließlich textliche, typografisch gestaltete Mitteilung. Bereits um 1470 verteilte der Buchhändler Peter Schöffer die folgende gedruckte Mitteilung: »Wer sich die unten aufgeführten, mit großer Sorgfalt korrigierten und mit Buchstaben dieses Typs in Mainz gedruckten Bücher verschaffen will, der komme zum unten aufgeschriebenen Wohnort.« Die älteste überlieferte Werbung für eine Tierschau wurde 1625 in Genf publiziert; der Besitzer rühmte sich, seine zwölf Affen bereits dem König von Frankreich vorgeführt zu haben.

Die Entscheidung über den Anteil von Text und Bild fällt zu Beginn des 19. Jahrhunderts durch die neue, für hohe Auflagen und eine Vielfalt von Gestaltungsweisen geeignete Drucktechnik der Lithografie zugunsten des Bildplakates: Der Plakatkünstler »muss etwas erfinden, das selbst den Durchschnittsmenschen anhält und anregt, wenn er vom Pflaster oder vom Wagen aus das Bild der Straßen an seinen Augen vorbeieilen lässt; und dazu, glaube ich, ist nichts so sehr geeignet wie ein einfaches, liebliches und doch packendes Bild in lebhaften und doch harmonischen Farben«. Damit zieht Jules Chéret das Resumee aus der Gestaltung von rund 1200 Plakaten; 1889 erhält er das Kreuz der französischen Ehrenlegion mit der Begründung, er habe »die Kunst auf kommerzielle und kulturelle Druckerzeugnisse übertragen«.

PLAKAT-KUNST. Zu den kulturellen Themen der Plakatkunst des ausgehenden 19. Jahrhunderts zählt die Werbung für das Theater mit der Darstellung von Bühnenstars wie Sarah Bernhardt. Die mehrjährige Zusammenarbeit, die den ab 1888 in Paris tätigen Tschechen Alfons Mucha mit der Schauspielerin und Theaterleiterin als Plakatkünstler und Bühnenbildner verbindet, gipfelt in kostbar ornamentierten figürlichen Kompositionen, deren Eleganz sich mühelos auf die Produktwerbung übertragen lässt. Mucha und Toulouse-Lautrec unterscheiden sich diametral, besitzen jedoch als gemeinsamen Bezugspunkt die Linien- und Flächenkunst des Jugendstil; diesem gehören die rein ornamentalen Lösungen Henry van de Veldes (Plakat für die Kölner Nahrungsmittelfabrik *Tropon*, 1898) ebenso an wie der aggressive *Simplicissimus-Hund* von Thomas Theodor Heine für die ab 1896 in München erscheinende Satirezeitschrift, mit Titelblättern von Olaf Gulbransson. Die erste Ausgabe der *Jugend* (Nr. 1/2, 1896) mit einem fackelschwingenden Schlittschuhläufer von Fritz Erler auf dem Umschlag enthält den Wettbewerb »Entwürfe für unsere Titelblätter, Menukarten, Politische Caricaturen und Carneval-Plakate«; letztere sollen »flott, aber decent genug für die öffentliche Verwendung sein«.
Die engste Verbindung zwischen der Entwicklung des Plakats und den verschiedenen Stilrichtungen des Fin de siècle und des frühen 20. Jahrhunderts besteht in der Werbung für Kunstausstellungen als Originalgrafik. Über dieses im engeren Sinne kunsthistorische Interesse hinaus ist die Geschichte der Plakatkunst Bestandteil einer Auseinandersetzung um die gesellschaftliche Funktion künstlerischer und zugleich ›plakativer‹ Gestaltung von Botschaften in Politik, Wirtschaft und Kultur. Zu den zeitgenössischen Versuchen, das seinem Wesen nach appellative Medium Plakat als Instrument der ihrem Wesen nach reflektierenden Aufklärung zu verwenden, gehören die Arbeiten von Klaus Staeck, nachdem der Nouveau Réalisme in der Technik der Décollage (franz. auch *Affiches lacérées*) durch zerfetzte Plakatwand-Schichten die Text- und Bildwelt der Plakatwerbung deformiert hat.

MASSENMEDIUM

Etymologisch stammt das Plakat vom niederländischen *plakkaat* ›Edikt, Mitteilung einer Behörde‹ ab. Die Entsprechungen im Französischen und Englischen lauten *affiche* und *poster*.
Die Zunahme solcher gedruckter öffentlicher Bekanntmachungen lässt sich an Maßnahmen zu ihrer geordneten Anbringung ablesen. Eine Zunft der Plakatkleber mit eigener Satzung ist für Paris aus dem Jahr 1722 belegt. Es dauert jedoch ein Jahrhundert, bis sich das Plakatieren zu einem Geschäftszweig entwickelt: 1824 wird in London ein Patent »für eine fahrbare Säule zum Anschlag von Plakaten und Verordnungen« erteilt, 1832 lässt sich der Besitzer eines Dekorationsgeschäftes in Wien einen »Wechselrahmen zur Einhängung von Plakaten« patentieren.
»Berlins neue Anschlag Säulen« aus Eisenblech auf Betonfundamenten, die ab 1855 aufgestellt werden und als Ummantelung öffentlicher Toiletten oder Wasserpumpen dienen können, sind das urheberrechtlich geschützte Eigentum des Druckers Emil Litfaß. Sie sollen dazu beitragen, der Willkür des Plakatierens, einer »Hautkrankheit der Städte«, entgegenzuwirken. Befürwortet wird die kommerzielle Initiative des Druckers durch die Berliner Polizeidirektion.

STIL

JAPAN

UKIYO-E

Seit dem 16. Jahrhundert widmet sich die japanische Malerei und Druckgrafik, vorwiegend in der Technik des Farbholzschnittes, einem breit gefächerten Themenbereich von Motiven des städtischen Vergnügungswesens (Kurtisanen, Ringer, Schauspieler) über den bürgerlichen Alltag bis zu Landschaften. Die Sammelbezeichnung Ukiyo-e leitet sich sprachgeschichtlich aus unterschiedlichen Traditionen her. Sie ist einerseits im Buddhismus verwurzelt und bezieht sich auf die gegenwärtige, fließende, scheinhafte Welt. Andererseits bezeichnet *ukiyo* in der Literatur, etwa im Roman *Ukiyo-monogatari* (1661), die heitere Welt des Vergnügens. Insofern sind Ukiyo-e ›Bilder der heiteren und vergänglichen Welt‹. Hauptmeister im 18./19. Jahrhundert mit nachhaltiger Wirkung in der westlichen Kunst sind **Utamaro** Kitagawa (1753–1806), der im Vergnügungsviertel von Edo (d. i. Tokio) lebte und durch anmutige erotische Frauenbilder bekannt wurde, **Hokusai** Katsushika (1760–1849), ebenfalls in Edo tätig, Schöpfer der Holzschnitte *36 Ansichten des Fuij* (1823–32), und **Hiroshige** Ando (1797–1858) aus Edo, dessen Seestück *Die Klippen bei Bo-No-Ura* zu Monets Sammlung japanischer Farbholzschnitte gehörte (Giverny, Musée Claude Monet).

ÖFFNUNG NACH WESTEN. Vom Ende des 12. Jahrhundert bis 1867 herrscht im japanischen Inselreich die Militäraristokratie der Shogune mit weitreichenden zivilen Machtbefugnissen. Zentrale Bedeutung gewinnt das Shogunat von Edo, das nach dem Rücktritt des letzten Shogun 1868 in Tokio umbenannt wird. In die Epoche der Shogunate fällt die Selbstisolierung: Den Anlass bietet ein Aufstand der Anhänger des Christentums, das durch die Portugiesen ins Land gebracht worden ist; ab 1638 ist ausschließlich chinesischen und – in beschränktem Umfang – holländischen Gesellschaften der Handel mit Japan gestattet. 1853 erzwingen die USA, indem sie mit einem Geschwader in die Tokiobucht eindringen, einen sog. Freundschaftsvertrag, dem Handelsvereinbarungen mit den europäischen Großmächten folgen. Japanische Importwaren sind nach dem Vorbild des Chinahandels kunstgewerbliche Luxusgüter; das erste 1862 in Paris eröffnete Spezialgeschäft firmiert daher als »Le Porte Chinoise«. Mustersammlungen bieten die Pariser Weltausstellungen von 1867, 1878 und 1889 sowie 1873 die Weltausstellung im Wiener Prater. Die World Exhibition in Chicago macht 1893 durch einen in Holzbauweise im Ständersystem erbauten Tempel mit traditionellen Techniken der japanischen Architektur vertraut, zu deren Merkmalen die Verbindung zwischen Innen- und umgebendem Naturraum gehört – eine Konzeption, die im »Präriehaus«-Stil (Prototyp 1901) des US-amerikanischen Architekten Frank Lloyd Wright aufgegriffen wird.

DER JAPONISMUS. Diese Bezeichnung betrifft im engeren Sinne die ›Japanmode‹ als exotisch-extravaganten Beitrag zum Lebensstil: Édouard Manets Bildnis *Émile Zola* (1868; Paris, Musée d'Orsay) berücksichtigt als Bestandteile der Ausstattung des Arbeitszimmers einen japanischen Wandschirm und das Bild eines Ringers aus Zolas Sammlung von Ukiyo-e-Drucken, Claude Monet porträtiert 1876 seine blonde Ehefrau Camille mit schwarzer Perücke in einem Kimono und mit Fächer als *La Japonaise* (Boston, Museum of Fine Arts); das Gemälde *Der Holzschnitt* (um 1903; München, Neue Pinakothek) des US-Amerikaners William Merrit Chase zeigt eine Dame im Kimono bei der Betrachtung eines japanischen Farbholzschnittes.

Vor eine japanische Bilderwand setzt Vincent van Gogh 1887 den Pariser Farben- und Kunsthändler »Père« Julien Tanguy (Paris, Musée Rodin). Hier wie beim *Sämann* (1888; Zürich, Stiftung Sammlung Bührle) mit einem die Bildfläche schräg durchkreuzenden und teilenden Baumstamm lässt der Wegbereiter des Expressionismus sein Studium der japanischen Linien- und Flächenkunst erkennen, die zuvor bereits die Impressionisten und Symbolisten wie den mit seinem Landsmann Chase befreundeten

Gustav Klimt, *Erfüllung* (*Der Kuss*), um 1909; Aquarell, Guasch und Gold auf Papier, auf Holz aufgezogen, 193 x 120 cm; Straßburg, Musée des Beaux-Arts
Die Malerei auf Papier steht in Zusammenhang mit Mosaiken im Speisesaal des *Palais Stoclet* in Brüssel. Eine Version *Der Kuss* (1907/08) in Öl auf Leinwand mit Silber- und Goldauflagen besitzt die Wiener Österreichische Galerie im Belvedere, die Gesamtkomposition der Wandgestaltung im Maßstab 1 : 1 befindet sich im Museum für angewandte Kunst in Wien. Josef Hofmann, 1905 Mitbegründer der kunsthandwerklichen »Wiener Werkstätten«, hat das Palais 1905 begonnen; die Fertigstellung und Ausstattung kamen 1911 zum Abschluss. An den beiden 7 m langen Längswänden des Saales breitet sich ein stilisierter Lebensbaum aus, in dessen Geäst mit spiralförmigen Zweigen zwei figürliche Darstellungen eingefügt sind: *Erwartung* und *Erfüllung.* Das symbolistische Bildprogramm im Geschmack des Art Nouveau bzw. Jugend- oder Sezessionsstils gehört zugleich zu den eindrucksvollsten Beispielen für die Rezeption der japanischen Kunst um die Jahrhundertwende in Europa. Vorbildlich wirken die flächige Gestaltungsweise des japanischen Farbholzschnitts und der ornamentale Reichtum der Textilkunst. So ist die männliche Figur der Gruppe *Erfüllung* in ein Gewand nach dem Vorbild der kostbaren japanischen Kimonos in der Sammlung von Gustav Klimt gehüllt.

James Abbott McNeill Whistler beeinflusst hat. Darüber hinaus sind die Vorliebe für die Ornamentik und extrem gestreckte Hoch- oder Querformate im Jugendstil und die Plakatkunst eines Henri de Toulouse-Lautrec japanischen Anregungen verpflichtet. Neben formalen Elementen wie dem ausschnitthaften Charakter der Kompositionen sind auch die Motive der japanischen Bildkunst Quellen der Inspiration. Die Ukiyo-e bestärken als ›Bilder der heiteren Welt‹ die Sicht der Impressionisten, die auch als ›Japanische Schule‹ bezeichnet werden; die Ambivalenz der Ukiyo-e als ›Bilder der heiteren und vergänglichen Welt‹ verliert hier wie im Jugendstil an Bedeutung.
Ein Motiv japanischer Architektur verwendet Claude Monet in Form einer geschwungenen Brücke über den Teich seines Gartens in Giverny. Sie findet sich auf dem *Seerosenteich* (London, National Gallery) aus einer Serie von Gartenbildern im Jahr 1899 und erinnert bis ins Spätwerk an Monets innige Verbundenheit mit seinem selbst geschaffenen fernöstlichen Idyll (*Die Japanische Brücke*, 1918–24; Paris, Musée Marmottan).

STIL

JUGENDSTIL

JUGENDSTIL IN EUROPA

Die Bezeichnung **Jugendstil** für die Gegenbewegung zum Historismus in der Architektur, zum Akademismus in der Malerei und Plastik sowie zur Massenproduktion von Gebrauchsgegenständen beschränkt sich auf Deutschland. Pate stand die *Jugend. Münchner illustrierte Wochenschrift für Kunst und Leben* (1896–1940), die im Wettbewerb für Titelbilder festlegte: »Ausgeschlossen ist jede Anlehnung an einen bestimmten alten Stil.« Inhaltlich sollten sich die Zeichnungen auf den Begriff »Jugend« beziehen, »auf: Frühling, Liebe, Kindheit, Brautzeit, Mutterschaft, Spiel, Mummenschanz, Sport, Schönheit, Poesie, Musik u.s.w.«, und ein neu erwachendes Lebensgefühl zum Ausdruck bringen.
Die französische Entsprechung **Art Nouveau** wurde wohl 1894 von Henry van de Velde geprägt und diente dem deutschen Kunsthändler Samuel Bing ab 1895 als Name seiner Pariser Galerie mit einem Angebot von Möbeln und Tapisserien.
Die auch in Frankreich verwendete englische Bezeichnung **Modern Style** würdigt die frühen Initiativen in England. **Liberty**, der Name einer in Italien tätigen englischen Exportfirma, wird neben **Floreale** in Italien verwendet. Der mit »Jugendstil« teilweise synonym verwendete Begriff **Sezessionsstil** bezieht sich ursprünglich auf die Gruppe »Wiener Sezession« (mit Gustav Klimt).

STILKUNST. 1828 veröffentlichte der Architekt Heinrich Hübsch die Schrift *In welchem Style sollen wir bauen?*. Die Frage beantwortete der Historismus mit einer Vielzahl an kunstgeschichtlichen Vorbildern. Als um 1900 der Begriff »Stilkunst« Verbreitung findet, dient er als Oberbegriff für ein Bündel von Bezeichnungen einer europaweiten Reformbewegung, die ›Stil‹ als authentischen, nicht wiederholbaren Ausdruck einer Epoche versteht: Gemeinsam ist den Bezeichnungen Art Nouveau, Jugendstil, Liberty, Modern Style und Sezessionsstil die Vorstellung eines Neubeginns.
Neuartig ist die Auflösung einer im 19. Jahrhundert vorherrschenden Hierarchie vom Kunstwerk an der Spitze bis hinab zu den Gegenständen des alltäglichen Gebrauchs. Diese Hierarchie ist gleichbedeutend mit der Trennung zwischen dem Schaffen einer künstlerischen Elite und der zunehmenden profitorientierten Warenproduktion. Im industriell fortgeschrittenen England entsteht in der zweiten Hälfte des 19. Jahrhunderts die Gegenbewegung des »Arts and Crafts Movement« mit dem Ziel, die Gegenstände des täglichen Bedarfs wie Möbel, Hausgerät, Wohnungsschmuck (Stoffe, Tapeten) und Bücher wieder – wie im Mittelalter – auf handwerklicher Grundlage künstlerisch zu gestalten. Ihren organisatorischen Rückhalt finden die kunsthandwerklichen Reformideen in der 1888 gegründeten »Arts and Crafts Exhibition Society«. Ihr entspricht der 1907 gegründete »Deutsche Werkbund« zur Förderung von Architektur und Formgebung (Design).
Die beiden Daten markieren den Zeitraum, in dem der gesamteuropäische Jugendstil trotz regionaler Unterschiede in sämtlichen Gattungen und Techniken als ›angewandte Kunst‹ mit dem Anspruch stilistischer Originalität und Homogenität in Erscheinung tritt. Nach diesen Prinzipien entsteht ab 1899 als Gründung des Großherzogs Ernst Ludwig von Hessen-Darmstadt eine Künstlerkolonie mit fest angestellten Mitgliedern wie den Architekten und Designern Peter Behrens aus Hamburg und Joseph Maria Olbrich aus Wien. Das Ensemble auf der Mathildenhöhe bei Darmstadt umfasst ein Ausstellungsgebäude, Wohnhäuser und Werkstätten sowie die Ernst-Ludwig-Presse.

ALLGEMEINKUNST. 1901 vertritt der Architekt Hermann Muthesius die Forderung: »In einem Zusammenfassen all der schwankenden Bewegungen der Gegenwart mit klarer Erkenntnis ihres gemeinschaftlichen Gravitationspunktes wird heute das Ziel unseres Kunststrebens gesucht werden müssen, denn es gibt keine Spezialkünste, sondern nur eine große Allgemeinkunst« (*Stilarchitektur und Baukunst*). Beispielhaft ist das Gesamtwerk des Belgiers Henry van de Velde als Maler und Grafiker, Architekt und Designer oder des in Berlin und München tätigen August Endell, des Erbauers der Stationsgebäude der Pariser *Metro*

Georg Minne, *Brunnen mit fünf knienden Knaben*, 1906; Marmor; Essen, Museum Folkwang
Der Brunnen entstand für die Eingangshalle des Museums Folkwang in Hagen (seit 1922 in Essen). Dieses war für die Sammlung des Kaufmanns Karl Ernst Osthaus bestimmt und erhielt 1902 seinen Innenausbau samt Ausstattung durch Henry van de Velde. Dessen belgischer Landsmann Georg Minne konnte auf eine 1898 entworfene Skulptur zurückgreifen, die in fünffacher Ausführung das Brunnenbecken umgibt und dem Betrachter fünf unterschiedliche Ansichten bietet. Das Motiv des pflanzenhaften, noch keimhaft in sich ruhenden Emporwachsens der feingliedrigen Figur verkörpert ein Menschenbild, das den kraftstrotzenden neuklassizistischen oder neubarocken Skulpturen eines Adolph Hildebrand (Wittelsbacherbrunnen in München, 1890–95) oder Reinhold Begas (Neptunbrunnen auf dem Alexanderplatz in Berlin, 1888–91) diametral entgegengesetzt ist. Durch die Wiederholung der Figur enthält Minnes Brunnen ein Gestaltungsprinzip, das dem Ornament zu Eigen ist. Insofern erweist sich sowohl im Motiv als auch durch das serielle Verfahren die Zugehörigkeit zum Art Nouveau bzw. zum Jugendstil, die sich auf eine ›Ornamentalisierung‹ der Kunst gründen.

(1900), Hector Guimard, des Schotten Charles R. Mackintosh und des in Barcelona tätigen Spaniers Antoni Gaudí. Daneben profilieren sich jedoch Spezialisten der Buchgrafik wie Aubrey Vincent Beardsley oder der Glas- und Goldschmiedekunst (Gefäße, Lampen, Schmuck) wie die Franzosen Émile Gallé und René Lalique oder der US-Amerikaner Louis C. Tiffany in New York.

Gegen die Gefahr einer Veräußerlichung des neuen Stilwillens zur geschäftstüchtig vermarkteten Modeerscheinung wendet sich 1902 die Eigenwerbung der »Steglitzer Werkstatt«, »in welcher, neben allen anderen Zweigen der angewandten Kunst, vorzüglich die Druckerei gepflegt wird«. In diesen »Erzeugnissen (soll) ein wohltuender Gegensatz geschaffen werden zu dem, was sich, als ›Mode‹ ausgeschrien, unter dem Sammelworte ›Sezessions- oder Jugendstil‹ überall spreizt, ein Ruhepunkt für die Augen in dem zappligen und flimmernden Gewirre von Schnörkeln«. Gemeint ist unter anderem der Schmuck der Zeitschrift *Jugend*, die im selben Jahr in ihrer Nr. 14 die in gewisser Weise selbstironische Karikatur *Erziehung zur Kunst* (Paul Rieth) bietet: Auf einem Kasernenhof herrscht ein (preußischer) Ausbilder die mit ausgebreiteten Armen, doch ungelenk im Kreis marschierenden Rekruten an: »Nich so unjeschickt, nich so plump, ihr Hammels! Mehr Schwung, mehr Elejangs, mehr – – Jugendstil!«

KÜNSTLER

AUGUSTE RODIN

Auguste Rodin, *Die Bürger von Calais*, 1884–86; Bronze, Höhe 208 cm, Breite 226 cm; Calais, Marktplatz Rodins entscheidender Beitrag zur Erneuerung der Denkmalkunst wurde durch den Beschluss des Magistrats von Calais angeregt, den Opfertod von sechs vornehmen Bürgern zu ehren. Ihnen war es zu verdanken gewesen, dass die Stadt 1347 nach der Belagerung durch Eduard III. von England vor der Plünderung bewahrt wurde. Rodin verwendete als Quelle die altfranzösische Chronik von Jean Froissart. Sie überliefert die Forderung des Königs, die sechs Geiseln müssten barhäuptig vor ihm erscheinen, nur mit einem Hemd bekleidet, mit einem Strick um den Hals und den Schlüsseln der Stadt in Händen. Rilke, der 1901 die Bildhauerin Clara Westhoff geheiratet hat, veranschaulicht Rodins Kunst der Individualisierung der Figuren am Beispiel des Mannes mit entblößten Armen: »Er geht schon, aber er wendet sich noch einmal zurück, nicht zur Stadt, nicht zu den Weinenden und nicht zu denen, die mit ihm gehen. Er wendet sich zurück, zu sich selbst. Sein rechter Arm hebt sich, biegt sich, schwankt; seine Hand tut sich auf in der Luft und lässt etwas los, etwa so, wie man einem Vogel die Freiheit gibt.« Die 1895 aufgestellte Gruppe erhielt entgegen Rodins Absicht einen Sockel. Ein zweiter Guss befindet sich in London im Park des Parlaments.

FÜLLE VON LEBEN. Rodin würdigt in seinen Aufzeichnungen das Porträt *Mann mit der gebrochenen Nase*, das vom Pariser »Salon« des Jahres 1864 abgelehnt wurde, als Beginn seiner künstlerischen Entwicklung. »Man fühlt, was Rodin anregte, diesen Kopf zu formen«, interpretiert Rainer Maria Rilke in seiner Monografie des Bildhauers (1903), »den Kopf eines hässlichen Mannes, dessen gebrochene Nase den gequälten Ausdruck des Gesichtes noch verstärken half; es war die Fülle von Leben, die in diesem Gesicht versammelt war«, und bereits dieses Frühwerk »widersprach mit der Rücksichtslosigkeit eines Bekenntnisses den Anforderungen der akademischen Schönheit«.

Rodin, der sich dreimal vergeblich um ein Studium an der École des Beaux-Arts beworben hat, erschließt sich die »Fülle von Leben« durch die individuelle Aneignung der Tradition in der Antikensammlung des Louvre, als Bewunderer der Gotik (1914 erscheint seine künstlerische Konfession *Les Cathédrales de France*, dt. 1917) sowie durch das Studium Donatellos, Michelangelos und Berninis in Florenz und Rom, vor allem aber durch das Studium der Natur in Gestalt des Menschen. In seiner Gestaltungsweise gelangt er zu ungewöhnlichen Bewegungsmotiven und zu einer neuartigen kompositorischen Berücksichtigung, ja Planung der Lichtreflexe: »Skulptur ist die Kunst der Buckel und Höhlungen«, definiert er, »die Kunst, die Formen im Spiel von Licht und Schatten darzustellen.« Hierin besteht, neben der thematischen Nähe zum Symbolismus, die formale Verwandtschaft mit dem Impressionismus, die Rilke auch in Rodins Schöpfung einer neuen, von der Kritik als ›unvollständig‹ gemaßregelten Gattung erkennt, des Torsos: »Es ist nicht lange her, da lehnte man sich in derselben Weise gegen die vom Bildrande abgeschnittenen Bäume der Impressionisten auf; man hat sich sehr rasch an diesen Eindruck gewöhnt, man hat, für den Maler wenigstens, einsehen und glauben gelernt, dass ein künstlerisches Ganzes nicht notwendig mit dem gewöhnlichen Ding-Ganzen zusammenfallen muss (…). Es ist in der Skulptur nicht anders. Dem Künstler steht es zu, aus vielen Dingen eines zu machen und aus dem kleinsten Teil eines Dinges eine Welt.« Zu Rodins umfangreichem zeichnerischen Werk gehören Studien nach Tänzerinnen aus Angkor (Kambodscha), die 1906 in Paris gastieren. In diesem Zusammenhang, der dem zeitgenössischen Exotismus entspricht, äußert Rodin (in einem Interview): »Die Bewegungen dieser Frauen, wenn sie Tanzen, sind richtig. Die Bewegungen der europäischen Tänzerinnen sind falsch. Man kann das nicht erklären, aber es ist gar nicht zu diskutieren, man fühlt es mit dem Auge, so wie man falsche Noten mit dem Ohr fühlt.«

ZWEI WERKKOMPLEXE. Die 1880 begonnene Arbeit an einem Portal für den Neubau des Pariser Musée des Arts Décoratifs, auf Wunsch Rodins mit Motiven aus Dantes »Inferno«, dem ersten Teil der *Göttlichen Komödie*, beschäftigt ihn bis zum Lebensende; 1917 hinterlässt er eine letzte Fassung (Höhe 6,35 m) in Gips, die 1938 in Bronze gegossen wird (Exemplare in Paris, Philadelphia, Tokio und Zürich). Aus dem Figurenprogramm stammen zahlreiche Gruppen und Einzelfiguren wie *Der Denker*; ein Guss der Sitzfigur in der oberen Zone der *Porte de l'Enfer*, »der alle Schrecken dieses Schauspieles sieht, weil er es denkt« (Rilke), befindet sich auf Rodins Grab im Garten der Villa des Brillants in Meudon.
Ein Werkkomplex aus Akt-, Gewand- und Porträtstudien entsteht aufgrund des Auftrags für ein *Balzac-Denkmal*, den 1892 Émile Zola als Präsident der »Société des Gens des Lettres« erteilt. Das 1897 als Modell in Gips fertiggestellte Standbild – eine abstrahierte Gestalt in einer Mönchskutte, die Balzac während der Arbeit zu tragen pflegte – wird von den Bestellern abgelehnt; der spätere Bronzeguss wird 1939 in Paris auf dem Boulevard Raspail von Aristide Maillol enthüllt; in einer *Hommage à Rodin* (1952) bezeichnet Constantin Brancusi Rodins *Balzac* als »Ausgangspunkt der modernen Skulptur«.

BIOGRAFIE

1840 Auguste Rodin wird am 12. November in Paris als Sohn eines Polizeibeamten geboren

ab 1854 Unterricht in der Kunstgewerbeschule

1863 Mitglied der Bruderschaft »Pères du Très-Saint-Sacrément«

1864–71 Ausbildung als Bildhauer und Mitarbeiter der Porzellanmanufaktur in Sèvres

1871–77 In Brüssel Gehilfe von Jean-Baptiste Carpeaux (dekorative Bauplastik); 1875 Italienreise; 1877 männlicher Akt *Das Eherne Zeitalter* (Bronze)

1879 Erste Auszeichnung im Pariser »Salon« (*Johannes der Täufer*). Im folgenden Jahr Auftrag für das sog. *Höllentor*

1883 Camille Claudel (geb. 1864; Schwester des Lyrikers und Dramatikers Paul Claudel) wird Rodins Schülerin, Mitarbeiterin und Geliebte (Aktgruppe *Der Kuss*, 1886, Marmor; London, Tate Modern).

1889 Erste größere Ausstellung in Paris (mit Claude Monet)

1894 Atelier in Meudon, Villa des Brillants (Musée Rodin)

1898 Camille Claudel macht sich als Bildhauerin selbständig (*Das reife Alter*, 1899–1903; Paris, Musée d'Orsay). Sie lebt von 1913 bis zu Ihrem Tod 1943 in einer psychiatrischen Anstalt.

1900 »Pavillon Rodin« der Pariser Weltausstellung

1902 Bekanntschaft mit Rilke (1905/06 Rodins Privatsekretär)

1907 Erwerb des Pariser Hôtel Biron (Musée Rodin)

1917 Rodin stirbt in Meudon am 17. November im Alter von 77 Jahren

WIRKUNGSGESCHICHTE

BERLINER REICHSTAG

DEUTSCHE GESCHICHTE

1871 Im Kaiserreich besteht neben dem Bundesrat der 25 Einzelstaaten der Reichstag als parlamentarische Volksvertretung, für deren Gebäude Wilhelm I. 1884 den Grundstein, Wilhelm II. 1894 den Schlussstein legt

1918 Philipp Scheidemann (SPD) ruft am 9. November auf einem Balkon des Reichstags die Republik aus, deren Parlament ab 1919 im Berliner Gebäude tagt

1933 Der Reichstagsbrand am 27./28. Februar bietet den Vorwand für Notverordnungen auf dem Weg zur Diktatur. Der Reichstag aus NSDAP-Abgeordneten tritt in der Berliner Kroll-Oper zusammen (zuletzt 1942)

1945 Rotarmisten erobern am 30. April das schwer beschädigte Gebäude. Die Ruine im Westteil Berlins wird ab 1961 renoviert und dient dem Bundestag zu gelegentlichen Sitzungen

1990 Im Reichstag tritt am 4. Oktober der erste gesamtdeutsche Bundestag zusammen; er wird 1999 Sitz des Parlaments

DEM DEUTSCHEN VOLKE. Im Kaiserreich nehmen der Bundesrat als Vertretung der 25 Einzelstaaten und der in allgemeiner, gleicher und direkter Wahl ermittelte Reichstag die Gesetzgebung wahr. Für das Parlament werden zunächst die ehemaligen Gebäude der Königlichen Porzellanmanufaktur ausgebaut. Ein erster internationaler Wettbewerb ergibt zwar einen Preisträger, doch folgt ein zweiter, nationaler Wettbewerb mit der Begründung, dass »unsere Architektur sich gerade im letzten Jahrzehnt so rapid nach aufwärts entwickelt hat, dass (...) ein schönes Ergebnis mit Sicherheit erwartet werden darf«. Unter 189 Teilnehmern geht 1882 der in Berlin ausgebildete, in Frankfurt a. M. tätige Paul Wallot aus der Konkurrenz hervor. Der 1884–95 erbaute Reichstag (Grundriss 137 × 103 m) gliedert sich in einen Kernbau mit Eingangshalle und Plenarsaal sowie zwei seitliche, durch je drei Flügel umschlossene Innenhöfe. Durch vier Ecktürme erinnert er an ein überdimensionales Kastell. Die Geschossgliederung übergreifen an den Fassaden Säulen als neubarocke Kolossalordnung, entsprechend dem Säulenportikus des Haupteingangs mit der Inschrift »Dem Deutschen Volke« am Architrav. Der architekturgeschichtliche Eklektizismus reicht bis zur zeitgenössischen Bautechnik der Kuppel, deren verkleidete Eisenkonstruktion über dem Plenarsaal gegen den Einspruch der kaiserlichen Baubehörde durchgesetzt wird.

1927 widmet sich ein Wettbewerb der Erweiterung des Reichstags durch Arbeits-, Archiv-, Bibliotheks- und Leseräume. Die auf der »Großen Berliner Bauausstellung« gezeigten Entwürfe bleiben jedoch Verlegenheitslösungen, ebenso die Ergebnisse des zweiten Wettbewerbs 1929. Dem zeitgemäßen ›Neuen Bauen‹ entspricht lediglich eine Gesamtplanung mit Tiergarten und Spree von Hans Poelzig.

Paul Wallot, *Reichstag in Berlin*, 1884–94
Ansicht der westlichen Hauptfassade mit giebelbekröntem Säulenportikus als Eingang. Die Spitze der über quadratischem Grundriss konstruierten Kuppel erreicht eine Höhe von 75 m.

Norman Foster, *Kuppel des Berliner Reichstags*, 1995–97
Die annähernd halbkugelförmige Schale misst 40 m im Durchmesser und erreicht eine Höhe von 47,5 m über dem Boden des Plenarsaals, den sie beleuchtet: Ein konisches Glasprisma reflektiert das in die Kuppel einströmende Tageslicht in den Saal, dessen Abluft durch das Innere des Prismas ins Freie gelenkt wird. Entlang der Innenseite der Kuppelschale dienen zwei spiralförmige Rampen als Aus- und Abgang einer Besuchergalerie rund um das obere Endstück des Prismas. Zu Form und Funktion der Kuppel bemerkt Norman Foster: »Die Silhouette kann etwas anderes gar nicht sein als ein Symbol des Reichstags. Die Kuppel kann aber auch als dreidimensionales Objekt beschrieben werden, als plastische Form, als Skulptur. Aber die symbolträchtige Kuppel steht auch für die Ökologie und die Philosophie des Gebäudes, für die Beziehung zwischen Volk und Volksvertretern. Der Symbolgehalt der Kuppel kann auch nicht getrennt werden von der Entwurfsidee, dass in ihr Tageslicht tief in das Herz des Gebäudes hineingezogen wird, dass sie umgekehrt wie ein Leuchtturm Signale aussendet vom Prozess der Demokratie. Ebenso wenig kann er getrennt werden vom natürlichen Belüftungssystem und dessen aerodynamischer Wirkungsweise.«

Der historistische Monumentalbau symbolisiert die Entwicklung der parlamentarischen Demokratie in Deutschland und fällt wie diese dem NS-Terror zum Opfer. Die Ruine im britischen Sektor mit dem Skelett der Kuppel bildet im September 1948 die Kulisse einer Demonstration gegen die sowjetische Blockade Berlins. Sinnbild der Ost-West-Teilung Berlins und Deutschlands wird jedoch das Brandenburger Tor im sowjetischen Sektor bzw. in Ostberlin. Die Berliner Mauer verläuft ab 1961 zwischen dem Brandenburger Tor und dem Reichstag.

KUNSTOBJEKT. 1961 notiert der Aktionskünstler Christo Bemerkungen zum »Projekt für ein verhülltes öffentliches Gebäude«, das er 1972 in Form einer Collage auf den Berliner Reichstag anwendet und ab 1976 mit seiner Ehefrau Jeanne-Claude vorbereitet. An Bedenken mangelt es nicht: Darf ein Monument wechselvoller deutscher Geschichte dergestalt vereinnahmt, entstellt, vermarktet werden? Am 25. Februar 1994 erteilt der Deutsche Bundestag in namentlicher Abstimmung sein Einverständnis (Bauherr: Verhüllter Reichstag GmbH). Ende Juni / Anfang Juli 1995 abstrahieren 100 000 qm gewebter Kunststoff das Gebäude für zwei Wochen zu einer stereometrischen Skulptur, deren silbern glänzende Hülle das überdimensionale Volumen in Lichterscheinungen verwandelt. Die Vielzahl der Interpretationen reicht von der Anerkennung einer in jahrelanger argumentativer Überzeugungsarbeit entwickelten Gemeinschaftsleistung bis zum Einklang mit Christos Deutung des künstlerischen Umgangs mit dem Material Stoff: Es offenbart, wie die Haut, als etwas Zartes und Empfindliches die »einzigartige Qualität des Vergänglichen«.
Im Frühjahr 2000 ist das Parlament zum zweiten Mal mit dem Thema ›Kunst und Reichstag‹ befasst. Eine knappe Mehrheit billigt eine Installation des vom Kunstbeirat des Bundestages engagierten Konzeptkünstlers Hans Haacke: In einem der beiden Innenhöfe enthält die Widmung am Architrav des Haupteingangs ihr Pendant »Der Bevölkerung«. Die Lettern werden von den Abgeordneten in Erde aus ihren Wahlkreisen eingebettet.

ZEITRAUM

20. JAHRHUNDERT

WAHRZEICHEN. Die Pariser Weltausstellung 1900 zeigt den *Palast der Elektrizität* mit einem zentralen Kraftwerk für die Stromversorgung des Areals, das von Rollbändern durchquert wird. Die Untergrundbahn Metro mit den Stationsgebäuden im pflanzlich-ornamentalen Stil des Art Nouveau von Hector Guimard nimmt während der Weltausstellung ihren Betrieb auf. Den Flugverkehr eröffnet im selben Jahr der Start des ersten lenkbaren Luftschiffs (LZ 1) des Konstrukteurs Ferdinand Graf von Zeppelin bei Friedrichshafen am Bodensee.
Unbeachtet von der Begeisterung über den Beginn eines Zeitalters im Licht der neuen Energie Elektrizität und einer neuen Mobilität beginnt das Atomzeitalter: Henri Becquerel entdeckt 1896 die zunächst rätselhafte Strahlung des Urans; Marie Curie, mit Becquerel und ihrem Mann Pierre 1903 Trägerin des Nobelpreises für Physik, bezeichnet diese Strahlung nach dem von ihr entdeckten Element Radium (lat. *radius* ›Strahl‹) als Radioaktivität. 1939 führen die Forschungen von Otto Hahn und Lise Meitner zur ersten Spaltung schwerer Atomkerne. Sie bildet die Grundlage einer Energiegewinnung in ungeahnten Ausmaßen und der Perversion von Energie zur ultimativen Vernichtungswaffe.
Trotz dieses Hintergrunds steht das 102 m hohe *Atomium*, die 165-milliardenfache Vergrößerung eines Eisenkristall-Moleküls, als Wahrzeichen der Expo 1958 in Brüssel für den Vorrang der Technik in der »Bilanz einer Welt – für eine menschliche Welt« (Motto der Expo).
Am Übergang vom 20. zum 21. Jahrhundert bildet die Vernetzung weltweit angesiedelter Projekte das imaginäre Wahrzeichen der sowohl konkreten als auch mittels der Kommunikationstechnologie virtuellen Expo 2000 in Hannover mit dem Motto »Mensch – Natur – Technik«. Die Projekte sind unter anderem der Energie gewidmet, die in den 1980er-Jahren zu den Themen und Symbolen des Aktionskünstlers Joseph Beuys gehört: Wärme, die ein Material wie Filz spendet, als Nährboden der physischen und spirituellen, im Sozialen verwirklichten Existenz.

BEZUGSPUNKTE DER KUNST. *Wissenschaft und Künste begrüßen das neue Jahrhundert* lautet das Thema eines Reliefs am *Grand Palais* in Paris, errichtet anlässlich der Weltausstellung 1900. In der Tat stehen die im ersten Jahrzehnt in rascher Folge auftretenden Bewegungen des Expressionismus, Kubismus, Futurismus und der Abstraktion in Beziehung zur Veränderung des Welt- und Menschenbildes durch die wissenschaftliche Entwicklung und deren Auswirkungen in Technik, Wirtschaft, Politik. Doch bilden Wissenschaft und Kunst kein Paar mehr in der Tradition des Fortschrittsglaubens mit Wurzeln in der Renaissance. Vielmehr verstärkt und radikalisiert sich das Postulat einer eigengesetzlichen Wirklichkeit des Medi-

MODERN UND POSTMODERN

›Postmoderne‹ bezieht sich zunächst auf neue Tendenzen in der Architektur seit den (postindustriellen) 1970er-Jahren: auf einen ›radikalen Eklektizismus‹, der sich traditioneller Stile und der neuesten technischen Errungenschaften gleichermaßen bedient, entgegen der ›Stilreinheit‹ der Moderne im Internationalen Stil der Architektur seit den 1920er-Jahren.
Doch ›modern‹ und ›nachmodern‹ bezeichnen nicht nur eine zeitliche Abfolge oder gar gegensätzliche Merkmale der beiden Hälften des 20. Jahrhunderts. Der Philosoph Jean-François Lyotard gibt auf die Frage »Was ist das Postmoderne?« 1982 die Antwort: »Sicher hat es an der Moderne teil. Alles Überkommene (…) muss hinterfragt werden. Welchem Raum misstraut Cézanne? Dem der Impressionisten. Welchen Gegenstand hintergehen Picasso und Braque? Denjenigen Cézannes. Mit welcher Voraussetzung bricht Duchamp 1912? Mit der, dass ein Maler ein Bild zu malen hat, und sei es kubistisch. (…) Ein Werk ist nur modern, wenn es zuvor postmodern war. So gesehen bedeutet Postmodernismus nicht das Ende des Modernismus, sondern dessen Geburt, dessen permanente Geburt.« Dieses Paradox besagt, dass die Postmoderne ein »Redigieren der Moderne« (Lyotard) ist. Sie bildet ihren kritischen Teil.

Marc Chagall, ***Die weiße Kreuzigung,*** **1938; Öl auf Leinwand, 155 x 140 cm; Chicago, The Art Institute**
Marc Chagalls neutestamentliches Historienbild kennzeichnet den gekreuzigten Jesus als Juden; sein Lendentuch zeigt die schwarzen Streifen eines Gebetsschals. Das Kreuz erhebt sich allerdings in einer Landschaft der unmittelbaren Gegenwart mit Szenen der Verfolgung des jüdischen Volkes in Europa: Links oben überfallen Rotarmisten ein Dorf, rechts wird eine Synagoge mit Davidstern und den mosaischen Gesetzestafeln am halbrunden Giebelfeld in Brand gesteckt; ein Rabbiner rettet die Torarolle. Solche Szenen der Kristallnacht am 9. November 1938 bereiten nach der Diskriminierung und Vertreibung der Deutschen jüdischer Herkunft den Völkermord vor. Über dem Kreuz schwebt eine Gestalt. Sie wendet sich einer Gruppe Flüchtender zu und deutet auf Jesus, den gepeinigten »Menschensohn« aus den Weissagungen des Buches Jesaja. Zugleich ist Jesus in das Licht des Mysteriums getaucht, das am Fuß des Kreuzes auf die sieben Kerzen des Kultleuchters Menora trifft. Die Lichtsymbolik steht im Zusammenhang des mystischen und weltoffenen Chassidismus, in dem Chagalls religiöses Menschenbild und damit seine Kunstauffassung wurzeln.

ums Kunst, wobei sich Analogien zum ›antiklassischen‹ Manierismus bis hin zur ›Antikunst‹ erkennen lassen. Andererseits gewinnt die autonome und zugleich mehr denn je verzweigte Kunst mit einer Vielzahl grenzüberschreitender Gestaltungsmittel eine zentrale kulturelle Bedeutung als Seismograf gesellschaftlicher Umbrüche und Regressionen in die negative Utopie des menschenverachtenden Totalitarismus, der Staat und Gesellschaft, Kunst und Wissenschaft im Namen der ›Volkshygiene säubert‹. Zu den Folgen der faschistischen und nationalsozialistischen Kunstdiktatur bis 1945 und der fortdauernden stalinistischen Praxis gehörte das Schema: Abstrakte Kunst ist Ausdruck westlicher Freiheit, alles Gegenständliche bzw. Figürliche ist der östlichen Unfreiheit verwandt; und umgekehrt: Abstrakt ist inhuman wie der Kapitalismus, Gegenständlichkeit dient dem Sozialismus.
Berührungspunkte zwischen Kunst und Wissenschaft ergeben sich vor allem in der kritischen Selbstreflexion. 1903, am Beginn des Atomzeitalters, stellt Pierre Curie in seiner Nobelpreis-Rede die auf alle Gebiete des wissenschaftlichen und technischen Fortschritts gültige Frage, »ob es für die Menschheit gut ist, die Geheimnisse der Natur zu kennen, ob sie reif ist, daraus Nutzen zu ziehen, oder ob ihr diese Erkenntnis zum Schaden gereichen könnte«.

STIL

FAUVISMUS

PARISER KUNSTHERBST 1905. Im dritten »Salon d'Automne« (›Herbstsalon‹) »wurden alle Bilder, die etwas kräftiger im Kolorit waren, in einen großen Raum gehängt«, erinnert sich Henri Matisse. »Mitten drin stand eine Skulptur von Marquet, der sich auf liebenswürdige Motive im Geist der Renaissance spezialisierte. Diesmal zeigte Marquet eine Gruppe tanzender Kinder«, vergleichbar Donatellos Putten der *Sängertribüne* (*Cantoria*, 1433–39) des Doms in Florenz. Der Kontrast zwischen der (von Matisse als »Saccharinstück« belächelten) Figurengruppe und den Bildern veranlasst den Kunstkritiker Louis Vauxcelles zu der Bemerkung : »Donatello au milieu des fauves« (›Donatello inmitten der wilden Tiere‹).
»Fauves« wird zum Namen für eine Anzahl von Malern, deren Zusammenführung in jenem Ausstellungsraum den Eindruck einer organisierten Gruppe mit gemeinsamem Programm erweckt. Ihre Zusammengehörigkeit beschränkt sich jedoch auf die Bekanntschaft unter Künstlern, die sich an den revolutionären Außenseitern Vincent van Gogh (gest. 1890), Paul Gauguin (gest. 1903) und Paul Cézanne (er stirbt 1906) orientieren. Als Mitglieder dieser Gruppe gelten André Derain und Maurice de Vlaminck, die zeitweise gemeinsam mit Matisse in Chatou bei Paris arbeiten, Kees van Dongen und Georges Rouault. Ihren »Fauvismus« kennzeichnen reine, intensive, kontrastreich eingesetzte Farben, die Flächenwirkung der vereinfacht wiedergegebenen Bildgegenstände und eine zumeist vehemente Pinselführung. Ihre Themen (Porträts, Landschaften, meist mit Figuren) und Gestaltungsmittel entsprechen der »Ausdruckskunst« der Maler, die sich im selben Jahr 1905 in Dresden zur »Brücke« zusammenschließen. Im Almanach *Der Blaue Reiter* (1912, mit Reproduktionen der Matisse-Gemälde *Der Tanz* und *Die Musik*, 1910; St. Petersburg, Eremitage) veröffentlicht der Mitherausgeber Franz Marc den Aufsatz über *Die »Wilden« Deutschlands*, die »nicht Organisierten«.

HENRI MATISSE. Die Entstehung des französischen Expressionismus aus dem Postimpressionismus veranschaulicht die Entwicklung im Schaffen von Henri Matisse. 1869 in La Cateau geboren, tritt er nach einem Jurastudium in eine Kanzlei ein, widmet sich jedoch ab 1890 der Malerei. Zu seinen Förderern gehört der Symbolist Gustave Moreau, 1899 erwirbt er eine Version der *Badenden* von Paul Cézanne. Ein Vers aus Charles Baudelaires Gedicht *L'invitation au voyage* (»La, tout n'est qu'ordre et beauté / Luxe, calme et volupté«) dient als Titel einer mediterranen Küstenlandschaft mit weiblichen Akten: *Luxe, calme et volupté* (›Luxus, Ruhe und Wonne‹, 1904; Paris, Musée d'Orsay). Matisse bringt hier seine Aneignung des neoimpressionistischen, als »Konfettistil« karikierten Pointillismus zum Abschluss und entwickelt aus der Vi-

DIE »WILDEN«

Der Saal des »Herbstsalon« von 1905, in dem der Kunstkritiker Louis Vauxcelles die Arbeiten von *fauves* (›Wilden‹) wahrzunehmen glaubt, fesselt den Schriftsteller André Gide. In einem Artikel der *Gazette des Beaux-Arts* berichtet er: »In diesem Saal blieb ich ziemlich lange. Ich hörte zu, was die Besucher sagten, und wenn ich sie vor einem Matisse ausrufen hörte: ›Das ist ja Wahnsinn!‹, hätte ich am liebsten antworten mögen: ›Nein, ganz im Gegenteil! Es ist das Ergebnis von Theorie.‹ Wenn Matisse die Stirn dieser Frau apfelgrün malt und den Baumstamm dort leuchtend rot, so kann er das erklären mit: ›Es ist, weil …‹ Diese Bilder sind also vernünftig, oder besser: mit Vernunft erdacht.«
Theorien vermutet auch Maurice Denis, ein Mitglied der von Gauguin beeinflussten »Nabis« (›Propheten‹). Denis erlebt die »Fauves« als »lebendigste, neueste und am meisten debattierte« Gruppe. In *L'Ermitage* schreibt er: »Wenn man den ihnen gewidmeten Saal betritt, möchte man bei Betrachtung dieser Landschaften, Figurenstudien, dieser einfachen Dinge, die alle so heftig in der Farbe sind, gern die Absicht dabei erfassen, die Theorien kennen lernen, und man hat den Eindruck, ganz im Reich der Abstraktion zu sein.«

Henri Matisse, *Bei der Toilette*, 1907; Öl auf Leinwand, 116 x 89 cm; Stuttgart, Staatsgalerie
Kompositionsschema ist ein spitzes Dreieck, die Gestaltung des sitzenden Aktes veranschaulicht Matisse' Auffassung des menschlichen Körpers als »Architektur von Formen, die ineinander gefügt sind und sich gegenseitig stützen«. Beides lässt den Einfluss erkennen, den Paul Cézanne auf die künstlerische Avantgarde in Frankreich ausübt. Im Gegensatz zum Kubismus, den der Fauvist Georges Braque und Pablo Picasso um 1907 als kubische Abstraktion, dann als Zergliederung der Bildgegenstände entwickeln, gibt Matisse in seiner Darstellung der beiden Frauen den intensiven Farben – Ziegelrot, Grün, Blau – den Vorrang vor der plastischen Körperlichkeit. Diese erfährt vielmehr eine Rhythmisierung linear umgrenzter, monochrom schattierter Farbflächen. In seinen *Notizen eines Malers* bekennt Matisse 1908: »Ich träume von einer ausgeglichenen, reinen und stillen Kunst, die frei ist von jeder düsteren oder spannungsgeladenen Thematik, von einer Kunst, die zum Beispiel für jeden Intellektuellen, jeden Geschäftsmann und Literaten so etwas ist wie ein Linderungsmittel für den Geist oder ein bequemer Sessel, in dem man sich von seinen körperlichen Mühen erholen kann.« Ab 1904 beschäftigt sich Matisse auch mit dem Medium der Skulptur; als Zeichner und Illustrator einwickelt er einen sparsamen Linienstil.

bration die Gliederung des Bildes durch konturierte Farbflächen; das Thema einer Bilderfolge aus den Jahren 1905 bis 1907 bleibt *Lebensfreude* (Merion, The Barnes Collection; *Luxus I*, Paris, Musée d'Art Moderne; *Luxus II*, Kopenhagen, Statens Museum for Kunst).

Den Übergang vom harmonischen Pointillismus zum Ausdruckswert der einzelnen, ungebrochen und zunehmend großflächig verwendeten Farben demonstrieren im »Herbstsalon« von 1905 die Hafenansicht *Collioure* von André Derain, das während eines gemeinsamen Aufenthalts in Südfrankreich entstandene *Offene Fenster* von Matisse und dessen Porträt seiner Gemahlin *Frau mit Hut* mit hellrot aufleuchtenden und grün verschatteten Haaren. Ihm folgt 1906 ein *Bildnis Madame Matisse* (Kopenhagen, Statens Museum for Kunst); die vertikale Stirn-Nasen-Linie innerhalb einer aus den komplementären, die Leuchtkraft steigernden Farbkontrasten Rot-Grün und Blau-Orange entwickelten Komposition gibt diesem Bildnis den zweiten Titel *Der grüne Strich*.

KUNSTBETRIEB

AVANTGARDE

»BRÜCKE«-MANIFEST

1906, im Jahr nach ihrer Gründung, veröffentlicht die Dresdner Künstlergruppe »Brücke« ihr erstes, von Ernst Ludwig Kirchner verfasstes und in Holz geschnittenes Manifest: »Mit dem Glauben an Entwicklung, an eine neue Generation der Schaffenden wie der Genießenden rufen wir alle Jugend zusammen, und als Jugend, die die Zukunft trägt, wollen wir uns Arm- und Lebensfreiheit verschaffen gegenüber den wohlangesessenen älteren Kräften. Jeder gehört zu uns, der unmittelbar und unverfälscht das wiedergibt, was ihn zum Schaffen drängt.«

»BRÜCKE« UND »BLAUER REITER«. 1912 spricht Franz Marc im Almanach *Der Blaue Reiter* unter der Überschrift *Die »Wilden« Deutschlands* von der »Epoche des großen Kampfes um die neue Kunst (...) gegen eine alte, organisierte Macht«, beginnend mit den »Brücke«-Mitgliedern. Aber, so Marc, »Dresden erwies sich als zu spröder Boden für ihre Ideen«.
Was die ehemaligen Architekturstudenten und autodidaktischen Maler Heckel, Kirchner, Schmidt-Rottluff bei ihrem Versuch isoliert, eine »Brücke zu neuen Ufern« zu errichten, sind ihre Lebens- und Arbeitsweise im Dresdner Arbeiterviertel mit Modellen aus dem proletarischen Milieu und eine entsprechend ›stillose‹, ›kollektive‹ Gestaltungsweise. Sie zeigt sich auch in der gemeinsamen Arbeit am »Akt in freier Natürlichkeit« an den Seen bei Moritzburg. Auch Marc ist die Abkehr vom individualistischen Kunstverständnis wesentlich, allerdings ohne den antibürgerlichen Affront der »Brücke«. Die neue Kunst hat »ihrer Zeit Symbole zu schaffen, die auf die Altäre der kommenden geistigen Religion gehören und hinter denen der technische Erzeuger verschwindet«. Gemeinsam ist der Dresdner, von 1911 bis 1913 Berliner

Ernst Ludwig Kirchner, *Eine Künstlergruppe*, um 1926/27; Öl auf Leinwand, 168 x 126 cm; Köln, Museum Ludwig
Das Gruppenporträt ist ein Erinnerungsbild, veranlasst durch Kirchners erste Deutschlandreise (1925/26) nach seiner Übersiedlung nach Davos (1917). Es zeigt ihn selbst mit den beiden »Brücke«-Gründungsmitgliedern Ernst Heckel (Mitte) und Karl Schmidt-Rottluff (rechts) sowie sitzend Otto Mueller, der 1910 der Gruppe beigetreten ist. Es fehlen Emil Nolde, der 1906/07 zur »Brücke« gehörte, und Max Pechstein, der in Berlin 1912 ausgeschieden ist. Kirchner hält in der Linken ein Blatt seiner illustrierten »Brücke-Chronik«, die 1913 den Anlass zur Auflösung gegeben hat. 1937 wurde das Bild im Berliner Kronprinzenpalais, einer Dependance der Nationalgalerie, für die Ausstellung »Entartete Kunst« beschlagnahmt und hier unter dem Titel *Die Meister der Brücke* als eines von 26 Ölgemälden Kirchners gezeigt.

»Brücke« und dem Münchner »Blauen Reiter« eine Umkehrung der Beziehung zwischen der sichtbaren Außenwelt und der geistigen oder als Gefühlsregung erlebten Innenwelt. Nicht der unmittelbare äußere Eindruck (frz. *impression*) führt zum Kunstwerk, sondern der von Wahrnehmungen hervorgerufene Schaffensdrang verschafft sich Ausdruck (frz. *expression*).
Den letzteren Begriff verwendet Henri Matisse 1909 in der Bedeutung »Sichtbarmachung des Wesentlichen«, und ähnlich formuliert Paul Klee: »Kunst gibt nicht das Sichtbare wieder, sondern macht sichtbar.« Als Schlagwort bezieht sich »Expressionismus« (Wilhelm Worringer 1911 in der Zeitschrift *Sturm*) zunächst auf Bewegungen wie den Fauvismus, Kubismus, Futurismus, Orphismus mit jeweils abstrahierenden Tendenzen. Sie besitzen die Eigenschaft einer »Vorhut« (frz. *avantgarde*) im Kampf gegen einen von Geschäftsinteressen geleiteten und daher affirmativen Kunstbetrieb.
Zum Wesen der Avantgarde in der bildenden Kunst und Literatur gehört ein hohes Maß an Sensibilität für wissenschaftlich, technisch und politisch bedingte Veränderungen der Lebensverhältnisse, die jene Abkehr von der äußeren ›Wirklichkeit‹ erzwingen. Sie verdichtet sich zu Vorahnungen einer unausweichlichen Katastrophe. Menetekel bilden die vom Berliner Lyriker und Maler Ludwig Meidner 1912 begonnenen *Apokalyptischen Landschaften* und Franz Marcs *Tierschicksale* (1913; Basel, Kunstmuseum), ein düsteres Pendant zum lichten *Turm der blauen Pferde* (ebenfalls 1913, verschollen).

GALERISTEN. Stützpunkte der ›Vorhut‹ sind Kunstgalerien, deren Besitzer ihre Räume zur Verfügung stellen oder selbst initiativ werden. Ende 1911 eröffnet die Galerie Heinrich Tannhauser in München auf Betreiben von Kandinsky und Marc die »Erste Ausstellung der ›Redaktion des Blauen Reiters‹«, die anschließend als Wanderausstellung in Frankfurt a. M., Köln und Bremen zu sehen ist sowie in Berlin in der 1912 neu eröffneten »Sturm«-Galerie des Verlegers Herwarth Walden, Herausgeber der Zeitschrift *Sturm* (Mitarbeiter ist Oskar Kokoschka; *Bildnis Herwarth Walden*, 1910; Stuttgart, Staatsgalerie). Nach Pariser Vorbild organisiert Walden 1913 den »Ersten deutschen Herbstsalon« als Forum der internationalen Avantgarde und insofern als Verteidigung gegen die nationalistische, vor allem gegen Frankreich gerichtete Kunst- und Kuturpolitik des wilhelminischen Kaiserreichs, in dem der Einfluss von ›Ausländern‹ einen deutschen Künstler, erst recht eine Künstlerin von vornherein disqualifiziert. Ab 1908 ist Daniel-Henry Kahnweiler in Paris, neben Ambroise Vollard, ein Partner und schließlich der exklusive Kunsthändler Pablo Picassos; 1910 porträtiert dieser in der Technik des »analytischen Kubismus« Vollard (Moskau, Puschkin-Museum), Kahnweiler (Chicago, The Art Institute) und den gleichfalls in Paris tätigen Galeristen Wilhelm Uhde (Saint Louis, Sammlung Joseph Pulitzer Jr.).

»DER BLAUE REITER«

In bewusster Befreiung von den Organisationsformen der Künstlergruppe oder des Kunstvereins, die an Satzungen und Beschlüsse gebunden sind, bildet sich 1911 um Wassily Kandinsky und Franz Marc ein Bund aus ehemaligen Mitgliedern der »Neuen Künstlervereinigung München«. Ihre gemeinsamen Ausstellungen sollen alljährlich vom Almanach *Der Blaue Reiter* begleitet werden, um die bildende Kunst in den Zusammenhang von Literatur, Musik und Philosophie als verwandten Ausdrucksformen des geistigen Schaffens zu stellen. Der Umschlag der ersten Ausgabe des Almanachs (1912) zeigt Kandinskys Farbholzschnitt des *Hl. Georg als Drachenkämpfer*; er dient als Sinnbild des ›Geisteskämpfers‹ gegen die geistfeindliche Macht des Materiellen.
Zu den Teilnehmern der Ausstellungen von 1911 bis zum Beginn des Ersten Weltkriegs gehören neben Kandinsky und Marc die ebenfalls in München und Oberbayern lebenden Künstler und Künstlerinnen Heinrich Campendonk, Paul Klee, Gabriele Münter, Marianne von Werefkin (Schülerin Ilja Repins in Moskau) und ihr Partner Alexej von Jawlensky, ebenfalls mit russischer Herkunft die Brüder David (Autor des Almanach-Beitrags *Die »Wilden« Russlands*) und Wladimir Burljuk, Natalja Gontscharowa und ihr Partner Michail Larionow, Marcs enger Freund August Macke in Bonn, der Maler-Komponist Arnold Schönberg, Hans Arp, Alfred Kubin und Egon Schiele sowie Robert Delaunay in Paris. In die Auswahl der 46 Exponate der ersten Ausstellung werden zwei Gemälde des 1910 in Paris gestorbenen Henri Rousseau aufgenommen.

THEMA

TANZ

TANZ-GESCHICHTE

Altertum. Figürliche Darstellungen in rhythmisch anmutender Bewegung als Ritzzeichnungen oder Statuetten sind bereits aus der Jüngeren Altsteinzeit überliefert. Auf Maskentänze deutet der sog. Zauberer oder Schamane in der Höhle von Trois Frères (SW-Frankreich). Die ägyptische Wandmalerei der Grabkammern schildert Bankettszenen mit Tänzerinnen, deren Bewegungsvielfalt bis zur Körperakrobatik reicht.
Zu den Themen der griechischen Vasenmalerei gehören der Waffentanz und der Tanz der Mänaden im Gefolge des Dionysos.

Mittelalter. Biblisch legitimierte Tanzbilder schildern den Tanz um das Goldene Kalb, David als Tänzer vor der Bundeslade und den Tanz der Salome. Mitunter zeigen Anbetungsszenen wie das Dreikönigsbild die Gabenbringer in tänzerischer Bewegung. Seit der Mitte des 14. Jahrhunderts entwickelt sich die mit Texten versehene Darstellung des Tanzes weltlicher und geistlicher Standespersonen mit Totengerippen; dieser Totentanz (frz. *danse macabre*) dient als Memento mori. Der Reigentanz auf Ambrogio Lorenzettis Fresko im Palazzo Pubblico von Siena steht ein für das *Gute Regiment* (1338/39).

Neuzeit. Renaissance und Barock unterscheiden zwischen dem höfischen Tanz in vielfach mythologischer Einkleidung und dem Bauerntanz: Albrecht Dürer, *Bauernpaar beim Tanz* (Kupferstich, 1514); Pieter Bruegel d. Ä., *Bauerntanz* (um 1568/69; Wien, Kunsthistorisches Museum); Peter Paul Rubens, *Flämische Kirmes* (Paris, Louvre). Seit dem 16. Jahrhundert gehört das Ballett (ital. *ballare* ›tanzen‹) auch zu den Themen der bildenden Kunst.

AUSDRUCKSTANZ. »Die Freuden, die Leiden des Menschen, der Völker stehen hinter den Inschriften, den Bildern, den Tempeln, den Domen und Masken, hinter den musikalischen Werken, den Schaustücken und Tänzen« (August Macke im Almanach *Der Blaue Reiter*, 1912). Der Tanz gewinnt in der ›expressionistischen‹ Avantgarde in zweifacher Weise Bedeutung: als Thema der Darstellung und als Gestaltungsaufgabe.
Zur unmittelbaren Vorgeschichte des modernen Tanzbildes gehören Degas' impressionistische Erkundungen der Bühnenwelt der Balletteusen von ihrer Ausbildung bis zur Verbeugung im Rampenlicht, Toulouse-Lautrecs milieugerechte und psychologische Charakterisierung der Tänzerinnen und Tänzer sowie ihres Publikums in Pariser Vergnügungslokalen mit Unterhaltungsprogramm und die Bewegungseleganz als Motiv im Art Nouveau bzw. Jugendstil.
Zwei Künstler entledigen sich 1910 der Einbindung des Themas ›Tanz‹ in das zeitgenössische Milieu des Tanztheaters und des Tanzvergnügens: Henri Matisse mit silhouettenartigen, auf der monochromen Bildfläche als Reigen-Ornament angeordneten Figuren (*Der Tanz*; St. Petersburg, Eremitage), Emil Nolde mit der suggestiven Vergegenwärtigung entfesselter Leidenschaft am Beispiel eines alttestamentlichen Themas (*Tanz um das goldene Kalb*, nach 2. Mose 32; München, Staatsgalerie moderner Kunst). Nolde mischt grelles Gelb und flammendes Rot zu leuchtendem Orange, gesteigert durch die Komplementärfarben Blau und Violett; die Gliedmaßen wecken die Assoziation stampfender Beine und wilder Schreie, begleitet von emporgeworfenen Armen.
Noldes Konzeption berührt sich mit dem Ausdruckstanz, dessen Entwicklung wesentlich vom »Russischen Ballett« in Paris (ab 1909) unter der Leitung von Serge Diaghilew gefördert wird. Eigenständigen Wert gewinnen die in Aktion gestalteten Figurinen von Léon Bakst. Zum Kreis der Mitarbeiter stößt 1919 Pablo Picasso (Kostümentwürfe für das Ballett *Le Tricorne*). Die Faszination des farbenfrohen Bühnengeschehens aus Tanz und Pantomime bringt August Macke 1912 nach einer in Paris erlebten Vorstellung im Gemälde *Russisches Ballett* aus der Perspektive des Zuschauers zum Ausdruck (Bremen, Kunsthalle).
In Deutschland wird Mary Wigman zur einflussreichsten Künstlerin und Lehrerin des Ausdruckstanzes. Zu ihrem Freundeskreis gehört Nolde, dessen Bild *Tänzerinnen* (1920; Stuttgart, Staatsgalerie) wohl unter dem Eindruck ihrer Vorführungen entstanden ist.

TANZ UND ABSTRAKTION. Ernst Ludwig Kirchner lernt Mary Wigman und Gret Palucca 1926 in Dresden kennen, erhält die Erlaubnis zu Studien, die er später für Gemälde verwendet, und notiert: »Die neue Kunst ist da.

Mary Wigman benutzt vieles aus den modernen Bildern unbewusst, und das Schaffen eines neuen Schönheitsbegriffs ist ebenso in ihren Tänzen am Werke wie in meinen Bildern« (16. Januar 1926). Aus dieser Begegnung entsteht das Motiv *Farbentanz* für die geplanten Wandmalereien im Festsaal des von Hagen nach Essen übersiedelten Museums Folkwang, an deren Vorbereitung Kirchner ab 1927 arbeitet (der Auftrag wird ihm 1933 entzogen). In Tanzbildern der Jahre 1929–36 verwendet der leidenschaftliche Fotograf Kirchner eine Serie *Aktfotos einer Tänzerin im Wald*, die er 1929 aufgenommen hat.

Der Abstrakte heißt eine Rolle in Oskar Schlemmers *Triadischem Ballett*, das 1922 in Stuttgart uraufgeführt und 1923–32 unter anderem in Berlin und Paris gezeigt wurde. Gegliedert in drei durch die Farben des Bühnenraums und musikalisch unterschiedene Teile mit Figuren wie *Spirale*, *Scheibentänzer*, *Drahtfigur*, *Goldkugel* (neun Kostüme in Stuttgart, Staatsgalerie), bildet der »Tanz der Dreiheit« den Gegenpol zum körperbetonten Ausdruckstanz: Die »raumplastischen Kostüme« (Schlemmer) bedingen die Bewegungen und verwandeln sie in Funktionen vielfältig variierter Elementarformen und deren Beziehung zur Stereometrie des Raumes.

Jules Chéret, Plakat für Loïe Fuller, 1893; Paris, Bibliothèque des Arts Décoratifs
Die Farblithografie wirbt mit den beiden Erfindungen der Tänzerin: mit der Bewegungsfülle der Stoffbahnen, die den wirbelnden Körper umkreisen, und mit den Effekten der bengalischen (›farbigen‹) Beleuchtung. Diese ab 1893 angewandte Inszenierung erweckt den Eindruck, als strahle die Tänzerin selbst Licht aus. Die gebürtige Amerikanerin feierte Erfolge in Paris im Revuetheater »Folies-Bergère«, während der Weltausstellung 1900 war ihr ein eigenes Theater gewidmet. Jean Cocteau erinnert sich an seinen Eindruck als 19-jähriger Zuschauer: »Sie explodierte als Orchidee aus Licht und Tüll.« Die Verwandtschaft der ›Schleiertänze‹ von Loïe Fuller mit dem Art Nouveau bzw. dem Jugendstil veranschaulichen sowohl Chérets Plakat als auch eine Bronzeskulptur der Tänzerin von Raoul Larche als Fuß einer Tischlampe, deren Schirm durch die Wiedergabe emporschwebender Stoffe gebildet wird (1909; Darmstadt, Hessisches Landesmuseum). Auch der Bildhauer und Goldschmied François-Rupert Carabin, 1884 mit Georges Seurat und Paul Signac Gründer der Pariser »Société des artistes indépendents«, ließ sich von den Darbietungen inspirieren. 1896–98 gestaltete er Statuetten in Bronze und Keramik u. a. *Die Tänzerin Loïe Fuller* (u. a. München, Neue Pinakothek).

STIL

AFRIKA

SKULPTUREN

Der überwiegende Teil von Werken der Kunst aus Schwarzafrika, die seit der zweiten Hälfte des 19. Jahrhunderts in großer Zahl in die völkerkundlichen Museen gelangen, sind Skulpturen aus Holz, ausgenommen etwa die Bronzen aus dem Königreich Benin in Nigeria (überwiegend Reliefplatten des 15./16. Jahrhunderts). Trotz der unübersehbaren Vielfalt der regionalen Unterschiede, die sich grob nach abstrahierenden und realistischen Tendenzen unterteilen lassen, beherrschen bestimmte Charakteristika die Wirkungsgeschichte zu Beginn des 20. Jahrhunderts. Im Zusammenhang der animistischen Naturreligionen stehen zwei weit verbreitete Kultgegenstände:

Ahnen Die jüngst Verstorbenen sind aufgrund ihrer noch bestehenden Lebensnähe in besonderer Weise geeignet, die Hilfe der übernatürlichen Kräfte zu vermitteln. Ihre Präsenz gewährleisten Ahnenfiguren. Vorfahren von Herrschern können als Thronfiguren eine Rückenlehne bilden. In Regionen mit dem Brauch der zweifachen Bestattung dient in der Zwischenzeit ein Ahnenkrug der Seele als Heimstatt.

Masken In kultischem Zusammenhang sorgt die (Tanz-)Maske für Anteil am Übernatürlichen. Sie wird bei Initiationen und Totenfeiern getragen, dient als wesentlicher Besitz der Geheimbünde und ist als Gesichtsmaske oder den Kopf umschließende Stülpmaske gestaltet.

ETHNOGRAFIE UND KUNST. Forschungsreisen ins Innere Afrikas bereicherten in der zweiten Hälfte des 19. Jahrhunderts die völkerkundlichen Sammlungen und Museen, deren schmaler Grundbestand bis in die Kunst- und Raritätenkammern des Barock zurückreichen. In Berlin beispielsweise ging 1829 aus der Königlichen Preußischen Kunstkammer eine »Ethnographische Sammlung« hervor, die ab 1873 als Museum mit (ab 1885) eigenem Gebäude geführt wurde. In Dresden erschienen 1881–1903 *Publikationen aus dem Königlichen Ethnographischen Museum* (gegr. 1875).
Der Emanzipation der außereuropäischen Kunst von der Rarität zum Gegenstand der Völkerkunde folgt zu Beginn des 20. Jahrhunderts die vereinzelte Gegenbewegung einer künstlerischen Wertschätzung, die zu den Wesensmerkmalen der Avantgarde gehört. Ernst Ludwig Kirchner nimmt für sich und die späteren »Brücke«-Mitglieder die Entdeckung der ›primitiven‹ Kunst bereits für das Jahr 1903 in Anspruch. In diesem Zusammenhang konzentriert sich das Interesse an der schwarzafrikanischen Kunst südlich des orientalischen Nordens auf die Holzskulptur. Sie ermutigt zu einer neuen Schaffensweise, über die Kirchner 1911 dem späteren Autor des Werkkatalogs seiner Grafik, Gustav Schiefler in Hamburg, berichtet: »Es ist ein sinnlicher Genuss, wenn Schlag für Schlag die Figur mehr aus dem Stamm herauswächst.«

FORMPRINZIPIEN. In formaler Hinsicht kontrastiert die strenge Frontalität und statuarische Ruhe der Ahnenfiguren mit dem gekurvten Linienschwung von plastischen Arbeiten im Jugendstil. Die Proportionen der Körperteile mit einer häufig anzutreffenden Überbetonung des Kopfes als Sitz besonderer Kräfte entspricht der expressiven Abkehr von der abbildenden Beziehung zum Gegenstand der Darstellung. Ein spätes Beispiel dieser Formprinzipien aus Kirchners ab 1909 überliefertem Schaffen als Bildhauer sind die beiden Holzskulpturen *Männlicher Akt (Adam)* und *Weiblicher Akt (Eva)* aus den ersten Davoser Jahren (um 1921–23; Stuttgart, Staatsgalerie). 1925 grenzt Kirchner seinen expressiven Archaismus gegen den Konstruktivismus ab: »Kirchners Plastik schafft mit einfachen Grundformen. (…) Dabei entstehen diese einfachen Formen nicht aus mathematischer Spekulation, sondern aus dem Trieb nach Monumentalität« (in einer Selbstrezension unter dem Pseudonym L. de Marsalle).
Pablo Picassos »afrikanische Periode« äußert sich im unmittelbaren Vorfeld des Kubismus, am deutlichsten in der Beschäftigung mit dem Motiv der Maske. Es ersetzt beim Gemälde *Les Demoiselles d'Avignon* (1907; New York, Museum of Modern Art) bei zwei der fünf weiblichen Aktfiguren die sonst linear gegliederten Gesichtszüge durch skulpturale Formen in der Art konkav gewölbter

westafrikanischer Katangi-Masken. Die als Bordellszene begonnene Komposition mit zunächst zwei männlichen Freiern lässt sich als kritische Rekapitulation traditioneller Techniken des Abbildens interpretieren, mit einem Weintrauben-Stillleben als Anspielung auf die Legende von der Fähigkeit des griechischen Malers Zeuxis zur ›Augentäuschung‹: Vögel versuchten, gemalte Trauben zu naschen. Unter dieser Voraussetzung verkörpert das als »Maskengesichter« bezeichnete afrikanische Motiv eine Spielart im Spektrum figürlicher Darstellung.

Der Begriff einer »afrikanischen Periode« bei Picasso ist weniger durch den Einfluss schwarzafrikanischer Kunst begründet, sondern durch Entsprechungen. Sie wurden Picasso 1907 beim Betrachten afrikanischer Skulpturen im Pariser Musée de l'Homme bewusst.

Analogien zu expressionistischen Skulpturen dienten der NS-Hetze als Beweis für die »planmäßige Abtötung der letzten Reste jedes Rassebewusstseins«. Der Kommentar zu Skulpturen von Kirchner, Heckel und Schmidt-Rottluff in der 1937 in München begonnenen Wanderausstellung »Entartete Kunst« fährt fort: »Dabei ist aber zu betonen, dass auch diese Niggerkunst handwerklich so barbarisch ist, dass sich mancher Neger mit Recht dagegen auflehnen würde, in den dargestellten Gestalten Menschen seinesgleichen zu erblicken oder gar der Urheberschaft an solchen Bildwerken bezichtigt zu werden.«

Brett aus Kamerun; Holz, beidseitig beschnitzt, 174 x 33,5 cm; München, Staatliches Museum für Völkerkunde

»Was wir als Bild an die Wand hängen, ist im Prinzip etwas Ähnliches wie die geschnitzten und bemalten Pfeiler in einer Negerhütte«, bemerkt August Macke im Blick auf die Kunst Schwarzafrikas. Eine Reproduktion des Schnitzwerks aus Kamerun gehört zu den insgesamt zwölf Abbildungen von Beispielen außereuropäischer Kunst im Almanach *Der Blaue Reiter*, herausgegeben von Wassily Kandinsky und Franz Marc, erschienen 1912 im Münchner Verlag Reinhard Piper. Neben drei Stücken aus der Ethnografischen Abteilung des Historischen Museums in Bern gehören die Objekte zum Bestand der 1868 eingerichteten Königlichen Ethnographischen Sammlung und stammen aus Afrika (Benin, Kamerun), Amerika (Alaska, Mexiko, Amazonasgebiet), Ozeanien (Marquesas-Inseln und Osterinseln) sowie Ceylon (d. i. Sri Lanka). Macke fährt in seinem Almanach-Beitrag *Die Masken* fort: »Für den Neger ist sein Idol die fassbare Form für eine unfassbare Idee, die Personifikation eines abstrakten Begriffs. Für uns das Bild die fassbare Form für die unklare, unfassbare Vorstellung von einem Verstorbenen, von einem Tier, einer Pflanze, von dem ganzen Zauber der Natur, vom Rhythmischen.« Macke leitet diese Analogie mit der Feststellung ein: »Die geringschätzige Handbewegung, mit der bis dato Kunstkenner und Künstler alle Kunstformen primitiver Völker ins Gebiet des Ethnologischen oder Kunstgewerblichen verweisen, ist zum mindesten erstaunlich.«

STIL

KUBISMUS

BRAQUES »WÜRFEL«. Kritische Bemerkungen von Henri Matisse über neue Bilder, die der Fauvist Georges Braque 1908 vergeblich in Paris beim »Salon der Unabhängigen« und beim »Herbstsalon« eingereicht hat, veranlassen den Kunstkritiker Louis Vauxcelles zur ironischen Feststellung, Braques ›primitive‹ Malerei beschränke sich auf *cubes* (›Würfel‹). Nachdem er drei Jahre zuvor den Begriff Fauvismus veranlasst hat, gibt Vauxcelles nun das Stichwort für den Kubismus. Dass erneut ein Schimpfwort – wie 1874 bei der Entstehung des Begriffs ›Impressionismus‹ – von den betroffenen Künstlern und ihren Verteidigern akzeptiert und umgemünzt wird, kennzeichnet die programmatische Bereitschaft der Avantgarde zur ›Umwertung‹. Im Fall des Kubismus ist daran die wohl zufällige Nähe der Bemerkung Vauxcelles' zu einer durch Émile Bernard, den Freund und Schüler von Vincent van

Georges Braque, *Stillleben mit Krug und Violine*, 1909/10; Öl auf Leinwand, 117 x 73,5 cm; Basel, Kunstmuseum
Am oberen Bildrand ›zitiert‹ ein mit Schlagschatten wiedergegebener Nagel die Technik der Augentäuschung als Inbegriff der abbildenden Malerei. Nach ihren Bildgesetzen erscheint die Violine als ›zerbrochen‹, wird aber als solche erkannt und vom Betrachter unwillkürlich im Sinne eines Vorstellungsbildes wiederhergestellt. Dasselbe gilt für den Krug und die Anregung, die ihn umgebenden scharfkantigen Formen mit plastischer Wirkung als geknittertes Tuch zu identifizieren. Diese optischen ›Reparaturen‹ verteidigen idealisierte und als wirklichkeitskonform erachtete ›fotografische‹ Sehgewohnheiten gegen den Anspruch des Bildes auf Selbständigkeit als »malerische Gegebenheit«. Mit diesem Begriff verwahrt sich Braque gegen einen gleichsam erzieherischen Appell des Kubismus, allem gegenständlichen Anschein zu misstrauen. Vielmehr nimmt er unter veränderten Bedingungen die ureigene Freiheit und Fähigkeit der Kunst in Anspruch, eine eigengesetzliche Wirklichkeit oder »Gegebenheit« herzustellen. Die Farbe bleibt im Analytischen Kubismus den Gestaltungsmitteln Linie, Fläche, Helldunkel und Rhythmus untergeordnet. Die Verrätselung der nur rechts durch den Teil einer in der Aufsicht und einer Wandkante perspektivisch angegebenen räumlichen Beziehung trägt wesentlich zum Eindruck eines Schwebezustands bei.

Gogh und Gauguin, überlieferte Anweisung Cézannes beteiligt, »die Natur gemäß Zylinder, Kugel und Kegel« zu behandeln (Brief Cézannes vom 15. April 1904).

ANALYSE UND SYNTHESE. Von *cubes* spricht Vauxcelles in seinem Bericht über die Braque-Ausstellung Ende 1908 in der 1907 eröffneten Galerie von Daniel-Henry Kahnweiler mit Landschaften in stereometrischer Vereinfachung der Bildgegenstände, die sich Pablo Picasso 1909 während eines Spanienaufenthalts zu Eigen macht. In enger Wechselwirkung entwickeln Braque und Picasso aus dem Frühkubismus der ›Würfel‹ in Figurenbildern, Porträts und Stillleben den Analytischen Kubismus: An die Stelle der Vereinfachung tritt die Zergliederung als simultane Wiedergabe unterschiedlicher Ansichten der Motive. Parallel zu Erkenntnissen der Wahrnehmungsphysiologie und -psychologie ›analysieren‹ Braque und Picasso die Trugschlüsse des scheinbar auf einen bestimmten Blickwinkel beschränkten natürlichen Sehens und verzahnen Fragmente von Erscheinungsbildern zu disparaten Vorstellungsbildern. Im Synthetischen Kubismus ergeben die Fragmente traditioneller Bildgegenstände ein Bild als Gegenstand. Ein Ausgangspunkt sind 1911 Braques ›Klebebilder‹ (frz. *papiers collés*): Zusammengefügt bzw. collagiert werden die herkömmlichen Mittel der illusionistischen Abbildung, Farbe und Linie, mit Materialien wie Sand und Produkten wie bedrucktes Zeitungs- und Tapetenpapier, Schnüre und Flechtwerk. Seine Gegenständlichkeit betont das Materialbild als Materialrelief mit Holz und Metall. In beiden Phasen des Kubismus in der Fläche gestaltet Picasso in Bronze gegossene Skulpturen: den analytischen *Frauenkopf* (1909; Paris, Musée Picasso) und das synthetische *Absinthglas* (1914, bemalte Bronze nach einem Wachsmodell mit Löffel).
Die rasche Verbreitung stereometrischer Facetten mit polyperspektivischer Verrätselung in der Malerei der Avantgarde ab 1911 veranschaulicht die Teilnahme einer Kubisten-Gruppe (ohne Braque und Picasso) mit Robert Delaunay und Fernand Léger im »Salon der Unabhängigen« und im »Herbstsalon«. Zu den frühen Theoretikern und Interpreten der neuen Formalisierung und Vergegenständlichung der Kunst gehören zwei Mitglieder der Gruppe, Albert Gleizes und Jean Metzinger (*Du cubisme*, 1912, dt. 1928), der Schriftsteller Guillaume Apollinaire (*Les peintres cubistes*, 1923, dt. 1956) und Kahnweiler, der neben Braque und Picasso den Spanier Juan Gris vertritt; Kahnweilers *Confessions esthétiques* erscheinen 1920 als *Der Weg zum Kubismus*.
Über die Entwicklung seiner Themen von Kompositionen aus stereometrischen (Maschinen-) Teilen der Serie *Contrastes de formes* zu monumentalen Gruppen statuarischer Figuren (*Zwei Schwestern*, 1935; Berlin, Neue Nationalgalerie; *Komposition mit drei Schwestern*, 1952; Stuttgart, Staatsgalerie) bemerkt Léger, dass er »die menschliche Gestalt nicht mehr als Gefühls-, sondern einzig als bildnerischen Wert« verstanden wissen wollte.

GESAMTSCHAU

Willi Baumeister, ein Mitbegründer der abstrakten »Formkunst«, ordnet den Kubismus in seiner *Einführung zur Bildmappe Cézanne* (1950) in die Entwicklung der Kunst seit dem Spätmittelalter ein. Giotto hat »die Bildgesetze der ikonenhaft strengen ›Reihung‹ aufgelöst«. Es folgen »das gelockerte Bild der Frührenaissance und dann später das ›wirkliche Abbild‹, der Naturalismus der Renaissance und seiner Gefolgschaft«. Bei Cézanne (dem der Pariser »Herbstsalon« 1907, im Jahr nach seinem Tod, eine Gedächtnisausstellung mit 56 Bildern widmet) »beginnt die Abwendung vom ›naturgetreuen Abbild‹ und die Hinwendung zur unabhängigen Formschöpfung und Farbschöpfung. Von hier aus führt ein direkter Weg zu der heutigen Formkunst. Vergrößert man gewisse Bildteile bei Cézanne, Blätterwerk, Häusergruppen, Falten von Tischtüchern, so bemerkt man ein rhythmisches Gefüge, das kubistisch zu nennen ist und das der Kubismus übernahm.«

THEMA

STADT

ÖFFENTLICHER RAUM. Die Tradition der Vedute als Gesamtbild einer Stadt aus der Fernsicht mit landschaftlichem Rahmen oder als Wiedergabe eines repräsentativen Baukomplexes mit Staffagefiguren erfährt in der Malerei des französischen Impressionismus eine Umdeutung: Die Großstadt Paris bietet einen Reichtum an visuellen Eindrücken, die der sinnlichen Fülle ihrer ländlichen Umgebung oder der freien Natur ebenbürtig sind (Claude Monet, *Die Rue Montorgueil, Fest des 30. Juni 1878*. 1878; Paris, Musée d'Orsay).

Eine vergleichbare Balance zwischen Landschafts- und Stadtbildern findet sich bei den seit 1911 in Berlin lebenden »Brücke«-Künstlern, mit ausgedehnten Aufenthalten auf der Ostseeinsel Fehmarn. Hier wie dort setzt sich Ernst Ludwig Kirchner bei Motiven wie einer Küstenlinie oder einer Straßenschlucht mit dem paradox erscheinenden Gestaltungsproblem auseinander: »Alles in der Fläche, aber intensiv räumlich.« Neben dem städtischen Architekturbild entwickelt Kirchner die Gattung der Straßenszene als Porträt der Großstadt. Er steht damit in einer Tradition des Impressionismus (Gustave Caillebotte, *Paris, ein Regentag*, 1876/77; Chicago, The Art Institute), die Edvard Munch symbolistisch umgedeutet hat (*Abend auf der Karl-Johann-Straße*, 1892; Bergen, Rasmus Meyers Samlinger). Kennzeichnend für Kirchners Großstadt-Figurenbilder ist jedoch die Konzentration auf flanierende Gestalten, deren Verhaltensweise Isolierung und Selbstdarstellung in der Öffentlichkeit vereint, beispielhaft im Auftreten der Kokotte (*Fünf Frauen auf der Straße*, 1913; Köln, Museum Ludwig).

Das zwiespältige Erlebnis der Großstadt als befreiend und bedrohend prägt Ludwig Meidners zumeist nächtliche Berliner Straßenszenen; 1914 gibt er eine dem Impressionismus entgegengesetzte *Anleitung zum Malen von Großstadtbildern*: »Eine Straße besteht nicht aus Tonwerten, sondern ist ein Bombardement von zischenden Fensterreihen, sausenden Lichtkegeln zwischen Fuhrwerken aller Art und tosend hüpfenden Kugeln, Menschenfetzen, Reklameschildern und dröhnenden, gestaltlosen Farbmassen.« Stadtbilder wie *Beim Bahnhof Halensee* (Los Angeles, County Museum of Art) gehören zu Meidners 1912 begonnener Bilderfolge *Apokalyptische Landschaften*, die sich als Vorahnungen des Krieges erweisen. Die sozialen Umbrüche und Gegensätze in den ›Goldenen Zwanzigern‹ registriert das Triptychon *Großstadt* (1927/28; Stuttgart, Galerie der Stadt) von Otto Dix: Neureiche versuchen sich auf glänzendem Parkett am schwungvollen Charleston, bettelnde Kriegsinvaliden und Dirnen bevölkern dunkle Straßen. Die barocke Vedute erneuert Oskar Kokoschka mit weiträumigen Stadtlandschaften als malerischen Visionen (*London, Große Themselandschaft I*, 1924; Buffalo/New York, Albright Gallery).

FUTURISMUS

1909 veröffentlicht der italienische Schriftsteller Filippo Tommaso Marinetti in der Pariser Zeitung *Le Figaro* einen nationalen Aufruf zu einer Kulturrevolution mit internationaler Zielrichtung: »Von Italien aus schleudern wir unser Manifest, mit dem wir heute den Futurismus begründen, voll mitreißender und zündender Heftigkeit in die Welt, denn wir wollen dieses Land vom Krebsgeschwür der Professoren, Archäologen, Fremdenführer und Antiquare befreien.« 1913 prophezeit er im *Manifest der drahtlosen Einbildungskraft* »eine vollständige Erneuerung der menschlichen Sensibilität als Folge der großen wissenschaftlichen Entdeckungen« und deren Einfluss auf die »verschiedenen Kommunikations-, Verkehrs- und Informationsformen«.
Während Marinetti selbst mit seiner Verherrlichung der Technik einschließlich des Krieges zum Freund Mussolinis und Propagandisten des Faschismus wird (*Futurismo e Fascismo*, 1924), fügen sich seine Ideen in den raschen Entwicklungsstrom der europäischen Avantgarde ein. Zum engeren Kreis um Marinetti gehören um 1911 der Maler und Bildhauer Umberto Boccioni sowie die Maler Giacomo Balla, Carlo Carrà, Luigi Russolo und Gino Severini; ihre Veranstaltungsform der »Futuristischen Soirée« wirkt im Dadaismus nach.

SYNÄSTHESIE. In Rainer Maria Rilkes Roman *Die Aufzeichnungen des Malte Laurids Brigge* (1910) erlebt ein junger Dichter in Paris die viel gepriesenen technischen Errungenschaften der Großstadt als Alptraum: »Elektrische Bahnen rasen läutend durch meine Stube. Automobile gehen über mich hin. Eine Tür fällt zu. Irgendwo klirrt eine Scheibe, ich höre ihre großen Scherben lachen, ihre Splitter kichern.« Rilke verwendet das Stilmittel des ›Zugleichempfindens‹ (griech. *synaisthesis*), das insbesondere in der Lyrik der Romantik verbreitet ist (»Durch die Nacht, die mich umfangen, / Blickt zu mir der Töne Licht« heißt es in Clemens Brentanos *Abendständchen*). Der vom Schriftsteller Marinetti proklamierte »Futurismus« zielt in der Malerei auf eine synästhetische Bildsprache, indem Formen und Farben als Bewegungen und Geräusche wahrgenommen werden, deren Zusammenwirken die Großstadt – in krassem Gegensatz zu Rilkes leidvoller Erfahrung der Sinnesverwirrung und Meidners halluzinatorischem Zerstörungswahn – als zukunftsgerichteten Lebensraum auszeichnet. Zu futuristischen Schlüsselbegriffen des modernen, in den Städten pulsierenden Lebens werden die Gleichzeitigkeit disparater Wahrnehmungen (Simultanität) und deren Dynamik.
1914 erscheint in Mailand das *Manifest der futuristischen Architektur*. Zu den Unterzeichnern gehört Antonio Sant'Elia, der eine Nuova città entworfen hat. Die Stadt der Zukunft, fordert er, »müssen wir wie einen riesigen lärmenden Bauplatz planen«. Beim Haus müssen statt Treppen »die Aufzüge sich wie Schlangen aus Eisen und Glas an den Fassaden hinwinden«. Rund sechs Jahrzehnte später wird diese Vorstellung beim ›futuristischen‹ *Centre Pompidou* (1972–77) in Paris von Renzo Piano und Richard Rogers nahezu wörtlich verwirklicht.

Umberto Boccioni, *Der Lärm der Straße dringt ins Haus*, 1911; Öl auf Leinwand, 100 x 106,5 cm; Hannover, Sprengel Museum
Im Schnittpunkt der Bilddiagonale befindet sich der Kopf einer Frau, die vom Balkon aus Vorgänge auf einer Großbaustelle verfolgt. Dicht gedrängte mehrstöckige Häuser begrenzen rechts und in der Mitte das Blickfeld, während sich links ein Straßendurchblick öffnet. Doch einen tiefenräumlichen Eindruck mindern die kubistisch zergliederten, ›stürzenden‹ Architekturformen und die fauvistische Farbgebung. Entgegen der klassischen Farbperspektive dominiert kühles Blau, das Ferne empfinden lässt, im Vordergrund und verbindet diesen mit dem Hintergrund zu flächenhafter Wirkung. Diese unterstützt eine kreisende Bewegung um den zentralen Kopf mit seinen Sinnesorganen des Sehens und Hörens. Dieses Kreisen wird rechts unten durchbrochen, indem ein Arbeitspferd über die Hüfte der Beobachterin auf eine zur Seite geklappte Hausfront zustürmt: Es »dringt ins Haus«. Kubistische und fauvistische Gestaltungsmittel vereinen sich zur futuristischen Verbildlichung der simultanen Wahrnehmungen im Erlebnisraum Großstadt. 1912 gehörte das Gemälde zu den Exponaten der Futurismus-Ausstellung in Herwarth Waldens Berliner »Sturm«-Galerie.

GESTALTUNGSMITTEL

ADAPTION

ANPASSUNG. Die Dramatisierung eines Romans, die Opernfassung eines Schauspiels sind Formen der Adaption, bei denen Autoren die Themen und Motive beispielsweise der erzählenden Literatur den Gestaltungsweisen des Sprech-, Musik- oder Tanztheaters (Ballett) ›anpassen‹ (lat. *adaptare*). Hinzu kommt im 20. Jahrhundert die Adaption für den Film und schließlich für das Fernsehen, die den gleichbedeutenden Terminus ›Medientransfer‹ angeregt haben. Er verdeutlicht den jeweils gattungsspezifischen und insofern medialen Charakter der Versionen, während im multimedialen Schaffen die Tradition des Gesamtkunstwerks nachwirkt.
Einer Adaption vergleichbare Beziehungen bestehen zwischen einem dramatischen, epischen oder lyrischen Text und dessen mehr oder weniger textgetreuen, ›illustrativen‹ Verbildlichung in der Malerei, Grafik, aber auch Skulptur. Wechselwirkungen zwischen den Gattungen der bildenden Kunst kennzeichnen den Kubismus; im Futurismus überträgt Umberto Boccioni das Thema ›Bewegung‹ als formverändernde Kraft von der Malerei auf die Skulptur (*Schreitender / Einzigartige Formen der Kontinuität im Raum*, 1913; Mailand, Civico Museo d'Arte Contemporanea).

Pierre-Auguste Renoir, *Die Loge*, 1874; Öl auf Leinwand, 80 x 63,5 cm; London, Courtauld Institute Galleries
Renoir widmete sich mit diesem Doppelbildnis einem Motiv aus der Welt des Theaters, in der das Publikum darauf achtet, zu sehen und gesehen zu werden: Während sich die jugendliche Schöne (ein Berufsmodell) im ruhigen Bewusstsein ihrer anmutigen Erscheinung dem Betrachter zuwendet, richtet ihr Begleiter sein Fernglas statt auf die Bühne auf das Publikum der oberen Ränge; sie dagegen hält ihr Opernglas in der rechten Hand, die auf der samtüberzogenen Brüstung der Loge ruht. Offensichtlich herrscht Pause bei geschlossenem Vorhang, und die Beleuchtung im Zuschauerraum verleiht der Frauenbüste einen sanften Schimmer, während die weiße Hemdbrust des in den Hintergrund gerückten Beobachters leicht verschattet ist. Schwarz und Weiß wirken nicht als Kontrast, sondern haben Anteil an der malerischen Wiedergabe des Zusammenspiel von Stofflichkeit und Erscheinungsweisen von Licht. Auf der ersten Gruppenausstellung der Pariser »Impressionisten« (1874) blieb *Die Loge* von Kritik verschont.

ÜBERSETZUNG. Als Adaption im weiteren Sinne lässt sich die Übertragung eines Textes in andere Sprachen verstehen. Hier wird innerhalb einer literarischen Gattung eine Anpassung an die Idiomatik, Semantik und Grammatik der Fremdsprache gefordert. Die Übersetzung im übertragenen Sinne gehört zu den grundlegenden Gestaltungsmitteln der bildenden Kunst innerhalb der einzelnen, technisch definierten Gattungen. Sie unterscheidet sich von dem Fortleben und der Wiederbelebung bestimmter Themen, Motive und Symbole durch die Auseinandersetzung mit Stilmerkmalen als wesentliche Elemente der Nach- oder Neugestaltung. Die Aufgabe stellt sich als Austausch zwischen den Kulturkreisen und in der stilgeschichtlichen Entwicklung. Fließende Übergänge bestehen zwischen der Neuschöpfung und der Kopie, sobald diese sich vom Zweck der originalgetreuen Reproduktion löst oder als freie Studie entsteht. Zu den produktivsten Adaptoren in der europäischen Malereigeschichte mit vorherrschendem Studieninteresse gehören Peter Paul Rubens und Paul Cézanne (Gemälde und Zeichnungen nach Caravaggio, Delacroix, Giorgione, El Greco, Rubens). Nach 1950 wird Pablo Picasso zum ›Übersetzer‹ der Kunstgeschichte in seine Bildsprache der Moderne.

Max Beckmann, *Die Loge*, 1928; Öl auf Leinwand, 121,2 x 84,8 cm; Stuttgart, Staatsgalerie
Die expressionistische Adaption eines impressionistischen Gemäldes ist das Musterbeispiel einer ›Übersetzung‹ in eine ›fremde‹ Bildsprache, wobei nahezu jedes vorgegebene Element bearbeitet ist. Aus dem sanft modulierten Licht wird eine effektvolle Beleuchtung, die als Streiflicht den Oberkörper der Frau modelliert. Sie blickt mit leicht zurückgeneigtem Kopf gedankenverloren über die Brüstung, ohne den Betrachter zu beachten, während ihr Begleiter sich erhoben hat und mit großem Interesse Ausschau hält. Der bei Renoir vernachlässigte Innenraum der Loge gewinnt Gestalt, ohne eine Vertiefung des Bildraums zu erzeugen. Zu Beckmanns malerischem Raffinement gehört die Balance zwischen einem zunächst dominierenden Helldunkel-Kontrast und den Pastelltönen Gelb, Rosé und Blaugrau, die von Renoirs Palette stammen. Doch an die Stelle einer harmoniebedachten Huldigung an gesellschaftliche Gepflogenheiten tritt die Diskrepanz zwischen introvertiertem und extrovertiertem Verhalten, die sich in Beckmanns Gesamtwerk als Konflikt der Geschlechter enthüllt.

THEMA

FARBE

ORPHISMUS

1912 vergleicht der seit 1899 in Paris lebende Schriftsteller polnischer Herkunft Guillaume Apollinaire die ›reine Malerei‹ mit der Überlieferung über den mythologischen Sänger-Dichter Orpheus, der Menschen, Tiere, Pflanzen und die scheinbar unbelebte Natur in seinen Bann zog. Insofern verkörpert Orpheus die elementare Macht und Magie der Musik, die in der Malerei die Farbe auszuüben vermag. 1911 hat Apollinaire die Gedichtsammlung *Bestiarium oder Das Gefolge des Orpheus* (mit Illustrationen von André Derain) veröffentlicht, die Träume des Dichters auf Tierbilder projiziert. Den Orphismus in der Malerei bezieht er vor allem auf Robert Delaunay und dessen aus Russland stammende Ehefrau Sonia Delaunay-Terk sowie den seit 1895 in Paris tätigen Tschechen František Kupka (*Zweifarbige Fuge*, 1912). Die Analogie zwischen Musik und Farbe bringt etymologisch auch der Begriff ›Chromatik‹ (griech. *chróma* ›Farbe‹) zum Ausdruck, indem er eine von der Farbenlehre geprägte Malerei und musikalische Gestaltungsmittel wie die chromatische Tonleiter aus zwölf Halbtönen in der Oktave bezeichnet.

KOLORISMUS. Die Verselbständigung der Farbe geht auf Ausgangspunkte in der Malerei und in der Wissenschaft des 19. Jahrhunderts zurück, und zwar auf die Entdeckung und Analyse bestimmter eigengesetzlicher Eigenschaften der Farbe wie der wechselseitigen Intensivierung der komplementären Farbkontraste. Eugène Delacroix skizzierte 1832 in einem seiner Tagebücher der Reise nach Marokko ein Farbendreieck mit den Grundfarben Rot, Gelb und Blau an den Spitzen und den Mischfarben Orange, Grün und Violett an den Seitenkanten, die jeweils der komplementären Spitze gegenüberliegen. Der Chemiker Marie-Eugène Chevreul veröffentlichte 1839 eine Abhandlung *Über Harmonie und Kontrast von Farben*, die aus seiner Tätigkeit als Färbereidirektor der Pariser Gobelin-Manufaktur mit der Verantwortung für die farbliche Qualität der Produkte entstand. Seine Forschungen betrafen sowohl chemische Prozesse beim Färben der textilen Materialien und deren Farbbeständigkeit als auch die Farbästhetik. Mit dem »Gesetz des Simultankontrastes« entwickelte er Regeln, nach denen sich die Trübung der Farbwirkung durch bestimmte Farbkombinationen vermeiden und die Intensität steigern ließ.
Sowohl Delacroix, der die komplementäre Beziehung zwischen beleuchteten (etwa gelben) und verschatteten (violetten) Partien entdeckte und in seiner romantisch-neubarocken Malerei verwendete, als auch Chevreul beeinflussten nachhaltig den als Kolorismus (lat. *color* ›Farbe‹) bezeichneten Vorrang der farblichen gegenüber der zeichnerischen Gestaltung in der ›Lichtmalerei‹ des Impressionismus und Neoimpressionismus sowie in den Stilrichtungen des Nachimpressionismus, aus denen sich der Fauvismus bzw. Expressionismus entwickelt. Die hier noch vorherrschenden gegenständlichen Bildmotive sind in den Farbkompositionen des Orphismus aufgehoben.

ROBERT DELAUNAY. »Im Verlauf des Impressionismus wurde in der Malerei das Licht entdeckt«, rekapituliert Robert Delaunay. Er deutet das Lichterlebnis der Impressionisten entgegen der ursprünglichen Auffassung als »naturalistisch« (Zola) nicht als Folge der besonderen Empfänglichkeit für Sinneswahrnehmungen, sondern spricht von dem »aus der Tiefe der Empfindung erfassten Licht als Farbenorganismus aus komplementären Werten, aus zum Paar sich ergänzenden Massen«. Die Formulierungen lassen Delaunays Beschäftigung mit Chevreul erkennen, nachdem er 1902 als 17-jähriger eine handwerkliche Ausbildung als Bühnenbildner begonnen hatte.
Das Zitat stammt aus Delaunays Aufsatz *Über das Licht*, der Anfang 1913 in Herwarth Waldens Zeitschrift *Der Sturm* erscheint. Paul Klees Übersetzung ist ein Hinweis auf Delaunays persönliche Verbindung zum »Blauen Reiter«, an dessen erster Ausstellung Ende 1911 er teilge-

Robert Delaunay, *Kreisrunde Formen*, 1912; Tempera und Öl auf Leinwand, 95 x 54 cm; Bern, Kunstmuseum
Die *Formes circulaires* wecken zwar die Assoziation von Sonnen, leiten sich jedoch von der ›Farbarchitektur‹ der vorausgegangenen Serie *Fenêtres* her (*Fenster zur Stadt*, 1912; Hamburg, Kunsthalle). Sind hier noch gegenständliche Motive wie Bäume und Häuser sowie Spaziergänger auf dem bemalten Rahmen zu identifizieren, so entfalten die Farben nun ihre eigengesetzliche Dynamik. Diese imitiert nicht Licht als Beleuchtung, sondern ›ist‹ Licht. In seinem Aufsatz *Über das Licht* schreibt Delaunay: »Solange die Kunst vom Gegenstand nicht loskommt, bleibt sie Beschreibung, Literatur, erniedrigt sie sich zur Sklaverei der Imitation. Und dies gilt auch dann, wenn sie die Lichterscheinung eines Gegenstandes oder die Lichtverhältnisse bei mehreren Gegenständen betont, ohne dass das Licht sich dabei zur darstellerischen Selbständigkeit erhebt.«

nommen hat. Die geistige Verwandtschaft veranschaulicht Delaunays metaphysische Kunst-Auffassung, aus der sich sein Thema ›Farbe‹ herleitet: »Die Natur ist von einer in ihrer Vielfältigkeit nicht zu beengenden Rhythmik durchdrungen. Die Kunst ahme ihr hierin nach, um sich zu gleicher Erhabenheit zu klären, sich zu Gesichten vielfachen Zusammenklangs zu erheben, eines Zusammenklangs von Farben, die sich teilen und in gleicher Aktion wieder zum Ganzen zusammenschließen. Diese synchronische Aktion ist als eigentlicher und einziger Vorwurf (*sujet*) der Malerei zu betrachten« (*Über das Licht*).
Die Konsequenz bildet die malerische Abstraktion in Delaunays Bildfolgen *Scheiben* (*Disques*) und *Kreisrunde Formen* (*Formes circulaires*) von 1912/13. Ihnen folgt zwei Jahrzehnte später die geometrische Abstraktion der Serie *Endloser Rhythmus* (1934; Hamburg, Kunsthalle). Dazwischen liegen abstrahierende gegenständliche Serien wie die 1924 begonnenen *Läufer* oder der Rückgriff auf das um 1910 im Stil des Analytischen Kubismus gestaltete *Eiffelturm*-Motiv im Wandgemälde *Paris – Die Frau und der Turm* auf der Pariser Ausstellung »Art Décoratifs« (1925), von der sich der Begriff »Art Deco« herleitet.

GEISTIGE KRAFT

»Schönheit, im Sinne der spätgriechischen Kunst oder der Renaissance, ist nicht das Ziel meiner Bildhauerei. Zwischen Schönheit des Ausdrucks und Ausdrucksgewalt ist ein Wirkungsunterschied. Das Erste sucht den Sinnen gefällig zu sein, das Zweite ist von einer geistigen Kraft, die, wie mir scheint, den Beschauer mehr ergreift und über das Sinnliche hinaus wirkt.«
Henry Moore, *Ziele des Bildhauers*, 1934

GESTALTUNGSMITTEL

ABSTRAKTION

ABSTRAKTION UND EINFÜHLUNG. 1908 erscheint in München die Buchausgabe der Dissertation eines im Jahr zuvor in Bern promovierten Kunstwissenschaftlers, über den Franz Marc 1912, auf der Suche nach neuen Mitarbeitern am geplanten zweiten Almanach *Der Blaue Reiter*, in einem Brief an Wassily Kandinsky urteilt: »Ich lese eben Worringers ›Abstraktion und Einfühlung‹, ein kluger Kopf, den wir sehr brauchen können.« Wilhelm Worringers »Beitrag zur Stilpsychologie« (so der Untertitel) richtet sich gegen die verbreitete Auffassung, die bildende Kunst sei Naturnachahmung. Indem er diese als sinnliche »Einfühlung« insbesondere der klassischen Antike

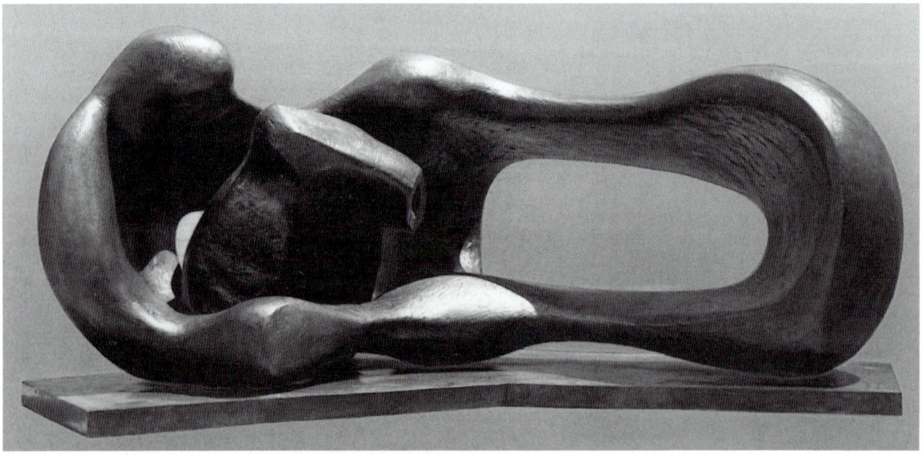

Henry Moore, *Liegende Mutter und Kind*, 1960/61; Bronze, Höhe 97,8 cm, Breite 219,7 cm, Tiefe 84,5 cm; Minneapolis, Walker Art Center
Henry Moore erhielt 1924 in London den ersten Lehrauftrag als Dozent für Plastik. Seine abstrahierten figürlichen Skulpturen setzen die ›Urformen‹ Constantin Brancusis voraus und erweitern diese zu organischen Ganzheiten, wobei Naturformen wie Steine oder Muscheln an der Entwicklung von Formvorstellungen mitwirken. Das Spätwerk *Liegende Mutter und Kind* verbindet das Motiv der schützenden Hülle mit der Energie des ›Gewölbeprinzips‹ und der Räumlichkeit einer Öffnung: »Das Loch verbindet eine Seite mit der andren und macht das Ganze sofort raumhaltiger« (Henry Moore, *Bemerkungen zur Skulptur*, 1939).

und der Renaissance zuordnet, gewinnt er Raum für die geistige, zur »Vergeistigung« neigende »Abstraktion« als gleichwertige Grundhaltung in der frühgeschichtlichen und außereuropäischen Kunst und in der Gotik, deren »expressiver« Stil in der Moderne erneut zur Wirkung gelangt. Merkmale der einfühlenden Gestaltungsweise sind organische Plastizität und Räumlichkeit, während der »naturfernen« Abstraktion ein Linien- und Flächenstil wesensgemäß ist.
Mit der kunstgeschichtlichen Verankerung des Terminus ›Abstraktion‹ befreit Worringer die Avantgarde vom Vorwurf einer willkürlichen Abkehr vom ›abbildenden‹ Wesen der Kunst und rechtfertigt die abstrahierenden Gestaltungsmittel als ›bildend‹.

VON ABSTRAKT BIS KONKRET. Die kunstgeschichtliche Veranschaulichung dessen, was unter Abstraktion zu verstehen sei, führte zur Mehrdeutigkeit, die im populären Sprachgebrauch fortdauert: Umfasst die abstrakte Gestaltungsweise ein breites Spektrum von der typisierenden Vereinfachung (im Sinne einer im abstrakten Denken vorgenommenen Verallgemeinerung) über die expressive

Farb- und Formveränderung bis zur Autonomie des Bildnerischen ohne Zusammenhang mit dem Gegenständlichen (vergleichbar dem begrifflichen Abstraktum im Gegensatz zum dinglichen Konkretum), oder ist die ›abstrakte Kunst‹ auf Letztere, die ›ungegenständliche‹ Gestaltungsweise begrenzt?
Der Bedeutungsspielraum manifestiert sich in einer 1931 in Paris gegründeten internationalen Vereinigung, der bis 1936 rund 100 Künstler angehören, darunter Constantin Brancusi, Robert Delaunay, Wassily Kandinsky, Piet Mondrian und Kurt Schwitters. Zwar trägt ihre Zeitschrift wie die Vereinigung den Namen *Abstraction-Création* und ist der »nicht-figurativen Kunst« gewidmet. Diese besitzt aber zwei mit der Doppelbezeichnung angegebene Ausgangspunkte: »Abstraction« bezieht sich auf die »fortschreitende Abstrahierung der Naturformen«, »Création« auf die unmittelbare Hervorbringung des »Ungegenständlichen«, beispielsweise mit Hilfe geometrischer Formen, für deren Verwendung sich der Begriff ›Konkrete Kunst‹ einbürgert. Verglichen mit der linguistischen Terminologie, hebt die synonyme Bezeichnung der abstrakten Kunst als ›konkret‹ den Gegensatz zwischen sprachlichem Abstraktum (Quadrat) und Konkretum (Schachbrett) auf. Wesentliche Grundlagen der bildenden konkreten Kunst legen die Kurse zur elementaren Formen- und Farbenlehre am Bauhaus mit Klee und Kandinsky, dessen erstes *Abstraktes Aquarell* 1910 entstanden ist.

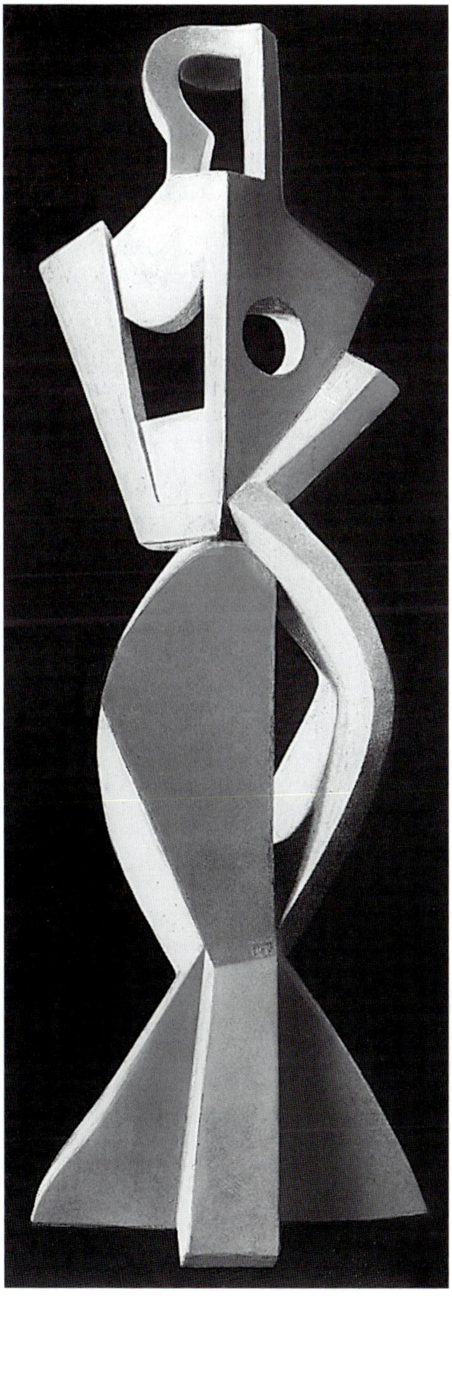

Alexander Archipenko, *Stehende*, 1920; Kunststein, Höhe 188 cm; Darmstadt, Hessisches Landesmuseum
Als Student der Malerei und Plastik in seiner Heimatstadt Kiew 1905 von der Kunstakademie verwiesen, kam Alexander Archipenko über Moskau 1908 nach Paris. Während ihn der akademische Lehrbetrieb der École des Beaux-Arts abstieß, förderten die ägyptischen, assyrischen, frühgriechischen Skulpturen im Louvre seine Suche nach neuen Gestaltungsmitteln von Plastizität. Nach stilisierten blockhaften Figuren ersetzt er das körperliche Volumen durch raumgreifende, sich rechtwinklig durchdringende Flächen, in denen ausgeschnittene Durchblicke ein Wechselverhältnis zwischen ›positiv‹ und ›negativ‹ bewirken. Im Hinblick auf gegenständlich-abstrahierte Skulpturen wie die *Stehende* von 1920 bemerkt der expressionistische Schriftsteller Yvan Goll, Mitherausgeber des *Archipenko-Albums* (Potsdam 1921): »Die Leere ist in seinem Werk ebenso sichtbar wie die Materie.« 1921–23 arbeitet Archipenko in Berlin und übersiedelt danach in die USA. Hier lehrt er an verschiedenen Universitäten und wird zu einem Wegbereiter der ›abstrakten‹ im Sinne von ›gegenstandslosen‹ Plastik.

STIL

DADAISMUS

CANNIBALE DADA

»Was Dada angeht: es riecht nicht, es bedeutet ja nichts, gar nichts. // Dada ist wie Euere Hoffnungen: nichts / wie Euer Paradies: nichts / wie Euere Idole: nichts / wie Euere politischen Führer: nichts / wie Euere Helden: nichts / wie Euere Künstler: nichts / wie Euere Religionen: nichts.«

Francis Picabia, *Manifest Cannibale DADA*, 1920

NETZWERK DADA

Im Zeitraum von 1916 bis 1924 bilden sich Dada-Gruppen in Nord- und Südamerika (New York, Buenos Aires) und Europa: in Zürich (Hans Arp), Berlin, Dresden, Köln (Max Ernst), Hannover (Kurt Schwitters) und Paris (André Breton) sowie in den Niederlanden, in Spanien, Italien und Osteuropa.
Ein Ausgangspunkt der Verbindungen zwischen der europäischen Avantgarde und den USA ist 1913 die »International Exhibition Modern Art« in New York, die nach dem Schauplatz der Ausstellung, einem ehemaligen Waffenlager der Armee, auch als »Armory-Show« bezeichnet wird. Sie bietet neben Arbeiten von Mitgliedern der »Association of American Painters and Sculptors« eine Retrospektive von Goya über Delacroix, van Gogh und Cézanne bis zum Kubismus; die Einladung zu einem »Beefsteak Dinner« an »unsere Freunde und Feinde von der Presse« zeigt eine Reproduktion des futuristisch aus Bewegungsphasen zusammengesetzten Gemäldes *Akt, die Treppe herabsteigend* (1912; Philadelphia, Museum of Art) von Marcel Duchamp.

ANTI-KUNST. Die anarchische und intellektuelle Kunstrevolte des Dadaismus übernahm ihre international verbreitete Bezeichnung aus dem infantilen Sprachgebrauch (frz. *dada* ›Hottehü, Pferdchen‹). Den Bezugsrahmen bildete der vom Bürgertum in nationalistischer Verblendung verdrängte Bankrott seiner Wertvorstellungen in den Materialschlachten des Ersten Weltkriegs. Als Ausgangspunkt dadaistischer Aktionen gilt das 1916 von dem emigrierten Schriftsteller und Pazifisten Hugo Ball in Zürich mitgegründete Künstlerlokal »Cabaret Voltaire«.
Voraussetzung des Dadaismus war die Ablehnung eines bürgerlichen Verständnisses von Kunst als erhebende, durch individuelle Könnerschaft bewundernswerte Leistung. So standen Marcel Duchamps *Readymades*, benannt nach Konfektionswaren, im krassen Gegensatz zur individuell-künstlerischen Maßarbeit: Indem Duchamp 1913 einen Hocker mit aufmontiertem Fahrrad-Rad, 1914 einen Flaschentrockner aus dem Kaufhaus zu Skulpturen erklärte, bereitete er die sog. Anti-Kunst vor, die genauer als Kunst-Aktion bezeichnet wird, da sie sich erst in der Wechselbeziehung mit Reaktionen verwirklicht. Als Duchamp 1917 eine Urinschüssel, signiert mit »R. Mutt« und als *Fontain* (›Fontäne‹) betitelt, in New York zu einer Ausstellung der »Society of Independent Artists« einreicht, gibt ihm die Ablehnung Gelegenheit zu einer satirischen Verteidigung der individuellen schöpferischen Entscheidung des fiktiven »R. Mutt«, den Gegenstand zum Kunstwerk zu erheben.
Ab 1915 zeigt Francis Picabia, der als Maler in Paris wie Duchamp vom Kubismus und vom Futurismus ausgegangen ist, in New York in den »Little Galleries of the Photo Secession« des Fotografen Alfred Stieglitz seine *Maschinenbilder:* bunte Gebilde aus Zahnrädern und Gestängen mit sexuellen Anspielungen. Sie nehmen eine 1920 in Berlin ausgegebene, auf Wladimir Tatlin bezogene Parole vorweg: »Die Kunst ist tot! Es lebe Tatlins Maschinenkunst!« Gemeinsam mit Picabia und Man Ray, Objektkünstler und Erfinder der fotografischen »Rayogramme«, gründet Duchamp in New York eine Dada-Gruppe. 1918 kehren Picabia und Ray nach Paris zurück, während sich Duchamp vorübergehend in Buenos Aires aufhält.

DADA BERLIN. Die Hauptstadt des vom Chauvinismus infizierten Kaiserreichs wird ein Zentrum radikaler, also auf die ›Wurzeln‹ gerichteter Gesellschaftskritik als Aktion und Provokation. Die Ausdrucksmittel entwickeln sich aus der Aufhebung ästhetischer und poetischer Normen und Gattungsgrenzen, die zu den konventionellen Orientierungshilfen der bildungsbürgerlichen Kultur gehören. Das vorherrschende dadaistische Stilprinzip ist die appellative Verknüpfung heterogener Sprach- und Bildmaterialien in Form der Collage, die das Klebebild

George Grosz, *Stützen der Gesellschaft*, 1926; Öl auf Leinwand, 200 x 108 cm; Berlin, SMPK, Neue Nationalgalerie
Nach Auflösung der Berliner Dada-Gruppe übertrug Grosz, Mitglied der KPD und seit 1924 der »Roten Gruppe«, seine vorwiegend in Zeichnungen formulierte Gesellschaftskritik in unverminderter Schärfe in das Medium der Tafelmalerei bis hin zum Triptychon: Die aufgrund des Formats und der Komposition naheliegende Vermutung, es handle sich bei den *Stützen der Gesellschaft* um einen rechten Flügel, hat sich bestätigt: Als quadratische Mitteltafel wurde das Bild *Sonnenfinsternis* identifiziert (Heckscher Museum, Huntington / New York); sein Thema ist das Bündnis zwischen politischer Reaktion und Militär in der Weimarer Republik. Als Stützen dieser Allianz versammelt die Seitentafel fünf Berufs- und Standesvertreter. Der Akademiker, Mitglied einer Schlagenden Verbindung, trägt ein Hakenkreuz am Krawattenknoten; aus seinem Schädel stürmende Ulanen verkörpern den bierseligen Traum von heldenhaftem Mannestum. Der Zeitungsmensch ist mit einem Nachttopf behelmt und trägt einen blutbefleckten Palmzweig als Zeichen seiner heuchlerischen Friedensbeteuerungen. Ein Unternehmer mit Kot als Hirnmasse hält die schwarz-weiß-rote Flagge des Kaiserreichs statt der schwarz-rot-gelben der Republik und trägt die Ausbeuter-Parole »Sozialismus ist Arbeit« am Hals; in einigen Jahren werden Konzentrationslager die Gefangenen am Tor mit der Parole »Arbeit macht frei« verhöhnen. Während sich ein feister Pfarrer mit einem Willkommensgruß nach links (zur Mitteltafel) wendet, richtet hinter seinem Rücken ein Offizier mit gezücktem blutigem Säbel und dem Orden »Pour le mérite« aus dem Kaiserreich am Kragen seine Pistole auf einen rechts anzunehmenden Gegner.

des Synthetischen Kubismus politisiert (Hannah Höch, *Schnitt mit dem Küchenmesser Dada durch die erste Weimarer Bierbauch-Kulturepoche Deutschlands*, Collage, 1920). Aufsehen erregte aufgrund von (einkalkulierten) Prozessfolgen – Anklage wegen Beleidigung der Armee durch eine Puppe in Uniform mit Schweinekopf – 1920 die »Erste Internationale Dada-Messe« in der Kunsthandlung des »Finanz-Dada« Otto Burchard. Beteiligt sind aus Berlin George Grosz (Grafikmappe *Gott mit uns*), Raoul Hausmann, John Heartfield und Hannah Höch, aus Dresden Otto Dix (Collage-Gemälde *Kartenspielende Kriegskrüppel*), aus Paris Francis Picabia. Die Ankündigung verspricht in sprachlichem Leerlauf: »Dada ist Hellsicht der Einsicht in die Aussicht jeder Ansicht über Politik.«

GESTALTUNGSMITTEL

COLLAGE UND MONTAGE

OBJEKTKUNST. Die Manifestation einer tief greifenden Veränderung der Beziehung zwischen bildender Kunst und Wirklichkeit im 20. Jahrhundert geht vom Kubismus aus, indem an die Stelle von Bildgegenständen als Mimesis (griech., ›Nachahmung‹) der Wirklichkeit das Bild als Gegenstand tritt, als eigengesetzliche Realität und Gegen-Wirklichkeit. Diese entsteht durch Gestaltungsmittel, die sich heterogener, zumeist außerkünstlerischer Materialien bedienen; sie bewirken eine Vergegenständlichung

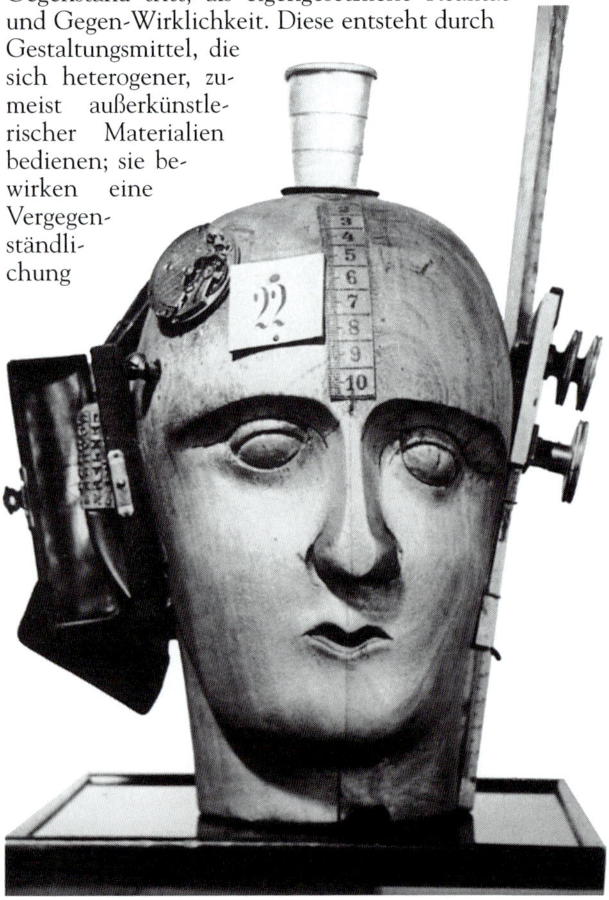

Raoul Hausmann, *Der Kopf unserer Zeit (Dada-Kopf)*, 1919; Holz und verschiedene Materialien, Höhe des Kopfes 32 cm; Paris, Musée National d'Art Moderne
»Dadaist sein, das hieß für mich: einen scharfen Wahrnehmungssinn haben und die Dinge sehen, wie sie sind«, erinnert sich Raoul Hausmann 1967. »Ich wollte den Geist unserer Zeit enthüllen, den Geist eines jeden in rudimentärem Zustand. Man erzählte Wunderdinge vom Volk der Dichter und Denker. Ich glaubte sie besser zu kennen. Ein Alltagsmensch hatte nur die Fähigkeiten, die der Zufall ihm auf den Schädel geklebt hatte, äußerlich, das Hirn war leer.« Seine Material-Montage *Der Geist unserer Zeit* (ehem. Berlin, Sammlung Hannah Höch), ausgehend von einem kopfförmigen Perückenständer, unterscheidet Hausmann ausdrücklich von Marcel Duchamps *Readymades*: »Ich sagte mir: einen Gegenstand nehmen und seinen Namen darunter setzen ist zu einfach, man muss trotz allem eine Idee haben.« Diese kommt in der Auswahl der montierten sinnbildlichen Objekte zum Ausdruck: ein ausziehbarer Feldbecher als Bekrönung, eine Geldbörse am Hinterkopf, Schmuckkästchen, Druckerwalze und Pfeifenstil als rechtes Ohr, auf der linken Seite ein Lineal mit einem Metallteil aus einem Fotoapparat, ein Zentimeterband an der Stirn, schließlich ein Stück Pappe mit der Ziffer 22, »denn natürlich hatte der Geist unserer Zeit nur numerische Bedeutung«. Zu Hausmanns dadaistischen Collagen aus gedruckten Fotos und Illustrationen gehört im Zusammenhang des Eintretens für die ›Maschinenkunst‹ Wladimir Tatlins, der Reliefs aus technischen Gegenständen montiert hat, das Bild *Tatlin zu Hause* (1920; Privatbesitz).

oder Verdinglichung des Kunstwerks unter dem Oberbegriff einer Objektkunst. Ursprünglich bezeichnet *obiectum* das ›Entgegengeworfene‹, dem Subjekt Entgegengesetzte. Die Verbindung unterschiedlicher Materialien gehört seit frühgeschichtlicher Zeit zu den Gestaltungsmitteln der Skulptur, indem Tierfiguren natürliches Haar erhielten, Kultbilder aus Gold und Elfenbein geschaffen wurden oder bei Bronze- und Marmorstatuen Einsätze aus farbigem Glasfluss als Augen dienten. Verschiedenfarbige Marmorsorten und Halbedelsteine dienen bei den polychromen Skulpturen Max Klingers einer kultischen Aura (*Beethoven*, 1885–1902; Leipzig, Gewandhaus, Rückkehr in den Neubau des Kunstmuseums geplant).

Die historischen Spielarten der ›Zusammenfügung‹ (frz. *assemblage*) huldigen einerseits dem Verismus als Steigerung des Realismus, andererseits der Materialästhetik. Beide Charakteristika sind in der Objektkunst des 20. Jahrhunderts weitgehend aufgehoben, indem die Bestandteile von Materialbildern, -reliefs und -plastiken ihren ursprünglichen Gebrauchswert offenkundig verlieren und eine neue Funktion gewinnen. Zu den Techniken des Funktionswandels gehört die Verfremdung, die voraussetzt, dass die Herkunft der Materialien zumindest auf den zweiten Blick erkennbar wird. Im jeweiligen Anteil ästhetischer, formaler oder provokativer Intentionen unterscheidet sich die Verwendung von Gestaltungsmitteln der Collage und Montage im Konstruktivismus und im Surrealismus, im Neuen Realismus, in der Pop Art und der Junk Art (›Abfallkunst‹).
Ein Beispiel für die kritische Funktion des Inhalts der Materialfragmente enthält das Collage-Gemälde *Streichholzhändler* (1920; Stuttgart, Staatsgalerie) von Otto Dix: Vor dem Straßenhändler, einem blinden, beinamputierten Kriegsversehrten, liegt im Rinnstein ein (aufgeklebter) Fetzen Zeitungspapier. Er stammt aus einem Artikel, in dem Oskar Kokoschka in Dresden in den letzten Kriegswochen zur Schonung von Kunstwerken bei Gefechtsübungen aufgefordert hat. Indem Dix diesen Appell als Straßenmüll ›zitiert‹, beurteilt er das Engagement für die Erhaltung von Kunst als zynisch angesichts der Verstümmelung und Vernichtung von Menschen im Krieg.

KURT SCHWITTERS. Das Wortfragment ›MERZ‹ aus einer Anzeige der »Kommerz und Privatbank«, das »durch Abstimmen gegen die anderen Bildteile selbst Bildteil geworden war«, lieferte Kurt Schwitters 1919 einen Begriff, den er fortan als Gattungsbezeichnung seiner Arbeiten als Maler, Plastiker und Schriftsteller verwendete. Der Anlass für einen ›Sammelnamen‹ war gegeben, »als ich zum ersten Male diese geklebten und genagelten Bilder im ›Sturm‹ in Berlin ausstellte (...). Jetzt nenne ich mich selbst MERZ« (Zeitschrift *Merz*, 24 Ausgaben 1923–32).
Mittelpunkt von Schwitters' Tätigkeit blieb die Heimatstadt Hannover bis zur Emigration als »entarteter« Künstler 1937 nach Norwegen, 1940 nach England, wo er 1948 starb. Durch Hannah Höch und Raoul Hausmann stand er in Verbindung zur Berliner Dada-Gruppe, später pflegte er den Kontakt zu den Konstruktivisten um Piet Mondrian. Ein Leitbegriff seiner MERZ-Kunst ist die »Entformung« der als Realitätsfragmente verwendeten Materialien. Ab 1923 entsteht in Schwitters' Atelierräumen der *Merzbau* (zerstört, rekonstruiert für die Ausstellung »Auf dem Weg zum Gesamtkunstwerk«, Zürich 1987). Diese Raum-Collage mit persönlichen Erinnerungsstücken, die von neuem Material überwuchert werden, ist eine Vorform des Environment, während die Materialbilder durch die Verbindung der (wie das MERZ-Fragment) verrätselten Fundstücke mit Malerei das Combine Painting der Pop Art vorwegnimmt.

GATTUNGEN

Assemblage (frz., ›Zusammenfügung‹), aus der Papier-Collage durch die Einbeziehung sonstiger Materialien entwickeltes Bild mit reliefartiger Oberfläche, mit fließenden Übergängen vom Materialbild zum Materialrelief.

Collage (frz., ›das Leimen‹), in der bildenden Kunst im engeren Sinne das Bild aus Papierstücken, beginnend um 1912 mit ›Klebebildern‹ (frz. *papiers collés*) des Synthetischen Kubismus. Im weiteren Sinne die collagierten Gegenstände aus den verschiedensten Materialien. Vergleichbare Verfahren kennen die neuere Musik und Literatur.

Readymade (engl. *ready-made* ›gebrauchsfertig‹), alltäglicher Gebrauchsgegenstand, der als Kunst- und Ausstellungsobjekt behandelt wird, erstmals 1913 von Marcel Duchamp.

Montage, in der bildenden Kunst ein ›Zusammenbauen‹ von Teilen, etwa von Ausschnitten aus verschiedenen Fotos in der Fotomontage oder von Gegenständen. Von der Collage lässt sich Montage insofern unterscheiden, als sie eher den Anschein erweckt, der hergestellte Zusammenhang könne ›stimmen‹. Zum wirkungsvollen Instrument politischer Argumentation und Agitation entwickelte John Heartfield die Fotomontage.

Objet trouvé (frz., ›Fundstück‹), Gegenstand, der dem ursprünglichen Gebrauch und funktionalen Zusammenhang entzogen ist und als Material der Gestaltung verwendet wird. Auch die Bezeichnung für das daraus hervorgegangene Werk. Ein klassisches Beispiel schuf Pablo Picasso (»Ich erfinde nicht, ich finde«) mit seinem *Stierkopf* aus Fahrradsattel und Lenkstange (Abguss in Bronze, 1942; Paris, Musée Picasso).

KUNSTBETRIEB

HANDWERK UND INDUSTRIE

WERKBUND. Zu Beginn des Jahrhunderts wird deutlich, dass die im Jugendstil angestrebte Verbindung zwischen freier und angewandter Kunst im Hinblick auf eine umfassende Erneuerung der Produktgestaltung Grenzen gesetzt sind. Sie ergeben sich aus elitären oder utopischen weltanschaulichen Voraussetzungen mit dem Hang zum Luxusgegenstand. Als Gegenbewegung organisiert sich 1907 der »Deutsche Werkbund«; entsprechende Verbände entstehen 1910 in Österreich und 1914 in der Schweiz. Zu den Gründungsmitgliedern (zwölf Künstler und zwölf Unternehmen) gehört Peter Behrens, ab 1907 künstlerischer Berater der AEG in Berlin und ein Wegbereiter des Industriebaus (*Turbinenhalle der AEG*, Berlin, 1909). Auf der international erfolgreichen Werkbund-Ausstellung 1914 in Köln ist Walter Gropius, 1908–10 Mitarbeiter in Behrens' Berliner Architekturbüro, mit einer Musterfabrik vertreten, nachdem er 1910/11 in Alfeld an der Leine die *Faguswerke* errichtet hat. Hier zielt die großzügige Verwendung von Fensterbändern auf eine Humanisierung der Arbeitswelt, indem die industrielle Produktionsstätte sich dem Licht der Außenwelt öffnet.

BAUHAUS. Auf die Entwicklung von Wegen zur Humanisierung der modernen Gesellschaft ist die Arbeit gerichtet, die Gropius ab 1919 als Gründer einer für den Kunstbetrieb zunächst einzigartigen Ausbildungsstätte leistet: Durch die Vereinigung der Hochschule für bildende Kunst mit der bis 1915 von Henry van de Velde geleiteten Kunstgewerbeschule in Weimar entsteht das »Staatliche Bauhaus« (ab 1926 »Hochschule für Gestaltung«). Das *Bauhaus-Manifest* (1919) trägt als Titelholzschnitt Lyonel Feiningers *Kathedrale des Sozialismus*; sie symbolisiert die gesellschaftspolitische Orientierung und die Analogie zwischen der Bauhütte des mittelalterlichen Kirchenbaus und dem Bauhaus als vergleichbarer Sammlung der Einzelkünste.

Eine kunstpädagogische Neuerung mit ökonomischem Effekt (Finanzierung des Studiums) ist die Gliederung in einen Vorkurs als allgemeine Gestaltungslehre, die zugleich als Probezeit dient, und Werkstätten, in denen die zunächst als Gesellen bezeichneten Studenten von Werkmeistern und Formmeistern zur Erfüllung von Lehrverträgen angeleitet werden (Tischlerei, Metallarbeiten, Holz- und Steinbildhauerei, Glas- und Wandmalerei, Töpferei und Weberei, Druckerei, Buchbinderei, Bühne). Der Mittelpunkt einer konzentrischen Gesamtstruktur ist »der Bau der Zukunft« als Gemeinschaftswerk, das auch im Titel »Kunst und Technik – eine neue Einheit« der ersten Bauhaus-Ausstellung 1923 in Weimar mit Musterarbeiten einschließlich eines *Versuchshauses* anklingt. Zu einem

BAUHAUS-MITGLIEDER

Josef Albers, 1920–33 Student, ab 1925 Meister der Glaswerkstatt, dann Leiter des Grundkurses und der Möbelwerkstatt.

Marcel Breuer, 1920–28 Student, ab 1925 Meister und Leiter der Möbelwerkstatt (Verwendung von Stahlrohr für Stühle).

Lyonel Feininger, 1919–32 Meister der grafischen Druckerei (Bauhausmappen »Neue europäische Grafik«), ab 1925 Meister ohne Lehrverpflichtung.

Johannes Itten, 1919–23 Leiter des Vorkurses.

Wassily Kandinsky, 1922–33 Formmeister der Werkstatt für Wandmalerei, Lehrer am Vorkurs, ab 1927 Meister einer freien Malklasse.

Paul Klee, 1921–31 Formmeister der Werkstatt für Glasmalerei, ab 1927 Meister einer freien Malklasse.

Gerhard Marcks, 1919–25 Leiter der Töpferwerkstatt.

Lászlo Moholy-Nagy, 1923–28 Leiter des Vorkurses und der Metallwerkstatt.

Walter Peterhans, 1929–33 Leiter der neu begründeten Fotowerkstatt, mit Verbindungen zur Werbegrafik.

Oskar Schlemmer, 1920–29 Formmeister der Werkstatt für Wandmalerei, ab 1922 für Holz- und Steinbildhauerei, ab 1923 Leiter der Bauhaus-Bühne.

Gunda Stölzl, 1919–30 Studentin, ab 1927 Leiterin der Weberei.

wesentlichen Organ der kunsttheoretischen Reflexion, insbesondere der Beziehung zum Konstruktivismus, entwickeln sich die *bauhausbücher* (14 Bde., 1925–30).
Alle drei Leiter von 1919 bis 1933 sind Architekten und Designer; ihre jeweilige Amtszeit entspricht drei Bauhaus-

Walter Gropius, Modell des Bauhaus-Gebäudes in Dessau, 1925; Berlin, Bauhaus-Archiv
Nachdem im Verlauf des Jahres 1924 die restriktive Politik des rechtsnationalen Landtags und der Regierung von Thüringen dem Bauhaus die Grundlage entzogen hat, erklärt sich die Stadt Dessau zur Übernahme der Hochschule und der Finanzierung eines Baukomplexes bereit, der im Dezember 1926 eingeweiht wird. Das im Sommer 1925 von Gropius fertiggestellte endgültige Modell des Bauhaus-Gebäudes (ohne die separaten Meister-Häuser) gliedert die Anlage nach dem neuartigen Prinzip des freien Grundrisses in drei funktional und daher auch in ihrer Gestaltung unterschiedliche Bauglieder, deren Gemeinsamkeit das jeweilige Flachdach bildet: Der sechsgeschossige Ateliertrakt besitzt eine durch Balkone rasterförmige Fassade, beim L-förmigen Schulflügel wechseln Mauer- und Fensterbänder, den Werkstattbau zeichnen Glaswände aus. Diese bilden ein Motiv der Gemäldes *Bauhaustreppe* (New York, Museum of Modern Art), das Oskar Schlemmer 1932 – unter dem Eindruck der Schließung des Bauhauses auf Beschluss des mehrheitlich nationalsozialistischen Gemeinderats von Dessau – malt. Als Notbehelf in Berlin bis zur politisch erzwungenen Selbstauflösung Mitte 1933 dient eine ehemalige Telefonfabrik. Das Dessauer Modell kann Gropius 1937 bei der Emigration in die USA retten; als Geschenk des Museum of Modern Art befindet es sich in Berlin im »Bauhaus-Archiv, Museum für Gestaltung« (gegr. 1971, Entwurf des Gebäudes von Gropius). Das 1976 als »Wissenschaftlich-kulturelles Zentrum Bauhaus« restaurierte Dessauer Gebäude ist seit 1986 wieder Sitz der Institution Bauhaus.

Phasen. Unter Gropius entstehen neben der inneren Struktur die Voraussetzungen für den Ankauf von Prototypen durch die Industrie. Unter Hannes Meyer (ab 1928) reagiert das Bauhaus auf den politischen Druck reaktionärer Kräfte mit einer teilweise marxistischen Politisierung, die 1930 zu Meyers Entlassung führt; interne Auseinandersetzungen finden um den Anteil intuitiver Gestaltung im Verhältnis zum wissenschaftlich untermauerten Funktionalismus statt. Ludwig Mies van der Rohe leitet das Bauhaus verstärkt im Interesse industrieller Entwicklungsarbeit mit erfolgreichen Ausstellungen in Moskau und New York; 1932/33 besteht es in Berlin als Privatinstitut. Einer Hausdurchsuchung der SA folgten die Schließung und im Juli 1933 die Selbstauflösung.
An der Ausbreitung des vom Bauhaus entwickelten Modells einer handwerklich-künstlerischen Fundierung des Industrial Design ist die Tätigkeit der Emigranten Albers, Breuer, Gropius, Mies van der Rohe und anderer ›Bauhäusler‹ in den USA beteiligt. 1938 entsteht in Chicago auf Initiative der »Association of Arts and Industries« das New Bauhaus unter Leitung von Moholy-Nagy, der nach dem finanziellen Scheitern bereits im ersten Jahr die private School of Design eröffnet, ab 1944 Institut of Design. Der Versuch einer Fortführung in der Bundesrepublik wird 1951–72 mit der »Hochschule für Gestaltung« in Ulm unternommen; Gründungsrektor und Architekt des Gebäudes ist der Bauhaus-Student (1927–29) Max Bill, tätig als Maler, Bildhauer, Designer und Kunsttheoretiker in der Tradition des Konstruktivismus.

STIL

KONSTRUKTIVISMUS

DAS WERK ALS KONSTRUKTION

»Aus der Sackgasse, in die die Kunst nach über zwei Jahrzehnten des Suchens geraten ist, muss ein Ausweg gefunden werden«, fordern die Brüder Naum Gabo und Antoine Pevsner 1920 im *Realistischen Manifest*, das die Grundzüge des Konstruktivismus enthält. Zu jener Sackgasse zählen sie den Kubismus und den Futurismus. Neue Tatsachen haben der Krieg und die Russische Revolution geschaffen, »diese Läuterungsstürme der kommenden Epoche«.
»Wir messen unsere Arbeit nicht mit dem Ellenmaß der Schönheit, wir wägen sie nicht nach Pfunden an Zärtlichkeit und Stimmung ab. Die Lotleine in der Hand, mit Augen, so genau wie ein Lineal, in einem Geiste, so gespannt wie ein Zirkel (...) konstruieren wir unser Werk wie das Universum das seine, wie der Ingenieur seine Brücken, wie der Mathematiker seine Formeln der Planetenbahnen.«

KUNST UND REVOLUTION. 1915 veröffentlicht der Maler Kasimir Malewitsch anlässlich einer Ausstellung in Petrograd das *Suprematistische Manifest* als Ausdruck einer individuellen Befreiung, indem er »dem Kreis der Dinge entkommen« ist. »Die Dinge sind verschwunden wie der Rauch, für eine neue Kultur der Kunst geht auch die Kunst zum eigentlichen Ziel der Kreativität, zur Herrschaft über die Formen der Natur.« Unter ›Suprematismus‹, dessen Entstehung er auf das Jahr 1913 datiert, versteht Malewitsch die »Vorherrschaft der reinen Empfindung« mit dem Ziel, »die Feierlichkeit des Weltalls spürbar zu machen«. Den aus geometrischen Grundformen gebildeten *Suprematistischen Kompositionen* von Malewitsch in der Malerei entsprechen die Materialreliefs von Wladimir Tatlin, mit dem sich 1916/17 die als Maler und Plastiker (mit kinetischen Objekten) beschäftigten Brüder Naum Gabo und Antoine Pevsner sowie der Maler Alexander Michailowitsch Rodtschenko und der Architekt El Lissitzky zusammenschließen.
Zwei Ausstellungen in Moskau kennzeichnen die Entwicklung der Leitbegriffe: »Gegenstandslose Schöpfung und Suprematismus« (1919) und »Konstruktivisten« (1921), Letztere mit der Erwartung: »Der Konstruktivismus wird die Menschheit anleiten, ein Maximum kultureller Werte mit einem Minimum an Energie zu meistern.« Im selben Jahr postuliert das von Rodtschenko mitunterzeichnete *Produktivisten-Manifest* die Verbindung mit dem Revolutionskommunismus: »Die Aufgabe der Konstruktivisten-Gruppe ist es, der materialistischen, konstruktiven Arbeit einen kommunistischen Ausdruck zu verleihen.« Doch der Anspruch einer »Synthese aus dem ideologischen und dem formalen Teil, um die Atelierarbeit auf den Weg zur praktischen Tätigkeit zu bringen«, widerspricht den Vorstellungen des bolschewistischen Regimes von der politisch nutzbaren »Produktivkraft Kunst«, sodass die Wechselbeziehung zwischen Kunst und Revolution bereits 1922 ihr Ende findet (Gründung einer Organisation zur Rückkehr zur dem Volksempfinden angemessenen Gestaltung). An die Stelle des Konstruktivismus tritt in der Stalinistischen Ära die 1932 für die Literatur verbindliche, auf die bildende Kunst übertragene Doktrin des Sozialistischen Realismus als »wahrhafte, historisch konkrete Darstellung der Wirklichkeit in ihrer revolutionären Entwicklung«.

INTERNATIONALE WIRKUNG. Der Aufnahme diplomatischer Beziehungen zwischen Deutschland und Russland 1922 (Vertrag von Rapallo) folgt die von El Lissitzky organisierte und gestaltete »Erste russische Kunstausstellung« in Berlin, anschließend in Amsterdam. Beteiligt sind als figurativer Maler Marc Chagall und als gegenstandsfreie Konstruktivisten Gabo, der sich in Berlin nie-

Piet Mondrian, *Komposition im Quadrat*, 1922; Öl auf Leinwand, 53 x 54 cm; Stuttgart, Staatsgalerie
Piet Mondrian, 1916 Mitbegründer der holländischen Gruppe »De Stijl« und 1917–25 Mitarbeiter der gleichnamigen Zeitschrift, entwickelt bereits in deren erster Ausgabe im Beitrag *Die Neue Gestaltung in der Malerei* die Orientierung der Kunst an »Gleichgewichtsbeziehungen, wodurch die Einheit, die Harmonie, das Universale sich gestalterisch in der Verschiedenheit, in der Mannigfaltigkeit, im Individuellen ausdrücken«. Einheit wird jedoch »in der sichtbaren Wirklichkeit nicht anschaulich«, doch »›abstrakt‹ gestaltet sie sich durch Position, Dimension und Wert von gerader Linie und rechteckiger Farbfläche«. Die *Komposition im Quadrat* gehört zu den 1920 in Paris begonnenen geometrischen Kompositionen, die ihre rechtwinkligen, schwarz gerahmten Flächen auf die Primär- oder Grundfarben Rot, Gelb und Blau sowie die Nichtfarbe Weiß beschränken. Indem hier das quadratische Bildformat als Binnenform wiederkehrt, setzt sich diese mit Randformen auseinander, wobei »Position, Dimension und Wert« zur spannungsvollen Balance führen. Nach Mondrians Anthropologie erkennt der »moderne Künstler bewusst, dass die Schönheitsempfindung kosmisch, universal ist. Dieses bewusste Erkennen hat die abstrakte Gestaltung zur Folge und beschränkt sie auf dasjenige, was ausschließlich universal ist«.

derlässt, Malewitsch, Rodtschenko und Tatlin. In Düsseldorf findet im selben Jahr ein »Internationaler Kongress fortschrittlicher Künstler« statt. Zu den Unterzeichnern einer Proklamation der »Internationalen Sektion konstruktivistischer Künstler« gehören El Lissitzky und der Architekt Theo van Doesburg, 1916 Mitbegründer der Gruppe »De Stijl«, die beide zum »Staatlichen Bauhaus in Weimar« in Verbindung treten.

Die Wirkung des Konstruktivismus zeigt sich im weit verbreiteten Vorrang geometrischer Gestaltungsweisen in der Malerei, Skulptur, Fotografie und Typografie, im neuen künstlerischen Medium Film sowie in der Architektur. Gemeinsamer Bezugspunkt der Gattungen ist das Zutrauen in eine neue Entwicklungsstufe von Wissenschaft und Technik als Motor des gesellschaftlichen Fortschritts.

Wie die französische Revolutionsarchitektur eines Étienne-Louis Boullée und Nicolas Ledoux bleibt konstruktivistisches Bauen in Russland auf Projekte beschränkt (Tatlin, kinetisches *Monument für die III. Internationale*, 1920) oder überschreiten die bestehenden technischen Voraussetzungen (El Lissitzky, Bürohochhaus *Wolkenbügel* als Überbauung einer Straßenkreuzung, 1924). Die Konzeption des Bauens als eine der Konstruktion von Maschinen vergleichbare Aufgabe gewinnt jedoch nachhaltige Wirkung, etwa auf die »Wohnmaschine« von Le Corbusier. 1922 formuliert er in seiner Denkschrift *Vers une architecture* (dt. *Kommende Baukunst*, 1926) das konstruktivistische Bekenntnis zur »Ingenieur-Ästhetik«, das sich mit Piet Mondrians Thesen zur »Neuen Gestaltung« in der Malerei berührt: »Der Ingenieur, beraten durch das Gesetz der Sparsamkeit und geleitet durch Berechnungen, versetzt uns in Einklang mit den Gesetzen des Universums. Er erreicht die Harmonie.«

GESTALTUNGSAUFGABE

SIEDLUNG UND HOCHHAUS

STADTENTWICKLUNG. Zu Beginn des 20. Jahrhunderts lebt mehr als die Hälfte der deutschen Bevölkerung in Städten mit Außenbezirken, in denen sich Industrie- und Wohngebiete mischen. In der Innenstadt verdichtet sich die Bebauung durch die Zentralisierung des Geschäftslebens, verbunden mit dem Anwachsen des innerstädtischen Verkehrs, und führt zu steigenden Grundstückspreisen. Zu den großzügigsten städtebaulichen Projekten der Vorkriegszeit unter ästhetischen, wirtschaftlichen und sozialen Gesichtspunkten gehört der 1910/11 von Otto Wagner entwickelte Plan einer Erweiterung Wiens durch neue Vorstädte, deren Autonomie kulturelle und gemeinnützige Einrichtungen wie Theater, Museen, Volkshäuser, Sanatorien und Messebauten gewährleisten sollen. Wagner orientiert sich an der Konzeption der Gartenstadt, deren englisches Muster aus Einfamilienhäusern ab 1903 in Letchworth bei London entsteht; Heinrich Tessenow überträgt es 1910–14 auf die Siedlung Dresden-Hellerau.

In den 1920er-Jahren entwickelt sich die randstädtische Wohnsiedlung statt der innerstädtischen Mietskaserne zu einer vordringlichen städtebaulichen Aufgabe. Berliner Großsiedlungen sind die nach dem Grundriss des Kernbereichs benannte *Hufeisensiedlung* (1925–30) auf dem Gelände eines ehemaligen Ritterguts mit 679 Einfamilienhäusern und einer Barriere nach außen aus mehrgeschossigen Häuserzeilen, entworfen von Bruno Taut und dem seit 1926 amtierenden Berliner Stadtbaurat Otto Wagner, und Berlin-Siemensstadt (1929–32) in Blockbauweise mit etwa 1800 Wohnungen unter Beteiligung von Walter Gropius und Hans Scharoun. Mit internationaler Beteiligung entsteht 1927 als Ausstellung »Das Wohnen« des Deutschen Werkbunds auf dem Stuttgarter Killesberg die *Weißenhofsiedlung* mit einem Bauprogramm aus Einfamilien-, Reihen- und mehrgeschossigen Appartement-Häusern.

HÖHE STATT FLÄCHE. Während Wohnbaugesellschaften als Bauherren der Siedlungen auftreten, widmen sich Konzerne dem innerstädtischen Büroturm. Zu den Pionierleistungen gehören die Bauten der »School of Chicago« wie das zwölfstöckige *Guaranty Trust Building* (1894/95) in Buffalo (New York) von Dankmar Adler und Louis Henry Sullivan, der für die blockhafte Gestaltung mit vertikalen Gliederungselementen die Formel »Form follows function« prägt. Zu den Voraussetzungen der vertikalen Schichtung der Stockwerke gehören die Skelettbauweise mit eisenverstärktem Beton und die Erfindung von Versorgungseinrichtungen wie dem elektrischen Aufzug.

TURM-STÄDTE

Den von Auguste Perret geprägten Begriff »Villes-Tours« aufgreifend, entwickelt Le Corbusier eine *Ville contemporaine* (1922) für drei Millionen Einwohner:

»Geht man von dem wichtigsten konstruktiven Ereignis, dem amerikanischen Wolkenkratzer, aus, dann genügt es durchaus, wenn man nur an wenigen Punkten diese große Dichte der Bevölkerung herbeiführt und dort sechzig Stockwerke hoch gewaltige Bauten aufführt. Eisenbeton und Stahl erlauben diese Kühnheit und eignen sich vor allem für eine gewisse Art von Fassaden, in denen sämtliche Fenster auf den blauen Himmel hinausgehen. Auf diese Weise werden künftig die Höfe entfallen. Vom vierzehnten Stockwerk an wird die Ruhe vollkommen, die Luft rein sein. Diese Türme werden künftig die Arbeit beherbergen, die bisher in übervölkerten Bezirken und engen Straßen erstickte; es wird auch, dank der erfreulichen amerikanischen Erfahrungen, für alle Dienstleistungen gesorgt sein, und diese Vereinfachung des Betriebs wird Zeit und Kräfte ersparen und dadurch die unerlässliche Ruhe gewährleisten. Diese Türme, die in großem Abstand voneinander aufgerichtet werden, besitzen an Höhe, was bisher die Ausdehnung ausmachte; sie lassen riesige Räume zwischen sich frei, welche die lärmerfüllten Hauptstraßen mit ihrem erhöhten Schnellverkehr weit von sich schieben. Am Fuß der Türme breiten sich Parks aus; ihr Grün überzieht die ganze Stadt. Die Türme reihen sich zu eindrucksvollen Alleen. Dies ist eine der Zeit wahrhaft würdige Baukunst.«

Le Corbusier, *Vers une architecture*, 1922, dt. *Kommende Baukunst*, 1926

In Deutschland weckt 1921/22 ein Wettbewerb der »Turmhaus-AG« für die Bebauung ihres Berliner Grundstücks am Bahnhof Friedrichstraße das Interesse von 140 Architekten, die sich zumeist an amerikanische Vorbilder halten. Ausnahmen bilden ein dem dreieckigen Zuschnitt des Bauplatzes angepasstes Prisma mit einer Verglasung der nicht mehr tragenden, sondern als transparente Raumhülle dienenden Wände von Mies van der Rohe und ein Entwurf von Hans Scharoun, gekennzeichnet durch die »reiche Phantasie im Nebeneinandersetzen und Abmessen von durch Fensteröffnungen durchbrochenen, geschlossenen und vollständig in Glas aufgelösten Flächen«; durch sie ergibt sich »im Mitverwenden der doch nicht abzuhaltenden Reklame ein Zusammenklang von besonderer eigener Musik der Geschäftsgroßstadt« (Bruno Taut, 1921–1923 Herausgeber der Zeitschrift *Frühlicht*). Eine expressive Gestaltung der vertikalen Bewegung des Baukörpers charakterisiert das Hamburger Chilehaus (1920–23) von Fritz Höger, das zwischen zwei aufeinander zulaufenden Straßen mit spitzwinkligem ›Bug‹ in die Höhe strebt. Kompromisse des funktionalen, später als ›Schachtelarchitektur‹ abgelehnten Bauens im Internationalen Stil mit ›baukünstlerischen‹ Traditionen veranschaulicht die Entscheidung im Wettbewerb für das Verwaltungsgebäude der *Chicago Tribune*, an dem sich 1922 Martin Gropius und sein Partner Adolf Meyer, der Wiener Mitbegründer des rationalen Wohnungsbaus Adolf Loos, Hans Scharoun, die Brüder Bruno und Max Taut sowie der Finne Eliel Saarinen mit überwiegend kubischen, teils gestaffelten, teils pyramidenförmig zugespitzten oder säulenförmigen Entwürfen beteiligen. Zur Ausführung kommt das Projekt von John Mead Howless und Raymond Hood; ihr funktional-schmuckloser Turm über platzsparendem quadratischem Grundriss trägt eine Krone, deren Struktur an gotisches Strebewerk erinnert. Solchem Schmuckwerk widersetzt sich Mies van der Rohe mit der Losung »Less is more«.

William van Alen, *Chrysler Building*, 1928–30; New York
Mit einer Höhe von 320 m hielt das 77-stöckige Gebäude des Automobilkonzerns für einige Monate den Höhenrekord. 1931 wurde es von dem ebenfalls 1928, ein Jahr vor dem Beginn der Weltwirtschaftskrise begonnene *Empire State Building* um 61 m übertroffen. Für das Turmhaus entwarf der amerikanische Architekt William van Alen eine Turmspitze im luxuriösen Stil des Art Déco: Die vertikale Aufwärtsbewegung mündet in gestaffelte Halbkreise mit radial angeordneten spitzwinkligen Dreiecken; der hier zum ersten Mal als Außenverkleidung verwendete rostfreie Stahl lässt die pyramidenförmige Bauskulptur silbern glänzen. Zur Individualität des Prestigeobjekts trägt ein bauplastisches Zitat bei: Als moderne Nachfahren der Wasserspeier an den Türmen gotischer Kathedralen blicken je zwei gestreckte Adler, das Chrysler-Emblem, in die vier Himmelsrichtungen.
1931 folgte in New York der Baubeginn des *Rockefeller Center*, eine gigantische Immobilienspekulation von John D. Rockefeller jr. Es wurde 1974 vollendet und bildete eine ›Stadt in der Stadt‹ aus 21 Hochhäusern mit dem 70-stöckigen *RCA Building*.
Als weltweit höchstes Gebäude wurde 1976 der 555 m hohe Sendeturm *CN Tower* der Eisenbahngesellschaft Canadian National in Toronto fertiggestellt. Mit vergleichsweise bescheidenen 254 m ist der Frankfurter *Messeturm* der höchste Büroturm in Europa, der die Hochhäuser des Bankenviertels von ›Mainhattan‹ ›schrumpfen‹ ließ.

GESTALTUNGSMITTEL

BEWEGUNG

BEWEGUNGSEINDRUCK

In der zweidimensionalen ›statischen‹ Malerei und im Relief gehört die Wiedergabe bewegter Körper zu den Motiven des Jagd- und Kampfbildes sowie zu den Darstellungen aus den Bereichen Tanz und Sport. Den Eindruck von Windeseile unter einem drohenden Gewitterhimmel erzeugen vier Reiter in gestrecktem Galopp auf Théodore Géricaults *Derby in Epsom* (1821; Paris, Louvre). Impressionistische Straßenszenen schildern Bewegung, indem Passanten, welche das Blick- bzw. Bildfeld verlassen, vom Bildrand überschnitten werden. Eine futuristische Technik ist die synchrone, der Mehrfachbelichtung eines fotografischen Bildes vergleichbare Wiedergabe von Phasen eines Bewegungsablaufs oder von Momenten der Wahrnehmung (Giacomo Balla, *Geschwindigkeit eines Autos + Licht + Ton*, 1913; Zürich, Kunsthaus). Doch erst die Op(tical) Art nutzt die Physiologie des Sehens zur Augentäuschung, indem sie durch geometrisch gerasterte Flächen beim Betrachter, der sich vor dem Bild bewegt, die Wahrnehmung von Bewegungen suggeriert. Hauptvertreter dieser Technik sind in den 60er-Jahren der seit 1930 in Frankreich tätige Ungar Victor Vasarély und die Engländerin Bridget Riley.

ARCHITEKTUR UND SKULPTUR. Der Ausgangspunkt der Kinetik (griech. *kinetikós* ›die Bewegung betreffend‹) in der Kunst liegt im russischen Konstruktivismus. In ihrem *Realistischen Manifest* (1920) verwerfen die Brüder Naum Gabo und Antoine Pevsner die Gestaltungsmittel Farbe, beschreibende Linie, Volumen und Masse »weisen den tausendjährigen, von der ägyptischen Kunst ererbten Irrtum zurück, dass die statischen Rhythmen die einzigen Elemente des bildnerischen Schaffens seien«. Ihre Folgerung lautet: »Wir erkennen in der bildenden Kunst ein neues Element, die kinetischen Rhythmen, als Grundformen unserer Wahrnehmung der realen Zeit. (…) Raum und Zeit sind die einzigen Formen, in denen sich das Leben aufbaut und in denen sich deshalb die Kunst aufbauen muss.« Als erste kinetische Skulptur dient Gabo ein Stahlblatt, das sich in Schwingungen versetzen lässt.

Das kühnste Projekt eines kinetischen Bauwerks in der Russischen Revolutionsarchitektur, das seinem Konstrukteur den Ruf als Begründer einer »Maschinenkunst« einträgt, bildet Wladimir Tatlins als symbolischer Zweckau konzipiertes *Monument der III. Internationale* (Modell 1920). Geplant ist ein 400 m hohes spiralförmiges Stahlskelett mit einer Abweichung von der Senkrechten, die der Neigung der Erdachse entspricht. Drei stereometrische Raumkörper (Zylinder, Würfel, Pyramide), gedacht als Arbeits- und Versammlungsräume, sollen nach astronomischem Zeitmaß (Tag, Monat, Jahr) rotieren. Tatlins Baugedanken üben trotz oder wegen ihres Scheiterns an der verfügbaren Bautechnik außerordentlich Einfluss aus; der Schriftsteller Ilja Ehrenburg erlebt das Modell Petrograd als einen Blick in das 21. Jahrhundert. Seit den 1950er-Jahren sind rotierende Bauglieder wie Aussichtsrestaurants publikumswirksame Attraktionen (*Stuttgarter Fernsehturm* von Fritz Leonhardt, 1955/56).

Nicht der Verbindung zwischen Kunst und Technik, sondern dem Thema ›Kunst und Spiel‹ lassen sich die beweglichen Skulpturen des Amerikaners Alexander Calder zuordnen. In den 1930er-Jahren entwickelte er die beiden Skulpturentypen *Stabile* und *Mobile*, Letztere als ausbalancierte Konstruktionen aus Draht und bemalten Metallscheiben, die vom Lufthauch bewegt werden. Ihre Formate reichen von 60 cm Höhe und 90 cm Spannweite (*Dancing Stars*, um 1940; Berlin, Neue Nationalgalerie) bis zum großräumigen Mobile des Pariser UNESCO-Gebäudes von 1958. Den Anschein eines Riesenspielzeugs geben sich die in geschäftigem, lautstarkem Leerlauf agierenden absurden *Kunstmaschinen* des Schweizers Jean Tinguely. Sie bestehen aus industriellem Schrott und wurden in den 50er-Jahren durch motorbetriebene *Méta-méchaniques* aus Draht und Karton vorbereitet. Die traditionelle ›Kinetik‹ von Wasserspielen verbindet der Pariser *Stra-*

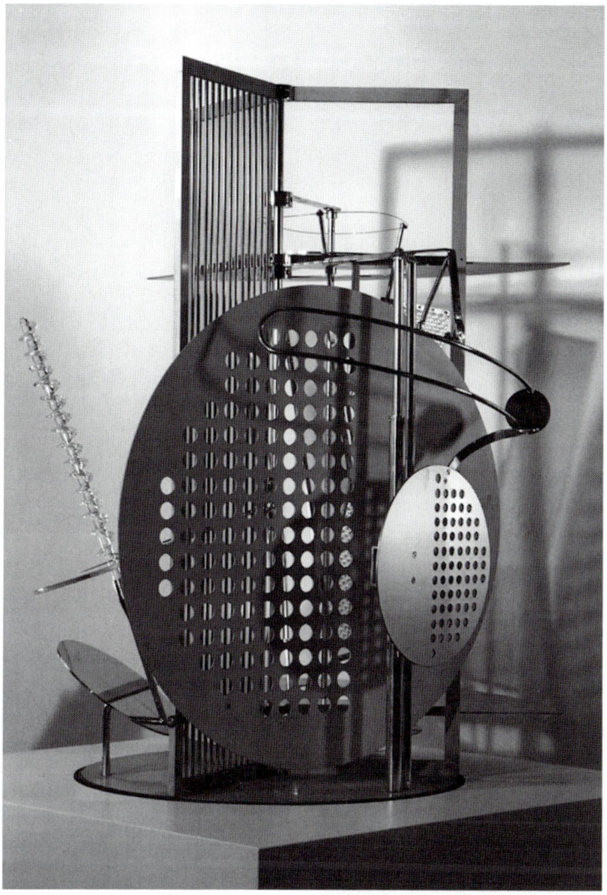

László Moholy-Nagy, *Licht-Raum-Modulator*, Entwicklung 1922–30, Replik 1970/71; Berlin, Bauhaus-Archiv
Während seiner Lehrtätigkeit am Bauhaus in Weimar und Dessau (1923–28) arbeitete der ungarische Maler, Plastiker, Fotograf (*Fotogramme*) und Filmemacher László Moholy-Nagy an der 1922 in Herwarth Waldens Zeitschrift *Der Sturm* veröffentlichten Konzeption des beweglichen Kunstwerks als »dynamisch-konstruktives Kraftsystem«. Der *Licht-Raum-Modulator* wurde 1930 in Berlin vollendet. Die von einem Elektromotor angetriebenen Teile der kinetischen Metallkonstruktion führen teils gegenläufige Bewegungen aus, wobei Lichtreflexe und Schattenbilder zu den Gestaltungsmitteln gehören. Ihr Zusammenwirken dokumentiert eine ›Verfilmung‹ von Moholy-Nagy. Die Bezeichnung als *Lichtrequisit einer elektrischen Bühne* bezieht sich auf die Verwendung in der Bühnenarbeit, die im Bauhaus von Oskar Schlemmer geleitet wurde. Als *Licht-Raum-Modulator* ließ die kinetische Skulptur die Möglichkeiten der praktischen Nutzung offen und kam insofern dem Interesse der Elektroindustrie entgegen, welche die Entwicklungsarbeit finanziell unterstützte. Das nicht mehr funktionstüchtige Original im Busch-Reisinger-Museum der Harvard University in Cambridge (Massachusetts) wurde 1970/91 in zwei Repliken nachgebildet.

winsky-Brunnen (1983) neben dem Centre Pompidou mit den technoiden Konstruktionen Tinguelys und den *Nana*-Pop-Figuren seiner Ehefrau Niki de Saint Phalle.

LICHT, RAUM, BEWEGUNG. Ausgehend von konstruktivistischen Experimenten einer Licht-Kinetik (László Moholy-Nagy), arbeitet der seit 1936 in Paris lebende ungarische Plastiker Nicolas Schoeffer mit transparenten Materialien, farbigem Licht und Geräuschen (*Spatiodynamischer Turm*, 1954; Paris, Park Saint-Cloud), konstruiert elektronisch gesteuerte *Robot-Skulpturen* und bedient sich kybernetischer Systeme (*Tour Schoeffer*, 1972; Paris, La Défense). Das bereits von Marcel Duchamp erprobte Prinzip des *Rotoreliefs* greift in den 50er-Jahren Heinz Mack auf, Mitbegründer der Düsseldorfer Gruppe »Zero« (1958–67, benannt nach dem Moment ›Null‹ beim Raketenstart). Elektromotoren dienen als Antrieb von Scheiben aus Plexiglas und Aluminium mit geometrisch gemusterten Oberflächen (*Silbersonne Licht und Bewegung*, 1967; Köln, Museum Ludwig). Das Ziel ist die »Exklusivität einer vollständig gegenstandsfreien, dynamischen bildnerischen Struktur in astronomischer Entfernung von der Natur« (Heinz Mack).

STIL

SURREALISMUS

Giorgio de Chirico, *Geheimnis und Melancholie einer Straße*, 1914; Öl auf Leinwand, 877 x 71 cm; Washington, Privatbesitz
Während die räumliche Konstruktion in der Renaissance eine rationale harmonische Weltordnung symbolisiert, dient sie Giorgio de Chirico als Ausdruck einer im Manierismus vorgebildeten Tiefenflucht. Sie führt in Bereiche, in denen ›Geheimnisse‹ aus dem Unbewussten lauern, etwa der Schatten eines Mannes, in dessen Richtung ein Mädchen seinen Reifen treibt. Chirico, der während seiner Ausbildung in München unter dem Einfluss von Arnold Böcklins Symbolismus stand, vertrat die im Kern surrealistische Forderung, der Künstler müsse sein Werk »aus den entlegensten Tiefen seines Wesens emporheben«.

ÜBERWIRKLICHKEIT. Wie »Dada« ist »Surrealismus« eine Wortschöpfung. Sie geht auf Guillaume Apollinaire zurück, der 1917, im Jahr vor seinem Tod, das burleske Stück *Les Mamelles de Tirésias* (›Die Brüste des Teiresias‹) in Paris zur Aufführung brachte; er bezeichnete es als *surréaliste* (›überwirklich‹). Doch erst durch den Schriftsteller André Breton wird ›Surréalisme‹ zum gemeinsamen Bezugspunkt für Künstler der internationalen Dada-Bewegung, die sich zu Beginn der 20er-Jahre in Paris sammeln: Aus Köln kommen Hans Arp und Max Ernst (»Dada-Max«), Marcel Duchamp, Francis Picabia und Man Ray kehren aus Amerika zurück. Anschluss finden die Franzosen André Masson und Yves Tanguy, die Spanier Salvador Dalí und Joan Miró, die Belgier Paul Delvaux und René Magritte sowie die *femme surréaliste* Meret Oppenheim aus Basel. Die Gemeinsamkeit ergibt sich aus einem Gemenge antiautoritärer und antiklerikaler Gesellschafts- und Zivilisationskritik, deren wirksamstes Mittel die öffentliche Provokation bildet. Als der Romancier Anatole France, der 1921 mit dem Literaturnobelpreis ausgezeichnet wurde, 1924 stirbt, erscheint das Pamphlet *Un cadavre*, worin es heißt: »Mit France ist ein kleines Stück knechtischen Geistes von uns gegangen. Der Tag, an dem die Hinterlist, der Traditionalismus, der Patriotismus, der Opportunismus, die Skepsis und die Herzlosigkeit zu Grabe getragen werden, muss gefeiert werden.«

AUTOMATISMUS UND ZUFALL. Im selben Jahr definiert Breton im ersten *Manifest du Surréalisme* den Leitbegriff als »psychischen Automatismus, durch welchen man, sei es mündlich, sei es schriftlich, sei es auf jede andere Weise, den wirklichen Ablauf des Denkens ausdrücken kann. Denk-Diktat ohne jede Vernunft-Kontrolle und außerhalb aller ästhetischen und ethischen Fragestellungen.« Insofern bildet der Surrealismus in seiner ursprünglichen Theorie keine auf bestimmte künstlerische Medien und

Salvador Dalí, *Der erhabene Augenblick*, 1938; Öl auf Leinwand, 38 x 47 cm; Stuttgart, Staatsgalerie
Vor einer tiefenräumlichen Küstenlandschaft, die an den Blick von Dalís Haus auf die Bucht von Port Lligat erinnert, befindet sich ein Stillleben: Zwei Spiegeleier lassen sich von Velázquez' Bodegónes herleiten, die Schnecke gehört zu den Vergänglichkeits-Symbolen niederländischer Blumen- und Fruchtstücke. An die Stelle historischer Gerätschaften tritt ein brüchiger Telefonhörer. Zu Dalís Repertoire gehören die Rasierklinge über dem Eigelb, das sie zerschneiden wird, vergleichbar dem Zerschneiden eines Auges im Film *Un chien andalou* (›Ein andalusischer Hund‹, 1928) von Dalí und Luis Buñuel, ferner Stützglieder aus dürren Ästen und das Schmelzen fester Gegenstände wie das Aufweichen des Tellers. Das Entstehungsjahr 1938 legt einen Zusammenhang mit dem »Münchner Abkommen« NS-Deutschlands mit England, Frankreich und Italien über die von Hitler durch Kriegsdrohungen erpresste Abtretung der tschechischen Sudetengebiete nahe. Damit verlor die ČSR ein Viertel ihres Staatsgebiets – vergleichbar dem Viertel der beiden Spiegeleier, das die Rasierklinge abzuschneiden im Begriff ist. Allerdings bleibt offen, für wen dies ein »erhabener Augenblick« ist. Dalís ›anarchische‹ Nähe zum Faschismus führte 1934 zum Ausschluss aus der Gruppe um Breton (1927–39 Mitglied der französischen KP), die 1936–38 durch Ausstellungen in Paris und London einen Höhepunkt ihrer gemeinsamen Tätigkeit erreichte.

Gestaltungsmittel gegründete Stilrichtung, sondern eine Handlungsanweisung. Sie konkretisiert sich in der bildenden Kunst als zeichnerische Entsprechung zur *écriture automatique* (›automatische Schrift‹). Zu den als bahnbrechend eingeschätzten wissenschaftlichen Errungenschaften gehört die Tiefenpsychologie Sigmund Freuds, den Breton 1922 in Wien kennen lernt. Die Prosagedichte eines bislang unbeachteten, von den Surrealisten entdeckten Dichters in der Tradition der Schwarzen Romantik mit dem Pseudonym Comte de Lautréamont evozieren eine anarchische Traumwelt, die von Grausamkeit, Perversionen und Angriffen auf die Weltordnung beherrscht wird. Seine *Chants de Maldoror* (1868/69; dt. *Gesänge des Maldoror*, 1954) erscheinen 1934 in einer bibliophilen Neuausgabe mit Illustrationen und Bilderfindungen von Dalí.

Zum ›geflügelten Wort‹ wird Lautréamonts Lob der »zufälligen Begegnung von Nähmaschine und Regenschirm auf dem Seziertisch«. Max Ernst erkennt darin ein von den Surrealisten (wieder-)entdecktes »Phänomen« nämlich, »dass die Annäherung von zwei (oder mehr) scheinbar wesensfremden Elementen auf einem ihnen wesensfremden Plan die stärksten poetischen Zündungen provoziert« (*Was ist Surrealismus?*, 1934). In Verbindung mit dem psychischen Automatismus bilden der (scheinbare) Zufall in der Auswahl der Bildgegenstände und die Wesensfremdheit zwischen den gegenständlichen Motiven sowie zwischen den Motiven und den Techniken ihrer Wiedergabe bestimmte stilistische Kriterien. Den Gegensatz der psychologischen ›Tiefe‹ zur ›Fläche‹ der konstruktivistischen oder esoterischen Abstraktion veranschaulicht die Vorliebe der Surrealisten für tiefenräumliche Bildbühnen. Sie gehören zu den Gestaltungsmitteln der *Pittura metafisica* (ital., ›Metaphysische Malerei‹), die Giorgio de Chirico und Carlo Carrà, zunächst ein Mitglied der futuristischen Bewegung, um 1916 als Gegenbewegung zum Futurismus entwickelt haben.

THEMA

TRAUM

Francisco de Goya, *Der Schlaf der Vernunft gebiert Ungeheuer*, 1797/98; Radierung und Aquatinta, 21,5 x 15 cm
1799 annoncierte Goya in der Zeitung *Diario de Madrid* seinen Grafikzyklus *Caprichos* (›Einfälle‹) als »Tadel menschlicher Irrtümer und Laster«. Den ursprünglichen Titel *Sueños* (›Träume‹) veranschaulicht die Darstellung eines Schläfers, auf den Alpträume in Gestalt von Nachtvögeln und Fledermäusen eindringen. Eine vorbereitende Federzeichnung verwendet anstelle des Getiers menschliche Fratzen, unter denen sich die Physiognomie Goyas erkennen lässt: Auch der mit Ideen der Aufklärung vertraute Künstler ist vom »Schlaf der Vernunft« bedroht.

REALSZENE UND TRAUMINHALT. Die Überlieferung von Träumen und ihrer Deutung lässt sich in Ägypten bis in das 2. Jahrtausend v. Chr. zurückverfolgen. Antike Traumdarstellungen zeugen die Figur des Träumenden und den Inhalt seines Traums, der als göttliche Eingebung verstanden wird. In dieser Bildtradition stehen biblische Episoden in der Malerei des Mittelalters: Über dem schlafenden Jakob führt eine im Traum erblickte Leiter mit auf- und niedersteigenden Engeln zum Himmel; der Pharao und der babylonische König Nebukadnezar werden von Träumen heimgesucht, die Josef bzw. der Prophet Daniel entschlüsseln. Träume gehören zu den Motiven der Heiligenlegenden: Giottos Fresko *Der Traum Innozenz' III.* (um 1300; Assisi, Oberkirche von San Francesco) zeigt als Realszene den schlafenden Papst, als Traumbild den drohenden Einsturz der Laterankirche, den ein kleiner Mönch (Franz von Assisi) verhindert, indem er das zur Seite geneigte Gebäude abstützt.
Illustrierte Handschriften des mittelalterlichen *Roman de la rose* beginnen in der Regel mit einer Miniatur zur Eingangsszene: Hinter der Lagerstatt mit der Gestalt des Ich-Erzählers erblüht ein Liebes-Rosenstrauch, den ein Gewappneter bewacht. Auf die antike Tugendlehre bezieht sich Raffaels *Traum des Ritters* (1501 oder 1504/05; London, National Gallery): Zu beiden Seiten des schlafenden Scipio Africanus erscheinen Minerva und Venus und stellen ihn vor die Wahl zwischen Kampfbereitschaft und Lebensgenuss. Das Thema findet sich im XV. Gesang des Epos *Punica* (Ende des 1. Jahrhunderts n. Chr.) von Silius Italicus. Wie ein Alptraum zu ›erklären‹ ist, zeigt Johann Heinrich Füsslis Gemälde *Die Nachtmahr* (1790/91; Frankfurt, Goethe-Museum): Auf der Brust einer Schläferin hockt ein abscheulicher Kobold. Der biografische Zusammenhang legt nahe, dass die Szene einem Wunschtraum Füsslis entspricht, der seiner ungetreuen Geliebten eine solche Heimsuchung wünscht.

AUTONOME TRAUMBILDER. Zu den frühen Darstellungen eines Traumes am Beginn der Neuzeit gehört das Aquarell *Traumgesicht* (1525; Wien, Kunsthistorisches Museum) von Albrecht Dürer mit einer Beschreibung des Traums mit unnatürlich vom Himmel niedergehendem Wasser; der Text vermutet keine konkrete Vorbedeutung, endet aber mit der Hoffnung: »Gott wende alle ding zu(m) besten.« Insofern verbildlicht die Illustration der tagebuchartigen Beschreibung einen Traum, dessen Rätselhaftigkeit ängstigt.
Sigmund Freuds *Traumdeutung* (1900) hat, so bewertet André Breton die Erkenntnisse des Tiefenpsychologen, »einen Teil der geistigen Welt wieder ans Licht gehoben«, denn »die Summe der Traum-Momente, selbst wenn man nur den reinen Traum, den des Schlafes, in Betracht zieht,

ist nicht geringer als die Summe der Wirklichkeits-Momente, sagen wir einfach: der Wachseins-Momente« (*Surrealistisches Manifest*, 1924). Freuds Anleitung, durch Assoziationen die Ursache und Bedeutung von Träumen zu entschlüsseln, gehört zu den wissenschaftlichen Impulsen am Beginn des Surrealismus. In seiner weiteren Entwicklung macht er sich umgekehrt die ›Techniken‹ des Traums, in dem sich Erlebnismomente verdichten, verfremden, verknüpfen, zu Eigen. 1934 unterscheidet Max Ernst diese ›realitätsbezogene‹ Traumarbeit von zwei Formen des Missbrauchs, die mitunter Salvador Dalí angelastet werden: »Wenn man also von den Surrealisten sagt, sie seien Maler einer stets wandelbaren Traumwirklichkeit, so darf das nicht etwa heißen, dass sie ihre Träume abmalen (das wäre deskriptiver, naiver Naturalismus), oder dass sich ein jeder aus Traumelementen seine eigene kleine Welt aufbaut, um sich in ihr gütlich oder boshaft zu gebärden (das wäre ›Flucht aus der Zeit‹).«

Max Ernst, *Weib, Greis und Blume*, 1924; Öl auf Leinwand, 97 x 130 cm; New York, Museum of Modern Art
Dem Frühwerk Max Ernsts zu Beginn der organisatorischen Formierung des Surrealismus in Paris liegt ein Kindertraum zugrunde. Die 1924 übermalte erste Fassung kennzeichnete die linke, nun mit einem Affenkopf versehene Gestalt physiognomisch als den Vater des Künstlers. Der ›Affenmensch‹ mit Röhren als Beine und ohne Füße hält in übergroßen Händen eine puppenhaft kleine Aktfigur. Eine Wand trennt ihn von der zentralen, in Rückenansicht wiedergegebenen Frau mit einem Fächer als Kopfschmuck. Die hier malerisch geleistete ›Traumarbeit‹ assoziiert den Ödipus-Komplex; Sigmund Freud hat ihn nach der gleichnamigen Tragödie des Sophokles benannt, deren Verse 981 f. lauten: »So mancher Sterbliche hat auch im Traume schon / geschlafen mit der Mutter.« Zu den internen Veranstaltungen der Gruppe um André Breton, Max Ernst und den Dichter Paul Éluard gehörten Abende, an denen Träume erzählt wurden, um Unterbewusstes und Verdrängtes freizusetzen.

MATERIAL UND TECHNIK

FILM

KINEMATOGRAFIE. Indem der Film eine ›Bewegung‹ (griech. *kinema*) ›zeichnet‹ (griech. *graphein*), insofern reproduziert und konserviert, bündelt das neue Medium Film technische Errungenschaften, die bereits mit der druckgrafischen Vervielfältigung von Bildern begonnen und im 19. Jahrhundert zur Entstehung der Fotografie als ›Licht-Zeichnung‹ geführt haben. Die entscheidenden Schritte von der fotografischen Bildsequenz der Phasen eines Bewegungsablaufs und ihrer Verschmelzung durch ihre Präsentation auf rotierenden Scheiben zum Eindruck einer kontinuierlichen Bewegung bilden die Fixierung der Einzelbilder auf Zelluloid als einer dünnen, transparenten Schicht (engl. *film*) und ihre Projektion durch eine Lichtquelle auf eine Fläche in einer Geschwindigkeit, welche die Nachbildwirkung berücksichtigt; als Norm entwickelt sich die Frequenz von 48 Bildern pro Sekunde. Bei der Frage, in welcher Stadt 1895 die erste Vorführung ›lebender Bilder‹ als Projektion stattgefunden hat, konkurrieren Berlin und Paris: am 1. November mit Max Skladanowskys Bioskop im »Wintergarten« oder am 28. Dezember mit dem Cinématograph der Brüder Auguste und Louis Lumière im »Grand Café« am Boulevard des Capucines.

FILM-KUNST. In der Schriftenreihe *Tribüne für Zeit und Kunst* (1918–22) des Herausgebers Kasimir Edschmid erscheint 1920 die Broschüre *Hätte ich das Kino!* des Schriftstellers Carlo Mierendorff mit der rhetorischen Frage: »Was ist daneben das Buch? Was ist daneben das Theater?« und dem Wunsch: »Das Kino werde eine gewaltige Waffe der Ideen.« Dieses Ziel steuern bereits Militärs und Politiker an: 1917 trägt Erich Ludendorff mit dem Bericht an das Kriegsministerium, der Krieg habe »die überragende Macht des Bildes und Films als Aufklärungs- und Beeinflussungsmittel gezeigt«, zur Gründung der Universum Film AG (UFA) bei; finanziell beteiligt ist die Reichsregierung. Die filmische Dokumentation öffentlicher Auftritte hatte schon Wilhelm II. selbstinszenierend genutzt.
In zwei Jahrzehnten entwickelte sich die Kinematografie von der Jahrmarkt-Belustigung und Varieté-Nummer zu einem Medium, das sich mit Techniken wie der Bildmontage durch Doppelbelichtung und Schnitt (Georges Méliès, ursprünglich Zauberkünstler), durch die Vielfalt der Schauplätze und Perspektiven auf eigene Weise der erzählenden Literatur, der darstellenden Kunst und publizistischen Genres wie der Reportage bedient und zu einem Element der bildkünstlerischen Avantgarde wird.
Ein Pionier des abstrakten Films ist der schwedische Maler Viking Eggeling; in *Diagonale Symphonie* (1919) entwickeln sich aus Linien kristalline Formen. Das konstruktivistische Interesse Hans Richters an der universellen Sprache geometrischer Formen prägt seine Filme *Präludium* (1919), *Rhythmus 21* (1921) und *Fuge 23* (1923).

GEMALTE SZENERIEN

In seiner Rezension des expressionistischen Films *Das Cabinett des Dr. Caligari* (1920, Drehbuch von Carl Mayer, Regie Robert Wiene) schreibt Kurt Tucholsky in *Die Weltwoche*: »Dieser Film spielt – endlich! endlich! – in einer völlig unwirklichen Traumwelt, und hier ist ohne Rest gelöst, was seinerzeit bei der Inszenierung der ›Wupper‹ im Deutschen Theater erstrebt wurde und nicht ganz erreicht werden konnte. (...) Fast jedes Bild ist gelungen: namentlich jene kleine Stadt auf dem Berge (alle Szenerien sind gemalt, nichts spielt vor wirklichen Dingen), ein Platz mit Karussells, merkwürdige Zimmer, entzückend stilisierte Amtsräume, in denen Hoffmannsche Beamte auf spitzen Stühlen sitzen und regieren.«
In Paris entsteht der Begriff *le Caligarisme* als Synonym für das unheimliche, dämonische, ›gotische‹ Deutschland.

Lotte Reiniger, *Die Abenteuer des Prinzen Achmed*, 1923–26, kolorierte Fassung 1968
Ein armer Schneider wird von einem Zauberer, bösen Geistern und Naturgewalten verfolgt und bedroht, bis er dank einer Hexe die geliebte Prinzessin retten kann. Die Berliner Filmkünstlerin Lotte Reiniger gestaltet dieses selbst verfasste fernöstliche Märchen in der Technik des Scherenschnittfilms, die sie seit 1920/21 verwendet (*Der fliegende Koffer*). Scherenschnitte im engeren Sinne sind die Landschaften und Architekturen, während die Figuren wie beim Schattenspiel beweglich sind. Ihre Aktionen setzen sich aus unzähligen Einzelaufnahmen zusammen, den Eindruck von Räumlichkeit erzeugen Veränderungen des Größenmaßstabs. *Die Abenteuer des Prinzen Achmed* gelten mit einer Spieldauer von 71 Minuten als der erste abendfüllende Animations- bzw. Trickfilm, im Unterschied zu den kurzen Zeichentrickfilmen von Walt Disney ab 1922. Zu Lotte Reinigers Mitarbeitern gehört Walther Ruttmann. 1927 dreht er mit versteckter Kamera und ohne Schauspieler den Dokumentarfilm *Berlin. Sinfonie einer Großstadt*. Im selben Jahr beginnt mit The Jazz Singer die Epoche des Tonfilms, der als Feind der filmischen Bildsprache beargwöhnt wird.

»Das Filmkunstwerk muß eine lebende Grafik sein«, fordert Walter Röhrig, der als Bühnenbildner an *Das Cabinett des Dr. Caligari* (1920) beteiligt ist. Die aperspektivisch verzerrten Filmkulissen sind Ausdruck einer Welt unter der Diktatur des geisteskranken Leiters (Werner Krauss) einer Irrenanstalt. Weitere filmische Hauptwerke des deutschen Nachkriegs-Expressionismus sind *Nosferatu – Eine Symphonie des Grauens* (1922) von Friedrich Wilhelm Murnau, nach dem Roman *Dracula* (1897) von Bram Stoker, und *Metropolis* (1926) des ehemaligen Kunststudenten Fritz Lang, dessen Bildsprache nicht grafischer, sondern architektonischer Herkunft ist und Raum für Massenszenen des proletarischen Sklavenheers bietet.
Luis Buñuel provoziert sein Publikum: »Ich will nicht, dass der Film Sie erfreut, er soll Sie beleidigen!« Gemeint ist die Folge schockierender Szenen *Ein andalusischer Hund* (mit Dalí, 1928). Zu den Kombinationen aus einander wesensfremden Realitätsfragmenten gehört die Fesselung eines Mannes, der zu einer Frau vorzudringen sucht, an einen mit Eselkadavern gefüllten Konzertflügel.

STIL

NEUE SACHLICHKEIT

GREIFBARE WIRKLICHKEIT. Nachdem Kasimir Malewitsch die Kunst vom »Ballast der Wirklichkeit« befreit und mit seinem *Schwarzen Quadrat* (1914/15; Moskau, Tretjakow-Galerie) eine »Ikone des 20. Jahrhunderts« geschaffen hat, wendet sich G. F. Hartlaub 1923 an Künstler, »die der positiven greifbaren Wirklichkeit mit einem bekennerischen Zug treu geblieben oder wieder treu geworden sind«. Nach Jahren revolutionärer Bewegungen in Kultur und Gesellschaft verbreitet eine Abwendung vom ›Idealismus‹ utopischer Projektionen. Die Bereitschaft, die Wirklichkeit anzuerkennen (Überwindung der Inflation nach 1923), findet ihre dokumentarische bis sarkastische literarische Spiegelung. Die *Sachliche Romanze* von Erich Kästner beginnt mit den Versen: »Als sie einander acht Jahre kannten / (Und man darf sagen: sie kannten sich gut), / Kam ihre Liebe plötzlich abhanden / Wie andern Leuten ein Stock oder Hut.«

Otto Dix, *Bildnis Sylvia von Harden*, 1926; Mischtechnik auf Holz, 121 x 88 cm; Paris, Musée National d'Art Moderne

Der ›neusachliche‹ Blick, mit dem Otto Dix sein Modell ins Auge fasst, registriert sämtliche Details vom Ring am Mittelfinger bis zum Etikett der Streichholzschachtel. In der Technik der Feinmalerei, die in der altdeutschen und altniederländischen Kunst ihren Höhepunkt hatte, sind sie akribisch wiedergegeben. Die veristische (›wahre‹) Genauigkeit zielt allerdings nicht auf eine ›fotografische‹ Objektivität, sondern leitet sich vom Dadaismus her, dessen Schärfe der Wahrnehmung eine Versachlichung erfährt. Hier handelt es sich um das Porträt einer journalistisch tätigen Frau mit adliger Herkunft, deren Erscheinungsbild ihre Emanzipation signalisiert: Zum kurzen Haarschnitt im Bubikopf-Stil der 20er-Jahre kommt das ›männliche‹ Monokel. Burschikos sitzt Frau von Harden mit übergeschlagenen Beinen rauchend am Tischchen mit Marmorplatte eines Cafés und scheint ins Leere zu blicken. Die feingliedrigen, aber übergroßen Hände haben etwas Spinnenhaftes an sich und könnten den Blick als lauernd wirken lassen. Doch die betont akkurate Bestandsaufnahme enthält sich einer emotionalen Bedeutungsebene und überantwortet Gefühlsregung, sofern es ihrer bedarf, dem Betrachter.

Die bildkünstlerischen Ausdrucksformen dieser von irrationalen Gegenkräften angefeindeten Sachlichkeit besitzen stilistische Gemeinsamkeiten: Die grundsätzlich gegenständliche Darstellungsweise bedient sich einer klaren, mitunter überscharfen Charakterisierung der Motive. Vermieden werden ungewöhnliche perspektivische Konstruktionen des Bildraums und ein sinnlicher Wohlklang der Farbgebung.
Eine Vorliebe gilt dem Stillleben aus mehr oder weniger alltäglichen Gegenständen, die bei Ernst Kanoldt, 1925–31 Akademieprofessor in Breslau, später in Berlin, den Anschein eines beziehungslosen Nebeneinanders in vollkommener ›Stille‹ erzeugen: Sein *Stillleben mit Gitarre* (1926; Stuttgart, Staatsgalerie) zeigt das Instrument ohne Saiten. Porträts in vielfach unterkühlter Präzision bilden in den 20er-Jahren einen Schwerpunkt im Schaffen von Otto Dix, 1927 bis zur Entlassung 1933 Akademieprofessor in Dresden, und Rudolf Schlichter mit Bildnissen Bertolt Brechts, dessen ›Gebrauchslyrik‹ zur Literatur der Neuen Sachlichkeit zählt, und des »rasenden Reporters« Egon Erwin Kisch. Menschen aus der mondänen Sphäre und aus dem Varieté schildern die distanziert wirkenden Porträts von Christian Schad, vergleichbar den weiblichen Bildnissen der in Paris tätigen polnischen Malerin Tamara de Lempicka. Eine plastische Formverfestigung kennzeichnet Fernand Légers gegenständlichen Kubismus und den ›Neoklassizismus‹ Pablo Picassos.
Die europäische Gegenbewegung zum Expressionismus findet eine Entsprechung in den USA. Zu den bedeutendsten ›neusachlichen‹ Malern gehört Grant Wood mit *American Gothic* (1930; Chicago, The Art Institute): ›Gotisch‹ ist die strenge vertikale Komposition des Doppelporträts eines gleichsam vor der Staffelei des Malers erstarrten Farmer-Ehepaars mit einer aufwärts gerichteten Mistgabel in der Hand des Bauern.

MAGISCHER REALISMUS. Der Mitte der 20er-Jahre geprägte Begriff (Franz Roh, *Nachexpressionismus. Magischer Realismus. Probleme der neuesten europäischen Malerei*, 1925) deutet die Dinglichkeit und Statik in der Malerei der Neuen Sachlichkeit als Beschwörung der Substanz von Wirklichkeit. In den Figurenbildern von Georg Schrimpf versachlicht der Blick ins Freie (*Mädchen am Fenster*, 1925; Basel, Kunstmuseum) ein ursprünglich romantisches Motiv (Moritz von Schwind, *Morgenstunde*, 1858; Darmstadt, Hessisches Landesmuseum). Verbindungen bestehen zur Pittura Metafisica (Giorgio de Chirico) und deren publizistischem Organ *Valori Plastici* (›Plastische Werte‹, ab 1918). Die Einbeziehung indianischer Mythen kennzeichnet den Realismus der deutsch-mexikanischen Malerin Frida Kahlo. Sie steht in enger Partnerschaft mit Diego Rivera, der nach seiner Rückkehr aus Europa 1921 zum Mitbegründer einer Monumentalmalerei wird, mit sozialrevolutionären Themen aus der Geschichte Mexikos in einer realistischen, prägnanten und volkstümlichen Bildsprache.

EINE AUSSTELLUNG

1925 veranstaltet die Mannheimer Kunsthalle eine Ausstellung mit dem Titel »Neue Sachlichkeit. Ausschnitte aus der deutschen Malerei nach dem Expressionismus«. Der Kunsthistoriker Gustav Friedrich Hartlaub, von 1923 bis zu seiner Entlassung 1933 Direktor der Kunsthalle, hat kurz nach seinem Amtsantritt in einem Rundschreiben das Programm der geplanten Ausstellung umrissen:
»Es liegt mir daran, repräsentative Werke derjenigen Künstler zu vereinigen, die in den letzten zehn Jahren weder impressionistisch aufgelöst noch expressionistisch abstrakt, weder rein sinnenhaft äußerlich noch rein konstruktiv innerlich gewesen sind.«
Im Zusammenhang mit der Ausstellung erhält die Stilrichtung eine allgemeine Definition:
»Es handelt sich um eine neue Sachlichkeit. Es handelt sich keinesfalls um eine Rückkehr zur Sachlichkeit der vorexpressionistischen Zeit. Es handelt sich um eine Ding-Entdeckung nach der Ich-Krise. Es handelt sich um eine Weltergreifung nach jener wichtigen Wandlung, die das schroff idealistische Zwischenspiel des letzten Jahrzehnts herbeigeführt hat.«

KÜNSTLER

WASSILY KANDINSKY

BIOGRAFIE

1866 Am 4. Dezember wird Wassily Kandinsky in Moskau als Sohn einer großbürgerlichen Familie geboren. Als 14-jähriger beginnt er, mit Ölfarben zu malen

1886–92 Jurastudium in Moskau; nach dem Examen erste Ehe (Scheidung 1911) und Dozentur. Auf einer Moskauer Impressionisten-Ausstellung beeindruckt ihn Claude Monets ›gegenstandsloses‹ Gemälde *Heuhaufen*

1896 Kandinsky lehnt einen Ruf an die Universität Dorpat ab und beginnt in München ein Kunststudium

1901 Gründung der Gruppe »Phalanx« und der »Phalanx-Malschule«; seine Schülerin Gabriele Münter wird Kandinskys Lebensgefährtin (Trennung 1916)

1903–07 Reisen (Italien, Russland, Tunesien, Paris)

1908–14 Kandinsky lebt in München und Murnau; 1909 Gründung der »Neuen Künstlervereinigung«, 1911 Austritt und erste Ausstellung sowie Almanach *Der Blaue Reiter*; nach Kriegsausbruch erzwungene Rückkehr nach Russland

1917–21 Heirat mit Nina von Andrewsky; Mitglied der Abteilung Kunst des Kommissariats für Volksaufklärung, Einrichtung von 22 Provinzmuseen

1922–33 Lehrtätigkeit am »Bauhaus« in Weimar, Dessau und Berlin

1933/34 Emigration nach Frankreich und Niederlassung in Neuilly-sur-Seine

1944 Am 13. Dezember stirbt Kandinsky in Neuilly im Alter von 78 Jahren

JAHRE DER ENTSCHEIDUNG. Mit 30 Jahren verzichtet Wassily Kandinsky auf eine akademische Karriere als Jurist und beginnt in München ein Kunststudium, unter anderem bei Franz von Stuck an der Akademie. Die zwei Jahrzehnte bis zur kulturpolitischen Tätigkeit im Auftrag der Revolutionsregierung in Russland sind eine Zeit unermüdlicher Sammelleidenschaft im Münchner Kunstleben und auf ausgedehnten Reisen. Schrittweise stellen sich Entscheidungen ein, die einer neuen Wesensbestimmung zusteuern. Sie findet ihren theoretischen Ausdruck in der 1910 verfassten, doch erst 1912 – im selben Jahr wie der Almanach *Der Blaue Reiter* – veröffentlichten Programmschrift *Das Geistige in der Kunst*.
Die frühen Quellen, die sich zu einem Strom vereinen, sind Landschaften und erzählende figürliche Kompositionen in den Stilformen des Impressionismus, des Jugendstils und des ›gestischen‹ Expressionismus sowie Erinnerungen an die russische Volkskunst und oberbayerische Votivbilder in Hinterglasmalerei-Technik. In regem Austausch mit Gabriele Münter, Alexej von Jawlensky, Franz Marc, Paul Klee und August Macke entäußern sich Kandinskys Bildgegenstände der Definition durch Farben und Konturen, die eine dem Thema innewohnende, die geistigen und seelischen Kräfte berührende ›Melodie‹ anstimmen. Die fortwährende Entwicklung vom äußeren Eindruck über die experimentelle Auseinandersetzung zum vollendeten Werk kennzeichnet Kandinsky durch die Einteilung seiner Gemälde in »Impressionen«, »Improvisationen« und »Kompositionen«. Nur zehn Bilder finden ab 1910 Aufnahme in die höchste Kategorie (zuletzt die *Komposition X* von 1939; Privatbesitz), von denen sieben erhalten sind. Den Abschluss der Münchner Schaffenszeit, welche die Städtische Galerie im Lenbachhaus dokumentiert, bilden vier gegenstandsfreie, nachträglich nach den vier Jahreszeiten benannte Leinwandbilder als ›Wandbilder‹ für das New Yorker Haus von Edwin R. Campbell (New York, je zwei im Museum of Modern Art und im Solomon R. Guggenheim Museum).

DIE ELEMENTARLEHRE. Bei seiner Rückkehr nach Deutschland bricht Kandinsky zwar die politischen Brücken zur russischen Heimat ab, behält jedoch Anteil an der ›Revolutionskunst‹ des Konstruktivismus. Die geometrische Abstraktion wird ein Bestandteil seiner von ihm selbst als »kühle Periode« bezeichneten Jahre am »Bauhaus«. Zu seiner Lehrtätigkeit gehört die Grundausbildung mit dem obligatorischen Kurs »Analytisches Zeichnen«, der schrittweise zur Abstraktion anleitet und 1925 im »Bauhausbuch« *Punkt und Linie zu Fläche* erscheint. Hinzu kommt Kandinskys »Farbenseminar« über die physikalischen, physiologischen und psychologischen Eigenschaften der Farbe sowie die Form-Farb-Beziehun-

Wassily Kandinsky, *Im Blau*, 1925; Öl auf Karton, 80 x 110 cm; Düsseldorf, Kunstsammlung Nordrhein-Westfalen
Im Unterschied zur Verselbständigung der grafischen Formelemente und konturlosen Farbflächen um 1910–14 bildet in Kandinskys geometrischer Abstraktion der 20er-Jahre die Synthese von Zeichnung und Malerei das vorherrschende Gestaltungsmittel. Hatte Franz Marc Blau »das männliche Prinzip, herb und geistig, Gelb das weibliche Prinzip, sanft, heiter und sinnlich, Rot die Materie, brutal und schwer« genannt (Brief an August Macke, 1910), so ordnet Kandinsky in seiner Formen- und Farbensystematik, teilweise unter Berufung auf Goethes Farbenlehre, die Grundfarben Blau, Gelb, Rot den geometrischen Grundformen Kreis, Dreieck und Quadrat zu, ohne damit eine ›Gebrauchsanweisung‹ zu geben. Vielmehr öffnet diese ›Elementarlehre‹ den Zugang zur Wesenhaftigkeit von Form und Farbe, die eine unbegrenzte Fülle an Metamorphosen erlebt. Das Gemälde *Im Blau* kontrastiert die diagonale, scharf geschnittene schwarze Winkelform und gelbe, spitz auslaufende Sichelformen mit einem roten, von einer Aureole sanft umschlossenen, gewölbten Kreis. Eine Vielzahl sich überschneidender Kleinformen wirken darauf hin, die Gegensätze zu verweben, aus den ›Klängen‹ der Formen und Farben eine ›Komposition‹ zu entwickeln.

gen, während »die soziologischen Zusammenhänge (...) außer dem Kreis der Farbfrage als solcher stehen und deshalb ein spezielles Studium verlangen« (*Farbkurs und Seminar*, 1923). Diese Ausgrenzung weist voraus auf Kontroversen, in denen Kandinsky und Klee den Anspruch auf die freie Entfaltung künstlerischer Kreativität verteidigen. Während Kandinsky in Deutschland als »entartet« verfemt wird, entwickelt er im französischen Exil, das mit weitgehender Isolation verbunden ist, eine Bildsprache biomorpher Formen, die einer bislang verborgenen Fauna und Flora entstammen. Sie veranschaulicht Kandinskys Überzeugung, der Künstler könne und müsse »vom Geheimen durch Geheimes« sprechen.

KÜNSTLER

MAX ERNST

HALLUZINATORISCHE FÄHIGKEITEN. 1926 veröffentlicht Max Ernst in Paris eine *Histoire naturelle* (›Naturgeschichte‹). Wie die *Naturalis historia* des römischen Historikers Plinius d. Ä. aus dem 1. Jahrhundert n. Chr. ist der Inhalt in Gestalt von 34 grafischen Darstellungen enzyklopädisch konzipiert. Im Vorwort fragt der Dichter Paul Éluard: »Hat der Spiegel seine Illusionen verloren, oder hat die Welt sich ihrer Undurchsichtigkeit entledigt?« Ernst folgert: »Indem es sich ihrer Undurchsichtigkeit entledigt, verschmilzt das Universum im Menschen. Sich seiner Blindheit zu entledigen, wird so des Menschen Berufung.« Die 34 Bilder mit Titeln wie *Lichtrad*, *Die Geburt der Turmuhr*, *Der Ausbrecher* sind im Jahr zuvor durch Reiben (frz. *frotter*) mit Bleistift auf Papier entstanden, das die Struktur der jeweiligen Unterlage fixiert. Die Frottage-Technik ist für den Künstler ein Mittel, sich »seiner Blindheit zu entledigen«, indem sie »die halluzinatori-

Max Ernst, *Capricorn*, 1948/64; Gips, 240 x 205 x 130 cm; Berlin, SMPK, Neue Nationalgalerie
Das nach dem Tierkreiszeichen Steinbock benannte Paar entstand 1948 auf der Terrasse des Anwesens in Sedona (Arizona). Max Ernst mauerte es mit Kelle und Spachtel aus Zement, ohne ein vorbereitendes Modell anzufertigen, und integrierte ›Fundstücke‹ (*objets trouvées*): Die Hörner des Mannes sowie der Hals und der Fischleib der Frau sind umkleidete Autofedern, das Zepter setzt sich aus Milchflaschen zusammen. Die in der Literatur verwendete Bezeichnung der Plastik als »enzyklopädisch« betont die Vereinigung von Motiven aus dem malerischen, grafischen und plastischen Werk, wie dem Hörnerträger des Gemäldes *Eine Liebesnacht* (1927, Privatbesitz), einem mythischen Königspaar in einsamer Berglandschaft im Collage-Roman *Une semaine de bonté* (1934) oder der Bronzeplastik *Der König spielt mit seiner Königin* (1944). Als Ernst das Haus in Sedona aufgab, formte er *Capricorn* mit Gips ab und brachte die Teilstücke nach Frankreich. Hier entstand 1964 durch Ausgießen der Negativformen das vollständige Positiv aus Gips, nach dem sechs Bronzegüsse hergestellt wurden. Das Gussmodell schenkte Ernst der Nationalgalerie.

schen Fähigkeiten des Geistes steigert«. Zugrunde liegt die surrealistische Theorie des produktiven Zufalls eines vom Verstand unkontrollierten ›automatischen‹ Schreibens, Zeichnens und Entdeckens. Ernst setzt das Verfahren zu einer Bemerkung von Leonardo da Vinci im *Traktat über die Malerei* in Beziehung, die von Klecksen an der Wand, Kohlen auf dem Rost, Wolken und fließendem Wasser handelt und den Rat gibt: »Wenn Du sie sorgsam betrachtest, wirst Du einige wunderbare Erfindungen machen« (Max Ernst, *Beyond Painting*, 1948).
Frottage und Grattage (frz. *gratter* ›kratzen‹), bei der Strukturen durch Kratzen auf der bemalten Leinwand sichtbar werden, sind zwei Techniken aus dem künstlerischen Laboratorium, in dem das »Gesetz des Zufalls« regiert, um den »Sinn des Un-Sinns« zu entdecken. Max Ernst bearbeitet den Abdruck, den Gegenstände auf Gips hinterlassen, die Spuren farbiger Schnüre oder über dem Malgrund pendelnde tropfende Farbbehälter (Dripping). Aus der dadaistischen Collage entwickelt er den Collage-Roman: Bildzyklen aus verfremdeten Illustrationen des 19. Jahrhunderts, deren Personen beispielsweise mit Tierköpfen versehen werden, wobei die Schnittstellen verborgen bleiben (*Les malheurs des immortels*, mit Paul Éluard, 1922).

LEITMOTIVE. Das verabsolutierte »Gesetz des Zufalls« gehört zum Repertoire surrealistischer Maskerade. Es besitzt als Korrektiv die Intuition, welche den Grenzbereich zwischen Innenwelt und Außenwelt durchleuchtet und deren Wechselwirkung in den Verwandlungen bestimmter Motive zum Ausdruck bringt.
Zu den frühesten Figuren gehören der Vogel und das vogelartige Mischwesen. Der Symbolgehalt des Vogels als Verkörperung der menschlichen Seele reicht wohl zurück bis in die prähistorische Bildersprache und verästelt sich in seiner Geschichte in geistige und sinnliche Bereiche, etwa als Geisttaube und als Taubenpaar der Venus. Diese Doppelbedeutung ist der Schlüssel zu der Vogel-Welt von Max Ernst, dessen Alter Ego mit dem Namen Loplop zumeist einen Vogelkopf trägt. Mit dem Leitmotiv des gefangenen oder freien Vogels berühren sich die vielgestaltigen Luftwesen der Chimären, Hausengel, Windsbräute und Wilden Horden. *Die Rückkehr der Schönen Gärtnerin* (1967; Houston, Sammlung De Moll) ist eine Neufassung der *Schönen Gärtnerin* (verschollen) mit dem erotischen Vogel-Symbol. Das Bild wurde 1937 in der Wanderausstellung »Entartete Kunst« als »Beschimpfung des deutschen Weibes« diffamiert.
Ein zweiter Motivbereich umfasst die Assoziationen ›Wald, Stadt, Gestirn‹. Seit 1928 entstehen die *Grätenwälder*, starr und abgestorben (*Der große Wald*; Basel, Kunstmuseum), seit Mitte der 30er-Jahre erfindet Ernst gefräßige Dschungel-Vegetation, mit überwucherten Figuren wie der *Nymphe Echo* (1936; New York, Museum of Modern Art) oder als Schauplatz der *Versuchung des hl. Antonius* (1945; Duisburg, Wilhelm Lehmbruck-Museum).

BIOGRAFIE

1891 Am 2. April wird Max Ernst in Brühl bei Köln geboren. Sein Vater ist Lehrer und Freizeit-Maler

1910 Beginn eines Studiums der Philologie, Philosophie und Kunstgeschichte in Bonn; Autodidaktische Ausbildung als Maler, Verbindung zu den »Rheinischen Expressionisten« (August Macke) und 1913 Teilnahme am »Ersten Deutschen Herbstsalon« in Berlin

1914–18 Kriegsdienst

1919/20 Mitglied der Kölner Dada-Gruppe, Teilnahme an der Berliner Dada-Messe

1921 Ernst, der Freundschaft mit dem Dichter Paul Éluard geschlossen hat, kommt nach Paris und wird Mitglied der Surrealisten-Gruppe um André Breton, von der er sich 1938 trennt

1938 In Saint-Martin d'Ardèche bei Avignon widmet sich Ernst verstärkt plastischen Arbeiten

1939–41 Internierung als »feindlicher Ausländer«

1941 Flucht nach Spanien und Emigration in die USA; in New York Verbindung in dritter Ehe mit der Kunstsammlerin Peggy Guggenheim, 1942 Arrangement einer Ausstellung durch Marcel Duchamp (Schnüre verspannen den Raum)

1946 Heirat mit der Malerin Dorothea Tanning und Niederlassung in Sedona (Arizona)

1953 Rückkehr nach Frankreich; auf der 27. Biennale in Venedig erhält Ernst 1954 den Großen Preis für Malerei (Hans Arp für Plastik, Joan Miró für Grafik); Retrospektiven 1961 in New York, Chicago und London, 1962/63 in Köln und Zürich

1976 Max Ernst stirbt in Paris am 1. April in der Nacht zu seinem 85. Geburtstag

KÜNSTLER

PABLO PICASSO

SCHULE DES SEHENS. Es gehört zum Wesen der bildenden Kunst, Sehgewohnheiten zu ändern, indem sie ein neues Sehen, buchstäblich neue ›Ansichten‹ ins Leben ruft. Ein wesentlicher Teil von Picassos Lebenswerk, mit allein zehntausend Gemälden, das er in achtzig Jahren geschaffen hat, steht im Zeichen des Kampfes gegen Konventionen des Sehens und Verstehens. Im Kern bezieht es sich auf die Bildlichkeit der menschlichen Existenz.

Die Werke, die bis zur Jahrhundertwende entstehen und deren repräsentative Sammlung das 1970 eröffnete Museu Picasso in Barcelona präsentiert, bilden ein Kaleidoskop aus akademischen und kunsthistorischen Studien (nach El Greco und Velázquez) sowie aus Arbeiten im Linien- und Flächenstil von Paul Gauguin und Henri Toulouse-Lautrec. Mit dem schwermütigen Symbolismus Edvard Munchs, der ab 1885 regelmäßig Paris besucht, besteht in den Jahren wechselnder Aufenthalte in Barcelona und Paris eine enge thematische Verwandtschaft (*Das Leben*, 1903; Cleveland, Museum of Art). Nachdem sich Picasso 1904 in Paris niedergelassen hat und auf dem Montmartre mit seiner Lebensgefährtin Fernande Olivier zu einer Gruppe von Bohemiens gehört, folgt der Blauen, nach der vorherrschenden Farbgebung benannten Werkgruppe, die Rosa Periode (*Die Gaukler*, 1905; Washington, National Gallery of Art).

Die epochale Zäsur des Kubismus bereitet sich schrittweise in bestimmten Arbeiten Picassos vor: Beim Bildnis der seit 1903 in Paris lebenden amerikanischen Schriftstellerin *Gertrude Stein* (1905/06; New York, Metropolitan Museum of Art) münden rund 80 Sitzungen in eine aperspektivische Komposition geometrisch vereinfachter Formen; die fünf weiblichen Aktfiguren *Les Demoiselles d'Avignon* (1906/07; New York, Museum of Modern Art) profitieren vom Studium afrikanischer Skulpturen und verstehen sich als die unmittelbare Vorstufe der kubistischen Zergliederung der Bildgegenstände. Diese lösen sich bei Picasso und Georges Braque aus der Bild-Abbild-Beziehung. Figur, Landschaft und Stillleben verbildlichen nicht Naturgesetze, sondern entstehen nach bildnerischen Gesetzen, die Paul Cézanne als »parallel zur Natur« verstanden hat. Das Bild und die Skulptur als eigengesetzliche Organismen öffnen sich in den kubistischen Techniken der Collage und Assemblage realer Materialien.

DIE IDEE DES GENIES. Während der Kubismus die bildende Kunst revolutioniert, scheint Picasso 1914 eine Konterrevolution einzuleiten, indem er sich einer Zeichenkunst widmet, die er selbst mit dem Stil des Klassizisten Ingres vergleicht, und in der Malerei eine rundplastisch wirkende Körperlichkeit verwendet (*Laufende Frauen am Strand*, 1922; Paris, Musée Picasso). In Wirklichkeit ist der Neoklassizismus eine der zahlreichen Me-

BIOGRAFIE

1881 Am 25. Oktober wird Pablo Ruiz y Picasso in Málaga geboren. Künstlerische Ausbildung durch den Vater Don José Ruiz und an den Akademien in Barcelona und Madrid

1904 Nach jährlichen Besuchen ab 1900 lässt sich Pablo, der inzwischen mit dem Familiennamen der Mutter signiert, in Paris nieder. Der Blauen und der Rosa Periode, dem Analytischen und dem Synthetischen Kubismus folgt ab 1914 Picassos Neoklassizismus

1918 Heirat mit der russischen Tänzerin Olga Koklova (gest. 1955), Sohn Paolo

1925 Verbindung zur Gruppe der Surrealisten

1931 Bildhaueratelier im Schloss Boisgeloup

1937 *Guernica* auf der Pariser Weltausstellung

1944 Beitritt zur französischen Kommunistischen Partei

1946–53 Lebensgemeinschaft mit der Malerin Françoise Gilot, Sohn Claude und Tochter Paloma

1947 Keramische Arbeiten in Vallauris, *Der Krieg* und *Der Frieden* im »Friedenstempel« von Vallauris (eröffnet 1954)

1958 Heirat mit Jacqueline Roque

1961 Niederlassung in Mougins bei Cannes

1973 Picasso stirbt in Mougins am 8. April im Alter von 91 Jahren; Beisetzung im Park seines Schlosses Vauvenargues bei Aix-en-Provence

Pablo Picasso, *Stillleben mit Ochsenschädel*, 1942; Öl auf Leinwand, 130 x 97 cm; Düsseldorf, Kunstsammlung Nordrhein-Westfalen
Die Komposition kontrastiert die symmetrisch durch das Fensterkreuz in vier Teile gegliederte Fläche des Hintergrundes mit der räumlichen Wirkung des in Dreiviertelansicht wiedergegebenen Tierschädels, der sich bleich vor den dunklen Fensterscheiben abhebt. Das Fenster, das gewöhnlich Innen- und Außenraum verbindet, ist im wörtlichen wie im übertragenen Sinne verdunkelt und schließt den Innenraum hermetisch ab. Es verstärkt auf diese Weise die Wirkung des einem Totenkopf vergleichbaren Tierschädels als Vanitas-Symbol.
Picasso malte das Bild im Frühjahr 1942 unmittelbar nach dem Tod seines Freundes, des ebenfalls in Paris tätigen spanischen Bildhauers Julio González, bei dem er die Technik der Eisenplastik erlernt hat. Insofern geben die Symbole (Fenster-)Kreuz und Schädel dem Stillleben den Charakter eines Requiems, einer Totenklage. Zugleich reflektiert es jene ›Verdunkelung‹, die Paris zur Zeit der deutschen Besetzung erfuhr: Klage verbindet sich mit Anklage.

tamorphosen der Stilelemente Picassos, die 1928 in den Entwürfen zum *Denkmal für Apollinaire* bis zur scheinbar gegenstandsfreien Konstruktion aus Eisendraht führen. Endgültig überschritten wird diese Grenze jedoch von Picasso nie. Die 58 Variationen zu *Las Meninas* von Velázquez (1952; Barcelona, Museu Picasso) lassen sich unter anderem als Bekenntnis zu Spanien als künstlerische Heimat betrachten.
Die mit der Kunst der Moderne in das allgemeine Bewusstsein vorgedrungene Einsicht in den Vorrang des Wie gegenüber dem Was wird durch Picasso um die Frage nach dem Wer ergänzt, ja überlagert: Der Name Picasso ersetzt jeden der unzureichenden Stilbegriffe und verleiht der Idee des Genies einen neuen Anhaltspunkt. Als es 1955 dem Regisseur Henri Clouzot mit Hilfe eines transparenten Materials, auf dem Picasso arbeitet, gelingt, die Entstehung von Bildern festzuhalten, erhält der Film (s/w und Farbe, 35 mm, 78 Minuten) den Titel *Le mystère Picasso*.

WIRKUNGSGESCHICHTE

GUERNICA

KUNST UND POLITIK. Pablo Picassos Monumentalgemälde im Pavillon der Republik Spanien steht 1937 in einem eindeutigen politischen Zusammenhang. Es protestiert als Aufschrei gegen die Kriegsverbrechen der spanischen Falangisten, die von den italienischen Faschisten und vom deutschen NS-Regime unterstützt werden. 1600 Bewohner von Guernica, die beim Luftangriff am 26. April durch Bordwaffen und Brandbomben ohne einen unmittelbaren militärischen Zusammenhang ermordet werden, sind die Opfer einer Kriegsführung, die sich zum ersten Mal mit den Waffen der modernen Kriegstechnik gegen die Zivilbevölkerung richtet. Picassos politische Haltung unterstreichen zwei jeweils neunteilige Radierungen, die unter dem Titel *Traum und Lüge Francos* publiziert werden und deren Erlös den Republikanern zukommt.

Aus dem Jahr 1945 sind die Bemerkungen Picassos überliefert, der Stier aus der Stierkampf-Ikonografie stehe in *Guernica* »für Brutalität, das Pferd für das Volk« und das Gemälde bilde »etwas bewusst Propagandistisches«. Insofern bestärkt Picasso den von *Guernica* ausgehenden, in der Tat nachhaltigen Ansporn zu gezielter politischer Wirkungsabsicht in der gegenständlich-modernen Kunst, beispielsweise bei David Siqueiros in Mexiko, bei Renato Guttuso oder dem Kubaner Wilfredo Lam, der im Bürgerkrieg auf republikanischer Seite kämpfte. In diesem Zusammenhang steht auch die Diskussion um das politische Engagement nach 1953 in der DDR, an der Willi Sitte mit formalen und thematischen Picasso-Adaptionen beteiligt ist.

OPFER OHNE TÄTER? Angefeindet wird *Guernica* 1937 und in den folgenden Jahren von den Parteigängern Francos, der den Besitz von Reproduktionen mit Gefängnis ahnden lässt, aber auch von kommunistischer Seite: Das Bild soll aus dem Pavillon entfernt werden, da es dem »gesunden Menschenverstand« des Proletariats unverständlich sei. Die kritische, zumindest distanzierte Position in der Wirkungsgeschichte konzentriert sich schließlich auf die Unterstellung, Picasso bleibe, indem er auf die Identifizierung der Täter verzichte, unverbindlich. Wie eine Entgegnung darauf erscheint Picassos Gemälde *Mas-*

1931 Spanien wird Republik

1934 Eine Regierung aus Monarchisten macht Reformen rückgängig

1936 Volksfront-Regierung und Beginn des Bürgerkriegs durch eine Militärrevolte unter General Franco

1937 Picasso ist zur Beteiligung am Pavillon der Spanischen Republik auf der Pariser Weltausstellung bereit. Am 26. April zerstört die deutsche »Legion Condor« im Auftrag Francos die baskische Stadt Guernica; am 1. Mai entstehen Picassos erste Skizzen zu *Guernica*

1938 Nach einem letzten Sieg am Ebro befinden sich die republikanischen Truppen in der Defensive. *Guernica* wird nach der Weltausstellung in Oslo, London, Leeds und Liverpool als Appell gegen den Faschismus ausgestellt

1939 Nach der Eroberung von Madrid errichtet Franco die Diktatur. Das Museum of Modern Art in New York erhält *Guernica* als Leihgabe

1970 Rund 300 Künstler und Schriftsteller demonstrieren vor *Guernica* gegen den Krieg der USA in Vietnam

1973 Picasso stirbt. Eine testamentarische Verfügung gestattet eine Ausstellung von *Guernica* in Spanien erst nach dem Ende des Franco-Regimes

1975 Franco stirbt, König Juan Carlos I. leitet die Demokratisierung ein

1981 *Guernica* gelangt nach Madrid in den Prado und erhält dort einen eigenen Pavillon

saker in Korea (1951; Paris, Musée Picasso), eine Erschießungsszene in der Tradition Goyas.
Jenen Einwand bestärkt die jüngste Erörterung des italienischen Kulturhistorikers Carlo Ginzburg: *Guernica* ist »ein im Kern antifaschistisches Bild, in dem der faschistische Feind nicht vorkommt, an seiner Stelle aber eine Gemeinschaft von Menschen und Tieren, die durch Tragik und Tod zusammengehalten wird« (*Das Schwert und die Glühbirne. Eine neue Lesart von Picassos Guernica*, 1999). Ginzburg mutmaßt eine Affinität Picassos zur »ambivalenten Kritik an den Grenzen des Antifaschismus«, wie sie der zeitweise (wie Picasso) dem Surrealismus nahestehende Schriftsteller Georges Bataille um 1937 vertritt.

Pablo Picasso, *Guernica*, 1973; Öl auf Leinwand, 349,3 x 776,6 cm; Madrid, Prado, Cason del Buen Retiro
Neben Gesamt- und Einzelstudien bietet die fotografische Dokumentation durch Picassos Lebensgefährtin Dora Maar Einblick in die Entwicklung des Gemäldes in acht Stadien vom 11. Mai bis zum 4. Juni 1973. Zu den Konstanten gehören die Dreieckskomposition mit der Kerzenflamme als Spitze und die Gliederung in eine mittlere und zwei seitliche Gruppierungen. Während diese an die Komposition eines (Altar-) Triptychons erinnert, weckt das stumpfwinklige Dreieck die Assoziation eines (antiken) Giebelreliefs.
Eine entscheidende Veränderung betraf die Position des zunächst flächenparallel am Boden hingestreckten ›Kriegers‹, dessen Füße die linke Spitze des Dreiecks bildeten. In der ersten Fassung reckt sich der rechte Arm senkrecht empor, in der zweiten Fassung wird die geballte Faust von einer runden ›Sonne‹ umgeben, aus der sich das ovale (göttliche?) ›Auge‹ mit einer Glühbirne entwickelt.
Sollte die Geste, die an die *Freiheitsstatue* in New York erinnert, Hoffnung wecken? Diese Funktion übernahm im Spanischen Pavillon Paul Éluards Gedicht *Der Sieg von Guernica*. 1950 verband der Regisseur Alain Resnais diesen Text gleichsam als Kontrapunkt zur Montage aus Motiven des Gemäldes in seinem Kurzfilm *Guernica* (s/w, 16 mm, 13 min).

Ginzburgs biografisches Puzzle entspricht einer Tendenz in der umfangreichen *Guernica*-Literatur, Picassos Motive und Gestaltungsmittel, wie die Technik der Grisaille-Malerei, und Motive wie Pferd, Stier, Kerze, Sonne, Totenklage (Mutter und Kind) auf dessen persönliche Entwicklung zurückzuführen. Das Resultat besteht mitunter in der These, das Entsetzen über das Kriegsverbrechen habe Picasso lediglich als Vorwand gedient, aus dem Repertoire seiner ›privaten Mythologie‹ zu schöpfen.
Im inhaltlichen und methodischen Streit der ›Fallstudien‹ erläutert der Kunstwissenschaftler Max Imdahl (*Picassos Guernica*, 1985) in einer »interpretierenden Beschreibung« die Werkgestalt als Synthese aus kubistischer, die Konturen auflösender Mehransichtigkeit und neoklassizistischer, die Konturen betonender Einansichtigkeit, aus kubistischer, gemalter ›Collage‹ (mit der Imitation von Zeitungspapier am Pferd) und der klassischen Einheit von Ort, Zeit und Handlung. Diese Synthese legitimiert die expressive Gegenständlichkeit. Aus dieser Sicht verkörpert die Lichtbringerin auf einer unter mehreren Bedeutungsebenen die Erhellung der Wirklichkeit im Licht der Kunst.

Plakat zur Präsentation der im Juli 1937 in München eröffneten Wanderausstellung Ende des Jahres in Hamburg
Die Illustration bezieht sich auf die Skulptur *Der neue Mensch* (1912) des Malers und Bildhauers Otto Freundlich. Nach einem Studium der Kunstgeschichte und Malerei gehörte Freundlich 1906/07 zu den Schülern von Lovis Corinth, 1908 zum Kreis der Avantgarde auf dem Montmartre und unterhielt 1914 im Turm der Kathedrale von Chartres eine Werkstatt für Glasmalerei. In Berlin gehörte er 1918 zu den Mitbegründern des »Arbeitsrates für Kunst« und der »Novembergruppe«, eine Berufung an das Bauhaus in Weimar lehnte er ab. 1924 ließ sich Freundlich in Paris nieder und zählte hier mit Piet Mondrian und Serge Poliakoff zu den bedeutendsten Vertretern der gegenstandsfreien Kunst in Form von Gemälden, Mosaiken, Farbfenstern, Teppichentwürfen und Plastiken (*Sculpture architecturale*, 1934; Bielefeld, Kunsthalle). 1939 nach Kriegsbeginn interniert, wurde Otto Freundlich 1943 verhaftet und im selben Jahr im KZ Maidanek ermordet.

KUNSTBETRIEB

VERFOLGUNG UND VERNICHTUNG

DEUTSCHER BILDERSTURM. Der Bücherverbrennung in Berlin 1933 entspricht 1939 die Verbrennung von etwa 5000 Kunstwerken im Hof der Berliner Hauptfeuerwache. Dazwischen liegt die zum beispiellosen Bildersturm anwachsende »Säuberung« der Kunst in Deutschland von aller »Entartung«. Der Begriff entstammt der tief verwurzelten Unterscheidung zwischen »gesund« und »krank« in der Psyche und Konstitution des Individuums wie der Gesellschaft. Die NS-Ideologie schürt den Hass gegen die »krankhaften Auswüchse irrsinniger und verkommener Menschen, die wir unter dem Sammelbegriff des Kubismus und Dadaismus seit der Jahrhundertwende kennenlernten« (Adolf Hitler, *Mein Kampf*, 1925).
Wo immer die Nationalsozialisten vor 1933 Einfluss auf die Politik gewinnen, beginnt die Zerstörung: 1930 lässt in Thüringen der Direktor der Vereinigten Kunstlehranstalten von Weimar die Fresken Oskar Schlemmers aus der Bauhaus-Zeit übertünchen. Mit der Entlassung von Museumsdirektoren, Kunstwissenschaftlern und an den Akademien lehrenden Künstlern wie Otto Dix in Dresden und Paul Klee in Düsseldorf beginnt 1933 die Agitation durch »Schreckenskammern« wie »Regierungskunst 1918–33 in Karlsruhe«, »Kulturbolschewismus in Mannheim« und »Spiegelbilder des Zerfalls in der Kunst« (Dresden 1933), die 1936 in München auf imitierten konstruktivistischen Plakaten bereits als »Entartete Kunst« betitelt und in ›undeutscher‹ Kleinschreibung als »›kulturdokumente‹ des bolschewismus und jüdischer zersetzungsarbeit« denunziert werden.
Am 18. Juli 1937 wird in München mit der »Großen Deutschen Kunstausstellung« das *Haus der Deutschen Kunst* eingeweiht; im Oktober 1933 hat Hitler den Grundstein für den neoklassizistischen Bau mit Kolonnade entlang der Straßenfront gelegt (Architekt Paul Ludwig Troost). Am folgenden Tag beginnt die Wanderausstellung »Entartete ›Kunst‹« auf der Grundlage einer nun hemmungslosen Plünderung, nachdem die kritischen Beobachter aus dem Ausland durch die Olympischen Spiele von 1936 beruhigt zu sein scheinen. Allerdings hat bereits 1933 Alfred Rosenbergs »Kampfbund der deutschen Kultur« (seit 1929) von der neuen Regierung gefordert, dass »aus den deutschen Museen und Sammlungen alle Erzeugnisse mit weltbürgerlichen und bolschewistischen Vorzeichen entfernt werden. Man kann sie vorher in einer Häufung der Öffentlichkeit vorführen, kann diese mit den dafür aufgewandten Summen, den Namen der dafür verantwortlichen Galeriebeamten und Kultusminister bekannt machen – worauf die Werke der Unkunst nur noch einen Nutzen haben können: nämlich als Heizmaterial öffentliche Gebäude zu erwärmen«.

Lovis Corinth, *Ecce Homo*, 1925; Öl auf Leinwand, 190,5 x 150 cm; Basel, Kunstmuseum
Aus Lovis Corinths Todesjahr stammt die Darstellung des gemarterten, dem Volk vorgeführten Jesus nach dem Passionsbericht des Johannes: Jesus trug die Dornenkrone und den purpurroten Mantel. Pilatus sagte zu ihnen: ›Seht, das ist der Mensch‹ (lat. *ecce homo*; Joh. 19,5). Ludwig Justi, bis zur Entlassung 1933 Direktor der Berliner Nationalgalerie, erwarb *Ecce Homo* für die Sammlung der Kunst des 20. Jahrhunderts im ehemaligen Kronprinzenpalais Unter den Linden. Aus diesem Museum wurden 1937 mehr als 500 Gemälde, Skulpturen und Zeichnungen für die Ausstellung »Entartete Kunst« beschlagnahmt. Die Auswahl traf der Leiter der Reichskammer der bildenden Künste, Adolf Ziegler. Corinth diente ihm als Beispiel für den »Drang [der Museumsleiter], nur Krankes und Entartetes zu zeigen«; Corinth, der ab 1895 zu den erfolgreichsten Malern und Grafikern in Deutschland gehörte und der Max Liebermann in der Leitung der Berliner »Sezession« gefolgt war, fand laut Zieglers perfider Behauptung »plötzlich ihr Interesse, als dieser Künstler nach seinem zweiten Schlaganfall nur noch krankhafte und unverständliche Schmierereien hervorbrachte«. 1939 erwarb Georg Schmidt, 1939–62 Direktor des Kunstmuseums Basel, *Ecce Homo* aus dem ehemaligen Besitz deutscher Museen, den Goebbels' »Ministerium für Volksaufklärung und Propaganda« direkt – ohne das Auktionshaus Fischer in Luzern – verkaufte. Auf diesem Weg erhielt das Kunstmuseum 13 Werke von Barlach, Beckmann, Corinth, Derain, Kokoschka, Marc, Modersohn-Becker, Nolde, Schlemmer und Schrimpf; in Luzern ersteigerte Schmidt sieben Werke von Chagall, Corinth, Derain, Dix, Klee, Marc und Modersohn-Becker.

VERFEMUNG UND AUSVERKAUF. Diffamiert werden in der Ausstellung beispielsweise von Emil Nolde als »Verniggerung der bildenden Kunst« das *Bildnis einer Mulattin* (1913; Halle, Städtisches Museum, heute Cambridge, Mass., Busch-Reisinger Museum) und als »Hexenspuk« das 1912 von kirchlichen Ausstellungs-Verboten gebrandmarkte neunteilige Polyptychon *Leben Jesu* (Essen, Museum Folkwang, heute Seebüll, Stiftung Nolde).
Unmittelbar vor Kriegsbeginn versetzen Absichten, die noch in Verwahrung gehaltenen, 1938 per Gesetz zum Staatseigentum erklärten Werke an das Ausland zu verkaufen, den europäischen Kunsthandel vor eine schwerwiegende Entscheidung. Während Organisationen der Emigranten zum Boykott gegen eine Versorgung des NS-Staats mit Devisen aufrufen, gewinnt der Gedanke einer Rettung in letzter Minute die Oberhand, zumal günstige Konditionen erwartet werden. In der Tat ersteigert beispielsweise das Kunstmuseum Basel am 30. Juni 1939 in Luzern Marc Chagalls *Rabbiner* aus der Mannheimer Kunsthalle für weniger als die Hälfte des Schätzpreises von 3400 Franken.

GESTALTUNGSMITTEL

GESTIK

ACTION PAINTING / ART INFORMEL

Die Entstehung der beiden Ausprägungen des Abstrakten Expressionismus als Stilrichtungen der Nachkriegszeit sind eng mit zwei bereits in den 1950er-Jahren gestorbenen Künstlern verbunden.

Jackson Pollock, geb. 1912 im US-Bundesstaat Wyoming, studierte Malerei in Los Angeles und New York. In den 30er-Jahren lernte er die zeitweise in den USA tätige mexikanischen Freskomaler Orozco und Siqueiros kennen und beschäftigte sich mit Indianerkunst. 1942 wandte sich Pollock der Abstraktion zu, ab 1943 förderte ihn die Kunstsammlerin und Galeristin Peggy Guggenheim, die 1947 von New York nach Venedig übersiedelte; sie machte ihn in Europa als Begründer des Action Painting (ab 1948) bekannt. Pollock starb 1956 an den Folgen eines Autounfalls.

Wols war ab 1937 das Pseudonym des Fotografen Alfred Otto Wolfgang Schulze, geb. 1913 in Berlin. Ab 1932 lebte er vorwiegend in Paris und war 1939/40 interniert. Die autodidaktische Ausbildung als Maler stand um 1933 unter dem Einfluss von Paul Klee, dann des Surrealismus. Eine Pariser Ausstellung von Zeichnungen und Aquarellen macht Jean-Paul Sartre auf Wols aufmerksam, 40 Ölbilder, die 1947 gezeigt wurden, gaben Anlass zum Stilbegriff Tachismus (frz. *la tache* ›der Fleck‹); er deckte sich mit den Begriffen *art autre* (›andere Kunst‹) und *art informel* (›Kunst ohne Form‹). Wols starb 1951 in Paris.

ABSTRAKTER EXPRESSIONISMUS. Die Sammelbezeichnung für verwandte Erscheinungen in der US-amerikanischen und westeuropäischen Avantgarde der 1950er-Jahre erweckt den Anschein einer Synthese aus zwei Strömungen der Klassischen Moderne: aus dem gegenständlichen Expressionismus und der gegenstandsfreien Abstraktion. Der ab 1952 in der Kunstkritik verwendete Begriff *Action Painting* enthält einerseits das noch weitaus allgemeinere Verständnis der Malerei als ein (handwerkliches) Handeln. Andererseits präzisiert er den Vorrang der gestischen Handhabung der Handwerkszeuge und Materialien als Gestaltungsmittel, im Unterschied beispielsweise zum Vorrang kompositorischer Gestaltungsmittel in der geometrischen Abstraktion.
Der Ursprung der deutlich sichtbaren Pinselführung als wesentliches Element der Bildgestalt, der Bild-Wirklichkeit liegt in der Ausdruckskunst Vincent van Goghs, der Ausgangspunkt einer Deutung des Gestischen als Psychogramm in der Van-Gogh-Interpretation um 1900. Hieran schloss sich der tiefenpsychologisch angeregte Automatismus des Surrealismus an. Eine weitere Wurzel der gestischen Malerei ist die ostasiatische Kalligrafie. Aus diesen Voraussetzungen entwickelt sich die abstrakt-expressive gestische Malerei als radikale Abkehr von der Malerei als Mittel zum Zweck. Stattdessen entwickelt sich aus der Eigendynamik des Farbmaterials, das auf den Bildträger getröpfelt, gegossen, geschleudert wird, der Anreiz, in das ›Eigenhandeln‹ des Materials einzugreifen, sich mitreißen zu lassen, verborgene Energien freizusetzen. Augenzeugen solcher Malaktionen von Jackson Pollock ab 1948 beschreiben sie als physischen Zweikampf zwischen Maler und Material; es war »eine flammende Explosion, wenn die Farbe auf die Leinwand schlug«, gefolgt von der »Pein in Pollocks Augen, bevor er wusste, wo die nächste Entscheidung, die nächste Farbspur fallen sollte«.

INFORMELLE KUNST. Kongresse wie das »Informel-Symposion« 1982 in Saarbrücken mit Gerhard Hoehme, Karl Otto Götz, Bernard Schultze und K. R. H. Sonderborg, Ausstellungen wie »Kunst des Informel – Malerei und Skulptur nach 1952« in Dortmund, Emden und Linz 1997 oder »Brennpunkt Informel – Quellen, Strömungen, Reaktionen« 1998/99 in Heidelberg widmeten sich einer Ausprägung der gestischen Malerei, die einerseits einen Abschnitt im Kapitel »Kunst der Nachkriegszeit« bildet, andererseits als eine Grundströmung der vergangenen 50 Jahre zu betrachten ist, mit der sich das Dortmunder »Forschungsprojekt Informelle Kunst« befasst.
Dieser ›Abschnitt‹ ist unter der Perspektive bestimmter Stilprägungen durch den Vorrang der malerischen Spontaneität in der gegenstandsfreien Kunst ein Pendant zum französischen *Art informel*: »Vierzig Meisterwerke, jedes

zerschmetternder, aufwühlender, blutiger als das andere«, erinnert sich Georges Mathieu an die Wols-Ausstellung 1947. »Nach Wols war alles neu zu machen.« Der Eindruck »blutiger« Bilder erwächst aus einem vielfach in Rinnsalen erstarrten, verkrusteten Farbverlauf und in übertragenem Sinne aus der Assoziation der Entäußerung eines verwundeten Seelenkörpers. Mathieu knüpft sowohl an Wols als auch an den surrealistischen Automatismus an und spezialisiert sich auf lineare, sekundenschnell ausgeführte Zeichen als Signaturen eines Malaktes im Unterschied zu Pollocks malerischen Aktionen.

Jackson Pollock, *Aus dem Gewebe heraus: Nr. 7*, 1949; Öl und Lackfarbe auf Masonit, 121,5 x 244 cm; Stuttgart, Staatsgalerie
Das Gemälde aus den Anfängen des Action Painting ist das Resultat einer Interaktion zwischen dem in Dripping (von Max Ernst erfundene Tropftechnik) aufgetragenen Farbmaterial und dem Maler.

Während der Art informel in Paris als bildkünstlerische Entsprechung zur Existenzphilosophie eines Jean-Paul Sartre und Albert Camus erlebt wird, stößt das deutsche Informel mit Ausgangspunkt im Rheinland auf Unverständnis. Als ›formlose‹ Malerei erscheint sie als ihrerseits willkürliche Reaktion auf das Formdiktat der NS-Willkür, als destruktiv im eklatanten Widerspruch zum ›Wiederaufbau‹. Tatsächlich entzieht sich die Informelle Kunst ihrem Wesen nach der Etablierung als definitiver ›Stil‹, nachdem 1952 der Versuch unternommen worden war, die Mitglieder der Gruppe »Quadriga« (Götz, Schultze, Otto Greis und Heinz Kreuz) bei ihrer ersten Ausstellung in der Frankfurter Zimmer-Galerie Franck als »Neuexpressionisten« zu etikettieren und gleichsam ein Heimatrecht in der zeitweise unterdrückten deutschen Kunst der Moderne zu verleihen. Stattdessen förderte der Kunstmarkt Gewinn bringend die Wiedergutmachung an ›Altexpressionisten‹ wie Ernst Ludwig Kirchner, der sich 1938 angesichts der immer näher rückenden Barbarei des Großdeutschen Reichs (mit Österreich) in Davos das Leben genommen hatte.
Um 1970 rehabilitieren die »Neuen Wilden« die figurative Malerei, mit dem Vorrang des malerischen Gestus durch kopfüber stehende Motive bei Georg Baselitz.

Über seine Arbeitsweise berichtet Pollock in *My Painting* (*Possibilities I*, 1947/48): »Meine Malerei stammt nicht von der Staffelei. Selten spanne ich die Leinwand auf. Ich befestige sie lieber an der harten Wand oder auf dem Boden. (…) Auf dem Boden fühle ich mich wohler: Ich fühle mich dem Bild näher, mehr als ein Teil davon, denn so kann ich mich um das Bild bewegen, von allen vier Seiten her arbeiten und buchstäblich im Bild sein. Dies entspricht der Methode der indianischen Sandmaler des Westens. Ich entferne mich mehr und mehr von den gebräuchlichen Malutensilien wie Staffelei, Palette, Pinsel usw. Ich gebrauche lieber Stöcke, Spachtel, Messer und fließende Farbe oder schweres Impasto aus Sand, zerbrochenes Glas und andere ungewöhnliche Materialien.«

THEMA

UMWELT

NEUER REALISMUS. Den subjektiven, individualistischen Bildstrukturen des Abstrakten Expressionismus als Ausdruck der ›Innenwelt‹ folgt in den 1960er-Jahren die Auseinandersetzung mit der ›Außenwelt‹. Die Kennzeichnung dieser Blickrichtung als realistisch hat nichts mit einer abbildhaften Nachahmung des Wahrgenommenen zu tun, sondern bezieht sich auf die Arbeit mit der Wirklichkeit als ›Material‹. Insofern reflektieren die zahlreichen Stilbegriffe, die einen Jungen, Kritischen, Utopischen Realismus als jeweils ›neu‹ bezeichnen oder beim Fotorealismus das verwendete Material angeben, die Versuche, den längst fragwürdigen Zusammenhang zwischen Kunst und Wirklichkeit als Fragestellung beizubehalten.

Daniel Spoerri, *Roberts Tisch*, 1961; Holz und aufmontierte Gegenstände, 50 x 200 cm; Köln, Museum Ludwig
Als einer der »Nouveaux Réalistes« in Paris entwickelte Daniel Isaak Feinstein, Künstlername Spoerri, eine als »Fallenbilder« bezeichnete Form des Stilllebens in der Technik der Assemblage (frz., ›Zusammenfügung‹): Im Kontrast zu Ritualen gepflegter Tischsitten verharren Gegenstände, die bei einer alltäglichen Verrichtung wie dem Essen verwendet wurden, in ihren zufälligen Positionen. Sie erheben keinen kompositorischen oder sonstigen ästhetischen Anspruch, und wer im ›Müll‹ die subjektiv kostbare Erinnerung an einen entscheidenden Moment sehen will, tappt in eine Falle: *Roberts Tisch* bewahrt die materiellen Relikte eines belanglosen Gesprächs, das Spoerri mit dem Fluxus-Künstler Robert Filliou geführt hat. Sein Thema ›Essen, und was davon übrig bleibt‹ verfolgte Spoerri, geb. 1930 in Galatz (Rumänien) und ab 1942 in der Schweiz aufgewachsen, in Düsseldorf weiter, indem er 1968 eine »Eat Art Gallery« und ein »Restaurant Spoerri« eröffnete.

1960 prägt der Kritiker Pierre Restany den Begriff »Nouveau Réalisme«, bezogen auf eine in Paris tätige Gruppe von Malern und Plastikern. In ihrem zweiten, 1961 veröffentlichten Manifest bezeichnen Arman (Fernandez Armand), César (Baldaccini), Yves Klein und Jean Tinguely die Welt als »das große grundlegende Werk«, dessen »Fragmente« sie sich aneignen. Konkret handelt es sich um Gebrauchsgegenstände, die Arman als *Akkumulation* in Schaukästen ausstellt, oder nach dem Vorbild von Schrottpressen um deren Verarbeitung zu Quadern, die von César als *Pressage* (frz., ›Pressung‹) betitelt werden. Die Verarbeitung von Zivilisationsmüll, der die Umwelt der Wegwerfgesellschaft kennzeichnet, wird in satirischer Schärfe als »Verbindung von Kunst und Leben« deklariert, als Befreiung der Kunst aus dem Elfenbeinturm akademischer Tradition oder expressiver, geometrischer, lyrischer Abstraktion. Scheinbar den Art informel parodierend, veranstaltet Yves Klein 1960 ein Happening, bei dem eingefärbte Aktmodelle ihren Körperabdruck auf der am Boden ausgebreiteten Leinwand hinterlassen; die vor amüsiertem Publikum entstandenen Werke der Aktmalerei erhalten den pseudowissenschaftlichen Namen *Anthropométries* (frz., ›Maßverhältnisse des menschlichen Körpers‹).

RÄUMLICHKEIT. Der Farbabdruck der Modelle zeigt ein bestimmtes Ultramarinblau, das Klein 1957 als IKB (International Klein Blue) patentieren ließ. Ein spezielles Bindemittel bewahrt die Körnigkeit der Farbpigmente und verleiht dem mit der Rolle vorgenommenen Farbauftrag eine strukturierte Oberfläche mit dem Eindruck von Räumlichkeit, von ›blauer Tiefe‹. In dieser Wirkung ist Yves Kleins Monochrome Malerei dem Colour Field Painting verwandt, das die großflächig aufgetragene Farbe als raumbestimmendes Element verwendet. Bei dem US-amerikanischen Maler russischer Herkunft Mark Rothko sind es rechteckige Farbfelder, die vor farbigem Grund schwebend zu pulsieren scheinen und sich in einem imaginären Raum bewegen, der dem realen Raum kontemplative Energien verleiht. *Concetto spaziale* (ital., ›Raumkonzept‹) ist der Gattungsbegriff, mit dem Lucio Fontana einen Großteil seines Schaffens als Verbindung der Dimensionen Fläche und Raum bezeichnet: Keramiktafeln, monochrome Leinwand, Kunststoffplatten öffnen sich durch Perforierung oder Einschnitte dem als unendlich vorgestellten Raum. Ein Ertasten des Realraumes fingiert die Erweiterung der informellen Gemälde von Gerhard Hoehme durch Plastikschnüre.

Landschaftsräume, deren Ausdehnung die Grenzen der natürlichen Wahrnehmung bei weitem übersteigt, sind das Thema bzw. das ›Material‹ der Land Art seit der Mitte der 1960er-Jahre. Sie bedient sich des Gestaltungsmittels der Markierung durch Linien wie Walter de Marias *Mile long drawing* (1968) aus zwei parallelen Geraden oder Robert Smithsons von Bulldozern in einem See aufgeschüttete *Spiral Jetty* (1970). Die vergänglichen, durch Videoaufzeichnungen konservierten Spuren menschlicher Anwesenheit im zumeist menschenleeren Gelände sind die Vision einer Umwelt in diametralem Gegensatz zur Künstlichkeit der Großstadt, aber auch ein Protest gegen den Anspruch an die Kunst, sich Nützlichem zu widmen. Während der Vorbereitung des seit 1958 geplanten *Sahara-Projekts* (1968/69), an der sich die »Zero«-Genossen Otto Piene und Günter Uecker sowie Arman, Yves Klein und Jean Tinguely beteiligen, schreibt Heinz Mack 1961: »Glücklicherweise erlaubt es die Natur der Erde noch nicht, daß das gesamte Inventar unserer Welt sich gleichförmig im Raum ausbreitet.« Die Errichtung reflektierender Gegenstände in der Wüste dient der Befreiung »von der beklemmenden Melancholie der alten Gewohnheiten, deren archaische Oxidation wir die Kultur Europas nennen«.

CHRISTO

Von der Objektkunst des Neuen Realismus über die Land Art und die Konzeptkunst bis zu deren Realisierung im Event spannt sich der Bogen im Schaffen des Paares Christo und Jeanne-Claude. Nach einem 1952 in Sofia begonnenen und in Wien fortgesetzten Kunststudium zog Christo Javacheff, geb. 1935 in Gabrovo (Bulgarien), 1958 nach Paris; seit 1968 lebt er in New York. In der Gruppe der »Nouveaux Réalistes« bediente er sich einer in religiösen Ritualen wurzelnden Praxis der Verhüllung (von Altären und Kultbildern, z. B. während der Passionszeit) in Form der Verpackung von Gegenständen in transparente Materialien (*Verpacktes Motorrad*, 1962). Arbeiten im Zusammenhang der Land Art sind die Verhängung einer Schlucht in Colorado (*Valley Curtain*, 1972) und der Weg eines über 5 m hohen, von 360 Studenten weiterbewegten Nylonvorhangs durch eine Wüste in Kalifornien bis zum Pazifik (*Running Fence*, 1972–76). Wesentlicher Bestandteil im Sinne der Prozesskunst ist die Vorbereitung einer Gebäude-Verpackung, die beim Berliner Reichstag aufgrund politischer Hürden von 1972 bis 1995 dauerte und die Zäsur der Wiedervereinigung einschließt. Durch »Modellkleider« aus durchsichtigem Polyesterstoff für 178 Bäume verwandelten Christo und Jeanne-Claude Ende 1998 den Park der Fondation Beyeler in Riehen bei Bern in ein Freilichtmuseum monumentaler Skulpturen mit einer stets wechselnden Fülle an Lichtwirkungen, Bewegungen und Geräuschen.

MATERIAL UND TECHNIK

BETON

NEUES BAUEN. Bezeichnungen für architektonische und städtebauliche Monotonie wie Betonklotz und -wüste aus den 1950er- und 60-Jahren, in denen die ›Betonlandschaften des Wiederaufbaus‹ entstehen, gehen um 1900 Wortbildungen wie ›Betonbinder‹ voraus. Sie vergleichen die vorgeformte und formbeständige Krawatte mit den wesentlichen Eigenschaften des im 19. Jahrhundert wieder entdeckten künstlichen Baumaterials. Kennzeichnend für den Vorrang bautechnischer und wirtschaftlicher Gesichtspunkte ist die Tätigkeit als Ingenieur, Architekt und Bauunternehmer bei Pionieren wie Auguste Perret, zu dessen Schülern Le Corbusier gehört. Perrets Projekte reichen vom mehrgeschossigen Wohnhaus in Skelettbauweise (Paris, Rue Franklin 25, 1903) über Villen, Industrie- und Hallenbauten bis zur Kirche *Notre-Dame-du-Raincy* bei Paris (1922/23), einem durch Betonstützen unterteilten dreischiffigen Raum mit Betonschalen als Decke. Urbane Visionen mit mehrgeschossiger Verkehrsführung regt ein Industriebau an: das 1916 entworfene und 1919–26 erbaute *Fiatwerk* in Lignotto bei Turin von Giacomo Mattè Trucco mit einer Teststrecke in 25 m Höhe auf zwei an den Schmalseiten miteinander verbundenen parallelen Längstrakten.
Die Pionierleistungen im Skelettbau aus Stahlbeton und die Verwendung von vorgefertigten Bauteilen bilden die Grundlage des ›Neuen Bauens‹ in den 1920er-Jahren, aus dem sich der Funktionalismus des Internationalen Stils entwickelt, mit Merkmalen wie der *curtain wall* ›Vorhangmauer‹ als äußere, überwiegend verglaste Raumhülle.
Zu den kritischen Stimmen der 50er-Jahre gehört das *Verschimmelungs-Manifest* (1958) des Malers Friedensreich Hundertwasser: »Um die funktionelle Architektur vor dem moralischen Ruin zu retten, soll man auf die sauberen Glaswände und Betonplatten ein Zersetzungsprodukt gießen, damit sich dort der Schimmelpilz festsetzen kann.«

MATERIALGERECHTES BAUEN. Während zunächst das Bauskelett aus Stahlbeton vielfach noch kaschiert wird (regionale Identität des *Stuttgarter Hauptbahnhofs* von Paul Bonatz, 1911–28, durch die Verkleidung mit Quadern aus Muschelkalk), bildet die Rippenkuppel (Durchmesser 65 m) der *Jahrhunderthalle* von Max Berg in Breslau, die 1913 zur Säkularfeier der Befreiungskriege erbaut wird, die erste monumentale und unverhüllte Konstruktion aus Stahlbeton. Sie steht am Beginn einer von Unternehmer-Ingenieuren wie Pier Luigi Nervi vorangetriebenen Entwicklung: Prinzipien des Ingenieurbaus aus Eisen im 19. Jahrhundert werden auf Konstruktionen aus Beton übertragen. In diesem Zusammenhang erfüllt der Plastische Stil der Architektur insofern das Kriterium der Materialgerechtigkeit, als er die nahezu unbegrenzten

VERARBEITUNG

Etymologisch verweist frz. *béton* (lat. *bitumen* ›Erdharz‹) auf das vergleichbare antike Gemenge aus vulkanischer Pozzuolanerde (nach dem Vorkommen bei Pozzuoli), Kalk, Bruchsteinen und Wasser (Kuppelschale des *Pantheon* in Rom). Neuerungen nach 1850 wie das hydraulische, durch Wasser erhärtende Bindemittel Zement und die Verbindung mit Eisen geben dem Kunststein nach und nach den Vorrang vor dem Naturstein. Die Dichte von 5000 bis 200 kg je Kubikmeter unterscheidet zwischen Schwerst-, Schwer- und Leichtbeton.

Gussbeton nutzt die Formbarkeit der zähfließenden Masse, bis sie durch chemische Reaktionen erhärtet.

Sichtbeton verzichtet auf eine Kaschierung der Materialeigenschaften. Im Brutalismus (frz. *béton brut* ›grober, rauer Beton‹) der 1950er- und 60er-Jahre dienen die Spuren der Verschalung der Bauästhetik.

Spannbeton verwendet vorgespannten einbetonierten Stahl. Die Berechnung der Zugkräfte im Brückenbau aus Spannbeton fundierte um 1930 Eugène Freyssinet.

Stahlbeton verbindet Beton mit Eisen bzw. Stahl auf der Grundlage annähernd gleicher thermischer Ausdehnung der beiden Werkstoffe.

Terrazzo ist ein Beton mit farbigem Naturstein und Zement als Oberflächenschicht, die nach dem Erhärten geschliffen und poliert wird.

Le Corbusier, *Notre-Dame-du-Haut bei Ronchamp* (Dép. Haute-Saône), 1952–55
Die Wallfahrtskirche im Plastischen Stil präsentiert den Hauptraum mit spitzwinkligem ›Bug‹ als rettendes (Kirchen-) ›Schiff‹ nach dem Vorbild der Arche Noah. Ein turmartiger Anbau mit ovalem Grundriss enthält eine zum Hauptraum hin offene Kapelle. Tageslicht spenden außen schmale, nach innen sich erweiternde, teilweise farbig verglaste Fensterschächte in den geböschten Betonwänden und ein schmaler Streifen zwischen den Wänden und der gleichsam über dem Raum schwebenden Dachschale. Die bildhaft-plastische Gestalt einer Dornenkrone aus aufgerichteten, an beiden Enden spitz zulaufenden Betonrippen gab Oscar Niemeyer der *Kathedrale von Brasilia* (1957–60).

Verwendungsformen von Guss-, Leicht- und Spannbeton ausschöpft.

Zu den führenden Vertretern des expressiven plastischen Bauens gehört in den 1920er-Jahren Erich Mendelsohn mit der Überzeugung: »Erst aus der Wechselbeziehung zwischen Funktion und Dynamik, zwischen Realität und Irrealität ergibt sich Schöpferlust, die Raumlust des Architekten.« Sein *Einsteinturm* (1920/21) in Potsdam-Babelsberg mit einem astrophysikalischen Observatorium für den seit 1913 in Berlin tätigen Albert Einstein erweckt allerdings nur den Anschein einer Architekturplastik aus Beton; finanzielle und technische Gründe erzwangen einen verputzten Ziegelbau. Das Bekenntnis des Finnen Eero Saarinen zur »Architektur als bildender Kunst« veranschaulicht sein *TWA-Empfangsgebäude* (1956–62) des John F. Kennedy Airport von New York; das Dach aus parabolisch-hyperbolischen Betonschalen weckt die Assoziation eine Vogels mit ausgebreiteten Schwingen. 1957 siegt der Däne Jörn Utzon dank der Unterstützung Saarinens als Vorsitzender der Jury im Wettbewerb für das *Opernhaus von Sidney*; realisiert wird die Konstruktion aus aufgerichteten, segelartig geblähten Betonschalen 1959–1973. Die plastische Baugestalt der *Berliner Philharmonie* (1959–63) von Hans Scharoun ergibt sich aus der Terrassenlandschaft des Konzertsaals.

Zweifel an der Sicherheit kühner Dachkonstruktionen aus Spannbeton weckt 1980 der Einsturz der Schale über der *Berliner Kongresshalle*, die 1956/57 von Hugh Stubbins im Rahmen der Interbau als Geschenk der USA errichtet wurde. Ohnehin stehen bereits neue Techniken der weiträumigen Überdachung zur Verfügung: an Betonmasten und Widerlagern befestigte und beschichtete Stahlnetze (*Olympische Sporthallen* in Tokio von Kenzo Tange 1961–1964; *Olympiapark* in München von Günter Behnisch in Zusammenarbeit mit den Ingenieuren Frei Otto und Fritz Leonhardt, 1967–72).

THEMA

KREUZIGUNG

PASSIONSPSALM

Die Berichte der Evangelien über den Tod Jesu am Kreuz enthalten Entlehnungen aus dem 22. Psalm, dem in illuminierten Handschriften des alttestamentlichen Psalters aus dem Frühmittelalter eine Miniatur der Kreuzigung zugeordnet ist. Er gehört allem Anschein nach zu den Quellen, die Pablo Picasso bei seinem Gemälde *Kreuzigung* (1930; Paris, Musée Picasso) herangezogen hat.
»Mein Gott, mein Gott, warum hast du mich verlassen, bist fern meinem Schreien, den Worten meiner Klage?«
(Vers 2)
»Viele Stiere umgeben mich, Büffel von Baschan umringen mich. / Sie sperren gegen mich ihre Rachen auf, reißende, brüllende Löwen. / Ich bin hingeschüttet wie Wasser, gelöst haben sich alle meine Glieder. Mein Herz ist in meinem Leib wie Wachs zerflossen. / Meine Kehle ist trocken wie eine Scherbe, die Zunge klebt mir am Gaumen, du legst mich in den Staub des Todes, / Viele Hunde umlagern mich, eine Rotte von Bösen umkreist mich, sie durchbohren mir Hände und Füße.«
(Vers 13–17)

DAS CHRISTUSBILD DER NEUZEIT. 1802 veröffentlichte François-René Chateaubriand das kulturgeschichtliche Werk *Le génie du christianisme*, das sich am Beispiel der Gotik der Bereicherung von Ästhetik und Gefühlswelt durch den »Genius des Christentums« widmet. Hier wie dort handelt es sich um den Gegenentwurf zum säkularisierten Welt- und Menschenbild, das in der Epoche der Renaissance entstanden ist und im Barock die Darstellung der Verlassenheit Christi einschließt (Velázquez, *Christus am Kreuz*, um 1632; Madrid, Prado). Einen frühen literarischen Ausdruck findet die Verlassenheit des Gottessohnes in Jean Pauls *Rede des toten Christus vom Weltgebäude herab, daß kein Gott sei* (im Roman Siebenkäs, 1796/97). In einem Entwurf nennt Jean Paul diese in einen Angsttraum gekleidete Rede eine »Schilderung des Atheismus«, der im 19. Jahrhundert die unabweisbare Herausforderung an die Kirchen bildet. Zu den Reaktionen in der religiösen Kunst gehören die pantheistische Allegorie in Form der Naturschilderung, der Historismus und das archäologische Bild des »historischen« Jesus, dessen Darstellung im naturalistisch wiedergegebenen orientalischen Ambiente (William Holman Hunt) auf die »Leben-Jesu-Forschung« (Albert Schweitzer) vorausdeutet.
Nach 1900 gewinnt das Christusbild eine vielfach schockierende Menschlichkeit. Es hat Anteil an den Rebellionen gegen lebensfremde Konventionen in der Kunst und in den Kirchen, gegen eine untertänige Frömmigkeit, die im Dritten Reich einem antisemitischen »Deutschen Christentum« nichts entgegenzusetzen hat.

DAS LEIDEN JESUS. Kennzeichnend für das Missverhältnis zwischen Kirche und künstlerischer Avantgarde ist die Reaktion auf Emil Noldes neunteiliges Polyptychon *Das Leben Jesu* mit der Kreuzigung als Mitteltafel. Es steht zwar 1912 im Zentrum einer Nolde-Ausstellung des Museums Folkwang in Hagen, wird aber im selben Jahr von der »Internationalen Ausstellung moderner religiöser Kunst« in Brüssel und von der Kölner »Sonderbund«-Ausstellung ausgeschlossen. Ab 1932 als Leihgabe im Museum Folkwang (nun in Essen), wurde es 1937 für die Ausstellung »Entartete Kunst« beschlagnahmt und befindet sich seit 1939 in Seebüll.
Passionsbilder dienen nach beiden Weltkriegen als Sinnbilder des Leidens, das in Alexej von Jawlenskys *Meditationen* an russische Ikonen erinnert (*Dornenkrone*, 1918; München, Städtische Galerie im Lenbachhaus), während Graham Sutherland – wie bereits Pablo Picasso in einem grafischen Zyklus aus dem Jahr 1932 – an Grünewalds *Kreuzigung* des *Isenheimer Altars* anknüpft (*Studie zu einer Kreuzigung*, 1947; Vatikan, Collezione d'Arte Religiosa Moderna; die endgültige Fassung befindet sich in Northampton, St. Matthews). Zu den frühen Werken von

Joseph Beuys, *Kreuzigung*, 1962/63; Holz, Flaschen, Elektrokabel, Draht, Papier, 42,5 x 19 x 15 cm; Stuttgart, Staatsgalerie
Das Werk der Objektkunst setzt sich dem Verdacht einer blasphemischen Absicht aus: Auf gipsverschmierte Holzscheite sind ein senkrechtes Stück Holz und zwei Flaschen montiert. Der Titel *Kreuzigung* deutet auf die Tradition der Skulpturen der Kreuzigungsgruppe hin, mit dem Gekreuzigten zwischen Maria und dem Jünger Johannes. Nachdem der Betrachter sein Befremden, ja den Schock überwunden und Zutrauen zu Joseph Beuys' tiefem Ernst gewonnen hat, erschließt sich ihm eine Vielzahl neu zu überdenkender Verweise auf die Themen Leben, Leiden, Tod. Ein Elektrokabel und Drahtspitzen symbolisieren die zeitgenössischen Varianten der Leidenswerkzeuge. Das Rote Kreuz am Stamm des ›Kreuzes‹ und auf den Schraubverschlüssen der als Blutkonserven gedeuteten, verkrusteten Flaschen bezieht sich auf die Doppelbedeutung von Blut als Elixier des physischen Lebens, dessen Verlust dem Tod gleichkommt. Die einmontierten Fetzen von Zeitungspapier enthalten Begriffe wie »Saldo« und »Schuld« aus der Finanzsprache, die zu den Filtern des modernen Bewusstseins gehört.

Francis Bacon in einer deformierenden »Methode, Gefühlsräume aufzutun, statt Gegenstände abzubilden«, gehört das *Fragment einer Kreuzigung* (1950; Eindhoven, Van-Abbe-Museum). Die kirchlichen Schranken verdeutlicht der Umgang mit einer Skulptur von Germaine Richier. Ihr als Auftragsarbeit entstandenes *Kruzifix* wurde 1951 in die Sakristei verbannt und kehrte erst 1971 an seinen Platz über dem Hochaltar der Kirche von Plateau d'Assy zurück.
José Clemente Orozco nahm während seines USA-Aufenthalts 1930–34 mit dem Wandgemälde *Jesus fällt sein Kreuz* im Zyklus *Epic of New World Culture* (1932–34; Hannover, Bundesstaat New Hampshire, Dartmoth College) eine Botschaft der lateinamerikanischen »Theologie der Befreiung« vorweg, in der christlicher Glaube zu menschenwürdigen Verhältnissen verpflichtet.

STIL

POP ART

ANDY WARHOL

Nach einem Kunst-, Psychologie- und Soziologiestudium in seiner Heimatstadt Pittsburgh arbeitete der als Andrew Warhola geborene Künstler (1927–1987) ab 1949 in New York als Werbegrafiker. Seit den 60er-Jahren bildete seine Factory (›Fabrik‹) einen kollektiven Wohn- und Arbeitsbereich, um seine Konzeptionen in den Gattungen Malerei, Druckgrafik, Film und Multimedia zu realisieren. Der Wiedergabe von isolierten und zugleich additiv gereihten Markenartikeln wie Coca-Cola-Flaschen folgte die Übertragung von Zeitungsfotos auf Leinwand. Die stereotype Reihung der Abbildung eines Autounfalls, eines vom Dach springenden Selbstmörders, eines Elektrischen Stuhls provoziere durch die Vervielfältigung der Konsumware ›Tod‹.

KUNST UND KLISCHEE. In den 1960er-Jahren breitete sich in England (London) und in den USA (New York) eine Stilrichtung aus, deren ›Verständlichkeit‹ zu einer in der Bezeichnung *pop(ular) art* als Intention signalisierten Popularität führte. Als ›Volkskunst‹ schien die Pop Art eine Bildsprache kunstwürdig zu machen, die in der Medien- und Massengesellschaft die visuelle Kommunikation beherrschte. Ihr Merkmal: Breitenwirkung durch klischeehafte Verdinglichung, verbunden mit werbepsychologisch erforschten Mechanismen der Wahrnehmung. Pop Art ließ sich als Illustration soziologischer Untersuchungen der Entindividualisierung beschreiben oder als Kapitulation der Kunst vor dem Moloch Zivilisation. Oder die ›Kunst zum Anfassen‹ galt als antielitäre Rebellion im Einklang mit der von Popmusik begleiteten antiautoritären Jugendbewegung.

Doch bereits die Erklärung des Stilbegriffs ist zweifelhaft. Vermutlich hat sich *pop* (engl. ›Schlag‹) aus einer Collage von Richard Hamilton verselbständigt, die diesen Begriff auf einem Tennisschläger zeigt. Hamiltons Beitrag zur Londoner Ausstellung »This is Tomorrow« kombiniert Motive aus Werbematerial zu einem Interieur mit dem ironischen Titel *Was macht eigentlich unser Zuhause so anders, so reizvoll?* Nachhaltige Wirkung erzielt die Pop Art durch ihre Absage an eine Kunst, die »im Museum auf dem Hintern sitzt« (Claes Oldenburg), sondern sich – wie die *Nana*-Figuren von Niki de Saint Phalle in der »Aktion für Straßenkunst« 1970 in Hannover – »unters Volk mischt«.

Andy Warhol, *Marilyn*, 1964; Siebdruck und Acryl, 101,5 x 101,5 cm; Zürich, Sammlung Thomas Ammann
Das in der Technik des Siebdrucks (Serigrafie) bearbeitete, farblich variierende Porträtfoto der als Sexidol vermarkteten Filmschauspielerin Marilyn Monroe (sie nahm sich 1962 das Leben) addierte Warhol zu großformatigen Bilderwänden. Sie wecken die Assoziationen Plakatwand und Ikonostase. *Marilyn* gehört wie die Coca-Cola-Flasche, ein Dollarschein, Elvis Presley oder steckbrieflich gesuchte Schwerverbrecher zu Warhols Sujet *Superstar*.

KÜNSTLICHKEIT. Ironie ist zweifellos ein Element in der Gestaltungsweise der Pop Art, Zivilisations- und Medienkritik ein anderes. Vorherrschend sind jedoch die jeweils als Personalstil entwickelten Motive und Arbeitsweisen der Maler und Plastiker. Gemeinsam ist die Künstlichkeit der Produkte in ihrer Eigenschaft als Widerspiegelung einer künstlichen Konsumwelt, wobei die Entwicklung des Personalstils einer Anpassung an Marktmechanismen zumindest nicht widerspricht. Als ›Markenzeichen‹ wirken die stereotype Motivreihung bei Andy Warhol, die Imitation aufgerasterter Vergrößerungen bei Roy Lichtenstein, schablonenhafte *Great American Nudes* von Tom Wesselmann, Fahnenbilder von Jasper Jones, Zahlen- und Buchstabenbilder von Robert Indiana, Skulpturen aus Stoff, wie die knapp 2 m langen *Weichen Scheren* (1968), von Claes Oldenbourg.
Die internationale Anerkennung der Pop Art manifestierte sich 1964 in der Verleihung des Großen Preises für Malerei auf der Biennale in Venedig an Robert Rauschenberg. Seine *Combine Paintings* (ab 1953) aus übermalten Materialien wie Fotos entsprechen dem im Kubismus wurzelnden Collage-Prinzip, dass ein Bild »wirklich« ist, »wenn es aus Teilen der wirklichen Welt gemacht ist« (Rauschenberg).
1959/60 entstanden Rauschenbergs 34 Illustrationen zu den 34 Gesängen des »Inferno« in Dantes *Göttlicher Komödie* mit collagierten und übermalten Fotos etwa von Athleten auf dem olympischen Siegerpodest als ›Giganten‹ in der Hölle. 1968 beteiligt sich Rauschenberg mit dem begehbaren Glasgehäuse *Solstice* an der »documenta 4«, die beweisen soll, dass Kunst mehr ist »als nur ästhetisches Alibi für die Privilegierten« (Arnold Bode).

ROY LICHTENSTEIN

Nach einem Kunststudium in seiner Heimatstadt New York und an der Ohio State University in Columbus (Industrial Design) lehrte Roy Lichtenstein (1923–1997) als Dozent für Kunstgeschichte. Als bildender Künstler wandte er sich nach Anfängen in der gestischen Malweise des Abstrakten Expressionismus einer dem Anschein nach reproduzierenden Gestaltungsweise zu. Zwar entstanden die Bilder auf Leinwand in traditioneller Pinselarbeit, doch wirken sie als Detailvergrößerungen aus gedruckten Bildvorlagen. Diese stammten zunächst aus Zeitschriften und umfassten schließlich Bilder aus der Kunstgeschichte. Seit dem Ende der 70er-Jahre übertrug Lichtenstein seine figürlichen Motive auf bemalte Skulpturen.

Roy Lichtenstein, *Ertrinkendes Mädchen*, 1961; Öl auf Leinwand, 173 x 173 cm; Seattle, Mr. and Mrs. Beagley Wright Collection
Das Motiv *Ertrinkendes Mädchen* stammt aus einem Comicstrip und somit aus einer Erzählung in Bildern, die gleichsam in ihrem Ablauf gestoppt ist. Als zweites Mittel der Verfremdung dient die Vergrößerung, verbunden mit der Wiedergabe von Rasterflächen als Merkmal der Drucktechnik der Autotypie, die Bildvorlagen in unzählige, ›unsichtbare‹ Punkte auflöst.

GESTALTUNGSMITTEL

VERISMUS

FEINDLICHE BRÜDER

Der Katalog zur »documenta 5« (1972) enthält ein Interview mit dem Maler Howard Kanowitz über die Verfahrensweisen des Fotorealismus und der Konzeptkunst. Die beiden »feindlichen Brüder«, so Kanowitz, »befassen sich mit Prozessen, damit, wie etwas gemacht ist und ausgedrückt wird. Konzeptualisten wollen das Kunstwerk von seinem Objekt- und Gebrauchsaspekt lösen. Dies tun die Realisten nicht, sie malen noch Bilder. Dennoch haben beide Richtungen mehr Gemeinsamkeiten als Gegensätze, z. B. die, dass sie Fotos benutzen, mittels derer sie Erfahrungen sammeln.« Kanowitz zeigte in Kassel das großformatige, in der fotorealistischen Trompe-l'œil-Technik mit Acrylfarbe auf Leinwand gemalte Bild *Composition* (1971; Rotterdam, Museum Boijmans-Van Beuningen). Es zeigt eine Wand mit Ausblick auf eine Stadtsilhouette; wie diese entstanden ist, verrät eine unter dem Fenster an die Wand geheftete Schablone. In gewisser Weise ›zitiert‹ Kanowitz das beim Surrealisten René Magritte häufige Fenstermotiv mit dem Blick auf eine Landschaft, die teilweise durch ein Landschaftsbild auf der Staffelei ersetzt wird (*Die Promenaden des Euklid*, 1955; Minnesota, The Art Institute).

DIE OPTIK. Angelehnt an *veritas* (lat., ›Wahrheit‹), charakterisiert der Verismus in der dezidiert sozialistischen Kunstbetrachtung den Teilbereich der Neuen Sachlichkeit, der sich in den 1920er-Jahren aus dem anarchischen Dadaismus zur politisch definierten Gesellschaftskritik entwickelt: »Der Verist hält seinen Zeitgenossen den Spiegel vor die Fratze« (George Grosz, 1925). Solche Entlarvung setzt eine Optik voraus, die zu »künstlerischer Durchdringung und künstlerischer Verarbeitung der unabhängig von unserem Bewusstsein real existierenden Wirklichkeit« befähigt. Diese Definition einer »Methode« entstammt einem Statement (1972) von Willi Sitte, der mit Wolfgang Mattheuer und Werner Tübke (Wandgemälde *Arbeiterklasse und Intelligenz* mit mehr als 100 Einzelporträts, 1971; Leipzig, Universität) zu den Repräsentanten des von hohlem Pathos befreiten »Aufgeklärten Sozialistischen Realismus« in der DDR gehörte. Zu dessen Voraussetzungen zählte die Abgrenzung gegenüber einem Verismus, der »aus lauter fotografisch wahren Widerspiegelungen der Außenwelt ›zusammenmontiert‹ und das Ganze trotzdem eine unrichtige, eine subjektiv willkürliche Widerspiegelung ist« (Georg Lukács, *Kunst und objektive Wahrheit*, 1954).

FOTO- UND HYPERREALISMUS. Die vorgeblich »fotografisch wahre Widerspiegelung der Außenwelt« ist das Arbeitsfeld der Fotorealisten. Die Bezeichnung enthält ein ›Als ob‹, denn ihr Realismus ist weder das Resultat der fotografischen Technik, noch erhebt die Verwendung von fotografischem Material den Anspruch einer wirklichkeitsgetreuen Darstellung. Ihre ›Optik‹ bedient sich des Objektivs der Kamera und verstärkt deren manipulierbare Wahrnehmungen wie Schärfe und Unschärfe (Technik der Verwischung bei Gerhard Richter, *Ema – Akt auf einer Treppe*, 1966; Köln, Museum Ludwig), Über- und Unterbelichtung, perspektivische Blickwinkel je nach Brennweite. In der Regel entstehen fotorealistische Gemälde mit Öl- oder Acrylfarbe auf Leinwand, auf die Farbdias projiziert werden. Die überdimensionale Vergrößerung des Fotos führt zur Abstraktion des malerischen Details, etwa bei den auf Vorlagen im Stil von Passbildern begrenzten Porträts von Chuck Close (*Susan*, 1970/1971, 254 × 228 cm; Chicago, Privatsammlung) oder den Schnappschüssen von Franz Gertsch (*Barbara und Gaby*, 1974, 270 × 420 cm; Berlin, Neue Nationalgalerie). Die englische Bezeichnung der Vergrößerung als *blow up* diente Michelangelo Antonioni 1966 als Titel eines Films, in dem die zufällige Aufnahme eines Pärchens im Park als Beweis für einen Mord dienen könnte, doch die Detailvergrößerung erzeugt Chiffren, die eine Beschreibung, Erklärung und Deutung von Wahrnehmungen als illusorisch erscheinen lassen.

Eine vergleichbare Umkehrung von der ›Beweiskraft‹ in Strukturen oder Fiktionen kennzeichnet die hyperrealistischen Skulpturen von Edward Kienholz. Sein Environment *Das tragbare Kriegerdenkmal* (1968; Köln, Museum Ludwig) enthält eine Gruppe von Soldaten, die eine US-amerikanische Flagge errichten; als Vorbild dient ein Foto vom Kriegsschauplatz Pazifik, das die Eroberung einer Insel dokumentiert, doch ist das Bilddokument nachweislich gestellt.

Duane Hanson, *Putzfrau*, 1976; Kunststoff, bemalt, und Materialien, 81 x 117 x 95 cm; Stuttgart, Staatsgalerie
Die Figuren von George Segal bestehen aus Gipsbinden, die den positiven Abdruck des lebenden Modells ergeben. Bei dieser Ausprägung der Pop Art sind sie als verfremdete, anonyme Gestalten in Umgebungen aus realen Gegenständen eingefügt (Environments, von frz. *environ* ›um herum‹, ab 1958). Duane Hansons hyperrealistischen Figuren liegen dagegen als Ausgangsmaterial vom Modell abgenommene Negativformen zugrunde. Danach wird die Positivform aus Polyester, Harz und Talg gegossen, mit Fiberglas verstärkt und in mehreren Schichten mit Ölfarbe bemalt. Als reale Requisiten dienen Kleidung, Perücken, Geräte. Hansons Verfahrensweise zielt auf Authentizität der sozialtypischen Merkmale des jeweiligen Modells. Im Unterschied zum Wachsfigurenkabinett garantiert die museale Umgebung Exponaten wie der Stuttgarter *Putzfrau* eine irritierende Wirkung auf den Betrachter, der plötzlich mit der (störenden? ernüchternden?) ›Wirklichkeit‹ konfrontiert wird. Wie reagiert er, nachdem er die Täuschung durchschaut hat? Nach Hansons Vorstellung wird er untersuchen, wie er getäuscht wurde, und die »subtilen Beziehungen innerhalb der Arbeit« wahrnehmen.

REFLEXION DES VERISMUS. Ein medienkritisches Erkenntnisinteresse, das veristische Gestaltungsmittel intendiert, steht im Mittelpunkt der Konzeptkunst (engl. *concept* ›Begriff‹). Aufzeichnungen, Arbeitsfotos, Berechnungen und die hieraus entstehenden Vorstellungen haben Vorrang vor der materiellen Realisierung eines Kunstwerks, das in der Minimal Art eines Donald Judd oder Sol Le Witt die Gestalt von kubischen ›Primärstrukturen‹ annehmen kann. Die Unterscheidung zwischen Begriff, Abbild und materieller Existenz eines Gegenstands demonstriert der Konzeptualist Joseph Kosuth mit dem Ensemble *Einer und drei Stühle* (1965; Stuttgart, Staatsgalerie). Es lässt sich nach einem Zertifikat des Künstlers herstellen und besteht aus dem Text einer lexikalischen Definition *Chair*, einem Stuhl und dessen Foto. Zur Konzeptkunst gehört die Kritik an einer Auffassung von Kunst als Konsumgut, das sich wie im Schlaraffenland den Bedürfnissen menschlicher Trägheit anpasst und unterordnet. In diesem Zusammenhang stehen die Iglus der Arte Povera (›Arme Kunst‹) des Mailänders Mario Merz.

THEMA

SELBSTBILDNIS

AUTOBIOGRAFIE IN BILDERN? Es gehört zu den weit verbreiteten Vorstellungen von der menschlichen Größe Rembrandts, er habe in den äußeren Höhen und Tiefen seines Lebens stets an der Frage nach dem eigenen Ich festgehalten und mit nahezu hundert gezeichneten, radierten und gemalten Bildnissen, bei denen er sich selbst als Modell diente, eine ›Autobiografie in Bildern‹ geschaffen. Gegenstimmen aber bezweifeln, beispielsweise in Zusammenhang mit der Ausstellung »Rembrandts Selbstbildnisse« 1999/2000 in London und Den Haag, die Fähigkeit zu psychologischer Selbstwahrnehmung in Rembrandts Zeit. Sie gliedern diesen Teil in Rembrandts Schaffen in experimentelle physiognomische Studien, Auftragsarbeiten und Rollenbildnisse. Der hohe Sammlerwert von Selbstporträts im 17. Jahrhundert beruhte darauf, dass die äußere Erscheinung eines Künstlers zugleich in der ihm eigenen Manier dargestellt wird.
Im psychologisch geschulten 20. Jahrhundert ist die Betrachtung von Selbstbildnissen als individualistische Selbstwahrnehmung naheliegend, die als Selbsterforschung in die Kindheit zurückreichen kann: Rudolf Hausners *Adam*-Bilder handeln vielfach von unbewältigten Konflikten des Heranwachsenden im Elternhaus (*Adam und seine Richter* mit dem ummauerten Schädel Adams unter einer Familienszene, 1965; Privatbesitz). Der ›Blick in den Spiegel‹ dominiert im zeichnerischen Werk von Horst Janssen oder im grafischen Werk des Schriftstellers Günter Grass. Doch beschränkt sich die Selbstdarstellung nicht auf das Medium Bild: 1977 präsentiert Timm Ulrich eine kreisförmige Fläche mit einem Durchmesser von rund 50 m als *Ego-zentrischen Steinkreis: Steine in Wurfweite*, eine der zahlreichen Arbeiten des Künstlers, die nach neuen Ausdrucksformen in der Verschränkung von Selbstdarstellung und Selbstbefragung suchen.
Die gesellschaftlich motivierte Selbstinszenierung, das Rollenspiel vom Clown bis zum distinguierten Herrn im Smoking (Max Beckmann) gehört wie ›Maler und Modell‹ (vorherrschend in Pablo Picassos Spätwerk als Aufbegehren gegen das Altern) zu den Leitmotiven der Selbstdarstellung. Sie verbinden sich mit der Vergegenwärtigung von Grenzsituationen wie Leiden, Schuld und Tod, in denen nach der Existenzphilosophie von Karl Jaspers die Transzendenz als das »Umgreifende« der Existenz zum Bewusstsein kommt. Es ergeben sich im spätmittelalterlichen Totentanz und der barocken Vanitas-Symbolik wurzelnde thematische Werkreihen vom Symbolismus (Arnold Böcklin, *Selbstbildnis mit fiedelndem Tod*, 1872; Berlin, Neue Nationalgalerie) und Realismus (Lovis Corinth, *Selbstbildnis mit Skelett*, 1896; München, Städtische Galerie im Lenbachhaus) über den Expressionismus (Egon Schiele, *Tod und Mädchen / Selbstbildnis und Modell*, 1914; Österreichische Galerie im Belvedere) und den

BODY ART

Neben den traditionellen Medien Zeichnung, Grafik und Malerei herrschen in der zeitgenössischen Gestaltung von Selbstdarstellungen die Fotografie und das Video vor. Letzteres dient unter anderem der Präsentation und Konservierung von Arbeiten in der ›Körperkunst‹ beispielsweise der Französin Orlan. 1990 begann sie unter dem Titel *The Reincarnation of St. Orlan* die erste Serie von Schönheitsoperationen – Performances, die Orlans Körper nach und nach bestimmten Vorstellungen von vollkommener Schönheit annähern sollen. Vorlage der Operationen sind berühmte Werke der Renaissance und des Barock: die Nase der *Diana* (eine nicht zuweisbare Skulptur aus der Schule von Fontainbleau), der Mund von Bouchers *Europa*, die Stirn von Leonardo da Vincis *Mona Lisa*, das Kinn von Botticellis *Venus* und die Augen von Gérômes *Psyche*.

Johannes Grützke, *Der Tod des Sokrates*, 1975; Öl auf Leinwand, 180 x 205 cm; Aachen, Ludwig Forum für Internationale Kunst
Thema des Bildes ist die Sterbeszene im Gefängnis von Athen 399 v. Chr.: Sokrates, der Gottlosigkeit und Verführung der Jugend angeklagt, wird zum Tod durch einen Gifttrank verurteilt. Mit Jacques-Louis Davids klassizistischem *Tod des Sokrates* (1787; New York, Metropolitan Museum of Art) teilt Grützkes Version die Vielzahl der Gemütsbewegungen der um Sokrates versammelten Schüler, die jedoch allesamt durch den Maler selbst verkörpert werden.
Über die narzisstisch anmutende Gewohnheit, seine Gestalten mit der eigenen Physiognomie auszustatten, gab Grützke die Auskunft: »Die mich umgebende kleine Realität, behaupte ich, ist stellvertretend für die gesamte Realität. Demzufolge ist auch meine Person, behaupte ich, stellvertretend für alle Personen. Eine von mir gemalte ist einerseits mein Gegenüber, andererseits bin ich es selbst. Ich male Personen nach meinem Spiegelbild, sie haben meine Gesichtszüge und meine Gebärden.« Insofern treibt Grütze, 1973 Mitbegründer der Berliner »Schule der Neuen Prächtigkeit« zur Erneuerung des Realismus, die autobiografische Komponente aller künstlerischen Tätigkeit auf die Spitze bzw. akzeptiert den hermeneutischen Zirkel, demzufolge wir nur erkennen, was wir zu kennen glauben: uns selbst.

Dadaismus (Max Ernsts Collage seines Porträtfotos mit einem anatomischen Präparat, das den Familiennamen Michelangelos trägt: *max ernst et caesar buonarroti*, 1920) bis zur fotografischen Dokumentation ihres körperlichen Verfalls von Hannah Wilke, in den 1970er-Jahren eine vielbeachtete Vertreterin der Body Art; kurz vor ihrem Tod durch Krebs notierte sie: »Wie kann ich versuchen klarzumachen, daß Kunst keine Ware, sondern die Herstellung des Selbst ist.«

GALERIE DER ZEITGESCHICHTE. Selbstbildnisse gewinnen den Charakter von Schicksalsbildern des 20. Jahrhunderts: Ernst Ludwig Kirchners *Selbstbildnis als Soldat* (1915) mit blutigem rechten Armstumpf (1937 für die Ausstellung »Entartete Kunst« aus dem Städelschen Kunstinstitut beschlagnahmt, heute Oberlin, Allen Memorial Art Museum); *Selbstbildnis mit Judenpass* von Felix Nussbaum, entstanden 1943, im Jahr vor der Verhaftung in Belgien und Ermordung im KZ Auschwitz (Osnabrück, Felix-Nussbaum-Haus). Als Ausdruck traumatischer Sehnsucht nach Identität erweisen sich die dem Anschein nach spielerischen Selbst-Maskierungen der Fotokünstlerin Cindy Sherman; den interkulturellen Raum des Bewusstseins problematisiert das Video *Autoporträt* von Danica Galic aus Bosnien-Herzegowina, ab 1988 Schülerin des Multimedia-Künstlers Nam June Paik an der Düsseldorfer Akademie: Zwei Münder in einem Gesicht sprechen asynchron bosnische und deutsche Märchen. Die Arbeit gehörte zu den Exponaten der Düsseldorfer Ausstellung von Selbstbildnissen »Ich ist etwas anderes« (2000).

GESTALTUNGSMITTEL

AKTION

NEO-DADA. Die Gemeinsamkeit der in den 1950er-Jahren entstandenen Aktionskunst und dem in Zürich proklamierten Dadaismus besteht zum einen in der Präsentation von bildender und darstellender Kunst, Literatur und Musik nach vergleichbaren Prinzipien: Im Künstlerlokal »Cabaret Voltaire« trug Hugo Ball in einem aus Papprollen gefertigten Kostüm mit »Schamanenhut« seine »Verse ohne Worte« bzw. »Lautgedichte« vor, zur Ausstattung des Raums gehörten Arbeiten von Hans Arp und Pablo Picasso; und in der ersten Veröffentlichung des »Cabaret Voltaire« mit der Ankündigung einer »Revue Internationale« mit dem Namen »DADA« im Mai 1916 berichtet Ball über die Aufführung von wundervoller »Negermusik«. Zum anderen zielten dadaistische Veranstaltungen auf Reaktionen des Publikums: 1920 lag in einer Kölner Ausstellung von Johannes Baargeld und Max Ernst ein Beil bereit.
Durch vertauschte Rollen aktivierte ein *Klangstück* des amerikanischen Schönberg-Schülers John Cage in Eulenspiegel-Manier das Publikum, dessen Geräusche die Töne bildeten, während ein Pianist vor dem Flügel saß, ohne die Tastatur zu berühren. Unbearbeitete Flächen auf Bildern von Robert Rauschenberg, mit dem er seit 1950 in New York zusammenarbeitete, hatten Cage zu dieser Spielart seiner zuvor durch manipulierte Instrumente schockierenden Experimentalmusik angeregt. Cage-Schüler beteiligen sich 1962 mit dem Objektkünstler Joseph Beuys, dem 1956 in die Bundesrepublik übersiedelten koreanischen Komponisten Nam June Paik und dem Initiator von Happenings Wolf Vostell am Wiesbadener »Festum Fluxorum«. Es setzte die Fluxus-Bewegung in Europa in Gang, mit Geräusch-Collagen, der Zertrümmerung von Instrumenten oder ihrer – dem erweiterten Klangmaterial analogen – Ausstaffierung mit beliebigen Gegenständen zu Großobjekten. Während hier die ›Partitur‹ der Aktionen mit dem maßgeblichen Anteil des Zufalls rechnet, ist das Happening an bestimmten Themen orientiert. Sprachspiele wie im Titel des Happenings *Ruhender Verkehr*, bei dem Vostell 1969 in Köln sein Auto einbetonierte, oder im Titel *Verwaldung* einer 1982 im Rahmen der »documenta 7« von Beuys in Kassel eingeleiteten ökologischen Aktion als Alternative zu Maßnahmen städtischer Verwaltung entsprechen dem Ziel, das sprachlich mitbestimmte Bewusstsein zu schärfen und zu verändern.

KUNST UND LEBEN. »Jede Aktion verändert mich radikal«, bekannte Joseph Beuys im Einklang mit der unlösbaren biografischen Einheit »Lebenslauf/Werklauf«. Aktionen wie *Coyote*, bei der Beuys, in Filz gehüllt, eine Woche lang einen Raum mit einem Kojoten teilte (1974, New York), bildeten als Selbsterfahrung zugleich das Symbol

AKTIONSKUNST

Der Vorliebe der Kunsttheorie und -publizistik für eine begriffliche Vermessung des Kunstgeschehens entstammen Unterscheidungen wie die Folgenden mit oft mangelnder Trennschärfe. Fließende Grenzen bestehen zwischen Planung und Zufall, aktiver und passiver Beteiligung eines Publikums.

Fluxus, Veranstaltungen der 1960er-Jahre mit fließenden Übergängen (lat. *fluxus* ›das Fließen‹) zwischen akustischen und optischen Reizen nach einer ›Partitur‹, die nach dem Vorbild der experimentellen Musik den Zufall als Eigenschaft von Ereignissen schätzt.

Happening, nach den vom Hochschuldozenten Allan Kaprow veranstalteten *18 Ereignissen in sechs Teilen* (1959, New York) hergeleitete Bezeichnungen für Aktionen, die ein Publikum zur Beteiligung durch (stereotype) Handlungsweisen anregt, um deren Mechanismen zu durchschauen.

Orgien-Mysterien-Theater, Rituale der »Wiener Aktionisten« Hermann Nitsch und Otto Muehl in Anlehnung an die Psychoanalyse von C. G. Jung mit dem Ziel, die Beteiligten durch Tabuverletzung in die »Realität in ihrer vollen Umfänglichkeit und Geschlechtlichkeit« einzuführen.

Performance, Einzel- oder Gruppenaktion ohne Beteiligung des Publikums. Die Bezeichnung ist vom englischen Terminus für die Verkörperung einer Rolle im Theater oder Film hergeleitet.

Prozesskunst, Oberbegriff für die Einbeziehung der Entstehung eines Kunstwerks als dessen Bestandteil.

Joseph Beuys und eine Nachbildung der Zarenkrone Iwans des Schrecklichen, Kassel 1982 (Pressekonferenz)
An der »documenta 7« beteiligte sich Joseph Beuys mit zwei Aktionen: mit der auf einen längeren Zeitraum angelegten *Verwaldung* Kassels durch *7000 Eichen* und mit dem Umschmelzen einer Nachbildung der Zarenkrone in einen *Friedenshasen* und eine *Sonnenkugel* am 30. Juni 1982. Die Verwandlung des »Symbols der Unterdrückung, der Ausbeutung und der Macht« (Beuys) war als Aktion durch den Einsatz von Wärmeenergie und die Läuterung vermischter Stoffe zu purem Gold gekennzeichnet, in übertragener Bedeutung: Materie läuterte sich zu Geist. Die Kunstkritik setzte die Anklänge an alchimistische Theorien zur Lehre des 13. Jahrhunderts von der Transsubstantiation in der Messe in Beziehung (Verwandlung von Brot und Wein in das Fleisch und Blut Christi). Das Ergebnis der Aktion ist in Form eines Safes aus Panzerglas erhalten, in den der *Friedenshase* und die *Sonnenkugel* mit dem Diamantkreuz der Krone und der Schlacke des Umschmelzens eingeschlossen sind (Stuttgart, Staatsgalerie). In dieser Zusammenstellung symbolisieren Hase und Kugel, beide aus demselben Material, die komplementären Elemente Erde und Kosmos.

einer gesellschaftlichen Rekonstruktion: Der Kojote galt den Indianern im Zusammenhang des Totemismus als Geistwesen, das die europäischen Eindringlinge – in der Terminologie des Psychologen C. G. Jung – als den »Archetypus des Betrügers« verfolgt. Das von Rudolf Steiner, dem Begründer der Anthroposophie, beschriebene Modell des Bienenstaats liegt Beuys' *Honigpumpe* zugrunde; die während der »documenta 6« (1977) gezeigte Maschinenplastik mit Schläuchen, durch die drei Zentner Honig zirkulierten, bezog sich symbolisch auf die Diskussionen über alternative Arbeits- und Lebensformen, die Überwindung des westlichen Privatkapitalismus und des östlichen Staatskapitalismus. Der Aktionsform des Go-in bediente sich Beuys, seit 1961 Professor der Kunstakademie Düsseldorf, 1972 durch die Besetzung des Sekretariats mit Studenten, deren Bewerbung um einen Studienplatz aufgrund des Numerus clausus abgelehnt worden war; eine daraufhin von Kultusminister Johannes Rau verfügte fristlose Entlassung wurde 1978 gerichtlich aufgehoben. Auch diese ›Aktion‹ fügte sich in Beuys' Konzeption ein, der zufolge die Trennung zwischen Kunst und Leben hinfällig wird, und zwar in einer zukünftigen Gesellschaft als »sozialer Plastik«, an der jeder Mensch in seiner Eigenschaft als Künstler mitwirkt. In der Gegenwart regierten allerdings die »privatkapitalistischen« Marktgesetze. Im Jahr 1979, in dem das gesamte Solomon R. Guggenheim Museum in New York für eine in biografische Stationen gegliederte Beuys-Retrospektive freigeräumt wurde, löste der Marktwert seiner Zeichnungen, Bilder, Skulpturen, Objekte und Aktionsrelikte die Spitzenposition von Robert Rauschenberg ab. Die Skala aus 100 Gegenwartskünstlern wird im jährlichen »Kunstkompass« errechnet und in der Zeitschrift *Capital* als Anlageberatung publiziert.

MATERIAL UND TECHNIK

MULTIMEDIA

MINIMUM UND MAXIMUM. Auf die Reduzierung visueller Wahrnehmung in den Skulpturen der Minimal Art reagiert die Gattung Mixed Media oder Multimedia mit einer Fülle an Bild-, Klang-, Licht- und Bewegungseindrücken sowie mit der Einbeziehung des Publikums durch interaktive Vorkehrungen. Einen Ausgangspunkt bildet die neodadaistische Fluxus-Bewegung der 1960er-Jahre mit synchronen Bühnenereignissen und Videoübertragungen aus dem Publikum auf Monitoren, die Nam June Paik zu Videoskulpturen türmt. Grundsätzlich entsprechen multimediale Aktionen oder Installationen dem didaktischen, schulischen oder weiterbildenden Medienverbund in Hörfunk und Fernsehen (mit gedrucktem Begleitmaterial und Gruppenarbeit) oder der Produktpalette der Medienkonzerne von Printmedien (Druckerzeugnisse) über audiovisuelle Medien wie die per Computer verwendbare CD-ROM und deren Weiterentwicklungen mit immer umfangreicheren Speicherkapazitäten von Texten und Tönen, Bildern und Filmen. Das Konkurrenzverhältnis zwischen Kunst (Malerei) und Technik (Film) im 19. Jahrhundert hat sich in sein Gegenteil verkehrt, droht Kunst doch zur bloßen Nachhut der rasanten informationstechnologischen Entwicklung zu werden.

KUNST UND MEDIENGESELLSCHAFT. Die Charakterisierung vorherrschender Faktoren der wirtschaftlichen Entwicklung durch die Begriffe Industrie- und Informationsgesellschaft bündelt der Begriff der Mediengesellschaft. Er betont die grundlegende Bedeutung, welche dem Zugang zu den elektronischen Neuen Medien von den Startchancen des Kindes bis zur Sicherung der materiellen Existenz und der Teilnahme am kulturellen Leben beigemessen wird. Ein Symptom der zu weltweiter Vernetzung tendierenden Mediengesellschaft sind die »Produkte einer gleichermaßen kommerziell wie global orientierten Kultur«, wie sie vom Zentrum für Kunst und Medientechnologie (ZKM) in Karlsruhe erforscht, dokumentiert (Medien-Museum), bewertet (Veranstaltungsreihe »Multimediale« mit der Verleihung des Siemens Medienkunstpreises) und mitgestaltet werden, etwa durch die multimedialen Installationen *Wissen/Information/Kommunikation* im Themenpark der Expo 2000. In gewisser Weise entspricht die Entwicklung in den Arbeiten des ZKM-Direktors (seit 1999) Peter Weibel, der in den 70er-Jahren zum Umkreis der Wiener Aktionisten gehörte, dem Weg vom sinnlichen zum medialen Happening.

Ende der 90er-Jahre bürgert sich der Begriff ›Multimedia‹ im strengen Sinne ein als Bezeichnung für die computergestützten Kombinationen verschiedener Medien, das heißt ihrer digitalen Varianten. In den 80er-Jahren aufgekommen, wurde er 1995 zum »Wort des Jahres« gekürt. Für andere Konzepte, die ebenfalls mit der Durchdringung

SINNE UND MEDIEN

Genrebilder des 16. und 17. Jahrhunderts thematisieren mitunter die fünf Sinne: Der Blick durch ein Fenster bezieht sich als ›Bild im Bild‹ auf das Sehen, ein Musikant auf das Hören, ein Tisch mit Konfekt auf das Schmecken; die Umarmung eines Liebespaars veranschaulicht das tastende Fühlen, und ein Nachtgeschirr, das aus dem Zimmer getragen wird, das Riechen (Willem Pietersz. Buytewech, *Interieur mit fröhlicher Gesellschaft*, um 1522/24; Berlin, SMPK, Gemäldegalerie). Aus der klassischen Fünfzahl der Sinnesorgane sind den Augen und Ohren die visuellen und die akustischen, den Händen die haptischen Gestaltungsmittel zugeordnet, verbunden mit einem jeweiligen Medium (lat., ›das Mittlere‹) wie Bild, Ton (Sprache, Musik) und räumlicher Form, das der Vermittlung von Inhalten im weitesten Sinne dient. Von solchen gattungsspezifischen (primären) Medien unterscheiden sich (sekundäre) Vermittler vom handgeschriebenen Buch bis zum Internet, die nach der Prognose des kanadischen Kommunikationswissenschaftlers Herbert Marshall McLuhan einerseits eine »Erweiterung der menschlichen Sinnesorgane« bewirken, andererseits die primären Medien überlagern: »The medium is the message.«

Catherine Beaugrand, *LUNA PARK*, 1997; in Kassel auf der »documenta 10« (1999)
Als Medien dienen eine Realszene aus einem Tisch mit technischem Spielzeug, Riesenrad und Looping sowie Videomaterial auf einem großen Bildschirm. Das Bildmaterial besteht aus den Genres Dokumentarfilm und Spielfilm. Der dokumentarische Teil mit analogen und digitalen Bildern und Tönen entstand in Freizeitanlagen, auf Jahrmärkten und in Aquarien in Europa und Asien. Im Spielfilm mit Comic-Motiven und synthetischer Sprache macht eine Frau Jagd auf einen Spionagering, dem ein Vergnügungspark als Tarnung dient. Zur zivilisations- und medienkritischen Intention ihrer multimedialen Installation bemerkt die seit Beginn der 1980er-Jahre tätige Künstlerin: »Es geht mir um die Untersuchung der Welt des Konsums als Welt der Spezialgebiete und der thematischen Gebundenheit – von der Weltausstellung bis zu den Vergnügungsparks –, die vorgibt, die ganze Welt zu enthalten, selbst den Mond und den Weltraum.«

verschiedener Medien arbeiten, werden neue Namen gefunden. Mit Multimedia ist ihnen die Auffassung gemeinsam, dass ein singuläres Medium der komplexen Realität nicht angemessen begegnet, bzw. »das einzelne Bild seine Kraft verloren hat« (Ilya Kabakov). Für seine der Idee des Gesamtkunstwerks verwandten Arbeiten fand der Moskauer Konzeptualist Kabakov die Bezeichnung »Totale Installation«. Mit ihnen inszeniert er eine Art Parcour, in denen sich unterschiedliche Textgattungen, Gemälde, Fotografien, Objekte und ganze Interieurs bis hin zu Klangelementen, Musik und Dialogen verschränken (*Stimmen hinter der Tür*, Galerie für zeitgenössische Kunst, Leipzig 1996).

GESTALTUNGSAUFGABE

MAHNMAL

Den Auseinandersetzungen um das Mahnmal als Gestaltungsaufgabe der bildenden Kunst entsprechen Positionen im Film als Medium der darstellenden Kunst: Steven Spielberg setzte mit *Schindlers Liste* (1993, sieben Oscars) über die Rettung von jüdischen Zwangsarbeitern durch den deutschen Unternehmer Oskar Schindler (1908–1974) zugleich »ein Mahnmal für die Millionen, die den Todeslagern nicht entkamen« (Presseecho). Die Verfilmung des dokumentarischen Romans *Schindler's Ark* (1982, dt. 1983) des australischen Schriftstellers Thomas Keneally bedient sich der ›fesselnden‹ und Emotionen weckenden Bildersprache des Spielfilms. Dagegen plädiert Claude Lanzmann, Regisseur des über neun Stunden dauernden Dokumentarfilms *Shoa* (hebr., ›Vernichtung‹), für ein radikales Bilderverbot, da jede Abbildung als Nachbildung den Holocaust (engl., ›völlige Vernichtung durch Verbrennen‹; als Titel einer Fernsehserie in den USA erstmals auf den nationalsozialistischen Völkermord angewandt) zwangsläufig verharmlose: »Der Holocaust ist vor allem darin einzigartig, dass er sich mit einem Flammenkreis umgibt, einer Grenze, die nicht überschritten werden darf, weil ein bestimmtes, absolutes Maß an Greueln nicht übertragbar ist: Wer es tut, macht sich der schlimmsten Übertretung schuldig« (Lanzmann).

VOM DENKMAL ZUM MAHNMAL. Zu den Auftragsarbeiten von Ernst Barlach gehört das *Magdeburger Ehrenmal* (1927–29) zum Gedenken an die Gefallenen des Ersten Weltkriegs. Als Grabmal aus sechs um ein Kreuz gruppierten Figuren einschließlich der Allegorie des Knochenmannes Tod, der einen Stahlhelm trägt, fiel die Holzskulptur bereits 1933 einer ›Säuberung‹ zum Opfer; 1957 kehrte sie als Mahnmal in das nördliche Seitenschiff des Magdeburger Doms zurück. Auch Barlachs Bronzefigur *Der Geisteskämpfer* (1928), der als Erzengel Michael mit erhobenem Schwert auf einer den Krieg verkörpernden Bestie steht, bildet ein Trauermahl; es war den gefallenen Kieler Studenten gewidmet, wurde 1938 entfernt und steht seit 1958 neben der Nikolaikirche in Kiel.
Die Rehabilitierung von Denkmälern des 1938 gestorbenen, als »entartet« verfemten Künstlers Ernst Barlach entspricht der Vorrang einer expressiven, figürlich-allegorischen Gestaltungsweise bei Mahnmalen der 50er-Jahre. Seine 6,50 m hohe Bronzeskulptur *Die zerstörte Stadt* (Rotterdam, 1951–53), ein auf die deutsche Bombardierung Rotterdams im Mai 1940 bezogenes Mahnmal, beschreibt Ossip Zadkine als »menschliche Gestalt, zugleich den Schrecken und die Empörung ausdrückend, (...) in einem furchtbaren Schrei aus ihrem geschundenen, durchbohrten Fleisch«. Wie ein politisches Diktat das inhaltliche Programm einer monumentalen Figurengruppe (von Fritz Cremer) bestimmt, zeigt die 1958 eröffnete nationale und internationale *Mahn- und Gedenkstätte Buchenwald* auf dem Ettersberg bei Weimar; gefordert war neben dem Gedenken an die KZ-Opfer die Heroisierung des antifaschistischen Widerstands, den die DDR als Fundament der eigenen staatlichen Identität propagierte.

BILDERSTREIT. Die propagandistische Verknüpfung von Mahnmal und Denkmal in Buchenwald gehört zum Hintergrund einer seit den 1960er-Jahren schwelenden Auseinandersetzung um die gegenständliche (›verständliche‹) oder abstrakte Gestaltung von Mahnmalen. Letztere drohte als Selbstreferenz mit dem zu Gedenkenden zu konkurrieren, etwa bei Sol Le Witts Hamburger *Mahnmal für die zerstörte jüdische Gemeinde Altonas* (1989). Es besteht aus einem schwarzen Quader, der sich der Eingliederung in das Stadtbild widersetzen soll. Gleichzeitig enthält sich dieser Minimalismus jeder Spezifik und droht lediglich als Plastik wahrgenommen zu werden. Doch sehen sich figürliche Konzepte einer ähnlichen Kritik ausgesetzt, wie Alfred Hrdlickas *Mahnmal gegen Krieg und Faschismus* (Wien, Albertinaplatz, fertiggestellt 1988), dem es an spezifischen Verweisen nicht fehlt, jedoch dem Missbrauch vieler Skulpturen im öffentlichen Raum nicht entgeht: Die Figur des auf die Knie gesunkenen Juden dient Touristen vorzugsweise als Ruhebank.

Peter Eisenman, Holocaust-Mahnmal in Berlin, Modell III, 2000
1990 gründete die Jounalistin Lea Rosh einen Förderkreis für die Errichtung eines Denkmals für die ermordeten Juden Europas. Die dadurch ausgelöste Kontroverse mündete im Januar 2000 in den ›symbolischen Baubeginn‹ mit Informationstafeln. Die Fertigstellung des ursprünglich aus 4000 Betonpfeilern bestehenden Stelenfeldes von Peter Eisenman ist für 2002 vorgesehen. Mehrmals drohte ein Scheitern, zumal die Auseinandersetzungen den Anschein erweckten, als handle es sich um die Alternative zwischen Erinnern und Vergessen. Der Entwurf des Architekten Eisenman (gemeinsam mit dem Vertreter der Minimal Art Richard Serra, der sich nach Änderungswünschen zurückzog) verringert in seiner dritten und endgültigen Fassung die Dimension des Stelenfeldes, in dem der Einzelne sich als ›Ausgelieferter‹ erfahren soll; um dieser Empfindung einen konkreten ›Inhalt‹ zu geben, ist eine Krypta als Informationszentrum vorgesehen.

Als Alternative zum ›Bilderstreit‹ um die Gestaltung von Mahnmalen gelten vielfach die Erhaltung und Kommentierung der Schauplätze der Verbrechen, Dokumentationen wie die Shoa-Stiftung von Steven Spielberg mit der audiovisuellen Aufzeichnung von Lebenszeugnissen Überlebender und die Förderung von Forschung.
Dieser Scheinalternative hält der Konzeptkünstler Jochen Gerz entgegen, sie bringe nicht »den Holocaust, sondern uns, auch die Gegenwartskunst, zum Verschwinden«, mache die Nationalsozialisten nicht nur zu »Autoren der Geschichte, sondern auch der Gegenwart«. Gerz, in dessen Werk Mahnmale und Strategien des Erinnerns ein zentrales Thema bilden, bezieht verstärkt das ›Publikum‹ in seine Konzeptionen ein. Zu seinen wichtigsten Arbeiten gehört das gemeinsam mit seiner Frau Esther Sharev-Gerz realisierte *Mahnmal gegen den Faschismus* (1986) in Hamburg-Harburg: Eine zwölf Meter hohe, bleiummantelte Säule, die von Passanten signiert und kommentiert werden konnte, wurde in mehreren Etappen in den Boden eingesenkt. Beim »Unsichtbaren Mahnmal« (Originaltitel: *2146 Steine*) in Saarbrücken gravierte Gerz mit Studenten seiner Fachklasse in die Unterseite der Pflastersteine des Schlossplatzes die Namen sämtlicher jüdischer Friedhöfe vor ihrer Beseitigung durch die Nationalsozialisten. Den Versuch, mit nicht sichtbarem Vorhandenem zu arbeiten und statt Monumenten die Gegenstände einer öffentlichen Auseinandersetzung zu schaffen (die Übergabe an die Öffentlichkeit war von heftigen Debatten in der Presse und im Landtag begleitet), begründet Gerz mit der Verantwortung des Einzelnen: »Nichts kann auf Dauer an unserer Stelle sich gegen das Unrecht erheben.«

ATTRIBUT UND SYMBOL

MASKE

THALIA UND MELPOMENE. Apollos Gefolge bilden die von Zeus gezeugten Schutzgöttinnen der Sternkunde, der chorischen, epischen und lyrischen Dichtung, der Liebesdichtung und der Geschichtsschreibung sowie Melpomene, die Muse der Tragödie, und Thalia, die Muse der Komödie; ihre Attribute sind eine tragische bzw. eine komische Maske. Als unabdingbares Requisit der antiken Schauspieler verweist die Maske auf den eigentlichen Ursprung des Theaters im Dionysos-Kult. Gemeinsam sind der Kultmaske und der Theatermaske die Verwandlung des Maskenträgers: Er *ist* durch die Maske ein Gott, Dämon, Heros. Insofern stiftet die Maske eine neue Identität.

Aus diesem Ursprung leitet sich ein breites Spektrum symbolisch funktionierender Gesichts- oder den gesamten Kopf umschließende Stülpmasken her. Es reicht von antiken Schmuckelementen an Türen und Sarkophagen und attributiver Verwendung – etwa bei den christlichen Schutzheiligen der Schauspieler, den bekehrten Schauspielern Genesius und Pelagia – bis zu den bereits antiken atropäischen (Unheil abwehrenden) Blattmasken mit in Blätter übergehenden Gesichtern, die in der romanischen und gotischen Bauplastik verwendet werden. Auch die Maske als barockes Symbol der Vergänglichkeit hat Wurzeln in der Antike und deren philosophischer Sicht auf das ›Welt-Theater‹. Zu den eindrucksvollsten Vanitas-Stillleben mit Maske gehört Antonio de Peredas *Traum des Ritters* (um 1650; Madrid, Real Academia de San Fernando). Eine eigentümliche Verbindung von Vanitas und drastischem Realismus bilden die 22 als Masken bezeichneten Reliefköpfe *Sterbende Krieger*, die Andreas Schlüter um 1696 als Schlusssteine der Erdgeschossfenster im Innenhof des Berliner Zeughauses angebracht hat. Sie geben ›unmaskiert‹ zu erkennen, welchem Zweck das Zeughaus als Waffenmagazin dient.

DEMASKIERUNG. »Und Callot schrie wie besessen, man müsse die Masken abreißen«, berichtet in Georg Büchners Drama *Dantons Tod* (1835; I,6) Lacroix aus einer Sitzung des Jakobinerklubs über einen Angriff Robespierres und seiner Anhänger auf die ›Gemäßigten‹ um Danton. Dieser reagiert: »Da werden die Gesichter mitgehen.« Die Maskierung und die Demaskierung des (politischen) Gegners ist – wie das Spiel vor und hinter den Kulissen oder das Marionettentheater, bei dem ›Drahtzieher‹ die Figuren bewegen – eine im 19. Jahrhundert verbreitete Metapher. Sie wird für James Ensor (*Selbstbildnis mit Maske*, 1899; Antwerpen, Privatbesitz) zu einem zentralen Motiv. Beim *Einzug Jesu in Brüssel 1888* (1888; Malibu, J. Paul Getty Museum) wälzt sich unter der Parole »Es lebe der Sozialismus« eine Masse Maskierter, angeführt von einem Bischof, durch die Straße des Empfangs; sie repräsentiert

GEHEIME MASKERADE

Unter dem Datum des 25. März 1832 berichtet Heinrich Heine als Pariser Korrespondent der Augsburger *Allgemeinen Zeitung* in seiner Artikelserie *Französische Zustände* über den Karneval mit dem Umzug eines Ochsen, »umgeben von Metzgerknechten, die meistens mit Helm und Harnischen bekleidet sind, und die diesen eisernen Plunder von den verstorbenen Rittern, als nächste Wahlverwandte, geerbt haben.

Es ist sehr leicht, die Bedeutung der öffentlichen Mummereien einzusehen. Schwerer ist es, die geheime Maskerade zu durchschauen, die hier in allen Verhältnissen zu finden ist. Dieser größere Karneval beginnt mit dem 1. Januar und endet mit dem 31. Dezember.« Zu den Maskierten gehört der 1830 durch die Julirevolution auf den Thron gelangte König Louis Philippe: »Was Ludwig Philipp betrifft, so spielt er noch immer seinen Roi-citoyen, und trägt noch immer das dazugehörige Bürgerkostüm; unter seinem bescheidenen Filzhute trägt er jedoch, wie männiglich weiß, eine ganz unmaßgebliche Krone von gewöhnlichem Zuschnitte, und in seinem Regenschirme verbirgt er das absoluteste Szepter.« (*Französische Zustände*, Buchausgabe 1832)

Wolfgang Mattheuer, *Mann mit Maske* (Ausschnitt), 1981; Bronze, Gesamthöhe 215 cm; Leipzig, Grimmasche Straße, Museum der bildenden Künste
Die Skulptur stand fast zwei Jahrzehnte neben der Tür zu Wolfgang Mattheuers Leipziger Atelier. In der Öffentlichkeit wurde sie von Kulturfunktionären nicht geduldet, obwohl der als Grafiker ausgebildete Maler und Bildhauer Mattheuer mit Bernhard Heisig und Werner Tübke zur renommierten »Leipziger Schule« gehörte. Wodurch wurde die Darstellung eines Mannes (mit den Zügen des Künstlers), der seine Maske in Form eines Schafskopfes abnimmt, so gefährlich? War es die Anspielung auf den ›Wolf im Schafspelz‹? Oder wurde hier dazu aufgefordert, die Gemeinschaft der ›Schaf-Herde‹ zu verlassen? Seit 1998 mischt sich der Maskenträger, der sich selbst demaskiert, unter die Passanten der Fußgängerzone vor dem Interims-Gebäude des Museums der bildenden Künste. Er ist wie andere Bilderfindungen Mattheuers ein Motiv, das über Jahre hinweg »abgetastet« wurde (die ersten Grafiken und Plastiken mit Schafsmasken stammen aus dem Jahr 1971). Kennzeichnend für die Leipziger Schule ist das Spiel mit Maskierung auf der thematischen Ebene selbst: Teilweise kleidete sich eine unverhohlene Kritik am Regime in das Gewand antiker Figuren, bei Mattheuer in das vielfach variierte Motiv des Ikarus bzw. dessen Flügel als Symbol des Freiheitsverlangens, das an unklugem Verhalten scheitert: Ikarus stürzte zur Erde, als er sich zu nahe an die Sonne wagte.

die ›Öffentlichkeit‹, die Ensor als gesichtslos geißelt. Zugleich verkörpern die Maskenträger in Gemeinschaft mit Skeletten eine dämonische Gewalt, die Otto Dix 1933 im Maskenzug der *Sieben Todsünden* personifiziert (Karlsruhe, Kunsthalle). Die am neutestamentlichen Sündenregister (Gal. 5,19-21) orientierte Maskerade als Geiz, Neid (ein Kind mit Hitler-Maske), Zorn, Trägheit des Herzens, Wollust, Hochmut und Völlerei lässt befürchten, dass diese Verkleidung noch weit Grauenhafteres verbirgt als die »Werke des Fleisches«, die Paulus im Brief an die Galater brandmarkt.

Eine Sinnebene der Wahrhaftigkeit der Maske bringt Max Beckmann auf seinem 1932 in Frankfurt begonnenen und nach der Entlassung 1935 in Berlin, zwei Jahre vor der Emigration, beendeten Triptychon *Abfahrt* (New York, Museum of Modern Art) zur Geltung. Zwischen den Seitenflügeln mit entsetzlichen Szenen der Folterung steuert ein Schiff aufs offene Meer. Beherrscht wird die Gruppe im Schiff von einer Gestalt, deren Kopf von einer Ritualmaske verborgen wird. Ihr gilt Beckmanns Bemerkung: »Die Menschen tragen Masken, sie verbergen ihr Innerstes eher, als dass sie es preisgäben. Die Maske ist hier aber nicht Symbol der Verstellung, sondern Zeichen der Würde.«

Rituellen, magischen Charakter besaß auch die Maske aus Honig und darauf befestigtem Blattgold, in die Joseph Beuys 1965 bei der Fluxus-Demonstration *Wie man dem toten Hasen die Bilder erklärt* (Düsseldorf, Galerie Schmela) sein Haupt gehüllt hat: mit der »lebendigen Substanz« Honig als Herausforderung an den »Todescharakter des Gedankens«, denn dieser kann »intellektualisierend tödlich sein, auch tot bleiben« (Beuys).

KUNSTBETRIEB

EVENT

BAUAUFGABE MUSEUM. Die Wanderausstellung »Museen für ein neues Jahrtausend«, 2000 in Antwerpen und Hamburg und bis 2003 in zehn weiteren Städten in Europa, Japan, Nord- und Südamerika, vertritt am Beispiel von 25 Bauten aus den 1990er-Jahren und einigen noch unvollendeten Projekten die These vom Museum als einer Bauaufgabe, die sich mehr denn je durch die ›Materialisierung‹ künstlerischer Freiheit auszeichnet. Beispiele sind: das ›Spitzenereignis des Architektursommers 2000‹: der Umbau eines ehemaligen Kraftwerks mit einer 35 m hohen Turbinenhalle an der Themse zur *Tate Modern* als Dependence der Tate Gallery (Architekturbüro Herzog & De Meuron, Basel); die ›Sensation von Bilbao‹: das 1997 eröffnete *Guggenheim Museum* als eine weitere Steigerung der dramatischen bauplastischen Gestaltungsweise des amerikanischen Architekten Frank O. Gehry (*Vitra Design Museum* in Weil am Rhein, 1987–89); das im selben Jahr eröffnete ›puristische‹ Kunsthaus an der Seepromenade von Bregenz, ein dreigeschossiger verglaster Kubus des Schweizer Architekten Peter Zumthor; das Berliner *Jüdische Museum* über dem Grundriss eines geborstenen Davidsterns, für das Daniel Libeskind 1999 den Deutschen Architekturpreis erhielt.
Im Presseecho der Ausstellung kursiert der Begriff ›Event‹, wenn es um die Gründe für den Aufschwung von Museen als Bauaufgabe geht. Die »Musentempel«, die vom Futuristen Marinetti als »Friedhöfe« geschmäht wurden, befriedigen heute den »Eventbedarf«. Zuvor gehörte die Zauberformel zum neodadaistischen Vokabular: »Actions, Agit/Prop, Décollage, Events, L'Autorisme, Refluxus« (Veranstaltung in Aachen, 1964).

KUNST ALS ERLEBNIS. Zu Beginn des 20. Jahrhunderts überwand Wilhelm Dilthey den naturwissenschaftlich dominierten Positivismus und dessen Frage nach objektiven Zusammenhängen zwischen Ursache und Wirkung in den Geisteswissenschaften durch die Hermeneutik als Methode der Einfühlung: Verstehen gründet sich auf »sympathetische Intuition«. In seiner Schrift *Das Erlebnis und die Dichtung* (1906) demonstrierte Dilthey das hermeneutische Verfahren und orientierte es zugleich an der Eigengesetzlichkeit poetischer Gestaltung, die wiederum den Ausblick auf neue Möglichkeiten des Lebens eröffnet: »Leben erfasst Leben«.
Bestehen Berührungspunkte mit dem ›Erlebnischarakter‹, der eine Veranstaltung auszeichnet, sobald sie – zutreffend oder als Postulat – mit dem englischen Wort *event* für ›Ereignis‹ bezeichnet wird? Nicht zu übersehen ist die Funktionalisierung der Erlebniserwartung im ökonomischen Bereich, in dem das neue Berufsbild des Eventmanagers seine Konturen gewonnen hat und Eventagenturen tätig werden, um geschäftlichen Erfolg zu steigern. Was Unter-

SCHAUPLÄTZE

Biennale. Unter einer Vielzahl von Ausstellungen, die alle zwei Jahre stattfinden, besitzt die Biennale der Kunst in Venedig den ersten Rang. Sie wurde 1895 als internationale Kunstausstellung in den *Giardini pubblici* gegründet und gliedert sich in Einzelpavillons der Nationen. Seit 1932 wechselt sie im Zwei-Jahre-Rhythmus mit den Internationalen Filmfestspielen in Venedig. Zum hundertjährigen Jubiläum machte der französische Kritiker Pierre Restany das Kompliment: »Die venezianische Institution ist stärker als die Kunst, die sie präsentiert. Wie immer auch die Entwicklung der Kunst sein wird – die Biennale wird der geeignete ›Salon‹ dafür bleiben, und zwar der schönste Salon der Welt.«

documenta. Die erste von bislang zehn internationalen Kunstausstellungen in Kassel (zuletzt 1997) mit dem Slogan »Museum der 100 Tage« fand 1955 statt. Geplant als kulturelle Ergänzung der Bundesgartenschau, entstand durch die Initiative des Kasseler Akademieprofessors Arnold Bode und des Kunsthistorikers Werner Haftmann eine Ausstellung mit dem Titel »documenta – die Kunst des 20. Jahrhunderts«. Sie bildete vorwiegend eine Retrospektive mit 570 Werken von 448 Künstlern (davon 49 aus Deutschland, drei aus den USA). 1959 folgte die »documenta 2« mit Kunst seit 1945. Alleiniger Ausstellungsort war zunächst das Fridericianum, der 1769–79 errichtete erste selbständige Museumsbau in Deutschland. Inzwischen ist ein Großteil der Stadt Kassel in das kommerziell gerahmte ›Event‹ namens »documenta« einbezogen.

Jonathan Borofsky, *Man Walking to the Sky*, 1991/92; lackierter Stahl und bemaltes Fiberglas, Höhe 22 m; Kassel, Vorplatz des Hauptbahnhofs
Selten hat sich ein auf der »documenta« gezeigtes Werk solcher Beliebtheit erfreut wie der vom Volksmund getaufte »Himmelsstürmer« vor dem Fridericianum. Weithin sichtbar, geriet er im Verlauf der »documenta 9« zu deren Wahrzeichen. Durch Spenden aus der Bevölkerung konnte die Stadt die Plastik erwerben. Sie steht heute auf dem Vorplatz des Hauptbahnhofs, während eine Riesengestalt aus der Rauminstallation *Hämmernde Männer*, mit der sich Borofsky 1982 an der »documenta 7« beteiligt hatte, vor dem Frankfurter Messeturm ihre stereotypen, als »seelenlos« interpretierten Bewegungen mit dem Hammer ausführt und, bei entsprechender Froschperspektive des Betrachters, die umstehenden Gebäude zu zertrümmern scheint. Während der Frankfurter »Arbeiter« an Roboter denken lässt, kann der Kasseler »Himmelsstürmer« Hans Magnus Enzensbergers Gedicht *landessprache* aus den 1950er Jahren in Erinnerung rufen, etwa die refrainartig wiederholten Verse über das Land, »wo es aufwärts geht, aber nicht vorwärts«, wo »die Tarifpartner durch die Straßen irren und mit geballten Fäusten frohlocken und singen und sagen: hier geht es aufwärts, hier ist gut sein, wo es rückwärts aufwärts geht«, wo »das Positive zum Höchstkurs notiert« und es »aufwärts geht von Fall zu Fall«.

nehmen bei der Kundenwerbung und Kundenbindung nützt, dient Parteien als Vorbild. Können sich kulturelle Institutionen, deren öffentliche Geldgeber betriebswirtschaftliche Maßstäbe anlegen (müssen), der Eventmentalität verweigern?
In dem Maße, in dem Kultur als ›Standortvorteil‹ gehandelt und behandelt wird, behält und erweitert die Kunst ihr Aufgabenfeld, ja ihre seit jeher bestehende Fähigkeit, die Eigenschaft des Menschen als kulturschaffendes Wesen zu vergegenwärtigen, ohne sich in Gewinn- und Verlust-Rechnungen bilanzieren zu lassen.

LITERATURHINWEISE

Nachschlagewerke

Allgemeines Künstlerlexikon. Die Bildenden Künstler aller Zeiten und Völker. Begr. und mithrsg. von Günther Meissner. Bd. 1 ff. München 1991 ff.

Allgemeines Lexikon der bildenden Künstler des XX. Jahrhunderts. 6 Bde. Hrsg. von Hans Vollmer. Leipzig 1953–62. – Unveränderter Nachdr. Leipzig 1992. München 1992.

Allgemeines Lexikon der bildenden Künstler von der Antike bis zur Gegenwart. 37 Bde. Begr. von Ulrich Thieme und Felix Becker. Leipzig 1907–50. – Unveränderter Nachdr. Leipzig 1992. München 1992.

Bildwörterbuch der Architektur. Hrsg. von Hans Koepf. Stuttgart [3]1999.

Brockhaus. Die Bibliothek. Kunst und Kultur. 6 Bde. Leipzig/Mannheim 1996–98.

The Dictionary of Art. Hrsg. von Jane Turner. 34 Bde. London 1996.

Kindlers Malerei-Lexikon. 6 Bde. Hrsg. von Germain Bazin [u. a.]. München 1964. – Reprogr. Nachdr. in 15 Bänden. München 1976.

Lexikon der christlichen Ikonographie. 8 Bde. Begr. von Engelbert Kirschbaum. Hrsg. von Wolfgang Braunfels. Rom / Freiburg [u. a.] 1968–76. – Sonderausg. Freiburg 1994.

Lexikon der Kunst. Malerei – Architektur – Bildhauerkunst. 12 Bde. Freiburg/Basel/Wien 1987–90.

Lexikon der Kunst. 5 Bde. Begr. von Gerhard Strauss. Leipzig 1968–78. – Neubearb. in 7 Bdn. Hrsg. von Harald Olbrich [u. a.]. Leipzig 1987–94. München 1996.

Lexikon der Weltarchitektur. Hrsg. von Nikolaus Pevsner, John Fleming und Hugh Honour. 3., aktualisierte und erw. Aufl. München 1992. – Sonderausg. München 1999.

Meyers Kleines Lexikon Kunst. Mit einer Einl. von Manfred Wundram. Mannheim 1986.

Reclams Handbuch der künstlerischen Techniken. 3 Bde. Stuttgart 1984–86. – Sonderausg. Stuttgart 1997.

Reclams Künstler-Lexikon. Von Robert Darmstaedter und Ulrike von Hase-Schmundt. 2., neubearb. Aufl. Stuttgart 1995.

Reclams Lexikon der antiken Götter und Heroen in der Kunst. Von Irène Aghion, Claire Barbillon und François Lissarrague. Stuttgart 1999.

Reclams Lexikon der Heiligen und der biblischen Gestalten. Legende und Darstellung in der bildenden Kunst. Von Hiltgart L. Keller. Stuttgart [6]1987.

Seemanns kleines Kunstlexikon. Von Brigitte Riese. Leipzig [2]2000.

Zusammenfassende kunstgeschichtliche Darstellungen

Beckett, Wendy: Die Geschichte der Malerei. 8 Jahrhunderte in 455 Meisterwerken. Köln 1995.
Belser Stilgeschichte. 12 Bde. Stuttgart/Zürich 1969–71. – Neubearb. in 6 Bdn. Hrsg von Christoph Wetzel. Stuttgart/Zürich 1985–89. Nachdr. 1993. – Studienausg. 3 Doppelbdn. Stuttgart 1999.
Belser Weltgeschichte der Kunst. Von Mary Hollingsworth, Stuttgart/Zürich 1991.
Funkkolleg Kunst. Eine Geschichte der Kunst im Wandel ihrer Funktionen. 2 Bde. Hrsg. von Werner Busch. München 1987.
Gombrich, Ernst H.: Die Geschichte der Kunst. Köln/Berlin 1963. 16., erw. und überarb. Aufl. Berlin 2000.
Die grossen Jahrhunderte der Malerei. Begr. und hrsg. von Albert Skira. Genf 1952 ff.
Harenberg Museum der Malerei. 525 Meisterwerke aus sieben Jahrhunderten. Hrsg. von Wieland Schmied [u. a.]. Dortmund 1999.
A History of Western Sculpture. Hrsg. von John Pope-Hennessy. 4 Bde. London 1967–69.
Honour, Hugh / Fleming, John: Weltgeschichte der Kunst. München 1983. – 6., stark erw. und neugestaltete Ausg. München 2000.
Janson, Horst W.: DuMonts Kunstgeschichte der Alten und der Neuen Welt. 3., neu bearb. und von Anthony F. Janson erw. Aufl. Köln 1988.
Koepf, Hans: Baukunst in 5 Jahrtausenden. Stuttgart [11]1997.
Klotz, Heinrich / Warnke, Martin: Geschichte der deutschen Kunst. 3 Bde. München 1998–2000.
Koschatzky, Walter: Die Kunst der Graphik. Technik, Geschichte, Meisterwerke. Salzburg 1972.
– Die Kunst der Photographie. Technik, Geschichte, Meisterwerke. Salzburg 1984.
– Die Kunst der Zeichnung. Technik, Geschichte, Meisterwerke. Salzburg 1977.
– Die Kunst des Aquarells. Technik, Geschichte, Meisterwerke. Salzburg 1982.
Kunst der Welt. 28 Bde. Baden-Baden 1959–70.
Meyer, Peter: Europäische Kunstgeschichte. 2 Bde. München [5]1986.
The Oxford History of Western Art. Hsrg. von Martin Kemp. Oxford 2000.
The Pelican History of Art. Hrsg. von Nikolaus Pevsner (seit 1976 unter Mitarb. von Judy Nairn). 43 Bde. London / (ab Bd. 6) Harmondsworth 1953–1976. Neuausg. 1978 ff.
Pevsner, Nikolaus: Europäische Architektur. Von den Anfängen bis zur Gegenwart. München 1967. – 8., erw. und erg. Ausg. München 1994.
Propyläen-Kunstgeschichte. 18 Bde., 5 Suppl.-Bde., 3 Sonderbde. Hrsg. von Kurt Bittel [u. a.]. Berlin 1966–83. – Ungekürzte Sonderausg. Berlin 1984.
Suckale, Robert: Kunst in Deutschland. Von Karl dem Großen bis heute. Köln 1998.
Skulptur. Von der Antike bis zur Gegenwart. 4 Bde. Köln 1996. – Aktualisierte Neuaufl. 1999.
Taschens Weltarchitektur. Hrsg. von Henri Stierlin und Philip Jodido. 40 Bde. Köln 1997 ff.

Universum der Kunst. Begr. von André Malraux. Hrsg. von Paul M. Duval [u. a.]. München 1960 ff.
Watkin, David: Geschichte der abendländischen Architektur. Köln 1999.
Weltgeschichte der Architektur. Hrsg. von Pier Luigi Nervi. Stuttgart 1975 ff.
Wilckens, Leonie von: Grundriß der abendländischen Kunstgeschichte. Stuttgart 1976. Ebd. 1981.
Wundram, Manfred: Kleine Kunstgeschichte des Abendlandes. Stuttgart 2000.

Kunsttheorie und Kunstgeschichte

Bruns, Margarete: Das Rätsel Farbe. Malerei und Mythos. Stuttgart 1997.
Gombrich, Ernst H.: Kunst und Illusion. Zur Psychologie der bildlichen Darstellung. Stuttgart/Zürich ²1986.
Kaemmerling, Ekkehard (Hrsg.): Ikonographie und Ikonologie. Theorien, Entwicklung, Probleme. Köln ⁴1987.
Krauss, Heinrich / Uthemann, Eva: Was Bilder erzählen. Die klassischen Geschichten aus Antike und Christentum in der abendländischen Malerei. München ³1993.
Kruft, Hanno-Walter: Geschichte der Architekturtheorie. Von der Antike bis zur Gegenwart. München 1985.
Kultermann, Udo: Geschichte der Kunstgeschichte. Der Weg einer Wissenschaft. München 1996.
Pochat, Götz: Geschichte der Ästhetik und Kunsttheorie. Von der Antike bis zum 19. Jahrhundert. Köln 1986.
Wölfflin, Heinrich: Kunstgeschichtliche Kunstbegriffe. (1915.) Basel 1970.

Zu einzelnen Epochen und Themen

Alpers, Svetlana: Kunst als Beschreibung. Die holländische Malerei des 17. Jahrhunderts. Köln 1985.
Arasse, Daniel / Tönnesmann, Andreas: Der europäische Manierismus. München 1997.
Bammes, Gottfried: Akt. Das Menschenbild in Kunst und Anatomie. Stuttgart/Zürich 1992.
Bauer, Hermann: Barock. Berlin 1992.
Baxandall, Michael: Die Wirklichkeit der Bilder. Malerei und Erfahrung im Italien des 15. Jahrhunderts. Frankfurt a. M. 1977. Berlin 1999.
– Die Kunst der Bildschnitzer. Tilman Riemenschneider, Veit Stoss und ihre Zeitgenossen. 3., durchges. Aufl. München. 1996.
Burckhardt, Jacob: Die Kultur der Renaissance in Italien. (1860 [recte 1859].) Stuttgart 1960.
Burke, Peter: Die Renaissance in Italien. Sozialgeschichte einer Kultur zwischen Tradition und Erfindung. Berlin 1984.
Duby, George: Die Kunst des Mittelalters. 3 Bde. Stuttgart 1984–86.
Frey, Dagobert: Manierismus als europäische Stilerscheinung. Stuttgart 1964.
Glozer, Laszlo: Westkunst. Zeitgenössische Kunst seit 1939. Köln 1981.

Haftmann, Werner: Malerei im 20. Jahrhundert. Bd. 1. München [6]1979. Bd. 2. München [3]1980.

Hauser, Arnold: Der Ursprung der modernen Kunst und Literatur. Die Entwicklung des Manierismus seit der Krise der Renaissance. München 1964. – Ungekürzte Sonderausg. München 1973.

Hofmann, Werner: Das Irdische Paradies. Kunst im 19. Jahrhundert. München 1960. – 2., neubebilderte Ausg. München 1974. [3]1991.

– Die Grundlagen der modernen Kunst. Eine Einführung in ihre symbolischen Formen. Stuttgart 1987.

Jantzen, Hans: Ottonische Kunst. München 1947. – Erw. Neuausg. Berlin 1990.

– Die Gotik des Abendlandes. Köln 1997.

Joachimides, Christos / Rosenthal, Norman (Hrsg.): Die Epoche der Moderne. Kunst im 20. Jahrhundert. Stuttgart 1997.

Kerber, Bernhard: Amerikanische Kunst seit 1945. Stuttgart 1971.

Kiers, Judikje / Tissink, Fieke: Das Goldene Zeitalter der niederländischen Kunst. Stuttgart 2000.

Kimpel, Dieter / Suckale, Robert: Die gotische Architektur in Frankreich 1130–1270. München 1985. – Überarb. Studienausg. München 1995.

Klassizismus und Romantik. Architektur, Skulptur, Malerei, Zeichnung 1750–1848. Hrsg. von Rolf Toman. Köln 2000.

Die Kunst der Gotik. Architektur, Skulptur, Malerei. Hrsg. von Rolf Toman. Köln 1998.

Die Kunst der italienischen Renaissance. Architektur, Skulptur, Malerei, Zeichnung. Hrsg. von Rolf Toman. Köln 1994.

Die Kunst der Romanik. Architektur, Skulptur, Malerei. Hrsg. von Rolf Toman. Köln 1996.

Die Kunst des Barock. Architektur, Skulptur, Malerei. Hrsg. von Rolf Toman. Köln 1997.

Legner, Anton: Deutsche Kunst der Romanik. München 1982. 2., bibliogr. erg. Aufl. Ebd. 1996.

Leroi-Gourhan, André: Prähistorische Kunst. Die Ursprünge der Kunst in Europa. Freiburg i. Br. [5]1982.

Moderne Kunst. Das Funkkolleg zum Verständnis der Gegenwartskunst. Hrsg. von Monika Wagner. 2 Bde. Reinbek 1991.

The Oxford Encyclopedia of Archeology in the Near East. Hrsg. von Eric M. Meyers. 5 Bde. New York / Oxford 1997.

Panofsky, Erwin: Die Renaissancen der europäischen Kunst. Übers. von Horst Günther. Frankfurt a. M. 1996.

Pevsner, Nikolaus: Wegbereiter moderner Formgebung. Von William Morris zu Walter Gropius. Hamburg 1957. – Neuausg. Köln 1983. Sonderausg. Köln 1996.

Poeschke, Joachim: Die Skulptur der Renaissance in Italien. Bd.1: Donatello und seine Zeit. Bd. 2: Michelangelo und seine Zeit. München 1990–92.

– Die Skulptur des Mittelalters. Bd. 1: Romanik. Bd. 2: Gotik [i. Vorb.]. München 1998 ff.

Reclams Geschichte der antiken Kunst. Hrsg. von John Boardman. Stuttgart 1997.

Reclams Lexikon des alten Ägypten. Von Ian Shaw und Paul Nicholson. Stuttgart 1998.

Rewald, John: Die Geschichte des Impressionismus. Köln 1979.

Sachwörterbuch zur Kunst des Mittelalters. Grundlagen und Erscheinungsformen. Von Claudia List und Wilhelm Blum. Stuttgart/Zürich 1969.

Sauerländer, Willibald: Gotische Skulptur in Frankreich 1140–1270. München 1970. – Erw. Neuausg. 2000.
Stiegemann, Christoph / Wemhoff, Matthias (Hrsg.): 799 – Kunst und Kultur der Karolingerzeit. Karl der Große und Papst Leo III. in Paderborn. 2 Tle. und Erg.-Bd. Mainz 1999.
Walther, Ingo F. (Hrsg.): Kunst des 20. Jahrhunderts. 2 Bde. Köln 1998.
Wölfflin, Heinrich: Die klassische Kunst. Eine Einführung in die italienische Renaissance. Basel 1948. [10]1983.
Wundram, Manfred: Malerei der Renaissance. Köln 1997.

Kunstgeschichte im Internet

Art History. Resources on the Web – http://witcombe.sbc.edu/ARTHLinks.html
Artcyclopedia. The Fine Art Search Engine – http://www.artcyclopedia.com/index.html
Artechok. Kunst und verwandte Bereiche im Internet – http://www.artechock.de/arte-art/internet/internet.htm#museen
A.R.T.I.S. Art Resources Through Internet Surfing [19./20. Jh.] – http://www.loyno.edu/artis
Museumsdatenbank – http://www.kunst-und-kultur.de/Museum/bin/index
Virtual Library Museums Pages. A Distributed Directory of Online Museums – http://www.icom.org/vlmp
Web Gallery of Art – http://gallery.euroweb.hu/index.html
WWW Informationsführer Kunstgeschichte – http://ourworld.compuserve.com/homepages/aschick/INDEX.HTM
World Wide Art Resources – http://www.world-arts-resources.com

ABBILDUNGSNACHWEIS

Archiv für Kunst und Geschichte, Berlin: 11, 27, 28, 42, 43, 89, 95, 96, 129, 132, 133, 153, 174, 191, 205, 213, 223, 226, 243, 250, 256, 259, 263, 264, 274, 275, 279, 281, 288, 300, 327, 328, 344, 350, 487, 491 – Archivio Magnus, Magliani: 253 – © 2001 Andy Warhol Foundation for the Visual Arts / ARS, New York: 480 – Bauhaus-Archiv, Berlin: 447, 453 – © Biblioteca Apostolica Vaticana. Vorlagen freundlicherweise zur Verfügung gestellt durch: Belser Faksimile Editionen, Stuttgart: 125, 139, 165, 229, 326 – Biblioteca Estense Universitaria, Modena: 211 – Bibliothèque nationale de France, Paris: 195 – Bildarchiv Preußischer Kulturbesitz, Berlin: 61, 63, 67, 74, 98, 103, 339, 341, 342 – Martin Butschek: 477 – Deutsches Filmmuseum, Frankfurt am Main: 459 – Foto Marburg: 199, 208 – Germanisches Nationalmuseum, Nürnberg: 220, 221 – Steffi Glauche, Leipzig: 493 – Walter Hahn, Dresden: 168 – Marina Heilmeyer: 62 – Copyright by Dr. Wolfgang & Ingeborg Henze-Ketterer, Wichtrach / Bern: 426 – Hirmer Verlag, München: 161, 184 – Hubert Josse, Paris: 288/289, 293, 347, 349, 357, 368, 393, 394, 403 – Knut Liese, München: 53 – Könemann Verlag, Köln (Foto Achim Bednorz): 331 – Kunsthistorisches Museum, Wien: 68, 69, 70, 305, 322 – Motovun Book GmbH, Luzern (Foto George Foskelos): 135 – Dr. Ludwig Reichert Verlag, Wiesbaden: 158 – Photo RMN – Hervé Lewandowski: 370 – Photo RMN – R. G. Ojeda: 399 – Scala, Florenz: 222 – Herbert Schlemmer: 421 – Theoder Schwarz, Urbach: 108 – Giovanni Simeone: 117 – Uta Süße-Krause, Knittlingen: 181 – Staatliche Antikensammlung und Glyptothek, München: 79 – Staatliches Museum für Völkerkunde, München: 431 – Staatsgalerie Stuttgart: 479, 483 – © VG Bild-Kunst, Bonn 2001: 284 (Succession Picasso), 402 (The Munch Museum / The Munch Ellingsen Group), 423, 425 (Succession H. Matisse), 432, 437, 441, 443, 444, 449 (Mondrian/Holtzman Trust, c/o Beeldrecht, Amsterdam, Holland) 454, 455 (Demart pro Arte B.V.), 457, 460, 463, 464, 467 (Succession Picasso), 468/469 (Succession Picasso), 473, 474/475, 479, 481 – ZEFA/Spichtinger: 451

Der Verlag Philipp Reclam jun. dankt den Rechteinhabern für die Reproduktionsgenehmigung. Nicht nachgewiesene Abbildungen entstammen den Archiven des Verlags und des Autors. In einigen Fällen konnten die Rechteinhaber nicht ermittelt werden. Hier ist der Verlag bereit, nach Anforderung rechtmäßige Ansprüche abzugelten.

SYSTEMATISCHES VERZEICHNIS DES INHALTS

ZEITRAUM

VORWIEGEND KULTURGESCHICHTLICHE GESICHTSPUNKTE

Künstler

Kunstzentrum

Kunstbetrieb

Stil

Wirkungsgeschichte

VORWIEGEND WERKBEZOGENE GESICHTSPUNKTE

Material und Technik

Gestaltungsaufgabe

Gestaltungsmittel

Thema

Attribut und Symbol

PERSONENREGISTER

mit Verzeichnis der abgebildeten Werke

Verzeichnet sind die historischen Personen sowie allegorische, biblische, mythologische und literarische Gestalten (bei Letzteren in Klammern das jeweilige Werk mit Autor). *Kursive Seitenzahlen* beziehen sich auf Abbildungen.

Bei Entsprechungen zwischen Gestalten der antiken Mythologie sind die lateinischen Namen in Klammern den griechischen zugeordnet. Die Schreibweise der biblischen Eigennamen folgt der als Quellentext verwendeten sog. Einheitsübersetzung (katholisch, mit ökumenischem Psalter und Neuem Testament, 1980); zu den zugrunde liegenden ökumenischen Loccumer Richtlinien gehört die Annäherung an das Hebräische durch die Veränderung von th in t; bei sonstigen Veränderungen steht die ältere Schreibweise in Klammern.

Bei Künstlernamen, die vom Geburtsnamen abweichen, folgt Letzterer in Klammern. Entsprechendes gilt für Päpste und die Kurzformen der Namen römischer Herrscher und Schriftsteller. In Klammern gesetztes (Sir) oder (von) unterscheidet das im 18. und 19. Jahrhundert häufig an Künstler, Politiker und Schriftsteller verliehene Adelsprädikat, z. B. Peter (von) Cornelius, vom Geburtsadel des Julius Schnorr von Carolsfeld. Die Endung -sz. kennzeichnet bei holländischen Namen, ähnlich wie bei der russischen Namengebung, den väterlichen, auf den Sohn (*zoon*) übertragenen Vornamen (Rembrandt Harmensz. van Rijn ist der Sohn namens Rembrandt des Vaters Harmen Gerritsz. van Rijn, des Sohns von Gerrit van Rijn). Eine Besonderheit spanischer Familiennamen ist die Einbeziehung des Familiennamens der Mutter (Francisco Goya y Lucientes ist der Sohn des José Goya und der Gracia Lucientes); Pablo Ruiz y Picasso signiert bis 1900 mit dem väterlichen Familiennamen Ruiz, danach mit dem mütterlichen Familiennamen Picasso.

In Klammern gesetzte Buchstaben bezeichnen die vorherrschenden Tätigkeitsbereiche: A = Archäologie; B = Baukunst, Bautechnik; C = Concept Art mit Land Art; D = Druckgrafik; F = Fotografie, Film, Video; G = Goldschmiedekunst; H = Kunsthandel; K = Kunstgeschichte, -kritik, -wissenschaft; M = Malerei; P = Plastik, Skulptur, Objektkunst; T = Textilkunst

ORTSREGISTER

mit Standortregister und Verzeichnis der abgebildeten Werke

Verzeichnet sind die Orte und deren erwähnte Bauwerke, Institutionen, Monumente. Die weitere Untergliederung beschränkt sich auf die mit *kursiver Seitenzahl* bezeichneten abgebildeten Ansichten und das abgebildete Inventar, das ansonsten durch die Angabe von Seitenzahlen verzeichnet ist. Orte, die ausschließlich als Geburts- oder Sterbeort genannt werden, sind entsprechend gekennzeichnet.

Abkürzungen
BS: Bayerische Staatsgemäldesammlungen
SMPK: Staatliche Museen zu Berlin, Preußischer Kulturbesitz